Le principe de la territorialité de l'impôt au Sénégal :

enjeux et défis dans un monde globalisé

Mohamed Nagib DIOP

Le principe de la territorialité de l'impôt au Sénégal :
enjeux et défis dans un monde globalisé

Sénégal
L'Harmattan

10 VDN, Sicap Amitié 3, Lotissement Cité Police, DAKAR

http://www.harmattansenegal.com
senharmattan@gmail.com
senlibrairie@gmail.com

ISBN : 978-2-336-54300-0
EAN : 9782336543000

« La fiscalité n'est pas internationale, mais les faits et situations imposables le sont : on vit dans un pays et travaille ou fait des affaires dans un autre, on fabrique au pays et vend à l'étranger, on investit dans les actifs et des valeurs mobilières étrangers ».

DÉDICACES

À ma mère **Feue Adja Safiatou SECK** rappelée à Dieu le 13 janvier 2021 à l'hôpital « Pitié Salpêtrière » à Paris.

À mon père **Ahmadou DIOP** dont la rigueur et les principes ont fait de nous, mes frères et moi, ce que nous sommes.

À **Tata Annie COLY**, Professeure de Lettres modernes, ancien proviseur du Lycée Thierno Saidou Nourou TALL.

À **Dr Abdoulaye DIALLO,** Directeur général des Éditions et de la Librairie L'Harmattan Sénégal.

À **Ndèye Khady TABANE**, Clerc de notaire de 1re catégorie à la SCP NDIAYE, DIAGNE, DIALLO & NDIAYE, notaires associés, Conseillère en droit de l'immobilier.

À Monsieur **Alain JARDEL,** Responsable de la **Bibliothèque CUJAS** de l'Université de Paris I Panthéon Sorbonne et Paris II Panthéon Assas en hommage à toutes les faveurs accordées au cours des séjours d'études et de recherches en France.

REMERCIEMENTS

Je remercie mes directeurs de thèse : les professeurs **Nicaise MÉDÉ** & **Abdou Aziz Daba KÉBÉ** qui m'ont accompagné durant toute cette épreuve. C'est sous leur supervision que ce travail a été réalisé. Durant notre compagnonnage, ils ont fait preuve d'une grande générosité intellectuelle et d'une grande rigueur scientifique qui m'ont permis de mener à bout mes travaux.

Ma reconnaissance va également à l'endroit de **Michel BOUVIER**, Professeur émérite des universités qui a fait preuve d'une grande disponibilité. Il a été en quelque sorte un superviseur officieux de mes travaux et un artisan de ma mobilité.

Au regard de la singularité de cette discipline, un travail de qualité ne peut être réalisé sans le concours des praticiens ou de spécialistes chevronnés. Je tiens à témoigner mes sincères remerciements aux sieurs :

– **Abdoulaye NIANE** : Expert Fiscal agréé ;

– **El Hadji Dialigué BA** : Inspecteur principal des Impôts et des Domaines ;

– **Alioune THIOUNE** : Inspecteur principal des Impôts et des Domaines et ancien Directeur de l'Administration et du Personnel de la DGID ;

– **Pape DIOUF** : Inspecteur principal des Impôts et des Domaines, Chef du Bureau de Recouvrement spécialisé à la Direction des Grandes Entreprises ;

– **Magueye BOYE** : Inspecteur principal des Impôts et Domaines, Chef du Centre des Services fiscaux de Mbour, ancien Chef du Bureau de la Coopération internationale ;

– **Sada TIMERA**, Inspecteur principal des Impôts et Domaines-Chef du Bureau des Régimes fiscaux spécifiques ;

– **Abdoulaye GNIGUE** : Inspecteur principal des Impôts et Domaines ;

– **Cheikh DIOUF** : Agent au Service de la documentation de la DGID ;

– **Mamadou NGOM** : Économiste-Fiscaliste, Enseignant-Chercheur associé à la Faculté des Sciences économiques et de Gestion de l'UCAD ;

– **Fabala BOYE** : Service scolarité de la faculté de droit ;

– **Cheikh SAMB** : Chef Service scolarité de la faculté de droit ;

– **Daouda THIAM**, my english teacher.

Je ne saurais achever cet exercice sans pour autant citer des personnes dont la présence et leurs conseils ont facilité la réalisation des travaux. Il s'agit principalement de :

– **Mohamed Nagib CHAOUI ;**

– **Professeur Boubacar BA ;**

– **Mamadou BADJI** : Professeur Titulaire, ancien Doyen de la Faculté des Sciences juridiques et politiques de l'UCAD, ancien recteur de l'Université Assane SECK de Ziguinchor.

Enfin, je voudrais remercier **Nguèye THIAM** & Madame **DIOP, Elisabeth Yandé DIOUF** qui ont sacrifié de leur temps pour la relecture et la correction du document. En sus d'être des promotionnaires, ils ne se sont jamais lassés de me témoigner leur fierté.

SIGLES ET ABRÉVIATIONS

AJDA : Actualité juridique de Droit administratif

Ann. Af. : Annales africaines

ANSD : Agence nationale de la Statistique et de la Démographie

APBEF : Association professionnelle des banques et Établissements financiers du Sénégal

APIX : Agence nationale chargée de la Promotion de l'Investissement et des Grands Travaux

ARTP : Autorité de Régulation des Télécommunications et des Postes

ATAF : African Tax Administration Forum

ATD : Avis à Tiers Détenteur

AUDCG : Acte uniforme relatif au Droit commercial général

AUPC : Acte uniforme portant organisation des Procédures collectives d'apurement du passif

AURVE : Acte uniforme sur les Procédures simplifiées de Recouvrement et des Voies d'exécution

AUSCGIE : Acte uniforme sur les Sociétés commerciales et GIE

BA : Bénéfices de l'Exploitation agricole

BEPS : Base and Erosion and Profit Shifting

BIC : Bénéfices industriels et commerciaux

BR : Bureau de la Règlementation

BRFSA : Bureau des Régimes fiscaux spécifiques et Agréments

CCI : Chambre de Commerce internationale

CCJA : Cour commune de Justice et d'Arbitrage

CEDEAO : Communauté économique des États de l'Afrique de l'Ouest

CFC : Controled Foreign Corporation

CFCE : Contribution forfaitaire à la Charge de l'Employeur

CFPB : Contribution foncière sur les Propriétés bâties

CFPNB : Contribution foncière sur les Propriétés non bâties

CGA : Centre de Gestion agréé
CGA : Centre de gestion agréé de Dakar
CGCT : Code général des Collectivités territoriales
CGF : Contribution globale foncière
CGI : Code général des Impôts
CGU : Contribution globale unique
COCC : Code des Obligations civiles et commerciales
CONS.CONST : Conseil constitutionnel
COSEC : Conseil sénégalais des chargeurs
CREDAF : Centre de Recherche des Dirigeants des Administrations fiscales francophones
CSF : Centre des Services fiscaux
DAP : Direction de l'Administration et du Personnel
DGB : Direction générale du Budget
DGCPT : Direction générale de la Comptabilité publique et du Trésor
DGD : Direction générale des Douanes
DGE : Direction des Grandes entreprises
DGID : Direction générale des Impôts et des Domaines
DGPPE : Direction générale de la Planification et des Politiques économiques
DLCI : Direction de la Législation et de la Coopération internationale
DME : Direction des Moyennes entreprises
DVEF : Direction de la Vérification et des Enquêtes fiscales
EDCE : Études et Documents du Conseil d'État
FATCA: Foreign Account Tax Compliance Act
FMI : Fonds monétaire international
FONDAFIP : Association pour la Fondation internationale des Finances publiques
GATT : Accord général sur les Tarifs et le Commerce
GIE : Groupement d'Intérêt économique
GOANA : Grande offensive agricole pour la Nourriture et l'Abondance
IFI : Impôt sur la Fortune immobilière
IFU : Identifiant fiscal unique

IGF : Impôt sur les Grandes Fortunes
IMF : Impôt du Minimum fiscal
IMFS : Impôt minimum forfaitaire sur les Sociétés
IR : Impôt sur le Revenu
IRC : Impôt sur le Revenu des Créances
IRPP : Impôt sur le Revenu des Personnes physiques
IS : Impôt sur les Sociétés
ISF : Impôt de Solidarité sur la Fortune
ITIE : Initiative pour la Transparence des Industries extractives
JO : Journal officiel
JORS : Journal officiel de la République du Sénégal
LFP : Livre des Procédures fiscales
LGDJ : Librairie générale de Droit et de Jurisprudence
LOLF : Loi organique relative aux Lois de finances
MFB : ministère des Finances et du Budget
NEA : Nouvelles Édition africaine
NINEA : Numéro d'Identification nationale des Entreprises et Associations
OCA : Office de Commercialisation agricole
OCDE : Organisation pour la Coopération et le Développement économique
OHADA : Organisation pour l'Harmonisation en Afrique du Droit des Affaires
OMC : Organisation mondiale du commerce
ONIC : Office national interprofessionnel des Céréales
PAML : Programme d'ajustement à moyen et long terme
PDSAF : Plan de Développement stratégique de l'Administration fiscale
PF : Points Francs
PREF : Plan de Redressement économique et financier
PROMAF : Projet de Modernisation de l'Administration fiscale
PUAM : Presse universitaire d'Aix-Marseille
PUF : Presse universitaire de France
RDP : Revue de Droit public et de Science politique

REIDF : Revue européenne internationale de Droit fiscal
RFDA : Revue française de Droit administratif
RFDC : Revue française de Droit constitutionnel
RFFP : Revue française de Finances publiques
RFI : Revue Fiscalité internationale
RFS : Régimes Fiscaux spécifiques
RISA : Revue internationale de Science administrative
RJF : Revue de Jurisprudence fiscale
RJPIC : Revue juridique politique indépendance et Coopération
RSF : Revue de Science financière
RSLF : Revue de Science et de Législations financières
SA : Société Anonyme
SARL : Société à Responsabilité limitée
SAS : Société par Actions simplifiées
SCP : Société Civile professionnelle
SCS : Société en Commandite Simple
SDN : Société des Nations
SIGTAS : Système intégré de Gestion des Impôts et Taxes
SNC : Société en Nom Collectif
TE : Taxe d'Égalisation
TEC : Tarif Extérieur commun
TEOM : Taxe d'Enlèvement des Ordures ménagères
UCAD : Université Cheikh Anta Diop de Dakar
UEMOA : Union économique et monétaire ouest-africaine
ZES : Zone économique spéciale
ZESI : Zone économique spéciale intégrée
ZFI : Zone Franche Industrielle

SOMMAIRE

AVANT-PROPOS

Jean-Luc Pierre

Professeur émérite de l'université Jean-Moulin (Lyon 3)
Directeur scientifique de la Revue de droit fiscal
Directeur scientifique du JurisClasseur Procédures fiscales
Directeur scientifique de la revue Droit des sociétés
Directeur scientifique du Lexis Pratique Fiscal

Le principe de la territorialité de l'impôt au Sénégal : enjeux et défis dans un monde globalisé *est un important et délicat sujet de recherche :*

- important car ce principe qui limite la souveraineté fiscale des États – ceux-ci ne peuvent soumettre à imposition que des personnes ou des opérations relevant de leur juridiction – a été conçu et institué dans la première moitié du vingtième siècle, alors que les échanges de biens et de services et les mouvements de capitaux avaient, au niveau international, une amplitude bien moindre que celle qu'ils ont acquise aujourd'hui ;

- le principe de territorialité de l'impôt s'avère corrélativement plus difficile à mettre en œuvre par les États, lesquels sont par ailleurs de façon générale à la recherche de recettes budgétaires croissantes pour assurer le financement de leurs dépenses de fonctionnement et d'investissement. Cette difficulté est accentuée par l'objectif légitime que peuvent avoir les agents économiques du secteur concurrentiel de limiter le poids des impositions mises à leur charge.

L'importance du sujet ici présenté a incité Monsieur Mohamed Nagib DIOP à réaliser un travail de thèse de doctorat, sous la codirection du professeur Abdou Aziz Dada KÉBÉ de l'université Cheikh Anta DIOP et du professeur Nicaise MÉDÉ de l'université d'ABOMEY-CALAVI. Cette thèse, achevée, propose une analyse globale du système fiscal face au phénomène de l'internationalisation des règles fiscales. Problèmes d'appréhension de la matière imposable, subsistance de la structure classique du principe de territorialité de l'impôt, interventions des États pour sauvegarder ce principe et en modifier certains aspects, notamment dans un cadre supranational avec les actions de l'OHADA au niveau de l'Afrique et de l'OCDE dans un cadre international, sont analysés de façon approfondie par l'auteur. Si l'étude s'appuie sur le système fiscal sénégalais, l'auteur consacre également d'importants développements à une observation rigoureuse des régimes en vigueur dans d'autres États à économie de marché, notamment en ce qui concerne la France.

L'objectif qui doit être fixé pour une thèse de doctorat de droit, de contribuer à ce dernier et, ici, au droit fiscal, est atteint. Cette contribution peut être d'autant plus appréciée qu'il n'apparaît pas qu'un travail de recherche ait été mené préalablement à celui de Monsieur Mohamed Nagib DIOP, dans une optique concernant le Sénégal sur le sujet du principe de territorialité de l'impôt face à l'internationalisation du droit fiscal.

L'apport de ce travail au droit fiscal doit ainsi être remarqué.

PRÉFACE

Michel Bouvier

Professeur émérite à l'Université Paris 1 Panthéon-Sorbonne
Président de Fondafip (www.fondafip.org)
Directeur de la Revue française de Finances publiques

Le cadre général de la fiscalité est en pleine transformation depuis maintenant plus de quarante ans et il semble être parvenu aujourd'hui à un stade tout à fait critique. Des principes que l'on croyait inébranlables sont remis en question par un processus cumulatif, celui de la jonction qui s'est produite entre la multiplication des crises, la mondialisation des échanges et le développement de l'IA. Aucun pays n'est à l'abri de ce processus qui entrave la construction d'un modèle fiscal cohérent avec son environnement. C'est bien au final la conclusion qui se dégage de la thèse de Mohamed Nagib DIOP à travers les éléments qu'il développe afin d'atteindre l'objectif initial qu'il s'est posé : « faire une analyse globale du système fiscal sénégalais face au phénomène de l'internationalisation des règles fiscales ». En effet, la recherche que nous livre l'auteur, fait clairement apparaître la métamorphose de modèles fiscaux datant de plus d'un siècle.

Mohamed Nagib DIOP identifie magistralement que le problème essentiel qui se pose aujourd'hui est celui de la territorialité de l'impôt avec en particulier la question centrale de l'imposition des résultats de l'entreprise. Car si Mohamed Nagib DIOP passe minutieusement en revue tous les obstacles qui affectent les diverses composantes du système fiscal sénégalais, il fait néanmoins la part belle, à juste titre, à cette question qui illustre le malaise qui frappe aujourd'hui l'ensemble des prélèvements obligatoires. C'est avec une excellente connaissance de la fiscalité qu'il aborde un sujet paraissant parfois inextricable tant s'y entremêlent des enjeux de niveaux et de nature très différents – juridiques, administratifs, économiques, politiques – et de surcroît d'une technicité sans bornes.

Plus encore, cet excellent travail identifie avec une grande précision le défi majeur qui est posé avec une particulière acuité aux États, celui de leur souveraineté menacée plus que jamais par des modes inédits et redoutables d'évitement de l'impôt.

En effet, la présence, allant en s'accroissant, d'entreprises qui se localisent au-delà de leurs frontières nationales a fait surgir, dès le 19e mais surtout au début du siècle dernier, des questions fiscales plus ou moins ignorées jusqu'alors. Celle de la double imposition d'une part, celle de l'évasion fiscale d'autre part. Il en résulte un véritable quiproquo entre des États à la fois soucieux de préserver les intérêts de leurs ressortissants et de lutter contre une évasion fiscale qui constitue pour eux une perte de ressources budgétaires. C'est ainsi qu'un cadre fiscal gagnant de la complexité au fil du temps va être élaboré sous la pression du développement d'une économie au parcours jalonné de crises de toutes sortes et devenant au fil des ans de plus en plus concurrentielle.

Parallèlement, les nécessités financières des États vont jouer un rôle essentiel, notamment en Europe, à la sortie de la guerre de 1914-1918, du fait de la reconstruction des pays belligérants et d'une dette publique colossale générée par les dépenses d'armement. Comme le souligne très justement l'auteur de cette thèse, « après la 1re Guerre mondiale, d'intenses travaux ont été menés de sorte à prévenir la double imposition ». Il s'agissait en fait de répondre à la fuite des capitaux. Dans la mesure où il était considéré que leur libre circulation avait des effets positifs sur l'économie, cette fuite, provoquée par les hausses d'impôts, posa de manière cruciale la question de la double imposition qui y faisait obstacle. Or, dans le même temps il fallait faire en sorte de juguler l'évasion fiscale.

Des rapports de diverses commissions instituées sous l'égide de la Société des Nations vont alors être produits. C'est notamment à la suite d'une Conférence financière internationale tenue à Bruxelles en octobre 1920 que sera mis en place, en 1921, un comité Seligman composé de quatre universitaires, les professeurs J. Bruins, L. Einaudi, E. Seligman et J. C. Stamp. Le rapport présenté par ce comité en 1923 constitua une étape importante dans le multilatéralisme fiscal et la construction d'un droit fiscal international conventionnel. Un second comité, composé en majorité de hauts fonctionnaires et de financiers, lui succéda, le Comité d'experts sur l'évasion fiscale et la double imposition *qui produisit un rapport en février 1925.*

Les questions posées n'étaient pas simples comme celle d'établissement stable, d'imposition au pays de la source ou à celui de la résidence, ou bien encore celle d'échanges de renseignements. Il faut d'ailleurs retenir que c'est alors que le concept d'« établissement stable» – très bien décrit par Mohamed Nagib DIOP – va se structurer et constituer pendant des décennies une sorte de statut du commandeur du droit fiscal international jusqu'à se trouver sérieusement fragilisé dans la période récente.

Il faut le souligner, durant plus d'un siècle la logique du cadre général de l'économie et ses caractéristiques matérielles sont restées fondées sur des entreprises bien visibles produisant le plus souvent à partir de bâtiments et d'équipements lourds et occupant une main-d'œuvre importante. Ces entreprises baignaient dans un environnement politique caractérisé par des États jaloux de leur souveraineté fiscale et volontiers protectionnistes tout en étant globalement attachées à une conception libérale des échanges économiques. Et c'est sur cette réalité que se construisit et évolua un cadre d'imposition, législatif et administratif, qui s'efforçait de concilier les intérêts des uns et des autres, du secteur public comme du secteur privé.

Or, si l'économie s'est progressivement internationalisée, la logique fiscale de fond n'évolua guère. Il fallut néanmoins, durant des années, adapter les législations à une double contrainte, celle de la globalisation des échanges et celle de la mobilisation de l'impôt afin de satisfaire à la soutenabilité des finances publiques devenue une question cruciale. Le développement des conventions fiscales bi et multilatérales particulièrement centrées sur la question des prix de transfert s'accéléra complexifiant toujours plus le modèle fiscal. Dans le même temps, la pertinence de la notion d'établissement stable s'estompait jusqu'à perdre l'essentiel de son utilité avec l'explosion des échanges sur des plateformes numériques.

À cela il faut ajouter qu'à chaque étape de l'internationalisation de l'économie les réponses, apportées par la SDN puis par l'ONU, l'OCDE ou l'UE, ont eu pour point commun pendant des années d'adopter un mode de raisonnement demeuré inscrit dans un cadre conceptuel quasiment inchangé. Ce n'est que relativement récemment qu'il a été pris acte du nouveau modèle d'affaire qui a pris naissance au sein d'une économie non seulement mondialisée mais également numérisée.

Jusqu'alors, nombre de réponses ont consisté à poursuivre et améliorer celles déjà éprouvées mais aussi à tenter d'adapter les principes fiscaux traditionnels à une réalité économique qui ne leur correspondait plus qu'en partie. Il en a été ainsi du principe de territorialité comme il ressort de la lecture de cette thèse.

Il apparaît compliqué, aujourd'hui encore, de donner un contenu à des notions comme celles de « présence numérique », proposée par la Commission européenne, ou bien d'« établissement stable virtuel ». Autrement dit, il semble quasiment insurmontable de parvenir efficacement à localiser et taxer la une matière imposable aussi volatile tout autant que de définir ce qu'est la valeur économique dans le monde actuel. Le modèle de gouvernance fiscale demeure malheureusement prisonnier d'un mode de pensée suranné, celui du XXe siècle, et le droit fiscal semble parfois pétrifié et encore largement figé dans cette époque malgré les efforts louables de l'OCDE ou de l'ONU pour l'en faire sortir.

En d'autres termes, ce ne sont pas les formes les plus visibles et parfois spectaculaires des délocalisations de la matière imposable de certaines entreprises et de riches contribuables qui sont essentielles.

L'essentiel est dans un processus de disparition ou de volatilité des bases d'imposition inédit. Elles sont de moins en moins visibles ce qui rend ce processus bien plus redoutable qu'autrefois d'autant qu'il s'étend à l'ensemble des activités entrepreneuriales. Cette a-territorialisation[1] *nourrit une forme nouvelle d'évasion fiscale qui épouse cependant les dispositifs les plus classiques d'évitement de l'impôt mais en en décuplant les effets.*

Au final, au sein de la société contemporaine, les citoyens, les acteurs économiques, politiques ou administratifs et plus largement les États vivent des cultures différentes, des temps différents, des espaces différents, des normes fiscales différentes.

Et cette situation, cet univers très contrasté, porte en germe le passage vers une civilisation nouvelle dans laquelle la place de la fiscalité n'apparaît pas à l'évidence. Il s'agit par conséquent d'une question d'ordre politique dont la réponse ne peut se limiter à des propositions techniques comme on a voulu le croire en 1923 lors de la création du Comité d'experts sur l'évasion fiscale et la double imposition déjà cité.

L'affaire est en réalité bien plus grave qu'elle n'en a l'air et ses conséquences notamment en termes d'injustice fiscale ou de concurrence

---

[1] Cf. Laure-Alice Bouvier, *Souveraineté de l'État et déterritorialisation/a-territorialisation de l'impôt.*
In Revue française de finances publiques N° 151-2020.

déloyale renvoient plus que jamais à une question de fond, celle de la fonction et de la légitimité de l'impôt.

Il est donc crucial de s'interroger sur ce que doit être l'impôt du 21e siècle. C'est du futur de la fiscalité au Sénégal comme ailleurs, dont il faut se préoccuper. L'univers contemporain est un univers d'internautes, un univers du marché réel/virtuel dans lequel l'évasion fiscale internationale est la conséquence logique d'un modèle économique qui s'auto-construit en l'absence d'un cadre juridique et administratif qui lui serait adapté et cela dans un environnement planétaire en plein bouleversement, ce qui aggrave encore le problème.

Écrit d'une plume agréable et dans un réel souci scientifique cet ouvrage, on l'a compris, outre qu'il met excellement en évidence les mutations et les enjeux majeurs auxquels est actuellement confrontée la fiscalité au Sénégal et ailleurs, il constitue un pas important vers une ouverture à la fiscalité du 21e siècle. L'on ne peut qu'en féliciter son auteur.

INTRODUCTION GÉNÉRALE

1. Dans un contexte économique mondial fortement dominé par les transactions transfrontalières, l'essor des activités du numérique insaisissables par nature et la démocratisation quasi-complète de la libre circulation des capitaux, les systèmes fiscaux des États se sont retrouvés totalement démunis. Leurs tentatives unilatérales désespérées n'ont pas pu, à travers les mesures internes d'ordre législatif, assurées une imposition efficace des revenus au-delà de leur juridiction fiscale. La porosité des frontières a ouvert la voie au développement et à la multiplicité des montages visant à soustraire du champ de l'imposition les revenus réalisés entre deux – ou plusieurs – territoires.

2. Pourtant, à l'origine, c'est bien la problématique de la double imposition qui était évoquée. En effet, au regard du principe de la territorialité corollé à celui de la souveraineté, les États se contentaient d'imposer les revenus réalisés sur leur territoire indépendamment de l'application par le pays de la résidence des bénéficiaires des revenus d'une éventuelle imposition sur ceux-ci. Les contribuables se voyaient alors appliquer une imposition dans leur pays de résidence et une autre dans le pays de la source de leurs revenus.

3. Les pays, impuissants individuellement, ont dû se regrouper et signer des conventions bilatérales entre deux intéressés ou des conventions multilatérales s'appliquant à une zone géographique plus étendue[2]. L'objectif de ces conventions était principalement d'éviter la double imposition.

4. Aujourd'hui, la tendance s'est littéralement inversée. De la non double imposition à la double non-imposition, l'entre-deux siècles dernier a été marqué en coulisse par une véritable guéguerre de l'impôt. Cette situation a conduit à la mise en place d'un droit fiscal international.

5. Le Droit fiscal international a commencé à émerger avec les travaux des quatre économistes chargés, en 1923, par la SDN, de

---

[2] M. CHAMBAUD & E. JOURDE, *Les conventions fiscales entre pays développés,* Thèse de doctorat, Université de Paris, 1977, p. 9.

résoudre le problème de la double imposition. Les principes dégagés à l'issue de ces études ont inspiré plus de 3 000 conventions fiscales bilatérales dans le monde[3].

6. Par la suite, le Comité financier de la SDN, chargé de rédiger un rapport sur la double imposition, va aboutir vers les années 1928 à plusieurs modèles de conventions bilatérales. À Mexico, le comité propose un nouveau modèle qui favorise notamment l'imposition de l'État de la source et inverse la logique du modèle de 1928. Ce modèle sera révisé à Londres en faveur cette fois d'une imposition dans l'État de résidence[4].

7. Ces efforts se sont accentués après la Seconde Guerre mondiale par l'effet de l'accession à l'indépendance d'une frange importante des pays en développement, toujours sous le prisme d'une relation souvent conflictuelle entre les pays importateurs de capitaux – anciennes colonies – et les pays exportateurs, les métropoles. Parallèlement, la dynamique de reconstruction de l'Europe après la guerre, sous la houlette du plan Marshall, a pris en compte la lutte contre la double imposition dommageable au développement économique et aux relations commerciales internationales[5].

8. Face aux risques de désharmonisation du droit fiscal international, l'ONU sera chargée par les États membres d'élaborer un projet pouvant uniformiser les modèles de Londres et de Mexico. Toutefois, en 1954, face au constat de l'échec de ses travaux, celle-ci confiera cette tâche à l'Organisation européenne de Coopération économique pour qu'un modèle de convention fiscale bilatérale puisse voir le jour et être accepté unanimement[6].

9. Entre 1955 et 1961, le Comité fiscal de l'OECE[7] a réfléchi et rédigé quatre rapports sur ce thème. Ces rapports ont abouti à un premier projet important de convention de double imposition concernant le revenu et la fortune publié en 1963 dans le cadre de l'OCDE qui a

---

[3] V. BARBE, *Droit fiscal international,* Paris, Gualino, 2018, p. 3.

[4] X. OBERSON, « Du modèle OCDE de convention de double imposition à l'Instrumental Multilatéral » in *Les nouvelles normativités fiscales extra-étatique,* Bruylant, 2023, p. 33.

[5] N. PHU DUC, *La fiscalité internationale des entreprises*, Paris, Masson, 1985, p. 40.

[6] F. SAYEGH & Y. REZKI, « Le café : graines fiscales du nouvel équilibre », *Annuaire africain de droit international,* Vol. 23, 2017-2018, p. 165.

[7] Organisation européenne de Coopération économique.

pris la suite de l'OECE en 1961[8]. Ce projet de modèle de convention sera révisé pour donner le modèle de convention de l'OCDE de 1977 puis celui de 1992. Des révisions successives vont intervenir en 1994, 1995, 1997, 2000, 2003, 2005, 2008, 2010, 2012 et enfin en 2017[9]. Ce dernier modèle est celui en vigueur.

10. Rappelons que les États-Unis ont rédigé et adopté leur propre modèle de convention dès 1977[10].

11. Toutefois, le modèle de l'OCDE semble plus avantageux aux pays développés qu'aux pays en développement. Pendant la période de développement du droit conventionnel sous l'impulsion de l'OCDE, l'ONU a fait le constat d'une absence de compétences confirmées dans le domaine de la fiscalité internationale dans les pays importateurs de capitaux. C'est pourquoi le Conseil économique et social des Nations Unies a lancé une action qui va conduire, en 1968, à la création d'un groupe spécial d'experts des conventions entre pays développés et pays en voie de développement.

12. La divergence d'idéologies et d'intérêts entre ces deux types de pays rendent très fastidieux la tâche de négociation et de signature des conventions fiscales. L'harmonie qui doit s'établir dans la relation doit, d'une part, tenir compte des usages des deux pays et, d'autre part, équilibrer les concessions réciproques. Les difficultés ont été classées en quatre catégories :

- La première et la plus évidente est la divergence des législations. Cette divergence est, à la fois, l'origine et le résultat de l'action des impôts sur la structure sociale, la consommation, la production, la rentabilité des entreprises, la localisation des investissements, les conditions de la concurrence… ;

- La seconde difficulté réside dans la divergence des méthodes qui visent à éliminer les doubles impositions ;

- La troisième est l'opposition des intérêts entre les deux pays. Pour exemple, les pays largement créanciers de revenus d'investissements prônent l'imposition dans l'État de la résidence du bénéficiaire tandis

[8] B. GOUTHIERE, *Les impôts dans les affaires internationales,* Paris, Lefvbre Dalloz, 2023, p. 27.
[9] D. DE VRIES REILINGH & C. CHILLA, *Droit fiscal international,* Helbing Lichtenhahn, 2023, p. 24.
[10] J. C. MARTINEZ, *Les conventions de double imposition,* p. 20.

que les pays en développement, largement débiteurs de tels revenus, préconisent la taxation dans l'État de la source des revenus ;

- La dernière difficulté est relative à l'importance que représente l'impôt par rapport au PIB de chaque pays[11].

13. Le constat du déséquilibre entre ces deux pôles a conduit l'ONU à reprendre ses travaux pour aboutir, dix ans plus tard, au modèle de convention de l'ONU de 1980, censé mieux prendre en compte les intérêts des pays en voie de développement. Ce modèle suit la structure de celui de l'OCDE mais son contenu diffère en de nombreux points. En 2001, les Nations unies vont publier une nouvelle version révisée, puis une autre en 2011[12] qui est, de nos jours, applicable.

14. À partir de l'établissement et de l'application de ces modèles de Conventions (OCDE et ONU), en fonction des intérêts des États signataires, la problématique de la double imposition était presque résolue. Mais une autre, plus insidieuse et plus fugace, se profilait à l'horizon : celle de la double non-imposition.

15. En réalité, des mécanismes juridiques de plus en plus ingénieux ont vu le jour afin de permettre à certains contribuables – souvent disposant des plus gros revenus – de se soustraire totalement de l'application de l'impôt. Ainsi, par le jeu des conventions fiscales (chalandage fiscale/Treaty shopping), la concurrence fiscale dommageable aux États ou encore l'attractivité indéniable des pays non coopératifs ou pays à fiscalité privilégiée, la structure d'imposition classique s'est révélée, d'un coup, anachronique.

16. La caducité des critères d'imposition et l'apparition d'une économie volatile a donc suscité l'intérêt des conventions fiscales. La lutte contre la fraude et l'évasion fiscales de caractère international s'est érigée en objectif de premier rang avec pour mot d'ordre la Transparence.

17. Cette dernière correspond au postulat où aucune réticence ou hostilité n'est constatée quand une juridiction est requise dans l'exercice du mécanisme d'échange de renseignement par un État requérant.

---

[11] A. PARISIS, « L'élimination des doubles impositions », *Réflexions offertes à Paul SIBILLE,* Bruylant, 1981, p. 713-714.

[12] D. DE VRIES REILINGH & C. CHILLA, *Droit fiscal international,* Helbing Lichtenhahn, 2023, *op. cit.*, p. 26.

18. À ce titre, on pourrait noter les nombreux travaux de l'OCDE[13] sur la coopération internationale en matière fiscale et qui ont abouti à des conventions multilatérales à l'image des instances comme le Forum Mondial. Restructuré depuis 2009, la composition de cette institution a été ouverte à toutes les juridictions qui partagent ses valeurs[14]. Les États africains y ont adhéré en masse. Celui-ci est devenu le cadre d'échange par excellence de renseignements à des fins fiscales. Dans la réalité, cette adhésion s'est traduite par l'insertion d'une disposition dans les systèmes fiscaux nationaux pour permettre à l'administration des Impôts d'échanger des renseignements à des fins fiscales avec des administrations étrangères, témoignage de cet engagement[15]. Cette adhésion implique pour l'État de se soumettre à une évaluation par les pairs en ce qui concerne les standards en matière de transparence. L'évaluation concerne l'existence des textes juridiques et des mécanismes répondant aux standards fixés par l'OCDE ainsi que l'effectivité de ces textes.

19. L'évaluation se déroule en deux phases. Les conclusions des examens de la phase 1 et les notations des examens de la phase 2 s'accompagnent de recommandations et d'améliorations[16].

20. L'examen a été réussi avec brio par le Sénégal obtenant la note globale « *conforme pour l'essentiel* ». Les éléments suivants ont permis de qualifier la juridiction sénégalaise de transparente :

- La disponibilité des renseignements sur l'identité des propriétaires de sociétés ;
- Le droit fiscal ainsi que le droit comptable prévoient une conservation des documents sur un rayon de dix ans ;
- La règlementation bancaire ainsi que celle relative au blanchiment des capitaux garantissent la disponibilité des renseignements ;
- Les contrôles des administrations fiscales et d'autres autorités facilitent la disponibilité de renseignements ;

[13] Les résultats des travaux de l'OCDE sur la coopération internationale en matière fiscale sont disponibles sur le site *www.oecd.org.*

[14] Y. MANATA, « La Coopération de l'OCDE avec les États non-membres de l'organisation », *Les nouvelles normativités fiscales extra-étatiques,* Bruylant, 2023, p. 238.

[15] Cette modification est intervenue à travers la loi de finances, gestion 2014, en son article 29 modifiant l'article 64 de la loi n°004-2010/AN du 28 janvier 2010 portant institution d'un livre de procédures fiscales : « La Direction générale des Impôts peut échanger des renseignements avec la Banque Centrale des États de l'Afrique de l'Ouest et les organes de contrôle de l'État. »

[16] OCDE, *Manuel pour les évaluateurs et les juridictions,* Ed. OCDE, 2010, p. 20.

- La détention par les autorités des informations sur la propriété et la comptabilité des entreprises.

21. Aujourd'hui, l'État se trouve contraint dans son pouvoir fiscal. Le Forum Mondial est devenu l'organisation mondiale régulatrice des standards fiscaux internationaux[17].

22. Après la crise financière de 2008 et les crises des finances publiques qu'ont traversé de nombreux États, le sujet de la lutte contre l'évasion fiscale a été mis en avant partout dans le monde. Aussi, les États membres du G20 ont-ils donné mandat à l'OCDE pour débuter une réflexion sur les transferts de bénéfices ou l'érosion de leur base imposable – qui devient le plan BEPS – et la lutte contre les paradis fiscaux. En outre, au-delà de la conjoncture économique, cette période marque l'inscription de l'évasion fiscale dans la globalisation de l'économie[18]. L'application du droit fiscal international se faisait désormais selon les 15 actions du projet BEPS pour Base Erosion and Profit Shifting.

23. Pour l'application uniforme des conventions fiscales en respect aux règles du programme BEPS, l'article 15 de ce programme a recommandé un mécanisme multilatéral de modification de toutes les règles de conventions de double imposition nécessitées pour la mise en œuvre de ce programme. En effet, plutôt que de renégocier près de 3 500 conventions de double imposition – ce qui pourrait prendre des décennies –, les États qui auront ratifié cet instrument devraient ainsi modifier en même temps les règles des conventions de double imposition couvertes par l'accord multilatéral[19].

24. La convention a été signée le 07 juin 2017 par 68 États. Elle permet ainsi de transformer, dans un temps réduit, le « droit mou » que représente les préconisations de l'OCDE en « droit positif ». Désormais, les sources internationales du droit fiscal de l'ensemble des pays signataires comptent un outil supplémentaire de taille, qui prend sa place à côté de la convention concernant l'assistance administrative mutuelle en matière fiscale, ouverte en signature en 1988 et des conventions bilatérales. La Convention de Vienne guide les règles générales d'interprétation, d'application et d'interaction avec les autres

---

[17] J. P. DOUVIER, *Fiscalité internationale Monaco,* Paris, Ed. A. Pedone, 2021, p. 7.
[18] E. COULON, *L'évasion fiscale,* Paris, Dalloz, 2023, p. 16-17.
[19] X. OBERSON, « Du modèle OCDE de convention de double imposition à l'instrument multilatéral », *op. cit.*, p. 45.

sources internationales et nationales du droit fiscal, mais c'est la première fois qu'un traité multilatéral a vocation à impacter à ce point le droit positif[20].

25. Les pays africains n'ont certes pas joué les grands rôles dans cette évolution majeure de la fiscalité internationale mais la dynamique de la sauvegarde de l'assiette imposable a suscité leur adhésion dans le projet. Le Sénégal a déposé le 10 mai 2022 ses réserves et notifications aux fins de la ratification de la convention multilatérale pour la mise en œuvre des mesures relatives aux conventions fiscales et prévenir le BEPS[21]. À la date du 1er septembre 2022, l'instrument multilatéral est entré en vigueur.

26. La mutation de l'économie mondiale a conduit la communauté internationale à réfléchir sur de nouveaux mécanismes d'imposition des multinationales du numérique (GAFAM[22] et NATU[23]). Le groupe sur l'économie numérique s'est réuni deux fois en juillet et en décembre 2018. Début janvier 2019, le Cadre Inclusif s'est réuni à Paris et a adopté une note de politique fiscale qui ne fait qu'esquisser des pistes. À l'époque, les 130 pays du cadre inclusif n'ont accepté de signer le document que sous réserve qu'il soit précédé de la mention « *sans préjuger d'un accord* ».

27. L'objectif était de bâtir une approche en deux piliers. Le pilier I vise à établir des règles pour pouvoir taxer l'activité des entreprises même lorsqu'elles ne sont pas présentes sur son territoire. Le pilier II concerne la mise en œuvre d'un impôt minimum mondial[24]. S'agissant du pilier II, force est de constater que la mise en œuvre effective d'un impôt minimum harmonisé sur le plan international n'a pas atteint un niveau de maturité suffisante, ni au sein de l'OCDE ni sur le plan européen[25].

---

[20] E. LESPRIT & M. Charlotte MATHIEU, « La convention fiscale multilatérale, un outil juridique prometteur », *Bulletin Francis Lefebvre,* n° 11, 2017, p. 605.

[21] Cette pratique répond à l'obligation prévue à l'article 2 al. 1. C'est donc un facteur de sécurité, car l'impact de la convention multilatérale sur telle ou telle convention bilatérale dépend totalement de cette notification.

[22] Google, Apple, Facebook, Amazon et Microsoft.

[23] Netflix, Airbnb, Tesla et Uber.

[24] P. SAINT-AMANS, *Paradis fiscaux : comment on a changé le cours de l'histoire,* Paris, Seuil, 2023, p. 241.

[25] I. GODARD-DAUVAUJANY, « L'OCDE productrice de nouvelles normes : le regard de la praticienne », *Les nouvelles normativités fiscales extra-étatiques,* Bruylant, 2023, p. 79.

28. Malgré ces considérations, le texte est entré en vigueur au sein de l'UE depuis le 1er janvier 2024. Approuvé par 140 pays, il taxe les bénéfices des entreprises à hauteur de 15 % minimum, quel que soit le lieu où elles déclarent leur profit[26]. En Afrique par exemple, certains États comme le Nigéria n'ont pas manqué de manifester ouvertement leur désaccord vis-à-vis de l'impôt mondial[27]. D'autres, en revanche, comme le Bénin, le Burkina Faso, la Côte d'Ivoire, le Sénégal, le Cameroun, le Maroc, le Libéria et l'Afrique du Sud ont donné leur aval[28].

29. Par ailleurs, et suivant les efforts visant la lutte contre la fraude et l'évasion fiscale, le droit interne des États a enregistré de nombreuses réformes démontrant nettement une pleine vigueur dans la lutte contre le blanchiment des capitaux et le financement du terrorisme. Au Sénégal, la Loi de finances rectificative pour l'année 2021[29] a rendu obligatoire la déclaration sur les bénéficiaires effectifs assorti d'une sanction uniforme de 10 000 000 FCFA en cas de non-respect. C'est la Loi de finances initiale pour l'année 2025 qui va ramener cette sanction à 1 000 000 FCFA pour les entreprises ne relevant pas du service en charge des Grandes Entreprises. Sous d'autres cieux, notamment en France, l'article 139 de la loi 2016-1691 du 09 décembre 2016, dite « Loi Sapin II », prévoit désormais une nouvelle obligation mise à la charge des sociétés et autres entités tenues de s'immatriculer au Registre du Commerce et des Sociétés, constituant à identifier leurs bénéficiaires effectifs et à communiquer ces informations au greffe du tribunal du commerce sous peine de l'application de sanctions pénales[30].

30. La lutte contre la fraude et l'évasion fiscales de caractère international a également ciblé les dispositifs transfrontières « potentiellement » agressifs. À une échelle mondiale, l'action 12 du projet BEPS et à l'échelle régionale la directive européenne DAC 6 ont rendu obligatoire les déclarations des différents montages transfrontaliers réalisés par les intermédiaires. La découverte de certains faits a été considérée comme l'élément déclencheur. Il s'agit principalement des

---

26 R. HIAULT, « OCDE : la facture fiscale des multinationales va s'alourdir », www.lesechos.fr, consulté le 27/03/2024.

27 P. SAINT-AMANS, *Paradis fiscaux : comment on a changé le cours de l'histoire, op. cit.*, p. 298.

28 www.business-humanrights.org/fr consulté le 27/03/2024.

29 Loi n° 2021-29 du 05 juillet 2021.

30 V. LAZIMI, *Contrôle fiscal des opérations internationales des particuliers, op. cit.*, p. 78.

affaires « Luxleaks » « Panama Papers »[31]… Rappelons que les USA et le Royaume-Uni avaient en prélude de ces réformes majeures instituées par le biais du droit interne des mécanismes de collaboration entre les conseillers fiscaux et l'administration.

31. L'impôt n'est donc pas imperméable à l'intégration des économies et à la mondialisation des échanges qui se développent de nos jours. D'un côté, il subit les conséquences d'une telle interdépendance, de l'autre, il agit sur la manière dont s'opère la restructuration des rapports économiques entre nations. Aussi, fiscalistes et économistes s'inquiètent-ils maintenant des effets des réformes qu'ils peuvent proposer et se soucient-ils de plus en plus d'adopter une approche globale des politiques fiscales qui, le plus souvent, débouche sur la nécessité d'harmoniser les systèmes fiscaux des différents pays.

32. Ainsi la problématique centrale autour de cette étude est le sort actuel réservé au principe de la territorialité de l'impôt. Autrement dit, après toutes les mutations qui sont intervenues dans l'économie mondiale, quelle conception contemporaine retenir du principe de la territorialité de l'impôt ?

33. Rappelons que partout dans le monde s'est effectué un rapprochement des fiscalités parmi des communautés économiques. Toutefois, il sied d'insister sur le caractère parcellaire de la délégation de pouvoir consentie à ces organisations intergouvernementales car chaque État continue de disposer des prérogatives relatives à la matière financière même dans les domaines délégués.

34. La présente analyse s'articulera donc autour de l'émergence d'une crise du principe de la territorialité de l'impôt qui va aboutir vers une application renouvelée dudit principe.

---

[31] D-E. PHILIPPE & A. NOLLET, *DAC 6 et la déclaration des dispositifs transfrontaliers agressifs de planification fiscale*, LEGITECH, 2023, p.18.

1re PARTIE

UNE CRISE DU PRINCIPE DE LA TERRITORIALITÉ DE L'IMPÔT

35. La porosité grandissante des frontières permet une circulation géographique des hommes et des richesses de plus en plus faciles. Cette facilité de circulation a un effet sur la perception des impôts par les États. En effet, les contribuables ont de plus en plus de facilité à répondre à la pression de l'impôt en se déplaçant. La mobilité croissante que leur autorise la « mondialisation » les permet corrélativement à délaisser les États dont la fiscalité est la plus lourde pour rejoindre ceux dont la fiscalité est plus faible[32]. Le principe de la territorialité n'a pas de valeur constitutionnelle mais définit néanmoins le champ d'application de la loi fiscale dans l'État. Confronté à des problématiques de localisation des bénéfices et d'imputation des pertes, le principe de territorialité serait en quelque sorte subsumé dans un principe économique, celui de la répartition équilibrée du pouvoir d'imposition. Pour certains, un principe strict de territorialité de l'impôt ne subsiste que pour apprécier les droits de mutation à titre onéreux des immeubles[33]. À l'aune de ces mutations, on enregistre une nouvelle manifestation du pouvoir d'imposition (Titre I) et une assiette de plus en plus incertaine (Titre II).

[32] P. DIDIER, « La notion de concurrence fiscale », *L'impôt*, TOME 46, 2002, p. 103.
[33] J. R. PELLAS, « Les principes de territorialité et de mondialité de l'impôt en France », *RFFP*, n° 151, 2020, p. 31.

TITRE I

UNE REDÉFINITION DU POUVOIR D'IMPOSITION

36. Le droit international conventionnel a fortement affecté l'omnipotence du pouvoir de l'État qu'il tire de sa souveraineté. Les conventions fiscales tirent leur origine de la concurrence entre les législations fiscales. Leur intérêt commande qu'elles leur soient reconnues une autorité supérieure à celle du droit fiscal national. Le ministre ivoirien des Finances l'a rappelé à la signature de la convention CITAL[34] le 30 juillet 1982 : *une convention fiscale est le résultat d'une politique fiscale qui « passe nécessairement par la renonciation au principe sacrosaint de la souveraineté fiscale, c'est-à-dire de l'égoïsme étatique, au profit de l'amitié, de la coopération fructueuse[35] ».* Ainsi, la multiplication des conventions fiscales bilatérales et, dès lors, l'application de définitions conventionnelles fondées sur les modèles (ONU-OCDE-ATAF) tendent à harmoniser les règles de localisation de la matière imposable et, partant, à limiter la portée de la distinction entre modèle « territorial » et « mondial », partout sur le globe[36]. La profusion des conventions fiscales signées n'est pas sans effet sur l'application des règles d'imposition. En réalité, le pouvoir d'imposition a connu des réaménagements majeurs (chapitre I). À côté de ce fait on note une démarche de concert des systèmes fiscaux (chapitre II).

---

[34] Convention entre la République d'Italie et la République de Côte d'Ivoire tendant à éviter la double imposition en matière d'impôt sur le revenu et à prévenir les évasions fiscales signée le 30 juillet 1982, entrée en vigueur le 15 mai 1987.

[35] Z. TOGBA, « Les conventions fiscales internationales conclues par la Côte d'Ivoire » *Penant,* n° 795, 1987, p. 421.

[36] M. COLLET, « Le principe de territorialité de l'impôt sur les sociétés et ses concepts fondamentaux : une approche juridique », *RFFP*, n° 146, 2019, p. 27.

CHAPITRE I

UN RÉAMÉNAGEMENT DU POUVOIR D'IMPOSITION

37. La spécificité du principe de la territorialité ne concerne que les modalités d'imposition des entreprises ayant leur résidence sur un territoire bien déterminé. S'agissant des sociétés étrangères, le Code général des Impôts adopte en réalité une démarche identique à celle de la grande majorité des États. L'impôt n'est dû que par les entreprises qui réalisent des profits par le biais d'un établissement ou d'une installation d'affaires[37]. Le principe de la territorialité au sens strict n'englobe pas les profits réalisés à l'étranger par une société résidente[38]. Certains impératifs dictés par le droit fiscal international ont fini par déteindre sur le comportement du pouvoir fiscal. Ainsi, le principe de la territorialité repose sur des critères (Section I). Mais rappelons que l'une des raisons majeures du droit conventionnel est la prohibition de la double imposition (Section II).

Section I : Les critères d'application du pouvoir d'imposition

38. La territorialité de l'impôt, conséquence de la souveraineté fiscale des États explique les disparités fiscales dans le monde. Lorsque le choix s'offre à eux, les entreprises comme les particuliers préfèrent parfois localiser leurs opérations dans des zones à basse pression fiscale[39]. Conscient que la recherche de « profits fiscaux » peut engendrer un chevauchement des systèmes fiscaux, l'approche classique de la territorialité de l'Impôt sur les Sociétés est complétée par des critères (Paragraphe 1) mais aussi par un mode original d'imposition des revenus

---

[37] M. COLLET, « Le principe de la territorialité de l'impôt et ses concepts fondamentaux : une approche juridique », *op. cit.*, p. 26.
[38] Affirmation à nuancer compte tenu de la réglementation des prix de transfert.
[39] P. BERN, « La législation française anti-évasion fiscale internationale », *Mélanges en l'honneur du professeur Paul AMSELEK,* Bruylant, 2005, p. 79.

issus de l'exploitation d'un établissement au sens de la fiscalité internationale (Paragraphe II).

Paragraphe I : Les critères matériels

39. En droit conventionnel, c'est à travers de la notion d'établissement stable que l'on recherchera si les activités d'une entreprise d'un État constituent une présence imposable dans l'autre État[40]. L'établissement stable permet en quelque sorte de concrétiser l'application du principe de la territorialité[41]. Dans l'État de *situs ou* État de source, celui-ci se manifeste par la présence de deux montages. En effet, ceux-ci sont relatifs à l'installation fixe d'affaires (A) et la notion d'agent dépendant (B).

A. Une installation fixe d'affaires

40. *L'établissement stable est une installation fixe d'affaires par l'intermédiaire de laquelle une entreprise exerce tout ou partie de son activité. L'expression comprend notamment : un siège de direction, une succursale, un bureau, une usine, un atelier, une mine, un puits de pétrole ou de gaz, une carrière ou tout autre lieu d'extraction de ressources naturelles. Cependant, les activités d'entreposage, de stockage en vue d'une livraison ne sont pas considérées comme un établissement stable*[42]. Tous les autres modèles de conventions fiscales ONU comme ATAF ont adopté les mêmes caractéristiques de l'établissement stable. Au Sénégal, presque toutes les conventions fiscales ont repris la même définition de l'établissement stable avec quelques réaménagements. À titre d'illustration, nous pouvons citer la durée qui est réservée au chantier pour constituer un Établissement Stable[43].

---

[40] P. LEGENTIL, « Quelques réflexions sur la question de la qualification des revenus en droit conventionnel », *Revue de droit fiscal,* n° 24, Juin 2013, p. 75.

[41] M-C BERGERES, « Droit communautaire et conventions fiscales internationales », *Revue de droit fiscal*, n° 19, mai 2007, p. 25.

[42] Article 5 du modèle de convention fiscale de l'OCDE mis à jour au 1er janvier 2017.

[43] La durée du chantier varie sans pour autant atteindre la durée de 12 mois recommandée par le modèle de l'OCDE. L'étude des différentes conventions fait ressortir une durée qui varie de 0 à 9 mois. Convention fiscale Sénégal-Belgique Article 5-3-a : si la durée dépasse 6 mois, Convention fiscale Sénégal-Italie article 5-2-g : si la durée dépasse 6 mois, Convention fiscale Sénégal-Maroc article 5-3-a si la durée dépasse 6 mois ; Convention fiscale Sénégal-île-Maurice article 5-3-a si la durée dépasse 9 mois (cette convention fiscale a fait l'objet d'une dénonciation en 2019 par l'État du Sénégal) ; Convention fiscale Sénégal-Quatar article 5-2-i si la durée est supérieure à trois mois ; Convention fiscale Sénégal Angleterre Irlande du Nord si la durée dépasse 6 mois ; Convention fiscale Sénégal Tunisie si la durée dépasse 3 mois.

41. Dès le début du XIXe siècle, les conventions fiscales faisaient ressortir la nécessité d'une place fixe d'affaires pour caractériser un établissement stable. Cependant, rien n'interdit a priori à un État d'imposer les revenus produits sur son territoire en l'absence d'un lieu fixe d'affaires. À cet égard, les conférences de Mexico (1943) et Londres (1946) ont apporté des réponses différentes à la question de la nécessité d'une installation fixe d'affaires. Le modèle de convention de Mexico faisait prévaloir une imposition à la source non corrélée de la notion d'établissement stable, entendu comme une installation fixe d'affaires[44]. Cette position est celle qui a été prise par les États d'Amérique latine, lors de la signature du « Pacte Andin »[45]. En revanche, le modèle de Londres réintroduisait la notion d'établissement stable entendu comme une installation fixe d'affaires dans le but de légitimer une imposition à la source. L'actuel modèle de convention de l'OCDE reprend le critère de l'installation fixe d'affaires pour caractériser l'établissement stable. Les commentaires de l'article 5 relatif à l'installation fixe d'affaires décomposent la notion en trois critères : une installation d'affaires (locaux, matériels…) fixe, c'est-à-dire établie dans un lieu précis, et une activité exercée par l'intermédiaire de cette installation, généralement au moyen de personnels[46].

42. La notion de fixité paraît claire ; en fait, elle est éminemment floue, spécialement dans la pratique de certains pays comme les États-Unis. Elle requiert a priori une localisation en un point géographique déterminé. En ce sens, une plateforme de forage en mer peut être considérée comme fixe puisqu'elle est reliée au fond de la mer par ses supports, ses ancrages, ou simplement par la tige de forage. La fixation matérielle au sol n'est pas indispensable, il suffit que l'installation ne soit pas déplacée. Il faut pourtant tenir compte de la nature des activités et des conditions dans lesquelles celles-ci sont exercées ; il paraît peu logique d'exclure de la catégorie des installations fixes d'affaires le chantier de construction de routes de dragage de fleuves ou d'installation

---

[44] SDN, Modèle de convention de Mexico, article 4 : « Les revenus provenant de toute activité industrielle commerciale, ou agricole et de toute autre activité lucrative, doivent être imposés seulement dans l'État dans lequel l'activité est exercée ». Citée par Isabelle RIU, p. 22.

[45] Accord d'intégration sous régional, 26 mai 1969, signé à Carthagène (Colombie), par la Bolivie, l'Équateur, la Colombie, le Pérou et le Venezuela. Citée par Isabelle RIU, p. 77.

[46] I. RIU, *Sociétés et établissements stables en droit fiscal international et de l'Union européenne,* Paris, L'Harmattan, 2012, p. 78.

de pipe-lines qui, par nature se déplace à mesure que les travaux progressent, alors qu'y est inclus le chantier de construction d'un ensemble immobilier[47]. En dehors de la notion de fixité, il faut une permanence des activités et la volonté manifeste de réalisation de profits. Ainsi, l'impôt frappant par définition les bénéfices, ne mérite évidemment la qualification d'établissement que les installations, de quelque nature qu'elles soient, dans lesquelles s'exercent une activité génératrice de revenu, c'est-à-dire contribuant à la formation ou à l'accroissement de la valeur des biens et services dont la société entend tirer profit, même si cela ne se traduit pas par l'encaissement effectif des sommes d'argent[48].

43. La notion d'établissement comme justification de l'application du pouvoir d'imposition a été très tôt adoptée dans les conventions bilatérales. En effet, la convention signée le 8 octobre 1907 entre l'Autriche et la Hongrie a adopté ce procédé. La deuxième partie du traité règle la situation des entreprises, autres que celles de navigation, qui font des affaires dans les deux pays. Il est d'abord convenu qu'une entreprise établit dans un État et opérant dans l'autre, mais sans créer de succursales, ne paiera d'impôts que dans le premier État. S'il y a de véritables établissements dans l'un et l'autre pays, chacun de ceux-ci a un droit d'imposition séparé, sur la base de l'équivalence avec le régime fiscal des nationaux. Par le terme « établissement », il faut surtout entendre les comptoirs de vente et les dépôts de fabrique. La création d'un comptoir de vente suppose l'installation d'un bureau ou plus simplement d'un employé chargé de la vente des produits ; la création de fabriques suppose l'installation, dans des locaux dont on est propriétaire, d'un dépôt de marchandises et d'employés pour en assurer la vente[49].

44. Avec le développement des relations commerciales, le juge administratif s'est focalisé sur d'autres critères pour qualifier certains montages d'établissement stable. Une lecture objective de sa démarche fait ressortir les critères de permanence et d'autonomie des activités. Dans une affaire[50] portée à son appréciation où il s'agissait d'une société de droit britannique résidente de Grande-Bretagne, qui a procédé à

---

[47] G. GEST, *L'imposition des bénéfices des sociétés françaises aux États-Unis*, Paris, LGDJ, 1979, p. 102.

[48] G. TIXIER, G. GEST & KEROGUES, *Droit fiscal international*, Paris, PUF, 2e éd., 1990, p. 56.

[49] M. LAMOUCHE, *Essai sur la territorialité de l'impôt*, Thèse de doctorat, présentée et soutenue le 24 mai 1927 à l'Université d'Alger, pp. 145-146.

[50] C.E. 18 octobre 2018 Société Aravis Business Retreats Limited.

l'organisation de séminaires et de stages pour ses cadres supérieurs dans un chalet situé dans les Alpes françaises qu'elle loue à des tiers qui en assurent la gestion. Pour le Conseil d'État, même si la société britannique ne dispose pas en France d'une présence imposable dans la mesure où elle n'y exploite pas une activité autonome au sens de la législation interne, elle peut y être imposable en application de la convention fiscale[51].

45. Par ailleurs, il n'est point de doute que les notions de fixité, de permanence et d'autonomie sont les principales caractéristiques d'une installation d'affaires passible d'établissement stable. Autrement dit, le caractère physique de l'installation reste un élément principal pour localiser la présence d'une unité économique à l'intérieur du territoire. Toutefois, la digitalisation de l'économie tend à remettre en cause une telle conception. En effet, les activités s'exercent sans pour autant qu'un siège de direction, une succursale ou une filiale ne soient localisables. Le juge administratif semble être réfractaire à l'évolution d'une telle conception. Pour la haute juridiction, une entreprise qui n'a pas d'installation fixe d'affaires ne peut pas être considérée comme titulaire d'établissement stable[52]. Cette décision a suscité de vives polémiques. Nous l'évoquerons plus amplement dans la partie réservée à l'économie numérique.

46. La signature de la convention entraîne une primauté de celle-ci sur le droit interne en application de l'article 98 de la constitution du 22 janvier 2001 plusieurs fois modifiée[53]. La constitution de l'établissement stable engendre la perception de l'impôt par l'État contractant[54]. L'article 7-1 des modèles de convention (ONU comme OCDE) dispose que : « *les bénéfices d'une entreprise d'un État contractant ne sont*

[51] R. COIN, B. GOUTHIERE & F. LE MENTEC, « Territorialité, Résidence & Établissement stable », *Revue fiscalité internationale,* n° 1, 2019, p. 88.

[52] CAA Paris 25 avril 2019, *Revue de droit fiscal,* n° 25, 20 juin 2019, p. 33.

[53] Les traités ou accords régulièrement ratifiés ou approuvés ont, dès leur publication, une autorité supérieure à celle des lois, sous réserve, pour chaque accord ou traité, de son application par l'autre partie.

[54] L'article 3 de la loi 2012-31 confirme cette démarche en disposant que : « *sous réserve des dispositions des conventions fiscales internationales relatives aux doubles impositions, l'impôt sur les sociétés est dû à raison des bénéfices réalisés au Sénégal. Sont réputés réalisés au Sénégal les bénéfices provenant des entreprises exploitées au Sénégal* ».

Il faut retenir que le libellé de l'article peut prêter à confusion. Le législateur pouvait tout simplement adopter la formule française (l'impôt sur les sociétés est dû sur tous revenus provenant d'une entreprise exploitée en France ainsi que ceux attribués par une convention fiscale).

imposables que dans cet État à moins que l'entreprise exerce son activité dans l'autre État par le biais d'un établissement stable qui est situé. Si l'entreprise exerce son activité d'une telle façon, les bénéfices de l'entreprise sont imposables dans l'autre État[55]... ». L'installation fixe d'affaire, qualifiée d'établissement stable fait échec au premier État dans sa volonté de mise en œuvre de son pouvoir d'imposition. À notre sens l'implantation par le biais de l'installation fixe d'affaires permet aux pays en voie de développement de sauvegarder l'étendue de leur pouvoir d'imposition sur les unités économiques.

47. Dès l'instant que l'établissement stable a connu une définition textuelle, il a fallu que le juge mette un contenu à certains concepts notamment sur celui du « bureau ». La doctrine a longuement entretenu une controverse sur la question de l'imposition des bureaux d'achat. La majorité se prononçait contre cette imposition[56]. La thèse de l'imposition des maisons d'achats a été finalement confirmée par le Conseil d'État par un arrêt du 14 février 1930[57]. La démarche du juge trouve sa justification dans l'argumentaire ci-après :

48. « *considérant que si la société X, dont le siège se trouve en Égypte, ne possédait en France en 1918, qu'un comptoir qui était placé sous la direction d'un préposé spécial, et où elle avait procédé pour son compte à l'achat de marchandises en vue de revente, une telle exploitation constituait par elle-même une entreprise commerciale ; que, si la revente des marchandises ainsi acquises sur le territoire français n'avait lieu qu'à l'étranger le bénéfice qui en résulterait était dû pour partie aux conditions d'achat ; que dès lors, dans la mesure où il provenait des opérations effectuées par le comptoir dont il s'agit, le gain de la société X devait être regardé, bien que l'encaissement des fonds n'eût lieu qu'à l'étranger, comme réalisé en France ; que dans ces circonstances, le ministre des Finances est fondé à demander l'annulation de l'arrêté par lequel le Conseil de Préfecture a accordé décharge de l'impôt sur les BIC*[58] *auxquels la société X avait été assujettie pour l'année 1919 ; que ladite société n'ayant jamais fait que contester le principe de l'imposition sans discuter le montant de celle-ci, il y a lieu de rétablir, conformément aux conclusions du recours* ».

---

[55] M-H PINARD-FABRO, « Établissement stable : un regain d'actualité », *Bulletin fiscal- Francis Lefebvre*, n° 1, 2010, p. 517.
[56] Des auteurs comme BOCQUET, ALLIX & LECERCLE.
[57] Requête 12 546 R. O. 5419.
[58] Bénéfices Industriels et Commerciaux.

49. Cette jurisprudence a été confirmée par de nombreux arrêts postérieurement rendus par le Conseil d'État[59]. Le juge administratif continue de jouer un rôle majeur dans la qualification des installations. L'administration fiscale sénégalaise, dans le cadre d'une demande de précision[60] sur l'imposition des activités menées par un bureau de liaison, a apporté la précision ci-après : « *autant qu'il se limite à son objet, un bureau de liaison n'est pas assujetti à l'impôt sur les sociétés. Toutefois, la réalisation d'activités commerciales aussi faibles soient-elles le rendrait redevable de cet impôt* ». Sur le cas précis de la redevabilité de la TVA, dans le cadre d'une demande de confirmation d'exonération, l'administration indique : « *qu'un bureau de liaison sans autonomie de gestion, qui ne réalise aucune affaire au Sénégal, qui se limite à assurer une mission de recueil d'information et de faire la promotion des activités du siège n'est pas assujetti à la TVA. Cependant, elle reste redevable de la TVA facturée sur les fournitures et prestations réalisée à son profit* »[61].

50. Au-delà de la détermination de la nature physique de l'installation, l'État d'implantation de l'établissement fera usage de méthodes pour déterminer les activités imposables. Dans ce sillage, il faudra opérer un choix entre le concept de la force attractive de l'établissement et la notion de rattachement effectif des profits. Le premier concept permet d'imposer tous les revenus ayant leur source dans l'État où est situé l'établissement même s'ils ne proviennent pas de ce dernier. Dans la mise en œuvre du second concept, seront imposables dans les conditions de droit commun les revenus imputables à l'établissement situé dans l'État d'imposition. Depuis la modification du modèle de convention fiscale OCDE en 1977, le rattachement effectif semble avoir été retenu à l'article 7-1[62]. Au Sénégal, ce dernier semble avoir été retenu. À titre d'illustration l'article 7-1 de la convention fiscale Sénégal-Portugal[63] : « *Lorsque l'entreprise exerce ou a exercé son activité d'une*

---

[59] A. CLAUDE, *La territorialité de la loi fiscale française et les bénéfices industriels et commerciaux*, Thèse de doctorat, présentée et soutenue en 1964 à l'Université de Paris, p. 31.

[60] Lettre référencée N°189/MEF/DGID/DLEC/LEG.1.

[61] Lettre n°1122/MEF/DGID/DLCI/BLF du 05 décembre 2019

[62] G. TIXIER, *Droit fiscal international,* Paris, PUF, 1986, p. 24.

[63] JO 6917 du 15 mars 2016.

- Loi 2016-04 du 06 janvier 2016 autorisant le Président de la République à ratifier la convention entre la République du Sénégal et la République portugaise en vue d'éviter la double imposition et de prévenir la fraude et l'évasion fiscales en matière d'impôt sur le revenu, signée le 13 juin 2014.

telle façon[64]*, les bénéfices de l'entreprise sont imposables dans l'autre État mais uniquement dans la mesure où ils sont imputables à cet établissement* ». C'est dans ce sens que le Doyen ALLIX a pu soutenir que : « *l'existence d'un établissement en France rend imposable tous les bénéfices de cet établissement, comme ayant été réalisés en France, sans qu'on s'attache à rechercher de quelles opérations, intérieures ou extérieures, ces bénéfices proviennent*[65]».

51. À la lumière des développements ci-dessus, l'installation fixe d'affaires est l'élément d'appréciation le plus confortable qui pourrait conduire à la présence d'un établissement stable. Cependant, la représentation peut adopter d'autres critères comme la présence d'une filiale ou une personne physique faisant entretenir les relations de commettant-préposé. Dans tous les cas, une relation de dépendance doit être entretenue avec l'entité étrangère.

B. L'agent dépendant

52. L'article 5-4 de la convention fiscale Sénégal-Italie stipule : « *Une personne agissant dans un État contractant autre qu'un agent jouissant d'un statut indépendant, visée*[66] *au paragraphe 5 est considérée comme un établissement stable dans le premier État contractant si elle dispose dans cet État de pouvoir qu'elle y exerce habituellement lui permettant de conclure des contrats au nom de l'entreprise à moins que l'activité de cette personne ne soit limitée à l'achat de marchandises pour l'entreprise* ». À la lecture de cet article, il convient d'en déduire que la notion d'agent dépendant est cantonnée dans deux critères que sont : le statut de dépendance et la capacité d'engagement de l'entité représentée. L'OCDE précise qu'il s'agit d'un critère de rechange. Il doit s'agir d'un agent dépendant, qui peut être une personne physique ou d'une personne morale, habilitée à traiter les contrats de l'entreprise et exerçant son activité dans les domaines caractéristiques de l'existence d'un établissement stable. Ces conditions sont cumulatives : si l'une d'entre elles n'est pas remplie on ne se trouve pas en présence d'un établissement stable[67].

---

[64] C'est-à-dire par l'intermédiaire d'un établissement stable.

[65] E. ALLIX, « La condition des étrangers du point de vue fiscal », *R.C.A.D.I.,* 1937, T61, (vol III), p. 583.

[66] Le cas du commissionnaire ou du courtier qui n'est pas considéré comme un établissement stable.

[67] B. GOUTHIERE, *L'impôt dans les affaires internationales*, Paris, 2019, Ed. Francis LEFEBVRE, p. 351.

53. La dépendance requiert un intérêt capital dans la qualification d'établissement stable. En principe, un agent peut être considéré comme indépendant lorsque :

– d'une part, il agit en son nom propre, quelle que soit la dénomination sous laquelle il se présente (courtier, dépositaire, commissionnaire, etc.) ;

– d'autre part, il n'a pas de lien de subordination avec l'entreprise pour le compte de laquelle il agit. La subordination ne doit être ni juridique, ce qui suppose l'absence de contrat de travail et de direction précise reçue de la part de l'entreprise représentée, ni économique, ce qui doit être démontré par l'existence d'un risque économique et le cas échéant, d'une diversification de ses sources de revenus lorsque cela est possible.

54. L'appréciation de la dépendance ou de l'indépendance relève d'une gageure à chaque fois qu'une affaire est portée devant le juge. L'établissement stable ne sera pas caractérisé notamment si, effectivement, l'agent ne fait pas partie du personnel de l'entreprise, sa rémunération présente une partie variable et qu'il assume lui-même une perte de ses charges d'exploitation. La Cour administrative d'Appel de Paris[68] a retenu qu'une société française qui agit en France au nom d'une société belge dans le cadre d'une délégation de pouvoirs commerciaux négocie et conclut des contrats de vente pour son compte n'est pas un établissement stable de cette dernière, dès lors, notamment, qu'il n'est pas établi ni même allégué qu'elle exerçait son activité exclusivement ou à titre prépondérant pour le compte de la société belge[69]. Dans une autre affaire, le Conseil d'État considère qu'il ne constitue donc pas un établissement stable, un agent dépendant qui, ayant le pouvoir d'engager une société n'utilise pas ses pouvoirs ou ne le fait que de manière occasionnelle[70].

55. Par ailleurs, la notion d'agent dépendant a été cernée par le juge administratif dans la célèbre affaire dite « *Société Interhome AG* »[71]. Dans cette affaire, il s'agissait d'une Société de droit suisse dont le siège est établi à Zurich. Son activité consiste à rechercher des résidences de

[68] C.A.A. Paris, 26 novembre 2003, n°00-134, Société Intercontainer, RJF 04/2004, n° 404.

[69] F. LEMENTEC, « Notion d'établissement stable », *Jurisclasseur du droit fiscal international*, Fasc. 3320, n° 1, 2015, p. 12.

[70] CE 1er juin 2005, Nouvelle-Calédonie, CE 1er juin 2005, Nouvelle-Calédonie c/SA Eagle Star. Voir Le Lamy fiscal 2018, p. 2010.

[71] CE 20 juin 2003 n° 224407 sect. min. c/Sté Interhome AG.

vacances situées dans plusieurs pays européens, en particulier en Suisse, en Espagne, en Italie, en Autriche et en France, que leurs propriétaires sont disposés à donner en location saisonnière. Aux termes de contrats conclus avec ces propriétaires, la société Interhome AG fait figurer ces résidences dans un guide de vacances diffusé dans toute l'Europe. Elle se rémunère en prélevant une commission sur le montant des loyers qu'elle perçoit et reverse aux propriétaires en exécution des contrats conclus avec ceux-ci. En exécution de cette mission, la société susvisée créa en France deux filiales contrôlées à 98 %. L'une d'elle, la SARL Interhome, a le statut d'agent de voyages. Elle a particulièrement pour rôle d'assurer la réservation des propriétés proposées à la location en France et d'encaisser les prix des séjours qu'elle reverse à sa société mère. L'autre filiale, la SARL Interhome, a, pour sa part, le statut d'agent immobilier. Elle a pour rôle de veiller à la bonne exécution de la prestation rendue aux locataires. Elle est rémunérée par le versement d'une commission par la société Interhome AG, laquelle lui alloue également une subvention d'équilibre.

56. Après avoir fait l'objet d'une vérification, l'administration a décidé pour les exercices 1982-1985 de procéder à une rectification sur le fondement de l'article 57 du CGI. Pour celle-ci, le transfert indirect de bénéfices était constitué dès lors que les rémunérations attribuées à la filiale étaient insuffisantes. En cours de procédure, l'administration a usé de son pouvoir de substitution de base légale et invoqua l'application de l'article 7 de la convention franco-suisse relatif au bénéfice d'entreprise. Sur ce fondement, la filiale de la société suisse devrait désigner un représentant en France et procéder au même titre que les établissements stables à une déclaration à l'impôt sur les sociétés. Le tribunal administratif de Paris a rejeté tout bonnement la thèse de l'administration en soutenant que le simple fait pour une société étrangère de disposer des immeubles ne suffit pas à démontrer l'existence d'un établissement stable. Cette position a été plus tard confirmée par la Cour administrative d'Appel de Paris[72]. Un pourvoi a été formulé contre cet arrêt devant le Conseil d'État le 20 juin 2003 et cela a entraîné son rejet[73].

---

[72] CAA Paris 13 juin 2000.

[73] P. DIBOUT & J.-P. LEGALL, « Un hybride atypique : la filiale française établissement stable de la société étrangère (A propos de l'arrêt du Conseil d'État « Sté Interhome AG » du 20 juin 2003) - 1ère partie, *Revue de droit fiscal*, n° 47, 2004, p. 1663.

57. Pour certains auteurs comme DIBOUT et LEGALL, il y a eu à travers la décision du Conseil d'État une extension[74] de la notion d'établissement stable. En effet, la filiale peut être l'un des avatars quelconques de l'établissement stable, installation fixe d'affaires ou lieu d'engagement de la société mère envers les tiers. Le retour au droit national paraît confirmer la pertinence d'une analyse extensive sous l'empire des conventions fiscales. Il ne serait guère cohérent ni satisfaisant intellectuellement qu'une convention fiscale réduise le champ d'une requalification que le droit interne opère naturellement[75].

58. Pour Daniel GUTMANN, l'arrêt *Interhome AG* ne fait que tirer les conséquences fiscales d'une réalité économique simple : une société étrangère exerce en France une activité génératrice de profit par l'intermédiaire d'un agent, lequel se trouve être sa filiale. Il ne serait ainsi qu'une manifestation ordinaire du réalisme du droit fiscal et une saine application du principe de la territorialité de l'impôt sur les sociétés tel qu'entendu par les conventions[76].

59. La Cour administrative d'Appel de Paris dans l'affaire « *ZIMMER* » reprenant en substance le considérant de l'arrêt *Interhome* exprime très clairement les critères d'identification de l'agent dépendant suscités[77]. En effet, il s'agissait dans cette affaire d'une société de droit britannique *ZIMMER LTD* qui commercialisait ses produits en France par l'intermédiaire de son distributeur, la société française Zimmer SAS jusqu'en mars 1995. Postérieurement, la société Zimmer SAS (ayant

---

[74] L'extension résulte du fait que le juge ne se focalise pas uniquement sur les critères classiques de l'agent dépendant pour qualifier ou non l'existence d'un établissement stable. Dans cette affaire, la filiale n'est pas dans une relation de dépendance vis-à-vis de la société-mère. De même, le détachement du personnel de la mère auprès de la filiale pour surveiller l'exécution d'un contrat ne crée pas en soi une dépendance. La thèse extensive commande que la filiale doit en tout état de cause effectuer des opérations « constituant les activités propres de l'entreprise ». Par exemple, une filiale ayant la qualité de sous-traitant ou de façonnier paraît, par définition compte tenu de l'objet du contrat qui la lie à sa mère, exercer les activités propres de la mère qui lui délègue l'exécution de tout ou partie de ses tâches de fabrication. Cette requalification entraîne une double imposition économique selon Stéphane AUSTRY.

[75] P. DIBOUT & J.-P. LEGALL, « Un hybride atypique : la filiale française établissement stable de la société étrangère (à propos de l'arrêt du Conseil d'État « Sté Interhome AG » du 20 juin 2003) - 2e partie, *Revue de droit fiscal*, n°48, 2004, p. 1701.

[76] D. GUTMANN, « La filiale commissionnaire : un établissement stable », *Étude à la mémoire du professeur Maurice COZIAN,* LITEC, 2009, p. 543.

[77] G. BLANLUET, « Le commissionnaire, établissement stable du commettant ? Réflexion autour de l'affaire Zimmer », *Revue de droit fiscal*, n°3, 21 janvier 2010, p. 11.

cédé à la société Zimmer Ltd ses immobilisations, son stock et son solde client) a poursuivi la commercialisation en France des produits de la société Zimmer Ltd mais en qualité de commissionnaire de la société britannique, disposant donc d'une marge moins importante et réduisant ainsi le résultat imposable en France. L'administration fiscale française en vertu de son pouvoir de requalification a jugé que la société anglaise disposait en vertu de la convention franco-britannique, un établissement stable en France[78]. Insatisfait d'une telle démarche, le contribuable a attaqué cette décision devant le Conseil d'État. La Haute Assemblée contrairement à la démarche retenue dans l'affaire Interhome ne fait pas référence à la dépendance économique mais rappelle plutôt que l'agent dépendant comme établissement stable s'apprécie au regard des critères dégagés par l'OCDE[79]. Dans cette affaire, le Conseil d'État apprécie la dépendance non pas à travers des éléments de fait mais plutôt à travers des éléments de droit[80]. Une appréciation stricte des critères conduit à retenir que le commissionnaire ne peut pas faire l'objet d'un établissement stable. Le commissionnaire n'engage pas le commettant à l'égard des tiers. C'est la particularité du contrat de commission, ce qui le distingue profondément du mandat. Dans un mandat, le mandataire représente le mandant, c'est-à-dire que le contrat passé par le mandataire est réputé conclu par le mandant lui-même. Tel n'est pas le cas du contrat conclu par le commissionnaire. Le commissionnaire ne représente pas le commettant. C'est en son nom qu'il contracte, et non au nom du commettant. La position du juge reflète le respect strict des critères. Elle peut être salutaire car dans le comportement du contribuable aucune volonté de dissimulation n'a été enregistrée.

60. En dehors des critères classiques dégagés pour identifier un agent dépendant, l'étude des modèles de convention sécrétée par l'OCDE et l'ONU fait ressortir des éléments d'appréciation différents de la notion d'agent dépendant. La convention modèle de l'ONU introduit une nuance relative à la notion d'agent dépendant qui procéderait régulièrement à des livraisons au nom d'une entreprise sans pour autant avoir le pouvoir de l'engager. Dans cette hypothèse, l'agent dépendant sera réputé constituer un établissement stable. Cette hypothèse est envisagée dans la convention fiscale franco-sénégalaise. En effet, le deuxième paragraphe du point c

---

[78] CAA 2 février 2007.

[79] Dépendance et pouvoir d'engagement.

[80] B. LIGNEREUX, *le principe de la territorialité de l'impôt de l'impôt sur les sociétés*, Rapport particulier, juin 2016, p. 37.

de l'article 3 stipule que : « *est notamment considéré comme exerçant de tels pouvoirs l'agent qui dispose habituellement dans le premier État contractant d'un stock de produits ou de marchandises appartenant à l'entreprise, au moyen duquel il exécute régulièrement les commandes qu'il a reçues pour le compte de l'entreprise* ».

61. Le partage des principes entre les deux modèles aussi commun soit-il, la convention de l'ONU nuance ledit principe en prévoyant que si les activités de l'agent a priori indépendant résident d'un État contractant sont réalisées exclusivement ou presque exclusivement au nom d'une entreprise de l'autre État contractant, et que les conditions commerciales liant les deux parties diffèrent de celles qui auraient été prévues entre deux entreprises indépendantes, l'agent ne sera pas considéré comme jouissant d'un statut indépendant au sens de la convention[81]. La nécessité de collecter le maximum de ressources a très tôt conduit les pays importateurs de capitaux à contrecarrer toutes les velléités d'évasion fiscale au chapitre de l'évitement de l'Établissement stable. La convention franco-béninoise de 1975[82] prévoit expressément qu'un courtier, commissionnaire ou tout autre intermédiaire qui exerce à titre habituel son activité exclusivement ou presque exclusivement pour le compte d'une entreprise de l'autre État contractant n'est pas considéré comme un agent indépendant pour l'application de la convention et caractérise pour l'entreprise l'existence d'un établissement stable[83].

62. L'agent dépendant compte tenu des évolutions jurisprudentielles, doctrinales et des textes conventionnels n'apparaît pas comme une notion figée. À cet égard, un pouvoir de requalification incrusté dans le principe du réalisme pourrait permettre à l'administration de déceler les montages juridiques destinés à échapper à la notion d'établissement stable. Toutefois, pour garantir le principe de la sécurité juridique, l'intervention du juge aurait pour mission d'équilibrer les armes entre administration et administrés. La fiscalité internationale reste un domaine méconnu des tribunaux. Une quasi-inexistence de décisions rendues dans la matière engendre une situation complexe dans l'analyse de l'application du droit conventionnel. Sous d'autres cieux, le juge a donné un nouveau contenu à la notion d'établissement stable à travers

---

[81] P. LEGENTIL, p. 79, article précité.

[82] Article 3.

[83] G. TIXIER, « Les conventions fiscales passées par la France avec les pays en voie de développement », *Réflexions offerte à Paul SIBILLE*, Bruylant, 1981, p. 905.

le concept de cycle complet d'opération commerciale[84]. Rappelons que la ratification par le Sénégal de la convention multilatérale a réformé la perception du statut de l'agent dépendant. L'article 12[85] de ladite convention prévoit en premier lieu que constitue un établissement stable toute personne qui agit pour le compte d'une entreprise étrangère et, ce faisant conclut habituellement des contrats :

- soit au nom de l'entreprise ;
- ou pour le transfert de propriété de biens de l'entreprise ;
- ou pour la prestation de services de cette entreprise.

63. En second lieu, l'entreprise sera réputée détenir un établissement stable à raison d'une personne qui joue habituellement le rôle principal menant à la conclusion de contrats qui, de façon routinière, sont conclus sans modification importante par l'entreprise[86]. Cette disposition permet de lutter de façon subtile contre toute tentative d'évitement du statut d'établissement stable. Après avoir identifié les montages passibles de l'impôt sur les sociétés au regard des conventions fiscales, il importe de se focaliser sur les modalités d'imposition des revenus.

Paragraphe II : La spécificité du mode d'imposition des revenus dans les conventions

64. Dans le jargon de la fiscalité internationale, les traités régissent principalement deux types de revenus : les revenus d'entreprises actifs (A) découlant de l'activité courante d'une entreprise et les revenus passifs (B) découlant des activités d'investissement.

A. L'imposition des revenus actifs

65. Il est clairement admis que les bénéfices provenant de l'exploitation d'entreprise sont imposés au lieu où ils sont réalisés à condition que l'activité s'exerce par le biais d'un établissement stable[87]. Les

---

[84] La notion de cycle commercial est appréciée en fonction des activités menées.
- CE 23 mai 1963 : les opérations d'achat en vue d'une revente.
- CE 8 mai 1967 : Une société étrangère qui accorde des crédits à des clients français
- TA de ROUEN 22 avril 1966 : Ne peuvent faire l'objet d'une imposition en France les bénéfices procurés à une entreprise française par l'exécution à l'étranger, un cycle complet d'opération commerciale, tel que la réalisation de marché de travaux.
Voir P. BELTRAME, *L'imposition des revenus*, Paris, Berger-Levrault, 1970, pp. 54-55.

[85] Cet article prévoit les nouvelles mesures visant à éviter artificiellement le statut d'établissement stable par des accords de commissionnaires et autres stratégies similaires.

[86] P. OUDENOT, *Fiscalité approfondie des Sociétés*, Paris, LexisNexis, 2020, p. 21.

[87] Article 7 al 2 du modèle de convention OCDE intitulé Bénéfices des entreprises.

bénéfices imposables des établissements stables comprennent les revenus de l'exploitation proprement dite, et les revenus rattachables à l'activité de l'établissement stable. Au-delà du fait que la notion de bénéfices d'entreprise n'a pas fait l'objet d'une précision dans les conventions fiscales. Elle recouvre, en principe, tous les revenus tirés de l'exploitation d'une entreprise. Dans le silence des conventions, elle doit donc être interprétée au sens large. Par exemple, un État ne pourrait prétendre appliquer la définition de son droit interne si celle-ci comporte des restrictions[88] non prévues par la convention[89]. Le législateur sénégalais ne fait pas obstacle à la lettre de l'article 7 des conventions fiscales. En effet, il fait référence aux bénéfices tirés d'une exploitation située au Sénégal. L'article 3 privilégie même le droit conventionnel au détriment du droit national[90]. À propos du principe de la primauté, il sied d'apporter la précision selon laquelle les conventions fiscales signées par les États membres de l'UEMOA doivent être conformes au droit communautaire[91].

66. L'établissement stable est le modèle le plus abouti de l'exercice d'une activité distincte au sens conventionnel. En effet, le paragraphe 2 de l'article 7 des modèles de convention fiscale (ONU& OCDE) fait référence au fait que les bénéfices de l'établissement stable sont calculés de la même manière qu'une entreprise distincte sous réserve du paragraphe 3 de l'article 7. Selon le principe dit de pleine concurrence, les bénéfices à imputer à un établissement stable sont ceux que cet établissement aurait réalisé si au lieu de traiter avec son siège central, il avait traité avec une entreprise distincte aux conditions et aux prix du marché ordinaire[92]. À notre sens, l'application du principe de pleine concurrence dans les opérations effectuées par un établissement stable a pour seul objectif de mesurer le degré d'indépendance de celui-ci. En

---

[88] Approche retenue par le Conseil d'État dans l'affaire Schneider Electric. Une affaire qui fera l'objet d'une large étude dans la partie afférente au principe de la subsidiarité des conventions fiscales.

[89] B. GOUTHIERE, *Les impôts dans les affaires internationales*, *op. cit.*, p. 382.

[90] Le membre de phrase « *sous réserve des conventions fiscales* » relève une supériorité des traités bilatéraux sur la loi nationale.

[91] L'article 43 al 1 du règlement n° 08/CM/UEMOA du 26 septembre 2008 portant adoption des règles visant à éviter la double imposition au sein de l'UEMOA et des règles d'assistance en matière fiscale dispose que : « *les conventions bilatérales existant entre les États membres de l'Union sont de nul effet dans les dispositions contraires au présent règlement* ».

[92] INT-Dispositions communes-Droit conventionnel-Modalité d'imposition au regard du droit conventionnel-Bénéfice d'entreprises, *extrait du Bulletin officiel des finances publiques-Impôt,* 2012-2015, p. 5.

effet, le principe de l'entité fonctionnelle distincte ne fait pas référence exclusivement au régime d'imposition applicable par l'État d'implantation de l'établissement stable mais dans les relations avec les entreprises du même groupe.

67. Cette forme juridique découlant du droit conventionnel appelle quelques clarifications. Le statut juridique de l'établissement stable se rapproche de celle de la succursale. Comme toute entreprise, un établissement stable doit disposer de fonds pour pouvoir exercer ses activités, assumer ses risques et acquérir des actifs. L'établissement stable ne dispose pas d'un capital social puisqu'il est indissociable de la maison-mère. Toutefois, l'OCDE plaide pour l'attribution d'un capital libre à l'établissement stable mais ne recommande aucun critère pour sa matérialisation[93]. L'absence de personnalité juridique n'a pas neutralisé le pouvoir d'imposition en ce qui concerne les revenus prétendument distribués. Certains États à l'image de la France[94] et des États-Unis[95] appliquent un impôt dénommé « Branch-tax » sur le revenu réalisé par l'établissement stable après paiement de l'IS.

68. Une étude comparative de l'esprit des modèles de convention OCDE et ONU fait montre d'une unanimité dans l'imposition à la source des revenus. Le modèle de convention des Nations unies amplifie ce principe par une règle de force d'attraction limitée qui permet à l'entreprise, dès lors qu'elle exerce ses activités par l'intermédiaire d'un établissement stable situé dans le pays de la source, d'être imposée sur certains bénéfices commerciaux réalisés dans ce pays du fait des opérations effectuées par l'entreprise dans le pays de la source, mais non par l'établissement stable. Lorsque, par le principe de la force d'attraction, les bénéfices d'entreprise autres que ceux qui sont directement imputables à l'établissement stable sont imposables dans l'État où l'établissement stable est situé, ces bénéfices doivent être

---

[93] T. VANWELKENHUYZEN, « La notion d'établissement stable a-t-elle encore un avenir », *Mélanges en l'honneur de Pascal MINNE,* Bruylant, 2017, p. 429.

[94] La retenue est prévue par l'article 115 quinquies. Le taux est de 28 % en 2022. Toutefois les bénéfices réalisés par les établissements stables français de société résidente au sein de l'UE sont exonérés de retenue à la source. Voir en ce sens P. OUDENOT, *Fiscalité approfondie des sociétés*, Paris, LexisNexis, 2020, p. 177.

[95] La branch profit tax a été introduite avec la réforme de 1986. Le système de la BTP prévoit une imposition à la source de 30 % sur la distribution des revenus des succursales de sociétés étrangères, calculée sur un montant qui serait l'équivalent d'un dividende s'il s'agissait d'une filiale qui en distribuait un. Elle a pour effet de traiter la succursale comme si elle était une société américaine. Voir en ce sens M. BAUEN & R. GANI, *La fiscalité internationale des USA*, Bruylant-LGDJ-Schlthess, 2008, p. 94.

déterminés de la même façon que s'ils étaient directement imputables à l'établissement stable[96].

69. Dans un État comme les États-Unis, le principe de la force d'attraction permettait de rattacher tous les revenus passifs ou actifs d'une société étrangère de source américaine à cette activité, et donc de soumettre l'ensemble de ces revenus aux modalités d'imposition de droit commun. C'est ce qui fait dire au professeur ISENBERGH que *le principe de la force d'attraction doit être compris comme une extension du régime d'imposition basé sur la « résidence américaine » d'un contribuable engagé dans la conduite d'une activité d'affaires aux États-Unis, mais seulement dans la limite des revenus de source américaine*[97]. Dans la même optique le professeur Guy GEST écrit : « *Le principe de la force d'attraction est fondé sur le critère personnel : l'entreprise étrangère est considérée en tant qu'unité juridique intégralement soumise à la souveraineté fiscale de l'État* ». Ainsi, ces auteurs semblent-ils considérer que le fait pour une société étrangère d'être engagée dans une activité d'affaires aux États-Unis attribue une compétence personnelle pour imposer l'ensemble de ses revenus de source américaine, qu'ils soient ou non effectivement rattachables à une telle activité d'affaires[98]. Le principe de la force attraction a connu une évolution difficile compte tenu des réalités et de la pratique conventionnelle. Il n'en demeure pas moins que son application pourrait accroître substantiellement les recettes budgétaires des pays en voie de développement. Toutefois, certains auteurs[99] ont jugé que son abandon constitue un exemple encourageant l'harmonisation de la fiscalité interne avec la fiscalité internationale.

70. La conception opposée semble avoir pris le dessus dans les relations fiscales entre sujet de droit international. Celle dite du lien effectif évoquée plus haut réduit le pouvoir d'imposition de l'État d'accueil de l'établissement car elle est limitée aux seuls bénéfices ou revenus qui sont effectivement rattachables à l'établissement[100].

---

[96] Nations Unies-Département des Affaires économiques et sociales, *Modèle de convention fiscale*, Révision 2011, p. 144.

[97] Cité par N MELOT, *Territorialité et mondialité de l'impôt*, *op. cit.*, p. 178.

[98] N. MELOT, *Territorialité et mondialité de l'impôt*, *op. cit.*, pp. 177-178.

[99] N. P. DUC, *La fiscalité internationale des entreprises*, Paris, Masson, 1985, p. 84.

[100] B. CASTAGNEDE & S. TOLEDANO, *Fiscalité internationale de l'entreprise,* Paris, PUF, 1987, p. 87.

71. En réalité, l'imposition de l'établissement stable met en avant deux objectifs difficilement conciliables : imposer l'établissement stable comme une entité distincte, ou l'imposer comme une partie de l'entreprise. L'imposition comme une entité distincte est la théorie qui prévaut dans les conventions fiscales et elle correspond à une protection du pouvoir d'imposition dans l'État d'implantation[101]. Il est clair que les pays importateurs de capitaux préfèrent l'imposition comme entité distincte pour une meilleure sauvegarde de la matière imposable. Cependant, certaines conventions fiscales signées par le Sénégal auront tendance à considérer l'établissement stable comme une entité dépendante d'un groupe[102]. L'imputation des frais de siège à l'établissement stable a pour but d'émietter le résultat imposable et cela ne joue pas en faveur des pays importateurs de capitaux.

72. L'imposition de l'établissement stable comme entité fiscale distincte fait intervenir les règles de droit interne en application du principe de la territorialité de l'impôt. Les bénéfices générés sont soumis aux règles de droit interne au même titre que les entreprises de droit sénégalais. Le bénéfice imposable d'après l'article 8-1 du CGI est : « *le bénéfice net déterminé d'après le résultat d'ensemble des opérations de toutes natures effectuées par les sociétés et personnes morales, y compris notamment les cessions d'éléments quelconques de l'actif, soit en fin d'exploitation dans les conditions prévues à l'article 259, soit en cours d'exploitation* »[103].

73. Dans les conventions fiscales signées par le Sénégal, en dehors des dispositions afférentes à l'établissement stable, l'article dénommé « Gains en capital » règle le pouvoir d'imposition en ce qui concerne les actifs servant à l'exploitation d'une installation fixe d'affaires. Le point 2 de l'article 13 de la convention fiscale Sénégal-Belgique dispose

---

[101] I. RIU, *Sociétés et établissements stables en droit fiscal international et de l'Union européenne*, *op. cit.*, p. 155.

[102] Cet objectif de considérer l'établissement stable comme faisant partie d'un ensemble se justifie à travers une imputation des frais de siège dans ses résultats. À titre d'illustration nous pouvons citer la convention fiscale franco-sénégalaise en son article 10-4 qui dispose « *qu'une quote-part des frais généraux du siège de l'entreprise est imputée aux résultats des différents établissements stables au prorata du chiffre d'affaires réalisé dans chacun d'eux* ». Dans la même optique, l'article 7 de la convention fiscale Sénégal-Italie qui prévoit une déduction des frais généraux de siège dans le résultat imposable de l'établissement stable, article 7 de la convention fiscale Sénégal-Portugal, article 7-3 de la convention fiscale sénégalo-tunisienne.

[103] Loi 2012-31 du 31 décembre 2012 portant Code général des Impôts modifié par la loi 2015-06.

que : « *les gains provenant de l'aliénation de biens mobiliers qui font partie de l'actif d'un établissement stable qu'une entreprise d'un État contractant a dans l'autre État contractant, ou de biens mobiliers qui appartiennent à une base fixe dont un résident d'un État contractant dispose dans l'autre État contractant pour l'exercice d'une profession indépendante y compris de tels gains provenant de l'aliénation de cet établissement stable (seul ou avec l'ensemble de l'entreprise), ou de cette base fixe, sont imposables dans cet autre État* »[104]. L'imposition d'un établissement stable comme une entité distincte conduit à la reconnaissance d'une personnalité fiscale au-delà du fait qu'il est impensable de parler de personnalité juridique. Cette fiction a conduit le Conseil d'État à juger dans un arrêt[105] que l'inscription au bilan fiscal de l'établissement stable d'une immobilisation utilisée jusqu'alors par une société pour les besoins de l'exploitation en France produit sur le plan fiscal, les effets d'une cession. La société cédante sera donc imposable en raison de la plus-value égale à la différence entre le prix de revient fiscal de cette immobilisation dans les comptes de la société française et sa valeur vénale à la date de son inscription à l'actif du bilan de son établissement stable.

74. Si l'on se réfère aux écrits de Guy GEST[106] qui voudrait que la convention fiscale soit considérée comme un pont jeté entre deux systèmes fiscaux différents, celle-ci ne serait habilitée qu'à prévenir la double imposition et non pas à régir la détermination de la matière imposable. Elle ne constitue guère un système fiscal complet. Partant de ce postulat, les dispositions de la convention ne devraient pas être sollicitées dans la détermination du résultat fiscal de l'établissement stable. Dans certaines conventions signées par l'État du Sénégal, il existe des dispositions qui considèrent certaines matières comme déductibles alors qu'elles ne le sont pas si l'on se réfère au droit commun. Dans le cadre des relations de groupe, la loi 2012-31 prévoit en son article 9-5

---

[104] Une disposition reprise dans d'autres conventions signées par le Sénégal. Notamment article 13-2 de la convention fiscale Sénégal-Canada, article 16-3 de la convention fiscale franco-sénégalaise, article 13-2 de la convention fiscale Sénégal-Italie, article 13-2 de la convention fiscale Sénégal Maroc, article 13-2 de la convention fiscale Sénégal-Norvège, article 13-2 de la convention fiscale Sénégal-Portugal, article 13-2 de la convention fiscale Sénégal-Quatar, article 13-2 de la convention Sénégal-Luxembourg.

[105] CE Bel du 27 mai 2020 cité par P. OUDENOT, *Fiscalité approfondie des Sociétés*, Paris, LexisNexis, 2020, p. 174.

[106] Voir G. GEST, *Droit fiscal international*, Paris, PUF, 1986, p. 61.

que : « *pour les entreprises qui exercent leurs activités au Sénégal et dont le siège social est situé à l'étranger, une quote-part des frais de siège incombant auxdites entreprises calculée, sous réserve des conventions internationales, au prorata du chiffre d'affaires global de ces mêmes entreprises sans pouvoir excéder 20 % du bénéfice comptable réalisé au Sénégal avant déduction de la quote-part des frais de siège*[107] ». Selon M. MANCABOU, Inspecteur des Impôts, le législateur sénégalais a institué « *une limitation à double détente est dictée par le souci du législateur d'éviter que des bénéfices réalisés au Sénégal ne soient indûment transférés à l'étranger par le truchement d'un gonflement fictif de charges* »[108]. Dans d'autres pays comme le Burkina, les frais de siège, les frais d'assistance technique, comptable, financière ainsi que les frais d'études et assimilés versés à des entreprises liées ne sont déductibles que dans la limite de 10 % des frais généraux[109].

75. Notons que la TVA ayant grevé ces prestations de services n'est déductible que si les montants en cause sont assujettis à un impôt sur le revenu. En effet, *l'article 383-f du CGI dispose : « n'est pas déductible la TVA ayant grevé les prestations de services, quel que soit leur dénomination, lorsque le bénéficiaire de la rémunération n'est pas établi au Sénégal à l'exception des prestations comportant un transfert de savoir-faire définies par arrêté du ministre chargé des Finances* [110]*». « Revêt le caractère de transfert de savoir-faire pour la déduction de la TVA supportée, au sens du f de l'article 383 du CGI, toute prestation ayant un caractère ponctuel rendu par un prestataire non immatriculé au Sénégal par l'accomplissement de laquelle le bénéficiaire établi au Sénégal acquiert le moyen ou les compétences nécessaires pour réaliser un acte ou pour exercer une activité au Sénégal ou à l'étranger, sans qu'il ait besoin de recourir à nouveau au même type de prestation pour l'exercice de la même activité ou de la réalisation du même type d'acte »*[111]. Nonobstant les dispositions de l'article 1er du présent arrêté, les prestations ci-après donnent droit à déduction de la TVA supportée,

---

107 Limitée à 20 % au Mali, 1 % du Chiffre d'affaires à Madagascar.

108 M. N. A. C. MANCABOU, *Gestion fiscale et comptable de l'entreprise*, L'Harmattan, 2013, p. 326.

109 S. OUEDRAOGO, « Étude du système fiscal burkinabé », *Droit fiscal en Afrique subsaharienne francophone sous la direction de Thierry OBRIST et Trésor-Gauthier M. KALONJI,* Ed Bruylant, 2022, p. 78.

110 Loi 2012-32 du 31 décembre 2012 portant CGI modifié par la loi 2020-33 du 22 décembre 2020 portant adoption de la loi de finances initiale pour l'année 2021.

111 Article 1 de l'arrêté du ministre des Finances et du Budget.

lorsqu'elles sont soumises à un impôt sur le revenu au Sénégal, notamment par le mécanisme de la retenue à la source :

– les intérêts sur prêts consentis à une entreprise établie au Sénégal par une Banque, un établissement financier ou prêteur établi à l'étranger ;

– les prestations d'installation et de mise en service d'équipement, de matériel, d'industrie ou technologie acquis par une entreprise établie au Sénégal ;

– la réparation ou la maintenance d'outils, d'outillages, de machines ou d'équipements industriels, agricoles, miniers ou de transport aérien ou maritime figurant dans les comptes d'immobilisations d'un client établi au Sénégal ;

– la formation du personnel d'une entreprise établie au Sénégal à l'utilisation d'une technologie acquise ou d'un savoir-faire effectivement utilisé par le client ;

– les dépenses d'études et de prospection pour l'ouverture à l'étranger d'un établissement ;

– les sommes versées à un commettant établi à l'étranger en rémunération de prestations fournies ou utilisées au Sénégal, par l'intermédiaire d'un commissionnaire immatriculé au Sénégal, qui moyennant le versement d'une commission, se charge de conclure tout acte juridique en son nom propre mais pour le compte du commettant qui lui donne mandat ;

– l'usage ou la concession de l'usage d'un droit d'auteur sur une œuvre littéraire, artistique ou scientifique, y compris les films cinématographiques et de télévision ;

– l'usage ou la concession de l'usage d'un brevet d'une marque de fabrique, de dessin ou d'un modèle, d'un plan, d'une formule ou d'un procédé secret, ainsi que d'un équipement industriel, commercial ou scientifique ne constituant pas un bien immobilier[112].

76. Les conventions fiscales prévoient une déduction des frais de siège beaucoup plus alléchante que le droit commun. En effet, le calcul de la répartition des frais de siège est effectué par le système du prorata du chiffre d'affaires des différents établissements stables du siège de l'entreprise. Cette répartition peut conduire à éluder une part

[112] Article 3 de l'arrêté du MFB n° 039532 du 2 décembre 2021.

substantielle de la matière imposable car la même disposition[113] indique que si la déduction d'une telle charge empêche l'entreprise de dégager un bénéfice normal, les parties au traité bilatéral peuvent se réunir dans le but de procéder à des ajustements nécessaires du bénéfice imposable.

77. À la lumière de cette disposition, nous en déduisons que le système du prorata entraîne des conséquences pernicieuses dans le recouvrement de l'impôt dû. C'est pourquoi une certaine hostilité a été enregistrée dans le comportement des administrations fiscales. En 1983[114], le Conseil d'État tranchant le litige né du refus des autorités algériennes d'accorder l'imputation de la quote-part des frais généraux du siège incombant à l'établissement algérien, la Haute Assemblée constate que le droit conventionnel (article 10-3 de la convention franco-algérienne de 1968) exprime une règle de droit interne (article 39 du CGI français), « qu'il suit de là que, l'imposition litigieuse trouvant une base légale soit dans les stipulations de la convention franco- algérienne, soit, à défaut, dans les dispositions précitées du code général des impôts, il n'y a pas lieu de rechercher, comme l'ont fait les premiers juges, si la convention doit ou non être tenue pour inapplicable en vertu de l'article 55 de la Constitution (française) en raison de la méconnaissance par les autorités algériennes des obligations leur incombant par réciprocité ». Cette posture du juge rappelle un principe important dans le cadre des traités internationaux[115]. En effet, la primauté des règles internationales ne prend effet qu'avec le principe

---

[113] Article 10-4 de la convention fiscale franco-sénégalaise

[114] CE, 7/8 sous-sections, 16 février 1983, *RJF,* 1983/4, p. 221.

[115] Z. TOGBA, « Les conventions fiscales internationales conclues par la Côte d'Ivoire », *op. cit.*, p. 418.

de la réciprocité des parties[116]. Dans une affaire[117] soumise à son appréciation, l'administration précise que la retenue à la source est applicable sur les sommes versées à un prestataire camerounais même si cela fait l'objet d'une prohibition par l'OCAM. Cela se justifie par le fait que le Cameroun n'a pas intégré dans son ordonnancement juridique ladite convention.

78. Au Sénégal, nous avons enregistré une réelle intention de faire prévaloir les dispositions de l'article 8-4[118] sur la convention franco-sénégalaise (article 10-4). Dans le cadre d'un arbitrage[119] suite à un redressement, le Directeur général des Impôts et des Domaines précise que : « la rédaction même de l'article 8-4 du CGI révèle que celui-ci s'applique « sous réserve des conventions internationales ». Dans l'affaire en cause, le contribuable étant une société de droit français, les frais de siège refacturés à sa succursale sénégalaise doivent être appréciés au regard de la convention de non double imposition du 29 mars 1974 entre la France et le Sénégal, laquelle en l'espèce se substitue au droit interne.

79. Par ailleurs, au-delà même de l'annulation des redressements fondés sur les dispositions du CGI, l'autorité saisie pour arbitrer le litige

---

[116] Par lettre référencée N° 174/MEF/DGID/DLEC du 28 mai 2009, le Directeur général des Impôts dans le cadre d'un recours hiérarchique soutenait que : « *l'application de la convention OCAM est subordonnée à une vérification de réciprocité par l'administration fiscale* ». Dans une autre affaire rendue en arbitrage n° 320 MEF/DGID/DLEC/BE du 18 septembre 2009, l'autorité administrative dans une démarche salutaire a évoqué la question de la réciprocité dans le cadre de l'application des traités internationaux. Ce dernier soutient : « *que les conventions de non double imposition, qui sont des traités internationaux, s'appliquent effectivement sous réserve de réciprocité. Par ailleurs, leur application ne saurait pas même être paralysée par la dissolution de l'organisation dans le cadre de laquelle elles ont été signées, comme le cas s'est produit avec l'OCAM. En principe donc, un État-signataire ne peut se soustraire à l'application d'un traité bilatéral ou multilatéral qu'en empruntant les voies formelles prévues par le droit des traités* ».
Deux conventions multilatérales ont été signées par certains membres de l'UEMOA : il s'agit de la Convention générale de coopération fiscale entre les États membres de l'OCAM signée à Fort Lamy le 29 janvier 1971 et la convention fiscale des États membres de la CEAO signée à Bamako le 29 octobre 1984.
Aujourd'hui les deux organisations ont été dissoutes mais les conventions restent toujours applicables.

[117] Lettre n° 463/MEFP/DGID/DLEC/BCTX du 7 avril 2016.

[118] De la loi 92-40 du 9 juillet 1992 portant Code général des Impôts.

[119] Lettre n°191/MEF/DGID/DLEC/FCI du 17 juin 2009.

précise que le service vérificateur a la prérogative de vérifier ultérieurement et, éventuellement, de procéder à de nouveaux redressements :

– Si le montant des frais imputés au contribuable respecte strictement la règle du prorata. Pour cela, il pourra se fonder sur les documents comptables fournis par le contribuable ou par tous autres moyens de preuve ;

– Si l'application du prorata n'a pas abouti à un bénéfice anormal ou à la déduction d'une quote-part de frais de siège sensiblement supérieure à celle qui résulterait des règles supérieures.

80. Outre les frais de siège, le règlement de l'UEMOA sur la double imposition limite le droit à déduction des établissements stables pour toutes les sommes versées au siège ou à d'autres établissements du groupe à l'exception des Banques pour les intérêts rémunérant les prêts alloués[120]. Cependant, la position du Conseil d'État dans l'affaire « *Sodirep*[121]» attribue en quelque sorte une personnalité juridique à la succursale. En réalité, la haute assemblée a jugé que la succursale française d'une société belge avait commis un transfert indirect de bénéfices en ne faisant pas rémunérer les avances qu'elles avaient consenties à son siège. Les juges du palais royal ont donc considéré que l'établissement stable ayant la personnalité fiscale, toute mise à disposition de sommes par ce dernier à l'instar de celles qui seraient consenties par une société à une autre doit être rémunérée, sauf à encourir un redressement pour renonciation à recettes[122]. La doctrine

---

[120] Le deuxième et le troisième paragraphe du point 3 de l'article 8 dispose que : « *toutefois, aucune déduction n'est admise pour les sommes qui seraient, le cas échéant, versées par l'établissement stable au siège de l'entreprise ou à l'un quelconque de ses autres établissements comme redevances, honoraires ou autres paiements analogues au titre de licence d'exploitation, de brevets ou d'autres droits, ou comme commissions autres que le remboursement de dépenses réelles effectuées, pour des services rendus ou pour une activité de direction ou, sauf dans le cas d'une entreprise bancaire, comme intérêts sur les sommes prêtées à l'établissement stable* ». De même, il n'est pas tenu compte, pour la détermination des bénéfices d'un établissement stable, parmi les frais de siège de l'entreprise ou de l'un quelconque de ses autres établissements, des redevances, honoraires ou autres paiements analogues au titre des licences d'exploitation, de brevets ou d'autres droits, ou de commissions, autres que le remboursement de dépenses réelles effectuées, pour les services rendus ou pour une activité de direction ou, sauf dans le cas d'un établissement bancaire, des intérêts sur des sommes prêtées au siège de l'entreprise ou à l'un quelconque de ses autres établissements.

[121] CE 9 novembre 2015.

[122] P. OUDENOT, *Fiscalité approfondie des sociétés, op. cit.*, p. 174.

administrative fiscale sénégalaise a précisé toutefois que la TVA perçue sur les frais de siège n'est pas déductible si le bénéficiaire des sommes n'a pas payé un impôt sur le revenu au Sénégal[123]. En dehors de quelques spécificités issues du droit conventionnel, l'établissement stable obéit aux mêmes règles d'imposition que les entreprises nationales. Le principe de non-discrimination et la clause de la nation la plus favorisée[124] constituent des outils efficaces pour maintenir les unités économiques au même pied d'égalité.

81. Dans divers horizons géographiques, des restrictions avaient été notées dans le cadre des prestations intra-groupes. À titre d'exemple, l'article 43bis de l'ordonnance-loi zaïroise du 10 février 1969[125]. L'article suscité était ainsi libellé : « *Les sommes versées par une entreprise de droit national à une personne physique ou morale de droit étranger avec laquelle elle est liée soit par voie d'une participation directe dans son capital, soit par l'intermédiaire de participations détenues par une ou plusieurs autres entreprises du même groupe, en rémunération d'un service rendu, ne sont susceptibles d'être admises dans les charges professionnelles de l'entreprise qu'à la triple condition :*

1. Que la réalité du service soit clairement démontrée ;

2. Que le service en cause ne puisse être rendu au Zaïre ;

3. Que le montant de la rémunération corresponde à la valeur réelle du service.

82. En résumé, la première et la troisième condition correspondent à l'idée suivante : la rémunération payée pour un service rendu doit avoir une contrepartie réelle et adéquate. La deuxième condition exige que l'entreprise zaïroise commence par utiliser les services qui sont organisés sur place au Zaïre avant de recourir aux services des entreprises étrangères afin, d'une part, d'encourager les entreprises similaires de droit national et, d'autre part, éviter une sortie massive de devises sous forme de redevances dues à des entreprises étrangères[126].

83. L'objectif premier des conventions fiscales reste la prévention de la double imposition. Cette prévention est amorcée lors de la

---

[123] Lettre N°186/DGID/BLC/LEG2 du 24 juillet 2008.

[124] Convention franco-libyenne du 17 novembre 2008.

[125] Il s'agit de l'ordonnance-loi n° 69/009 du 10 février 1969 relative aux contributions cédulaires sur les revenus au Zaïre.

[126] A. LANA, « Imposition des prestations d'assistance technique en droit zaïrois » *Réflexions offertes à Paul SIBILLE*, Bruylant, 1981, p. 74.

transition de certains capitaux généralement appelés revenus passifs. Selon Maurice COZIAN, les revenus passifs englobent les revenus autres que ceux qui se rattachent à l'exploitation d'un établissement (dividendes, intérêts & redevances)[127].

B. L'imposition des revenus passifs

84. Les revenus passifs ont posé la problématique de l'application du pouvoir d'imposition entre l'État de source et l'État de résidence. Dans une perspective territoriale, les États qui adoptent la règle générale suivant laquelle les revenus passifs prennent leur source de l'État de la résidence fiscale du débiteur des revenus qui, apportent parfois certains aménagements à cette règle en adoptant des règles dites de transparence. Ces dernières ont pour objet de déroger à la règle générale lorsque les revenus, principalement les dividendes et les intérêts, sont versés à partir de profits réalisés au travers d'une activité localisée en dehors de l'État de résidence fiscale du débiteur des revenus[128].

85. Notons aujourd'hui, que la pratique conventionnelle laisse place à un partage du pouvoir d'imposition entre la résidence et la source. En effet, le rattachement de certaines catégories de revenus n'est pas toujours aisé à effectuer. Les conventions fiscales retiennent une solution réaliste de compromis : droit d'imposition partagé entre les États parties au traité bilatéral[129]. Dans la pratique conventionnelle au Sénégal, nous avons pu relater deux comportements : un partage[130] du pouvoir d'imposition entre la source et la résidence avec une élimination de la double imposition et une attribution exclusive du pouvoir d'imposition[131].

---

[127] M. COZIAN, *Précis de fiscalité des entreprises*, Paris, Litec, 2014, p. 468.

[128] N. MELOT, *Territorialité et mondialité de l'impôt*, *op. cit.*, p. 116.

[129] G. TIXIER, *Droit fiscal international,* Paris, PUF, 1986, p. 78.

[130] Exemple de partage du pouvoir d'imposition pour ce qui concerne les revenus passifs : convention fiscale Sénégal-Belgique, convention fiscale franco-sénégalaise, convention fiscale Sénégal-Italie, convention fiscale Sénégal-Maroc, convention fiscale Sénégalo-Mauritanienne, convention fiscale Sénégal-Norvège.

[131] Exemple d'attribution exclusive du pouvoir d'imposition à l'État récepteur des capitaux payés : convention fiscale Sénégal-île Maurice (cette convention fiscale a fait l'objet d'une dénonciation en 2019 suite à d'énormes pertes budgétaires constatées par les services compétents), convention fiscale Sénégal-Qatar. Les conventions fiscales dans leur grande majorité ont pour objectif de limiter au plus bas le taux d'imposition des revenus passifs dans l'État de la source ou même d'exonérer en vertu de l'attribution exclusive du pouvoir d'imposition évoquée plus haut. Les dispositions de la convention fiscale Sénégal-Tunisie méritent une attention particulière. En effet, les dividendes et les intérêts restent dans le champ du pouvoir d'imposition de l'État

Cette démarche inconstante de notre État appelle quelques remarques. Un rappel historique des modèles de conventions permet de dicter le comportement des pays importateurs de capitaux dans la négociation des conventions fiscales. Lors de la confection du modèle de convention de l'ONU l'opposition farouche notée entre le modèle de Londres et celui de Mexico n'a pas été fortuite. En effet, si l'imposition des bénéfices des entreprises et du revenu des biens immobiliers n'a pas suscité de divergences dès lors que le droit prioritaire d'imposition pour le pays de la source n'a jamais été contesté, en revanche sur le terrain de l'imposition des intérêts, des dividendes, des rentes et des pensions, les conceptions de Londres n'étaient plus celles de Mexico. C'était déjà la préfiguration du conflit normatif des années 1970 entre les deux critères de rattachement d'une matière imposable à une sphère de souveraineté : la source ou la résidence. Le modèle de Mexico préconisait d'imposer presque exclusivement à la source les revenus des non-résidents. Le « tiers-mondisme fiscal » s'ébauchait là, 34 ans avant de s'affirmer dans la convention modèle des Nations unies concernant les doubles impositions entre pays développés et pays en voie de développement[132].

86. Sur ces entrefaites, les pays en voie de développement devraient être à même de disséquer leurs avantages au moment de la conclusion des conventions. Le modèle de Mexico semble être la conduite à adopter pour une meilleure application du pouvoir d'imposition sur les revenus passifs. À notre sens, l'analyse des relations fiscales doit aboutir à des études poussées du système fiscal de l'État contractant. L'exemple de l'Île-Maurice est illustratif. Ce pays a une réputation de paradis fiscal et la signature d'une convention fiscale engendre notamment des pertes budgétaires importantes mais facilite le « treaty-shopping » ou chalandage fiscal[133].

87. Après dix-sept années d'application, le Sénégal a dénoncé en 2019 la convention fiscale avec l'Île-Maurice. Les pertes budgétaires se chiffrent à plus de 150 milliards. Le Chef de l'État, dans un souci de préservation des intérêts économiques du pays, a instruit le ministre des Affaires étrangères pour dénoncer ladite convention. Selon le gouvernement du Sénégal, l'Ile-Maurice étant un paradis fiscal connu

---

payeur et les redevances sur celui du récepteur. Aussi, ladite convention ne fixe pas de taux d'imposition mais évoque directement le taux fixé par le droit interne.

[132] J. C. Martinez, *Les conventions de double imposition*, Paris, Litec, 1986, p. 17.

[133] Il s'agit d'un mécanisme communément appelé chalandage fiscal. Il offre la possibilité aux multinationales de jouir de certains avantages découlant d'une convention fiscale sans pour autant en être un bénéficiaire effectif.

de tous, nombre d'entreprises investissant dans le secteur minier comme l'or et le zircon ont choisi de domicilier leur entreprise en Ile-Maurice. En procédant de la sorte, ces entreprises avaient comme seul objectif de ne pas payer d'impôts et de profiter au maximum des avantages de la convention[134]. Les échanges industriels disproportionnés entre les pays du Nord et les pays du Sud devraient conduire à une imposition optimale des revenus passifs dans le cadre des conventions fiscales. À ce propos, Jean Pierre JARNEVIC est convaincu que même si des pays comme la France ont procédé à une extension de la notion d'établissement stable, dans la pratique, celle-ci ne profite qu'aux États exportateurs de capitaux en raison de l'inégalité des échanges industriels et commerciaux qui caractérise les rapports entre la France et les pays en voie de développement[135].

88. Cette situation avait conduit également à l'émission d'une panoplie de critiques lors de la ratification de la convention fiscale entre le Sénégal et le Luxembourg. Des débats très agités ont été tenus à l'Assemblée nationale sous le seul prétexte que le Luxembourg était un paradis fiscal ou de façon plus contemporaine un régime fiscal privilégié. Il faudrait cependant rappeler que le Grand-Duché avait volontairement fait le choix d'inclure dans le préambule des conventions fiscales une formule de lutte contre le « treaty-shopping » en ces termes : « *la convention a pour objectif d'éliminer la double imposition sans créer de possibilités de double non-imposition* »[136]. Celle-ci est incluse dans la convention signée avec le Sénégal.

89. À propos de la lutte contre l'usage abusif, la démarche du juge administratif dans la célèbre affaire du fonds de pension irlandais[137] mérite d'être saluée. D'après le raisonnement du juge, les expressions « résident d'Irlande » et « résident de France » désignent respectivement : *toute personne qui est résidente d'Irlande pour l'application de l'impôt irlandais et qui n'est pas résidente en France pour l'application de l'impôt français. /Et toute personne qui est résidente de France pour l'application de l'impôt français et qui n'est pas résidente d'Irlande*

---

[134] https://www.zinfos-moris.com/ consulté le 16/07/2020.

[135] J. P. JARNEVIC, *Les dérogations au principe de la territorialité des impôts établis sur les bénéfices des sociétés de capitaux en droit fiscal français*, *op. cit.*, p. 23.

[136] E. LEBAS, *La gestion fiscale des entreprises et ses limites*, éd. LEGITECH, 2021, p. 64.

[137] TA de Montreuil 11 janvier 2024 sur la question de la résidence d'un fonds de pension.

pour l'application de l'impôt irlandais[138]. Au-delà des critiques qui ont été formulées, la démarche du juge est salutaire à plus d'un titre. L'assujettissement effectif à l'impôt reste un critère objectif de lutte contre la double non-imposition. Une telle réflexion conduirait à priver du statut de résident conventionnel tout contribuable placé dans un régime d'exonération au regard du droit interne[139].

90. Le législateur sénégalais a cependant bien pris en compte la singularité de notre économie dans les différentes réformes. En effet, dans l'exposé des motifs de la loi instituant pour la première fois la retenue BNC, il s'exprime en ces termes : « *Dans les pays en voie de développement comme le Sénégal, le transfert de technologie s'opère pratiquement à sens unique et les redevances qui peuvent être versées à ce titre constituent des charges et non des produits pour les entreprises sénégalaises diminuant ainsi l'assiette de l'impôt sur le revenu* ». Il poursuit en affirmant que les règles de territorialité contenues dans le CGI et les conventions fiscales ont tendance à affaiblir l'action de l'administration qui ne dispose pas de moyens légaux pour contraindre les contribuables non établis sur le territoire sénégalais à s'acquitter de leurs obligations fiscales. Pour ce faire un nouvel alinéa a donc été ajouté à l'article 37 du Code général des Impôts. Cinq nouveaux articles : 37 bis, 38 bis, 47 bis, 48 bis et 49 bis ont été créés pour régler l'imposition des non-résidents[140].

91. La circulaire[141] d'application de la loi susvisée indique que celle-ci a introduit deux nouveautés en matière de fiscalité directe dans le domaine des paiements à l'étranger. D'abord, elle instaure une retenue à la source sur les redevances versées à des personnes résidant à l'étranger. Ensuite, elle opère un renversement de la charge de la preuve au profit de l'administration pour l'application de l'article 23 du Code général des Impôts dont les dispositions ont été commentées par la note n° 4256/DGID/LEG.1 du 14 juin 1983. Toutefois, la retenue à

[138] P LEGENTIL, « La notion de personne morale résidente au sens des conventions, des contours encore en construction », *Revue de droit fiscal*, n° 37, Sept 2024, p. 20.

[139] Cette démarche rentre en droite ligne avec le standard minimum préconisé par l'instrument multilatéral.

[140] Loi n° 83-47 du 5 juillet 1983 complétant le Code général des impôts, relative à l'imposition des redevances versées à des personnes résidant à l'étranger JORS N° 4961 du 13 août 1983.

[141] Circulaire d'application n° 08/01/DGID/LEG. 1 du 10 décembre 1983.

la source[142] n'est exigible au sens de la circulaire, que chez le débiteur disposant d'installation professionnelle permanente au Sénégal qui verse des sommes à un créancier n'ayant aucune installation au Sénégal.

92. Après plus de trois décennies et plusieurs réformes entreprises, le législateur a maintenu l'architecture de la retenue BNC. La loi 2012-31 du 31 décembre 2012 portant Code général des Impôts prévoit une retenue à la source[143] pour toutes les sommes payées par un débiteur qui exerce une activité au Sénégal à des personnes ou des sociétés relevant de l'impôt sur les sociétés qui n'ont pas d'installation permanente :

– les sommes versées en rémunération d'une activité déployée au Sénégal dans l'exercice de l'une des professions non commerciales ;

– les produits des professions non commerciales et perçus par les inventeurs ou au titre des droits d'auteur et tous autres produits tirés de la propriété industrielle ou commerciale et droit assimilés ;

– les sommes payées en rémunération des prestations de toute nature fournies ou utilisées au Sénégal.

93. Le taux de la retenue à la source sur les redevances est fixé à 25 % du montant net des sommes imposables sous réserve des stipulations des conventions internationales. Ce montant net est déterminé en appliquant aux encaissements un abattement de 20 %[144]. Le droit conventionnel pour sa part s'il prévoit une retenue, celle-ci ne se fera sur le montant brut des sommes en cause[145].

94. À notre sens, le système fiscal sénégalais a mis en place un arsenal juridique pour contrer l'inégalité des échanges. Cependant, la présence d'une convention fiscale a tendance à brouiller ou réduire les tentacules de la retenue BNC. Dans le cas de l'inexistence d'une convention fiscale, la formule que nous retrouvons au c l'article 202[146] « *prestations de toute nature* » similaire à celle de l'article 182 B du

---

[142] Il est précisé que la retenue à la source doit être faite au moment où le paiement est effectué et quel que soit la forme de celui-ci (versement en numéraire, inscription au crédit d'un compte, virement de Banque, paiement en nature etc.

[143] Voir l'article 202 de la loi 2012-31 du 31 décembre 2012 portant Code général des Impôts.

[144] S. DIEYE, *Le vade-mecum fiscal,* Dakar, L'Harmattan, 2019, p. 132.

[145] B. GOUTHIERE, *les impôts dans les affaires internationales*, p. 440.

[146] Loi 2012-31 du 31 décembre 2012 portant Code général des Impôts.

CGI français a été qualifié par le Professeur Jean Luc PIERRE[147] de « *formule attrape tout* ». Il s'agit d'un mécanisme très ingénieux qui permet d'appréhender le prestataire qui n'a pas d'installation physique sur le territoire d'exécution de la prestation. Cependant, la présence d'une convention fiscale entrave l'application de la formule « *attrape tout* ». Cette divergence est due au fait que la redevance a un champ d'application très limité selon les modèles de convention fiscale. Il s'agit principalement de la propriété intellectuelle. À partir de ce moment, toutes les prestations qui ne rentrent pas dans ce cadre ne seront pas recherchées en paiement d'impôt[148]. Dans le cadre d'une vérification de comptabilité, l'administration a eu à préciser que les sommes payées en rémunération d'une prestation de publicité à une société basée au Gabon ne sont pas considérées comme des redevances au regard de la convention OCAM[149]. Dans la même vaine, les sommes payées dans le cadre d'une assistance technique sont considérées comme des bénéfices commerciaux[150] au regard du dispositif conventionnel[151]. En l'absence d'une convention fiscale, la prestation d'assistance technique et les prestations de publicité réalisées par une personne n'ayant pas d'installation professionnelle au Sénégal seraient recherchées en paiement de la retenue BNC.

95. En plus de la retenue BNC, ces prestations donnent lieu à la perception de la TVA. En réponse à un recours hiérarchique[152], l'administration fiscale soutient que les prestations de services relevant de la formation du personnel pour l'utilisation d'un logiciel sont imposables au titre des redevances. Aussi, la TVA pour compte doit être recherchée en paiement au titre de l'acquisition de logiciel utilisé au Sénégal. C'est aux termes de l'alinéa 3 de l'article 355 que le

---

[147] J. L. PIERRE, « Retenue à la source sur les paiements de droit d'auteur et des prestations de services à des bénéficiaires étrangers », *Revue de droit fiscal*, n° 26, 2023, p. 13.

[148] Redevance s'il s'agit des conventions fiscales et retenue BNC par référence à l'article 202 de la loi 2012-31 du 31 décembre 2012 portant Code général des Impôts.

[149] Par lettre référencée n°289/MEFP/DGID/DLEC/BCTX du 21 mars 2017.

[150] Pour plus de précision, la distinction suivante s'impose :

1. Un contrat ayant pour objet de transférer des connaissances appartient à la catégorie de ceux dont la rémunération présente un caractère mobilier ;
2. Un contrat ayant pour but l'exécution de prestations techniques utiles pour mener à bien l'entreprise, donne à la rémunération prévue le caractère de bénéfice commercial.

[151] P. TEL, « Leasing-Franchising », *Réflexions offertes à Paul SIBILLE*, Bruylant, 1981, p. 900.

[152] Par lettre référencée n°1069/MEFP/DGID/DLEC/BCTX du 22 novembre 2017.

législateur prévoit : « à défaut de désignation d'un représentant fiscal, la TVA et les pénalités y afférentes sont dues par le destinataire ou le bénéficiaire de l'opération imposable ». La TVA payée par le bénéficiaire de la prestation est déductible lorsque le prestataire est soumis à un impôt sur le revenu au Sénégal (les BNC par exemple)[153].

96. Soit un prestataire étranger (Français) qui effectue des prestations au Sénégal, pour le compte d'une entreprise locale :

Rémunération net 30 000 000 FCFA

Sachant que la retenue BNC est applicable au taux réduit de 15 % ;

TVA pour compte = (30 000 000/0,85) x 18 % = 6 352 941

97. Toutefois, au regard de la supériorité du droit international, cette tentative de correction est faussée. En effet, les dispositions des conventions fiscales neutralisent celles de droit interne dans plusieurs aspects. En vertu de l'article 98 de la Constitution sénégalaise du 22 janvier 2001 les accords internationaux ont une place supérieure au droit interne. Cette primauté bénéficie également au droit communautaire. L'article 6 du traité de l'UEMOA dispose que *les actes arrêtés par les organes de l'Union pour la réalisation des objectifs du présent traité* et *conformément aux règles et procédures instituées par celui-ci, sont appliqués dans chaque État membre nonobstant toute disposition législative contraire, antérieure ou postérieure.* C'est également le sens de l'avis[154] de la Cour de Justice de l'UEMOA qui affirme clairement que : « *la primauté bénéficie à toutes les normes primaires comme dérivées immédiatement applicables ou non et s'exerce à l'encontre de toutes les normes nationales administratives, législatives, juridictionnelles, et, même constitutionnelles parce que l'ordre juridique communautaire l'emporte dans son intégralité sur les ordres juridiques nationaux*. Notons que les conventions signées entre les États membres de l'UEMOA doivent être conformes[155] au règlement n° 08/CM/UEMOA du 26 septembre 2008 luttant contre la double imposition au sein de l'espace.

98. L'étude de la doctrine administrative fiscale est révélatrice sur ce point. Cette supériorité se manifeste doublement : d'abord dans la

---

[153] NYS & Associates, « Séminaire de formation sur l'optimisation fiscale des entreprises », *tenu les 4 & 5 novembre 2020 au Royal Baobab de Somone,* p. 23.

[154] Lettre n°001/2003 du 18 mars 2003.

[155] Article 42 al 2 « *les conventions bilatérales existant entre les États membres de l'Union sont de nul effet dans leurs dispositions contraires au présent règlement* ».

qualification[156] de l'opération en cause et ensuite dans l'application du taux qui se trouve généralement plus bas que celui prévu par le droit interne. Dans le cadre d'un contentieux résultant d'un contrôle sur pièce, les services de l'administration fiscale ont redressé un contribuable pour n'avoir pas opéré une retenue à la source sur les rémunérations versées à une société de droit espagnol en vertu de l'article 202 de la loi 2012-31 du 31 décembre 2012. Non convaincu d'une telle démarche, le contribuable entreprit un recours hiérarchique. Sous la plume de son Directeur général[157], l'administration affirme que dans cette affaire, la disposition applicable est celle résultant de la convention fiscale dans la mesure où la société bénéficiaire des versements est implantée dans un État lié avec le Sénégal par une convention fiscale. Dans le fond, il évoque que les rémunérations versées en contrepartie de l'exploration et de l'exploitation d'un titre minier n'ont pas le caractère de redevances passibles de retenues à la source. Celles-ci doivent être appréciées au regard de l'article 6-2[158] de la convention fiscale Sénégal-Royaume d'Espagne[159]. L'administration fiscale a maintenu la même démarche qui est celle de la primauté du droit international sur le droit interne[160]. Dans la même optique, le Conseil d'État a clos le débat sur la question de l'antériorité ou de la postériorité de la loi sur le traité. La Haute Assemblée a abandonné la théorie de l'écran législatif, en jugeant qu'il lui appartenait en application de l'article 55 de la constitution, de contrôler la compatibilité d'une loi avec les stipulations d'un traité international[161].

99. Dans le cadre de l'étude des revenus passifs, nous avons beaucoup mis l'accent sur les redevances car celles-ci posent beaucoup

---

[156] Une divergence dans la définition des concepts, ce qui fait qu'une opération peut recevoir une qualification différente entre le droit interne et le droit conventionnel

[157] Par lettre référencée n°1445/MEFP/DGID/DLEC/BCTX du 27 décembre 2016

[158] Article 6-2 de la convention fiscale Sénégal-Royaume d'Espagne : « *L'expression « biens immobiliers » a le sens que lui attribue le droit de l'État contractant où les biens considérés sont situés. L'expression comprend en tout cas les accessoires, le cheptel mort ou vif des exploitations agricoles et forestières, les droits auxquels s'appliquent les dispositions du droit privé concernant la propriété foncière, l'usufruit des biens immobiliers et les droits à des paiements variables ou fixes pour l'exploitation ou la concession de l'exploitation de gisements minéraux, sources et autres ressources naturelles, les bateaux et aéronefs ne sont pas considérés comme des biens immobiliers* ».

[159] Signée le 5 décembre 2006 et ratifiée par la loi 2012-10 du 2 février 2012.

[160] Voir entre autres les références des différentes lettres ci-après : n° 000298/DGID/BLC/LEG.1 du 6 mai 2005, n° 000658/DGID/BLC/LEG.1 du 28 novembre 2005, n° 58/MEF/DGID/DLEC/FCI du 13 février 2009.

[161] Conseil d'État Assemblée, 20 octobre 1989, Nicolo.

plus de difficultés au regard de la qualification des activités concernées. Il sied de préciser que les conventions prévoient un mécanisme de répression contre le transfert indirect de bénéfices soit par le caractère excessif des montants versés soit par l'existence d'un lien entre les entreprises concernées. Dans le même cadre, le paiement de la redevance ne sera pas recherché si le débiteur des montants afférents à un droit de propriété industrielle ou intellectuelle exerce ses activités par le biais d'un établissement stable[162]. Cette disposition neutralise en quelque sorte le pouvoir d'imposition de l'État de la source dans la prise en charge des revenus passifs. Par ailleurs, les intérêts feront l'objet d'une vaste étude dans la partie afférente à la sous-capitalisation.

100. Les revenus passifs facilitent le transfèrement des capitaux vers la maison-mère. Les pays en voie de développement ne doivent en aucune manière procéder à leur totale exonération. Ladite exonération facilite la pratique du treaty-shopping à l'image de celui pratiqué par GOOGLE[163]. Dès lors que le partage du pouvoir d'imposition est pratiqué, il a fallu mettre en place un système de prévention de la double imposition pour protéger le contribuable contre la double imposition juridique.

Section II : La prohibition de la double imposition

101. Dans le cadre des relations internationales, les souverainetés fiscales des États se superposent, ce qui conduit à imposer deux fois la même personne, le même revenu ou le même bien. Ainsi, une personne domiciliée dans un État qui perçoit des revenus alors que ces revenus ont déjà fait l'objet d'une imposition dans l'État de provenance, il peut arriver une réduction substantielle si celle-ci se trouve être victime d'une double imposition juridique[164]. C'est pourquoi le droit conventionnel a institué des méthodes d'élimination de la double imposition pour ce qui concerne les revenus passifs (P1) et a attribué exclusivement certaines matières à une seule juridiction (P2).

---

[162] Article 10-4 des modèles de convention fiscale : « *les dispositions des paragraphes 1,2 et 3 ne s'appliquent pas lorsque le bénéficiaire effectif des redevances, résident d'un État contractant, exerce des activités dans l'autre État d'où proviennent les redevances, par l'intermédiaire d'un établissement stable qui y est situé et que le droit ou le bien générateur des redevances se rattache effectivement à un tel établissement. Dans ce cas, les dispositions de l'article 7 sont applicables* ».

[163] Le double sandwich Irlandais-Hollandais.

[164] J. F. COURT, « À quoi servent les conventions fiscales ? », *Revue de la Direction générale des Impôts,* n°38, juillet 1976, p. 26.

Paragraphe I : Les Méthodes d'élimination de la double imposition juridique

102. L'Assemblée générale des Nations unies dans une résolution adoptée le 09 octobre 1936 écrit : « *considérant que les efforts tendant à atténuer les obstacles à la circulation internationale des capitaux ne doivent pas avoir pour effet de développer la fraude fiscale. Considérant d'autre part que la double imposition constitue à la fois une des causes de la fraude fiscale et un sérieux obstacle au développement des relations économiques et financières internationales et invite le comité fiscal à poursuivre ses travaux afin de formuler des propositions*[165]. Il s'en est suivi l'opposition classique entre les modèles de Mexico et de Londres. Quand l'OCDE a hérité de la question, celle-ci a largement calqué ses travaux sur le modèle de Londres car préservant dans la grande totalité les intérêts des pays industrialisés[166]. Au-delà du compromis diplomatique que l'on peut concéder à la méthodologie de répartition des revenus passifs prévue par les conventions fiscales, il existe toutefois une légitimité concurrente indéniable de la compétence fiscale de l'État de résidence et celle de l'État de source sur le plan théorique[167]. Deux méthodes ont été retenues pour prévenir la double imposition, il s'agit de l'imputation (A) et de l'exonération (B).

A. La Méthode de l'imputation

103. Après la Première Guerre mondiale, d'intenses travaux ont été menés de sorte à prévenir la double imposition et l'évasion fiscale. En 1923, le rapport des quatre savants est publié. Parmi les quatre méthodes développées en vue de prévenir la double imposition, la méthode de l'imputation était en pole position. À l'époque, il s'agissait de la méthode du dégrèvement total c'est-à-dire que le pays du domicile déduit du montant de l'impôt dû par son résident tout impôt acquitté par lui, à l'étranger, sur ces biens imposables[168]. Le mérite de cette méthode est qu'elle facilite la pleine expression des deux pouvoirs d'imposition

---

165 T. LAMBERT, « L'OCDE un acteur influent du droit fiscal international », *Gestion & Finances publiques,* n° 3, 2016, p. 94.

166 N. N. Burkhalter MARTINEZ, *Cohérence internationale de l'imposition des entreprises : analyse au regard du projet de lutte contre l'érosion de la base d'imposition et le transfert de bénéfice de l'OCDE,* Genève, Schtless, 2018, p. 42.

167 N. VERGNET, *La création et la répartition de la valeur en droit fiscal international,* Paris, LGDJ, 2020, p. 145.

168 O BOUE, *Double imposition et évasion fiscale*, Thèse de doctorat, Université de Lille, 1929, p. 46.

détenus respectivement par l'État de résidence du débiteur et par celui de la résidence du créancier.

104. Les modèles de l'ONU comme de l'OCDE prévoient en leur sein la méthode de l'imputation. En effet, l'article 23B du modèle de l'OCDE issu de la révision de 2017 et l'article 23B de l'ONU issu de la révision de 2011 disposent : « *Lorsqu'un résident d'un État contractant reçoit des revenus ou possède de la fortune qui sont imposables dans l'autre État contractant conformément aux dispositions de la présente convention (sauf dans la mesure où ces dispositions autorisent l'imposition par cet autre État uniquement parce que le revenu est également un revenu reçu par un résident de cet autre État ou parce que la fortune est également une fortune possédée par un résident de cet autre État), le premier État accorde :*

a- Sur l'impôt qu'il perçoit sur les revenus de ce résident, une déduction d'un montant égal à l'impôt sur le revenu payé dans cet autre État ;

b -Sur l'impôt qu'il perçoit sur la fortune de ce résident, une déduction d'un montant égal à l'impôt sur la fortune payé dans cet autre État.

105. *Dans l'un ou l'autre cas, cette déduction ne peut toutefois excéder la fraction de l'impôt sur le revenu ou de l'impôt sur la fortune, calculée avant déduction, correspondant selon le cas aux revenus ou à la fortune imposables dans cet autre État.*

106. *Lorsque, conformément à une disposition quelconque de la convention, les revenus qu'un résident d'un État contractant reçoit ou la fortune qu'il possède sont exempts d'impôts dans cet État, celui-ci peut néanmoins, pour calculer le montant de l'impôt sur le reste des revenus ou de la fortune de ce résident, tenir compte des revenus ou de la fortune exemptée.*

107. Il convient cependant de faire quelques observations à la lecture de cet article. Le montant à imputer ne peut être supérieur à l'impôt dû dans l'État de résidence du créancier des sommes. À notre sens cette limitation pourrait être appréciée positivement dans la mesure où les pays exportateurs de capitaux risqueraient de perdre des recettes budgétaires si le pays de la source avait un taux d'impôt beaucoup plus élevé que le pays de la résidence. C'est ce qui fait dire à Nicolas MELOT que l'imputation est partielle. Cette tendance limitative remet en cause le principe de la neutralité à l'exportation. En effet, seule une imputation intégrale couplée d'un éventuel remboursement du « trop-perçu » respecterait l'objectif d'une telle neutralité[169]. Pour lui, cette situation conduit à freiner les investissements non seulement dans les États à fiscalité plus faible, mais également dans les États à fiscalité plus forte[170]. Si certains exaltent la méthode de l'imputation, d'autres comme Gilbert TIXIER soutiennent qu'elle peut aboutir à rendre totalement inopérants les efforts accomplis par les pays les plus pauvres pour attirer les capitaux nécessaires à leur développement[171].

108. Au-delà des velléités de sauvegarde du pouvoir d'imposition de l'État de situ, différents systèmes sont imaginés pour alléger la charge fiscale des investisseurs. À titre d'exemple nous pouvons citer le crédit d'impôt fictif. Cette méthode qui est également dénommée *matching crédit*, consiste à l'octroi d'un crédit d'impôt fictif calculé à un taux plus élevé que le taux de droit commun en vigueur dans le pays de la source tel qu'il est le plus souvent limité par la convention. Par exemple, alors que le taux de la retenue à la source au Brésil n'est que de 15 %, le crédit d'impôt accordé en France pour l'imposition des intérêts, dividendes et redevances de source brésilienne est calculé à un taux de 20 % (convention franco-brésilienne, 1971 article 22d)[172]. Pour le professeur Seydou Madani SY : « *ce phénomène est aussi visible dans les relations conventionnelles entre la France et le Sénégal. Pour le cas des dividendes versés par les sociétés sénégalaises aux actionnaires domiciliés en France, la déduction accordée par la France sous forme d'un crédit d'impôt à ce type de revenus est de loin supérieure au montant de l'impôt effectivement payé au Sénégal* ». Ces dividendes qui supportent au préalable au Sénégal l'impôt de distribution au taux de 16 %[173] (taux interne sénégalais) reçoivent en France un crédit d'impôt au taux de 25 % qui lui est donc supérieur[174].

---

[169] N. MELOT, *Territorialité et mondialité de l'impôt*, *op. cit.*, p.450.

[170] N. MELOT, « Territorialité et mondialité de l'impôt : le droit américain, un modèle pour la France ? », *L'Année fiscale*, PUF, 2003, pp. 147-148.

[171] G. TIXIER, *Droit fiscal international,* Paris, PUF, 1986, p. 74.

[172] *Ibid.*, p. 88.

[173] Taux qui était prévu par la loi 92-40 du 9 juillet 1992.

[174] S. M. SY, « Réflexion sur les dispositions essentielles de la convention fiscale franco-sénégalaise en matière de double imposition se rapportant aux impôts sur les revenus », *Mélanges en l'honneur du professeur Paul Marie GAUDEMET*, Economica, 1984, p. 912.

109. Pour Andréas KALLERGIS, *la double non-imposition peut être voulue ou tolérée*[175]. L'exemple dans lequel la double non-imposition forme le contenu même d'une disposition conventionnelle et présente donc un cas de non-imposition voulue est celui de la mise en place d'un crédit d'impôt fictif. Il s'agit de l'octroi d'un avantage fiscal qui consiste en l'attribution, d'un crédit d'impôt dans l'État de la résidence, supérieur à la charge fiscale effectivement subie dans l'autre État contractant, par l'effet de l'exercice de sa compétence fiscale matérielle. Une telle configuration conventionnelle témoigne d'une volonté des États contractants de promouvoir les flux financiers envers le second État et déroge au principe général d'élimination de la double imposition[176].

110. À notre avis, ce mécanisme fausse les règles du jeu dans les négociations des conventions fiscales. Rappelons que l'objectif des traités bilatéraux en matière fiscale est de réduire au plus bas le taux de la retenue à la source appliqué aux revenus passifs. La mise en œuvre de ce mécanisme tend à accroître l'avantage consenti aux investisseurs et favorise dans la même vaine le rapatriement des capitaux générés en lieu et place d'un réinvestissement autochtone. Les pays en voie de développement doivent procéder à une pleine application du droit interne dans tous les cas où l'État contractant a mis en place des « délices fiscaux » pour favoriser les flux de capitaux vers le pays de résidence.

111. Désormais, La France tend à limiter[177] son usage, notamment en veillant à ce que l'application des mécanismes de crédit d'impôt fictif prévus par de telles conventions soit bien réservée, ainsi qu'il est fréquemment prévu par le texte conventionnel, au cas où l'exonération ou la réduction de retenue à la source pratiquée par le pays partenaire correspond à la mise en œuvre d'une législation spéciale d'encouragement aux investissements étrangers[178].

112. Interprétant la convention fiscale franco-brésilienne du 10 septembre 1971, le Conseil d'État a jugé que ses dispositions générales en matière de crédit d'impôt français (article 22-2,c) ne peuvent trouver application dès lors qu'elles ne le prévoient pas de manière expresse,

---

[175] Les cas où la double non-imposition est non voulue peuvent être recherchés dans la planification fiscale agressive.

[176] A. KALLERGIS, *La compétence fiscale,* Paris, Dalloz, 2018, p. 323.

[177] V. DE SAINT-BLANQUAT, « Actualité des conventions fiscales internationales », *Revue de droit fiscal*, n° 40, octobre 2015, p. 10.

[178] B. CASTAGNEDE, *Précis de fiscalité internationale*, *op. cit.*, p. 483.

en l'absence de tout prélèvement de l'État à la source[179]. Selon TIXIER : « *la remise en cause de ce mécanisme se justifie par la crise économique mondiale car son inscription dans les conventions engendre des moins-values fiscales pour les pays concernés*[180]».

113. Au Sénégal, la majeure partie des conventions signées font de ce mécanisme la cause principale d'élimination de la double imposition[181]. Cependant, un fait attire notre attention à la lecture des conventions où le Sénégal a consenti une exonération sur les revenus passifs. Dans ces traités, on constate l'insertion des mécanismes de prévention de la double imposition[182]. Or, si le pays de la source a consenti une exonération, l'État de résidence pourra pleinement appliquer son pouvoir d'imposition. La double imposition juridique est supprimée.

114. À la lumière du principe de la neutralité à l'importation comme à l'exportation, nous pouvons en déduire que les mécanismes de prévention de la double imposition ne sont pas l'affaire des pays en voie de développement. N'oublions pas que le phénomène de la prévention de la double imposition n'est apparu qu'avec l'expansion des échanges internationaux. Compte tenu de la faible part de l'Afrique dans le commerce international, les pays en voie de développement pouvaient même se garder d'évoquer les mécanismes ou méthodes d'élimination de la double imposition dans le cadre des négociations. Lors du dépôt du document de ratification de l'instrument multilatéral, le Sénégal a porté son choix sur la méthode d'imputation[183]. Toutefois, dans le mécanisme de l'imputation, il est porté atteint au principe de la neutralité à l'exportation des capitaux avec un seuil de référence défini par le pouvoir d'imposition du second État. Autrement dit, le contribuable subit toujours un préjudice si la pression fiscale est plus forte dans le premier État.

---

179 CE 26 juillet 2006, n°284930 Sté Nexis Banque Populaire.

180 G. TIXIER, *op. cit.*, p. 89.

181 Article 22 de la convention Sénégal-Belgique, article 26-3 de la convention Sénégal-France, article 23 de la convention Sénégal-Italie, article 23 de la convention fiscale Sénégal-Norvège, article 24 de la convention fiscale Sénégal-Portugal, article 21 de la convention Sénégal-Royaume-Uni.

182 La convention Sénégal-Qatar et l'ancienne convention Sénégal Îles-Maurice. Toutefois, il faudra nuancer car le dispositif d'exonération ne s'applique pas si l'activité est exercée par le biais d'un Établissement stable.

183 Document portant réserves et notifications de la République du Sénégal transmis aux fins de ratification de la convention multilatérale pour la mise en œuvre des mesures relatives aux conventions fiscales pour prévenir le BEPS déposée le 10 mai 2022, p. 7.

115. Par ailleurs, notons que l'application des méthodes de prévention de la double imposition a des implications comptables. À cet effet, l'intervention du juge administratif français a permis de redéfinir les interactions du droit conventionnel sur le droit interne.

116. La règle du butoir qui voudrait que le crédit d'impôt soit limité à l'impôt que doit payer le contribuable dans l'État de résidence. Toutefois, cette règle ne s'applique pas aux dividendes bénéficiant du régime mère-fille. En effet, pour les dividendes placés sous le régime des sociétés-mères, les crédits d'impôt ne peuvent, en tout état de cause, pas être utilisés, dès lors que le dividende est exonéré d'impôt ; ils ne peuvent pas davantage s'imputer sur l'impôt relatif à la quote-part de frais et charges, considéré non pas comme une imposition partielle du dividende mais comme un mode forfaitaire d'exclusion des charges liées à l'acquisition du revenu exonéré[184].

117. Dans une autre affaire où la société faisait valoir, à l'appui de sa demande de remboursement, le fait mécanique de l'imputation des crédits d'impôt n'est qu'une modalité de remboursement de la créance détenue sur le trésor public et que dès lors, rien ne s'oppose à leur restitution en numéraire. La Haute juridiction a cependant estimé qu'il ne résulte pas « *des stipulations des conventions, ni d'aucune disposition ou d'aucun principe de droit national que le crédit d'impôt n'ayant pu faire l'objet d'une imputation soit restitué par la France au résident bénéficiaire de ces revenus*[185]».

118. Les conclusions du rapporteur public Edouard CREPEY mettent en avant deux arguments en faveur du refus de restitution des crédits d'impôts étrangers. D'une part, il est rappelé que « la possibilité subsidiaire d'un remboursement en numéraire n'est pas inhérente au mécanisme du crédit d'impôt », mais il convient de s'en référer au texte qui fonde le crédit d'impôt pour connaître le traitement qui lui est réservé. En effet, il existe en droit interne, divers crédits d'impôt dont les modalités d'utilisation ont été prévues par le législateur, au cas par cas : ainsi, certains crédits d'impôt sont restituables, d'autres sont reportables, d'autres encore perdus à défaut d'imputation. D'autre part, il est souligné l'existence d'un principe d'interprétation littérale des conventions fiscales que le Conseil d'État applique au cas d'espèce : ainsi, s'il est vrai que l'un des objets des conventions fiscales bilatérales est l'élimination de la double imposition, cet objectif ne peut être atteint

---

[184] CE 23 avril 1997 S.A. Fournier Industrie et Santé.

[185] C'est le sens de la décision Faurecia.

que dans la mesure où la convention fiscale considérée organise effectivement cette absence de double imposition[186].

119.À la suite de l'affaire Faurecia[187], le Conseil constitutionnel dans le cadre d'un renvoi d'une question prioritaire de constitutionnalité a jugé que l'article 220 du CGI, en ce qu'il ne permet pas expressément le report des crédits d'impôt d'origine étrangère est conforme à la Constitution. Les requérants estimaient que le non-respect des crédits d'impôt étrangers générait une double imposition économique, car les revenus de source étrangère auxquels sont attachés ces crédits d'impôt n'étaient pas exonérés d'impôt français chez la société déficitaire mais imposés ultérieurement à l'IS, lorsque celle-ci redevenait bénéficiaire, du fait de la réduction de son déficit reportable. Le Conseil constitutionnel en a toutefois jugé autrement, en précisant que le principe d'égalité devant les charges publiques « ne fait pas obstacle à ce qu'un même contribuable soit soumis à plusieurs impositions sur le revenu[188] ». Cette démarche de la jurisprudence a été adoptée par la loi de finances pour 2018 qui a réformé l'article 39-1-4° pour interdire de façon générale la déduction du résultat taxable « *des impôts prélevés par un État ou territoire conformément aux stipulations d'une convention fiscale d'élimination des doubles impositions en matière d'impôt sur les revenus conclue par cet État ou territoire avec la France*[189] ».

120. En définitive, l'imputation n'est rien d'autre que l'élimination de la double imposition juridique. Un compromis fiscal peut être à l'origine de l'application d'un seul pouvoir d'imposition et la neutralisation de l'autre. Cette technique est communément appelée la méthode de l'exemption ou de l'exonération.

B. La Méthode de l'exonération

121. Au terme de leurs travaux et après avoir commenté toutes les méthodes mises en place, les quatre savants préconisaient la méthode de l'exemption, tout au moins en principe car son application intégrale

[186] M. VERBAN, C. DALARUN & N. BASTIEN, « À la recherche de l'élimination de la double imposition sur les flux internationaux », *Revue de droit fiscal*, n° 41, octobre 2016, p. 14.
[187] CE 27 juin 2016
[188] M. VERBAN, C. DALARUN & N. BASTIEN, « l'élimination de la double imposition sur les flux internationaux en marche pour les sociétés déficitaires », *Revue de droit fiscal*, n°47, novembre 2017, p. 13.
[189] D. GUTMANN, *Droit fiscal des affaires*, Paris, 2019, LGDJ, p. 58.

heurtait la législation de la plupart des pays[190]. La convention modèle de l'OCDE expose celle-ci à l'article 23-A. En effet, le point 1 dudit article dispose que : « *lorsqu'un résident d'un État contractant reçoit des revenus ou possède de la fortune qui sont imposables dans l'autre État contractant conformément aux dispositions de la présente convention (sauf dans la mesure où ces dispositions autorisent l'imposition par cet autre État uniquement parce que le revenu est également un revenu reçu par un résident de cet autre État ou parce que la fortune est également une fortune possédée par un résident de cet autre État), le premier État exempte de l'impôt ces revenus ou cette fortune, sous réserve des dispositions des paragraphes 2&3* ».

122. Le mécanisme de l'exemption permet quant à lui de mettre en place une politique de neutralité à l'importation qui, en général, améliore la compétitivité des résidents fiscaux sur les marchés étrangers. En effet, il permet aux résidents d'un État d'être sur un même pied d'égalité de compétitivité que des résidents fiscaux sur les marchés étrangers[191]. Selon CASTAGNEDE, « *ce mécanisme assure une large protection contre les surcharges fiscales internationales. Il soutient que si le revenu de source extérieure est imposé par une juridiction fiscale étrangère, du moins ne l'est-il pas dans le cadre de la juridiction nationale considérée, à condition toutefois, que celle-ci ne considère pas comme lui étant rattachable, à raison de ses propres règles de source, un revenu déjà taxé à l'étranger* »[192].

123. L'exonération peut être totale ou avec progressivité. Dans ce dernier cas, l'État qui exonère le revenu de source étrangère tient compte cependant du montant de ce revenu pour l'application du taux progressif de l'impôt qui frappe le revenu global de son résident. Ainsi, le fait qu'une partie du revenu global d'un contribuable ne soit pas imposée dans le pays de résidence, n'atténue pas la progressivité de l'impôt dans ce pays. C'est la technique dite du taux effectif[193]. L'exemption intégrale interdit à un État de prendre en considération, de quelque manière que ce soit, les éléments imposables soumis à la souveraineté fiscale de l'autre État contractant. Ainsi, il ne sera pas tenu

---

[190] O. BOUE, *Double imposition et évasion fiscale*, p. 5.

[191] N. MELOT, « Territorialité et mondialité de l'impôt : le droit américain, un modèle pour la France ? », *L'Année fiscale* », *op. cit.*, p. 147.

[192] B CASTAGNEDE, *Fiscalité internationale de l'entreprise, op. cit.*, p. 32.

[193] L. MEHL & P. BELTRAME, *Science et Technique fiscales*, Paris, PUF, 1984, p. 631.

compte du revenu d'origine étrangère lors de la taxation du revenu global du contribuable dans le pays de sa résidence[194].

124. Cependant, il ne fait point de doute que la méthode de l'exonération entraîne une diminution des ressources de l'État dans la mesure où il y a une abstention volontaire de l'application du pouvoir d'imposition. C'est dans ce sens que Frédéric SUDRE affirmait que : « *Si l'on refuse de considérer qu'un traité portant création éventuelle d'une dette est un traité engageant les finances de l'État, il faut, en bonne logique opposer le même refus à un traité portant diminution éventuelle d'une ressource* ». Or, au contraire, dès 1934 le service juridique du ministère des Affaires étrangères[195] considère qu'une convention sur les doubles impositions « *engagent, sinon directement du moins indirectement, les finances de l'État puisque sa mise en vigueur pourra avoir pour effet une diminution des ressources* »[196].

125. Compte tenu des arguments avancés dans l'application de ce procédé, il ressort que le sacrifice fiscal doit être consenti par le pays de la résidence. Les pays en voie de développement n'ont aucun intérêt à l'accorder dans l'objectif de prévention de la double imposition. Toutefois, l'idée selon laquelle les traités bilatéraux résultent d'un compromis entre les deux États contractants s'illustre parfaitement dans les clauses contenues dans les conventions fiscales. Au Sénégal, il a été noté une abstention volontaire du pouvoir d'imposition de l'État de la source pour éliminer la double imposition. En effet, dans la convention fiscale Sénégal/Qatar[197], l'État de la source adopte la méthode de l'exonération. Étant donné que le transfert de capitaux et de technologie ne se fait que dans un seul sens, le sacrifice sera plus énorme pour le Sénégal.

126. La convention indique que les revenus passifs ne sont imposés que dans l'État de résidence du créancier des sommes[198]. Au-delà des

[194] G. TIXIER, G. GEST & KEROGUES, *Droit fiscal international*, Paris, PUF, 2e éd, 1990, p. 229.

[195] Note du Service juridique du 9 juillet 1934.

[196] F. SUDRE, « La notion de traité international engageant les finances de l'État dans la Constitution de la Vème République », *Revue générale de Droit International public*, Tome LXXX, 1976, p. 183.

[197] Convention signée le 10 juin 1998.

[198] Article 10-1 : Les dividendes payés par une société qui est résident d'un État contractant à un résident de l'autre État contractant ne sont pas imposables dans cet autre État.

Article 11-1 : Les intérêts provenant d'un État contractant et payés à un résident de l'autre État contractant sont imposables dans cet autre État.

pertes de ressources budgétaires, l'exemption par l'État de la source favorise le treaty-shopping. Dans ce dernier cas, des personnes non bénéficiaires des dispositions de la convention vont s'atteler à mettre en place des mécanismes pouvant conduire à l'obtention du statut de résident conventionnel et jouir des avantages de la convention.

127. Par ailleurs, l'étude de deux affaires soumises à l'appréciation de l'administration fiscale révèle une exonération de retenue à la source si le bénéficiaire des sommes est un résident de l'espace UEMOA. Cette démarche est dictée par le règlement de l'UEMOA portant prévention de la double imposition[199]. L'article 22 al. 1 du règlement dispose que : « *les éléments du revenu d'un résident d'un État membre qui ne sont pas expressément traités par le règlement ne sont imposables que dans cet État* ». Les affaires sus-évoquées ont été rendues en arbitrage suite à un redressement.

128. Dans la première affaire[200], l'administration fiscale soutient que les prestations payées à un fournisseur malien consistent en une analyse d'échantillon. Par conséquent, le fait générateur de l'article 13 n'est pas établi. En effet, les sommes en cause ne rémunèrent pas des redevances mais des prestations de services techniques. Toutefois, la jouissance du bénéfice de l'exonération est subordonnée à la domiciliation fiscale dans l'un des États membres.

129. Dans la seconde affaire, l'administration défend l'idée selon laquelle les prestations relatives à un suivi évaluation de programme n'ayant pas entraîné l'usage ou la concession d'un droit ou d'un équipement ou d'un transfert de savoir-faire ne doivent pas être soumises à la retenue BNC sous réserve de la preuve que les prestataires sont fiscalement domiciliés dans un État membre de l'UEMOA[201].

130. À notre sens, ce sacrifice est une réponse pour la mise en œuvre des objectifs définis dans le cadre de l'Union. En effet, l'article 7 du traité de l'UEMOA dispose : « *les États membres apportent leur concours à la réalisation des objectifs de l'Union en adoptant toutes les*

Article 12-1 : les redevances provenant d'un État contractant et payées à un résident de l'autre État contractant sont imposables dans cet autre État.

[199] Règlement de l'UEMOA n°08/CM/UEMOA du 26 septembre 2008 portant adoption des règles visant à éviter la double imposition au sein de l'UEMOA et des règles d'assistance en matière fiscale. Cette convention, qui abroge et remplace toutes les conventions bilatérales ou multilatérales entre les États membres de l'UEMOA, est entrée en vigueur le 1er janvier 2009.

[200] Lettre n°0031/MEFP/DGID/DLEC/BL/F.IND du 7 janvier 2015.

[201] Lettre n°341/MEFP/DGID/DLEC/BL/du 10 avril 2015.

mesures générales ou particulières propres à assurer l'exécution des obligations découlant du présent traité. À cet effet, ils s'abstiennent de prendre toutes les mesures susceptibles de faire obstacle à l'application du présent traité et des actes pris pour son application ».

131. La méthode de l'exemption est un rempart utilisé par les États pour accompagner le déploiement international des entreprises. En effet, le régime de la société mère-filiale est le mécanisme mis en place par le législateur pour lutter contre la double imposition économique. De nos jours, la quasi-totalité des États connaissant l'impôt sur les sociétés a mis en place, sous une forme ou sous une autre, un régime d'exonération des dividendes reçus des filiales. Les formes de ce régime sont cependant variables, ce qui conduit d'ailleurs à une compétition internationale entre États dont l'enjeu est d'attirer les sociétés holding, c'est-à-dire les sociétés ayant pour objet de détenir des titres d'autres sociétés[202].

132. Au Sénégal, l'article 21[203] de la loi 2012-31 prévoit une exonération des produits bruts versés par la filiale à la société-mère. Toutefois, le bénéfice de cette exonération est assujetti aux conditions limitativement énumérées par l'article 22 :

– la société-mère et la société-filiale soient, quelle que soit leur forme, imposables à l'IS ;

– la société-mère ait son siège social au Sénégal ;

– les actions ou parts d'intérêts possédées par la première société représentent au moins 10 % du capital de la seconde société ;

– les actions, parts d'intérêts visées au point précédent soient souscrites ou attribuées à l'émission et soient inscrites au nom de la société ou que celle-ci s'engage à les conserver pendant deux années consécutives au moins sous la forme nominative. La lettre portant cet engagement doit être annexée à la déclaration des résultats. Si nous suivons la logique on devrait aboutir au schéma suivant :

Exemple : Au titre de l'exercice clos au 31 décembre 2018, la SARL Alpha reçoit de sa filiale un dividende net d'un montant de 90 000 FCFA.

---

[202] D. Gutmann, *Droit fiscal des affaires*, *op. cit.*, p. 199.

[203] « *Les produits bruts des participations d'une société-mère dans le capital d'une société filiale sont retranchés du bénéfice net total, déduction faite d'une quote-part représentative des frais et charges. Cette quote-part est fixée uniformément à 5 % du produit brut des participations sans pouvoir excéder, pour période d'imposition, le montant total des frais et charges de toute nature exposée par la société participante au cours de ladite période* ».

Elle distribue à son tour 250 000 FCFA à ses associés (dont un qui détient 10 % des parts de son capital).

Dividende net reçu de sa filiale 90 000
Retenue opérée par la filiale 10 000
Dividende brut 100 000
Quote-part de frais (5 % du brut) 5 000
La somme non soumise à l'IS chez la mère 95 000

Les 100 000 FCFA de brut supportent un impôt de 10 000 (30 % x 5.000) soit 11 500

Ainsi, 100 000 F.CFA-11.500 soit 88 500 est le montant net reçu de la filiale.

133. La SARL Alpha impute sur les 250 000 F les 88 500 F reçus nets de sa filiale et n'opère une retenue d'impôt que sur le reste (puisque la redistribution des produits de filiales est exonérée de la retenue à la source), soit 161 500 x 10 % = 16 150 F.

134. Par ailleurs, le dispositif français semble être beaucoup plus étendu que celui évoqué ci-dessus. D'abord, dans le texte de l'article 145 le législateur prévoit que le régime de l'article 145 emporte aussi les établissements stables de sociétés étrangères. Ensuite, quel que soit l'objectif recherché, il s'agit d'un régime de faveur tendant à permettre au contribuable de lutter contre la double imposition économique si les deux entités sont situées sur le même territoire ou la double imposition juridique si la société distributrice réside dans un État tiers. Dans ce sillage, l'instauration de garde-fous permet de mieux sécuriser contre les pratiques frauduleuses. Deux séries d'exclusion sont prévues :

– une société distributrice installée dans un État ou Territoire non coopératif ;

– les produits d'une société qui n'ont pas subi l'impôt sur les sociétés dans la société distributrice[204].

135. Le partage du pouvoir d'imposition entre l'État de source et l'État de résidence suppose l'institution de mécanismes tendant à éviter une surcharge fiscale. Toutefois, l'attribution exclusive du pouvoir

[204] J. LAMARQUE, O.NEGRIN & L. AYRAULT, *Droit fiscal général*, Paris, Lexis-Nexis, 2016, p. 1290.

d'imposition à l'État de la source neutralise toute velléité de lutte contre la double imposition.

Paragraphe II : Une attribution exclusive du pouvoir d'imposition

136. La place centrale qu'occupaient les impôts réels au sein des diverses législations fiscales à la fin de la Seconde Guerre mondiale fit dire à la Société des Nations que dans une répartition idéale des compétences fiscales en matière de revenus, « *si l'origine et la source du revenu se trouvent sur le territoire d'un État, cet État possède un droit de priorité lorsqu'il s'agit de taxer le revenu en question, bien que ce revenu soit versé à une personne quelconque à l'étranger*[205] ». Certains types de revenus donnent exclusivement compétence à l'État d'implantation s'il s'agit d'un immeuble (A) et à l'État de pavillon s'il s'agit du transport maritime ou aérien (B).

A. Le lieu d'implantation de l'immeuble

137. Au gré de l'allégeance économique, le revenu est imposé en tenant compte du lieu de sa réalisation alors que dans certaines autres il sera dirigé vers le lieu où il pourra les dépenser (celui de sa résidence ou de son domicile). L'un des exemples les plus illustratifs est celui des revenus immobiliers (qu'ils procèdent de la vente d'une récolte ou de loyers issus de la mise en location d'un immeuble) qui ne peuvent qu'être intimement dépendants du territoire sur lequel se trouve l'emprise matérielle du bien dont ils émanent. Ainsi, il faut reconnaître que « *la personne la plus capable se trouve sans ressource en face d'un sol irrémédiablement stérile, et que les efforts qu'elle peut déployer depuis son État de résidence n'ont qu'une incidence très marginale sur la valeur que génère un immeuble situé dans une autre juridiction* [206]». Ici, le pouvoir d'imposition est attaché à l'assise matérielle de l'immeuble. Pour le professeur Gilbert TIXIER : « *les actions des sociétés immobilières transparentes sont recherchées au paiement de l'IR dans l'État d'implantation de(s) l'immeuble(s) objet de la société* [207]». À la fin du XIXe siècle, la dégénérescence du principe de la territorialité a conduit à ce que certains affirment : « *l'application du principe de la territorialité au sens strict semble être dépassée de nos*

---

[205] SDN, rapport de 1925, 15 cité par N. VERGNET, *La création et la répartition de la valeur en droit fiscal international*, *op. cit.*, p. 13.

[206] N. VERGNET, *La création et la répartition de la valeur en droit fiscal international*, *op. cit.*, p. 17.

[207] G. TIXIER, *Droit fiscal international*, *op. cit.*, p .45.

jours puisqu'il ne porte que sur les revenus immobiliers[208]». Le domaine immobilier rentre dans le cadre de ce que Maxime CHRETIEN[209] appelait « *aspect négatif du principe de la territorialité* ». Ce vocable postule que la loi fiscale ne saurait appréhender les biens situés sur un territoire étranger. Au regard des règles de la fiscalité internationale, l'imposition au lieu de situation ne signifie pas naturellement que l'État de résidence du propriétaire n'ait pas concurremment un droit d'imposer. Ce ressenti découle du seul fait que l'immeuble fait partie d'un capital et qu'il serait non conforme à l'équité qu'un seul État s'attribue la base[210].

138. Il faut cependant reconnaître que la qualification des revenus immobiliers peut quand même poser un énorme problème même pour les spécialistes de la matière. Le droit interne en fait sa propre lecture. Nous verrons un peu plus loin la démarche du législateur sur ce point. Dans le cadre de la fiscalité internationale, les revenus immobiliers ont été qualifiés de revenus passifs par les quatre économistes auteurs du rapport de 1923[211]. Quoique passifs, ils sont généralement imposables dans l'État de la source. La doctrine de l'allégeance économique commande en effet de considérer que l'État de source est le plus impliqué dans la prise ou la perte de valeur de l'immeuble et que le montant des loyers qu'il est possible d'exiger pour le propriétaire dépend largement des facteurs situés sur son sol[212].

139. Depuis sa version de 1963, la convention modèle de l'OCDE est restée statique dans l'attribution du pouvoir d'imposition en ce qui concerne les revenus immobiliers. L'article 6-1 dispose que : « *les revenus qu'un résident d'un État contractant tire des biens immobiliers (y compris les revenus des exploitations agricoles et forestières) situés dans l'autre État contractant, sont imposables dans cet autre État* ». L'alinéa 2 du même article précise les composants du revenu immobilier en ces termes : « *l'expression « biens immobiliers » a le sens que lui attribue le droit de l'État contractant où les biens considérés sont situés. L'expression comprend en tout cas les accessoires, le cheptel mort ou*

208 A. KALLERGIS, *La compétence fiscale*, *op. cit.*, p. 431.

209 M. CHRETIEN, *À la recherche du droit fiscal international commun*, Paris, Librairie du recueil Sirey, 1955, p. 71.

210 B. GOUTIERE, *Les impôts dans les affaires internationales*, *op. cit.*, p. 1044.

211 Rapport rendu suite à une étude recommandée par la SDN pour le règlement de la problématique de la double imposition entre l'État de source et l'État de résidence.

212 N. VERGNET, *La création et la répartition de la valeur en droit fiscal international*, *op. cit.*, p. 255.

vif des exploitations agricoles et forestières, les droits auxquels s'appliquent les dispositions du droit privé concernant la propriété foncière, l'usufruit des biens immobiliers et les droits à des paiements variables ou fixes pour l'exposition ou la concession de l'exploitation de gisements minéraux, sources et autres ressources naturelles ; les navires et aéronefs ne sont pas considérés comme des biens immobiliers ».

140. Les commentaires du modèle de l'OCDE précisent que : « *bien que les revenus provenant des exploitations agricoles forestières soient inclus dans les revenus visés à l'article 6, les États contractants ont la faculté de décider, dans les conventions bilatérales qu'ils signent, que des revenus seront considérés comme relevant de l'article 7. L'article 6 ne traite que des revenus qu'un résident d'un État contractant tire de biens immobiliers situés dans l'autre État contractant. Il ne s'applique donc pas au revenu de biens immobiliers situés dans l'État contractant dont le bénéficiaire est un résident au sens de l'article 4 ou situés dans un État tiers ; les dispositions du paragraphe 1 de l'article 21 s'appliquent à un tel revenu* [213]».

141. Cette interprétation appelle une lecture particulière. D'abord dans la qualification des revenus, la convention indique que les revenus provenant d'une exploitation agricole peuvent être considérés non pas comme des revenus immobiliers mais, comme des bénéfices d'entreprise. Cela se justifie par le seul fait que le produit de la récolte génère un revenu attribuable à une personne morale[214]. Ensuite, dans la tentative d'éclaircissement, il a été convoqué les dispositions de l'article 21. Celles-ci mettent en exergue la clause balai. Cette clause qui veut qu'à chaque fois que la convention fiscale s'abstient d'apporter sa position, le droit interne prenne le relais.

142. Pour Isabelle RIU, l'application systématique de l'article 6 se trouve compromise si le bien en question est inscrit à l'actif du bilan de l'entreprise. Selon l'auteur, il faut noter que l'article 13 relatif aux gains en capital fait, à la différence de l'article 6, référence à la notion d'établissement stable pour imposer ses gains. Ainsi, si les gains proviennent de l'aliénation de biens immobiliers figurant à l'actif d'un établissement, ils sont imposables dans l'État de situs de l'établissement stable. Il s'agit dans ce cas d'une imposition dans l'État de situs et non réellement une imposition dans l'État de la source des revenus. Le texte

---

[213] ONU, *Modèle de convention des Nations Unies concernant les doubles impositions entre pays développés et pays en voie de développement*, *op. cit.*, p. 141.

[214] Un établissement stable au sens des conventions fiscales.

en lui-même, n'instaure pas de différences selon le lieu de situation des immeubles : il suffit que les biens soient inscrits à l'actif du bilan. Une interprétation large de l'article pourrait créer une différence dans l'imposition des gains en capital selon que la structure bénéficiaire est une entité juridiquement indépendante ou un établissement stable. En effet, si une société aliène un immeuble dans un autre État, la plus-value est imposable dans cet autre État. En revanche, si un établissement stable procédait à la même opération, et que le bien immobilier soit situé dans un État tiers, le gain serait imposable dans l'État de l'établissement stable. L'assiette d'imposition de l'établissement stable serait ainsi plus large que celle d'une structure juridiquement distincte[215].

143. Le juge administratif français a pris position dans un arrêt rendu par la Haute Assemblée sur les gains tirés de la cession de parts de société immobilière. Selon le juge, l'absence de précisions sur les personnes à qui s'appliqueraient les dispositions de la convention franco-britannique afférentes aux gains immobiliers, ceux-ci relevaient de la catégorie des BIC, catégorie inapplicable au cas d'espèce en l'absence d'établissement stable[216]. Le sort des revenus immobiliers varie en fonction du statut du propriétaire. Les règles du jeu sont faussées à chaque fois que le bien est inscrit à l'actif du bilan de l'établissement stable. Rajoutons que l'établissement stable n'a pas de personnalité juridique. Cela suppose qu'un revenu réalisé par celui-ci est compris dans le patrimoine de la société de rattachement. Au regard du droit sénégalais une autre implication pourrait se greffer dans la plus-value réalisée lors de la vente d'un bien immobilier inscrit à l'actif du bilan de l'entreprise. L'article 19-1 du CGI exonère de toute imposition la plus-value réalisée suite à l'aliénation d'un actif inscrit au bilan de l'entreprise à la seule condition que le contribuable s'engage à le réinvestir sur le sol sénégalais dans un délai de trois ans. Précisons toutefois que l'article 562 du CGI a connu une modification à travers la loi 2020-33 du 22 décembre 2020 portant loi de finances initiale pour l'année 2021. Dans le but d'assurer une plus grande cohérence du système d'imposition des plus-values, il est prévu au point 4 du nouvel article 556, que la taxe acquittée sur les plus-values réalisées sur ces cessions est imputable sur le montant de l'impôt sur le revenu[217].

---

[215] I RIU, *Société et établissement stable en droit fiscal international et de l'Union européenne, op. cit.*, p. 200.
[216] CE 25 février 2004.
[217] Circulaire ministérielle n°0039/MFB/CAB du 17 septembre 2021.

144. Le cas de la SCI peut soulever quelques remarques. Traditionnellement considéré comme une société transparente au regard des règles qui la régissent[218], l'exercice du droit d'option à l'IS permet à la SCI d'avoir le même traitement fiscal qu'une société opaque[219] même si en pratique, il s'agit de la translucidité. Ainsi, le choix de l'IS met en place une double imposition économique avec des implications du droit conventionnel selon le lieu de résidence des associés[220]. À défaut d'une précision expresse par la convention fiscale, les revenus perçus par les associés d'une SCI qui a opté pour l'IS auront la qualification de dividende. Le droit interne sera dans ce cas dénué de toute sa vigueur. Toutefois, les conventions fiscales signées par le Sénégal font ressortir deux hypothèses. La première[221] attribue à l'état d'implantation de l'immeuble la source des revenus quelle que soit la forme d'exploitation. La seconde[222] utilise simplement une formule bateau en indiquant : *les revenus tirés de l'exploitation d'un immeuble sont dans le champ d'application du pouvoir d'imposition de l'État d'implantation.* Ailleurs en Belgique par exemple, la Cour d'appel de Grand par un arrêt du 29 avril 2014 a précisé que : « *le fait générateur de l'impôt dû par les associés sur les bénéfices sociaux n'est pas la distribution aux porteurs de parts et en déduit que les revenus distribués ont la même nature que les bénéfices sociaux sur lesquels ils sont prélevés* ». Ce raisonnement conduit tout simplement à dire que l'exercice du droit d'option à l'IS n'a aucun effet sur la qualification des revenus réalisés. Une confirmation a également été notée à travers l'instruction administrative n°43 du 23 mars 2007 de la Direction des Impôts française : « *les associés sont ainsi personnellement soumis à l'impôt sur le revenu pour*

---

218 Article 786 du COCC : « *Lorsque l'actif social ne permet pas d'acquitter intégralement les dettes de la société, les créanciers ont, quelles que soient les dispositions du contrat, une action contre les associés tenus chacun conjointement du passif social pour une somme et part égales, sans qu'il soit tenu compte de l'importance et de la nature de leur apport* ».

219 SA & SAS.

220 Les revenus d'action au sens des conventions fiscales sont considérés comme des dividendes.

221 L'article 6-3 de la convention fiscale Sénégal-Canada dispose : « *les dispositions du paragraphe 1 s'appliquent aux revenus provenant de l'exploitation directe, de la location ou de l'affermage, ainsi que toute autre forme d'exploitation de biens immobiliers et aux revenus provenant de l'aliénation de tels biens* ».

222 L'article 9 de la convention fiscale Sénégal-France dispose : « *les revenus des biens immobiliers y compris les bénéfices des exploitations agricoles et forestières ne sont imposables que dans l'État où ces biens sont situés* ».

la part leur revenant dans les résultats sociaux correspondant à leur droit dans la société, même si ces bénéfices ne sont effectivement distribués mais mis en réserve »[223]. Pour résoudre le conflit de qualification dans le cadre de l'application du modèle de convention fiscale, le rapport de l'OCDE de 1999 traitant de l'application du modèle de convention aux sociétés de personnes recommande que l'État de résidence respecte la qualification de l'État de la source[224]. Pour les sociétés à prépondérance immobilière l'article 9 (a) de l'instrument multilatéral fait référence à un seuil de valeur pertinent au cours d'une période de 365 jours précédant la vente. Ce critère permet de déterminer qui doit appliquer son pouvoir d'imposition entre l'État de la source et l'État de résidence du cédant des droits, actions ou parts. Le Sénégal a formulé une réserve vis-à-vis d'une telle disposition. Toutefois, elle n'a pas manqué de préciser que parmi les dix-neuf (19) conventions couvertes celle signée avec le Royaume-Uni et l'Irlande du Nord contient une clause similaire. Il n'a pas manqué de notifier que le dispositif de l'article 9-1 est prévu par les conventions fiscales couvertes[225].

145. À notre sens, le droit fiscal devrait beaucoup plus s'attarder sur les notions de transparence, de translucidité et d'opacité. Si une société de par sa forme juridique est transparente mais opte pour l'IS, elle devrait pouvoir jouir de tous les avantages réservés aux sociétés opaques. C'est le législateur qui affirme que l'IS est de plein droit applicable aux sociétés de capitaux[226]. C'est lui-même qui a institué le droit d'option à l'IS pour toutes les autres formes juridiques[227].

146. Aux États-Unis, certes, le législateur a tardivement légiféré sur la matière immobilière mais, une certaine vigueur a été notée sur la disposition de l'IRC[228], en ce qui concerne les revenus immobiliers réalisés par les étrangers. L'article 897 (a) (1) indique : « *la plus-value réalisée par un étranger non-résident, société ou personne physique consécutive à l'aliénation d'intérêts dans des biens immobiliers*

---

[223] P. GLINEUR, « Le Beaujolais de crésus et la transparence fiscale », *Mélanges en l'honneur de Pascal MINNE*, Bruylant, 2017, pp.294-296 voir également P. MALHERBE, *Introduction à la fiscalité internationale*, Bruylant, 2020, p. 49/D. DE VRIES REILIGH & C. CHILLA, *Droit fiscal International*, ed. Helbing Lichtenhahn, 2023, p. 95.

[224] X. OBERSON, *Précis de droit fiscal international*, Stamfli Ed SA Berne, 2022, p. 8.

[225] Document de ratification de l'instrument multilatéral déposé le 10 mai 2022, p. 13.

[226] SA & SAS.

[227] GIE, SCP, SCI.

[228] Code général des Impôts américain.

américains sont imposées comme si l'investisseur avait une activité d'affaires aux États-Unis et comme si cette plus ou moins-value était effectivement liée à cette activité d'affaires[229] ». Notons que l'exercice d'une activité d'affaires aux États-Unis est matérialisé par la présence de trois éléments déterminants : la recherche active d'un profit, l'exercice d'un minimum d'activité et l'exercice de cette activité sur le territoire des USA[230]. Cette position conduit à mettre en place un régime discriminatoire à l'endroit des étrangers. Le traitement de la plus-value ne peut pas être uniforme à cause de certaines obligations notamment comptables. Généralement, dans sa démarche, le Congrès privilégie les autochtones au détriment des allochtones. Cela pourrait être le fait de l'adoption du principe de la mondialité de l'impôt.

147. Une tendance d'extraterritorialité des règles fiscales a été notée chez le législateur italien. En 2011[231], ce dernier a institué le principe de l'imposition aux immeubles situés à l'étranger détenus par des personnes physiques résidant en Italie.

148. Il y a une certaine similarité si l'on évoque une démarche entreprise par le Conseil d'État[232]. Selon la juridiction, si une entreprise étrangère réalise des revenus immobiliers sur le sol français, cet état de fait ne peut pas conduire à l'existence d'un établissement stable. Pour Bruno GOUTHIERE, il y a éviction de l'article 5[233] par l'article 6[234] des modèles de convention fiscale. Toujours selon l'auteur, les critères de l'établissement stable sont constitués avec la présence de l'agent dépendant qui regorge du pouvoir d'engager la société par sa seule signature[235]. Dès lors, le juge indique que les différents revenus[236] ne peuvent être imposés séparément[237]. L'instrument multilatéral n'a pas manqué d'apporter des précisions en ce qui concerne la problématique des « *gains en capital tirés de l'aliénation d'actions, de droits ou de*

[229] N. MELOT, *Territorialité et mondialité de l'impôt*, *op. cit.*, p. 145.
[230] G. GEST, *l'imposition des sociétés françaises aux États-Unis*, *op. cit.*, p. 135.
[231] Loi n°214 du 22 décembre 2011 (décret-loi n°201, 2011).
[232] CE 20 octobre 2000 SA New Building Promotion Ltd.
[233] Relatif à l'établissement stable.
[234] Relatif aux revenus immobiliers.
[235] B. GOUTHIERE, *Les impôts dans les affaires internationales*, *op. cit.*, p. 1046.
[236] Les revenus immobiliers et les revenus issus de la signature des contrats par l'agent dépendant.
[237] CE 5 avril 2013 Sté Mercurio SPA.

participations dans les entités tirant leur valeur principalement de biens immobiliers[238] » notamment en ces termes :

– Les dispositions d'une convention fiscale couverte qui prévoient que les gains qu'un résident d'une juridiction contractante tire de l'aliénation d'actions ou d'autres droits ou participations dans une entité sont imposables dans l'autre juridiction contractante à condition que ces actions droits ou participations tirent plus d'une certaine partie de leur valeur de biens immobiliers (immeubles) situés dans cette autre juridiction (ou qui prévoient que plus d'une certaine partie des biens de l'entité soit constituée de tels biens immobiliers (immeuble) :

– **A** s'applique si le seuil de valeur pertinent est atteint à un moment donné au cours des 365 jours[239] qui précèdent l'aliénation ; et

– **B** s'appliquent à des actions ou à des droits ou participations similaires, tels que des droits ou participations dans une société de personnes, une fiducie (ou un trust) (dans la mesure où ces actions droits ou participations ne sont pas déjà couverts), en plus des actions, droits ou participations déjà couverts par les dispositions.

149. Cette disposition reprend, en quelque sorte, le contenu de l'article 13-4 du modèle de l'OCDE (dans sa version de 2014, qui n'avait point changé depuis la mise à jour de 2003), tout en y apportant deux principales modifications, en l'occurrence : d'une part, l'introduction d'une période de référence (365jrs) pour déterminer si la condition relative au seuil de valeur est remplie et, d'autre part, l'élargissement du champ des droits ou des participations couverts par ce paragraphe, de manière à inclure les droits ou participations comparables à des actions, tels les intérêts dans une société de personnes, une fiducie ou

[238] Article 9 de l'IML.

[239] Ici on est dans l'hypothèse où la société perdrait sa prépondérance immobilière par le fait d'un des actionnaires ou de l'augmentation du capital de la société. Exemple : pour illustrer cette situation, nous pouvons évoquer l'exemple suivant : Monsieur A, un investisseur résident de l'État R, détient des actions dans une société de l'État S, à savoir Société B qui possède des biens meubles et immeubles. Les actions tirent 49 % de leur valeur de biens meubles et 51 % d'immeubles. Si Monsieur A vend les actions de la société B, son gain sera alors imposé dans l'État S conformément à l'article 13al. 4 du modèle de convention OCDE. Afin d'éviter l'imposition du gain dans l'État S, Monsieur A injecte des liquidités dans société B (au moyen d'une augmentation du capital, voire d'un prêt d'actionnaire de la société). L'ajout d'actifs liquides augmente la valeur des biens meubles à 51 % et réduit la valeur des biens immobiliers à 49 %. Monsieur A vend les actions peu de temps après avoir injecté l'argent.

un *trust*[240]. Le transport effectué à travers les navires et les aéronefs obéit à des conditions spécifiques.

B. Le lieu d'immatriculation des navires et aéronefs

150. Dans le cadre des relations internationales, des immunités ont été consacrées dans les traités institutifs. Les immunités les plus nombreuses et les plus importantes peuvent se classer en deux catégories qui concernent : d'une part, les collectivités étatiques ou interétatiques pour leurs biens et leurs agents ; d'autre part, des entreprises maritimes ou aériennes pour leurs navires et leurs avions. Ainsi, des privilèges fiscaux leur sont accordés pour un meilleur exercice de leurs activités. Il faut préciser que les immunités diplomatiques ne seront pas abordées dans le cadre de ce travail[241]. Durant la période coloniale, l'ancienne métropole s'est illustrée dans la prévention de la double imposition en faveur des compagnies de transport maritime. Le ministre français des Finances, après avoir hésité, s'est fermement prononcé en faveur de l'indivisibilité. À la date du 17 juin 1922, il a fait insérer au Journal officiel la réponse suivante à une question écrite émanant d'un parlementaire[242] :

151. « *L'administration estime que, lorsqu'une compagnie de navigation possède son établissement principal en France et des agences en Algérie et en Tunisie, elle doit être considérée, au point de vue fiscal, comme exploitant une seule et même entreprise ayant son siège en France et soumise par la suite à l'impôt sur les bénéfices industriels et commerciaux dans la métropole en raison de la totalité de ses bénéfices. Cette manière de voir va être portée à la connaissance du Gouverneur général de l'Algérie, par les soins de l'administration des finances ; le ministre des Affaires étrangères sera prié, en outre d'en informer le Gouvernement tunisien* [243]».

152. Ces avantages fiscaux résultent du fait que ces entreprises peuvent subir une multitude d'impositions compte tenu de la spécificité de leurs activités. L'objectif d'élimination de la double imposition

---

240 T. OBRIST & T. G M KALONJI, « Les sociétés immobilières internationales : quelques règles d'assujettissement en droit fiscal suisse conventionnel », *Revue de Droit Administratif et de Droit fiscal*, n° 6, 2019, p. 630.

241 M. CHRETIEN, *À la recherche du droit fiscal international commun : étude du droit positif à partir de la jurisprudence des cours internationales, op. cit.*, p. 87.

242 Réponse à une question écrite de M. Adrien ARTAUD, député, en date du 8 avril 1922 (Jo, 17 juin 1922, Chambre-Débat).

243 L. MAX, *Essai sur la territorialité de l'impôt, op. cit.*, p. 53,

résultait ainsi dans le cadre des accords particuliers[244] et dans le cadre des conventions bilatérales[245]. Il importe de préciser que dans les deux cas la notion de réciprocité est un aspect fondamental dans la mise en œuvre de l'exonération[246]. C'est ce qui fait dire à Pierre BELTRAME que « *l'accord de réciprocité attribue le pouvoir d'imposition à l'État de la nationalité où le siège de direction est implanté* [247]». Dans la tentative d'explication d'une attribution exclusive du pouvoir d'imposition à l'État de la nationalité Nicolas MELOT soutient « *qu'il sera fastidieux voire même impossible de répartir le chiffre d'affaires de ces compagnies entre les différents lieux de réalisation. C'est à bon droit que les bénéfices soient attribués à l'État du siège de direction effective de la société* »[248]. Le renvoi à la nationalité est relatif à l'allégeance politique qui fera l'objet de développement dans la deuxième partie de notre étude. Par ailleurs, il est beaucoup plus intéressant de se pencher sur l'identification du siège de direction.

153. La jurisprudence a joué un rôle primordial dans la détermination du critère d'identification du siège de direction. Dans une célèbre affaire[249] rendue en 2012, le Conseil d'État pose une définition de la notion de siège de direction dans le cadre de l'Établissement Stable. Selon la Haute Assemblée, *le siège de direction s'entend du lieu où les personnes exerçant les fonctions les plus élevées prennent les décisions stratégiques qui déterminent la conduite des affaires de cette entreprise dans son ensemble.* Toutefois, le juge administratif a précisé que le critère afférent à la tenue des réunions d'Assemblée générale peut constituer un indice et non pas un critère d'identification[250]. Dans nos pays où il existe une quasi-inexistence de la jurisprudence sur les

---

[244] Les accords particuliers sont pris dans le but exclusif de lutter contre la double imposition dans le secteur du transport maritime ou d'aéronef. Cet objectif se matérialise en droit interne par une exonération prévue par le code général des impôts. En France par exemple, nous pouvons citer l'article 246 du code général des impôts de 1950.

[245] M. CHRETIEN, « Une espèce originale des traités fiscaux : les conventions internationales sur la double imposition des entreprises maritimes ou aérienne », *Revue Science et Législation Financière*, LGDJ, 1951, p. 3.

[246] A. CLAUDE, *La territorialité de la loi fiscale française et les bénéfices industriel et commerciaux,* Thèse de doctorat,1964, Université de Paris, p. 19.

[247] P. BELTRAME, *L'impôt des revenus*, Paris, Berger-Levrault, 1970, p. 56.

[248] N. MELOT, *Territorialité et mondialité de l'impôt*, *op. cit*., p. 257.

[249] CE 28 décembre 2012, Société Internationale des Wagons-Lits et du tourisme.

[250] E. DINH, « Fiscalité internationale : Chronique de l'année 2016 », *Revue de droit fiscal*, n° 9, mars 2017, p. 54.

questions de fiscalité internationale, il paraît évident que le critère du siège statutaire prendra le dessus sur tout autre critère. L'article 13 de l'Acte Uniforme sur les Sociétés Commerciales et Groupement d'Intérêt Économique intègre l'indication du siège social parmi les mentions obligatoires devant figurer dans les statuts d'une société. Toutefois, André AKAM AKAM et Voudwe BAKREO : « *n'ont pas manqué de soulever que le texte ne donne pas de définition du siège de la société* ». Ainsi, cette notion aux effets pourtant très importants, doit donc être construite à partir d'éléments identifiés par la doctrine et la jurisprudence. L'analyse faite par ces auteurs est plus qu'importante parce qu'ils ont précisé que le siège social se distingue du domicile qui est propre aux personnes physiques. La notion de siège statutaire peut se révéler fictif. La référence aux statuts de la société est désuète car selon le doyen Dominique VIDAL : « *le siège social est le centre de la vie juridique de la société* [251]». L'administration par le biais de l'échange de renseignement doit pouvoir requérir des informations sur le lieu de la tenue des assemblées générales pour déterminer le siège réel/effectif. Le caractère fictif ou réel du siège social est un sérieux rempart dans le cadre du contrôle du chalandage fiscal[252]. L'instrument multilatéral précise que lorsque la personne morale est résidente de plusieurs juridictions ou que les États parties à la convention ne parviennent pas à déterminer le siège de direction effective, celle-ci ne peut en aucune manière jouir d'un quelconque allègement résultant du traité bilatéral[253].

154. Les modèles de convention fiscale révélés procèdent à une attribution exclusive du pouvoir d'imposition à l'État de la nationalité de la société de transport aérien ou maritime. Une étude comparative s'impose à la lecture des modèles de convention ONU[254] et OCDE[255]. Le principe de l'attribution exclusive est certes consacré par lesdits modèles, mais le modèle de l'ONU se distingue par l'existence d'une

---

[251] A. AKAM AKAM et V. BAKREO, *Droit des sociétés commerciales OHADA,* Paris, L'Harmattan, 2017, pp. 137-139.

[252] Voir les développements sur la partie afférente au treaty-shopping ou l'abus des conventions fiscales.

[253] Article 4-1 de la Convention Multilatérale.

[254] Modèle 2011.

[255] Modèle 2017 article 8 « *Les bénéfices d'une entreprise d'un État contractant provenant de l'exploitation, en trafic international, de navires ou d'aéronefs ne sont imposables que dans cet État.*
Les dispositions du paragraphe 1 s'appliquent aussi aux bénéfices provenant de la participation à un pool, une exploitation en commun ou un organisme international d'exploitation ».

possibilité de partage du pouvoir d'imposition sur les revenus générés dans les activités en cause. En effet, l'article 8-2 (Variante) de modèle de l'ONU dispose que : « *Les bénéfices provenant de l'exploitation de navires en trafic international ne sont imposables que dans l'État contractant où le siège de direction effective de l'entreprise est situé, sauf si les activités de navigation maritime découlant de cette exploitation dans l'autre État contractant où le siège de direction effective de l'entreprise est situé, sauf si les activités de navigation maritime découlant de cette exploitation dans l'autre État contractant sont plus qu'occasionnelles. Si tel est le cas, les bénéfices en question peuvent être imposés dans cet autre État. Le calcul des bénéfices à imposer dans cet autre État se fera sur la base d'une répartition appropriée des bénéfices nets globaux que l'entreprise tire de ses opérations de navigation maritime. L'impôt calculé selon une telle répartition est ensuite réduit de......%* (pourcentage à définir lors de négociations bilatérales).

155. Cette brèche ouverte permet aux pays en voie de développement de pouvoir jouir des retombées de ce secteur. Les grandes compagnies de transport aérien[256] comme maritime[257] n'ont pas une origine africaine. Un chiffre d'affaires assez consistant est réalisé dans les pays en voie de développement compte tenu d'une quasi-inexistence d'industrie et de la faible part au commerce international. Cette préoccupation avait été émise lors de la 3e session de l'OACI[258]. En effet, les représentants de l'Inde, du Pakistan et du Venezuela ont remarqué que la réciprocité réelle au détriment des pays insuffisamment ou qui n'avaient pas de compagnie aérienne leur sont défavorables du fait de l'imposition dans les pays propriétaires de compagnie. Devant ce conflit d'opinion, la commission des Finances publiques avait voté une résolution qui tout en reconnaissant l'importance capitale de la suppression de la double imposition à l'égard des transports aériens qui sont un moyen de

[256] En 2016, les quatre grandes compagnies aériennes en fonction du nombre de passagers transportés étaient tous de nationalité américaine (American Airlines, Delta Air Lines, Southwest Airlines, United Airlines).
[257] Échantillon de Compagnies Maritimes et État de pavillon :
- CMA CGM : Pavillon français.
- COSCO : Pavillon Chinois.
- GRIMALDI : Pavillon Italien.
- UASC : Émirats Arabes-Unis.
[258] Organisation de l'Aviation Civile internationale.

développement du commerce et de la compréhension des peuples[259]. Il n'est point de doute que ce débat se pose avec acuité de nos jours.

156. Aussi, cette démarche qui plébiscite le pouvoir d'imposition de l'État de résidence au profit de la source des revenus n'est pas exempts de reproches. Certains auteurs comme KEMMEREN, BROWN et VOGEL considèrent que le principe d'équivalence doit être le seul principe sur lequel une imposition à la source doit être fondée. Dans la même optique, ils soutiennent que la source des revenus est liée à la production des revenus et donc à l'État où au lieu de la création de la valeur. S'il est vrai qu'un résident doit contribuer aux dépenses publiques de son État de résidence, cela ne doit pas être fait par une imposition liée à la production du revenu et plus particulièrement par un impôt sur la consommation car le fait de résider dans un État est plus intimement lié à la consommation. À l'inverse, l'État de la source du revenu est lui justifié à prélever un impôt sur la production[260]. Aux États-Unis par exemple, une compagnie aérienne étrangère proposant régulièrement des vols au départ d'un aéroport situé aux États-Unis et jouissant d'un établissement stable pour l'exécution de son activité commerciale se procure alors un revenu considéré comme un ECI[261]. À l'inverse, dans la mesure où le revenu perçu ne peut être qualifié d'ECI, une imposition à hauteur de 4 % est prélevée sur le revenu brut des prestations de transports effectuées par une société étrangère[262].

157. Au Sénégal, les conventions fiscales en vigueur ne dérogent pas à la tradition. Une attribution exclusive du pouvoir d'imposition à l'État où le siège de direction effective est enregistré. Toutefois, certaines particularités peuvent être observées à la lecture des traités bilatéraux. Dans la convention fiscale Sénégalo-marocaine[263] celle-ci prévoit que

---

[259] M. CHRETIEN, « Une espèce originale des traités fiscaux : les conventions internationales sur la double imposition des entreprises maritimes ou aériennes », *op. cit.*, p. 62.

[260] N. BURKHALTER MARTINEZ, *Cohérence internationale de l'imposition des entreprises : analyse au regard du projet de lutte contre l'érosion de la base d'imposition et le transfert de bénéfice de l'OCDE, op. cit.*, p. 88.

[261] Effectively Connected Income.

[262] M. BAUEN & R. GANI, *La fiscalité internationale des États-Unis*, Bruylant-LGDJ-Schulthess, 2008, pp. 107-108.

[263] Article 8-4 : Au sens du présent article, les bénéfices de l'entreprise d'un État contractant provenant de l'exploitation de navires ou d'aéronefs en trafic international doivent comprendre les bénéfices inter alia provenant de l'usage ou de la location de containers, si de tels bénéfices sont accessoires par rapport aux bénéfices auxquels les dispositions du paragraphe I s'appliquent.

le bénéfice inter-alia provenant de l'usage ou de la location de containers est compris dans le bénéfice de ses entreprises. La convention fiscale Sénégalo-mauritanienne ne prévoit pas un article spécifique pour éliminer la double imposition résultant des activités de transport aérien ou maritime. Cela peut paraître paradoxal mais les préoccupations qui dictent la signature d'une convention fiscale entre les deux États sont plus orientées vers le secteur minier.

158. En dehors des conventions fiscales, le législateur a consacré des avantages fiscaux relevant des activités sus-évoquées. L'article 361 de la loi 2012 du 31 décembre 2012 en ses points o[264], p[265], q[266], r[267] prévoit une exonération de la TVA sur les opérations en cause. Dans le cadre d'une demande de précision[268] adressée à l'administration pour le paiement ou non de la TVA sur les opérations de prestation de réparation d'un bateau en haute mer. L'administration fiscale précise qu'en vertu des dispositions de l'article 361-q les prestations ci-dessus citées sont exonérées de TVA. Toutefois, une précision s'impose à l'image des activités d'intermédiation. Dans une affaire où l'administration a été saisie par voie de recours hiérarchique, le contribuable soutenait que la vente de billet d'avion était exonérée. Pour l'administration[269], les commissions perçues des compagnies aériennes suite à la vente de billets sont passibles de TVA au regard des articles 283 et 286 de la loi 92-40 du 9 juillet 1992 et 370 de la loi 2012-31 du 31 décembre 2012 portant Code général des Impôts lorsque le bénéficiaire, l'utilisateur du service ou lorsque le donneur d'ordre est établi au Sénégal. Dans une

---

[264] Le transport international de biens à destination de l'étranger.

[265] Le transport international de voyageurs en provenance ou à destination de l'étranger.

[266] Les livraisons, transformations, réparations, entretien, affrétement et locations de bateaux destinés à une activité de pêche, une activité industrielle ou commerciale exercée en haute mer.

Les livraisons, locations réparations et entretien des objets qui sont incorporés ou qui servent à leur exploitation.

Les livraisons de biens destinés à leur avitaillement, ainsi que les prestations de services effectuées pour les besoins directs de ces bateaux et de leurs cargaisons.

[267] Les livraisons transformations, réparations, entretien, affrétement et locations d'aéronefs, utilisés par des compagnies de navigation aérienne pratiquant essentiellement un trafic international rémunéré.

Les livraisons, locations, réparations et entretien des objets qui leur sont incorporés ou qui servent à leur exploitation.

Les livraisons de biens destinés à leur avitaillement, ainsi que les prestations de services effectuées pour les besoins directs des aéronefs et leur cargaison.

[268] Lettre référencée n°1106/MEFP/DGID/DLEC/BC/F/IND du 6 septembre 2016.

[269] Lettre référencée n°829/MEFT/DGID/DLEC/BCTX du 21 juin 2016.

autre affaire[270] où l'autorité administrative a été saisie par voie de recours hiérarchique sur le paiement de la CFPB[271] par les bateaux. Le contribuable en cause soutenait que le bateau objet du redressement avait fait l'objet de plusieurs déplacements dans le périmètre de recherche. Or, la perception de cet impôt est subordonnée à l'immobilisation[272] du bateau pendant un délai de 6 mois sur un même lieu au regard des dispositions de l'article 284-3[273] du CGI. Pour l'autorité administrative, les vérificateurs n'ont pas prouvé que le bateau a été immobilisé durant la période de 6 mois. Par conséquent, il faut conclure à l'annulation de ce chef de redressement. Toutefois, une immobilisation relative à une opération de réparation n'entre pas dans le champ du régime de l'article susvisé.

159. Par ailleurs, les pays en voie de développement doivent lutter contre l'évasion et la fraude fiscales opérées par les grandes compagnies. En effet, les pavillons de libre immatriculation ou « pavillon de complaisance [274]» permettent de façon subtile à déconnecter la propriété réelle et le contrôle d'un navire ou d'un aéronef qui sont situés dans un autre pays (à fiscalité faible ou nulle) et celui du pavillon sous lequel ils sont immatriculés[275]. Ces pays sont utilisés comme véhicules d'évasion fiscale, dès lors qu'en général, les entreprises sous pavillon de complaisance sont exonérées d'impôt[276]. Il ne faudrait pas mésestimer la coordination dans la mise en œuvre des dispositions conventionnelles.

---

[270] Lettre référencée n°1017/MEF/DGID/DLCI/BCTX du 2 novembre 2017.

[271] Contribution foncière des propriétés bâties.

[272] Les opérations d'immobilisation en haute ne sont pas concernés par cette imposition.

[273] Article 284-3 *Les bateaux ou autres embarcations maritimes ou fluviales, utilisés en un point fixe pendant six mois ou plus et aménagés pour l'habilitation, le commerce, l'industrie ou la prestation de services même s'ils sont seulement retenus par des amarres.*

La circulaire 2016-504 précise que les bateaux ou embarcations maritimes ou fluviales immobilisés pour cause de réparation ou d'entretien ne sont pas soumis à la contribution pendant cette période.

[274] Les pays et territoires principalement concernés par ce phénomène sont le Panama, Malte, Chypre, Les Bahamas, Libéria et Singapour.

[275] A. LAUMONIER, *La coopération entre États dans la lutte contre la fraude et l'évasion fiscales internationales*, Thèse de doctorat, Université de Bordeaux, 2017, p. 109.

[276] B. GOUTHIERE, *Les impôts dans les affaires internationales*, *op. cit.*, p. 1147.

CHAPITRE II

UN CONCERT DES SYSTÈMES FISCAUX

160. L'application des conventions nécessite une coopération des administrations qui se réalisent par diverses procédures[277]. Dans un contexte de globalisation de l'économie, les administrations fiscales ont compris qu'une démarche concertée contribue à rendre plus efficientes leurs actions. Ainsi, par assistance administrative dans le domaine de la fiscalité internationale, on entend donc les mécanismes conventionnels qui permettent à la collaboration institutionnelle entre services fiscaux de s'exercer sur demande de l'une ou de l'autre des deux parties contractantes. C'est la convention bilatérale qui, par conséquent, donne à l'assistance administrative son fondement juridique, et c'est elle qui en définit à la fois l'étendue et les limites[278]. Toutefois, dans nos développements ultérieurs nous verrons que l'assistance internationale a fini par avoir de l'ampleur au point d'être impulsée par une dynamique multilatérale. Les conventions fiscales ont rapproché les administrations des États à travers un système coopération (Section1). Cela a été facilité par une mise en œuvre de ses différentes dispositions (Section2).

Section I : La coopération fiscale

161. La coopération internationale en matière fiscale résulte de la volonté mutuelle des États à se porter assistance. Cette coopération est prévue par des conventions bilatérales ou multilatérales. Les conventions fiscales bilatérales sont des traités internationaux ayant un objet exclusivement fiscal[279]. Dans les commentaires relatifs au projet de

---

[277] J.F. COURT, « À quoi servent les conventions fiscales », *Revue de la Direction générale des Impôts, op. cit.*, p. 30.

[278] P. LEVINE, *La lutte contre l'évasion fiscale de caractère international en présence et en l'absence de conventions fiscales*, Paris, LGDJ, 1988, p. 295.

[279] M. DJOUHRI, *L'évolution du contrôle fiscal depuis 1945 : aspects juridiques et organisationnels*, Paris, LGDJ, 2012, p. 348.

convention sur l'assistance administrative dans l'évaluation des impôts, il est indiqué que la coopération entre administration fiscale est nécessaire, non seulement parce que les « *États doivent conclure à un accord afin de veiller à ce qu'un contribuable ne soit pas imposé sur le même revenu par plusieurs pays* » mais aussi parce que *« cette coopération internationale doit empêcher certains revenus d'échapper totalement à l'imposition. Les principes les plus élémentaires et incontestés de justice fiscale exigent donc que les experts conçoivent un système permettant d'imposer tous les revenus une fois et une fois seulement* [280]». Dans le cadre de la mise en œuvre, les États font usage des procédés conventionnels (P1) et des procédés spécifiques (P2)[281].

Paragraphe I : L'assistance administrative

162. L'assistance administrative peut être définie comme l'ensemble des opérations traduisant une coopération entre les administrations fiscales de deux États en vue de permettre une application correcte des dispositions régissant l'assiette, le contrôle et le recouvrement des impôts de chacun des États intéressés. En d'autres termes, les États qui prêtent assistance acceptent de mettre en œuvre les divers moyens juridiques et pratiques que leur confère leur législation nationale pour aider une administration étrangère à remplir ses attributions fiscales sans se heurter aux limites de la souveraineté qui constituent les frontières nationales. Généralement la coopération entre administration fiscale passe par l'assistance administrative (A) et l'assistance au recouvrement (B).

A. Assistance à l'assiette

163. Il est unanimement reconnu qu'une administration fiscale qui compte uniquement sur les renseignements qui lui sont fournis à l'intérieur des frontières du pays ne dispose pas des moyens nécessaires pour faire face aux problèmes posés au niveau international par l'évasion et la fraude fiscales. Une certaine coopération directe entre les administrations fiscales est donc nécessaire, qui s'exerce dans un cadre juridique déterminé les législations internes des États et les conventions

---

[280] M. J. W. B. WESTERBURGEN, « Moyen d'améliorer la coopération internationale, européenne et plus large, contre la fraude », *Colloque sur l'évasion et la fraude fiscales internationales*, Strasbourg, 1980, p. 3.

[281] F. LE MENTEC, « L'intensification de l'assistance fiscale internationale : les administrations fiscales à l'heure de la mondialisation », *L'année fiscale*, PUF, 2005, p. 222.

qu'ils concluent entre eux. Les conventions dites de double imposition constituent l'élément essentiel de cette coopération[282]. Le système fiscal international prévoit trois types d'échange de renseignement : l'échange sur demande, l'échange spontané et l'échange automatique.

164. L'échange sur demande trouve son siège à l'article 26[283] de la convention modèle de l'OCDE[284]. L'échange d'information permet par exemple de confirmer les propos du contribuable qui prétend bénéficier d'une exemption ou d'une réduction d'impôt pour avoir déjà été imposé dans l'autre État contractant. Il permet aussi à l'autorité nationale compétente saisie par un contribuable dans le cadre de la procédure amiable de s'assurer du bien-fondé de cette saisine[285].

165. Au sein de la doctrine, l'échange de renseignement a été diversement apprécié. Si pour certains celui-ci constitue une atteinte du principe de la territorialité, pour d'autres l'échange d'information est un attribut du principe. Dans ses développements afférents à sa thèse de doctorat, Jean-Pierre JARNEVIC apporte la précision selon laquelle *les administrations fiscales d'un pays étranger ne peuvent pas, par l'intermédiaire de l'autorité judiciaire obtenir des informations dues à des investigations qui ne sont prévues qu'au fisc français*. Or, les conventions fiscales viennent déroger à cette règle[286]. Andréas KALLERGIS est du même avis. Il évoque que : « le *développement de l'assistance inter-étatique en matière d'assiette est justifié par le fait que l'État ne peut pas déroger à la règle internationale selon laquelle son pouvoir opérationnel est limité sur son territoire. Il ne peut pas envoyer des agents sur un autre territoire pour conduire des vérifications fiscales*

---

[282] J. L. LIENARD, « Résistance à l'impôt et coopération internationale », *RFFP*, n° 5, 1984, p. 115.

[283] Article 26-1 : les autorités compétentes des États contractants échangent les renseignements vraisemblablement pertinents pour appliquer les dispositions de la présente convention ou pour l'administration ou l'application de la législation interne relative aux impôts de toute nature ou dénomination perçus pour le compte des États contractants, de leurs subdivisions politiques ou de leurs collectivités locales dans la mesure où l'imposition qu'elle prévoit n'est pas contraire à la convention. L'échange de renseignement n'est pas restreint par les articles 1 & 2.

[284] J. P. DOUVIER & I. ZIVANOVIC, « Échange d'informations fiscales sur demande et automatique : principes et limites de l'assistance administrative », *Bulletin fiscal*, Ed Francis Lefebvre, n° 1, 2018, p. 7.

[285] G. GEST, *L'imposition des sociétés françaises aux États-Unis*, *op. cit.*, p. 50.

[286] J. P. JARNEVIC, *Les dérogations au principe de la territorialité des impôts établis sur les bénéfices des sociétés de capitaux en droit fiscal français*, *op. cit.*, p. 97.

qui vont servir à l'établissement ou le contrôle des impositions [287]». Sur la même logique, MELOT soutient que : « *la territorialité de la compétence exécutive se manifeste notamment par l'impossibilité qu'ont les représentants d'un État de recouvrer les créances fiscales de cet État sur le territoire d'un État étranger. En d'autres termes, les États ne peuvent recouvrer directement à l'étranger leurs créances fiscales, puisque percevoir une taxe c'est exercer un pouvoir de contrainte* [288]».

166. Selon CHRETIEN, il n'y a pas de violation du principe de la territorialité. Il a au contraire pour but unique d'en renforcer l'aspect positif puisqu'il permet une meilleure application de la législation fiscale de chaque État sur son propre territoire en obligeant les deux États à échanger soit d'office soit sur demande les renseignements dont ils disposent en vertu de leur législation respective et à l'égard de leurs contribuables respectifs[289]. À notre avis, l'assistance administrative déroge au principe de la territorialité. Le pouvoir d'investigation de l'administration dénommé droit de communication[290] est un procédé qui ne s'exerce qu'à l'intérieur des frontières. N'eût été l'intervention des conventions, les États ne pourraient pas étendre à l'échelle internationale le pouvoir d'investigation dont il dispose dans le but d'établir l'impôt.

167. Dans la même optique STANCKIEWICZ affirme que : « *l'échange de renseignement doit permettre aux administrations fiscales d'obtenir les éléments de preuve nécessaires pour l'application de leurs législations internes et non seulement pour l'application des conventions de double imposition. L'assistance à l'assiette constitue dès lors une projection internationale du droit de communication, qui permet à l'administration de demander à des tiers, dans le cadre interne des renseignements sur un contribuable* [291]».

168. Lorsqu'une administration fiscale souhaite obtenir des renseignements sur les opérations effectuées par un contribuable dans un autre

---

[287] A. KALLERGIS, La compétence fiscale, *op. cit.*, p. 554.

[288] N. MELOT, *Territorialité et mondialité de l'impôt*, *op. cit.*, p. 153.

[289] M. CHRETIEN, *À la recherche d'un droit fiscal international commun*, *op. cit.*, p. 74.

[290] Aux termes de l'article 571 du CGI (loi 2012-31 du 31 décembre 2012) : « *Le droit de communication permet à l'administration de disposer des documents comptables inventaires copies lettres, pièces de recettes et de dépenses, de nature à justifier l'exactitude des résultats indiqués dans la déclaration du contribuable, et d'une façon générale, tous documents nécessaires au contrôle et à la détermination de l'assiette des impôts* ».

[291] L. STANCKIEWICZ, « Conventions fiscales », *jurisclasseur du droit fiscal international,* Fasc. 3140, 4-2014, p. 4.

État, elle adresse une demande de renseignement aux services fiscaux de cet autre État. Cette demande est réalisée par l'intermédiaire de la mission de coordination du contrôle fiscal qui procède à son instruction avec le service de la législation fiscale. C'est ce même service qui étudie l'opportunité de répondre à la demande émanant d'une administration étrangère. « *Le manuel de mise en œuvre des dispositions concernant l'échange de renseignements à des fins fiscales de l'OCDE*[292] », indique que la demande de renseignements doit être la plus précise possible notamment en ce qui concerne la nature des informations que l'administration requérante souhaite obtenir[293]. Certains États comme la France disposent d'attachés fiscaux[294], qui sont intégrés dans les services de l'ambassade et coordonnent les procédures d'échange de renseignement[295]. On pourrait louer la volonté de certains États à l'image de la Suisse. En 2013, une loi sur l'assistance administrative a été adoptée. Cette norme détermine auprès de qui et par quels moyens les renseignements peuvent être obtenus, et comment ceux-ci doivent être transmis[296].

169. Une fois saisi l'État requis est obligé de mettre en œuvre les voies et moyens internes pour recueillir les informations sollicitées en vue de les transmettre[297]. En aucun cas, il ne pourrait avancer les limites de l'assistance administrative pour ne pas répondre à la demande. C'est ce qui fait dire à Pierre LEVINE que : « *les demandes doivent être satisfaites, car si un État requérant peut en sa souveraine appréciation, décider de formuler ou de ne pas formuler telle ou telle demande, il est*

---

[292] « Manuel de mise en œuvre des dispositions concernant l'échange de renseignements à des fins fiscales de l'OCDE », approuvé par le comité des affaires fiscales de l'OCDE le 23 janvier 2006.

[293] M. DJOUHRI, *L'évolution du contrôle fiscal depuis 1945 : aspects juridiques et organisationnels*, *op. cit.*, p. 350.

[294] Notamment l'Allemagne, l'Italie et la Suisse.

[295] F. LE MENTEC, L'intensification de l'assistance fiscale internationale : les administrations fiscales à l'heure de la mondialisation, *L'Année Fiscale*, 2005, PUF, p. 227.

[296] A. RAPPO & A. TILLE, « Les conditions d'assistance administrative internationale en matière fiscale », *Revue de Droit Administratif et de Droit fiscal*, n° 1-2, 2013, p. 4.

[297]Article 26-5 : Les dispositions du paragraphe 3 ne doivent en aucun cas être interprétées comme autorisant un État contractant à refuser de fournir des renseignements pour la seule raison que les renseignements sont tenus par une Banque, une autre institution financière, un mandataire ou une personne agissant en qualité d'agent ou à titre fiduciaire ou parce que cela concerne les intérêts d'une personne.

en droit d'obtenir une réponse dès lors que la demande a été acheminée [298]».

170. Toutefois, il existe certaines clauses[299] qui restreignent la portée de l'échange de renseignements. D'une manière générale, la condition de réciprocité est expressément indiquée. De plus, il faut citer la clause de législation : l'échange de renseignements ne peut porter sur les informations que l'État requérant ne serait pas en mesure d'obtenir lui-même sur la base de sa propre législation. Par ailleurs, la transmission de renseignements à une administration étrangère constitue une atteinte à la règle du secret professionnel qui lie toute administration fiscale. Ainsi, l'État requérant est tenu au secret. Il ne peut utiliser des renseignements d'ordre fiscal fournis par l'État requis pour poursuivre des infractions à la législation des changes ou à la réglementation des prix[300]. De plus, pour éviter la pêche aux informations, les États contractants doivent montrer la pertinence des renseignements demandés et avoir épuisé les moyens de droit interne pour rechercher lesdites informations[301].

171.L'étude des procédures relatives à l'échange de renseignements ne garantit pas les droits du contribuable. Une telle situation ne s'inscrit pas en droite ligne avec le principe de la sécurité juridique. Le libellé de l'article 26 des modèles de convention fiscale ne prévoit en aucune façon l'association du contribuable dans la procédure d'échange de renseignements. Le point 2 de l'article susvisé précise que *les informations collectées en application de la législation interne de cet État ne sont communiquées qu'aux personnes ou autorités concernées par l'établis-*

---

[298] P. LEVINE, *La lutte contre l'évasion fiscale de caractère international en l'absence et en présence de conventions internationales*, Paris, LGDJ, 1988, p. 318.

[299] Article 26-3 du CGI : Les dispositions des paragraphes 1 et 2 ne peuvent en aucun cas être interprétées comme imposant à un État contractant l'obligation :

a) de prendre des mesures administratives dérogeant à sa législation et à sa pratique administrative ou à celle de l'autre État contractant ;

b) de fournir des renseignements qui ne pourraient être obtenus sur la base de sa législation ou dans le cadre de sa pratique administrative normale ou de celle de l'autre État contractant ;

c) de fournir des renseignements dont la communication serait contraire à l'ordre public.

[300] G. TIXIER, *Droit fiscal international*, *op. cit.*, p. 117 voir également G. GEST, *l'imposition des sociétés françaises aux États-Unis*, Paris, LGDJ, 1979, p. 51. G. TIXIER, G. GEST & KEROGUES, *Droit fiscal international*, Paris, PUF, 2e éd, 1990, pp. 195 et s.

[301] T. LAMBERT, « 'Paradis fiscaux' dépasser l'échange d'information », *Gestion et finances publiques*, n° 8-9, août-septembre 2013, p. 24.

sement ou le recouvrement des impôts mentionnés au paragraphe 1. En France, la doctrine administrative s'est prononcée sur ce cas de figure. En effet, l'administration ne s'estime pas compétente pour transmettre au contribuable les renseignements qu'elle utilise à son encontre. Le Conseil d'État a confirmé cette doctrine restrictive[302]. En effet, la haute juridiction a notamment considéré que la loi n° 78-753 du 17 juillet 1978, relative à l'accès aux documents administratifs est inapplicable à une situation régie par une convention internationale. On notera toutefois la solution médiane adoptée par le tribunal administratif de Besançon qui, dans un jugement avant de dire le droit du 17 avril 1997[303], a invité l'administration française à demander à son homologue américain l'autorisation de communiquer au contribuable les informations que celui-ci avaient fournies[304]. En acceptant de statuer sur les moyens dirigés contre la régularité de l'assistance administrative internationale, les cours administratives d'appel ont admis que la prononciation de l'irrégularité entraîne la décharge des impositions. Dans un de ces arrêts, la Cour Administrative d'Appel de Lyon[305] juge que la procédure par laquelle un contribuable a été redressé sur la base d'informations obtenues auprès des autorités allemandes sans qu'il ait eu accès à ces informations, alors qu'il en avait fait la demande, était irrégulière, et prononce en conséquence la décharge des impositions[306]. La Suisse va également dans ce sens. Dans son message, le conseil fédéral précise toutefois que, dans tous les cas, les informations ne peuvent être transmises qu'après le consentement de la personne habilitée à recourir ou l'entrée en force de la décision finale[307].

---

302 CE 5 mars 1993.

303 TA Besançon, 17 avril 1997 Société Decoflock Clara Lander.

304 F. LE MENTEC, « L'intensification de l'assistance fiscale internationale : les administrations fiscales à l'heure de la mondialisation », *op. cit.*, p. 240 voir également « La nouvelle coopération fiscale internationale », *Acte du colloque organisé le 15 juin 2010 par l'école de droit de la Sorbonne, Revue de droit fiscal,* n° 42-43, octobre 2010, p. 16, L. STANCKIEWICKZ, « Conventions fiscales : Assistance Administrative internationale & Échange de Renseignements », *Jurisclasseur du droit fiscal international*, Fasc 374-10, 2014, p. 24.

305 CAA Lyon, 18 juin 2020 n° 18LY02024.

306 J. TUROT, « Le droit du contribuable d'avoir communication des informations transmises sous le régime de la DAC : seulement en TVA », *Revue de droit fiscal,* n° 24, juin 2024, p .4.

307 A. RAPPO & A. TILLE, « Les conditions d'assistance administrative internationale en matière fiscale », *op. cit.*, p. 9.

172. Cette procédure semble être différente de celle pratiquée par le droit interne. Les opérations de contrôle fiscal sont exercées dans le respect scrupuleux du principe du contradictoire. Dès le démarrage des opérations de vérification, le contribuable est informé de l'étendue de la vérification. C'est ainsi qu'avant le démarrage de la mission, l'administration doit assurer l'information du contribuable à travers l'envoi de l'avis de passage et de la charte des droits et obligations du contribuable vérifié. Le début des opérations de vérification est matérialisé par une séance qui marque en même temps le démarrage du dialogue contradictoire qui doit guider tout le déroulement de la vérification[308]. Le défaut d'accomplissement de cette formalité entraîne la nullité de la procédure[309]. À la fin des opérations de contrôle, le contribuable et l'administration tiennent une réunion de synthèse.

173. À la lumière des dispositions de droit interne, le droit conventionnel a, pendant plusieurs décennies, violé le principe du contradictoire. La procédure d'échange de renseignements se faisait théoriquement à l'insu du contribuable. Celui-ci n'a pas été en mesure d'apporter sa défense ou prouver l'exagération des bases imposables dans le cadre de l'assistance à l'assiette. Une correction a été notée avec les nouveaux commentaires de l'article 26 du modèle de l'OCDE publiés le 19 février 2024. Désormais, les renseignements qu'ils soient obtenus d'un ou de plusieurs contribuables, peuvent être communiqués aux contribuables et à leurs représentants dans la mesure où ils peuvent impacter l'issue d'une affaire fiscale visant ces contribuables.

174. Dans la Principauté de Monaco, la prise en charge de l'échange d'information revêt une grande particularité. En effet, la décision du ministre d'État portant injonction de fournir des renseignements peut faire l'objet d'un recours devant le tribunal de première instance, dans un délai de trente jours suivant sa notification par voie d'assignation délivrée au ministre, pour la première audience utile. Ce recours a un caractère suspensif. La juridiction saisie se prononce dans un délai de trente jours. Elle doit veiller au respect scrupuleux des engagements internationaux résultant des standards en matière d'échange de renseignements. Le jugement rendu en première instance est susceptible de

[308] E. D. BA, *Procédures fiscales*, L'Harmattan, 2016, p. 76.

[309] Article 586-1 du CGI : Avant l'engagement d'une des vérifications prévues aux articles 579, 582 & 583, l'administration des impôts doit, sous peine de nullité de la procédure, adresser ou remettre au contribuable un avis de vérification.

recours devant la Cour d'Appel[310]. Ce procédé garantit les droits du contribuable. Par ailleurs, l'intérêt à agir devant les juridictions peut être porté aussi bien par le contribuable mais également par l'État requérant.

175. Par ailleurs, l'évolution des relations fiscales internationales a entraîné une diversification des fondements de l'échange de renseignements. À la fin des années 90, les grandes puissances ont ressenti des pertes de recettes budgétaires importantes dues à l'effet des Paradis fiscaux sur l'économie mondiale. C'est ainsi qu'un Forum mondial est mandaté pour élaborer un modèle d'échange de renseignements fiscaux, publié en 2002 en même temps que la nouvelle liste des paradis fiscaux. Les engagements pris par les États au sein du Forum mondial[311] consistaient à faire signer aux membres au moins douze conventions où l'assistance administrative y était insérée[312].

176. Rappelons que l'un des objectifs majeurs du Forum est de placer toutes les juridictions sur un même pied d'égalité. Après une adhésion massive des pays émergents, un nombre important de pays d'Afrique ont été récemment accueillis au Forum notamment : Maroc, Tunisie, Gabon, Sénégal, Côte d'Ivoire[313]. Instance mandatée par le G20, le Forum s'est fixé comme objectif d'évaluer régulièrement les différentes législations nationales, examine si celle-ci respecte les standards internationaux et, quand c'est nécessaire, fait des recommandations et améliorations[314]. Sur cette base, quatre listes de juridictions ont été établies : les juridictions conformes, conformes pour l'essentiel, partiellement conformes et non conformes[315]. Au final, le Forum a fini par dégager un standard internationalement reconnu en matière d'échange

---

[310] J. P. DOUVIER, *Fiscalité internationale de Monaco*, *op. cit.*, pp. 81 & 82.

[311] Lors du sommet du G20 avril 2009 à Londres les dirigeants ont déclaré : « *nous convenons de prendre des décisions à l'encontre des juridictions non coopératives, y compris les paradis fiscaux. Nous sommes prêts à appliquer des sanctions pour protéger nos finances publiques et les systèmes financiers. L'ère du secret bancaire est révolue. Nous notons que l'OCDE a rendu publique aujourd'hui une liste de pays évalués par le forum mondial en fonction de la norme internationale applicable aux échanges d'informations fiscales* ».

[312] P. SAINT-AMANS, « La coopération fiscale », *Gestion & Finances publiques*, n° 12, décembre 2011, p. 924.

[313] P. BERACHA, « L'action du forum mondial en matière de transparence fiscale », *Gestion & finances publiques,* n°3/4, mars-avril 2015, p. 68 et s.

[314] T. LAMBERT, « 'Paradis fiscaux' dépasser l'échange d'information », *op. cit.*, p. 26.

[315] C. HANNOT, « Fiscalité patrimoniale internationale : vers une transparence totale du patrimoine des contribuables ?», *Mélanges en l'honneur de Pascal MINNE,* Bruylant, 2017, p. 514.

de renseignements et qui concerne l'article 26 du modèle de convention fiscale de l'OCDE. Il requiert :

– l'échange d'information sur demande qui est vraisemblablement pertinent pour l'administration et pour l'application de la législation interne du partenaire ;

– la disponibilité d'informations fiables et la possibilité de les obtenir ;

– le respect des droits du contribuable ;

– la stricte confidentialité des informations échangées[316].

177. Globalement, la procédure d'évaluation des systèmes fiscaux par le Forum mondial se fait en deux phases. L'objet de la première phase est d'analyser la législation en place dans chaque État. La seconde phase consiste à apprécier la capacité des États à répondre aux demandes d'informations fiscales qui leur sont adressées sur le fondement des accords et conventions signées[317].

178. Vers la fin de la première décennie de l'an 2000, le processus connaît une autre tournure. Le 18 mars 2010, le Congrès américain adopte la FATCA[318]. Il s'agit d'un texte qui met en place un régime juridique particulier que l'on pourrait traduire par : « *loi sur l'acquittement des obligations fiscales relatives aux comptes étrangers* » et prévu aux articles 1471 à 1474 du Code américain des Impôts. Pour le résumer, on peut dire qu'il prévoit la transmission, par des institutions financières étrangères (c'est-à-dire les *Foreign Financial Institutions*- FFI) de différentes informations à l'administration fiscale américaine (*Internal Revenue Service*-IRS) sur les comptes détenus en dehors des États-Unis par les contribuables américains[319]. Rappelons qu'il ne s'agit pas d'une démarche nouvelle aux États-Unis. En 1997, ce pays avait élargi la législation relative aux « *qualified intermediaries* » aux institutions financières non-résidentes. Cette initiative reste toutefois de nature

---

316 J. OWENS, « Améliorer la transparence fiscale : état des lieux des travaux menés par l'OCDE », *RFFP*, n° 110, 2010, p. 92.

317 J. P. DOUVIER, *Fiscalité internationale Monaco, op. cit.*, p. 7.

318 « *Foreign Account Tax Compliance Act* ».

319 J. LASSERE CAPDEVILLE, « La FATCA », *Fraude & évasion fiscale : État des lieux et moyens de lutte sou la direction de Jerôme LASSERE CAPDEVILLE, Philippe MARCHESSOU, Bruno TRESCHER, Chantal CUTAJAR,* Ed JOLY, 2015, p. 61. Voir également T. FENSBY, « L'échange automatique de renseignements en matière fiscale : pourquoi la survie des normes FATCA ne tient qu'à un fil », *Revue de droit fiscal*, n° 20, mai 2017, pp. 11-17.

unilatérale, il s'agit exclusivement de préserver les droits du trésor américain. En fait, elle s'impose aux intermédiaires financiers du monde entier qui interviennent dans les opérations portant sur des valeurs mobilières américaines en leur proposant une alternative simple : soit l'intermédiaire signe une convention avec l'IRS et peut revendiquer toutes les réductions et exemptions de retenue à la source découlant de la législation américaine et des conventions préventives de la double imposition signées par ce pays pour les transactions dans lequel il intervient, soit une retenue à la source de 30 % sera appliquée aux États-Unis sur tout revenu (y compris les plus-values) réalisé sur les valeurs mobilières américaines ou déposées aux États-Unis et payés via cet intermédiaire. Le poids économique des États-Unis a très vite convaincu la quasi-totalité des acteurs financiers internationaux de signer un tel accord avec l'IRS[320].

179. Pour certains observateurs la FATCA doit être considérée comme le catalyseur de l'échange automatique d'information au sein de l'OCDE. Ainsi, il a été convenu lors du sommet du G20 de septembre 2013 de soutenir la proposition faite par l'OCDE de mettre en place une norme commune de déclaration « *Common Reporting Standard*-CRS ». Cette norme impose aux juridictions de se procurer des renseignements auprès de leurs institutions financières et de les échanger avec d'autres juridictions sur une base annuelle[321]. Sous l'égide du G20, l'OCDE a élaboré une convention multilatérale organisant l'échange automatique, par les administrations fiscales, d'informations relatives aux revenus financiers. Au premier janvier 2017, cette convention a été signée par plus de 110 États[322]. Le principe de la norme commune de déclaration consiste ainsi à déléguer aux établissements financiers la tâche d'apprécier la résidence fiscale d'une personne physique pour déterminer le (ou les pays) auquel sont transmis les

---

[320] C. HANNOT, « Fiscalité patrimoniale internationale : vers une transparence totale du patrimoine des contribuables ?», *op. cit.*, pp. 510-511.

[321] A. STEICHEN, « De l'échange d'information à l'organisation de la transparence : le chemin de Damas du Luxembourg », *Fraude et évasion fiscale : état des lieux et moyens de lutte sous la direction de Jérôme Lassere CAPDEVILLE, Philippe MARCHESSOU, Bruno TRESCHER, Chantal CUTAJAR*, Ed. JOLY, 2015, p. 32. Voir également C. E. GERVAL, « Norme internationale d'échange de renseignements à des fins fiscales : la reprise d'une législation américaine extraterritoriale ? », *Revue européenne internationale de droit fiscal*, Ed Bruylant, n° 3-2017, pp. 259-265.

[322] J. GROSCLAUDE & P. MARCHESSOU, *Droit fiscal général*, Paris, Dalloz, 2017, p. 31.

renseignements devant être communiqués à l'administration fiscale ou aux administrations fiscales de son État de résidence[323].

180. À l'image de la FATCA et de son mode d'application, il ne serait pas présomptueux de dire que les États-Unis tentent de modeler le droit fiscal international en fonction de leurs intérêts[324]. Après avoir menacé de poursuite la Banque Suisse UBS, ils ont obtenu auprès du pays de résidence de la Banque une renégociation de la convention fiscale qui a conduit à la signature d'un protocole additionnel. Ainsi, le nouvel article 26 prévoit dans sa nouvelle teneur que : « *les deux États échangent les renseignements qui pourraient être pertinents pour appliquer les dispositions de la Convention ou pour l'administration ou l'application de la législation interne relative aux impôts de toute nature perçus pour le compte des deux États, de leurs subdivisions politiques ou de leurs collectivités locales dans la mesure où l'imposition qu'elles prévoient n'est pas contraire à la convention* [325]». À travers cette démarche, les États parties à ce traité ont attribué un contenu spécifique à l'assistance administrative différent des modèles de convention fiscale.

181. Au Sein de l'espace UEMOA, le règlement 08/2008 aborde à l'image des instances internationales suscitées la question de l'échange d'information entre les administrations[326]. Pour le professeur Séni OUEDRAOGO :« *le règlement précité s'inscrit en droite ligne avec le modèle de l'ONU et dans une moindre mesure sur celle de l'OCDE* ». Toutefois, il faut préciser que depuis la création du Forum mondial dont le Sénégal est membre, l'article 26 du modèle de l'OCDE est devenu la norme de référence en matière d'échange de renseignements. Le mérite de l'échange de renseignement n'est plus à prouver. Il s'agit du projet[327] le plus abouti de lutte contre l'évasion et la fraude fiscales. Les instances multilatérales jouent un rôle fondamental à travers l'évaluation par les

---

[323] J. P. DOUVIER, *Fiscalité internationale Monaco*, *op. cit.*, p. 69.

[324] Rappelons que ce pays a mis en place son propre modèle de convention fiscale. Il impose les établissements stables sur le bénéfice après impôts (Branch profit tax) alors que ces entités sont au regard du droit fiscal international dépourvues de personnalité juridique. Enfin, il prévoit dans les conventions fiscales la clause de sauvegarde pour maintenir la pleine vigueur de l'IRC.

[325] F. LIEGEOIS, « Secret bancaire et assistance administrative internationale en matière fiscale », *Revue de Droit Administratif et de Droit fiscal*, n° 1, 2011, p. 20.

[326] G. ROTA-GRAZIOSI, « Coordination fiscale dans l'Union Économique et Monétaire Ouest Africaine », *Revue d'Économie du Développement*, n° 3, septembre 2012, p. 20.

[327] Voir en ce sens Rapport du Groupe Spécial d'Experts de la Coopération internationale en matière fiscale sur les travaux de sa sixième réunion, 34 pages.

pairs des différents systèmes fiscaux. À terme, les critères d'identification des paradis fiscaux seront neutralisés. La coopération administrative ne se limite pas à la détermination de la matière imposable mais elle s'étend au recouvrement de l'impôt.

B. Assistance au recouvrement

182. L'assistance au recouvrement dans le cadre conventionnel est prévue par l'article 27 des modèles de convention ONU et OCDE. L'article prévoit les modalités de recouvrement[328] ainsi que les mesures conservatoires[329] qu'un État pourrait être amené à prendre dans le but de garantir le recouvrement de la créance. Les mesures conservatoires trouvent leur fondement dans l'Acte Uniforme sur les Procédures Simplifiées de Recouvrement et Voie d'Exécution. En effet, l'article 54 dispose : « *Toute personne*[330] *dont la créance paraît fondée en son principe peut, par requête, solliciter de la juridiction compétente du domicile ou du lieu où demeure le débiteur, l'autorisation de pratiquer une mesure conservatoire sur tous les biens mobiliers corporels ou incorporels de son débiteur, sans commandement préalable, si elle justifie de circonstances de nature à en menacer le recouvrement.* Dans les commentaires de l'article suscité le professeur Ndiaw DIOUF affirme que la formule utilisée pour exprimer cette condition est pratiquement la même que celle qui est utilisée dans l'article 67 al. 1 de la loi française du 9 juillet 1991. Or, selon la doctrine et la jurisprudence françaises, cette formule est synonyme de risque d'insolvabilité

---

[328] Article 27-3 : *Lorsqu'une créance fiscale d'un État contractant qui est recouvrable en vertu des lois de cet État et est due par une personne qui, à cette date, ne peut, en vertu de ces lois, empêcher le recouvrement, cette créance fiscale est, à la demande des autorités compétentes de cet État, acceptée en vue de son recouvrement par les autorités compétentes de l'autre État contractant. Cette créance fiscale est recouvrée par cet autre État conformément aux dispositions de sa législation applicable en matière de recouvrement de ses propres impôts comme si la créance en question était une créance fiscale de cet autre État.*

[329] Article 27-4 : *Lorsqu'une créance fiscale d'un État contractant est une créance à l'égard de laquelle cet État peut, en vertu de sa législation, prendre des mesures conservatoires pour assurer son recouvrement, cette créance doit, à la demande des autorités compétentes de cet État, être acceptée aux fins d'adoption de mesures conservatoires par les autorités compétentes de l'autre État contractant. Cet autre État doit prendre des mesures conservatoires à l'égard de cette créance fiscale de cet autre État même si, au moment où ces mesures sont appliquées, la créance fiscale n'est pas recouvrable dans le premier État où est due par une personne qui a le droit d'empêcher son recouvrement.*

[330] Y inclure les collectivités publiques.

imminente du débiteur. Il faut en déduire que l'organisation ne sera pas accordée s'il n'existe pas un risque sérieux d'insolvabilité du débiteur[331]. Aussi, les mesures conservatoires sont également prises par l'État requis pour le compte de l'État requérant si la créance n'est pas définitivement due[332].

183. Cette procédure est le deuxième aspect de l'assistance administrative internationale. En effet, si la coopération administrative est un moyen pour assurer la justice fiscale comme le soulignait M. PIATIER, *l'amélioration de l'échange de renseignements ne suffit pas. Il faut également que l'impôt correspondant soit effectivement recouvré.* Autrement dit, les clauses d'échange d'information ont une portée pratique limitée lorsque les administrations ne disposent pas du pouvoir de recouvrer l'impôt dans un État contractant[333].

184. Celle-ci est particulièrement importante car conditionne l'effectivité du recouvrement des créances qu'un État détient sur un contribuable qui échappe au champ de la compétence exécutive. L'assistance au recouvrement international des créances relève de sources diverses. Il sied de préciser que c'est la révision de 2003 qui a introduit cette clause dans le modèle de l'OCDE[334]. Au sein de l'espace européen, la convention signée entre le Conseil de l'Europe et l'OCDE régit dans cet espace l'assistance au recouvrement. Plus près de nous, c'est dire l'espace UEMOA, le règlement de 2008 prévoit respectivement en ses articles 34 et 35 l'assistance au recouvrement et les mesures conservatoires. Cette architecture permet au législateur UEMOA de se démarquer des modèles classiques qui, comme nous l'avons vu plus haut prévoient dans un même article les deux aspects du recouvrement extraterritorial de l'impôt.

185.L'assistance au recouvrement selon Maxime CHRETIEN doit être analysée comme *une dérogation au principe de la territorialité fiscale dans son aspect négatif.* Toutefois, selon l'auteur, cette dérogation n'est que faiblement appréciée. Cette assistance qui n'a lieu que sur demande consiste dans l'obligation pour l'État requis de recouvrer la créance fiscale de l'État requérant sur un contribuable déterminé. La

---

[331] OHADA, *Traité et actes uniformes commentés et annotés*, Juriscope, 2016, p. 1020.
[332] Modèle de Convention concernant l'Assistance Administrative Mutuelle en Matière de Recouvrement de Créance Fiscale, Paris, OCDE, 1981, p. 6.
[333] A. PIATIER, *L'Evasion Fiscale et l'Assistance Administrative entre États*, Paris, Librairie du recueil Sirey, 1938, p. 301.
[334] F. LE MENTEC, « L'intensification de l'assistance fiscale internationale : les administrations fiscales à l'heure de la mondialisation », *op. cit.*, pp. 241 et s.

dérogation à l'aspect négatif de la territorialité fiscale n'existe donc que dans la mesure où l'État requis va recouvrer sur son territoire, en appliquant sa législation relative au recouvrement de ses propres contributions[335]. Elle permet alors à une autorité fiscale d'user de ses modes de recouvrement propres à ses créances fiscales pour poursuivre le recouvrement de l'impôt étranger. Toutefois, il appartient aux autorités de l'État requis administratives ou juridictionnelles d'apprécier l'exigibilité de cette imposition à travers la convention la liant avec l'État requérant et l'appréciation de la régularité de la procédure à l'égard du contribuable concerné[336]. L'assistance au recouvrement doit être perçue comme un moyen de lutte contre la fuite devant l'impôt. En effet, le contribuable malhonnête peut se défaire de ses obligations fiscales en organisant son insolvabilité et en transférant ses avoirs à l'étranger. Dans ce cas, elle est considérée comme l'unique rempart pour lutter contre les pratiques frauduleuses menées par les contribuables[337]. Au plan interne, la procédure de flagrance fiscale peut être appréciée comme un pendant des mesures conservatoires parce que son seul objectif est de garantir le recouvrement de l'impôt[338].

186. La demande d'assistance au recouvrement doit obéir à certaines règles de forme. L'article 13 du modèle de convention de l'assistance au recouvrement dispose que :

« *la demande d'assistance précise, en tant que de besoin,*

a) l'autorité ou le service qui est à l'origine de la demande présentée par l'autorité compétente ;

b) le nom, l'adresse et tous autres détails permettant d'identifier la personne en cause ;

c)la nature de la créance fiscale, ou s'il s'agit seulement d'une demande de notification, la nature et l'objet du document à notifier ;

d) les éléments constitutifs de la créance fiscale ;

e) les biens sur lesquels la créance fiscale peut être recouvrée ».

187. L'État requérant communique à l'État requis, dès qu'il en a connaissance, tous autres renseignements utiles se rapportant à la

---

[335] M. CHRETIEN, *A la recherche du droit fiscal international commun*, *op. cit.*, p. 75.
[336] J. P. JARNEVIC, *les dérogations au principe de la territorialité des impôts établis sur les bénéfices des sociétés de capitaux en droit fiscal français*, *op. cit.*, p. 98.
[337] G. GEST, *L'imposition des sociétés françaises aux États-Unis*, *op. cit.*, p. 49.
[338] L'article 615 du CGI indique les agissements fautifs pouvant donner lieu à l'établissement d'un procès-verbal de flagrance avant même les échéances déclaratives.

demande d'assistance. L'article 16 s'applique mutatis mutandis à cette communication.

188. À la lecture de l'article, il convient de retenir que la demande formulée par l'État requérant doit être claire et précise. Le caractère mutuel de l'assistance s'illustre dans cette procédure. Les États contractants ont l'obligation de se tenir informer de tout fait nouveau allant dans le sens de faciliter le recouvrement de l'imposition litigieuse[339]. Rappelons que le contenu de l'assistance au recouvrement dépend des règles fiscales internes de l'État requis et des mécanismes prévus pour l'exécution des créances fiscales de cet État. Ces règles sont appliquées grâce à l'inclusion dans les conventions d'une clause de renvoi[340] qui met cet État en mesure d'appliquer les règles internes d'exécution pour recouvrer la créance fiscale de l'État requérant[341].

189. Cette clause ne figure pas de façon systématique dans tous les traités bilatéraux signés par les États. Au Sénégal, les conventions signées avec le Canada et l'Italie n'ont pas en leur sein une clause d'assistance au recouvrement. Pour d'autres, l'assistance au recouvrement n'est amorcée que pour les impositions visées par la convention et définitivement dues[342]. La convention fiscale qui lie le Sénégal au Portugal[343] semble être beaucoup plus proche du modèle de l'ONU 2011. En effet, il est indiqué que l'assistance au recouvrement n'est pas limitée par les articles 1 & 2 de la convention. Ces articles relatent habituellement les bénéficiaires de la convention et les impositions concernées. Cet état de fait élargit le champ de la coopération fiscale entre États. Les parties au traité se délient de la notion de bénéficiaire effectif et l'assistance administrative n'est plus enserrée dans le carcan des impositions visées généralement à l'article 2 de la convention. Une telle démarche a également été entreprise à l'article 40 de la convention

---

339 Voir les commentaires de l'article 13 du modèle de convention fiscale de l'assistance mutuelle au recouvrement du 1er juin 2011.

340 Article 6-1 du modèle de 1981, Aussi appelée clause balai dans le jargon de la fiscalité internationale.

341 R. KILIC, « l'instrument privilégié de la lutte contre l'évasion et la fraude fiscales », *Gestion & Finances publiques,* n° 12, 2011, p. 932.

342 Article 26-1 de la Convention Sénégal-Belgique, article 38-1 de la Convention franco-sénégalaise, Article 28-1 de la convention fiscale Sénégal-Maroc, Article 30-1 de la convention fiscale Sénégal-Mauritanie, Article 27-1 de la Convention fiscale Sénégal-Norvège, article 26-1 de la Convention fiscale Sénégal-Qatar.

343 Article 28 al 1 : « Les *États contractants se prêtent mutuellement assistance pour le recouvrement de leur créances fiscales. Cette assistance n'est pas limitée par les articles 1 & 2...* »

liant la France à la Cote d'Ivoire[344]. Cependant, l'action de l'État requérant peut être contrainte par d'autres mesures. Concernant la demande de prises de mesures conservatoires, l'État requis peut refuser l'assistance si l'État requérant ne prévoit pas dans son ordre juridique des mesures analogues en matière de sûreté des créances fiscales. Il en va de même des privilèges du Trésor[345], c'est-à-dire de la sûreté réelle sur les biens meubles sous forme de priorité des créances fiscales par rapport aux créances privées[346]. Aussi, l'article 9 de l'ancien décret français du 28 novembre 1979 prévoyait que l'autorité française n'aura pas l'obligation d'apporter son concours si l'État requérant n'a pas épuisé sur son territoire toutes les possibilités d'exécution[347].

190. Par ailleurs, l'État requis n'est pas obligé de donner une suite favorable à une demande si la créance est prescrite au regard de sa législation. En France par exemple, l'article 283 B du Livre de Procédures fiscales précise que l'administration n'est pas tenue d'accorder l'assistance lorsque la demande vise des créances exigibles depuis plus de 5 ans. Cependant, ce délai n'est pas opposable en cas de formulation d'une première demande avant cette échéance. Lorsque la créance fait l'objet d'une contestation ou qu'un délai de paiement ou un paiement échelonné a été accordé au redevable, le délai de cinq ans ne court qu'à compter de la date d'expiration du délai de paiement accordé ou de la date à laquelle il est définitivement statué sur la créance ou le titre contesté[348].

191. L'assistance administrative tend à prendre de plus en plus une ampleur dans le cadre des instances internationales. Toutefois, les travaux sur l'échange de renseignement que ce soit sur demande, automatique ou spontanée ont tendance à se décupler au détriment de l'assistance au recouvrement. À cela s'ajoute la diversification des instances de réflexion sur l'échange de renseignements. L'assistance au recouvrement est de nos jours le moyen le plus réputé pour lutter contre la fraude et l'évasion fiscales. Son effectivité pourrait endiguer le phénomène des flux financiers illicites. La coopération fiscale internationale peut aussi être amorcée à travers d'autres procédés spécifiques.

---

[344] B. CASTAGNEDE, *Précis de fiscalité internationale*, *op. cit.*, p. 486.

[345] Voir en ce sens P. ANCEL, « les privilèges du trésor », *RFFP*, n° 7, 1984, pp. 5-30.

[346] A. KALLERGIS, *La compétence fiscale, op. cit.*, p. 574.

[347] L. CARTOU, « Les Communautés européennes et l'évasion fiscale », *Étude de finances publiques offertes à Paul Marie GAUDEMET*, Economica, 1984, p. 954. Voir également B. CASTAGNEDE, *Fiscalité internationale de l'entreprise*, Paris, PUF, 1987, p. 84.

[348] B. GOUTHIERE, *Les impôts dans les affaires internationales*, *op. cit.*, p. 1283.

Paragraphe II : Les procédés spécifiques

192. Au plan conventionnel, les commentaires officiels du modèle de convention de l'OCDE ont été révisés et prévoient désormais que même en l'absence de stipulations formelles dans la convention modèle, son article 26 ne limite pas les possibilités d'échange de renseignements que les États contractants peuvent utiliser pour obtenir des renseignements, en leur donnant la possibilité de recourir à d'autres techniques susceptibles de leur être utiles, tels que les contrôles fiscaux simultanés (A) et les contrôles fiscaux à l'étranger (B)[349].

A. Contrôles fiscaux simultanés

193. Le contrôle fiscal simultané est un contrôle entrepris en vertu d'un accord par lequel deux ou plusieurs États conviennent de contrôler simultanément et de manière indépendante, chacun sur son territoire, la situation fiscale d'un ou de plusieurs contribuables. Aux termes de l'article 579 du Code général des Impôts[350], *l'administration fiscale peut convenir avec les administrations des autres États contractants de procéder à des contrôles simultanés, chacune sur le territoire de l'État dont elle relève, en vue d'échanger les renseignements ainsi obtenus. Il porte sur des contribuables présentant pour les États qui s'y engagent un intérêt commun ou complémentaire en vue d'échanger les renseignements ainsi obtenus.*

194. Le contrôle simultané est mis en œuvre en matière d'impôts directs, lorsque la situation d'un ou de plusieurs contribuables présente un intérêt commun ou complémentaire pour un ou plusieurs États ayant conclu avec le Sénégal une convention. Les contrôles fiscaux simultanés contribuent à mettre en lumière la manipulation ou l'abus des lois et procédures en vigueur dans chaque pays[351].

195. Ce mécanisme permet également aux administrations fiscales de vérifier simultanément plusieurs entités de groupes multinationaux, par exemple pour vérifier leur politique de prix de transfert. Son intérêt réside bien entendu dans son caractère simultané en ce qu'il permet de mettre plus facilement en évidence les éventuelles irrégularités fiscales commises (volontairement ou non) par ces groupes. C'est ainsi que cette

---

[349] H. A. C. NOTAROBERTO BARBOSA, *les échanges internationaux de renseignements fiscaux*, Thèse de doctorat, présentée et soutenue en 2017 à l'université de Paris II sous la direction du professeur Jean Claude MARTINEZ, p. 273.

[350] Loi 2012-31 du 31 décembre 2012.

[351] El H. D. BA, *Procédures fiscales*, *op. cit.*, p. 30.

la situation fiscale d'un ou de plusieurs contribuables présente « un intérêt commun ou complémentaire [359]». Pour GOUTHIERE, *le défaut de base conventionnelle ne doit pas être apprécié comme un obstacle vis-à-vis de l'exercice des contrôles fiscaux simultanés.* Selon lui, rien ne s'oppose à ce que des contrôles simultanés soient convenus avec des administrations non-membres de l'Union européenne. En effet, les États n'ont pas besoin de base juridique spécifique pour cela du moment que chaque procédure de contrôle respecte les règles nationales[360].

201. Dans la pratique, la procédure est menée conformément à la législation de chaque État contractant. Ainsi, les contrôleurs procédant à des contrôles fiscaux simultanés sont chargés d'effectuer les contrôles fiscaux simultanés conformément aux plans d'intervention élaborés par le chef d'équipe (c'est-à-dire le représentant désigné), notamment identifier, rassembler et analyser les renseignements pertinents, questionner les contribuables et leurs représentants, établir le procès-verbal des réunions et participer à la préparation du rapport final. Il s'agit d'une procédure qui se déroule en dix (10) étapes :

- la sélection initiale des affaires ;
- la décision d'entreprendre le contrôle ;
- contrôle préliminaire ;
- contact avec les contribuables ;
- réunion de programmation initiale ;
- rencontre et entretien avec les contribuables ;
- contrôle approfondi;
- achèvement du contrôle ;
- préparation du rapport final ;
- mise en œuvre des améliorations recommandées[361].

202. Le mérite de ce mécanisme a été reconnu à plus d'un titre. Pour Alexandre LAUMONIER : « *l'usage de ce procédé endigue toute possibilité de double imposition. Comme il a été évoqué un peu plus*

---

[359] M. DJOUHRI, *L'évolution du contrôle fiscal depuis 1945 : aspects juridiques et organisationnels*, *op. cit.*, p. 354.
[360] B. GOUTHIERE, *Les impôts dans les affaires internationales*, *op. cit.*, p. 1256.
[361] OCDE, « Module sur les contrôles fiscaux simultanés », *in Manuel de mise en œuvre des dispositions concernant l'échange de renseignements à des fins fiscales*, 2006, pp. 9- 60.

haut il appartient aux administrations fiscales avant de clôturer les travaux d'analyser en vue de supprimer une quelconque double imposition [362]». Les agents du fisc peuvent également se rendre à l'étranger pour l'exercice du droit de communication.

B. Les contrôles fiscaux à l'étranger

203. Au cours des dernières années, plusieurs systèmes de coopération fiscale internationale ont commencé à admettre que, sous certaines conditions, l'entraide administrative puisse être établie de manière moins formelle, en permettant à un fonctionnaire de l'administration fiscale d'un des pays contractants de se déplacer afin de pratiquer des actes administratifs dans le territoire d'un autre État partie. Il s'agit des contrôles fiscaux à l'étranger.

204. Cette forme de coopération implique une logistique particulière. En effet, elle nécessite de disposer d'agents capables de se rendre sur place et de pouvoir communiquer dans la langue de l'État d'accueil et spécialement formés à cet effet. Il en découle que le contrôle fiscal à l'étranger ne peut être mis en œuvre que de façon restrictive. L'étape la plus importante est celle consistant à obtenir l'autorisation de l'État requis pour la participation d'un Agent étranger. L'État requis fournit des informations relatives à un contribuable de l'autre État. Sur la base de ces renseignements, l'État requérant décide ou non d'effectuer une demande d'autorisation de participer au contrôle fiscal. Lorsque l'État requérant le décide, l'État requis est alors en droit d'accepter ou de refuser cette demande. En cas d'acceptation, l'État requis indique à l'État requérant le calendrier du contrôle fiscal et les procédures utilisées[363].

205. Toutefois, on n'ignore pas que dans certains États, la présence d'un représentant de l'autorité fiscale étrangère peut être considérée comme une atteinte à la souveraineté ou contraire à la politique ou aux procédures qui découlent du droit national. Il n'ignore pas non plus qu'il existe même des États où le contribuable peut s'opposer à une telle présence, ou que ladite présence peut être admise sous certaines conditions. Ainsi, en matière de contrôle fiscal à l'étranger, les accords internationaux offrent aux parties contractantes une possibilité[364]. Pour

---

[362] A. LAUMONIER, *La coopération entre états dans la lutte contre la fraude et l'évasion fiscale internationale,* Paris, LGDJ, 2019, p. 121.

[363] M. DJOUHRI, *L'évolution du contrôle fiscal depuis 1945 : aspects juridiques et organisationnels*, *op, cit.*, p. 355.

[364] H. A. C. NOTAROBERTO BARBOSA, *les échanges internationaux de renseignements fiscaux,* op. cit., p.272.

le Docteur El Hadji Dialigué BA, *le contrôle fiscal à l'étranger constitue un frein orchestré contre la souveraineté fiscale des États, en ce qu'il autorise les agents d'une administration étrangère d'avoir directement accès à la comptabilité d'une entreprise ne relevant pas de leur compétence*[365].

206. Dans ce sillage, la question qui se pose est de savoir dans quelle mesure l'intervention de l'agent étranger sur le territoire étatique constitue une dérogation à la règle de « stricte territorialité » des règles fiscales internes. Si cette intervention peut avoir comme but la réalisation du droit fiscal étranger, la procédure dans l'étendue de l'État territorial sera sans doute régie par les règles et garanties procédurales mises en place par l'État territorial[366].

207. Les collaborations administratives en matière fiscale peuvent mettre en péril les droits et garanties des contribuables, surtout pour ce qui concerne le secret professionnel. Mais, s'ils sont bien menés, les contrôles conjoints seraient particulièrement efficaces, dans la mesure où, l'administration qui se déplace dispose de la presque totalité des renseignements relatifs à un contribuable. Ainsi, les limites de l'échange de renseignements par voie épistolaire se trouveraient neutralisées. En effet, il peut parfois s'avérer utile de se rendre dans un pays étranger pour y recueillir des renseignements relatifs à une affaire donnée[367].

208. Toutefois, lorsque le pays qui accueille les agents des impôts étrangers, autorise seulement l'observation de certaines étapes du contrôle, ou prendre contact uniquement avec les agents du pays requis, on parle de contrôle fiscal à l'étranger passif. Dans la forme passive les fonctionnaires « visiteurs » sont sous le strict contrôle de leurs collègues « domiciliés », et ils ne sont pas autorisés à s'entretenir librement avec les contribuables ou d'autres personnes intéressées. Ils ne peuvent participer activement à un contrôle sur le territoire étranger. Au contraire, si l'État requis permet aux fonctionnaires des impôts étrangers de mener des entretiens et d'examiner des documents concernant les contribuables en question, on parle de la forme active du contrôle fiscal à l'étranger. Pour Ramazan KILIC, *de tels contrôles fiscaux sont utiles lorsque la loi permet au contribuable de conserver des documents comptables dans un pays étranger et qu'il accepte que le fonctionnaire*

[365] E. D. BA, *Procédures fiscales*, *op. cit.*, p. 31.
[366] A. KELLERGIS, *La compétence fiscale*, *op. cit.*, p. 563.
[367] E. D. BA, *Procédures fiscales*, *op. cit.*, p. 31.

se rende dans le pays étranger plutôt que de lui fournir les livres et enregistrements comptables dans son pays de résidence[368].

209. La forme active a cependant été adoptée dans la convention fiscale franco-américaine. Celle-ci précise que chaque État peut permettre aux fonctionnaires de l'autre État d'intervenir sur son territoire pour s'entretenir avec des contribuables et prendre connaissance et copie de leurs livres et registres, à condition d'avoir obtenu l'accord du contribuable et de l'autorité compétente du premier État (qui peut assister à ces interventions ou s'y faire représenter si elle le souhaite) ; l'entrée en vigueur de cette procédure était subordonnée à un accord par échange de notes diplomatiques qui a été publié par un décret n°2009-842 du 8 juillet 2009[369] et qui a pris effet le 1er février 2009[370].

210. À notre sens, la forme passive doit être la forme à exalter dans le cadre des traités bilatéraux. En effet, si les agents fiscaux étrangers peuvent s'entretenir directement avec le contribuable, le mobile de la recherche d'information pourrait conduire à la violation de ses droits. L'intermédiation des fonctionnaires de l'État sur le territoire duquel s'exerce le contrôle servira de garde-fou contre toute atteinte aux règles de procédures internes en vigueur.

211. Cette démarche innovante dans les procédures fiscales consolide l'extraterritorialité du droit de communication. Les agents en mission à l'étranger acquièrent une vision pratique des difficultés qui surgissent sur le terrain, et l'assistance administrative est plus rapide. Ils sont considérés comme des exécutants qui ne prennent pas des décisions autonomes, et qui s'en remettent à l'autorité hiérarchique de leur administration fiscale d'origine. Ainsi, les activités menées bien qu'elles soient « nomades » en apparence, sont très encadrées. Tous les actes sont soumis au strict respect de la législation du pays concerné[371].

212. En dehors de missions de contrôle ponctuel, certains États comme la France ont mis en place la notion d'attachés fiscaux. Ce vocable permet de prolonger la durée de représentation à l'étranger. Si les attachés fiscaux sont des interlocuteurs directs en représentant directement

---

[368] R. KILIC, « L'instrument privilégié de la lutte contre l'évasion et la fraude fiscale : la coopération administrative internationale en matière fiscale », *op. cit.*, p. 930.
[369] J.O. n° 0158 du 10 juillet 2009.
[370] B. GOUTIERE, *Les impôts dans les affaires internationales*, *op. cit.*, p. 205.
[371] R.N.J KAMERLING & V. D. VAN DER HEL, « International Exchange of Information and Multilateral Tax Auditing : Towards an Intra-Community Approach ? » *in Intertax,* Vol. 31, Issue 1, 2003, p. 6 et s cité par Selçuk ALTINDAG p. 288.

l'administration fiscale d'origine auprès de l'administration fiscale d'accueil et des contribuables à l'étranger, néanmoins cela n'est que le prolongement des conventions fiscales internationales[372]. Les attachés fiscaux sont surtout présents dans les pays entretenant avec la France de vastes échanges au plan commercial[373].

213. Ces attachés fiscaux permettront aux administrations fiscales africaines d'avoir des interlocuteurs dans le même ressort territorial afin de réduire voire supprimer les échanges épistolaires qui ont tendance à retarder la procédure. À l'heure actuelle, les pays d'Afrique francophone sont dans l'obligation d'intensifier le mécanisme de l'assistance administrative vis-à-vis de l'ancienne métropole compte tenu de l'accroissement des échanges commerciaux. L'année 2019 a été marquée par une progression des échanges entre la France et l'UEMOA de 9,4 % en gisement annuel, à 4,5 milliards d'euros. Les exportations françaises vers les pays de la zone ont augmenté de 4,2 % en gisement annuel, les 2/3 en destination de la Côte d'Ivoire et du Sénégal[374]. Cette étude fait de la France un partenaire commercial privilégié en Afrique. Il ne fait point de doute que l'assistance administrative est l'un des moyens les plus efficaces à même de prévenir l'évasion et la fraude fiscales.

Section II : La mise en œuvre des conventions fiscales

214. Le caractère bilatéral des conventions permet aux États de résister face à l'érosion de leur souveraineté fiscale mais aussi de tenir compte des facteurs économiques, politiques et parfois militaires qui unissent à travers l'histoire des deux entités[375]. Le système fiscal est propre à chaque État. Ainsi, lorsque celui-ci se combine à l'application du droit conventionnel des difficultés peuvent se présenter. Dans ce sillage, le pouvoir d'interprétation des parties à la convention doit avoir une lecture commune du texte qui les lie (Paragraphe1). La signature d'une convention fiscale entraîne chez les contribuables des impacts (Paragraphe 2) du fait de la réorientation du pouvoir d'imposition.

---

[372] S. ALTINDAG, *La concurrence fiscale dommageable : la coopération des États membres et des autorités communautaires,* Paris, L'Harmattan, 2009, p. 289.
[373] E. ROBERT, *Élément d'une théorie de la frontière appliquée au droit fiscal*, Thèse de doctorat, Université de Paris II, septembre 2011, p. 379.
[374] « Commerce bilatéral entre la France et les pays de l'UEMOA en 2019 », *in www.trésor.economie.gouv.fr,* consulté le 23 août 2020.
[375] T. LAMBERT, « Quelle fiscalité pour les projets planétaires », Mondialisation, fiscalité et la globalisation sous la direction de Marc LEROY, L'Harmattan, 2006, p. 18.

Paragraphe I : Le pouvoir d'interprétation des conventions fiscales

215. Lorsque deux États appliquent par exemple un système d'imposition mondiale, il est possible que ces deux États considèrent qu'un même contribuable dispose de lien personnel suffisant permettant de créer un assujettissement illimité de ce contribuable dans chacun des deux États[376]. Toute difficulté d'interprétation ou d'application de la convention engendre une double imposition préjudiciable au contribuable et contraire à l'objectif de base des conventions fiscales. Le droit conventionnel prévoit des outils dont peuvent se servir le contribuable pour uniformiser l'interprétation du traité. À l'analyse, il conviendra de voir : la procédure amiable (A) et la procédure d'arbitrage (B).

A. La procédure amiable

216. La collaboration des États n'est pas seulement recherchée, encouragée, pour éradiquer les dispositifs fiscaux dommageables, elle l'est aussi pour résoudre les différends fiscaux internationaux. Là aussi, comme dans d'autres domaines, l'OCDE entend jouer un rôle déterminant. Dans le modèle de convention que propose l'organisation internationale la méthode de résolution des différends préconisée est la procédure amiable. Le principe est repris dans les conventions fiscales bilatérales[377].

217. Il serait hypothétique de confier la résolution des litiges résultant de l'application d'une convention aux juridictions d'un des États contractants. Ainsi, dans l'application d'une convention internationale sur les doubles impositions, un tribunal de l'un des États contractants saisi d'une difficulté d'interprétation ne peut émettre qu'une décision incomplète, en statuant sur la compétence ou l'incompétence de sa propre loi interne, sans aborder le problème corrélatif de la compétence de la loi étrangère[378]. Dès lors, seules les parties au traité peuvent convenir d'une solution acceptable à la résolution du litige. C'est dans ce sens que Philippe MARTIN affirmait que : *« le souci d'atteindre une cohérence bilatérale de l'interprétation, voire une cohérence inter-nationale dans un réseau de conventions, peut constituer un objectif souhaitable, sous réserve de ne pas méconnaître les règles juridiques gouvernant*

---

[376] N. BURKHALTER-MARTINEZ, *Cohérence internationale de l'imposition des entreprises : analyse au regard du projet BEPS*, *op. cit.*, p. 30.
[377] T. LAMBERT, « Quelle fiscalité pour des projets planétaires ? », *in Mondialisation et fiscalité-la globalisation fiscale sous la direction de Marc LEROY*, L'Harmattan, 2006, p. 24.
[378] G. DALIMIER, « Droit fiscal international français », *Jurisclasseur du droit fiscal international,* Fasc.14, n° 11-1992, p. 13.

l'interprétation »[379]. Aux premières heures de la fiscalité internationale, certains États avaient opté pour l'insertion d'une clause compromissoire dans les conventions. Il en est ainsi de la convention fiscale conclue en 1934 entre la Roumanie et la Tchécoslovaquie comportait une stipulation de cette nature aux termes de laquelle en cas de difficulté sur l'application de l'interprétation de la convention, « *ce différend sera soumis à tout organisme technique que le Comité fiscal de la Société des Nations pourra désigner à cet effet : cet organisme formulera un avis après avoir entendu les parties, et au besoin, les avoir réunies, cet avis sera obligatoire et sans appel pour les États contractants* [380]».

218. La procédure amiable fait partie des moyens diplomatiques de règlement des litiges. Prévue à l'article 25 de la convention modèle de l'OCDE, cette procédure permet aux États d'éliminer eux-mêmes par voie d'accord, les difficultés d'interprétation des conventions[381]. Il convient néanmoins de souligner qu'elle s'inspire d'idées familières à la doctrine du droit des traités internationaux. La première idée, c'est qu'une interprétation authentique vaut mieux qu'une interprétation non authentique. La seconde idée, c'est que parmi les diverses modalités de l'interprétation authentique, il faut faire prévaloir l'interprétation collective donnée par l'ensemble des États parties sur l'interprétation unilatérale donnée par chaque État partie. Ces idées sont de bons sens, même si elles se heurtent parfois aux résistances qu'opposent certains tribunaux nationaux[382].

219. Il s'agit d'une procédure qui est déclenchée par le contribuable[383]. Celui-ci doit s'adresser à l'autorité compétente de l'État contractant

---

[379] P. MARTIN, « L'interprétation des conventions fiscales internationales » *Revue de droit fiscal*, n° 24, 13 juin 2013, p. 63.

[380] J. MICHEL, « Interprétation judiciaire des conventions de doubles impositions et nécessité ou opportinuté d'une juridiction fiscale internationale », *Rapport du Vème congrés international financier et fiscal,* 1951, p. 23.

[381] J. C. MARTINEZ, *Les conventions de double imposition, op. cit*, p. 61.

[382] P. LEVINE, *La coopération des États dans la lutte contre l'évasion fiscale de caractère international en l'absence et en présence de conventions internationales, op. cit.*, p. 300.

[383] Article 25 al1 du modèle de convention de l'OCDE : « *Lorsqu'une personne estime que les mesures prises par un État contractant ou par les deux États contractants entraînent ou entraîneront pour elle une imposition non conforme aux dispositions de la présente convention, elle peut, indépendamment des recours prévus par le droit interne de ces États, soumettre son cas à l'autorité compétente de l'un ou de l'autre État contractant. Le cas doit être soumis dans les trois ans qui suivent la première*

dont il est résident. La requête doit donc trouver son fondement soit dans la méconnaissance d'une clause conventionnelle soit dans l'application erronée ou abusive d'une règle de droit interne à laquelle la convention renvoie de manière implicite ou explicite. Cette procédure trouve également à s'appliquer lorsque la clause de non-discrimination est violée ou encore lorsqu'une installation a été faussement qualifiée d'établissement stable[384]. Le contribuable qui a fait l'objet d'un ajustement[385] dans le cadre des prix de transfert a un délai de trois ans pour l'invoquer[386].

220. L'article 9 du modèle de convention peut également servir de base à l'amorce de la procédure amiable. En effet, il prévoit que lorsqu'un État ajuste les bénéfices imposables d'une entreprise en application du principe de pleine concurrence, « *l'autre État procède à un ajustement approprié du montant de l'impôt qui y a été perçu sur ces bénéfices. Pour déterminer cet ajustement (...), si c'est nécessaire, les autorités compétentes des États contractants se consultent* ». Cependant, l'appel à la procédure amiable prévu dans les conventions fiscales, à laquelle se réfère implicitement l'article précité de la convention modèle OCDE, a longtemps constitué l'unique mode de règlement des phénomènes de double imposition économique nés de redressements en matière de prix de transfert[387].

221. À la double imposition économique résultant d'un redressement de prix de transfert pourra d'ailleurs s'ajouter celle procédant à la qualification fiscale des montants redressés, susceptibles d'être considérés comme des revenus distribués. La double imposition économique internationale frappe de plus en plus les groupes multinationaux. Auparavant, la rédaction de l'article 9-2 du modèle de convention fiscale OCDE en 1977 prévoyait en cas de redressement des bénéfices d'une entreprise faisant suite à la rectification des prix de transfert pratiqués avec une entreprise apparentée, résidente de l'autre État

---

notification de la mesure qui entraîne une imposition non conforme aux dispositions de la Convention ».

384 G. GEST, *L'imposition des sociétés françaises aux États-Unis, op. cit*, p. 46.

385 Dans le jargon des système fiscaux modernes nous pouvons évoquer le cas des redressements fiscaux ou proposition de rectification.

386 OCDE, *Principes de l'OCDE applicables en matière de prix de transfert à l'intention des entreprises multinationales et les administrations fiscales*, Paris, Ed. OCDE, 2022, p. 208.

387 B. CASTAGNEDE, *Précis de fiscalité internationale*, *op. cit.*, p. 156.

contractant, un dispositif d'ajustement corrélatif[388], par cet autre État de l'impôt perçu sur l'entreprise, ayant sa résidence sur son territoire, à laquelle ont été initialement imputés les bénéfices considérés[389]. Ce dispositif a été abandonné au profit de la procédure amiable[390]. Le Sénégal au gré de l'évolution de la fiscalité internationale est resté fidèle à ce principe. Ainsi, l'émission d'une réserve sur le dispositif de l'article 17 de l'instrument multilatéral va dans ce sens. La démarche prodiguée reste centrer sur une disposition conventionnelle au moment de la négociation des traités bilatéraux pour endiguer toute velléité de modification unilatérale des bénéfices par une juridiction[391].

222. La résolution des litiges issus de l'application des conventions est d'une importance capitale dans les instances internationales. Au sein de l'OCDE, « *la résolution efficace des différends par les autorités compétentes dans le cadre des procédures actuelles des conventions fiscales constitue un aspect fondamental d'une obligation inscrite dans le droit fondamental : la mise en œuvre de bonne foi d'une convention fiscale dans son ensemble* ». Autrement dit, les États sont invités à parvenir à un règlement satisfaisant des litiges. Bien que la procédure amiable soit de la compétence des États, l'OCDE a dégagé des lignes directrices pour en améliorer l'efficacité[392].

223. Toutefois, il ne fait point de doute qu'il y va de la responsabilité du contribuable d'apporter la preuve, par exemple, d'une double imposition faute de quoi l'administration pourra rejeter la demande du contribuable d'avoir recours à la procédure amiable. Il a été rappelé que « *l'administration considère qu'elle n'est pas tenue de donner suite à une demande s'il y a eu de la part du contribuable une « volonté manifeste » de s'affranchir des principes posés par la convention fiscale ; est ici visée la situation du contribuable qui aura procédé lui-même à une correction de ses revenus ou bénéfices déclarés dans un*

---

[388] Un ajustement corrélatif est un ajustement de l'impôt dû par l'entreprise associée établie dans un autre pays, effectué par l'administration fiscale de ce pays pour tenir compte d'un ajustement primaire effectué par l'administration fiscale du premier pays, afin d'obtenir une répartition cohérente des bénéfices entre les deux pays.

[389] B. CASTAGNEDE & S. TOLEDANO, *Fiscalité internationale de l'entreprise*, *op. cit.*, p. 30.

[390] Au plan interne toute réintégration entraîne la perception de l'IRVM. Voir l'article 54 de la loi 92-40 du 9 juillet 1992, Article 85 de la 2012-31 du 31 décembre 2012.

[391] Document de ratification de l'instrument multilatéral déposé le 10 mai 2022, p. 23.

[392] T. LAMBERT, « Quelle fiscalité pour des projets planétaires ? », *in Mondialisation et fiscalité-la globalisation fiscale sous la direction de Marc LEROY*, *op. cit.*, p. 24.

autre État, au prétexte que l'autre État aura procédé à un rehaussement touchant les mêmes revenus »[393]. Notons que le droit fiscal international prône l'indépendance des voies de recours interne et externe des litiges. Les conventions fiscales reprennent presque toujours la formulation du modèle de l'OCDE, selon laquelle la demande d'ouverture de la procédure amiable est indépendante des recours prévus par le droit interne des États[394]. Un contribuable a normalement le droit de soumettre son cas à l'autorité compétente de l'État dont il est résident, qu'il ait ou non formulé par ailleurs une demande ou un recours contentieux selon le droit interne de cet État. Les deux procédures étant indépendantes, la demande est recevable même si un recours contentieux a été formé. L'État concerné ne doit pas attendre qu'une décision de justice soit intervenue pour entamer la procédure. Dès lors le contribuable peut donc exercer en même temps des recours administratifs et juridictionnels de droit interne et solliciter l'ouverture de la procédure amiable[395]. Rappelons également qu'il s'agit d'une procédure exorbitante de droit commun. Ainsi, le contribuable est autorisé à saisir l'autorité compétente avant d'avoir épuisé les possibilités de recours que lui offre la législation fiscale des deux États parties au traité bilatéral[396].

224. À notre avis, l'indépendance des procédures de droit interne et de caractère international permet au contribuable de maximiser ses chances dans la résolution du litige. La consécration de cette indépendance est une innovation de la fiscalité internationale au moment où le recours parallèle est prohibé dans le droit administratif.

225. À propos de l'obligation de la mise en œuvre, les travaux sur l'action 14 du Plan d'action BEPS ont apporté une réponse directe aux questions soulevées par le refus d'ouvrir l'accès à la procédure mutuelle suite à des ajustements de prix de transfert effectués par une autre juridiction signataire d'une convention en conduisant à faire figurer comme élément 1 du standard minimum[397] de l'action 14 un engagement

---

[393] T. LAMBERT, « L'OCDE, un acteur influent du droit fiscal international », *Gestion & Finances publiques*, n° 3, 2016, p. 101.

[394] Article 25 al 1 « ...*Elle peut, indépendamment des recours prévus par le droit interne de ces États, soumettre son cas à l'autorité compétente de l'un ou l'autre État contractant...* »

[395] B. GOUTHIERE, *Les impôts dans les affaires internationales*, *op. cit.*, p. 1577.

[396] G. TIXIER, G. GEST & KEROGUES, *Droit fiscal international, op. cit.*, p. 191.

[397] Le standard minimum de l'action 14 comporte en outre un certain nombre d'éléments destinés à résoudre de façon plus générale les problèmes soulevés par le refus d'ouvrir l'accès à la procédure amiable aux cas dans lesquels le contribuable et

d'ouvrir l'accès à la procédure amiable aux cas portant sur les prix de transfert[398].

226. Lorsque le différend est soulevé au sujet de l'application d'une convention internationale, entre l'administration fiscale de l'État de résidence et celle de l'État étranger, la solution en est recherchée par la voie d'échanges de vues écrits ou de pourparlers oraux entre les autorités compétentes des deux pays. Ces tractations, qui tendent à interpréter la convention ou à combler ses lacunes, conduisent le plus souvent à un accord dépourvu de tout caractère juridictionnel[399]. La question du délai de traitement des différends pourrait être soulevée par le contribuable victime de la double imposition. La doctrine administrative française précise que le délai pour trouver une solution ne doit pas dépasser vingt-quatre mois[400]. Le droit fiscal international semble avoir implicitement infligé une obligation de moyen ou de diligences[401] aux administrations fiscales des États contractants. C'est ce qui fait dire à Jérôme Nirmal THOMAS que : « *la procédure amiable n'est qu'une procédure aléatoire ne garantissant aucunement les contribuables contre tout risque de double imposition*[402] ». Toutefois, les progrès accomplis récemment par les juridictions vers le respect du règlement des litiges feront l'objet d'un suivi périodique à l'aide du cadre de suivi statistique relatif à la

---

les autorités fiscales qui effectuent l'ajustement sont en désaccord sur la question de savoir si les conditions d'application d'une disposition anti-abus d'une convention fiscale sont remplies ou si l'application d'une disposition anti-abus de droit national est en conflit avec les dispositions d'une convention ; un engagement à publier les règles, lignes directrices et procédures sur l'accès à la procédure amiable et à préciser dans les instructions relatives à la procédure amiable les informations et documents qu'un contribuable doit joindre à toute demande de procédure amiable ; un engagement à préciser que la conclusion de la transaction entre les autorités fiscales et les contribuables n'exclut pas l'ouverture de la procédure amiable ; et un engagement à veiller à ce que les autorités compétentes soient informées des demandes de procédure amiable soit en modifiant le 1 de l'article 25 afin que la demande de procédure amiable puisse être formulée auprès de l'autorité compétente de l'un ou l'autre des États contractants soit en mettant en place un processus de notification ou de consultation bilatérale pour les cas où l'autorité compétente saisie d'une demande de procédure amiable considère que l'objection du contribuable n'est pas fondée.

398 OCDE, *Principes de l'OCDE applicables en matière de prix de transfert à l'intention des entreprises multinationales et les administrations fiscales*, *op. cit.*, p. 205.

399 G. DALIMIER, « Droit fiscal international français », *op. cit.*, p. 16.

400 BOI-INT-DG-20-30-10 cité par T. LAMBERT, « L'OCDE un acteur influent du droit fiscal international », *op. cit.*, p. 101.

401 Voir en ce sens G. TIXIER, *Droit fiscal international*, *op. cit.*, p. 66.

402 J. N. THOMAS, *Contrôle fiscal des opérations internationales,* Thèse de doctorat, *op. cit.*, p. 83.

procédure amiable qui a été mis au point pour permettre d'évaluer concrètement les effets de la mise en œuvre du standard minimum de l'action 14[403].

227. La pratique de la procédure amiable a décelé des inconvénients. En effet, les contribuables considèrent notamment que la mise en œuvre de cette procédure est source de difficultés, que sa durée est souvent excessive, que leur participation y est limitée, que sa mise en œuvre n'est pas suspensive des recouvrements et qu'elle peut être rendue impossible dans les délais prévus en droit interne en l'absence de dispositions conventionnelles dérogatoires[404].

228. Ces difficultés de mise en œuvre ont fait l'objet de discussion dans le cadre du projet BEPS sous l'autorité de l'OCDE. Les propositions formulées devraient être concrétisées dans le traité multilatéral BEPS par la consécration d'un standard minimum en matière de règlement des différends. Ce standard vise à garantir le déroulement de la procédure amiable dans le respect du principe de bonne foi, lorsque la procédure est prévue par les conventions fiscales et la conclusion de cette procédure en temps « opportun ». En fait les États ayant participé au projet proposent une généralisation de l'obligation de conclusion de la procédure amiable dans un délai de deux ans. Pour une meilleure coopération entre autorités compétentes. La proposition retenue implique un encouragement des États à devenir membres du Forum Mondial sur l'administration fiscale[405].

229. Cependant, force est de constater dans de nombreux cas, aujourd'hui, de délais importants et des situations de blocage dus à la difficulté des administrations de converger sur une position commune, mais également au manque de moyens. Des statistiques de l'OCDE font apparaître que 4000 procédures amiables environ étaient pendantes au 31 décembre 2013 au sein des pays membres ce qui est considérable par rapport à leur capacité de traitement en la matière. Il s'agit d'un défi à relever pour résoudre les divergences entre autorités fiscales et répondre au besoin des acteurs économiques[406]. Rappelons qu'en ce qui concerne l'instrument multilatéral, le Sénégal a formulé une réserve sur le dispositif de la deuxième phrase de l'article 16-2 qui dispose : « L'accord

---

403 OCDE, *Principes de l'OCDE applicables en matière de prix de transfert à l'intention des entreprises multinationales et les administrations fiscales*, *op. cit.*, p. 211.

404 N. MELOT, *Territorialité et mondialité de l'impôt*, *op. cit.*, p. 757.

405 A. KALLERGIS, *La compétence fiscale*, *op. cit.*, p. 643.

406 E. MARCUS, « Le projet de l'OCDE de lutte contre l'optimisation fiscale des multinationales-BEPS », *RFFP*, n° 132, 2015, p. 233.

est appliqué quels que soient les délais prévus par le droit interne des Juridictions contractantes[407]». Une logique conservatrice de la souveraineté fiscale semble animer le Sénégal. L'application en intégralité de l'article 16 conduirait à spolier une prérogative importante de tout État qui est celui de rendre la justice en tenant compte de son propre ordonnancement juridique. La procédure amiable n'est pas la seule voie qui peut être mise en œuvre lors des difficultés résultant de l'application des conventions. La procédure d'arbitrage peut servir de substitution dans la résolution des litiges.

B. La procédure d'arbitrage

230. L'arbitrage est généralement défini comme l'institution par laquelle « *un tiers règle le différend qui oppose deux ou plusieurs parties exerçant la mission juridictionnelle qui lui a été confiée* »[408]. Dans le cadre des relations internationales, il arrive (mais le fait est rare en matière fiscale) que les puissances signataires d'une convention conviennent à l'avance de porter leurs différends relatifs à l'interprétation de cette convention devant une instance internationale, telle qu'à l'image de la Cour Permanente de Justice internationale de La Haye. Il peut se faire également qu'à propos d'une affaire déterminée, soulevant des difficultés dont la solution a été vainement recherchée dans le cadre des pourparlers amiables, un arbitre (ressortissant en principe d'un pays tiers) soit désigné en commun pour trancher le litige. Cette situation n'en constitue pas moins l'amorce d'une jurisprudence internationale en matière fiscale[409].

231. La procédure d'arbitrage conventionnel est un mécanisme qui peut être mis en œuvre après un échec constaté de la procédure amiable. Ce mécanisme a été institué par la convention modèle de l'OCDE depuis 2008 alors que le modèle de l'ONU ne l'a inclu que dans sa révision de 2011 bien que ledit mécanisme ne soit pas recommandé par l'ONU avec la même vigueur que l'OCDE. Cette procédure permet d'accroître la protection offerte au contribuable, notamment lorsque celui-ci fait l'objet d'une double imposition due aux interprétations

---

[407] Document de ratification de l'instrument multilatéral.

[408] G. CORNU, *Vocabulaire juridique*, Paris, PUF, 2011, p. 78.

[409] G. DALIMER, « Droit fiscal international français », *op. cit.*, p. 16.

différentes de la convention faites par les autorités compétentes des États contractants[410].

232. Cette procédure est donc applicable à l'ensemble des différends non résolus par la procédure amiable. Cependant, seules les questions non résolues par voie d'accord amiable doivent être soumises à arbitrage si le contribuable en fait la demande. C'est seulement en l'absence d'accord entre les autorités compétentes qu'un arbitrage peut être ouvert ; s'il y a accord, le contribuable ne peut pas soumettre ensuite les points en ligne à la procédure d'arbitrage[411].

233. Le nouveau paragraphe 5[412] de l'article 25 nouveau des modèles de l'OCDE, l'ONU & l'ATAF prévoit que la personne victime d'une double imposition (juridique ou économique) peut après un écoulement d'une période de deux ans sans que la procédure amiable ne produise un résultat satisfaisant solliciter le transfert du litige en arbitrage[413]. Il sied de préciser que l'arbitrage se démarque de la procédure amiable à travers deux points.

234. D'abord, dans la procédure amiable, il a été question de l'indépendance de la procédure vis-à-vis de celle de droit interne. Dans la procédure d'arbitrage, l'exception de recours parallèle semble faire droit. En effet, l'affaire soumise à l'arbitrage ne doit pas avoir fait l'objet d'une décision rendue par un tribunal administratif ou judiciaire de l'un des États contractants.

235. Ensuite, la décision rendue en arbitrage, à défaut d'une contestation par une personne directement concernée par le litige lie, les États contractants. Cette décision a donc force obligatoire et doit être appliquée quels que soient les délais prévus par le droit interne de ces États. Une

---

410 J. MONSENEGO, « L'expérience américaine en matière de clauses d'arbitrage conventionnelles : un exemple pour la France », *Revue de droit fiscal,* n° 6, février 2014, p. 13.

411 B. GOUTHIERE, *Les impôts dans les affaires internationales, op. cit.*, p. 1594.

412 *Lorsque,*

a) *En vertu du paragraphe 1, une personne a soumis un cas à l'autorité compétente d'un État contractant en se fondant sur le fait que les mesures prises par un État contractant ou par les deux États contractants ont entraîné pour cette personne une imposition non conforme aux dispositions de cette convention, et que*

b) Les autorités compétentes ne parviennent pas à un accord permettant de résoudre ce cas en vertu du paragraphe 2 dans le délai de deux ans à compter de la date à laquelle toutes les informations demandées par les autorités compétentes pour pouvoir traiter le cas ont été communiquées aux deux autorités compétentes.

413 B. CASTAGNEDE, *Précis de fiscalité internationale, op. cit.*, p. 157.

telle conduite est synonyme d'une obligation de résultat dans la mise en œuvre de l'interprétation définie en arbitrage[414]. Pour Jérôme Nirmal THOMAS, *l'intérêt majeur du recours à la commission d'arbitrage réside dans le fait que la décision prise par cette dernière s'impose normalement aux autorités compétentes*[415].

236. Cette démarche peut conduire à une réticence du contribuable à laisser « échapper » le contentieux dans la mesure où, à la lecture des dispositions conventionnelles, il n'a dans cette procédure qu'un rôle passif, celui d'attendre la décision d'une commission dont la composition et les procédures « sont établies entre les États contractants par échange de notes diplomatiques après consultation entre les autorités compétentes ». Toutefois, une telle procédure représentera le plus souvent sa « dernière chance » de voir la double imposition économique éliminée, notamment si les actions de droit interne sont forcloses[416].

237. Il faut reconnaître que l'arbitrage est une formule peu utilisée dans les conventions fiscales. Au Sénégal, les conventions signées ne permettent pas aux résidents de faire recours à la procédure d'arbitrage. La résolution des litiges relatifs à l'interprétation de la convention ne dépasse pas le cap de la procédure amiable. Le règlement de l'UEMOA ne fait pas directement référence à l'arbitrage mais offre la possibilité aux États membres de saisir la commission pour les cas de double imposition non réglés par le texte[417]. Au plan européen, les États membres ont, par ailleurs, adopté une convention d'arbitrage, dont le champ d'application est cependant limité aux prix de transfert lors de la

---

[414] Voir en ce sens le dernier paragraphe du point 5 de l'article 25 : « *les questions non résolues soulevées par ce cas doivent être soumises à l'arbitrage si la personne en fait la demande par écrit. Ces questions non résolues ne doivent toutefois pas être soumises à l'arbitrage si une décision sur ces questions a déjà été rendue par un tribunal judiciaire ou administratif de l'un des États. À moins qu'une personne directement concernée par le cas n'accepte pas l'accord amiable par lequel la décision d'arbitrage est appliquée, cette décision lie les deux États contractant et doit être appliquée quels que soient les délais prévus par le droit interne de ces États. Les autorités compétentes des États contractants règlent par accord amiable les modalités d'application de ce paragraphe.*

[415] J. N. THOMAS, *Le contrôle des opérations internationales*, *op. cit.*, p. 62.

[416] N. MELOT, *Territorialité et mondialité de l'impôt*, *op. cit.*, p. 758.

[417] Article 38-2 : « *...Les États membres peuvent soumettre à la commission les cas de double imposition non prévu par le présent règlement* ».

transaction entre sociétés apparentées ainsi qu'à l'attribution des profits des établissements stables[418].

238. L'absence de droit pour le contribuable de demander l'ouverture d'une procédure d'arbitrage lui fait donc courir le risque d'être imposé de façon non conforme aux dispositions d'une convention fiscale lorsque les autorités compétentes ne parviennent pas à s'entendre dans le cadre de la procédure amiable. Ceci diminue grandement l'efficacité de ces clauses d'arbitrage, notamment au regard de l'objectif des conventions fiscales d'élimination de la double imposition[419]. À notre avis, l'inexistence de la clause d'arbitrage dans les conventions fiscales signées par le Sénégal pourrait se justifier par le caractère récent de ladite clause. Toutefois, cet argument peut être battu en brèche car la convention fiscale signée avec le Luxembourg le 10 février 2016 ne contient pas ladite clause.

239. Le refus ou les réticences des États à s'engager dans ce mode de résolution des différends peuvent s'expliquer par la particularité de la matière fiscale. En effet, l'arbitre saisi d'un contentieux fiscal perdurant à l'issue de la procédure amiable va devoir se prononcer sur des problématiques relatives à l'exigibilité et au quantum de l'impôt vis-à-vis des États parties à la procédure. Ces questions relèvent en principe du domaine de l'ordre public et de la souveraineté des États. Certains en ont conclu que « *les arbitres ne peuvent se faire juge de la violation des dispositions impératives relatives à la fiscalité* » et l'OCDE indiquait, en 1984 que, « *l'adoption d'une semblable procédure représenterait un abandon sans précédent de la souveraineté fiscale*[420] ».

240. Cette réticence est justifiable à plus d'un titre. Rappelons que les pays importateurs de capitaux ont déjà consenti à un abandon de souveraineté vis-à-vis de l'imposition des revenus passifs. À notre sens, conférer le pouvoir de trancher les litiges à un organe autre que les juridictions de droit commun contribue à spolier une prérogative essentielle à l'exercice de la souveraineté fiscale de l'État. Cette situation n'est cependant pas préjudiciable à la victime d'une double imposition.

---

[418] Convention n°90/436/CEE du 23 juillet 1990 relative à l'élimination des doubles impositions en cas de correction des bénéfices d'entreprises associées.

[419] J. MONSENEGO, « L'expérience américaine en matière en matière de clauses d'arbitrage conventionnelles : un exemple pour la France », *op. cit.*, p. 15.

[420] M. L. HUBLOT, *Les procédures de règlement de la double imposition résultant de la correction des prix de transfert entre entreprises associées*, Thèse de doctorat, Université de Paris II Panthéon-Assas, 2014, p. 280.

241. En droit interne des mécanismes non juridictionnels de règlement des différends à l'image de la commission paritaire de conciliation ont été initiés. Prévu à l'article 704 du Code général des Impôts, le rôle de la commission est de trancher les litiges résultant d'un contrôle sur place[421]. Celle-ci peut se prononcer sur les litiges suivants :

– appréciation du caractère excessif ou non du taux d'amortissement pratiqué ;

– si les réparations ont ou non pour effet de prolonger, de manière notable, la durée d'utilisation de biens amortissables ;

– appréciation du caractère normal ou anormal d'un acte de gestion ;

– appréciation du caractère probant ou non d'une comptabilité ;

– la détermination du chiffre d'affaires réalisé par une entreprise ;

– valeur probante du mode de comptabilisation des travaux en cours.

242. Ce mode de règlement a pour objectif de permettre au contribuable d'éviter les voies de recours juridictionnels classiques. Le juge du Tribunal régional Hors Classe de Dakar a dans une affaire[422] soumise à son appréciation fait la précision suivante : *À la réception de la confirmation de redressement, le contribuable peut saisir, soit la commission de conciliation dans un délai de 20 jours, soit engager la procédure contentieuse en contestation de redressement.*

243. Par ailleurs, le décret 2014-1663, prévoit en son article 29 *qu'en tout état du contentieux judiciaire, le juge déjà saisi d'un litige peut, à la demande conjointe des parties soit introductif d'instance, soit à l'audience, soit par simple demande écrite déposée ou adressée au greffe de la juridiction compétente, ordonner une conciliation sur tout ou partie du litige si l'affaire porte sur des questions pouvant faire l'objet d'une transaction*[423]. Les articles 34 & 35 indiquent que la conciliation prend

---

[421] Article 704-1 : « *Une commission paritaire de conciliation connaît des désaccords entre le contribuable et l'administration portant sur des questions de fait relatives à des rappels de droit initiés à la suite de contrôle sur place* ».

[422] Tribunal régional Hors Classe de Dakar : Société « MLT WEST-AFRICA Infrastructures et Services SA » c/la DGID (Centre des Services fiscaux de Dakar-Plateau) rendue le 14 avril 2015.

[423] Cour d'appel de Dakar La société « SODEVIT GRANULAT SA » c/le DGID & le chef du bureau de recouvrement du Centre des Grandes Entreprises rendu le 22 janvier 2016.

fin avec la signature d'un accord entre les parties. Ledit accord est rendu exécutoire avec son homologation par le juge compétent.

244. À travers ces développements il faut retenir que même si l'arbitrage conventionnel reste un outil peu usité dans nos pays, les voies de recours internes permettent au contribuable de faire entendre sa cause au cas où il serait victime d'une double imposition résultant de l'application d'une convention. La composition mixte[424] de la commission paritaire de conciliation permet de statuer sur les litiges en toute impartialité. Toutefois, l'avis rendu par la commission ne lie pas les parties. À noter que la commission paritaire de conciliation a fait l'objet d'une suppression par la LFI 2025. La principale raison évoquée par le législateur pour justifier l'adoption d'une telle mesure est l'inactivité de l'organe en cause.

245. Au-delà de toutes considérations, le projet BEPS se présente comme une occasion pour un changement d'échelle dans l'institutionnalisation du règlement des différends interétatiques fiscaux. Le traité multilatéral qui concrétisera les propositions retenues dans ce projet pourrait instituer un organe permanent auquel les États soumettraient leurs différends relatifs à l'interprétation de ce traité. De plus, l'organe en question pourrait être désigné comme tribunal arbitral permanent que les États désigneraient comme organe arbitral dans le cas de non-aboutissement à la procédure amiable[425]. Cependant, la détermination de certains critères permettra de mieux déterminer le champ d'application de la convention.

Paragraphe II : L'impact du droit conventionnel sur les contribuables

246. Dès leur premier article les conventions de double imposition définissent leur champ d'application personnel. Les différents modèles,

---

[424] Article 705 du CGI : La commission siégeant au Chef-lieu de région est composée comme suit :

- un magistrat désigné par la Cour des comptes qui en assure la présidence ;
- deux représentants de la DGID ;
- un expert-comptable, représentant l'ordre national des experts-comptables et comptables agréés ;
- un expert fiscal, représentant l'ordre national des experts et évaluateurs agréés ;
- un représentant de la chambre de commerce, d'industrie et d'agriculture.

Le secrétariat est assuré par un agent ayant au moins le grade d'inspecteur des impôts et des domaines.

[425] A. KALLERGIS, *La compétence fiscale*, *op. cit.*, p. 646.

de l'OCDE ou de l'ONU ont fixé à cet égard la structure conventionnelle. L'article 1er est consacré aux « personnes visées [426]». La pratique conventionnelle fait référence à la notion de résidence comme personne capable d'invoquer les dispositions de la convention. L'objectif de lutte contre un usage abusif des conventions fiscales a poussé les acteurs vers la substitution de la notion de résidence à celui de bénéficiaire effectif[427] (A). L'opérateur international désirant invoquer les dispositions d'une convention fiscale doit s'assurer qu'elles lui sont effectivement applicables[428]. Le champ d'application personnel tend à occulter le vocable nationalité dans l'application de la loi fiscale. Cette action est rendue possible grâce au principe de non-discrimination prévu dans les conventions fiscales (B).

A. La notion de bénéficiaire effectif

247. La convention, s'applique qu'aux personnes domiciliées dans un des États contractants, seules ces personnes sont autorisées à invoquer les stipulations conventionnelles mais à l'inverse comme le fait remarquer M TIXIER, ces personnes peuvent également se les voir opposer. La notion de domicile fiscal est donc fondamentale en matière fiscale[429]. L'article 1er du modèle de convention fiscale précise que : « *la convention s'applique aux résidents d'un des États contractants ou aux résidents des deux États contractants* ».

248. Le modèle de l'ONU ne donne aucun contenu à la notion de résident[430]. Le droit conventionnel renvoie au droit interne pour la définition de la résidence, cependant elle limite cette qualification aux personnes soumises à une obligation fiscale illimitée[431]. Lorsque le renvoi au droit interne ne permet pas la qualification de résident, la convention est susceptible de proposer aussi des critères de résidence.

---

[426] J. C. MARTINEZ, *Les convention de double imposition, op. cit.*, p. 41.
[427] B. LIGNEREUX, *Rapport sur le principe de la territorialité, op. cit.*, p. 76.
[428] B. CASTAGNEDE & S. TOLEDANO, *Fiscalité internationale de l'entreprise*, Paris, PUF, 1987, p. 62.
[429] S. MADANY SY, « Réflexion sur les dispositions essentielles de la convention fiscale franco-sénégalaise en matière de double imposition se rapportant aux impôts sur le revenu », *op. cit.*, p. 904.
[430] Article 1er du modèle de convention fiscale de l'ONU : *La présente convention s'applique aux personnes qui sont résidents d'un État ou des deux États contractants.*
[431] Article 4-1 modèle de l'OCDE.

Ces critères sont applicables aussi bien pour les personnes physiques[432] et pour les personnes morales[433].

249. Les commentaires de l'OCDE sous cet article précisent qu'« *en vertu de l'article 1er, seules les personnes qui sont résidentes des États contractants sont éligibles aux avantages de la convention conclue par ces États* ». Il semble donc assez clairement que, pour invoquer une convention rédigée selon les modèles de l'OCDE comme de l'ONU, il faut être résident d'un des États parties à la convention (ou des deux bien entendu). En revanche, lorsque la convention ne reprend pas les dispositions de l'article 1er des modèles de convention et ne précise pas les conditions d'invocabilité de la convention, il ne semble pas nécessaire d'être un résident fiscal d'un des deux États membres pour pouvoir invoquer la convention[434]. Depuis la réforme du modèle en 2014, l'OCDE semble ainsi reconnaître l'autonomie de la notion de bénéficiaire effectif. Cette reconnaissance de principe n'est toutefois assortie d'aucune explication permettant de saisir avec plus de précision le sens qu'il convient de donner à la notion. Il en résulte une persistance des potentielles divergences d'interprétation entre les États[435].

250. Au plan interne, c'est à l'État territorial qu'il appartient de définir, toujours dans le cadre de son ordre juridique, les concepts juridiques qui justifient l'utilisation de la compétence territoriale. Ici, de toute évidence, apparaissent les notions essentielles de résident et de non-résident que l'État applique tant aux personnes physiques qu'aux personnes morales en tant que facteur principal de déclenchement de l'exercice de son pouvoir fiscal. Chaque système juridique peut donner à ces termes l'extension et la compréhension qui lui conviennent sous réserve, là aussi, de l'opposabilité internationale d'un exercice abusif des pouvoirs étatiques en ce domaine[436].

---

432 Foyer d'habitation permanent, Centre des intérêts vitaux, séjour habituel & la nationalité.
Pour les sociétés, il s'agit d'un siège de direction effective voir en ce sens la jurisprudence société Wagon-lits.

433 A. KALLERGIS, *La compétence fiscale*, *op. cit.*, p. 353.

434 D. VILLEMOT, « Le verrou posé par la décision *Aznavour* sur la porte d'accès aux conventions fiscales », *Revue de droit fiscal,* n° 17, avril 2009, p. 16.

435 N. VERGNET, *La création et la répartition de la valeur en droit fiscal international*, *op. cit.*, p. 252.

436 P. LEVINE, *La lutte contre l'évasion fiscale de caractère international en l'absence et en présence de conventions internationales*, *op. cit.*, p. 115

251. La notion de résidence est donc fondamentale. Elle a presque complètement éclipsé le concept concurrent de la nationalité sur lequel reposait le champ d'application des conventions les plus anciennes (exemple : convention franco-américaine de 1932). La nationalité ne joue plus qu'un rôle secondaire : on ne la retrouve guère que dans les articles se rapportant aux rémunérations et pensions publiques ou dans les clauses dites d'égalité de traitement ou de non-discrimination entre nationaux et étrangers[437].

252. Pour Jérôme Nirmal THOMAS : « *cette formule utilisée par les conventions fiscales se borne tout simplement à préciser que ces dispositions s'appliquent aux seuls résidents sans pour autant préciser à qui incombe la charge de la preuve de la qualité de résident* ». Une distinction doit être ici faite : alors que les contribuables doivent apporter la preuve de leur propre qualité de résident, la situation est toutefois différente lorsque la preuve à apporter concerne la résidence d'un tiers. Ce dernier point a en effet été tranché par les juges du palais royal dans l'important arrêt « Diebold[438]» à travers lequel ils censurent, pour erreur de droit, la décision de la Cour administrative d'appel[439] de Paris de faire peser cette charge de la preuve à l'encontre de l'administration fiscale. Cela ne signifie pas pour autant que la charge de la preuve pèse sur les contribuables : le Conseil d'État a décidé qu'il appartient au juge d'apprécier ce point au vu du dossier qui lui est soumis par l'administration et le contribuable conformément aux conclusions de Gilles Bachelier qui préconisait de retenir un régime de preuve objective[440].

253. D'une manière générale, il appartient au contribuable de tirer les conséquences des prescriptions des conventions fiscales qui lui sont applicables. Il lui revient d'identifier l'État de sa résidence, comme celui de la source de ses revenus. L'entreprise d'un pays déterminé exerçant des activités dans un pays lié par le sien par une convention fiscale doit s'assurer du point de vue de savoir si elle dispose, dans ce pays, d'un Établissement stable au sens de la convention. Sous réserve des conclusions d'un éventuel contrôle de l'administration fiscale, la constatation, par le contribuable, des éléments constitutifs de son statut au regard d'une

---

[437] G. TIXIER, G. GEST & KEROGUES, *Droit fiscal international*, *op. cit.*, p. 166.
[438] CE 13 octobre 1999 Diebold Courtage SA.
[439] CAA Paris 25 juillet 1997.
[440] J. NIRMAL THOMAS, *Le contrôle fiscal des opérations internationales*, Thèse de doctorat, *op. cit.*, p. 33.

convention fiscale déclenche automatiquement, à son bénéfice, le jeu des prescriptions conventionnelles appropriées audit statut[441].

254. Pour mieux canaliser les effets de la convention et lutter contre les bénéficiaires apparents, la notion de bénéficiaire effectif a été instituée pour une meilleure attribution des revenus passifs. La référence au bénéficiaire effectif figure dans le modèle de convention fiscale proposé par l'OCDE aux articles 10, 11 & 12, relatifs aux dividendes, intérêts et redevances ; elle répond au souci de ne pas réduire l'impôt prélevé dans un État lorsqu'un intermédiaire, tel qu'un agent ou un mandataire, s'interpose entre le créancier et le débiteur, à moins que le bénéficiaire effectif ne soit un résident de l'autre État contractant. Le comité des affaires fiscales de l'OCDE indique, à ce propos, que le terme « bénéficiaire effectif » n'est pas utilisé dans une acception étroite et technique, mais doit être entendu dans son contexte et à la lumière de l'objet et du but de la convention, notamment pour éviter la double imposition et prévenir l'évasion et la fraude fiscales[442]. La présence d'un établissement stable dans le cadre des relations triangulaires peut générer des difficultés d'interprétation. C'est pourquoi, le Conseil d'État dans l'affaire[443] « *Société Mécatronic* » précise : « *qu'un établissement stable autre qu'un siège de direction n'est pas résident fiscal et ne peut revendiquer l'application d'une convention fiscale dans ses relations avec une entité autre que le siège de la société qui le détient* ».

255. La notion de bénéficiaire effectif des conventions fiscales a fait l'objet d'une précision par la doctrine administrative fiscale sénégalaise. Suite à une affaire soumise à son appréciation par voie de recours hiérarchique, le Directeur général des Impôts et des Domaines prétend que la cession gratuite de créance entre une société de droit australien et sa filiale mauricienne n'a été opérée dans le seul but de se décharger de la retenue de 16 % prévue à l'article 143[444]. Pour l'autorité administrative, le service d'assiette est fondé à conclure que la société australienne est le bénéficiaire effectif des intérêts servis par la société sénégalaise. En l'absence d'une convention fiscale entre le pays du

---

[441] B. CASTAGNEDE & S. TOLEDANO, *Précis de fiscalité internationale de l'entreprise*, *op. cit.*, p. 68.

[442] B. GOUTHIERE, *Les impôts dans les affaires internationales*, *op. cit.*, p. 1288.

[443] CE 20 septembre 2017 Sté Mecatronic cité par P. OUDENOT, *Fiscalité approfondie des sociétés*, Paris, LexisNexis, 2020, p. 21.

[444] Loi 92-40 du 9 juillet 1992 portant Code général des Impôts.

débiteur et le pays du créancier, la retenue à la source prévue par le droit interne doit faire droit[445].

256. Paradoxe suprême pour les structures de plus en plus internationalisées, la question de la résidence conventionnelle se pose finalement avec le plus d'acuité pour les sociétés, qu'il s'agisse des critères d'implantation, de la mondialité de l'assiette et surtout du principe de l'assujettissement[446]. Le système d'imposition joue un rôle fondamental dans la détermination de la résidence ou de l'application du pouvoir d'imposition. Lorsque deux États appliquent un système d'imposition mondiale, il est possible que ces deux États considèrent qu'un même contribuable dispose de liens personnels suffisants permettant de créer un assujettissement illimité sur la base de la nationalité et sur la base de la résidence. Il en est de même lorsque deux États considèrent qu'une société dispose de son siège respectivement de son administration effective sur leurs territoires respectifs[447].

257. Pour déterminer le champ d'application d'une convention internationale, le juge administratif s'inspire traditionnellement du droit international public. Or, le droit international public pose en principe que, sauf disposition contraire, les conventions internationales ne font naître de droits et obligations qu'entre États signataires et, en conséquence, un particulier n'est généralement pas admis à invoquer l'une quelconque de leurs dispositions. Le justiciable peut cependant invoquer les traités ayant un « effet direct », c'est-à-dire ceux qui revêtent cumulativement « deux caractères intrinsèques dont on peut dire que l'un est subjectif et l'autre objectif :

– le caractère subjectif correspondant à « l'intention des parties », c'est-à-dire l'intention des États signataires de donner au traité un effet à l'égard des particuliers ;

---

445 Lettre n°203/DGID/DLEC/BC du 08 mars 2013.

446 A. REVEL, « Résidence conventionnelle des sociétés : le juge en quête de fortes personnalités… fiscales », *Revue de droit fiscal*, n°22, juin 2017, p. 326.

447 N. BULKHALTER-MARTINEZ, *Cohérence internationale de l'imposition des entreprises- Analyse au regard du projet de lutte contre l'érosion de la base d'imposition et le transfert de bénéfices de l'OCDE(BEPS), op. cit.*, p. 31.

– le caractère objectif concernant le contenu même du traité qui doit être « suffisamment précis » et ne doit nécessiter le recours « à des mesures d'application internes ou internationales[448]».

258. Le principe de l'effet relatif des traités internationaux a été consacré par la CPJI[449]dans la célèbre affaire « *Lotus* ». Sur la question de la règle applicable au litige, la Cour construit ce célèbre obiter dictum : « *Le droit international régit les rapports entre les États indépendants. Les règles de droit liant les États procèdent donc de la volonté de ceux-ci, volonté manifestée dans les conventions ou dans des usages acceptés généralement comme consacrant des principes de droit et établis en vue de régler la coexistence de ces communautés indépendantes ou en vue de la poursuite de buts communs. Les limitations de l'indépendance des États ne se présument donc pas* »[450]. C'est dans ce sens que KELSEN affirmait : *la positivité de la morale et du droit réside dans ces conditions de validité : le fait d'être posé par des actes humains* et *l'efficacité… De même que le fait d'être né et le fait d'être nourri sont des conditions de la vie humaine, mais non pas la vie même, de même le fait d'être posé et d'être efficace sont des conditions de validité d'une norme, mais non pas cette validité même*[451].

259. Des questionnements peuvent être émis dans le cadre de l'application personnelle des conventions fiscales. En vertu du principe de l'effet relatif des traités, les accords ne produisent des effets que pour les contractants. Selon Jean Claude MARTINEZ, on note toutefois une triangulation des rapports juridiques. Dans le premier cas, il s'agit d'une volonté manifeste de l'une des parties à inclure la clause de la notion la plus favorisée. Dans le second cas, il s'agit de pratiques ingénieuses des contribuables visant à créer une situation triangulaire.

260. En droit des investissements, la clause de la nation la plus favorisée est *celle par laquelle, dans un traité, un État contractant s'oblige à accorder aux investisseurs de l'autre État contractant ou à leurs investissements un traitement qui ne soit pas moins favorable que celui qu'il accorde aux investisseurs d'une autre nationalité ou à leurs*

---

[448] D. VILLEMOT, « Qualité requise pour invoquer le bénéfice des conventions fiscales internationales à l'encontre de l'application de l'article 209B du CGI », *Revue de droit fiscal*, n° 47, 2001, p. 1641.

[449] Cour Permanente de Justice internationale

[450] B. TCHIKAYA, *Mémento de la jurisprudence de droit international public*, Paris, Hachette, 2010, p. 33.

[451] H. KELSEN, *Théorie générale des normes,* Paris, PUF, 1996, p.186.

investissements[452]. Cette clause a été incluse dans la convention franco-algérienne du 17 mai 1982. À la demande de la France, l'Algérie a prévu ladite clause dans le traité bilatéral[453]. Il faut noter cependant que l'usage de cette clause est devenu un phénomène rarissime dans la pratique conventionnelle. Aucune convention signée par le Sénégal ne la prévoit. Aussi, par exemple, la convention franco-indienne du 29 septembre 1992 prévoit qui si l'Inde accorde à un autre État membre de l'OCDE une exonération ou un taux de retenue à la source sur les redevances inférieures à 20 %, la France pourra bénéficier de ce régime plus favorable (protocole n°7). Une même disposition est prévue pour les charges déductibles des établissements stables (protocole 2)[454].

261. L'autre type de situation triangulaire relève de la pratique conventionnelle même s'il y a eu une timide reconnaissance de la part de l'OCDE. Dans ses travaux les plus aboutis, l'organisme international reconnaît deux types de situation triangulaire :

– les situations dans lesquelles un résident d'un État reçoit par l'intermédiaire d'un Établissement stable situé à l'étranger des revenus de source d'un autre État, et ;

– les situations dans lesquelles une société résidente d'au moins deux États reçoit des revenus d'un autre État ou verse lesdits revenus à ses actionnaires situés dans un autre État.

262. L'OCDE a fini par conclure que ces situations triangulaires sont constitutives d'évasion fiscale. Ainsi, lorsqu'un contribuable tente d'échapper à l'impôt en abritant des revenus dans une société-écran, il entre dans un « triangle fiscal » constitué par le pays de résidence, le pays écran (le paradis fiscal) et le pays de la source des revenus[455]. Sous un autre chapitre, la lutte contre la double non-imposition a conduit certaines administrations fiscales à requalifier la notion de résidence fiscale. La direction du contrôle fiscal de la DGFIP a considéré : « *la société « G tunisia » comme non éligible au bénéfice des dispositions prévues par la convention tuniso-française de non double imposition au motif qu'elle ne répond pas à la définition du terme « résident »*

---

[452] G. LYONNET, « La clause de la nation la plus favorisée en droit des investissements : Bilan & Perspectives », *Revue générale de Droit International public*, n° 1, 2015, p. 19.

[453] J. C. MARTINEZ, *Les conventions de double imposition, op. cit.*, p. 44.

[454] « Présentation des conventions fiscales », *Le Lamy fiscal,* 2018, p. 2013.

[455] R. COIN, « Introduction aux situations triangulaires : du bilatéralisme à l'harmonisation fiscale… », *Revue de droit fiscal*, n° 24, juin 2013, pp. 323-325.

prévue par l'article 3 de la convention en question du fait qu'elle n'est pas effectivement assujettie à l'impôt sur les Sociétés en Tunisie puisqu'elle bénéficie de l'exonération totale durant les dix premières années d'activité de l'intégralité de ses bénéfices provenant de l'exportation[456] ». Cette posture devrait être appropriée par les administrations des pays importateurs de capitaux. Si des avantages[457] sont octroyés aux grands groupes pour l'investissement à l'étranger les pays d'accueil doivent être très regardants pour ne pas placer l'entreprise dans une situation de double non-imposition. La position de la direction du contrôle fiscal est très logique dans la mesure où la notion de résidence fiscale renvoie à la redevabilité fiscale.

263. La détermination de la qualité de résident conventionnel doit être une préoccupation centrale pour les États importateurs de capitaux. L'État de la source a consenti à un énorme sacrifice en ce qui concerne l'imposition des revenus passifs. Les entreprises multinationales sont de nos jours tentées à vouloir abuser du vaste réseau de conventions fiscales pour réduire substantiellement leur charge fiscale au détriment du budget des États. Cet abus communément appelé treaty-shopping profite au géant du numérique sans pour autant qu'une riposte intelligente ne soit apportée face à ce fléau. Ce montage tributaire d'évasion fiscale fera l'objet de développement dans une autre partie. Les conventions fiscales veillent à la mise en œuvre démocratique des systèmes fiscaux d'où l'existence du principe de non-discrimination.

B. Le principe de non-discrimination

264. L'article 24[458] du modèle de convention fiscale ONU comme OCDE prône une équité dans l'application du pouvoir d'imposition. Cette équité engendre la prohibition de toute mesure fiscale à l'avantage exclusif des autochtones de l'État contractant. Cependant, la formulation

---

[456] A. YAICH, *Manuel de doctrine administrative en fiscalité internationale*, éd. Raouf YAICH, 2022, p. 28.

[457] Notamment le régime du bénéfice mondial, bénéfice consolidé, déductibilité des bakchichs, provision pour l'implantation à l'étranger, déductibilité des pertes réalisées à l'étranger etc. Il sied toutefois de préciser que certains régimes ont fait l'objet de suppression notamment le bénéfice mondial.

[458] Article 24-1 du modèle ONU 2011 : *Les ressortissants d'un État contractant ne sont soumis dans l'autre État contractant à aucune imposition ou obligation correspondante qui est autre plus lourde que celles auxquelles sont ou pourront être assujettis les ressortissants de cet autre État qui se trouvent dans la même situation. La présente disposition s'applique aussi, nonobstant les dispositions de l'article 1er, aux personnes qui ne sont pas résidents d'un État contractant ou des deux États contractants.*

de la clause de non-discrimination, selon les conventions, lui confère en pratique un champ d'application variable. Par principe, elle s'applique aux nationaux des États parties. Dans le cas des conventions reprenant intégralement la proposition du modèle de l'OCDE, l'interdiction des discriminations fondées sur la nationalité est indépendante de la résidence. Mais certaines conventions ne reproduisent pas la mention prévue à l'article 24-1 in fine du modèle, étendant le champ d'application de son dispositif aux non-résidents ; en principe, la portée de la clause de non-discrimination est alors limitée aux seuls nationaux résidents d'un État contractant[459].

265. Dans les conventions signées par le Sénégal, deux conceptions sont notées : celles restrictives et celles extensives. Dans les conventions signées avec le Canada[460] et le Royaume-Uni[461] la clause de non-discrimination ne bénéficie qu'aux résidents. Dans d'autres à l'image de celles signées avec la Norvège[462], le Portugal[463], la Tunisie[464] et le Luxembourg[465], la clause de non-discrimination s'applique aux non-résidents.

266. Cette disposition neutralise un certain nombre de mesures prévues par le droit interne. L'article 204[466] du Code général des

---

[459] B. CASTAGNEDE, *Précis de fiscalité internationale*, *op. cit.*, p. 511.

[460] *Les nationaux d'un État contractant ne sont soumis dans l'autre État contractant à aucune imposition ou obligation y relative, qui est autre ou plus lourde que celles auxquelles sont ou pourront être assujettis les nationaux de cet autre État qui se trouvent dans la même situation, notamment au regard de la résidence.*

[461] Article 23-1.

[462] *La présente disposition s'applique aussi, nonobstant les dispositions de l'article 1 de la présente convention aux nationaux qui ne sont pas résidents d'un État contractant ou de deux États contractants.*

[463] Article 25-1.

[464] Article 25-1.

[465] Article 25-1.

[466] *Sommes réputées distribuées au Sénégal.*

Sous réserve des dispositions des conventions internationales, la fraction égale à la moitié des bénéfices réalisés au Sénégal par les personnes morales étrangères visées à l'article 84 et qui n'ont pas été réinvestis en totalité dans ce pays dans les conditions définies aux articles 232 à 242, est réputée distribuée, au titre de chaque exercice, à des associés n'ayant pas leur siège social au Sénégal.

Les bénéfices visés à l'alinéa précédent s'entendent du montant des résultats imposables ou exonérés, après déduction de l'impôt sur les sociétés.

Les distributions ainsi déterminées font l'objet d'une retenue à la source libératoire au taux de 20 %.

Cette retenue doit être versée au bureau de recouvrement compétent. Le versement doit être effectué dans les délais et conditions fixées aux articles 223 et 225.

impôts[467] institue en faveur des sociétés qui ont leur siège à l'étranger une présomption de distribution de bénéfices à la fin de chaque exercice. Dans deux affaires[468] soumises à son appréciation, l'autorité administrative a précisé les conditions d'application de ladite présomption. En effet, il soutient qu'« *en application des articles 137 de la loi 92-40 du 09 juillet 1992 et 204 de la loi n° 2012-31 du 31 décembre 2012 qui prévoient que sous réserve des dispositions des conventions internationales, la fraction égale à la moitié des bénéfices réalisés au Sénégal par les personnes morales étrangères visées à l'article 51, et qui n'ont pas été réinvestis dans ce pays dans les conditions définies aux articles 171 à 182, est réputée distribuée, au titre de chaque exercice, à des associés n'ayant pas leur domicile fiscal ou leur siège social au Sénégal. Les bénéfices visés à l'alinéa précédent s'entendent du montant total des résultats imposables ou exonérés, après déduction de l'impôt sur les sociétés* ». Les sommes en cause font l'objet d'une retenue libératoire de l'ordre de 20 %.

267. À notre avis, cette situation place les entreprises étrangères dans une situation nettement moins privilégiée que celles sénégalaises. En effet, la double imposition économique résultant du régime fiscal applicable aux sociétés de capitaux ne peut être neutralisée à travers les deux mécanismes classiques que sont : l'augmentation du capital ou la constitution de réserves. La présomption de distribution de bénéfices qui leur est infligée ne peut être anéantie qu'avec le réinvestissement des capitaux. Cependant, certains auteurs n'ont pas manqué de relever que ces mécanismes classiques constituent un mode ingénieux de distribution de bénéfices. Ainsi, pour Lucien MEHL, *l'incorporation de bénéfices ou de réserves au capital « s'analyse comme une distribution de bénéfices » (accumulés s'il s'agit de réserves), immédiatement suivie d'un nouvel apport par les associés par voie de souscription*[469].

268. En France, c'est par une loi du 19 septembre 1963 que l'article 244 bis[470] a été introduit. Cet article a introduit un prélèvement de 50 %

---

[467] Loi 2012-31 du 31 décembre 2012 portant CGI.

[468] -Lettre n° 67 MEF/DGID/DLEC/BCTX DU 07 MARS 2014.
-Lettre n° 261 MEFP/DGID/DLEC/BL du 23 mars 2015.

[469] P. BELTRAME, *L'impôt sur le revenu*, *op. cit.*, p. 94.

[470] « *Les profits mentionnés à l'article 35 donnent lieu à la perception d'un prélèvement 50 % lorsqu'ils sont réalisés par des contribuables ou par des sociétés, quelle qu'en soit la forme, qui n'ont pas d'établissement en France.*
Ce prélèvement est opéré à la recette des impôts dans les conditions et délais prévus à l'article 244 quater A.

sur les profits mentionnés à l'article 35 du CGI réalisés par les personnes physiques ou les sociétés n'ayant pas d'établissement stable en France. L'application de cette disposition engendre une soumission des sociétés étrangères à une imposition plus lourde que celle qui pèse sur les sociétés françaises. C'est sur la base de ce constat qu'une société a invoqué devant la Cour administrative d'appel de Marseille, l'existence d'une contrariété entre le dispositif anti-discrimination contenu dans la convention franco-suisse applicable à l'espèce et le dispositif français édicté à l'article précité. Pour la doctrine administrative, *une société résidente d'un État et une société non résidente de ce même État se trouvaient dans deux situations différentes, et qu'ainsi la seconde pouvait faire l'objet d'une imposition plus lourde, sans pour autant qu'il soit porté atteinte au principe de non*-discrimination figurant dans la convention bilatérale. La Cour dans son arrêt du 11 mars 2003 a rejeté cet argumentaire en considérant l'article 244 bis comme non conforme à la clause de non-discrimination[471].

269. Si l'on se réfère aux conclusions[472] de Laurent OLLEON « *une lecture littérale de l'article 244 bis du CGI conduit à conclure qu'une société française échappera toujours au prélèvement, dès lors qu'elle a son siège en France, et que ce siège constitue un établissement sur le territoire national. La société sera donc, pour les profits en cause, taxée, selon le cas, à l'impôt sur les sociétés ou à l'impôt sur le revenu, alors qu'une société suisse ne pourra échapper à l'impôt que si elle dispose d'un établissement en France, ce qui n'est bien sûr pas toujours le cas* ». Dans une autre affaire[473], une fondation néerlandaise ayant cédé des droits sociaux dans une société à prépondérance immobilière

---

Il est à la charge exclusive du cédant ; il est établi et recouvré suivant les mêmes règles, sous les mêmes garanties et sous les mêmes sanctions que les droits d'enregistrement.
Il libère les contribuables fiscalement domiciliés hors de France au sens de l'article 4B de l'impôt sur le revenu dû en raison des sommes qui ont supporté ce prélèvement.
Il s'impute sur le montant de l'IS dû par le cédant au titre de l'année de réalisation des profits.
Il ne peut être restitué.
Pour l'application de ces dispositions les donations entre vifs ne sont pas opposables à l'administration ».

[471] B. BOUTEMY & E. MEIER, « Profits immobiliers réalisés par les non-résidents : vers la fin de l'inégalité résultant de l'article 244 bis du CGI ? », *Revue de droit fiscal,* n° 49, 2003, pp. 1537-1539.

[472] Dans l'affaire « *Promotion écologique* » rendue par le Conseil d'État du 15 décembre 2004.

[473] CAA Paris 6 décembre 2007, Fondation Stichting Unilever.

française avait été soumise au prélèvement de l'article 244 bis A du CGI. La Cour d'Appel de Paris n'a pas hésité à condamner une telle imposition sur le fondement de la clause de non-discrimination de la convention fiscale franco-néerlandaise au motif que cette même plus-value réalisée par une fondation française aurait été exonérée. La position de la jurisprudence a évolué avec une parfaite stabilité notamment dans l'affaire *Pinacothèque d'Athènes* rendue par la Haute Assemblée le 5 juillet 2010[474].

270. Malgré une application controversée de ladite disposition, le mimétisme juridique a conduit certains États africains et plus particulièrement sénégalais à adopter une telle disposition. Le point 5 de l'article 4 de la loi 2012-31 dispose : « sont passibles à l'IS les personnes morales domiciliées à l'étranger lorsqu'elles sont bénéficiaires de revenus fonciers au Sénégal ou de plus-values provenant de la cession d'immeubles sis au Sénégal ou de droits y relatifs ou réalisent des plus-values à la suite de cession de valeurs mobilières ou de droits sociaux détenus dans des entreprises de droit sénégalais ». Le « *suivisme juridique* » du législateur sénégalais n'est pas ingénieux. Rappelons que le régime de l'article 244 a été mis en place dans le but de lutter contre les pratiques frauduleuses des contribuables français pour réduire l'assiette de l'impôt sur la fortune. À l'époque, ces derniers transféraient leur patrimoine aux sociétés étrangères dans le but de payer moins d'impôt. Au Sénégal, il n'existe pas d'impôt sur la fortune donc on pourrait se pencher sur la pertinence même d'une telle imposition.

271. Sous un autre chapitre, le Conseil d'État[475] a jugé que la clause de non-discrimination incluse dans les conventions fiscales types OCDE impose d'accorder aussi aux filiales françaises de sociétés-mères étrangères le régime légal dérogatoire autorisant la sous-capitalisation pour les groupes. En d'autres termes, la clause de non-discrimination empêche l'application de l'article 212 du CGI[476].

272. Ainsi, dans la mise en œuvre du principe de non-discrimination, l'impôt appliqué aux étrangers doit être le même que celui qui est

---

[474] N. DE BOYNES, P. A. BACHELLERIE & N. MESSAGE, « La retenue à la source à l'épreuve des clauses de non-discrimination », *Bulletin fiscal*, Ed Francis Lefebvre, n° 4, 2011, pp. 332-333 voir également Sonia REEB, « Le Conseil d'État face au principe conventionnel de non-discrimination selon la nationalité », *Revue de droit fiscal*, n° 16, avril 2017, pp. 6-17.

[475] CE 30 décembre 2003 SA Andritz.

[476] « Présentation des conventions internationales », *Le Lamy fiscal*, 2018, p. 2012.

appliqué aux autochtones se trouvant dans la même situation. Il doit revêtir de la même forme ; les modalités d'assiette et de liquidation doivent être les mêmes ; les taux doivent être égaux ; les formalités relatives à l'imposition, par exemple les conditions de déclaration et de délai de paiement, ne peuvent être plus onéreuses ou plus contraignantes pour les étrangers que pour les nationaux[477].

273. Cette règle est apparemment fondée sur la théorie de l'équivalence au sens où elle semble impliquer que les revenus de source nationale doivent être soumis à une même charge fiscale, qu'ils aient été réalisés par un national ou un étranger, dans la mesure où ils ont bénéficié des mêmes « prestations » fournies par l'État de la source. Toutefois, l'effet contraire n'est pas prohibé. Les nationaux d'un État peuvent être soumis à des obligations fiscales plus lourdes que les nationaux de l'État contractant. Par conséquent, un État qui fonde son système fiscal sur le critère de la nationalité afin de soumettre ses nationaux à une obligation fiscale illimitée et les étrangers à une obligation fiscale « territoriale » ne contrevient pas à la clause de non-discrimination[478].

274. Toutefois, le respect du principe passe par la primauté du droit international sur le droit interne. Dans les pays africains de tradition francophone cela ne pose pas problème car la supériorité du droit international trouve son fondement sur l'article 55 de la constitution de la Ve république. La situation est tout autre aux USA. En effet, d'après les principes généraux du droit américain, les conventions internationales et les textes législatifs de droit interne ont la même force de loi. En conséquence, en cas de conflit entre les conventions et les textes législatifs, le plus récent des deux prévaut[479]. Cette situation pourrait conduire à ce que les États-Unis régissent la situation des contribuables exclusivement par le droit interne.

---

[477] B. GOUTHIERE, *Les impôts dans les affaires internationales, op. cit.*, p. 1411.
[478] N. MELOT, *Territorialité et mondialité de l'impôt, op. cit.*, p. 396.
[479] J. C. MARTINEZ, *Les conventions de double imposition, op. cit.*, p. 68.

TITRE II

UNE DIFFICILE APPRÉHENSION DE LA MATIÈRE IMPOSABLE

275. Au regard de l'acuité croissante du problème posé par l'évasion fiscale ainsi que la difficulté elle-même croissante à taxer des bénéfices de plus en plus volatiles[480], le pouvoir d'imposition des États vit des jours difficiles au regard de la mutation de l'économie mondiale. Pour Charles GUENE, « *il n'est cependant un secret pour personne, que le principe de la territorialité et ces fondamentaux sont battus en brèche depuis quelques lustres, et chaque jour un peu plus, et ce que nous avons analysé au départ comme la résultante de la mondialisation s'est conjuguée par la suite, avec l'économie numérique, pour aller menacer jusqu'à la souveraineté des États*[481]». La crise de la territorialité de l'impôt constitue en effet l'une des principales manifestations du défaut d'ajustement apparu entre le système fiscal et un capitalisme en pleine mutation[482]. Cette fragilisation du principe se manifeste dans la volatilité de l'assiette fiscale (Chapitre I) et par un système d'imposition dont l'efficacité reste discutable (Chapitre II).

---

[480] L. A. BOUVIER, « De la déterritorialisation à l'a-territorialisation de l'impôt : la taxation des bénéfices des sociétés face à la révolution numérique », *RFFP*, n° 139, 2017, p. 165.

[481] C. GUENE, « Retour sur l'espoir d'un ordre mondial », *RFFP,* n° 146, 2019, p. 20.

[482] J.-M. MONNIER, « Les rapports et regards de la territorialité de l'impôt sur les sociétés et l'économie », *RFFP*, n° 146, 2019, p. 39.

CHAPITRE I

UNE VOLATILITÉ DE L'ASSIETTE FISCALE

276. L'une des caractéristiques principales de la nouvelle économie est la difficulté de localisation territoriale et donc de rattachement certain à un espace géographique donné. Celle-ci est en contradiction avec le principe de base de la fiscalité qui est a priori, nationale, localisée et fondée sur un élément territorial, le droit de lever l'impôt étant originellement un attribut de la souveraineté nationale. C'est ce qui fait dire au professeur Claude MARTINEZ[483] que « *l'impôt est une institution terrienne qui a besoin de contribuables sédentaires et enracinés. Or, avec le commerce électronique, les contribuables sont nomadisés* »[484]. Le choc du numérique irrigue l'ensemble de la société. On le sait, l'automatisation, les robots, l'intelligence artificielle inquiètent notamment au regard de l'emploi[485] en même temps que les automates, l'intelligence artificielle, rendent optimiste compte tenu des potentialités dont ils sont porteur[486]. En sus de la transformation de l'économie industrielle en économie digitale, les entreprises font usage de subterfuges pour réduire substantiellement leur charge fiscale. Le système fiscal est frappé de plein fouet par la digitalisation de l'économie (Section I) et par les manœuvres frauduleuses des entreprises multinationales à travers la planification fiscale agressive (Section II).

Section I : La digitalisation de l'économie

277. Les nouvelles technologies, dont notamment internet, suscitent nombre de difficultés quant aux qualifications des revenus qu'elles

---

483 Cité par F. HUET, *La fiscalité du commerce électronique*, Paris, Litec, 2000, p. 4.

484 R. G. LANOU, *Droit fiscal et commerce électronique,* Presses Académiques Francophone, 2015, p. 11.

485 Voir en ce sens la question liée à l'impact du numérique sur les emplois dans le rapport de COLIN et COLLIN.

486 M. BOUVIER, « L'État, les métropoles, l'impôt, le numérique : quel équilibre du politique dans un monde en transition », *Mélanges en l'honneur du professeur Gibert ORSONI,* Presse Universitaire d'Aix Marseille, 2018, p. 377.

génèrent ou permettent de générer. En effet, elles rendent incertaines les frontières de qualifications qui peuvent entraîner l'imposition ou la non-imposition des revenus[487]. Face aux développements aussi soudains que considérables des technologies de l'information, le juriste, surpris, a d'abord été saisi d'effroi, puis de doute devant l'inconnu avant d'y voir un défi à relever. Le sentiment d'explorer en quelque sorte un nouveau continent conforté par l'image triviale d'un « cyberespace » ou « cybermonde » extérieur au monde sensible, a pu conduire à une vue erronée de la réalité[488]. La banque JP Morgan annonce, dans un rapport de 2012, que les multinationales du numérique ont fini par dénaturer la structure même de l'économie. Le commerce électronique a été défini au sens restreint du terme et ne s'applique qu'aux opérations commerciales dans lesquelles la commande est effectuée par voie électronique et les biens ou services sont livrés sous forme tangible ou électronique (« numérisé »)[489]. Cette situation conduit à l'émergence de facteurs favorables (P2) à son expansion et la caducité des critères classiques d'imposition (P1).

Paragraphe I : L'inadaptabilité des critères d'imposition

278. Chaque État définit sa sphère d'application de sa souveraineté nationale en matière fiscale, en rendant imposables les opérations réalisées sur son territoire national. Telle est l'essence du principe de territorialité[490]. Cependant, la déterritorialisation, le nomadisme des contribuables et de la matière imposable, l'évanescence des frontières se sont certes considérablement accentués ces dernières années mais il ne s'agirait là que du développement d'une logique déjà ancienne et connue si n'était pas intervenue une explosion du numérique. C'est donc bien le couple mondialisation/numérique qui est essentiel. Il est source d'une a-territorialisation. C'est une évolution à laquelle sont confrontées les administrations fiscales encore sédentaires et un droit fiscal qui semble parfois pétrifié et encore largement figé dans le XXe siècle[491]. Cette

---

[487] N MELOT, *Territorialité et mondialité de l'impôt, op. cit.*, p. 100.

[488] F. HUET, *La fiscalité du commerce électronique*, *op. cit.*, p .13.

[489] G. D. SPRAGUE & M. P. BOYLE, « Imposition des revenus provenant du commerce électronique », *Congrès de San Franscisco publié dans les cahiers de droit fiscal international*, Vol LXXXVla, 2001, p. 68.

[490] R. G. LANOU, *Droit fiscal et commerce électronique, op. cit.*, p. 12.

[491] M. BOUVIER, « La territorialité de l'impôt : un analyseur des mutations des systèmes fiscaux », *RFFP*, n°146, 2019, p.12.

léthargie a engendré l'obsolescence du critère d'établissement stable (A) et une absence de prise en charge de l'économie collaborative (B).

A. Le caractère obsolète de la notion d'établissement stable

279. Dans nos développements relatifs à l'établissement stable, il a été démontré l'importance du caractère fixe de l'entité justifiant son existence. L'évolution des activités commerciales a montré les limites des critères constitutifs d'établissement stable. En effet, l'existence d'une présence physique sur un territoire donné, qu'elle soit sous forme d'une installation fixe d'affaires ou sous forme d'un agent dépendant, si elle était adaptée aux activités industrielles ou commerciales traditionnelles, ne semble plus correspondre à des activités du secteur tertiaire. Aussi, une imposition fondée sur un lien suffisant entre l'activité exercée et un territoire déterminé serait plus en accord avec les principes qui gouvernent l'impôt sur les sociétés[492].

280. Rappelons que la genèse du concept de l'établissement stable à l'époque de la révolution industrielle lui a conféré des caractéristiques qui semblent inadaptées à la mobilité et à l'immatérialité du commerce électronique. Le concept d'établissement stable a été conçu vers 1850 pour éviter le phénomène de double imposition dans les relations intermunicipales en Prusse. En dépit de résistances historiques, la Société des Nations l'a utilisé en 1927-1928 pour rattacher à l'État de la source les bénéfices dégagés par une entreprise lorsque ses activités dépassent un certain seuil[493]. Partant de ce postulat, une entreprise doit avoir une présence économique suffisante pour qu'elle soit considérée comme participant à la vie économique de l'État d'implantation et relevant naturellement de la juridiction fiscale de cet État[494].

281. Alors que l'économie change à un rythme accéléré, c'est du fait de la rigidité du droit fiscal international et communautaire que la fiscalité des entreprises est restée conforme dans ses principes et dans ses références à ce qu'elle était dans les années 1960[495]. C'est dans ce

---

[492] I.RIU, *Sociétés et établissements stables en droit fiscal international et de l'Union européenne*, *op. cit.*, p. 447.
[493] F. HUET, *La fiscalité du commerce électronique*, *op. cit.*, p. 25.
[494] N. YONAN-MERCADIER, *L'impôt sur les sociétés et l'économie numérique*, *RFFP*, n° 134, 2016, p. 27.
[495] P. COLLIN & N. COLIN, *Mission d'expertise sur la fiscalité du commerce électronique*, Rapport au ministre de l'Économie et des Finances, au ministre du Redressement productif, au ministre Délégué chargé du budget et à la ministre déléguée

sens que Jean-Marie MONNIER affirmait *que c'est l'architecture de notre système de prélèvement qui correspond à un monde passé.* Les règles de territorialité sont en retard sur la mondialisation qui se caractérise par l'expansion du capitalisme et l'érosion des frontières, les entreprises multinationales redessinant leurs stratégies avec pour conséquence la fragmentation des chaînes de valeur. On assiste à une révolution informationnelle impliquant la transformation du travail, le rôle croissant du capital immatériel et l'intrusion du numérique, avec un effet considérable sur l'assiette de l'impôt[496].

282. L'OCDE a cependant apporté quelques clarifications. Selon l'organisme un site Web n'aboutit en effet généralement pas à l'existence d'un établissement stable pour l'entreprise qui exerce des activités commerciales par l'intermédiaire de ce site. Ainsi, un fournisseur de services sur internet ne constitue pas, sauf dans des circonstances très exceptionnelles, un agent dépendant d'une autre entreprise de manière à constituer un établissement stable de cette entreprise. Il est en outre précisé que si un local où se trouvent ses équipements informatiques, tels qu'un serveur, peut dans certaines circonstances, constituer un établissement stable, il faut pour cela que les fonctions exercées dans ce local soient importantes et constituent en outre un élément essentiel dans l'activité commerciale de l'entreprise[497]. La qualification de l'établissement stable dépendra de la présence physique sur un territoire. C'est le cas également s'ils restent au même endroit pour un laps de temps suffisant. Les commentaires de l'OCDE précisent que « ce qui importe n'est pas la possibilité de le déplacer, mais le fait de savoir s'il est effectivement déplacé »[498]. À noter que sur ce dernier point, les commentaires OCDE précisent que la présence de personnel n'est pas un élément essentiel à la qualification d'un établissement stable, si aucun personnel n'est nécessaire pour exercer tout ou partie de l'activité de l'entreprise. Cependant, dans le cadre d'une affaire soumise à son appréciation, le ministre de l'Économie, des Finances et de l'Industrie français a répondu de la manière suivante : « *ce n'est que dans des cas exceptionnels où l'entreprise étrangère disposerait de son propre*

---

chargée des petites et moyennes entreprises, de l'innovation et de l'économie numérique, janvier 2013, p. 2.

496 P. THIRIA, « l'enjeu : définir et mettre en œuvre des concepts et des règles nouvelles », *RFFP*, n°146, 2019, p. 121.

497 F. LE MENTEC, « Notion d'établissement stable », *op. cit.*, p. 9.

498 « Commentaire article 5 », *Modèle de convention fiscale concernant le revenu et la fortune 2014 de l'OCDE*, mars 2016, p. 120.

équipement informatique en France et emploierait du personnel pour faire fonctionner, qu'il serait possible de considérer que cette entreprise dispose d'un établissement stable en France ». Il n'en reste pas moins que cette position rejoint largement celle de l'OCDE[499].

283. Le juge administratif au gré de l'évolution de la jurisprudence continue d'attribuer au critère de fixité la même vigueur d'antan. Dans la célèbre affaire dite « *Google Ireland* » rendue en 2019, la Cour Administrative d'Appel de Paris a procédé à un rappel des principes de base de l'Établissement Stable. Après un premier jugement, le ministre de l'Action et des Comptes publics relève appel du jugement[500] du 17 juillet 2017 par lequel le Tribunal Administratif de Paris a déchargé la société Google Ireland Limited de ces chefs de redressement. Pour la Cour[501] :

284. « *Contrairement à ce que soutient le ministre, les locaux et le personnel de la Sarl Google France, qui sont à la disposition de celle-ci pour son activité propre de prestataire de services, telle que définie par le contrat de prestation de services du 16 mai 2002, ne caractérisent pas l'existence d'un bureau constituant une installation d'affaires de la société Google Ireland Limited, au sens du (cc) du 9° de l'article de la convention franco-irlandaise.*

285. *Il résulte de tout ce qui précède que la Société Google Ireland Limited ne dispose pas en France d'un Établissement stable, au sens de la convention franco-irlandaise, par l'intermédiaire duquel elle exercerait en France une activité de vente de publicité la rendant passible de l'impôt sur les sociétés et des contributions additionnelles à cet impôt. Le ministre de l'Action et des Comptes publics n'est en conséquence pas fondé à soutenir que c'est à tort que, par le jugement attaqué, le tribunal administratif de Paris a prononcé la décharge des impositions et pénalités en litige* ».

286. L'administration dans son raisonnement montre que le pouvoir d'engagement par la SARL Google France par la Société Irlandaise était bien établi. Elle considère notamment que les éléments essentiels des contrats, tels que la consistance de la prestation, son intensité et le budget maximal que chaque annonceur est prêt à dépenser pour la réalisation de la campagne publicitaire, sont négociés par les salariés de la SARL Google France. Elle estime également que la société GIL

---

[499] C. MARPILLAT, *La territorialité de l'impôt sur les sociétés dans l'économie numérique*, Bruxelles, Larcier, 2018, pp. 29-30.

[500] TA Paris, 1re Section, 1re chambre 12 juillet 2017 Société Google Irland Ltd.

[501] CAA Paris, 9e Ch., 25 avril 2019, ministre c/Google Ireland Ltd.

appose une signature formelle ou routinière sur les contrats qui lui sont retournés par Google France[502].

287. Les commentaires du modèle de l'ONU de 2011 font une précision de la notion d'agent dépendant et montrent les différences existant entre les deux modèles (ONU & OCDE) sur ladite notion. Un agent indépendant agissant en tant que tel ne constitue pas d'ordinaire un établissement stable pour l'entreprise qui fait appel à lui du fait qu'un tel agent exerce en réalité sa propre activité en fournissant un service. Contrairement au modèle de convention de l'OCDE, le modèle de convention de l'ONU dit qu'un tel agent, lorsqu'il consacre exclusivement ou presque exclusivement son temps à un client particulier et ne traite pas avec ce dernier dans les conditions de pleine concurrence n'est pas considéré comme jouissant de l'indépendance requise[503].

288. Pour Henriette BERTRAND, « *l'aménagement de la définition de l'établissement stable doit aller plus loin en matière de l'économie numérique dans la mesure où la création de la valeur dépend moins de la présence physique* ». En effet, les défis de la numérisation pour le système fiscal international sont essentiellement de pouvoir déterminer où est créée la valeur alors que la présence physique est de moins en moins nécessaire voire nulle selon les « business modèles » de certaines sociétés[504]. Le modèle économique des entreprises de l'économie numérique repose sur des actifs incorporels que les entreprises peuvent localiser où bon leur semble (Brevets, algorithmes, économie d'échelle, etc.) l'allégeance économique d'une entreprise à un territoire ne suppose plus, en réalité, une présence physique sur ce territoire[505].

289. Par ailleurs, l'article 5 des modèles de convention fiscale procède à une exclusion volontaire des opérations ayant un caractère préparatoire et auxiliaire : les opérations relatives au stock par exemple. Cependant, les activités préparatoires et auxiliaires d'hier ne sont plus celles

---

[502] F. DEBOISSY & G. WICKER, « Affaire « *Google Ireland* », la Cour Administrative d'Appel de Paris confirme l'annulation des rectifications : suite et peut-être pas fin », *Revue de droit fiscal*, n° 25, juin 2019, p. 38 ; voir également J. R. PELLAS, « Le principe de la territorialité et de mondialité de l'impôt en France », *RFFP*, n° 151, 2020, p. 33.

[503] ONU (Département des Affaires économiques et Sociales), *Modèle de convention des Nations Unies concernant les pays développés et les pays en voie de développement*, New York, Nations Unies, 2015, p. 98.

[504] H. BERTRAND, « Le droit conventionnel et la territorialité de l'impôt sur les sociétés », *RFFP*, n° 146, 2019, pp. 114-115.

[505] B. GOUTHIERE, *Les impôts dans les affaires internationales*, *op. cit.*, p. 368.

d'aujourd'hui. Ainsi, les acteurs du numérique tirent profit de cette liste car les nouvelles technologies et internet leur permettent de fractionner leur activité comme ils le souhaitent[506]. Les installations et opérations de stockage font partie de cette liste. Or, pour Amazon par exemple, les stocks sont au cœur de son activité et ne constituent plus une activité préparatoire et auxiliaire. Amazon dispose de stocks très importants dans les pays où elle réalise la plus grande partie de ses ventes. Le chiffre d'affaires réalisé en sortie de stock est massif, il n'est cependant absolument pas imposable dans l'État de situs de ce stock[507]. Le droit communautaire UEMOA ne prévoit pas les exceptions relatives à la fourniture d'information et aux recherches scientifiques mais rajoute des exceptions portant sur les installations aux seules fins de stockage ou d'exposition de marchandises et d'achats pour le compte de l'entreprise et aux activités préparatoires et auxiliaires[508].

290. À notre avis le commerce électronique a connu et continue de connaître une évolution que le système fiscal international et les systèmes fiscaux nationaux peinent à régir. Nos administrations fiscales doivent vaille que vaille travailler à combler ce déficit pour bien appréhender les ressources issues de ce secteur d'activité. En effet, même si le juge tend à rétablir la vérité des textes, le fisc doit procéder à une pleine application du principe du réalisme pour une meilleure requalification des opérations issues du numérique.

291. L'OCDE à travers le projet BEPS a dégagé un certain nombre de recommandations allant dans le sens de relever les défis fiscaux posés par l'économie numérique[509]. Au regard de l'enthousiasme noté au sein

---

[506] Rappelons toutefois que le projet BEPS dans la lutte contre l'évitement du statut de l'établissement stable prohibe tous les procédés conduisant à une fragmentation des contrats.

[507] C. MARPILLAT, *La territorialité de l'impôt sur les sociétés dans l'économie numérique, op. cit.*, p. 48.

[508] R. G. LANOU, *Droit fiscal et commerce électronique, op. cit.*, p. 28.

[509] Action 1 : *Identifier les principales difficultés posées par l'économie numérique pour l'application des règles fiscales internationales existantes, et élaborer des solutions détaillées pour les résoudre, en adoptant une démarche globale et en tenant compte à la fois de la fiscalité directe et indirecte. Les aspects à examiner incluent notamment la possibilité, pour autant y être soumise à l'impôt en raison de l'absence de lien au regard des règles internationales en vigueur, l'attribution de la valeur générée par la création de données géo localisées grâce à l'utilisation de produits et de services numériques, la qualification des bénéfices générés par de nouveaux modèles économiques, l'application des règles du pays de la source, et les moyens permettant de garantir le recouvrement effectif de la TVA/TPS en cas de fourniture*

de la communauté internationale pour régler de manière définitive la problématique de la fiscalisation du numérique. Aucune mesure concrète n'a été enregistrée suite à la recommandation faite dans le cadre du projet BEPS. Si le débat sur les principes fondamentaux du système fiscal international a été sous-jacent, on ne saurait conclure une quelconque proposition d'alternative des travaux effectués. Ainsi, d'une action initialement symbolique et centrale il n'est advenu que peu de résultats tangibles, le rapport présentant une série d'options pouvant être mises en œuvre pour assurer une meilleure imposition des bénéfices provenant de transactions liées à l'économie numérique.

292. Suite à la publication des résultats du projet BEPS, la problématique de l'économie numérique est revenue au-devant de la scène. Renforcés par ce nouvel essor, les travaux entrepris par l'OCDE dans le cadre du projet BEPS se sont poursuivis et ont mené à la publication d'un rapport intérimaire qui doit conduire à une solution de consensus d'ici 2020[510]. D'autres instances de réflexion sur la fiscalité du secteur du numérique se sont développées. En effet, au sein de l'espace européen, la Commission européenne a présenté le 21 mars 2018 deux propositions de directives destinées à organiser une imposition plus juste des activités du numérique dans l'Union européenne[511]. La proposition de directive vise à réformer les règles relatives à l'imposition des sociétés de telle sorte que les bénéfices soient enregistrés et taxés là où les entreprises ont une interaction importante avec les utilisateurs par l'intermédiaire de plateformes numériques. Conformément au principe d'allégeance économique, les bénéfices tirés d'une présence digitale significative pourront être imposables dans l'État concerné[512].

B. Une absence de prise en charge de l'économie collaborative

293. L'économie souterraine s'appuie de nos jours de plus en plus sur le numérique et s'inscrit dans ce que l'on qualifie d'économie du partage ou collaborative. Dans ce cadre, et la plupart du temps en marge

---

transnationale de biens et de services numériques ; cette liste n'est pas exhaustive. Ces travaux nécessiteront une analyse approfondie des différents modèles économiques en vigueur dans ce secteur.

510 N. BULKHALTER-MARTINEZ, *Cohérence internationale de l'imposition des entreprises : analyse au regard du projet de lutte contre l'érosion de la base d'imposition et le transfert de bénéfices de l'OCDE (Projet BEPS)*, *op. cit.*, pp. 188-189.

511 B. GOUTHIERE, *Les impôts dans les affaires internationales*, *op. cit.*, p. 366.

512 J. R. PELLAS, « Le principe de la territorialité et de mondialité de l'impôt en France », *op. cit.*, p. 33.

du système fiscal, se déroulent des transactions utilisant des plateformes internet qui concernent des champs aussi variés que les locations d'appartement, les ventes de biens d'occasion, le covoiturage et plus largement de toute sorte de services[513]. Les tentatives de définition et de classification se multiplient pourtant pour essayer de répondre à la nécessité de mettre de l'ordre dans ce domaine émergent. En 2013, Rachel BOTSMAN définit l'économie collaborative comme « *an Economy built on distributed networks of connected individuals and communities versus centralized institutions, transforming how we can produce consume, finance and learn*[514] ». Cette définition met en avant le changement de modèle induit par le développement de cette économie collaborative : le modèle classique de marché, fondé sur les rapports verticaux et concurrencé par un modèle s'appuyant sur une mise en réseau des acteurs[515].

294. Plus généralement et dans la continuité de Coase, la coordination par le marché entraîne des coûts, coûts de transaction mais aussi coûts d'organisation. Les technologies du numérique abaissent fortement ces coûts de coordination de sorte qu'ils tendent vers zéro. Il en résulte deux conséquences importantes. D'une part, cela favorise les structures hiérarchiques car ceux qui maîtrisent mieux ces technologies ont un avantage sur leurs concurrents. Mais la quasi-disparition des coûts de coordination a également provoqué une extension du domaine marchand en permettant l'organisation de transaction dans des champs dont le marché était naguère exclu. AirBnB ou BlaBlaCar sont de bons exemples de cet élargissement de la marchandisation[516]. D'une manière générale, l'économie collaborative reflète les revenus procurés par les opérations qu'ils réalisent par l'intermédiaire de sites de vente, de sites de location, de sites de fourniture de services et de site d'échange[517].

295. Ce type d'entraide entre particulier n'est pas nouveau. Mais il connaît un fort succès depuis la fin des années 2000, essentiellement

---

[513] M. BOUVIER, *Introduction au droit fiscal général et à la théorie de l'impôt*, Paris, LGDJ, 2016, p. 157.

[514] Signification en français : *« une économie fondée sur des réseaux distribués d'individus et de communautés connectées par rapport à des institutions centralisées, transformant la façon dont nous pouvons produire consommer, financer et apprendre »*.

[515] S. CHASSAGNARD-PINET, « A la recherche d'une définition de l'économie collaborative », *Cahier du droit de l'entreprise,* n°3, 2017, p. 21.

[516] J-M. MONNIER, « Les rapports et regards de la territorialité de l'impôt sur les sociétés et l'économie », *op. cit.*, p. 43.

[517] F. DOUET, *Fiscalité 2.0 fiscalité du numérique*, Paris, LexisNexis, 2019, p. 63.

grâce à l'intervention des plateformes internet qui servent d'intermédiaire entre les offreurs et les utilisateurs de biens ou services. Or, le développement de l'économie collaborative fait naître un certain nombre d'interrogations. Pour les pouvoirs publics, celles-ci sont relatives à la question de la neutralité de l'impôt et de la fraude[518].

296. Ces plateformes fournissent des services aux particuliers. Il est naturel que le paiement de la TVA soit recherché au titre des prestations de services. Nous l'avons évoqué plus haut, le législateur communautaire UEMOA n'intègre pas dans l'assiette de la TVA ce type d'activité[519]. Rappelons que les règles en vigueur ont été conçues pour un monde d'échanges physiques, celui des vide-greniers et des petits services entre voisin, où elles étaient acceptées, parce qu'elles n'étaient pas appliquées. Alors que les échanges entre particuliers sont devenus massifs, standardisés et traçables au centime près, il devient urgent d'adapter notre cadre fiscal à l'économie collaborative[520]. Serait-il anormal de faire référence à une exonération de fait comme celle retenue par les commerçants non connus du fisc. À l'évidence, il est difficile d'avoir une position tranchée sur la question. De l'avis d'Annabelle PANDO, *il n'existe ni un vide juridique encore moins fiscal à l'endroit de l'économie de partage. Ainsi, comme n'importe lequel de leurs revenus, les revenus que les particuliers tirent de l'économie collaborative sont en principe imposables. Cela vise les loyers issus de la location d'un logement sur Airbnb ou d'une voiture sur Drivy, le transport d'une personne via les applications Heetch ou Uber, la vente de biens sur Leboncoin ou eBay. Dès lors que ces activités sont exercées à titre habituel par un particulier, elles sont considérées comme des activités commerciales, et imposables à ce titre*[521].

297. Jusque-là les plateformes citées sont d'origine étrangères et réalisent la plus grande partie de leur chiffre d'affaires en Europe ou aux États-Unis. Toutefois, celles-ci intègrent des éléments se situant en

---

518 S. MOREIL, « Économie collaborative : alternative au capitalisme ou ubérisation de l'économie », *Cahier de droit de l'entreprise*, n° 3, Mai-Juin 2017, p. 19.

519 Au regard du fait générateur de la TVA que sont : les livraisons de biens et les prestations de services la TVA être dû. Le ciblage du législateur peut constituer un effet déclic chez le contribuable pour qu'il soit emmené à se soucier au même titre que celui qui effectue une activité commerciale classique.

520 « La fiscalité de l'économie collaborative : un besoin de simplicité d'unicité et d'équité », Revue mensuelle lexis-nexis jurisclasseur, juin 2017, p. 1.

521 A. PANDO, « Économie collaborative : quelle taxation pour les revenus », *Les Petites Affiches*, n° 29, 2016, p. 5.

Afrique. Par exemple, une plateforme comme Airbnb peut permettre à une personne de donner un bien immeuble situé au Sénégal en location. Dans ce sillage, le fisc ne dispose que de très peu de chance pour être au courant de cette opération et percevoir la TVA due sur cette prestation. Au gré de l'assistance administrative, l'administration fiscale sénégalaise devrait instituer une collaboration permanente avec ses homologues du pays d'implantation des plateformes pour établir un listing de toutes les opérations y afférentes.

298. En France par exemple, le législateur est parti du constat que les revenus du secteur de l'économie du partage étaient rarement déclarés et, par conséquent, non-imposés. En raison de la croissance exponentielle du secteur de l'économie collaborative, ce phénomène peut être à l'origine d'une distorsion de concurrence entre les acteurs de ce secteur et ceux du secteur traditionnel. Afin de remédier à cela, le législateur a imposé un certain nombre d'obligations fiscales et sociales aux plateformes en ligne[522]. Ces obligations déclaratives ont été instituées dans la loi de finances initiale pour le compte de l'année 2016. Un décret a précisé les contours de cette obligation. Ainsi, à l'occasion de chaque transaction réalisée par l'intermédiaire de plateforme, l'entreprise doit communiquer au vendeur, au prestataire ou aux parties à l'échange ou au partage d'un bien ou d'un service, lorsque ceux-ci ont perçu des sommes à l'occasion des transactions, les informations relatives au régime fiscal et à la réglementation sociale applicables sur ces sommes, aux obligations déclaratives et de paiement qui en résultent auprès de l'administration fiscale et des organismes de recouvrement des cotisations sociales, ainsi qu'aux sanctions encourues en cas de manquement à ces obligations[523]. Il faut préciser que c'est le Sénat qui a impulsé la réforme de 2016. À l'époque, dans le rapport sur l'économie collaborative, les rédacteurs avaient plaidé pour une franchise fiscale et une déclaration automatique des revenus. La franchise impliquait une exonération pour toutes les transactions sur internet ne dépassant pas 5000 euros. Cette franchise devait permettre de distinguer les revenus modestes et occasionnels des revenus quasi-professionnels[524].

---

522 *Ibid*, p.64., voir en ce sens la loi n°2018-898 du 23 octobre 2018 relative à la lutte contre la fraude.

523 « Plateforme d'économie collaborative : les obligations d'informations fiscales et sociales sont fixées », *Revue Mensuelle Lexisnexis Jurisclasseur*, mars 2017, p. 1.

524 A. PANDO, « Économie collaborative : quelle taxation pour les revenus », *op. cit.*, p. 6.

299. Par le biais de la loi contre la fraude du 23 octobre 2018, le législateur français a instauré à l'encontre de certaines plateformes en ligne un dispositif de responsabilité solidaire pour le paiement de la TVA due par les opérateurs qui effectuent, par leur intermédiaire, des livraisons de biens ou des prestations de services taxables en France à destination ou au profit de personnes non assujetties à la TVA ou aux importations taxables[525].

300. Jusque-là, les problématiques de l'économie numérique étaient exclusivement fondées sur la perception de la TVA mais également sur la détermination d'un éventuel résultat fiscal de l'entreprise. Cette démonstration se limite exclusivement sur les impôts d'État. Or, la fiscalité locale n'est pas en reste dans les effets néfastes résultant de l'économie de partage. Au Sénégal, la loi 2018-10 du 30 mars 2018 a institué la CEL. Cet impôt est calculé suivant deux éléments :

– d'une part, la valeur des locaux servant à l'exploitation ;

– d'autre part, la valeur ajoutée de l'activité de l'entreprise, c'est-à-dire la différence entre les charges admises en déduction de la valeur ajoutée ; il faut préciser que la valeur ajoutée imposable est plafonnée à 70 % du chiffre d'affaires et ne peut être inférieure à 0, 15 % du même chiffre d'affaires, sauf pour les secteurs réglementés ou à faible marge pour lesquels ce minimum est fixé à 0,075 %[526].

301. Faute pour les États d'identifier un établissement stable géré par les entreprises du WEB, les impôts locaux suscités et applicables à la gestion d'une entreprise ne peuvent être perçus. Les solutions européennes à savoir le projet ACCIS[527] pour l'heure actuelle peuvent être considérées comme acceptables mais n'ont malheureusement pas encore abouti. La commission de l'UE a proposé en 2018 une taxation de 3 % du chiffre d'affaires des entreprises du numérique mais celle-ci a fait l'objet d'un large rejet de la part des États membres qui sollicitaient une mesure d'envergure mondiale sécrétée au sein de l'OCDE[528]. La Commission européenne a cependant adopté le 15 juin

---

[525] IBIDEM, p. 335.

[526] Pour une étude approfondie de cette nouvelle imposition voir A. DIOUKHANE, *Les finances locales sénégalaises*, Paris, L'Harmattan, 2018, p. 89.

[527] L'Assiette Commune Consolidée à l'Impôt sur les Sociétés consiste à imposer l'entreprise sur la base d'un chiffre d'affaires réalisé en Europe puis réparti entre les différents États qui ont concouru à la réalisation de ce chiffre d'affaires.

[528] A. DEHAINE, « Les ressources fiscales à l'ère du numérique : l'adaptation de la fiscalité locale », *RFFP*, n° 143, p. 106.

2020 un nouveau paquet fiscal destiné à soutenir la relance économique et la croissance au sein de l'UE. L'un des trois volets de ce paquet était une énième proposition de modification de la DAC en vue notamment d'étendre les règles applicables en matière de transparence fiscale aux plateformes numériques[529]. Par suite de l'adoption de la DAC7, les opérateurs de plateforme numérique ayant un lien avec l'UE devront identifier certains vendeurs et déclarer des informations sur les revenus réalisés par leurs vendeurs à partir de certaines activités pertinentes. Les informations devront être partagées avec les autorités fiscales des États membres concernés au plus tard le 31 janvier de l'année civile suivante, ce qui veut dire que la date limite de présentation des rapports pour 2023 est le 31 janvier 2024[530].

302. Au Sénégal, les plateformes de vente en ligne se multiplient depuis la première décennie de l'an 2000. Deux exemples peuvent être étudiés : « Expad Dakar » & « JUMIA ». Dans le fonctionnement de ces dernières, les particuliers leur confient la mission de trouver un preneur pour le bien qui est mis en vente. Pour une société comme « Jumia » après la vente du bien, une commission lui est allouée en rémunération de la prestation de services. Dans ce cas, la TVA est facturée et reversée dans les caisses du trésor public conformément à l'échéancier défini par la loi. Récemment, le ministre des Finances et du Budget a pris un arrêté[531] pour l'application de l'article 355 pour le recouvrement de la TVA pour les transactions faites par les opérateurs de plateforme ne disposant pas d'installation professionnelle au Sénégal. L'article 355 bis précise en son point 3 que la « TVA s'applique sur le prix des prestations numériques et, le cas échéant sur les commissions perçues par les intermédiaires. L'article 4 de l'arrêté précité indique que le défaut d'installation physique de l'opérateur de plateforme ne le dispense pas de son obligation de liquidation, de collecte et de reversement auprès du service fiscal en charge des grandes entreprises. En l'absence de preuve d'immatriculation régulière de l'opérateur de la plateforme étrangère, l'entreprise destinataire ou bénéficiaire de

---

[529] La proposition de DAC 7 vise également à renforcer l'échange d'informations entre États membres au travers de précisions concernant les notions de « pertinence vraisemblable » et de « demandes d'informations groupées », et l'introduction de la notion d'« audits conjoints » dans le champ de la DAC.

[530] E. LEBAS, *La gestion fiscale des entreprises et ses limites*, *op. cit.*, p. 190.

[531] Arrêté n° 034269/MFB/DGID 08 novembre 2023 portant application des dispositions de l'article 355bis du CGI relative à la TVA sur les prestations de services numériques réalisées par les assujettis étrangers.

l'opération imposable doit liquider, collecter et verser la taxe en accord avec les dispositions du point 3 de l'article 355 du CGI. Le non-respect des obligations déclaratives entraîne la suspension de l'accès de leurs plateformes numériques, marchés ou places de marchés en ligne servant à réaliser des transactions sur le territoire sénégalais[532].

303. En définitive, il nous faut retenir que les États n'ont pas les moyens de contraindre les propriétaires des plateformes afin que toutes les déclarations soient faites conformément aux règles en vigueur. Une dynamique de collaboration doit forcément s'instituer pour collecter un maximum d'impôt. En France par exemple, la dynamique de concertation a amené une plateforme comme Airbnb à décider de collecter en vue de reverser la taxe de séjour due par les loueurs de locaux pendant les vacances[533]. Certains critères favorisent le développement du commerce électronique.

Paragraphe II : Les facteurs d'expansion de l'économie numérique

304. La révolution numérique transforme des secteurs entiers de l'économie traditionnelle apportant avec elle son lot de nouveaux acteurs, de nouveaux modèles, de nouvelles habitudes. L'essor du e-commerce, c'est-à-dire la vente de biens et de services à des particuliers via Internet, est l'un des principaux visages de cette révolution[534]. Cela est rendu possible grâce au travail gratuit des internautes (A) et au système de monnaie utilisé pour le règlement (B).

A. Le travail gratuit

305. Cette nouvelle économie numérique « contributive » connaît des rendements d'échelle exponentiels du fait de l'absence de rémunération du « travail gratuit » des utilisateurs. Les nouvelles entreprises globales, une fois devenues profitables grâce au capital-risque, réinvestissent l'essentiel de leurs profits dans l'innovation, et déclenchent, par la mise à disposition de services innovant une intense activité de la part des utilisateurs. Les données issues de l'activité de ces utilisateurs, entre autres éléments contribués, forment à leur tour une externalité positive

---

532 IBID, Article 8.

533 A. DEHAINE, « Les ressources fiscales à l'ère du numérique : l'adaptation de la fiscalité locale », *op. cit.*, p. 107.

534 Commission des finances du Sénat, « synthèse du rapport du groupe de travail sur le recouvrement de l'impôt à l'heure du numérique », *Gestion et Finances publiques*, n° 4, 2016, p. 108.

qui s'incorpore à la chaîne de production tout étant dépourvu de contrepartie monétaire[535].

306. La multiplication des transactions non monétaires et la transformation des chaînes de valeur rendent l'économie numérique d'autant plus difficile à appréhender par la fiscalité. La gratuité des services est l'une des caractéristiques les plus marquantes de l'économie numérique. La gratuité n'est pas un phénomène nouveau : de nombreux secteurs de l'économie, notamment les médias se sont développés sur ce modèle pendant des décennies, grâce à des modèles d'affaires à plusieurs faces notamment le financement par la publicité ou par les banques de détail, sur le marché du crédit et les marchés financiers. Mais la gratuité revêt une dimension autrement plus importante dans l'économie numérique, du fait de la faiblesse de ses coûts marginaux d'exploitation[536].

307. La gratuité a pour objectif d'attirer une masse critique d'utilisateurs, créant ainsi un effet de réseau selon lequel plus le nombre d'utilisateurs est plus grand plus l'intérêt des utilisateurs pour que le réseau s'accroisse. Une fois cette masse critique atteinte, la popularité du réseau augmente selon un effet « boule de neige [537]». Rappelons que la connexion à un moteur de recherche permet à l'internaute d'obtenir des informations gratuitement. La seule contrepartie est relative à une « grande consommation de la publicité », que l'on peut d'ailleurs limiter ; on ne paie ici que le fournisseur d'accès. Dans cette affaire, le publicitaire paie le moteur de recherche, l'internaute paie le fournisseur d'accès et en aucune manière il n'est établi un lien entre le moteur de recherche et le consommateur de publicité. Le principal outil utilisé à cette fin est le « cookie [538]». Au regard de ce montage il y a consommation d'un service et cela conduit naturellement à la perception d'un impôt. Si cela devrait se faire, quelle serait la base ou sur quelle assiette l'imposition devrait être perçue ? Aussi, pour un service fourni gratuitement pourquoi le bénéficiaire serait tenté de payer un impôt ?[539]

---

[535] A. GOBEL, « Fiscalité internationale et économie numérique :la juste valeur des Big Data (I) », *Bulletin fiscal,* éd. Francis Lefebvre, n° 6, 2013, p. 325.

[536] P. COLLIN & N. COLIN, *Mission d'expertise sur la fiscalité du commerce électronique*, *op. cit*., p. 30.

[537] J. CHARRIE & L. JANIN, « Fiscalité du numérique », *Gestion & Finances publiques*, n° 7/8, 2015, p. 68.

[538] J.-P. CLAVIER et A. MENDOZA-CAMINADE, *Droit du commerce électronique*, Brulant, coll Paradigme, 2023, p. 55.

[539] E. DIARRA, « La fiscalité du numérique : quel avenir », *RFFP*, n° 134, 2016, p. 5.

308. Ces questionnements du professeur Eloi DIARRA ne sont pas fortuits. Le travail gratuit peut être considéré comme l'unique actif incorporel des sociétés du numérique. Celui-ci leur permet de réaliser des profits en proposant aux usagers de l'internet des produits. Ces actifs peuvent également faire l'objet de cession entre sociétés d'un même groupe ou entre société indépendante. Les entreprises telles que « Twitter » et « Instagram » ont ainsi atteint de très grandes échelles sans chercher à réaliser un important chiffre d'affaires encore moins des bénéfices. La finalité de ces stratégies est à terme une acquisition par une autre entreprise à un prix suffisamment élevé pour rentabiliser l'investissement des premiers actionnaires. Ainsi, en 2012, Instagram a été racheté par Facebook pour un montant d'un milliard de dollars et une introduction en bourse permettant de poursuivre le financement du développement par les fonds propres en s'appuyant non plus sur des fonds de capital-risque, mais sur le marché boursier[540]. C'est ce qui fait dire à Emilie CARIOU « *s'il existe des paradis fiscaux, je rappelle qu'il y a aussi des paradis de la donnée personnelle* [541]». C'est ce que rappelait encore récemment le commissaire européen Pierre MOSCOVICI à l'occasion d'une conférence de presse sur les « *nouvelles propositions pour une fiscalité juste et effective de l'économie numérique*[542] » :

309. « *Quand vous "likez" une photo ou postez une vidéo sur votre réseau social préféré, vous rendez public vos centres d'intérêt. Ceux-ci ont de la valeur et sont ensuite vendus par le même réseau social préféré à des sociétés qui vous adresseront une publicité. Votre clic a déclenché une chaîne de transactions commerciales et donc suscité des bénéfices. Or, dans les règles fiscales actuelles, ces bénéfices-là ne sont pas taxés dans la grande majorité des États membres, faute encore une fois, de présence physique de l'entreprise* [543]».

310. Ces informations restent la principale richesse de l'économie numérique. L'enjeu est de taille car ces actifs incorporels représentent très souvent l'unique source de richesse des acteurs du secteur. Les marques ou savoir-faire sont valorisés pour des montants très importants

---

[540] P. COLLIN & N. COLIN, *Mission d'expertise sur la fiscalité du commerce électronique*, *op. cit.*, p. 31.

[541] E. CARIOU, « Propos introductif lors du colloque sur la territorialité de l'impôt sur les sociétés : la crise est-elle surmontable ? une révolution fiscale mondiale ? », *RFFP*, n° 146, 2019, p. 5.

[542] Commission européenne, SPEECH/18/2342.

[543] Cité par N. VERGNET, *La création et la répartition de la valeur en droit fiscal international*, *op. cit.*, p. 352.

car ils ont permis à la société de se développer très rapidement à une échelle mondiale. En outre, la richesse de l'économie numérique repose également sur les effets de réseau et de communauté qu'elle permet grâce aux nouvelles technologies. L'ensemble de ces éléments sont difficiles à valoriser, le prix de pleine concurrence compliqué à déterminer. En utilisant les prix de transfert à leur profit, les acteurs du numérique contournent les règles de territorialité internationales[544].

311. Ces informations collectées sont logées dans des *Datacenters* considérés comme des serveurs de stockage de données. Ces infrastructures hautement technologiques, constituées de salles de serveurs et utilisées à des fins d'hébergement, de traitement et de diffusion des données numériques à travers le monde jouent, en effet, un rôle crucial dans le développement du numérique. Véritables dépositaires du patrimoine humain, *elles sont au monde moderne ce que la bibliothèque d'Alexandrie était au monde antique : une source « infinie » de connaissances*[545]. Le serveur hébergeant des sites Web est un élément d'équipement ayant une localisation physique et cette localisation peut constituer une « installation fixe d'affaires » de l'entreprise qui exploite ce serveur. Il ne fait point de doute que le serveur devra être situé à un certain endroit pendant un laps de temps suffisant pour devenir « fixe » au sens du paraphe 1 de l'article 5 du modèle de l'OCDE. En outre, l'entreprise devra exercer tout ou partie de son activité par l'intermédiaire de cet équipement[546].

312. L'installation d'un serveur sur un territoire déterminé ne limite pas la collecte des informations exclusivement dans son lieu d'implantation. C'est pourquoi, il faut relever qu'il n'est plus atypique aujourd'hui l'hypothèse où une entreprise résidente dans un État A réalise un chiffre d'affaires en vertu d'internautes établis sur le territoire d'un État B, souvent à travers un serveur internet situé dans un État C. D'après les critères de rattachement traditionnels, alors que cette personne peut sous certaines conditions être considérée comme disposant d'un Établissement dans l'État C, elle échappe à la compétence personnelle de l'État B en tant que non-résidente. Il n'est pas possible d'établir que son activité est qualifiée d'investissement direct à l'étranger qui remplit

[544] C. MARPILLAT, *La territorialité de l'impôt sur les sociétés dans l'économie numérique, op. cit.*, p. 43.
[545] C. COUDERT, « Fiscalité de l'économie numérique- La fiscalité des datacenters, un marqueur de la souveraineté numérique », *Revue de droit fiscal*, n°5, janvier 2019, p. 2.
[546] B. CASTAGNEDE, *Précis de fiscalité internationale, op. cit.*, p. 463.

un des critères d'établissement, selon le droit interne, ou d'établissement stable, selon le droit conventionnel[547].

313. On note avec le mode de fonctionnement de ces entreprises nouvelles que les critères de rattachement ci-haut abordés sont devenus inadaptés au contexte. Où qu'il puisse être installé, le serveur appréhende toutes les informations des internautes quel que soit leur lieu de situation. Cela constitue une aubaine pour les entreprises du numérique qui ont la latitude d'implanter leur serveur dans les pays à fiscalité privilégiée. Outre l'aspect relatif à la collecte de données, il se pose la question de la vie privée des internautes et de la règlementation des données à caractère personnel dans les États membres. Au Sénégal, la loi 2008-12 sur la protection des données à caractère personnel[548] précise en son article premier « *la présente loi a pour objet de mettre en place un dispositif permettant de lutter contre les atteintes à la vie privée susceptible d'être engendrée par la collecte, le traitement, la transmission, le stockage et l'usage des données à caractère personnel* ». Elle met en place une autorité administrative indépendante dénommée Commission des Données Personnelles (CDP) en charge de la régulation de ce secteur[549].

314. Par une de ses délibérations[550], l'autorité administrative précise que : « le responsable d'un traitement qui fait ou qui envisage de faire de la prospection directe quelle qu'en soit la nature, doit obligatoirement procéder à la déclaration de tout fichier ou base de données constitué à des fins de prospection directe devant la « CDP » avant ladite opération en application de l'article 18[551] de la loi sur les données personnelles.

---

[547] A. KALLERGIS, *La compétence fiscale*, *op. cit.*, p. 288.

[548] Adoptée par l'Assemblée nationale le 30 novembre 2007 et par le Sénat le 15 janvier 2008.

[549] Article 5 de la loi de 2008.

[550] Délibération n°2014-20/CDP du 30 mai 2014 portant sur les conditions de la prospection directe.

[551] En dehors des cas prévus aux articles 17, 20 et 21 de la présente loi, les traitements de données à caractère personnel font l'objet d'une déclaration auprès de la Commission des Données Personnelles. La Commission atteste par un accusé de réception toute déclaration. Elle délivre, dans un délai d'un (1) mois, un récépissé qui permet au demandeur de mettre en œuvre le traitement sans toutefois l'exonérer d'aucune de ses responsabilités. Ce délai peut être prorogé une fois sur décision motivée de la Commission.
La déclaration, conforme à un modèle établi par la Commission, comporte l'engagement que le traitement satisfait aux exigences de la loi. Toutefois, seule la réception du récépissé donne droit à la mise en œuvre d'un traitement.

En application de l'article 24[552] du décret d'application n°2008-721 du 30 juin 2008, les formalités déclaratives sont réputées être accomplies à compter de la délivrance du récépissé par la « CDP ». Il faut conclure que le défaut d'installation physique conduit à une violation passive du dispositif sénégalais de la protection des données à caractère personnel par les GAFA. La pratique de la vente de ces données entre les entreprises concernées conduit à une grave atteinte de la vie privée des internautes. La communauté internationale ne semble être préoccupée que par l'évasion fiscale de ces entreprises. Mais, la régulation des données amassées par ces dernières pourrait permettre un meilleur contrôle de leurs activités.

315. Toutefois, s'il est relativement facile de localiser les lieux de collecte de données, c'est-à-dire les pays dans lesquels sont principalement situés les utilisateurs, il est nettement plus difficile d'attribuer, avec suffisamment de fiabilité, une valeur à de telles données observées (celle résultant du recueil des traces de navigation), des données soumises (celles qui ont été saisies sur internet par l'utilisateur lui-même volontairement ou sur requête) ou des données inférées (celles déduites des multiples possibilités de traitement et recoupement offertes par les algorithmes)[553].

316. Par ailleurs, les biens incorporels ont en commun d'être difficilement évaluables. Pourtant l'OCDE considère que le prix de pleine concurrence est applicable à cette catégorie de biens en leur appliquant par référence la méthode du prix comparable sur le marché libre et celle du prix de revente. Cependant, ces méthodes doivent être complétées par la prise en compte de la spécificité du bien transmis, de la situation du cédant ou concédant et de celle du concessionnaire[554].

317. Conscients du développement à grande échelle de l'économie numérique, certains États ont eu la clairvoyance de justifier la présence

---

[552] Lorsque la déclaration satisfait aux prescriptions de la loi sur les données à caractère personnel, la commission des données personnelles délivre le récépissé prévu à l'article 18 de la loi susvisée.
Les formalités déclaratives sont réputées accomplies à compter de la délivrance du récépissé visé à l'alinéa précédent du présent article. Le traitement peut alors être mis en œuvre par le déclarant sous sa responsabilité.
Lorsque le récépissé est délivré par voie électronique, le responsable du traitement peut en demander une copie sur support papier.

[553] A. GOBEL, « Fiscalité internationale et économie numérique : la juste valeur des Big Data », *op. cit.*, p. 329.

[554] J. L. BILON, *Fiscalité du numérique*, Paris, Litec, 2000, p. 194.

d'une entreprise du numérique par la collecte massive de données des internautes. En 2018, les autorités françaises avaient conclu que la collecte massive de données chez les usagers pourrait caractériser « une présence fiscale numérique » suffisamment significative pour fonder un droit d'imposition. Pour la France, les concepts de la fiscalité internationale ne sont pas en mesure d'appréhender les activités réalisées par le numérique qui reposent essentiellement sur des actifs incorporels et sur des données immatérielles. Au-delà de la volonté de mettre en œuvre les directives communautaires, la France a décidé de mettre en place la nouvelle taxe GAFA[555]. Depuis son adoption, par le Parlement, cette taxe a fait l'objet de plusieurs critiques. Une imposition appropriée des activités du numérique ne peut être évoquée que dans les instances communautaires ou dans les rencontres du G20 si l'on veut une efficacité dans les actions entreprises. Des mesures d'envergure nationales peuvent susciter un climat de concurrence fiscale entre les États.

318. Aussi, dans l'objectif de prévenir la lutte contre la fraude, de nouvelles mesures en termes d'obligation déclarative pour les gestionnaires de plateforme ont été initiées[556]. Par exemple l'aménagement du mode de déclaration du résultat imposable en fonction de la spécificité de l'entreprise. Si les activités du numérique se sont opérées en dehors du pouvoir d'imposition, c'est parce que le règlement des transactions s'opère grâce à des modalités spécifiques.

B. Le système de monnaie électronique

319. Les premiers actes d'achat sur internet ont été effectués grâce à la carte bancaire. L'utilisation de ce moyen de paiement ne se fait pas sans risque pour une raison technique évidente : l'internet est un réseau

---

[555] Signifie Google Amazon Facebook Apple. Selon le communiqué du Conseil des ministres du 6 mars 2019 « *seront ainsi taxées, à hauteur de 3 % les recettes tirées des prestations de ciblage publicitaire, qui s'appuient sur les données collectées auprès des internautes, notamment via les moteurs de recherche et les réseaux sociaux, et des prestations de mise en relation entre internautes, en particulier les places de marché. Ces prestations de services seront taxées à proportion de la part de l'activité des internautes qui est réalisée depuis la France. Le commerce en ligne et la fourniture de service numérique ne sont pas concernés. Sont en outre exemptés les services de communication, les services de paiement et les services financiers réglementés. Seuls les services disposant d'une large audience et générant des revenus importants seront concernés. Deux seuils d'assujettissement sont ainsi prévus :750 millions d'euros de services numériques taxables au niveau français. Son rendement atteindra rapidement 500 millions d'euros par an* ».

[556] B. GOUTHIERE, *les impôts dans les affaires internationales*, *op. cit.*, p. 369.

ouvert qui n'offre a priori aucune sécurité. Les données échangées peuvent être interceptées et détournées sans que l'on puisse se rendre compte de la supercherie car l'identité de l'expéditeur ne peut être prouvée. L'essor du nombre de transactions en ligne a conduit à l'apparition de besoins nouveaux auxquels tentent de satisfaire diverses formules fondées sur la création d'une monnaie électronique[557].

320. Plus tard, il y a eu la création du porte-monnaie électronique. Celui-ci est comme nous l'avons vu une carte de paiement prépayé. Son utilisation du moins, dans sa fonction de paiement universel, sans discrimination de support, de technologie ou d'architecture en respectant toutefois, la neutralité et l'identité strictement bancaire, caractéristique de tout moyen de paiement. À la différence de la première qui est directement rattachée à un compte bancaire, le porte-monnaie électronique est un instrument de paiement qui se présente sous la forme d'une carte de rechargement directement auprès d'une banque ou d'un opérateur de chargement[558].

321. Les deux systèmes sus-évoqués font toujours intervenir une institution financière dans les transactions. Cela conduirait naturellement à une facile appréhension des transactions faites en ligne. En dehors du contre coup violent que subit la fiscalité, les acteurs du numérique ont fini par mettre en place un système de paiement qui sort du cadre classique de l'activité monétaire. C'est ce qui fait dire à Laure-Alice BOUVIER que : « *le secteur monétaire est également affecté par le développement du paiement en ligne sans intermédiaire bancaire (système Bitcoin) et devrait l'être plus encore dans un proche avenir avec la blockchain dans la mesure où avec cette dernière c'est la généralisation d'un système d'échange décentralisé qui est en germe* [559]».

322. L'une des grandes spécificités des monnaies virtuelles est que leur émission ne provient pas d'une Banque Centrale mais par des opérateurs privés à but lucratif ou non. La finalité des monnaies virtuelles est de fluidifier les échanges et d'accélérer la circulation de la monnaie pour, même en situation de manque de liquidités lié au contexte financier global, maximiser les opportunités de créer de la valeur. L'idée est de mettre en place une monnaie virtuelle accessible à

---

[557] F. HUET, *La fiscalité du commerce électronique*, *op. cit.*, p. 231.

[558] G. SABATIER, *Le porte-monnaie électronique et le porte-monnaie virtuelle,* Paris, PUF, 1997, p. 42.

[559] L. A. BOUVIER, « De la déterritorialisation à l'a-territorialisation de l'impôt : la taxation des bénéfices des sociétés face à la révolution numérique », *op. cit.*, p. 165.

tous. C'est le cas du système du *Bitcoin,* à la fois monnaie virtuelle et protocole d'échange sécurisé. Le *Bitcoin* est une monnaie dont la politique d'émission est régie par un programme informatique conçu pour prévenir tout phénomène d'inflation et ainsi garantir autant que possible la convertibilité[560].

323. Dans le principe, le porte-monnaie virtuel est différent du porte-monnaie électronique en ce sens qu'il se caractérise par l'absence d'un support physique. La valeur électronique est cette fois stockée dans un compte géré par un opérateur sur un système de confiance, non obligatoirement bancaire. Le porte-monnaie virtuel avec lequel le porteur se contente de débiter à distance un compte au profit d'autrui sans aucun support physique, pourrait être contrairement au porte-monnaie électronique, considéré comme théoriquement révocable[561].

324. Le *Bitcoin* a été lancé en 2009 comme un substitue de la monnaie fiduciaire par un informaticien anonyme qui utilise le pseudonyme de Satoshi NAKAMOTO. À l'inverse de la monnaie fiduciaire, les *Bitcoins* ne sont pas imprimés, mais plutôt « minés » grâce à la puissance de calcul d'ordinateurs au sein d'un réseau mondial de développeurs bénévoles. Pour faire simple le *Bitcoin* n'est rien d'autre qu'un fichier numérique qui recense toutes les transactions qui ont été effectuées sur le réseau sous la forme d'un grand livre comptable baptisé « chaîne de blocs ». Il faut cependant se pencher sur les effets de ce mode de règlement. En effet, la nature immatérielle constitue un véritable défi pour les autorités de règlementation[562]. Au-delà même, ce mode de règlement soulève la question de la traçabilité des opérations effectuées. Le système de monnaie virtuelle n'a aucune interconnexion avec les institutions financières. Difficile sera la perception de la TVA pour les services qu'il rémunère. Le rapport de COLIN et COLLIN indique : « *que ces modes de règlement n'ont pas encore été appréhendés par la matière imposable du fait de l'absence de déclaration de leur chiffre d'affaires* [563]».

325. Pour Frédéric DOUET : « *ces opérations entrent dans le champ d'application de la TVA. Les devises virtuelles et les devises traditionnelles*

[560] P. COLLIN & N. COLIN, *Mission d'expertise sur la fiscalité du commerce électronique, op. cit.*, p. 31.

[561] G. SABATIER, *Le porte-monnaie électronique et le porte-monnaie virtuel, op. cit.*, p. 94.

[562] S. ROTMAN, « Bitcoin contre monnaie électronique », in www.Cgpa.org consulté le 16/09/20, pp. 1-4.

[563] P. COLLIN & N. COLIN, *Mission d'expertise sur la fiscalité du commerce électronique, op. cit.*, p. 33.

n'ont pas d'autres finalités que celle de moyen de paiement alternatif pour les premières et légal pour les secondes[564] *»*. Le mode de règlement ne dénature pas le fait générateur de la TVA. Ainsi, la vente à distance, amorcée par une annonce sur la toile : elle emprunte à internet sa phase d'annonce publicitaire, mais le processus de traitement de la commande, ses modalités de livraison et de paiement sont ceux de la vente classique. Elle obéit par conséquent au même régime fiscal. Une part encore majoritaire du commerce effectué sur internet suit ce processus. Toutefois, la localisation de la vente ou de la prestation de services soulève des difficultés identiques, faute de pouvoir localiser la livraison : le client souvent un particulier non assujetti, quant à l'établissement du vendeur il peut être difficile de déterminer le lieu de son implantation[565].

326. La TVA est un impôt dû lorsque le fait générateur est constitué. Sont soumises à la TVA, les livraisons de biens et les prestations de services effectués à titre onéreux par un assujetti agissant en tant que tel[566]. La TVA porte sur des opérations économiques, livraisons de biens meubles ou prestation de services, sans qu'à aucun moment la forme, la taille et le média utilisés pour réaliser ces opérations aient une incidence sur le fait générateur de l'imposition. Il suffit qu'un transfert du droit de disposer d'un meuble corporel soit intervenu ou que l'exécution d'un service ait eu lieu pour que la TVA s'applique. Il y a dès lors aucun obstacle juridique à l'application de la TVA au commerce électronique. Toutefois, il n'en demeure pas moins que la numérisation et l'utilisation du net pour accomplir des opérations entrant dans le champ d'application de la TVA majorent et, parfois même, renouvellent les problèmes relatifs à l'application territoriale de cette taxe[567].

327. À notre sens, les règles de territorialité se trouvent inapplicables dès l'instant que le fait générateur de la TVA provient d'une activité réalisée par le biais du commerce électronique. Les multinationales de la vente en ligne ne sont pas implantées en Afrique. Et pourtant, l'acquisition de biens via leur plateforme engendre un paiement de

[564] F. DOUET, *Fiscalité 2.0 Fiscalité du numérique,* Paris, LexisNexis, 2020-2021, p. 21.

[565] J. GROSCLAUDE & P MARCHESSOU, *Droit fiscal général*, *op. cit.*, p. 414.

[566] M. COZIAN, F. DEBOISSY & M. CHADEFAUX, *Précis de fiscalité des entreprises*, Paris, LexisNexis, 2020-2021, p. 589. L'article 256-I du code général des impôts français évoque deux faits générateurs : livraison de biens et prestation de services. Au Sénégal l'article 352 y rajoute les importations.

[567] J. L. BILON, *Fiscalité du numérique*, *op. cit.*, pp. 45-46.

TVA qui ne tient généralement pas compte de la résidence de l'acquéreur[568]. Les règles relatives à la territorialité de la TVA feront l'objet de larges développements dans la deuxième partie.

328. Le principe de la neutralité, pierre angulaire de la politique fiscale en matière de commerce électronique, invite à ne pas tenir compte des moyens utilisés pour commercer. La CJCE[569] a eu à préciser que les moyens de communication ne doivent pas avoir d'incidence sur la qualification des opérations réalisées. Une juridiction danoise avait demandé à la CJCE, sur question préjudicielle, si les dispositions de la 6e directive TVA devaient être appliquées différemment selon que les services fournis (en l'espèce des services bancaires) étaient rendus par voie électronique ou non[570]. La Cour a répondu par la négative dans la décision du 5 juin 1997[571].

329. Par ailleurs, il était également question de la perception de la TVA si l'opération en cause est rémunérée par le système du *Bitcoin.* La Cour de Justice de l'Union européenne (CJUE) a jugé[572] :

330. que « *les opérations portant sur des devises non traditionnelles, c'est-à-dire autres que les monnaies qui sont des moyens de paiement légaux dans un ou plusieurs pays, pour autant que ces devises ont été acceptées par les parties à une transaction en tant que moyen de paiement alternatif aux moyens de paiement légaux et n'ont pas une finalité autre que celle de moyen de paiement, constituent des opérations financières » ; et « qu'il est constant que la devise virtuelle du Bitcoin n'a pas d'autres finalités que celle de moyen de paiement et qu'elle est acceptée à cet effet par certains opérateurs* [573]».

331. Le caractère onéreux ou l'absence de gratuité dans l'acte posé est le fait qui s'associe à une livraison de biens ou à la prestation de

---

[568] Après la crise de 2008, l'État de Texas a été parmi les premiers à demander à Amazon de collecter une taxe sur les ventes auprès des consommateurs résidant dans l'État Amazon s'est opposée à cette demande en niant être établie dans l'État. Divers efforts de pression sur les dirigeants politiques ayant échoué. La société a finalement décidé en février 2011 la fermeture de sa plateforme de distribution d'Irving afin d'échapper à l'obligation de collecter la taxe sur les ventes pour le compte de l'État. Voir en ce sens le rapport COLIN & COLLIN p. 76.

[569] Cour de Justice des Communautés Européennes.

[570] F. POITEVIN-LAVENU, *Les règles fiscales à l'ère de la dématérialisation*, Thèse de doctorat, Université de Paris II, 2011, p. 90.

[571] Décision n°C-2/95, 5 juin 1997, *Sparekassernes Datacenter* c/*Skatteministeriet.*

[572] CJUE 5e Ch, 22 octobre 2015, affaire C-264/14.

[573] F. DOUET, *Fiscalité 2.0 Fiscalité du numérique, op. cit.*, p. 219.

services pour justifier la perception de la TVA. L'opération est imposable même si elle est réalisée à perte ; elle l'est aussi si le paiement est effectué par un tiers ou si ce paiement prend la forme d'un abonnement. Il est seulement nécessaire surtout en matière de prestation de services, que la contrepartie traduise un lien direct entre les intervenants à l'opération. Pour la livraison de biens, il suffit que le transfert du droit de disposer soit effectif pour que la TVA soit due. En définitive, il faut retenir qu'il n'y a aucun obstacle juridique à l'application de la TVA au commerce électronique[574].

332. Il ne fait pas de doute que le développement de la monnaie électronique et des cartes de crédit (anonyme ou non) facilite l'évasion fiscale car il n'existe plus de trace de papier des transactions, qui seront par conséquent impalpables, anonymes et indétectables. ACI Worldwide, fournisseur de solutions de paiement électronique, annonce les résultats d'une étude très poussée portant sur les paiements et réalisée par Global Insight, un cabinet de prévision et d'analyses économiques et financières[575]. La mutation du système monétaire est un obstacle vis-à-vis de l'appréhension des échanges commerciaux. Le circuit classique tend à disparaître et la mutation des règles juridiques ne suffit pas pour contrecarrer les subtilités du commerce en ligne. Une telle situation conduit naturellement à une facile planification des entreprises pour réduire fortement leur charge fiscale.

Section II : La planification fiscale agressive

333. La planification fiscale a longtemps été conçue en dehors de tout regard dépréciatif porté sur celui qui la pratiquait. À certains égards, elle était même considérée comme une illustration de l'intelligence du contribuable légitimement soucieux de s'engager dans la voie fiscalement la moins imposée[576]. Partant de ce postulat, celle-ci apparaît comme appartenant à la même famille que l'évasion fiscale. D'aucuns disent même qu'il s'agit de deux notions ayant le même contenu. En réalité, l'évasion fiscale, c'est l'utilisation de toutes les possibilités offertes par la législation pour payer l'imposition la moins élevée possible, en habillant un acte d'une autre forme juridique ou en répercutant sur

---

[574] J. L. BILON, *Fiscalité du numérique*, *op. cit.*, p. 45.

[575] F. POITEVIN-LAVENU, *Les règles fiscales à l'ère de la dématérialisation*, *op. cit.*, p. 206.

[576] B. DELAUNAY, « La planification fiscale agressive en droit fiscal de l'Union européenne », *Revue européenne et internationale de droit fiscal,* n° 2, 2015, p. 237.

quelqu'un d'autre l'impôt que le contribuable aurait dû supporter[577]. L'évasion fiscale est pratiquée aussi bien par les particuliers que par les entreprises. Elle concerne bien entendu l'impôt sur les sociétés avec la délocalisation de bénéfices générés dans un État mais transférés artificiellement vers des pays à fiscalité privilégiée[578]. Par le biais de procédés (Paragraphe 1), les contribuables réduisent leur charge fiscale mais pour contrecarrer leurs actions l'État met en place un dispositif de lutte contre l'évitement de l'impôt (Paragraphe 2).

Paragraphe 1 : Les procédés de planification fiscale

334. La notion de planification fiscale ne saurait être définie à travers une formule figée. En effet, elle recouvre une combinaison d'éléments à savoir le recours à des structures complexes et sophistiquées[579]. Ces montages sont commercialisés de manière courante par les cabinets de conseils ainsi que par certaines institutions financières[580]. Parmi ces structures nous pourrions en retenir deux : à savoir la localisation des profits réalisés dans les États à régime fiscal favorable conduisant à une optimisation fiscale favorable à l'entreprise (A) et l'utilisation abusive des conventions fiscales (B).

A. L'optimisation fiscale des entreprises du numérique

335. L'objectif d'optimisation fiscale des groupes internationaux peut être poursuivi par des moyens ressortissant à une gestion purement fiscale notamment fondée sur la considération des caractéristiques différentes des législations fiscales rencontrées, ainsi que sur leur articulation, organisée ou non par une convention fiscale[581]. Dans l'économie numérique, les conditions spécifiques de production favorisent la mobilité des facteurs de production et la forte décentralisation des activités au niveau mondial. Les entreprises du numérique sont d'emblée confrontées au marché mondial sur lequel elles proposent sans difficulté leurs services à distance ou mettent en relation des partenaires localisés de manière lointaine les uns des autres. Il leur est

---

[577] G. ORSONI, *L'évolution de la notion d'impôt*, *op. cit.*, p. 339.

[578] O. SIVIEUDE, « Une administration fiscale peut-elle lutter efficacement contre l'évasion fiscale internationale ? », *Revue européenne et internationale de droit fiscal*, n°2, 2015, p.275.

[579] N. BURKHALTER MARTINEZ, *cohérence internationale de l'imposition des entreprises : analyse au regard du projet BEPS*, *op. cit.*, pp. 156-157.

[580] M. BOUVIER, *Introduction au droit fiscal général et à la théorie de l'impôt*, *op. cit.*, p. 152.

[581] B. CASTAGNEDE, *Précis de fiscalité internationale, op. cit.*, p. 114.

loisible de choisir de déclarer leurs activités là où la législation fiscale est plus avantageuse et de déplacer leurs bases imposables en fonction de critères fiscaux[582].

336. Il est notable que la dématérialisation croissante de l'économie a donné une nouvelle jeunesse à des procédés frauduleux classiques tels ceux par lesquels certaines entreprises entretiennent l'apparence d'une activité exercée depuis l'étranger afin de ne pas se soumettre à l'impôt au lieu où les richesses tirent leur source. Il est plus facile de localiser une usine, des machines, des bureaux que de localiser une activité de publicité réalisée par internet[583]. L'évitement de l'impôt se distingue toutefois de la fraude par l'absence de l'élément matériel que celle-ci requiert : celui qui recourt à l'évitement licite ne commet précisément aucune infraction à la loi fiscale ; il évite l'impôt, par un acte conscient et délibéré, mais tout en se gardant d'enfreindre quelque disposition légale que ce soit. Si nul n'est censé ignorer la loi, le contribuable, réputé la connaître peut adapter son comportement en fonction de celle-ci[584].

337. Dans les schémas d'optimisation fiscale utilisés par les acteurs du numérique, la redevance est déductible dans l'État de sa source et non imposable dans son État d'arrivée. Le plus souvent, la redevance est versée par les sociétés intermédiaires à la société détentrice des actifs incorporels est calculée de telle manière qu'il ne reste presque plus de base imposable au niveau de la société ayant réalisé les ventes. En général, les têtes de groupes font valoir que seule la société qui détient les actifs supporte réellement les risques liés à l'exploitation. Ainsi, cette société est en droit, selon le groupe, de se voir attribuer presque intégralement le fruit de l'utilisation des actifs après rémunération des services rendus par les différentes sociétés du groupe[585].

338. Par ailleurs, les sociétés du numérique déclarent bien volontiers qu'elles parviennent, grâce à une stratégie fiscale dont la complexité n'a d'égale que la subtilité, à échapper en toute légalité au prélèvement fiscal. À titre d'exemple, le Président Exécutif de Google Eric SCHMIDT affirmait dans une déclaration en 2012 « *je suis très fier de la structure*

---

[582] J-M. MONNIER, « Les rapports et regards de la territorialité de l'impôt sur les sociétés et l'économie », *op. cit.*, p. 42.

[583] O SIVIEUDE & B. LLORCA, « Pourquoi et comment lutter contre la fraude fiscale ? », *Gestion et Finances publiques*, n° 7/8, 2014, p. 116.

[584] T.AFSCHRIFT, *L'évitement licite de l'impôt et la réalité juridique*, Bruxelles, Larcier, 2003, p. 16.

[585] C. MARPILLAT, *la territorialité de l'impôt sur les sociétés dans l'économie numérique, op. cit.*, p. 44.

que nous avons mise en place. Nous l'avons fait en nous basant sur les incitations que les gouvernements nous ont proposé pour établir nos activités ». En effet, celle-ci allie l'utilisation de dispositifs légaux, souvent expressément incitatifs, mis en place par des États mais qui in fine portent atteinte à la capacité d'autres États à recouvrer l'impôt qu'ils peuvent estimer leur être dû[586].

339. Le montage plus usité par les acteurs du numérique originaire des États-Unis a été renommé ainsi : le « double sandwich hollandais et irlandais »[587]. À titre d'exemple, Google, Facebook, Apple, Microsoft ou encore les NATU[588] utilisent ce montage. Dans ce schéma, les droits relatifs aux actifs incorporels de la société (marque, brevet & logiciel) sont vendus ou concédés à une société Irlandaise 1, filiale de la société-mère localisée aux États-Unis. Cette société irlandaise 1 détient elle-

---

[586] A. DUMONT, « Numérique et nouvel « incivisme » fiscal », *RFFP*, n° 134, 2016, p. 73.

[587] La stratégie menée par les GAFA et NATU s'articule autour de l'exemple ci-après pratiqué par Google :
Google Inc., société de droit américain, a concédé ses droits de propriété intellectuelle pour l'essentiel de ses activités hors des États-Unis à Google Ireland Holdings, filiale à 100 %. Google Ireland Holdings concède par la suite ses droits à Google Netherlands BV, société de droit néerlandais. Google Nertherland BV sous-concède elle-même ses droits à Google Ireland Ltd. Celle-ci, société de droit irlandais dont le siège social est domicilié à Dublin, a pour objet social l'encaissement des recettes publicitaires, et emploie pour réaliser ce dessein environ 3000 personnes.
Google Ireland Ltd, on le sait est une filiale à 100 % de Google Ireland Holdings. Celle-ci détient des filiales dans chaque pays européen dont en France. En effet, Google France SARL est une entreprise de droit français dont le but est d'inciter les annonceurs français à contracter avec Google pour que les messages publicitaires apparaissent sur le moteur de recherche. Toutefois, les annonceurs, une fois la convention établie, n'ont de relations contractuelles qu'avec Google Ireland Ltd qui s'occupe de la facturation et reçoit les règlements.
Ensuite Google Ireland Ltd reverse l'essentiel de son chiffre d'affaires environ 72 % à Google Netherland BV en vertu de leur accord de sous-concession des droits de propriété intellectuelle. Ce transfert de chiffre d'affaires prend la forme juridique d'une redevance qui ne supporte aucune retenue à la source en Ireland. Le taux d'imposition sur les sociétés applicables en Ireland étant 12,5 %, la matière imposable est par conséquent taxée par ce dernier.
La seule finalité de Google Netherland BV, dans l'esprit de ses fondateurs, est de collecter la redevance de Google Ireland Ltd et de la reverser en quasi-totalité, environ 99,8 %, à Google Ireland Holdings. Cette entreprise qui en dépit de son nom, est une société de droit Bermudien, au motif d'une part que c'est là-bas qu'elle est dirigée, d'autre part, que le conseil d'administration s'y réuni régulièrement.

[588] Signifie Netflix, Airbnb, Tesla, Uber.

même une société irlandaise 2. C'est cette seconde société qui réalise les ventes en Europe et donc qui réalise le chiffre d'affaires y afférent[589].

340. À terme, ce montage prouve que les entreprises du numérique sont très aisées pour éluder l'impôt soit par le biais des règles internes ou par le concours des conventions internationales. Grâce à l'appui de conseillers hautement qualifiés ou de fiscalistes rompus à la tâche, les actions menées conduisent à une double non-imposition ou à un facile transfèrement des capitaux dans les pays à fiscalité privilégiée[590].

341. Ces flux financiers trouvent leur raison d'être dans la volonté de minorer l'impôt auquel ces capitaux ou ces revenus seraient normalement assujettis. Cette minoration n'est possible que parce que ces capitaux ou ces revenus seraient normalement assujettis. Cette minoration n'est possible que parce que ces capitaux et ces revenus ont été déplacés d'une zone de haute pression fiscale vers une zone de basse pression fiscale, c'est-à-dire d'un État souverain à fiscalité lourde. C'est dans ce sens que Pierre LEVINE a pu affirmer que : *l'évasion fiscale de caractère international met donc en présence deux États souverains, l'un au départ et l'autre à l'arrivée des flux financiers*[591].

342. D'après le rapport de COLLIN & COLIN, celui-ci procède de la requalification de certaines activités dans la chaîne de valeur afin de diminuer le bénéfice et de s'assurer de l'absence de l'établissement stable : la transformation d'une filiale de distribution en simple commissionnaire réduit le chiffre d'affaires à la seule marge de ce dernier et minimise le risque entrepreneurial attaché à son activité. Il est alors admis que les produits peuvent être à peine supérieurs aux charges et qu'un commissionnaire ne peut constituer un établissement stable ce qui prive l'État du pouvoir d'imposer la maison-mère[592].

343. Rappelons que les filiales qui sont implantées un peu partout en Europe et qui jouent le rôle d'intermédiaire avec la société basée dans un État à fiscalité privilégié ne sont pas considérées comme un établissement stable. Comme nous l'avons abordé beaucoup plus haut, lorsqu'il s'agit d'apprécier si un agent est non doté d'un statut indépendant,

---

589 C. MARPILLAT, *la territorialité de l'impôt sur les sociétés dans l'économie numérique, op. cit.*, p. 37.

590 E. DIARRA, « La fiscalité du numérique : Quel avenir ? », *op. cit.*, pp. 3-4.

591 P. LEVINE, *La lutte contre l'évasion fiscale de caractère internationale en l'absence et en présence de conventions internationale, op. cit.*, p. 52.

592 P. COLLIN & N. COLIN, *Mission d'expertise sur la fiscalité du commerce électronique, op. cit.*, p. 270.

le Conseil d'État fait prévaloir la réalité juridique sur la réalité économique. Par suivisme, cela a conduit le Tribunal Administratif de Paris et la Cour Administrative d'Appel de Paris à juger que la société irlandaise « Google Ireland » n'était pas imposable en France faute d'y avoir un Établissement stable[593].

344. Les difficultés notées dans l'appréhension de la matière imposable résultent de la quasi-impossibilité d'une détermination de la source des revenus quand les transactions relèvent de l'économie numérique. Une retenue à la source est généralement prévue par le droit interne[594] ou le droit conventionnel concernant les revenus de non-résident appartenant à certaines catégories (dividendes, intérêts, salaires & redevances). Puisque chaque État est libre de choisir le ou les critères[595] qu'il utilise, il se produit un risque de double imposition ou de double non-imposition. Ce risque sera particulièrement important si les États ne s'accordent pas sur l'interprétation des critères qu'ils emploient. Sachant que pour le commerce électronique *« la question est de déterminer la source des revenus et que les connexions de l'internet sont infinies et qu'un message peut utiliser différentes routes ». Il constitue dès lors une véritable gageure la tâche de la détermination de la source des revenus*[596].

345. On peut voir dans l'utilisation des réseaux un moyen de faciliter l'évasion et la fraude fiscales. Les quatre destinations les plus favorables pour le commerce électronique sont les Bermudes[597], Aurigny, Hong-Kong, Dubaï et l'Ile de Man. Ils disposent d'infrastructures de communications performantes. Ainsi, Hong-Kong, en raison des effets cumulés du système fiscal attractif et sa situation géographique permet un accès privilégié au marché asiatique pour les sociétés du monde entier. Hong-Kong veut capter les investisseurs dans l'e-commerce, et le gouvernement a pris deux mesures impressionnantes, en coopération avec le secteur privé, pour permettre à la juridiction de devenir leader dans le domaine des nouvelles technologies et du commerce électronique. La première mesure, sous le nom de « Digital 21 initiative » vise à ce que

593 F. DOUET, *Fiscalité 2.0 fiscalité du numérique, op. cit.*, p. 270.

594 Article 202 de la loi 2012-31 du 31 décembre 2012 portant code général des impôts

595 Les principaux critères servant à déterminer la source des revenus sont au nombre de deux. On remarque une tendance des pays industrialisés à utiliser le premier, qui est le critère de l'exécution matérielle, alors que les pays en voie de développement retienne généralement le second, qui est le critère du lieu d'utilisation, ou, plus rarement un troisième critère qui est celui du lieu de règlement.

596 F. HUET, *La fiscalité du commerce électronique, op. cit.*, p. 53.

597 Pays d'implantation de Google Ireland Ltd.

tous les habitants soient reliés aux sociétés de nouvelles technologies, avec toute l'infrastructure nécessaire à la conduite des activités du commerce électronique[598].

346. Certains États ont procédé à une autolimitation volontaire de leur souveraineté fiscale et cette situation a engendré un climat fiscal favorable aux géants du numérique. À la question de savoir si la localisation sur le territoire américain des éléments matériels comme le matériel informatique détenu par la clientèle, les fournisseurs de services à internet, les serveurs et les hébergeurs peuvent être constitutifs d'une activité d'affaires aux États-Unis ou « Trade or business in the United States ». Le trésor américain a répondu par la négative à cette question, dans un « Treasury-Paper » pourtant sur l'étude des solutions pouvant être apportées aux problèmes fiscaux posés par le commerce électronique. Le Trésor américain considère que la localisation du serveur ou de l'hébergeur aux USA ne doit pas être prise en compte en raison de la facilité par laquelle ils peuvent être déplacés[599].

347. Toutefois, une décision notable de la Cour suprême des États-Unis a réformé la position de l'État vis-à-vis du commerce électronique. Dans l'affaire en cause, il était donné à la juridiction suprême de se prononcer sur la constitutionnalité du critère de rattachement issu d'une loi d'un État fédéré (le Dakota du Sud) aux fins d'assujettir à ses *Sales taxes* des vendeurs à distance situés en dehors de son territoire. Ce litige a été l'occasion d'un retentissant revirement de jurisprudence dans la mesure où le critère de présence physique traditionnellement retenu a effectivement été abandonné au profit d'un critère de présence numérique. La loi du Dakota du Nord a donc en conséquence été considérée comme conforme à la Constitution américaine par la Cour suprême[600].

348. En définitive, nous constatons deux volontés ambivalentes. L'une, luttant contre l'évasion fiscale des GAFA et l'autre, pour la mise en place d'incitations fiscales taillées sur mesure. Les pertes de recettes fiscales résultent en grande partie de l'immobilisme juridique des États. Malgré cela aucune action conséquente n'a été prise pour résoudre le

598 F. POITEVIN-LAVENU, *Les règles fiscales à l'ère de la dématérialisation, op. cit.*, p. 209.

599 *Ibidem*, p. 43.

600 A. LAUMONIER, « La notion de présence numérique en matière de taxe sur la consommation aux États-Unis à propos de la décision South c/Wayfair, Inc de la Cour Suprême des Etats Unis 21 juin 2018 », *Revue de droit fiscal*, n° 5, 2019, p. 2.

problème. Le projet BEPS[601] a posé des actes majeurs mais les États qui facilitent l'abus des GAFA doivent être amenés à corriger les failles de leur système pour ne pas répondre à une complicité avec ces entreprises. Dans un système de la globalisation fiscale, une attractivité fiscale à outrance devrait susciter la réaction du système fiscal international. Le taux de l'impôt sur les sociétés d'un État comme l'Irlande est anormalement bas et facilite le chalandage fiscal des multinationales dû par le maillage des conventions.

B. Le chalandage fiscal ou treaty shopping

349. Les conventions fiscales internationales sont généralement des conventions bilatérales qui n'ont d'effets qu'entre les résidents des deux États contractants. L'abus des traités (ou « chasse au traité ») consiste pour un contribuable à rechercher un pays disposant d'un réseau avantageux de conventions afin d'y établir une structure légale destinée à tirer parti des conventions passées par cet État avec des États tiers et qui sans cela ne lui auraient pas été applicables. Ainsi, un État A exonère d'impôt les intérêts payés en A aux résidents d'un pays B. Cet avantage concédé à B peut comporter une contrepartie fiscale ou une contrepartie économique : baisse des taux sur le marché de B, par exemple. Si le résident d'un pays C implante une filiale dans le pays B pour consentir des prêts à des emprunteurs du pays A, on peut considérer qu'il y a une, sinon la lettre, du moins de l'esprit de la convention[602]. L'idée est de s'assurer, en effet, que les remontées des dividendes, intérêts et redevances s'effectuent avec le minimum de déperdition possible[603]. Un treaty-shopping efficace est généralement composé de trois éléments :

1. une réduction de l'imposition dans le pays d'origine du revenu-État de la source lequel a conclu une convention de double imposition avec l'État de résidence de la société relais ;

2. un taux d'imposition faible ou nul dans l'État du bénéficiaire apparent du paiement ;

---

[601] Les actions 1 & 7 du projet BEPS tendent à lutter contre les effets du commerce électronique.

[602] P. BELTRAME, « La résistance à l'impôt et le droit fiscal », *RFFP*, n° 5, 1984, p. 27.

[603] B. CASTAGNEDE & S. TOLEDANO, *Fiscalité internationale de l'entreprise*, *op. cit.*, p. 395.

3. une retenue à la source faible ou nulle dans l'État du bénéficiaire apparent sur les paiements effectués en faveur du bénéficiaire final[604].

350. L'élection d'un itinéraire conventionnel de caractère favorable ne suppose pas nécessairement la singularité conventionnelle, il implique parfois une pluralité conventionnelle. Les modalités du *treaty-shopping* peuvent donc amener à mettre en jeu non pas un simple détour conventionnel, mais un emboîtement de plusieurs conventions fiscales internationales pour parvenir à un résultat plus favorable. En ce qui concerne l'avantage conventionnel recherché par le mécanisme du chalandage fiscal, il résulte soit d'une exemption pure et simple de la loi fiscale qui bénéficie à certaines personnes ou à certaines activités, soit des taux réduits d'imposition qui sont consentis à certains partenaires conventionnels parmi lesquels les pays en voie de développement figurent au premier plan[605]. Pour le contribuable averti, l'usage abusif procède d'une dissimulation de la véritable origine des fonds ou par des montages fictifs.

351. De façon pratique, l'abus peut être perpétré en gros de deux façons qui, toutes deux, exigent normalement la présence dans l'un des États contractants d'une société ayant le statut de résident de cet État et ayant droit, en vertu de la convention, au dégrèvement de l'impôt frappant les revenus provenant de sources situées dans l'autre État contractant, mais qui n'est elle-même légalement ou de facto pas assujettie à l'impôt (ou n'est assujettie qu'à un impôt peu élevé) dans son pays de résidence. Dans certains cas, il faut aussi, pour que la manœuvre réussisse, que la société soit en mesure de faire profiter directement le tiers qui n'y avait pas droit de la totalité ou d'une partie substantielle de l'avantage qu'elle a obtenu en vertu de la convention[606]. Mais avant tout, il faut que la société évite d'être imposée dans le pays d'origine. L'opération passe généralement par deux méthodes que sont :

– la méthode du conduit direct[607] ;

---

[604] D. DE VRIES REILIGH & C. CHILLA, *Droit fiscal International*, ed. Helbing Lichtenhahn, 2023, p. 57.

[605] P. LEVINE, *La lutte contre l'évasion fiscale de caractère international en l'absence et en présence de convention internationale, op. cit.*, p. 96.

[606] Département des Affaires economiques et sociales internationales, *Contributions à la coopération internationale en matière fiscale*, New York, Nations Unies, 1988, p. 3.

[607] La convention fiscale entre le pays A et le pays B prévoit une exemption de l'impôt du pays A sur les dividendes versés par les sociétés du pays A à des actionnaires du

– la méthode du tremplin[608].

352. Dans ce dessein d'évasion fiscale, les entreprises procèdent à des manipulations intragroupes pour réduire substantiellement leur charge fiscale. Les choix de montages fiscaux se focalisent sur ces trois types que sont : les sociétés holding, les sociétés-écrans et les sociétés-relais. La transformation de la société-mère en société holding ou le recours direct à la société holding est devenu une pratique courante dans les groupes. En effet, de nombreux États accordent un régime fiscal privilégié aux sociétés holdings. Les holdings permettent, notamment, une remontée des dividendes des filiales à la holding avec à ce dernier stade, un régime fiscal atténué voire nul. Elles sont soumises à des taux d'imposition généralement moins élevés que le taux normal applicable dans le pays[609]. Ce régime de faveur des holdings est également prévu par le législateur sénégalais dans la loi 2012-31. Dans le cadre d'une demande de précision[610] adressée à l'administration par un contribuable, le régime fiscal de ces sociétés a été passé au crible par l'autorité compétente. Après avoir exposé les critères que doivent répondre une société holding, l'administration indique que pour le calcul de l'impôt sur les sociétés lorsque les conditions énoncées par l'article 23 sont

---

pays B. Une société ayant le statut de résident du pays C a toutefois une filiale à 100 % dans le pays A. Afin de bénéficier de l'exemption de l'impôt sur les dividendes prévus dans la convention entre les pays A et B, la société mère du pays C transfère toutes ses actions dans une société du pays A à une autre filiale à 100 % qu'elle établit dans le pays B. Cette société intermédiaire est exemptée dans le pays B, en vertu de la législation nationale de ce pays, de l'impôt sur les dividendes reçus d'une filiale à capital entièrement étranger. Le revenu de l'investissement réalisé par la société mère dans le pays A peut ainsi s'accumuler sans être imposé dans le pays B (il peut aussi être réinvesti ailleurs ou transféré à la société mère en tant que prêt théoriquement remboursable, mais qui en fait ne l'est pas).

[608] La convention fiscale entre le pays A et B prévoit l'exemption de l'impôt sur les intérêts allant du pays A à des résidents du pays B. Le pays C n'a pas de convention fiscale ni avec le pays A ni avec le pays B. Une société sise dans le pays C, afin de bénéficier de cette disposition de la convention entre les pays A et B, cède à une filiale sise dans le pays B les prêts qu'elle a consenti à des résidents du pays A. La filiale sise dans le pays B, pour assurer la contrepartie de cette session, emprunte un montant équivalent, à taux d'intérêt équivalent, à la société-mère. La filiale est en principe assujettie à l'impôt du pays B sur les intérêts qu'elle reçoit. Dans les faits, toutefois, son revenu imposable est réduit à néant, les intérêts qu'elle doit verser étant portés en déduction.

[609] T. LAMORLETTE & P. RASSAT, *stratégie fiscal internationale*, Paris, Ed. Maxima, 1997, p.45.

[610] Lettre n°368/MEFP/DGID/DLEC/BL/FDIR du 10 mars 2016.

réunies, les produits bruts des participations dans le capital des sociétés détenues à 10 %, au moins, sont retranchés du bénéfice net total de la holding, déduction faite d'une quote-part de 5 % desdits produits bruts, représentative des frais et charges. Cependant, pour chaque période d'imposition, la quote-part ne peut excéder le montant total des frais et charges de toute nature exposés par la société participante au cours de ladite période. Aussi, les limitations aux charges financières imposées à d'autres autres sociétés ne s'appliquent pas à la holding. Enfin, l'imposition des intérêts des comptes courants prévus à l'article 101 du CGI et payés par la holding, il convient, compte tenu des articles 173.2 et 208 du CGI de les soumettre, sous réserve de dispositions des conventions fiscales, à une retenue à la source de 8 % qui peut donner lieu à une imputation conformément aux dispositions de l'article 209 du CGI. Dans un pays comme la Côte d'Ivoire, des avantages fiscaux similaires sont également accordés à la société holding. Le régime ivoirien prévoit une imposition réduite de 1,25 % des dividendes reçus, une exonération ou une imposition réduite à 12 % des plus-values des cessions de titres[611].

353. Le second mécanisme dont fait usage les contribuables correspond aux sociétés relais. Celles-ci dénommées « base company » par les praticiens anglo-saxons constituent un des maillons clé des groupes de sociétés pratiquant l'évasion fiscale de caractère international. Si les principes du mécanisme sont simples, les adaptations du principe varient à l'infini en complexité et en sophistication technique[612]. Les sociétés de « relais » n'ont typiquement, aucune autre fonction que de prendre avantage du réseau des conventions fiscales dont dispose l'État où elles résident. Elles n'ont pas d'employés, mais seulement des directeurs mis à disposition par une société fiduciaire et n'exercent pas d'activité commerciale[613]. Concrètement, il s'agit de la mise en place d'une véritable stratégie consistant à réaliser une chaîne de sociétés situées dans les États offrant le maximum d'avantages conventionnels,

---

611 G. ADETONAH, *L'évasion fiscale des multinationales dans les pays de l'UEMOA*, Thèse de doctorat, Université d'Aix Marseille, 2018, p. 196.

612 P. LEVINE, *La lutte contre l'évasion fiscale de caractère international en l'absence et en présence de conventions internationales*, *op. cit.*, p. 90.

613 D. DE VRIES REILIGH & C. CHILLA, *Droit fiscal International*, *op. cit.*, p. 56.

afin de transférer des bénéfices le plus économiquement possible, d'un point de vue fiscal[614]. Il s'opère en trois phases :

– une société relais est établie dans un paradis fiscal en fonction des avantages spécifiques recherchés ;

– cette société relais est contrôlée, de préférence indirectement, par une personne morale installée dans un ou plusieurs pays à fort taux d'imposition ; enfin,

– ces revenus générés par les personnes morales dans les pays à fort taux d'imposition sont dirigés vers la société relais.

354. Le dernier montage tendant à réduire le montant de l'impôt est relatif à la société-écran. Il s'agit d'interposer une société localisée dans un État tiers par rapport à l'État dans lequel le bénéficiaire de ce revenu réside[615]. Prenons l'exemple d'un inventeur qui met au point une invention qui peut la faire breveter par une société-écran installée dans un paradis fiscal ; celle-ci concède le brevet à des tiers dans les pays développés et perçoit les redevances en lieu et place de l'inventeur. Le revenu est ainsi soustrait à l'imposition dans le pays de résidence du bénéficiaire du simple fait de l'interposition d'une société-écran entre lui-même et le tiers qui verse les revenus[616].

355. Très souvent, les artistes et les sportifs font usage de montage spécifique pour éluder une bonne partie de la rémunération issue de la prestation de leurs activités. Le montage fonctionne ainsi : les sommes destinées à rémunérer le prestataire réel (artiste ou sportif) sont attribuées à une personne morale (société d'artistes) qui se présente comme le prestataire vis-à-vis du débiteur. L'artiste ou le sportif qui est véritable prestataire de services ne reçoit qu'une somme relativement modeste sous forme de salaire normalement imposable dans l'État où l'activité est exercée et/ou dans l'État de résidence du bénéficiaire. Mais la différence entre la rémunération perçue par la personne morale et le salaire qu'elle verse n'est pas déclarée mais mise à l'abri généralement dans un paradis fiscal[617]. Le droit français régit ce mécanisme à travers

---

614 T. LAMORLETTE & P. RASSAT, *stratégie fiscal internationale*, *op. cit.*, p. 49. ; voir également B. GOUTHIERE, *les impôts dans les affaires internationales,* Paris, Ed Francis Lefebvre, 2019, p. 1146.

615 G. TIXIER, *Droit fiscal international*, *op. cit.*, p. 114.

616 B. GOUTHIERE, *les impôts dans les affaires internationales*, *op. cit.*, p. 1146.

617 P. WEBER, « Les clauses anti-abus : pragmatisme ou régulation », *Acte du colloque sur la fin des paradis fiscaux organisé le 03 décembre 2010 par l'Institut International des Sciences fiscales, le Centre d'Études et de Recherches Administratives*

l'article 155 A du CGI. Par essence, cet article constitue une clause anti-abus en ce qu'il présume frauduleux tout montage par lequel une société étrangère s'interpose entre un prestataire de services et son client[618].

356. En dehors de ces montages, les contribuables peuvent se lancer dans l'entreprise de la requalification des revenus prévus dans la convention fiscale en une autre sorte de revenus bénéficiant selon cette même convention d'un traitement fiscal plus favorable. À titre d'exemple, nous pouvons retenir la transformation des dividendes en intérêt peut être avantageuse si la convention fiscale permet à l'État de la source de lever une retenue à la source sur les dividendes alors qu'elle en exonère les intérêts[619].

357. La sanction de ces pratiques est menée sous l'angle de l'abus de droit. Toutefois, ce mécanisme fera l'objet de développement dans la deuxième partie. L'administration fiscale à travers le principe du réalisme du droit fiscal permet de rétablir la vérité des textes. Le juge au cours de l'évolution de sa jurisprudence s'est positionné comme un fervent défenseur de l'abus de droit. L'arrêt de la Haute Assemblée du 29 décembre 2006 *Société Bank of Scotland* fait application sur le terrain des conventions fiscales internationales de la jurisprudence issue de l'arrêt Société *Janfin.* En l'espèce, le Conseil d'État avait retenu que le montage convenu entre la société américaine et la banque écossaise dissimulait artificiellement la réalité d'un emprunt contracté par la première moyennant délégation de sa filiale française pour rembourser à sa place le prêteur, par compensation avec les dividendes prioritaires dont elle garantissait le paiement[620].

358. L'abus des conventions fiscales doit être plus le combat des pays en voie de développement ou pays importateur de capitaux. En

---

et politiques de Paris 13 et le Laboratoire d'Études Juridiques et politiques de l'Université Cergy- Pontoise, Ed Monchrestien, 2011, p. 190.

[618] E. CHARTIER & J. BELLET, « Article 155 A et droit de l'Union européenne :la messe est-elle vraiment dite », *Revue de droit fiscal*, n° 40, 2017, p. 18.

[619] *Ibidem*, p. 187.

[620] B. CASTAGNEDE, « Chronique de fiscalité internationale », *Revue de droit fiscal*, n° 25, 2007, p. 107.
En version plus simple, le Conseil d'État estime dans les affaires Bank of Scotland du 26 décembre 2006 puis Abbey National du 24 avril 2012 qu'une Banque britannique qui percevait des dividendes de sociétés françaises n'était pas le bénéficiaire effectif de ces derniers dans la mesure où le versement à son profit résultait d'un montage en vertu duquel la société-mère américaine des sociétés françaises avait cédé à la Banque britannique un usufruit temporaire des actions afin de pouvoir bénéficier des dispositions favorables de la convention franco-britannique.

réalité, les relations entre les États exportateurs de capitaux et les grandes firmes internationales sont convergentes. Ils sont engagés aux côtés de leurs entreprises nationales dans des politiques de conquête de marchés extérieurs et de prise de contrôle de secteurs d'activité considérés comme stratégiques. Les pays développés sont plus empreints à accepter plus facilement les règles fiscales internationales, dans la mesure où ils en sont souvent les initiateurs[621] et les bénéficiaires[622].

359. Déjà, dans les années 1970[623], les États conscients des conséquences pernicieuses que peuvent avoir le *treaty-shopping* avaient commencé à insérer dans les conventions des clauses visant à limiter ces abus. Ces dispositions avaient et ont toujours pour principal objet la protection des intérêts du pays de la source des revenus afin que les concessions fiscales faites par cet État ne bénéficient pas à l'ensemble des résidents des États tiers[624].

360. À noter que depuis 2005, les États-Unis et le Royaume-Uni obligent ceux qui proposent des montages agressifs à leurs clients d'en déclarer le mécanisme à l'administration fiscale sous peine de sanction[625]. Un tel dispositif a été introduit en France dans la loi de finances pour 2014 sous la forme d'une obligation de déclaration à l'administration des schémas d'optimisation fiscale mais il a été considéré comme étant contraire à la Constitution par le Conseil constitutionnel[626]. Dans le cadre de l'action 12 du plan BEPS « *les règles de communication obligatoire d'informations* », l'OCDE cherche à obliger les contribuables et leurs conseils à révéler leurs dispositifs de planification fiscale agressive afin d'aider les administrations fiscales à repérer les nouveaux risques en la matière et dissuader les planifications agressives[627]. En Europe, la directive DAC 6 tend à mettre en charge

---

[621] Dans le cadre du projet BEPS seul l'Afrique du Sud a été associé aux travaux préparatoires.

[622] R. OSSA, « Le nouveau cadre géopolitique de la territorialité de l'impôt sur les sociétés : La confrontation des acteurs », *RFFP,* n° 146, pp. 84-85.

[623] Lors de la révision du modèle de convention de l'OCDE de 1977 puis en droit de l'union européenne, de façon explicite dans la directive « intérêts-redevances » et, enfin, transposée ou incorporée en droit interne français aux articles 119 ter, 119 quater, et 182 bis du CGI.

[624] N. MELOT, *Territorialité et mondialité de l'impôt*, *op. cit.*, p. 221.

[625] M. BOUVIER, *Introduction au droit fiscal général et à la théorie de l'impôt*, *op. cit.*, p. 152.

[626] Conseil Constitutionnel DC n°2013-685 du 29 décembre 2013.

[627] P.-Y. CARASCO, *Prix de transfert et stratégie d'optimisation fiscale de la firme multinationale*, Paris, L'Harmattan, 2017, p. 46.

des intermédiaires financiers au cœur des montages offshores une obligation de déclaration des dispositifs transfrontières potentiellement abusifs et à prévoir à leur sujet un échange automatique d'information entre autorités fiscales[628]. Par un arrêt rendu le 08 décembre 2022, la CJUE a jugé que l'obligation faite à un avocat par la directive de notifier à tout intermédiaire qui n'est pas son client les obligations de déclaration qui lui incombent n'est pas nécessaire dans la lutte contre la planification fiscale agressive. Au moment de l'adoption de la directive, les États membres avaient convenu que les avocats étaient dispensés de l'obligation de communiquer les montages fiscaux sous réserve de les notifier aux intermédiaires. En Belgique, la loi de transposition de la directive a fait l'objet d'un recours en annulation suite à un recours de l'institut des experts-comptables et conseils fiscaux[629]. Il est très logique qu'une telle disposition attise l'indignation des intermédiaires parce qu'en réalité les intérêts de l'administration sont antagoniques à ceux des contribuables. Au lieu d'instituer ce genre de disposition, les administrations doivent faire en sorte d'avoir de bons techniciens pour concurrencer les conseillers fiscaux. Pis, le système de la carrière ne va pas de pair avec la performance tant recherchée dans l'action publique. La question d'instauration de statut spécial ou particulier au sein des régies financière doit être posée et débattue.

361. L'action 6 du projet BEPS propose trois solutions pour résoudre l'abus des conventions fiscales. La première vise à mettre en place des dispositions conventionnelles et des recommandations pour la création des normes nationales, qui pourraient empêcher aux contribuables d'obtenir le bénéfice non justifié des avantages conventionnels. La deuxième vise à intégrer dans le cadre du modèle de l'OCDE une clause générale qui indiquerait que les conventions fiscales, ne doivent en aucun cas être utilisées comme un instrument de promotion de la double exonération d'impôt. Enfin, la troisième vise à mettre en place une liste de diligences que les pays devront effectuer lorsqu'ils décideront de signer une convention fiscale avec un autre État, afin que celle-ci ne présente pas de failles qui permettraient de faciliter l'évasion fiscale[630]. Le rapport final de l'action 6 du projet BEPS propose l'insertion d'une nouvelle clause qui prend le nom de « *Limitation des avantages* ». Il

[628] A. LACHAPELLE, *La dénonciation à l'ère des lanceurs d'alerte fiscale*, Larcier, 2021, p. 216.
[629] *Ibidem*, p. 741.
[630] C. THOMAS, *La stratégie fiscale de l'entreprise : entre optimisation et fraude*, Thèse de doctorat, Université de Toulouse, 2018, p. 339.

convient toutefois de préciser que ladite clause n'est en rien une innovation dont la paternité serait attribuable à l'OCDE. Elle trouve son origine dans la politique fiscale conventionnelle des États-Unis qui l'a inséré depuis les années 1970 dans la plupart des traités qu'ils signent[631]. Toutefois, le Sénégal a formulé une réserve en ce qui concerne le dispositif de l'article 7 (1) et (4) sur la prévention de l'utilisation abusive des conventions fiscales. Cela s'explique par le fait que les conventions fiscales couvertes contiennent une clause sur la limitation des avantages[632].

362. L'OCDE semble toutefois clémente à l'endroit des sociétés cotées en bourse. Celles-ci ont la particularité d'avoir un actionnariat particulièrement clairsemé. Ainsi, il ne serait ni raisonnable ni pertinent de regarder la situation géographique de leurs actionnaires pour déduire le lien personnel qu'elle entretient avec un État. L'organisme admet : « *qu'en règle générale, les actions de sociétés cotées en bourse et de certaines entités sont détenues par un grand nombre d'actionnaires et (...) il est peu probable que ces sociétés ou entités aient été créées à des fins de chalandage fiscal* »[633]. À notre sens, l'OCDE reste une instance qui ne fait que plaider pour les intérêts des pays exportateurs de capitaux. Les sociétés cotées en bourse ne trouvent pas leur origine ou n'ont pas leur siège de direction effective dans les pays importateurs de capitaux. Au Sénégal, les sociétés cotées en bourse se comptent du bout des doigts[634]. Elles correspondent en grande partie à des filiales de grands groupes étrangers[635]. Les inégalités de développement finissent par faire supporter aux plus faibles les conséquences pernicieuses.

363. Un autre fait vient se greffer à l'objectif des États dans la lutte contre la fraude et l'évasion fiscales de caractère international. Il s'agit principalement de la lutte contre la double non-imposition ou double exonération. L'application d'une convention fiscale peut conduire à cet état de fait. Pour la juge administratif[636], l'absence d'imposition effective peut entraîner le refus de qualifier un contribuable de résident dans l'autre État[637]. De l'avis de Bruno GOUTHIERE, *seules les doubles*

---

[631] N. VERGNET, *La création et la répartition de la valeur en droit fiscal international*, *op. cit.*, p. 305.

[632] Document de ratification de l'instrument multilatéral déposé le 10 mai 2022, p. 11.

[633] OCDE, *Rapport final BEPS : action 6*, 2015, p. 28.

[634] Port Autonome de Dakar-Banque de l'Habitat du Sénégal.

[635] Sonatel-BOA-Total.

[636] CE 9 novembre 2015, *Société Santander Pensiones.*

[637] A. KALLERGIS, *La compétence fiscale*, *op. cit.*, p. 322.

exonérations ou impositions réduites résultant de pratiques d'évasion ou de fraude fiscale peuvent être considérées comme contraires à l'objet des conventions fiscales[638]... Seuls face à une telle situation, les États ont apporté une réplique vis-à-vis de la stratégie des entreprises afin de mieux protéger leurs recettes fiscales. Celle-ci est relative à l'insertion de clauses visant à limiter l'usage abusif.

Paragraphe II : La lutte contre le phénomène de l'évitement de l'impôt

364. La territorialité de l'impôt, conséquence de la souveraineté fiscale des États, explique les disparités fiscales dans le monde. Et lorsque le choix s'offre à eux, les entreprises comme les particuliers préfèrent parfois localiser leurs opérations, voire leurs personnes, dans les zones à basse pression fiscale[639]. Les mesures fiscales répressives de l'évasion et la fraude fiscales internationales ont pour cible les incitations fiscales à l'étranger. Ces mesures fiscales répressives se multiplient dans le droit interne des États[640]. Les mécanismes de lutte visent en principe des situations ou l'évasion fiscale est possible, mais non avérée[641]. Il s'agit de se pencher sur les principaux régimes de lutte à savoir : les régimes fiscaux privilégiés et les États ou territoires non coopératifs (A) ainsi que le régime des sociétés étrangères contrôlées (B).

A. La lutte contre les régimes fiscaux privilégiés et les États ou Territoire non coopératif (ETNC)

365. Les régimes fiscaux privilégiés constituent des États qui satisfont à l'appellation de paradis fiscaux parce qu'ils octroient, soit à l'égard de certains segments d'activités, soit à l'endroit des non-résidents, des avantages fiscaux dérogatoires à la fiscalité de droit commun. Il s'agit, en vérité, d'États disposant de régimes fiscaux de faveur qui, ou bien se situent en marge, ou bien dérogent, au système fiscal normalement applicable sur leur territoire[642]. Toutefois, il convient de préciser qu'il y a une nuance entre un régime fiscal privilégié et des régimes fiscaux privilégiés. Félix Izuele LESSAMBO dans sa thèse sur « *les régimes*

[638] B. GOUTHIERE, *les impôts dans les affaires internationales*, *op. cit.*, p. 281.
[639] P. BERN, « La législation française anti-évasion fiscale internationale », *Mélanges en l'honneur du professeur Paul AMSELEK*, Ed Bruylant, 2005, p. 79.
[640] S. ALTINDAG, *La concurrence fiscale dommageable*, *op. cit.*, p. 218.
[641] T. PONS, « Les mesures contre l'évasion fiscale internationale et la constitution », *Bulletin fiscal*, Ed Francis Lefebvre, n° 1, 2012, p. 5.
[642] G. ADETONAH, *L'évasion fiscale des multinationales dans les pays de l'UEMOA*, Thèse de doctorat, *op. cit.*, p. 199.

fiscaux privilégiés » tente d'apporter des éclaircissements. En effet, selon ce dernier certains États visent toutes les zones et tous les régimes à l'image de la France et l'Allemagne alors que d'autres comme le Royaume-Uni ne font référence qu'au régime. Si l'on se réfère à la première idée, force est de constater « *il n'y a donc pas un régime fiscal privilégié mais plutôt des régimes fiscaux privilégiés allant des paradis fiscaux aux zones franches en passant par les centres de direction* »[643].

366. Le Sénégal comme nous le verrons adopte la notion de régime fiscal privilégié. Cette dénomination réduit le champ de la lutte contre les paradis fiscaux. Un État peut à la lecture de ces dispositions normatives paraître comme titulaire d'un régime normal alors qu'il renferme des zones offrant des « *délices fiscaux* ». Cela peut faciliter l'évasion fiscale des entreprises. Ainsi, dans l'analyse d'un régime fiscal l'administration fiscale sénégalaise doit faire preuve d'ingéniosité afin de bien analyser l'environnement de l'entreprise[644].

367. Les régimes fiscaux privilégiés constituent de sérieux remparts dans la lutte contre l'évasion fiscale. Dans la loi 2012-31 du 31 décembre 2012 portant Code général des Impôts, le législateur sénégalais donne un critère d'identification du régime fiscal privilégié. L'article 18-3 dispose : « *Les personnes sont considérées comme soumises à un régime fiscal privilégié dans l'État ou le territoire considéré si elles y sont assujetties à des impôts sur les bénéfices ou les revenus dont le montant est inférieur de plus de la moitié à celui de l'impôt sur les bénéfices ou les revenus dont elles auraient été redevables dans les conditions de droit commun au Sénégal, si elles y avaient été domiciliées ou établies*[645]». Le mimétisme juridique du législateur sénégalais est flagrant dans la lutte contre les régimes fiscaux privilégiés. L'article susvisé reprend le dispositif de l'article 238A du CGI français. Il faut cependant préciser la dynamique de durcissement des conditions d'identification des régimes fiscaux privilégiés. En France, la loi de 2013 sur la fraude a abaissé le seuil de caractérisation du régime fiscal privilégié. Il est stipulé à compter du 1er janvier 2020, un contribuable sera considéré comme soumis à un régime fiscal privilégié lorsque,

643 F. I. LESSAMBO, *Les régimes fiscaux privilégiés,* Thèse de doctorat, Université de Paris II, 1999, p. 34.

644 Une analyse poussée de l'administration fiscale pourrait conduire à une distinction entre les paradis fiscaux généraux et les paradis fiscaux spécialisés. Cette finesse dont on invite l'administration fiscale lui permettra de faire face aux pratiques des multinationales.

645 SOJUFISC, *Sénégal Code Général des Impôts*, Droit Afrique, 2018, p. 24.

dans le territoire en cause, il acquittera sur ses bénéfices un impôt inférieur de 40 % ou plus à l'impôt qu'il aurait payé s'il avait été établi en France[646].

368. En règle générale, il appartient au service d'apporter la preuve que le bénéficiaire des paiements est soumis à un régime fiscal privilégié, la comparaison avec la charge fiscale qui résulterait de l'application de l'impôt sénégalais devant être précise et ne pouvant se borner à une référence à des taux moyens. Le juge administratif français dans une jurisprudence ancienne[647] considère que lorsque l'administration se prévaut d'une transaction vers un régime fiscal privilégié pour contester la déduction de rémunération, elle doit justifier que le bénéficiaire de ces rémunérations est soumis hors de son pays à un régime fiscal privilégié[648]. Aussi, le fait, pour l'administration, d'établir que le bénéficiaire des paiements est domicilié en Suisse, par exemple, ne peut à lui seul, constituer une preuve suffisante permettant l'application de l'article 238 A du CGI[649]. Pour faire prospérer l'argument de la présence d'un régime fiscal privilégié, l'administration doit comparer de façon concrète la charge fiscale supportée par l'entreprise dans l'État où elle est établie avec celle qu'elle aurait supportée dans le premier État[650]. Contrairement au régime des prix de transfert, Jean Pierre JARNEVIC soutient : « *qu'il n'est donc pas nécessaire pour l'administration d'établir un lien de dépendance entre l'entité émettrice des capitaux et celle réceptrice des capitaux*[651] ».

369. Dès lors que les caractéristiques d'un régime fiscal privilégié se trouvent constituer, l'administration fiscale peut déployer « l'arme anti-évasion »[652]. Celui-ci vise à limiter la déduction des sommes versées dans un État considéré comme titulaire dudit régime[653]. Cette « arme »

---

646 C. ACARD, « La lutte contre la fraude et l'évasion fiscales », *Revue fiscalité internationale*, n° 1, 2019, p. 203.
647 CE 21 mars 1986.
648 B. GOUTHIERE, *Les impôts dans les affaires internationales*, *op. cit.*, p. 1196.
649 B. CASTAGNEDE, *Précis de fiscalité internationale*, *op. cit.*, p. 168.
650 M. COZIAN, F DEBOISSY & M. CHADEFAUX, *Précis de fiscalité des entreprises*, *op. cit.*, p. 538.
651 J. P. JARNEVIC, *Les dérogations au principe de la territorialité*, *op. cit.*, p. 113.
652 Appellation utilisée par H. FALL, *La fiscalité dans tous ces États*, L'Harmattan, 2017, p. 78.
653 *Les intérêts, arrérages et autre produits des obligations, créance, dépôts et cautionnements, les redevances de cession de licences d'exploitation, brevet d'invention, de marques de fabrique, procédés ou formules de fabrication et autres droits analogues ou rémunération de services, payés ou dus par une personne*

engendre la non-admission en charges déductibles au regard de l'impôt (IS-IR) « que si le débiteur apporte la preuve que les dépenses correspondent à des opérations réelles et qu'elles ne présentent pas un caractère anormal ou exagéré ». Il appartiendra au contribuable de ruiner cette présomption en apportant ces deux séries de justifications que l'administration ne manquera pas de lui demander[654]. Selon Thierry AFSCHRIFT, *il s'agit d'une situation qui correspond à la théorie des éléments générateurs : dès le moment où le contribuable invoque des frais, il supporte la charge de l'allégation de ceux-ci, et par voie de conséquence la charge de la preuve*[655].

370. Pour Gilbert TIXIER, *le contribuable ne pourra écarter la présomption légale de déguisement que s'il est en mesure de reconstituer la situation de droit et de fait.* En outre, le contribuable doit prouver la matérialité de l'opération que ces écrits constatent et notamment démontrer l'utilité des brevets concédés. Il lui faudra ensuite apporter la preuve de l'équilibre des conventions passées. Le problème le plus délicat concerne les commissions occultes. Dans de nombreux cas, pays du Moyen-Orient, d'Afrique, la conclusion de marchés de travaux publics ou de contrat d'usine clé en main demeure subordonnée au versement préalable de « commissions[656]». Le versement de commissions pour l'obtention ou la réalisation de marchés internationaux, parfois appelés pudiquement « frais commerciaux extérieurs » (FCE) est une pratique habituelle des entreprises. La déductibilité des commissions est subordonnée à deux conditions : le bénéficiaire doit être déclaré à l'administration, la rémunération doit correspondre aux intérêts de l'entreprise, sous réserve du cas particulier des agents publics[657].

371. À notre avis, cette possible déduction des commissions versées par les multinationales pour l'attribution de marchés dans les pays en voie de développement favorise la corruption dans ces pays et place les entreprises étrangères dans une position nettement plus privilégiée que

---

physique ou morale domiciliée ou établie au Sénégal à des personnes physiques qui sont domiciliées ou établies dans un État étranger ou un territoire situé hors du Sénégal et qui y sont soumises à un régime fiscal privilégié, ou un pays non coopératif, ne sont admis comme charges déductibles pour l'établissement de l'impôt que si le débiteur apporte la preuve que les dépenses correspondent à des opérations réelles et qu'elles ne présentent pas un caractère anormal ou exagéré.

654 J. GROSCLAUDE & P. MARCHESSOU, *Droit fiscal général*, *op. cit.*, p. 315.

655 T. AFSCHRIFT, *Traité de la preuve en droit fiscal*, Bruxelles, Larcier, 2004, p. 90.

656 G. TIXIER, *Droit fiscal international*, *op. cit.*, p.105.

657 B. GOUTHIERE, *Les impôts dans les affaires internationales*, *op. cit.*, p. 470.

celles locales. La loi 2012-31 ne prévoit pas dans les charges déductibles une éventuelle commission à verser pour bénéficier d'une commande publique. Les PVD doivent lutter contre cette « *légitimation de la corruption* » pour permettre à nos entreprises d'être plus compétitives.

372. Pour Raphaël COIN, ce dispositif anti-évasion constitue donc un élément complémentaire à l'arsenal habituel en établissant une présomption plus efficace que celle résultant d'une simple application des principes en vigueur tels que ceux de l'acte anormal de gestion[658]. Il peut se substituer à celui-ci ou lui être substitué, le cas échéant par changement de base légale d'une imposition, à tout moment de la procédure[659].

373. Par ailleurs, les États font preuve d'égoïsme dans la protection de leur ressource. Cela renvoie à une inégalité des armes entre l'administration fiscale et le contribuable. Lors de son intervention dans le cadre du Colloque de Strasbourg, M. KREILE soutenait que « *le citoyen ne doit être pris pour principal responsable de la fraude ou de l'évasion fiscale. Il incombe plutôt au législateur de combler la loi. Tout le monde parle des paradis fiscaux, mais personne ne parle des enfers fiscaux que sont les pays à taxation élevée. Les impôts élevés ont un effet d'érosion fiscale. Celui qui le peut fuit le pays et celui qui ne le peut pas refuse de travailler ou travaille au noir sans déclarer ce qu'il gagne. Il vaut mieux créer une Europe des citoyens qu'une Europe des autorités fiscales*[660].

374. Le concept de régime fiscal privilégié a fini par assombrir celui de paradis fiscal. Une liste des États n'est plus nécessaire pour identifier les paradis fiscaux. Cependant, à la suite des travaux du G20 de l'OCDE et du forum mondial sur la transparence et l'échange de renseignement à des fins fiscales, qui est une enceinte multilatérale qui rassemble plus de quatre-vingt-dix pays et qui consacre ses travaux à la transparence et l'échange de renseignements dresse une liste d'États ou Territoire non Coopératifs[661]. Cet objectif à vocation internationale a été exalté lors du

[658] R. COIN, « La répression de l'évasion fiscale internationale », *Jurisclasseur du droit fiscal international,* Fasc. 3720, n° 4, 2009, p. 3.
[659] CAA Lyon, 30 novembre 1989.
[660] M. KREILE, « fraude et évasion fiscale », *Compte rendu Colloque sur l'évasion et la fraude fiscales internationales,* Strasbourg, 1980, p. 11.
[661] B. GOUTHIERE, « La domiciliation fiscale en question », *Acte du colloque sur la fin des paradis fiscaux organisé le 03 décembre 2010 par l'Institut international des Sciences fiscales, le Centre d'Études et de Recherches administratives et politiques*

sommet du G20 le 02 avril 2009 en ces termes : « *nous nous engageons à prendre des mesures contre les États non coopératifs, en ce compris les paradis fiscaux. Nous sommes prêts à adopter des sanctions pour protéger nos finances publiques et nos systèmes financiers. Le temps du secret bancaire touche à sa fin. Nous prenons note de la liste, publiée ce jour par l'OCDE, des pays examinés par le forum global à la lumière du standard international d'échange en matière d'information fiscale*[662] ». Cette dynamique résulte de la crise économique mondiale de 2008. En effet, les dirigeants de certains États ont voulu représenter l'espace financier mondial en renforçant la lutte contre les territoires qui offraient asile aux capitaux provenant de la criminalité en général et de la fraude fiscale en particulier. Ainsi, ces territoires ont été tenus pour responsable de cette crise en permettant à des capitaux spéculatifs douteux de trouver refuge[663].

375. L'on serait tenté de se poser la question suivante : comment identifier un État ou territoire non coopératif ? Pour l'OCDE, il s'agit de juridiction n'ayant pas signé au moins douze accords conformes aux exigences internationales. Par la même occasion, il est indiqué qu'il s'agit d'un chiffre traduisant le fait que les juridictions concernées ayant signé un tel nombre d'accords ont « appliqué substantiellement leur engagement ». En France, l'article 22 de la loi de finances rectificative pour 2009 reprend le même critère en y rajoutant le fait d'avoir signé avec la France une convention d'assistance administrative[664]. Une touche singulière a été apportée par ce pays dans l'identification des ETNC. Au 1er janvier 2010, est considéré comme non coopératif l'État qui remplit cumulativement les conditions ci-après :

– il n'est pas membre de la Communauté européenne ;

---

de Paris 13 et le Laboratoire d'études juridiques et politiques de l'Université Cergy-Pontoise, Ed Monchrestien, 2011, p. 74.

[662] E. CHAPELLIER & T. PERROT, « Paiements d'intérêts et de dividendes vers les États et territoires non coopératifs : la nouvelle donne pour les émetteurs et les emprunteurs », *Bulletin fiscal*, Ed Francis Lefebvre, n° 5, 2010, p. 423.

[663] M. DJOUHRI, *L'évolution du contrôle fiscal depuis 1945 : aspects juridiques et organisationnels, op. cit.*, p. 364.

[664] J. L. ALBERT, « OCDE : du pluriel au singulier », *Acte du colloque sur la fin des paradis fiscaux organisé le 03 décembre 2010 par l'Institut International des Sciences fiscales, le Centre d'Études et de Recherches Administratives et politiques de Paris 13 et le Laboratoire d'Études Juridiques et politiques de l'Université Cergy-Pontoise*, Ed Monchrestien, 2011, pp. 26-28.

– sa situation au regard de la transparence et de l'échange d'informations en matière fiscale a fait l'objet d'un examen par l'OCDE ;

– il n'a pas conclu avec au moins douze États ou territoires une convention d'assistance administrative permettant l'échange de renseignements nécessaire à l'application de la législation fiscale des parties ;

– il n'a pas conclu avec la France une telle convention d'assistance administrative[665].

376. L'objectivité de ces critères peut être largement discutée. En effet, une discrimination peut être invoquée par les États non-membres de l'Union européenne et n'ayant aucun lien conventionnel avec la France. Cela peut faire naître chez eux une obligation de signature d'une convention fiscale avec la France. Il s'agit donc de critères restrictifs qui freinent les échanges commerciaux avec les pays tiers.

377. Rappelons que le Sénégal a adhéré au forum mondial en matière de transparence. Ce qui fait pour notre pays une obligation de respect des règles édictées au sein de l'OCDE[666]. Le Forum a joué un rôle important dans la lutte contre les régimes fiscaux privilégiés. L'examen par les pairs constitue un moyen d'appréciation du système fiscal de l'État. Les pays d'antan qualifiés de paradis fiscaux n'ont pas échappé à l'emprise du Forum. L'influence positive du Forum a engendré dans un pays comme la Suisse l'adoption par le gouvernement de la norme de l'article 26 de la convention modèle. Ce comportement intervient suite à une décision du Conseil fédéral le 13 mars 2009. Pour donner plus de vigueur à la norme de l'article 26, le paragraphe 5 s'articule comme suit : *« aux fins de l'obtention des renseignements mentionnés dans le présent paragraphe, nonobstant le paragraphe 3 ou toute disposition contraire au droit interne, les autorités fiscales de l'État contractant requis disposent ainsi des pouvoirs de procédure qui leur permettent d'obtenir les renseignements visés par le présent article*[667]».

[665] E. CHAPELLIER & T. PERROT, « Paiements d'intérêts et de dividendes vers les États et territoires non coopératifs : la nouvelle donne pour les émetteurs et les emprunteurs », *op. cit.*, p. 424.

[666] Voir la partie afférente à l'échange de renseignement.

[667] X. OBERSON, « Les accords entre l'Union européenne et la Suisse pour lutter contre la Fraude et l'évasion fiscale », *Acte du colloque sur la fin des paradis fiscaux organisé le 03 décembre 2010 par l'Institut International des Sciences fiscales, le Centre d'Études et de Recherches Administratives et politiques de Paris 13 et le*

378. La subtilité des conseillers fiscaux peut défaire la sanction prévue par la loi si un intermédiaire intervient dans le paiement desdits sommes. S'agissant d'un paiement par inscription en compte, c'est le lieu de situation du compte qui doit être retenu. Le compte en question est le premier compte, hors de France, sur lequel le dernier établissement payeur français fait un transfert d'intérêt. Ce qui signifie que, dans une chaîne de paiement, si ce dernier établissement payeur vire l'intérêt en cause vers un compte situé dans un État autre qu'un ETNC, puisque cet intérêt est ensuite transféré vers un compte dans un ETNC, la retenue à la source ne trouvera pas à s'appliquer. Ni le débiteur ni l'établissement payeur n'ont pas à se soucier des pérégrinations ultérieures du flux dès lors que sa première destination aura été un territoire coopératif[668]. La lutte contre la localisation des bénéfices d'entreprise dans les régimes fiscaux non transparents nous conduit à voir le mécanisme des sociétés étrangères contrôlées.

B. Les législations CFC

379. À l'égard de l'utilisation de sociétés implantées dans les paradis fiscaux, le législateur peut avoir deux types de réactions différentes. La première pourrait consister à étendre dans certaines conditions la responsabilité fiscale nationale à la société située dans le paradis fiscal et de définir son revenu en tant que partie des bénéfices des propriétaires dans le pays d'origine. La seconde consisterait à obliger l'État paradis fiscal, au moyen d'un traité, à appliquer des taux plus élevés d'importation des sociétés dans le cas de certains revenus. Le traité fiscal conclu entre les États-Unis et les Antilles néerlandaises en est un exemple[669].

380. En ce qui nous concerne, la première semble beaucoup plus facile à mettre en œuvre car le déploiement du pouvoir fiscal reste circonscrit dans son champ territorial. Ainsi, nos développements ultérieurs seront centrés exclusivement sur celle-ci. Les entreprises soumises à l'impôt sur les sociétés peuvent être tentées d'interposer une

---

Laboratoire d'Études Juridiques et politiques de l'Université Cergy- Pontoise, Ed. Monchrestien, 2011, pp. 157 et 168.

668 E. CHAPELLIER & T. PERROT, « Paiements d'intérêts et de dividendes vers les États et territoires non coopératifs : la nouvelle donne pour les émetteurs et les emprunteurs », *op. cit.*, pp. 426.

669 D. HELMERS, « Niveaux et disparités de fiscalité en liaison avec le problème de l'évasion et de la fraude fiscale », *Acte de colloque sur l'évasion et la fraude fiscale*, Strasbourg, 1980, p. 13.

entreprise exploitée dans un État ou une filiale étrangère entre elles et « leurs » revenus dès lors que cette entreprise ou cette filiale bénéficie d'un régime fiscal privilégié. En vertu du principe de la territorialité ou de la personnalité fiscale distincte, ces revenus sont peu ou pas imposés au cours de l'exercice de leur réalisation[670]. Dans le dispositif de la lutte contre l'évasion fiscale les règles fiscales développent une extraterritorialité dans le cadre de l'appréhension de la matière imposable faisant fi des principes sus-évoqués. D'une manière générale, *l'extraterritorialité des règles internes au sens matériel désigne l'ensemble des cas dans lesquels un État normateur prétend inclure dans la structure des règles qu'il édicte des faits et actes juridiques localisés en dehors de l'étendue spatiale*[671]. Ce phénomène correspond à l'élément mobilisé pour l'établissement de la compétence normative et implique une variabilité de l'étendue du champ d'application spatial des règles internes en fonction du critère de rattachement en cause[672].

381. Dans le prolongement de la lutte contre les régimes fiscaux privilégiés, le législateur français par le biais de l'article 209B du CGI a institué une arme qui tend à élargir l'assiette de l'impôt sur les sociétés pour les entreprises disposant de filiales localisées dans les paradis fiscaux. Comme le soulignent fort justement les professeurs Rassat et Larmolette, instrument de précision, l'article 209B est un article spécial d'interprétation stricte. Il a pour objectif de dissuader les entreprises de localiser leurs bénéfices dans les États ou territoires étrangers à fiscalité privilégiée[673]. Cet article déroge à deux principes du droit fiscal :

- Celui de l'imposition séparée de personnes juridiques distinctes et ;
- Celui de la territorialité de l'impôt[674].

382. Au Sénégal, le législateur prévoit à l'article 30 du CGI que : « *les sociétés et les personnes morales exerçant leurs activités à la fois au Sénégal et à l'étranger doivent, en outre, déclarer chaque exercice, le 30 avril au plus tard, au service des impôts compétent, le montant de leur bénéfice total réalisé tant au Sénégal qu'à l'étranger*[675] ». Pour M. MANCABOU : *des obligations supplémentaires pèsent sur certaines*

---

[670] N. MELOT, *Territorialité et mondialité de l'impôt*, *op. cit.*, p. 684.
[671] Définition donnée par Andréas KALLERGIS
[672] A. KALLERGIS, *La compétence fiscale*, *op. cit.*, p. 415.
[673] H. FALL, *La fiscalité dans tous ses États*, *op. cit.*, p. 79.
[674] P. BERN, « La législation française anti-évasion fiscale internationale », *op. cit.*, p. 85.
[675] SOJUFISC, *Sénégal Code Général des Impôts*, *op. cit.*, p. 27.

entreprises spécifiques telles que les sociétés dont le siège social est situé hors du Sénégal, tenues de fournir en plus des documents demandés[676] *aux entreprises locales, leur bilan général. Lorsque la comptabilité ou les documents comptables déposés ne permettent pas une détermination du bénéfice imposable au Sénégal, celui-ci établi à partir du prorata de chiffre d'affaires réalisé dans chaque État ou l'entreprise est présente. Le cas échéant, elle ne doit déposer une déclaration globale avec une indication du chiffre d'affaires réalisé dans chaque État et du résultat net à imposer au Sénégal*[677].

383. Il serait présomptueux pour le fiscaliste d'affirmer avec certitude que le dispositif de l'article 30 de la loi 2012-31 vise à lutter contre la localisation des bénéfices dans les paradis fiscaux. À notre humble avis, il pourrait s'agir d'un mécanisme visant à faire prévaloir le principe de pleine concurrence dans les relations entre entreprises affiliées.

384. Le régime des sociétés étrangères contrôlées comme l'indique CASTAGNEDE est issu de la loi de finances pour 2005. Il a été précisé par un décret en Conseil d'État n°2006-1309 du 25 octobre 2006. La loi de finances rectificative du 30 décembre 2009 puis celle du 16 août 2012 lui ont apportées des correctifs. D'une manière générale, l'article 209B du CGI permet, nonobstant le principe de la territorialité posé à l'article 209-1, et sous certaines conditions, de soumettre à l'impôt sur les sociétés dont est passible une personne morale établie en France, les bénéfices ou revenus positifs d'une exploitation directe ou indirecte de cette personne morale établie ou constituée hors de France qui est soumise à un régime fiscal privilégié au sens de l'article 238-A dont l'équivalent est l'article 18-3 de la loi 2012-31[678].

385. Ce dispositif très contraignant permet de mesurer l'importance accordée à la lutte contre l'évasion fiscale par le législateur français. La lutte contre les régimes fiscaux privilégiés jusque-là était basée sur la réintégration comptable des paiements effectués. Ainsi, la lutte contre la délocalisation des unités économiques vers des nations beaucoup plus clémentes permet de contrer de manière efficace les montages des contribuables.

386. Toutefois, le contribuable n'est pas sans armes face à cette prérogative de l'administration. Une entreprise peut neutraliser l'article 209B si elle établit que les opérations de la structure étrangère n'ont pas

[676] Le Bilan, le compte de résultat, l'état annexé, le tableau financier des ressources et des emplois, l'état supplémentaire.

[677] A. C. MANCABOU, *Gestion fiscale et comptable de l'entreprise*, *op. cit.*, p. 356.

[678] B. CASTAGNEDE, *Précis de fiscalité internationale*, *op. cit.*, p. 178.

principalement pour effet de permettre une fiscalité privilégiée. Et cette condition est réputée remplie si :

– la structure étrangère a principalement une activité industrielle et commerciale effective, et ;

– réalise ses opérations de façon prépondérante sur le marché local[679].

387. Le développement du droit international conventionnel a généré des questionnements vis-à-vis de cette disposition. La question de la conformité de l'article 209-B vis-à-vis des conventions internationales a fait couler beaucoup d'encre au sein de la doctrine. La décision tant attendue du juge a finalement été rendue en 2002[680]. En 1986, la société « Schneider Electric » détenait à 100 % la société « Paramer », société de droit suisse. Avec pour seul objet la détention des titres de participation et de placement, la société « Paramer » relevait du régime des sociétés holding du canton de Genève et supportait en conséquence une charge fiscale peu importante. Dans ce contexte, l'administration fiscale française a fait application à la société « Schneider Electric » des dispositions de l'article 209-B-I du CGI, dans leur rédaction issue de l'article 70 de la loi de finances pour 1980. Non satisfait d'une telle imposition, la société saisit le juge pour incompatibilité de la disposition sur les sociétés étrangères contrôlées. Après un premier rejet[681], la société a obtenu gain de cause en appel[682]. Cet arrêt a finalement été attaqué devant le Conseil d'État, mais le pourvoi a été rejeté[683].

388. Le législateur, toujours, dans la poursuite de son objectif de lutte contre les paradis fiscaux décide d'opérer une modification suite à la position du Conseil d'État. Ainsi, l'article 104 de la loi de finances pour 2005 a été modifié. Il a été durci par la loi 2009-1674 du 30 décembre 2009 de finances rectificative pour 2009 en ce qui concerne les structures implantées dans les États considérés comme « non coopératifs » et encore modifié par la loi 2012-958 du 16 août 2012 de finances rectificative pour 2012. Dans sa version actuelle, l'article 209-B du CGI prévoit, en substance, que lorsqu'une société passible de l'impôt sur les sociétés exploite une entreprise hors de France ou

---

[679] P. BERN, « La législation française anti-évasion fiscale internationale », *op. cit.*, p. 85.

[680] CE Ass. 28 juin 2002.

[681] T.A. Paris, 21 novembre 1995.

[682] CAA de Paris 30 janvier 2001.

[683] P. DIBOUT, « l'inapplicabilité de l'article 209B du CGI face à la convention fiscale franco-suisse du 9 septembre 1966 (À propos de l'arrêt CE, Ass., 28 juin 2002. Schneider Electric) », *Revue de droit fiscal*, n° 36, 2002, pp. 1133-1134.

détient, directement ou indirectement, plus de 50 % des actions, parts, droits financiers ou droit de vote dans une entité étrangère quelconque soumise à un régime fiscal privilégié, les bénéfices ou revenus positifs de cette entité sont, sous réserve des exceptions contenues dans la « clause de sauvegarde » imposable en France[684].

389. La « clause de sauvegarde » n'a pas uniquement pour résultat de permettre l'application des régimes des sociétés étrangères contrôlées mais vise de manière générale l'application de règles anti-abus par un État envers ses résidents tel qu'un régime de sous-capitalisation. Certains auteurs estiment que dans le cadre du projet BEPS une telle clause pourrait être inscrite dans la convention multilatérale[685]. À notre sens, le régime des sociétés étrangères contrôlées pourrait engendrer une renaissance du principe de la personnalité fiscale distincte et de surcroit le principe de la mondialité de l'impôt.

390. Parmi les différentes recommandations du rapport de 1998 sur la concurrence fiscale dommageable, il est intéressant de noter que celui-ci invitait les pays qui ne disposaient pas de règles sur les CFC[686] à envisager d'en adopter. Pour ceux qui les connaissaient déjà, il recommandait de s'assurer qu'elles soient conformes à l'objectif de la réduction de la concurrence fiscale dommageable. Le rapport a également fait le constat que les règles sur les sociétés étrangères contrôlées sont un instrument efficace pour lutter contre les pratiques fiscales dommageables[687]. Toutefois, la pertinence de l'utilisation de cette clause par les pays importateurs de capitaux peut être discutée. Les États africains ne sont pas encore considérés comme des paradis fiscaux au point d'une délocalisation des multinationales vers ceux-ci. Dans l'hypothèse d'une transformation des ressources premières au sein même de l'État d'exploitation, il serait à notre sens opportun de mettre en place un arsenal de clauses anti-abus apte à bien préserver la matière imposable. Cette analyse est confirmée par Selçuk ALTINDAG qui soutient que « *les États qui ont adopté des mesures fiscales répressives de type CFC sont généralement des pays développés et exportateurs de capitaux* ». Il est admis que les solutions nationales et unilatérales ne sont pas efficientes face aux problèmes transfrontaliers, sans un

---

[684] B. GOUTHIERE, *Les impôts dans les affaires internationales*, *op. cit.*, p. 1212.

[685] N. BURKHALTER-MARTINEZ, *Cohérence internationale de l'imposition des entreprises : Analyse au regard du projet BEPS*, *op. cit.*, pp. 356-357.

[686] Sociétés Etrangères Contrôlées.

[687] N. BURKHALTER-MARTINEZ, *Cohérence internationale de l'imposition des entreprises : analyse au regard du projet BEPS*, *op. cit.*, p. 181.

minimum de coopération surtout entre les administrations fiscales étrangères dont le champ d'application est limité au territoire national face aux groupes multinationaux[688].

391. La lutte contre l'évasion fiscale des revenus passifs réalisés à l'étranger est également une préoccupation du législateur canadien. En effet, ce dernier a adopté une règle anti-évitement. Selon la règle, les revenus passifs d'une Société Étrangère Affiliée (SEA) soit les loyers, les intérêts et les redevances et autres revenus considérés comme tirés de biens, sont traités différemment. Ces revenus sont qualifiés de « revenu étranger accumulé tiré de biens » (« REATB ») dépend de l'existence d'un contrôle de l'actionnaire canadien sur la SEA. Lorsque l'actionnaire canadien détient la majorité des actions et droits de vote, il est tenu au paiement de l'impôt sur les dividendes qu'il soit distribué ou non[689].

392. Pour Xavier OBERSON : « *il serait tentant pour le contribuable résident dans un État où il n'existe pas de règles concernant les sociétés étrangères contrôlées de poser des actes allant dans le sens de localiser sa richesse dans un territoire qui pourrait lui permettre de fuir ses obligations fiscales* »[690]. L'objectif de lutte contre l'évasion fiscale est une déclinaison du principe d'égalité des citoyens devant les charges publiques prévu à l'article 13 de la Déclaration des droits de l'homme et du citoyen de 1789 : « *Pour l'entretien de la force publique et les dépenses d'administration, une contribution commune est indispensable. Elle doit être également répartie entre tous les citoyens en raison de leurs facultés* ». L'objectif des mesures anti-évasion devrait donc être de rétablir cette égalité quand elle est menacée par des phénomènes d'évasion transfrontalière liés à la tentation de ne pas déclarer des revenus imposables, ou à des transferts injustifiés des revenus imposables, ou encore à des montages artificiels[691]. Toutefois, en dehors de toutes les atteintes faites contre le principe de la territorialité par le droit conventionnel, la performance du système fiscal a été de tout temps l'objet de discussion.

---

688 S. ALTINDAG, *La concurrence fiscale dommageable*, *op. cit.*, p. 222.

689 M. P. ALLARD, « L'évitement et l'évasion fiscale internationale, vus du Canada », *RFFP*, n°151, 2020, p. 6.

690 X. OBERSON, « L'imposition des sociétés dites 'offshore' : un arsenal peu cohérent de mesures disparates », *Journée de droit bancaire et financier*, Schulthess, 2007, p. 107.

691 T. PONS, « Les mesures contre l'évasion fiscale internationale et la constitution », *op. cit.*, p. 8.

CHAPITRE II

UN SYSTÈME D'IMPOSITION TRÈS PEU PERFORMANT

393. La politique fiscale s'inscrit dans le cadre juridique qui traduit en droit les choix stratégiques de l'État en matière d'imposition. Elle définit l'impôt, analyse ses éléments constitutifs, procède aux classifications des différents types d'impôts, examine les caractéristiques de chacun d'eux pour aboutir à la notion de système fiscal[692]. Le système fiscal d'un pays est l'ensemble des divers impôts et des relations d'équilibre entre eux. Les caractéristiques des systèmes fiscaux varient avec les données sociales, politiques et économiques[693]. En Afrique, selon Gérard CHAMBAS, il y a un problème de légitimité des systèmes fiscaux africains dû à un défaut de biens publics socialement nécessaires et exigent en corolaire une gestion de la dépense publique transparente efficace au service de la lutte contre la pauvreté[694]. Le manque ou le déficit de performance notée est dû à la spécificité de la structure économique (Section I) doublée d'un système fiscal mal administré (Section II).

Section I : La spécificité de la structure économique

394. La structure économique est définie comme les proportions et relations qui caractérisent un ensemble économique réalisé dans le temps et dans l'espace. On peut par exemple citer la répartition des activités économiques, le degré de développement de celle-ci, les types d'unités économiques, le niveau de la consommation. Le terme générique de pays en développement marque déjà l'objectif affiché (confirmé par l'adoption de nombreuses dispositions fiscales) parvenir au stade de la modernité économique et de la réussite industrielle. Ces

---

692 E. D. BA, *Droit fiscal*, *op. cit.*, p. 13.

693 H. FALL, *La fiscalité dans tous ses États*, *op. cit.*, p. 16.

694 G. CHAMBAS, *Afrique au sud du Sahara : Mobiliser les ressources fiscales pour le développement,* Paris Economica, 2005, p. 1.

pays se reconnaissent par une communauté de caractéristique de ces pays, à raison de l'étroite comparabilité de leurs systèmes fiscaux :

– par leur volume : faiblesse de la pression fiscale (habituellement aux alentours ou inférieure à 20 % du PIB) ;

– par leur structure : prééminence des impôts et part très consistante de la « fiscalité extérieure » ;

– par leur mal administration : pénurie de cadres et des moyens administratifs favorisant les phénomènes d'évitement[695].

395. Les systèmes fiscaux des pays en voie de développement sont marqués par une sous mobilisation des recettes fiscales (Paragraphe 1) qui engendre naturellement un rendement faible (Paragraphe 2)

Paragraphe I : Une sous-mobilisation des recettes fiscales

396. La sous-mobilisation des recettes fiscales par rapport aux pays pairs découle à la fois de la structure de l'économie et de la politique fiscale des pays. La prépondérance des activités agricoles (A), l'importance du secteur informel (B) et les rentes tirées des matières premières sont autant de facteurs qui n'encouragent pas une mobilisation optimale des ressources dans les pays membres de l'UEMOA.

A. Les activités agricoles

397. En Afrique, les capitales font illusion. En effet, la très grande majorité de la population africaine est rurale et le restera encore longtemps. Elle constitue donc le problème fondamental auquel doit faire face l'État et ce, avec d'autant d'urgence que les villes elles-mêmes sont divisées suivant des solidarités de type villageois. Des capitales à la brousse, en matière fiscale, le territoire d'Afrique noire francophone souffre d'une insuffisance d'encadrement administratif[696]. Le vocable profession agricole vise les activités ayant trait au travail de la terre et comprend les activités exercées par les entreprises agricoles autant que celles effectuées par des milliers de paysans qui en font leurs activités de substance. Si les premières sont connues du fisc les autres sont dans l'informel[697].

---

695 G. ORSONI, *L'interventionnisme fiscal*, Paris, PUF, 1985, p. 40.

696 J. B. FOTSING, *Le pouvoir fiscal en Afrique*, *op. cit.*, p. 192.

697 E. G. AGOSSOU, « Les revenus agricoles : une niche fiscale ? », *Acte du colloque des 4 et 5 octobre 2018 à Cotonou sur la thématique : Bénin : les recettes publiques en débat,* L'Harmattan, 2020, p. 218.

398. Malgré l'importante contribution de l'agriculture au revenu national, le revenu agricole moyen reste bas en raison de la faible productivité des exploitations, et de la faiblesse des cours des matières premières agricoles. La pauvreté est essentiellement un phénomène rural dont l'incidence est directement liée à l'évolution des revenus agricoles (Banque mondiale, 2000). En raison de la dispersion et de la faible taille de la plupart des exploitations, les revenus agricoles ne peuvent généralement pas être taxés à travers une fiscalité directe conventionnelle[698]. Dans les économies agraires, l'impôt est d'un rendement beaucoup plus faible que dans les sociétés industrielles ; il est en outre, plus difficile à établir et à prélever ; il est enfin moins bien accepté[699]. Dans l'entreprise de la comparaison entre le secteur agricole et le secteur industriel, certains auteurs estiment que le second est plus facile à appréhender par le pouvoir d'imposition. Gabriel ARDANT a pu ainsi affirmer : « *le salaire est plus facile à connaître que le bénéfice de l'agriculteur, le dividende ou l'intérêt plus facile à relever que le profit de la petite entreprise industrielle* [700]».

399. Compte tenu du niveau de vie de la population rurale, on peut clairement affirmer que les populations rurales tirent peu des bénéfices des dépenses publiques puisque ne disposant que d'une part congrue des services sociaux de base[701]. Des fiscalistes se sont interrogés sur l'opportunité de l'imposition du monde rural. En effet, répondant à un intervenant nigérian qui s'interroge sur « le bien-fondé de l'imposition du secteur agricole lorsque l'on s'efforce en même temps de développer », le Professeur Bernard CASTAGNEDE estime que : « ce *paradoxe peut être évité « à condition que le contribuable voit se manifester les effets positifs du prélèvement dont il a fait l'objet (création d'hôpitaux, de routes, de pistes dans le secteur rural)* [702]».

400. Auparavant, l'agriculture africaine était considérée comme une agriculture de subsistance. En effet, les paysans pour se nourrir et entretenir leur famille doivent cultiver la terre. Celle-ci fut l'unique activité en milieu rural. Compte tenu de l'évolution récente et de la vaste

---

[698] G. CHAMBAS, *Afrique au sud du Sahara : Mobiliser les ressources fiscales pour le développement, op. cit.*, p. 49.

[699] P. BELTRAME, *Les systèmes fiscaux*, Paris, PUF, 1975, p. 13.

[700] G. ARDANT, *Histoire de l'impôt*, Paris, FAYARD, 1972, p. 479.

[701] A. NIANE, *Fiscalité et intégration économique, op. cit.*, p. 60.

[702] B. CASTAGNEDE, « Intervention au colloque : fiscalité et développement », *Statistiques et études financières*, n° 377, p.118 cité par J. B. FOTSING, *Le pouvoir fiscal en Afrique, op. cit.*, p. 257.

campagne menée à travers plusieurs canaux, l'agriculture est devenue une activité d'investissement mais également un secteur facilitant l'insertion de la jeunesse en manque d'emploi. L'État du Sénégal à travers divers programmes a exalté l'exercice d'une telle activité dans le but d'atteindre l'autosuffisance alimentaire mais aussi de faciliter l'insertion des jeunes dans ce secteur. À titre d'exemple, nous pouvons citer : le plan REVA[703] ou la GOANA[704]. Tous ces deux programmes ont été institués sous le règne du Président Abdoulaye WADE.

401. Le « *Plan REVA ou retour vers l'agriculture* » s'inscrit dans le cadre du développement durable et consiste à créer une dynamique nationale de retour massif durable et soutenu des populations toute catégorie confondue vers la terre afin de faire des métiers de l'agriculture le soubassement de l'économie nationale et de l'agriculture le moteur du développement. Ce plan s'articule autour de la mise en œuvre des pôles d'émergence intégrés et de la promotion de l'initiative privée dans le secteur agro-industriel au sens large (agriculture, sylviculture, pisciculture, aquaculture et artisanat[705]). Vers la fin de la première décennie de l'an 2000, un nouveau programme a été initié par le biais du ministère de l'Agriculture pour régler de façon définitive la question de l'autosuffisance alimentaire. Celui-ci porta le nom de GOANA[706]. Il a été mis en place suite au contexte d'appréciation des prix des produits agricoles liés, entre autres, à la hausse du baril du pétrole et pour prévenir une pénurie alimentaire. Fort de ce constat, le Président de la République a mis en place la GOANA. Ce programme a été porté à la connaissance des autorités territoriales lors du conseil présidentiel du 18 avril 2008[707].

402. Les programmes sus-évoqués montrent que l'agriculture occupe une place importante dans notre économie. L'exclusion volontaire du secteur primaire du champ d'application du pouvoir d'imposition engendre une perte de recettes importante pour nos États et une disproportion manifeste dans l'application du pouvoir d'imposition.

---

[703] Retour vers l'agriculture.

[704] Grande Offensive pour la Nourriture et l'Abondance.

[705] « Note introductive sur le plan REVA *», ministère de l'Agriculture, de l'Hydraulique rurale et de la Sécurité alimentaire*, juillet 2006, p. 13.

[706] Grande Offensive Agricole pour la Nourriture et l'Abondance.

[707] « Programme Agricole 2008-2009 : la Grande Offensive Agricole pour la Nourriture et l'Abondance », Version du Conseil Interministériel du 9 mai 2008, p. 3.

403. Le législateur sénégalais à travers la loi 2012-31 du 31 décembre 2012 portant CGI accorde des exonérations au secteur de l'agriculture. L'article 361 par exemple prévoit une exonération pour les opérations ci-après : les livraisons de biens non transformés, les engrais et l'importation de matériel agricole[708].

404. Si dans beaucoup de pays les activités relevant du secteur agricole ont fait l'objet d'une exonération depuis plusieurs décennies. Au Bénin l'exonération des exploitants agricoles est devenue effective avec l'article 20 de la loi de finances pour la gestion 2017. Cette exonération est encadrée et les services des impôts doivent jouer leur rôle de veille afin qu'elle ne serve pas d'instrument d'optimisation fiscale sauvage. Ainsi, la modification des articles 19, 146 & 1084-18 alinéa 3 consacre l'exonération des activités agricoles traditionnelles, principale occupation de la population rurale[709].

405. Pour Gérard CHAMBAS, l'opportunité d'une taxation des exportations agricoles dépend de la compétitivité des productions et de la position des productions et de la position des pays concernés sur le marché international (monopole éventuel…). Traditionnellement, divers pays (Burundi, Cameroun, Côte d'Ivoire, Madagascar, Mali, Rwanda, Tchad…) bénéficient d'un avantage comparatif important pour produire du cacao, du café, du coton, de la vanille. Pour ces pays, un prélèvement sur les exportations agricoles apparaît justifié hors des périodes de cours internationaux exceptionnellement faibles. Le renoncement à toute imposition exacerberait les déséquilibres des finances publiques car il n'apparaît pas concevable, et l'expérience actuelle le démontre, de couvrir durablement les charges des pays africains par des prélèvements

---

[708] Sont exonérées de taxe sur la valeur ajoutée :
Article 361-3 : les livraisons de produits alimentaires non transformés et de première nécessité, dont la liste est fixée par arrêté du ministre chargé des Finances ;
– 361-22 : Les livraisons de semences, engrais, produits phytosanitaires, aliment de volaille et de bétail, reproducteurs de race pure, œufs à couve, poussins dit d'un jour, entrant directement dans un cycle de production végétal ou animal ;
– 361-26 : jusqu'au 31 décembre 2021, les livraisons et importations de matériels agricoles, dont la liste est fixée par arrêté conjoint, du ministre chargé des Finances et du ministre chargé de l'Agriculture. Les personnes bénéficiaires de programme d'investissement agréés de matériel, ou d'aménagements agricoles délivrés postérieurement au 1er janvier 2013, et ayant donné lieu à une suspension de taxe sur la valeur ajoutée, bénéficient de droit, l'exonération prévue par la présente loi.

[709] *Ibidem*, p. 223.

portant sur des minorités restreintes[710]. On serait tenté d'évoquer la même chose avec l'arachide au Sénégal. Les pays africains doivent satisfaire à l'obligation de traitement uniforme de tous les citoyens au plan fiscal.

406. L'équité fiscale tant prônée par la doctrine est sapée par l'orientation que le législateur a donnée au pouvoir fiscal. Ainsi, l'équité verticale, aussi appelée l'égalité devant l'impôt est respectée quand des contribuables ayant la même capacité contributive paient le même impôt. La capacité contributive dépend essentiellement du revenu bien que d'autres conditions comme par exemple la situation familiale puisse entrer en ligne de compte[711]. À notre sens, les États ne peuvent plus en raison de la précarité du monde rural consentir des exonérations à tout va pour les agriculteurs. Il relève de leur responsabilité de mettre au profit des populations rurales des services publics de qualité afin de pouvoir légitimer les levées d'imposition dans le monde rural.

407. Par ailleurs, on publie trop souvent que toute politique fiscale, mieux conçue soit-elle n'est pas en mesure de donner de bons résultats que si elle s'insère dans le cadre d'une stratégie de développement fondée sur la productivité. En d'autres termes, l'amélioration des conditions de production l'élévation du niveau de vie des catégories socio-professionnelles est un élément fondamental de la réussite de la politique fiscale. Celle-ci ne peut pas être réalisée, en ce qui concerne le monde rural, en l'absence de mesures d'encouragement aux agriculteurs sans la refonte des structures agraires à corriger les insuffisances des régimes juridiques des propriétés foncières[712].

408. Une politique qui mène vers une totale exonération d'un secteur de l'économie ne rencontrera pas une totale adhésion des acteurs. De l'avis de Gérard CHAMBAS, l'ampleur des besoins en biens publics du secteur agricole de sa forte contribution à la production et de l'importance relative à la population agricole et cela en dépit de la faiblesse des revenus agricoles, une réforme fiscale cohérente ne peut avoir pour objectif d'exonérer le secteur agricole de toute contribution aux finances publiques. Aussi, en raison des distorsions qu'entraînent les exonérations de TVA au détriment des producteurs agricoles, un tel

---

[710] G. CHAMBAS, *Fiscalité et développement en Afrique subsaharienne*, Paris, Economica, 1994, p. 42.

[711] F. M. SAWADOGO & A. WATTEYNE, « *Fiscalité et développement : problèmes et perspectives* », *Revue burkinabé de droit*, n° 15, 1989, p. 12.

[712] S. S. PAUL, *Le mimétisme fiscal des États d'Afrique*, Thèse de doctorat, *op. cit.*, p. 78.

choix serait inopportun pour la TVA. Enfin, il apparaîtrait peu équitable d'adopter le principe de l'exonération pour la minorité d'exploitants modernes dont la capacité contributive est substantielle[713]. Le secteur formel ou secteur non enregistré ne favorise pas un recouvrement optimal de recettes fiscales.

B. Le secteur informel

409. Les personnes exerçant dans ce secteur sont estimées à 90 % de la population active au Sénégal[714]. Que ce soit en Côte d'Ivoire, Bénin ou au Togo, les chiffres ne sont pas plus reluisants et reflètent l'incapacité desdits États à appréhender la majorité des activités économiques se déroulant sur leurs territoires. C'est donc une part considérable des matières imposables potentiellement qui est dissimulée aux services des impôts, ce qui réduit d'autant la capacité des États à satisfaire les besoins de développement. Une étude de l'Agence française de développement et de la Banque mondiale (2010) insiste sur le fait que la nature dualiste des économies ouest-africaines, marquées par l'existence d'un vaste secteur informel non règlementé et non imposé constitue un obstacle à la croissance durable[715].

410. On serait tenté de se poser la question de savoir : qu'est-ce qui est à l'origine de cette désaffection totale entre le contribuable et l'impôt ou entre le contribuable et le fisc ? Au regard de toutes les thèses développées sur la question, diverses théories tentent d'apporter une justification. Jean Baptist FOTSING qualifie ce comportement d'allergie fiscale et tente d'apporter quelques éclaircissements. Selon l'auteur : *dire que l'État africain d'aujourd'hui est d'origine occidentale est un constat banal. Mais les conséquences de son « extranéité » sont dramatiques sur le plan de la fiscalité. En effet, l'impôt occidental qui a accompagné l'implantation de l'État nouveau n'a pas trouvé le support culturel nécessaire à son enracinement. Bien au contraire, il arrive assez souvent que l'impôt souffre d'un environnement hostile. Une culture « anti-fiscale » ou « a-fiscale » caractérise encore une partie de la population africaine aujourd'hui. L'impôt est perçu tantôt comme une déchéance sociale, tantôt comme une aliénation politique*[716].

---

[713] G. CHAMBAS, *Afrique au sud du Sahara : Mobiliser des ressources fiscales pour le développement*, *op. cit.*, p. 54.

[714] Rapport Agence française de développement 2015.

[715] N. MEDE & E. TONI, *La fiscalité de développement en Afrique de l'Ouest francophone*, L'Harmattant, 2018, p. 41.

[716] J.B. FOTSING, *Le pouvoir fiscal en Afrique*, *op. cit.*, p. 261.

411. Le recours aux solutions mimétiques constitue avant tout une voie de facilité dans la mesure où le mimétisme permet d'utiliser ce qui existe déjà. À ce propos Georges LANGROD a pu écrire : « *au lieu d'innover à tout prix et en hâte d'improviser au lieu d'avoir recours à l'imagination créatrice on préfère se contenter de ce qui a déjà fait ses preuves et qu'on pense pouvoir améliorer en modifiant, africanisant et modernisant vers des objectifs désirés* [717]». Dans la même vaine, NGAOSYVATHN soutient que : « *cette homologation du pouvoir fiscal colonial trahit le déphasage entre la culture fiscale traditionnelle et les contribuables fortement attachés au sacré* ». Il ressort que le pouvoir fiscal de l'État nouveau n'a aucune assise ni sur les populations locales ni dans les traditions africaines puisqu'il est né dans la loi fiscale métropolitaine[718].

412. À notre sens, les causes évoquées par les auteurs sont toujours d'actualité. Le système fiscal conçu par les pays européens était prévu pour une économie industrialisée. Or, le continent africain tarde à prendre son envol au plan industriel. À quelques exceptions près toutes les formes d'imposition prévue par le Code général des Impôts français sont applicables en Afrique francophone. Il va falloir pour nos États sauver la mise ou trouver une imposition applicable à l'hypothétique secteur informel.

413. Toutefois, il serait vraiment injuste d'imputer exclusivement la faute à la politique fiscale mise en œuvre par l'État. Les citoyens font preuve d'incivisme fiscal en dissimulant leurs activités. Ce problème n'est pas propre à l'Afrique encore moins le Sénégal. L'impôt a de tout temps institué un climat de défiance chez le contribuable. Ainsi, la recherche des causes d'un incivisme fiscal aussi développée conduit à penser qu'il n'est pas systématiquement la résultante d'une mauvaise foi des contribuables[719].

414. Le secteur informel désigne les entreprises individuelles non enregistrées (ne possédant pas de numéro d'identification nationale aux entreprises et association-NINEA) et/ou n'élaborant pas de comptabilité formelle au sens de l'Organisation pour l'Harmonisation en Afrique du

---

[717] Cité par S. S. PAUL, *Le mimétisme fiscal des États d'Afrique*, Thèse de doctorat, Université de Paris II, 1993, p. 15.
[718] P. NGAOSYVATHN, *le rôle de l'impôt dans les pays en voie de développement*, Paris, LGDJ, 1978, p. 163.
[719] N. MEDE & E. TONI, *La fiscalité de développement en Afrique de l'ouest francophone*, *op. cit.*, p. 45.

Droit des Affaires[720]. Généralement, le secteur englobe la production domestique et communautaire non marchande, les artisans, le petit commerce, les pratiques frauduleuses des entreprises modernes et la contrebande[721]. Selon le Rapport sur le Recensement général des Entreprises, une entreprise se dit formelle ou pas par la tenue ou non d'une comptabilité. À cet effet, une entreprise est dite formelle lorsqu'elle tient une comptabilité suivant un système de comptabilité normé. L'étude fait ressortir un pourcentage de 97 % pour relater l'importance du secteur informel dans notre économie. En milieu urbain, celui-ci représente 96 % des unités économiques alors qu'en milieu rural ce pourcentage peut atteindre 99 %[722].

415. Les activités du secteur informel sont susceptibles d'entraîner des conséquences importantes à la fois pour les recettes fiscales et le système d'incitation. Les activités non enregistrées parviennent à éluder au moins en partie la charge fiscale qu'elle devrait supporter ou collecter. Il en résulte directement une perte de recettes fiscales. À cette perte directe de recettes s'ajoute un manque à gagner plus indirect provenant de la moindre pression fiscale supportée par les activités non enregistrées[723].

416. Pour le législateur, la volonté de simplifier la vie des petites entreprises trouve sa concrétisation dans la création de Centres de Gestion Agréés (CGA)[724]. En effet, en cours d'activité, les entreprises éprouvent plus fortement encore le besoin d'une simplification des procédures. L'idée de la création de tels centres obéit à cette logique et permet d'inciter les entreprises du secteur informel à rentrer dans le système fiscal moyennant des allègements fiscaux qui varient d'un pays à l'autre[725]. Pour le Docteur Abdoulaye NIANE, « *l'incidence de*

---

[720] A. DIOUF, *La fiscalisation du secteur informel au Sénégal*, Thèse de doctorat, Université Cheikh Anta DIOP-Faculté des Sciences économiques et de Gestion (FASEG), 2018, p. 4.

[721] M. MEDAGHRI ALAOUI, « Fiscalisation du secteur informel », *RFFP*, n° 28, 1989, p. 58.

[722] A.N.S.D., *Recensement général des Entreprises*, 2016, p. 22.

[723] G. CHAMBAS, *Afrique au sud du Sahara : mobiliser des ressources fiscales pour le développement*, *op. cit.*, p. 57.

[724] Les CGA ont été créés au Sénégal par la loi n°95-32 du 29 décembre 1995. Le Décret n° 96-558 du 8/7/96 porte application de ladite loi.

[725] Le CGA est une association formée par les chambres de commerce, d'industrie et d'Agriculture, les chambres de métiers, les organisations professionnelles, l'ordre des experts-comptables. L'objet est aussi d'apporter à ses adhérents une assistance sur le

cet allègement et partant l'efficacité de l'incitation offerte dépend largement des taux réels d'imposition en présence tant au départ qu'à l'arrivée [726]».

417. Au nombre des objectifs assignés aux Centres de Gestion Agréée (CGA) figure en premier lieu le désir de promouvoir et de faciliter une saine gestion des entreprises en leur donnant les moyens de mieux appréhender la conduite de leurs affaires. Le second objectif procède de la volonté des pouvoirs publics de voir se modifier les relations entre les contribuables et l'administration[727]. Les CGA ont vu le jour avec l'adoption de la loi 95-32 du 29 décembre 1995. Le décret 96-558 du 8 juillet 1996 fixe les modalités d'agrément, de fonctionnement et d'administration. Ils sont placés sous la tutelle du ministère en charge des Finances. Les CGA apportent une assistance auprès des PME dans les domaines ci-après : une assistance comptable, une assistance fiscale et sociale, un appui à la recherche de financement, un conseil en gestion et une mise en œuvre d'un planning de formation et d'information. Rappelons que le bénéfice de ces avantages est réservé aux contribuables soumis aux régimes forfaitaires et du réel simplifié. Malgré cette panoplie d'avantages, le résultat reflète une faible adhésion des contribuables aux CGA[728]. Les statistiques de l'année 2015 ci-dessous sont révélateurs :

Nombre de contribuables inscrits	163
Chiffre d'affaires réalisé	5 534 758 508
Stagiaires formés	3
TVA	57 235 009
Patente	22 934 019
IR- IS	181 849 631
VRS-BRS	186 213 585
Contribution fiscale des adhérents	448 232 244

plan de la gestion, de les informer et de les former. Il permet aussi d'aider les entreprises en difficulté.

[726] A. NIANE, *Fiscalité et intégration économique, op. cit.*, pp. 52-53.

[727] « Les Centres de Gestion Agréés », *Revue de la Direction générale des Impôts*, n° 43, 1978, p. 52.

[728] CGAD, *Note de présentation des CGA*, 2019, pp. 1-5.

418. Dans la perspective d'accroissement de l'assiette fiscale, le législateur sénégalais a institué une réforme majeure en 2004[729]. Le processus de réforme a été articulé autour d'une stratégie de dialogue intégrant les préoccupations de tous les acteurs. Ainsi, en plus des cadres de concertation habituelle, il a été tenu un Conseil présidentiel sur l'investissement et un Conseil interministériel sur la fiscalité locale afin de valider notamment un ensemble de mesures fiscales de grandes envergures[730].

419. L'article 134 de la loi 2012-31 du 31 décembre 2012 portant Code général des Impôts régit la Contribution Globale Unique (CGU). En effet, ledit article dispose : « il est établi, au profit de l'État et des collectivités territoriales, un régime de fiscalité globale dénommé la Contribution Globale Unique représentatif des impôts et taxes ci-après :

- impôt sur le Revenu, assis sur les bénéfices industriels et commerciaux ;
- impôt du Minimum fiscal ;
- contribution économique locale ;
- taxe sur la valeur ajoutée ;
- contribution forfaitaire à la charge des employeurs ;
- licence des débits de boissons.

420. Toutefois, le contribuable assujetti à la Contribution Globale Unique demeure redevable des retenues à la source, prévues au chapitre IV du présent Livre[731].

421. Les assujettis à la Contribution Globale Unique sont : « les personnes physiques dont le chiffre d'affaires annuel, tous droits et taxes compris, n'excède pas 50 millions de francs, lorsqu'elles effectuent des opérations de livraison de biens ou des opérations de prestation de services. Le chiffre d'affaires annuel prévu pour l'application du régime de la Contribution Globale Unique est déterminé, en tenant compte de l'ensemble des opérations réalisées dans tous les établissements de l'entreprise, y compris celles exonérées[732].

---

[729] Loi 2004-12 du 6 février 2004 modifiant certaines dispositions du Code général des Impôts JORS n° 6149 du 23 février 2004.
[730] Exposé des motifs de la loi 2004-12 du 6 février 2004.
[731] Ordre national des Experts du Sénégal, *Code général des Impôts*, 2020, p. 106.
[732] Article 135 de la loi 2012-31 du 31 décembre 2012 portant Code général des Impôts.

422. Toutefois, le législateur a procédé à des exclusions pour mieux respecter l'objectif d'équité décliné lors de l'adoption de la loi de 2004. Ainsi, la CGU ne s'applique pas :

– aux personnes physiques, dont l'activité relève de la catégorie des bénéfices non commerciaux ;

– aux personnes physiques visées à l'article 51 ;

– aux personnes physiques réalisant des opérations de vente, de lotissement, de locations d'immeubles ou de gestion immobilière[733].

423. Sur le plan comptable, les contribuables soumis au régime de la Contribution globale unique doivent tenir et représenter à toute réquisition d'un agent ayant au moins le grade de contrôleur des impôts un certain nombre de documents comptables que sont :

– un registre récapitulé par année, présentant le détail de leur achat appuyé des factures justificatives ;

– un livre journal suivi au jour le jour et représentant le détail de leurs recettes professionnelles.

424. En tout état de cause, l'administration fiscale se réserve le droit de déterminer le chiffre d'affaires du contribuable sur la base des éléments contenus dans la déclaration[734].

425. Malgré le courage du législateur, la CGU est d'un rendement très faible. Les études de performance enregistrées relatent un faible rendement de cet impôt. Sur un échantillon pris sur la commune de Ziguinchor, le recouvrement de la CGU au titre des années 2015-2016-2017 s'articule comme suit :

– 95 contribuables enrôlés pour un montant de 38 449 733 FCFA ;

– 132 contribuables enrôlés pour un montant de 50 716 955 FCFA ;

– 75 contribuables enrôlés pour un montant de 27 252 259 FCFA.

426. À la lumière des informations collectées, nous avons constaté une discordance des chiffres par rapport à ceux fournis par le Centre des Services fiscaux de la ville. Cela est dû à un empiètement des compétences de l'administration fiscale sur celles de l'administration du Trésor. Les compétences du Centre des Services fiscaux devraient

[733] Article 136 de la loi 2012-31.

[734] A. DIOUF, *La fiscalisation du secteur informel au Sénégal*, Thèse de doctorat, *op. cit.*, p. 132.

se limiter à la détermination de l'assiette et à la liquidation et de laisser à la perception municipale le soin d'assurer le recouvrement. Dans la pratique, nous avons constaté que l'administration des impôts se charge du recouvrement de la CGU alors que cette mission ne lui est pas dévolue. Cela est à l'origine des écarts constatés, par exemple, les chèques de paiement reçus des contribuables et transférés à la perception peuvent revenir impayés alors qu'au niveau du Centre des services fiscaux ces opérations ont été déjà comptabilisées[735].

427. Les recettes afférentes à la CGU occupent une infime partie du budget de l'État. Si l'on se réfère aux données comptables fournies par le trésor public, la CGU peine à atteindre 2 % du budget de l'État[736]. Ce faible rendement a des conséquences sur le budget des Collectivités territoriales. Rappelons que la CGU est un impôt synthétique dont le produit est partagé entre l'État et les Collectivités territoriales. La modicité de son rendement constitue un sérieux obstacle pour l'exécution des tâches dévolues aux Collectivités territoriales.

Paragraphe II : Un rendement modique

428. D'un point de vue économique, les pays en voie de développement se caractérisent, tout d'abord par leur pauvreté et la faiblesse de leur production par habitant environ seize fois inférieure à celle des pays développés. En outre, leur économie est essentiellement agricole, l'industrie et le commerce tournés vers l'extérieur et dominés par des sociétés multinationales n'y jouent qu'un rôle mineur[737]. Ainsi, le système fiscal d'un pays est fortement corrélé par sa structure économique. Un auteur a pu écrire en ce sens le « *fait fiscal, qui s'analyse en un transfert de richesse, est avant tout un fait économique. Le niveau de développement économique d'un pays conditionne à la fois le rendement et la structure de son système fiscal*[738]». Dès lors, le pouvoir fiscal est exclusivement orienté vers le secteur formel qui représente moins de 10 %[739] de l'économie d'où une assiette fiscale étroite (A). En

[735] M. N. DIOP, Rapport d'étude sur l'évaluation de la Contribution Globale Unique : cas de la commune de Ziguinchor, É*tude Réalisée par le Centre d'étude et de Recherche en Ingénierie juridique et financière*, 2018, p. 2.
[736] A. DIOUF, *La fiscalisation du secteur informel au Sénégal*, Thèse de doctorat, *op. cit.*, p. 138.
[737] P BELTRAME, *Les systèmes fiscaux*, *op. cit.*, p.22.
[738] P. BELTRAME, *La fiscalité en France*, Paris, Hachette, 2006-2007, p. 135.
[739] Voir en ce sens le Document de Recensement général des Entreprises effectué par l'ANSD.

dehors de ce trait de caractère, une mauvaise politique des dépenses fiscales entraîne d'énormes pertes de recettes (B).

A. L'étroitesse de l'assiette fiscale

429. L'élargissement de l'assiette fiscale est un objectif qui de tout temps a été promu par les instances décisionnelles. Le législateur sénégalais à travers la loi 2012-31 du 31 décembre 2012 portant Code général des Impôts a institué un système d'imposition basé sur le droit commun incitatif. Le passage au droit commun incitatif a consisté à élargir l'assiette fiscale et à abaisser le niveau général des impositions. Celui-ci se traduit par un ensemble de dispositions fiscales applicables à tous les contribuables, et qui soient économiquement attractives et socialement acceptables[740].

430. Malgré cette volonté déclinée lors de la réforme majeure de 2012, la situation ne semble pas avoir changé dans le bon sens. Dans la loi de finances initiale pour l'année 2020, le législateur précise que le diagnostic du système fiscal sénégalais fait ressortir un nombre très faible de contribuables qui paient convenablement leurs impôts. Ceux-ci étaient estimés à 85 000 en 2019 sur une population de 16 millions d'habitants[741]. Les raisons évoquées par rapport à l'étroitesse sont diverses. Elles peuvent être recherchées aussi bien chez la doctrine mais dans les rapports d'études.

431. Dans une étude menée par une mission du FMI auprès de l'administration fiscale sénégalaise, le Département des Finances publiques du FMI fait référence au déficit du contrôle fiscal pour justifier le caractère étroit de l'assiette fiscale. L'organisme soulève les modestes performances en matière de contrôle fiscal (moins de 4 % des recettes de la DGID). Cette situation est principalement la conséquence, du nombre restreint de vérificateurs (moins de 4 % du personnel de la DGID, contre les ratios internationaux de 25/35%). Dans ces conditions, le nombre de vérifications sur place est faible, la sélectivité des contrôles est faible (les mêmes entreprises sont régulièrement contrôlées), et l'effet dissuasif sur les fraudeurs est inexistant[742].

---

[740] E. D. BA, *Droit fiscal*, *op. cit.*, p. 45.

[741] Loi de finances du Sénégal pour l'année 2020, p. 17.
Pour un non initié ce chiffre peut paraître utopique. Toutefois, il faut retenir que le recensement des contribuables est effectué beaucoup plus au profit de l'impôt sur le revenu.

[742] FMI-Département des finances publiques, *Poursuite du renforcement des capacités de la Direction générale des Impôts et des Domaines*, septembre 2015, p. 4.

432. Les enquêtes effectuées auprès des agents de l'administration fiscale relatent un déficit de prise en charge. En effet, lors du contrôle fiscal dans les grandes entreprises et compte tenu des importants moyens technologiques dont elles disposent, les contrôleurs sont parfois déstabilisés et n'arrivent pas à détecter les manœuvres frauduleuses. Au Sénégal, sur les 1300 dossiers gérés par le Centre des grandes entreprises, à peine une cinquantaine est étudiée chaque année, ce qui traduit un faible taux de couverture en matière de contrôle fiscal[743].

433. Compte tenu de la structure socio-économique des pays africains, la fiscalité directe ne peut apporter des ressources budgétaires très substantielles. Au contraire, la fiscalité de porte est susceptible de produire des recettes importantes pour l'État mais au prix de graves distorsions économiques. Seule la fiscalité indirecte interne, si elle est fondée sur une TVA bien gérée, peut fournir des recettes fiscales d'un niveau élevé sans entraîner, en raison des qualités de cet impôt, d'importantes distorsions[744]. Rappelons que dans l'espace UEMOA, la TVA est considérée comme le pivot de la transition fiscale. Cette situation fait de la TVA un impôt très important dans le dispositif fiscal des États. La part de la TVA dans les recettes de l'État dans la période de quinze années c'est-à-dire de 1989 à 2014 fait ressortir une moyenne de 40 %[745].

434. La baisse du rendement de l'impôt sur le revenu est à rechercher dans le gel des recrutements et le non-renouvellement systématique des effectifs à la retraite dans la fonction publique. En outre, le recouvrement des taxes au titre de l'IR a été affecté par les fermetures et restructurations d'entreprises publiques notamment ainsi que des suppressions d'emploi[746].

435. Pour Pierre BELTRAME, « *les pays en voie de développement se bornent à appliquer un impôt progressif à l'IR en reproduisant les barèmes applicables dans d'autres pays. Or, la progressivité de ces tarifs se trouve réduite par le faible niveau des revenus dans les pays sous-développés. De ce fait, c'est tout le rendement de l'impôt sur le revenu qui s'en trouve diminué*[747]».

---

[743] N. MEDE & E. TONI, *La fiscalité de développement en Afrique de l'Ouest francophone, op. cit.*, p. 51.
[744] *Ibid.*, p. 98.
[745] MEFP-Direction de la Prévision et des Études économiques, *Évaluation du potentiel fiscal du Sénégal*, Avril, 2019, p. 15.
[746] MEFP-Direction de la Prévision et des Études économiques, *Évaluation du potentiel fiscal du Sénégal, op. cit.*, p. 13.
[747] P. BELTRAME, les systèmes fiscaux, *op. cit.*, p. 71.

436. Si nous prenons l'exemple de l'impôt sur les sociétés, les rendements demeurent faibles. Après avoir constaté une évolution entre 1997 et 2006 (1,1 % à 1,8 % du PIB), les recettes de l'IS stagnent à un niveau relativement faible 1,3 % du PIB. De plus, les recettes de l'IS sont dépendantes à plus de 50 % des sociétés de télécommunication ce qui constitue un facteur de vulnérabilité[748]. En 2008, le Centre des grandes entreprises a enregistré 73 % des émissions nettes d'impôt d'État et 87 % des taxes indirectes relevant de la Direction générale des Impôts et des Domaines[749]. La situation est similaire dans la majeure partie des pays africains. Au Burkina par exemple, les grandes entreprises contribuent à plus de 84 % des recettes fiscales[750].

437. À notre avis, l'échec des politiques menées par les dirigeants est dû à une inadéquation du système fiscal par rapport à la structure économique. Cette affirmation se justifie avec les rendements de la CGU qui demeurent faibles. Cette faiblesse est surtout engendrée par l'absence de fixité notée par les petites unités économiques. Ainsi, l'assiette de la CGU est très volatile voire difficilement maîtrisable. Pour conforter cette analyse, en 2004, année de création de la CGU, les recensements effectués pour le compte de cette imposition à Dakar révèlent l'existence de 281 600 unités informelles. L'économie informelle ainsi recensée a produit un chiffre d'affaires global de 820,2 milliards. Parmi les unités informelles dénombrées, seuls les 0,47 % soit 1338 contribuables ont payé la CGU en 2004. Or, le secteur informel recèlerait un potentiel total de CGU de l'ordre de 71,4 milliards. Le recouvrement effectif au titre de la CGU à Dakar représente 1,3 % de ce potentiel[751].

438. Au sein de l'UEMOA, la corrélation entre civisme fiscal et la performance des pays en matière de mobilisation des recettes semblent faibles. Dans les pays de l'espace, plus de 50 % de la population estiment qu'il est normal ou compréhensible de ne pas payer ses impôts. Cette proportion semble moins élevée au Sénégal (39 %). Ce qui apparaît cohérent avec le meilleur taux de mobilisation fiscale du pays. Néanmoins, la proportion de la population justifiant le fait de ne pas

---

748 BOAD, *évaluation du potentiel de recettes publiques,* octobre 2010, p. 6.
749 MEF, *rapport portant sur l'étude des dépenses fiscale*, 2010, p. 17.
750 S. OUEDRAOGO, « Étude du système fiscal burkinabé », *op. cit.*, p. 94.
751 A. NIANE, *Fiscalité et intégration économique*, *op. cit.*, p. 152.

payer ses impôts est encore plus faible au Mali et au Niger moins d'un quart sans que cela ne soit associé à de meilleures performances[752].

439. Pour Gérard CHAMBAS : « *les causes de l'échec sont à rechercher dans les mesures prises. Selon l'auteur, celles-ci manquent de cohérence, de continuité et se révèlent trop partielles. Beaucoup de pays africains s'enfoncent dans une stagnation économique aggravée par un alourdissement de la pression fiscale. L'urgence et la précipitation conduisent les autorités des pays africains à mettre en œuvre des mesures, douanières notamment, destinées à pallier des déséquilibres immédiats mais ces mesures présentent l'inconvénient majeur de compromettre à plus long terme à la fois le développement économique et le niveau des recettes budgétaires*[753]».

440. Certains facteurs favorisent l'économie souterraine et ne contribuent pas à un recouvrement optimal de l'impôt. La faible bancarisation du Sénégal constitue un facteur négatif pour la mobilisation de ressources fiscales. Les transactions commerciales réalisées à l'aide d'espèce sont d'une traçabilité faible et de fait sont difficiles à appréhender pour l'administration fiscale. Ce handicap est particulièrement important pour les impôts relatifs aux entreprises individuelles et professions libérales[754]. Le législateur sénégalais à travers la loi de finances initiale a évoqué le faible taux de bancarisation comme un facteur d'érosion de la matière imposable.

441. Les développements qui précèdent montrent que le système fiscal est peu efficient. Les critères d'identification donnés par la doctrine n'ont pas évolué. Le rendement reste faible (moins de 20 % du PIB), leur structure déséquilibrée (poids excessif des impôts sur la dépense) et leur administration défectueuse[755]. L'étroitesse du système fiscal engendre une faible pression fiscale si on fait le rapport entre recettes fiscales recouvrées et le PIB. Dans les prévisions de la loi de finances de 2020, le législateur a indiqué que le taux de pression fiscale attendue est de 17,7 %. Malgré les efforts menés dans l'objectif d'élargissement de l'assiette que nous aborderons dans la seconde partie, la norme de convergence fixée à 20 % par l'UEMOA n'est pas encore atteinte par notre pays. Les prévisions sont fixées à 2023[756].

---

[752] Banque mondiale, *Étude sur la fiscalité de l'Afrique de l'Ouest*, juin 2019, p. 17.
[753] G. CHAMBAS, *Fiscalité et développement en Afrique subsaharienne*, *op. cit.*, p. 89.
[754] BOAD, *évaluation du potentiel de recettes publiques,* p. 9.
[755]P. BELTRAME, *L'impôt,* Paris, MA, 1987, p. 164.
[756] Loi de finances pour l'année 2020, p.15.

442. Certains spécialistes ont tenté d'expliquer la répartition de la pression sur les contribuables. Au Sénégal, le cas du secteur privé est particulièrement intéressant car dans une perspective de compétitivité, la mesure de la pression fiscale ne saurait être uniforme. En effet, à l'instar des autres pays de l'Afrique subsaharienne, on y observe une certaine dualité structurelle entre, d'une part, un secteur structuré, constitué par un nombre relativement élevé de grandes et moyennes entreprises et d'autre part, un secteur dit informel, non structuré, qui connaît un dynamisme extraordinaire dans les domaines de l'emploi et de la redistribution des revenus. Si le premier, du fait de son accessibilité, supporte l'essentiel de la pression fiscale, le second, du fait de son caractère diffus, échappe encore largement à l'impôt[757].

443. Le potentiel fiscal est estimé à 3079 milliards pour l'année 2017 soit 25,3 % du PIB contre des recouvrements effectifs de recettes fiscales s'élevant à 1845 milliards soit une pression fiscale de 15,2 % du PIB. En d'autres termes, l'État aurait pu collecter 1234 milliards de taxes supplémentaires, soit une marge de progression de 66,9 % qui représente l'effort fiscal, n'eut été l'inefficience technique[758]. Les actions de recouvrement doivent être plus performantes afin que le niveau de recettes recouvrées permette à l'État de recourir de moins en moins à l'endettement et de financer le développement par les ressources intérieures. Le paradoxe dans les pays en voie de développement est lié au fait que malgré l'insuffisance des ressources fiscales, beaucoup de « *libéralités* » sont accordées aux contribuables.

B. Une mauvaise politique des dépenses fiscales

444. S'ils ont fait preuve d'une pusillanimité notoire dans le maniement de la fiscalité pour encourager l'épargne privée locale, les pouvoirs publics des pays du tiers monde montrent au contraire une impulsivité manifeste, encouragée et provoquée par les firmes multinationales comme il l'a été constaté déjà, pour attirer l'épargne privée étrangère[759]. L'utilisation de l'impôt dans un but économique et social et le recours pour cela à des mesures fiscales dérogatoires ont fini par revêtir une importance telle qu'ils trouvent leur traduction théorique puis leur concrétisation dans les annexes budgétaires[760]. Celle-ci se matérialise à

[757] H. FALL, *La fiscalité dans tous ses états, op. cit.*, p. 19.

[758] MEF-DPEE, *Évaluation du potentiel fiscal du Sénégal*, *op. cit.*, p. 28.

[759] P. NGAOSYLVATHN, *Le rôle de l'impôt dans les pays en voie de développement*, *op. cit.*, p. 59.

[760] G. ORSONI, *L'interventionnisme fiscal,* Paris, PUF, 1995, p. 13.

travers les dépenses fiscales. La dépense fiscale est définie par rapport à un système fiscal de référence (SFR). Le système fiscal de référence indique pour chaque impôt, droit et taxe, l'assiette et le taux. Toute mesure dérogatoire au système de référence est considérée comme une dépense fiscale et entre dans le périmètre de l'évaluation[761].

445. Les dépenses fiscales sont des dispositions spéciales dérogeant au droit commun qui occasionnent des pertes de recettes pour l'État, dans le but de favoriser un comportement économique particulier de la part de contribuables ou de subventionner certains groupes sociaux. Elles entraînent ainsi, pour les contribuables, un allègement de leur charge fiscale par rapport à ce qui aurait résulté de l'application de la norme c'est-à-dire des principes généraux de la fiscalité sénégalaise[762]. Pour L'OCDE, les dépenses fiscales sont « *des provisions du droit fiscal, des règlementations ou des pratiques réduisant ou reportant l'impôt dû pour une partie des contribuables par rapport à un système de référence*[763]». D'autres expressions sont parfois utilisées, comme « *subvention fiscale* » ou « *aide fiscale* », qui ont le mérite de faire apparaître la comparabilité des effets des instruments de politiques publiques, qu'ils prennent la forme d'un régime fiscal dérogatoire ou d'une aide directe. Enfin, l'expression plus polémique de « *niche fiscale* », qui est couramment utilisée pour désigner certains dispositifs dérogatoires, a le mérite de mettre l'accent sur le caractère jugé peu transparent, inéquitable ou inutilement complexe de ces exceptions à la règle fiscale générale, dont ne bénéficient que les contribuables les mieux informés[764].

446. L'obstacle majeur des dépenses fiscales est constitué par les abus en la matière. Ceux-ci proviennent aussi bien des acteurs politiques que des contribuables et, in fine, réduisent lesdites incitations à de simples moyens d'érosion de l'assiette fiscale. En effet, d'une part, les acteurs politiques instrumentalisent ces incitations pour en faire des

---

[761] C. YEHOUENOU, « Dépenses fiscales au Bénin : propos évaluatif », *Acte du colloque du 4 et 5 octobre 2018 à Cotonou sur le titre Bénin : les recettes publiques en débat*, L'Harmattan, 2020, p. 109.
[762] E. D. BA, *Droit fiscal*, *op. cit.*, p. 61.
[763] E. PICHET, « Contribution à une théorie de la dépense fiscale, pour la réforme du système français des niches fiscales », *Revue de droit fiscal*, n°14, 2012, p. 26.
[764] G. MIGNOT, « La fiscalité dérogatoire, pour un réexamen des dépenses fiscales », *RFFP*, n° 84, 2003, pp. 205-206.

armes politiques, leur attribution devenant fonction de l'allégeance manifestée à leur égard[765].

447. C'est aux États-Unis d'Amérique et en Allemagne fédérale qu'est apparue, pour la première fois, à la fin des années soixante, la conscience de devoir mesurer et apprécier les politiques d'allègement fiscaux consentis dans une fiscalité économique ou sociale. D'où la publication annuelle, à partir de 1968, d'un « *budget* » des « *dépenses fiscales* » portant sur les impôts (fédéraux) sur le revenu et sur les sociétés. La France n'est pas en reste dans cet objectif d'évaluation. En effet, l'article 32-IV de la loi de finances pour 1980[766] prescrit que chaque année dans le fascicule « voies et moyens » annexé au projet de loi de finances, le gouvernement retrace l'évolution des dépenses fiscales en faisant apparaître, de façon distincte, les évaluations initiales, les évaluations actualisées, ainsi que les résultats constatés[767].

448. Dans le but de permettre au Parlement de pouvoir jouer son rôle en matière de dépenses fiscales, la directive n° 1/2009 portant code de transparence dans la gestion des finances publiques au sein de l'UEMOA exige que la nature et le coût budgétaire des exonérations et dérogations fiscales ainsi que les prêts, avances et garanties fassent l'objet d'une présentation détaillée à l'occasion de l'adoption du budget annuel[768]. Le Sénégal ne peut pas être considéré comme un bon élève dans l'accomplissement de cette obligation communautaire. En effet, le rapport sur les dépenses fiscales de 2008 a été achevé en mars 2010. Celui de 2009 a été bouclé au troisième trimestre de 2011 et soumis aux autorités. Dans le sillage, le rapport en perspective concernera les années 2010-2011 et 2012 pour combler le gap et se mettre à jour en application de la directive communautaire y afférentes, le rapport sur les dépenses de 2011 sera annexé à la loi de finances de 2013[769]. Une telle pratique s'est renouvelée dans le futur, puisque le rapport de 2016 relate les mesures fiscales dérogatoires prises en 2014. Jusqu'en 2021, il y a eu une totale léthargie dans la mission d'évaluation des dépenses fiscales. Ce n'est qu'à partir de cette année que l'administration a repris l'activité d'évaluation en publiant les rapports d'évaluation des années

[765] N. MEDE & E. TONI, *La fiscalité de développement en Afrique de l'Ouest francophone*, *op. cit.*, p. 43.
[766] Loi n°80-30 du 18 janvier 1980
[767] G. ORSONI, *l'interventionnisme fiscale*, *op. cit.*, p. 14.
[768] E. D. BA, *Droit fiscal*, *op. cit.*, p. 64.
[769] MEFP-DGID, *Rapport sur la mise en œuvre du plan de développement stratégique de l'administration fiscale,* 2011, p. 14.

2015 à 2019. Il faut noter quand même qu'il y a eu des efforts de mise à jour consentis.

449. Des critiques peuvent être formulées à l'endroit du mode d'analyse des mesures dérogatoires. D'abord l'analyse ne porte pas sur l'ensemble des mesures mais seulement sur un échantillon. La première expérience d'évaluation des dépenses fiscales de 2008 n'a porté que sur les impôts d'État. Pour la même période, notons que sur un total de 308 mesures identifiées, seules 133 ont été effectivement évaluées soit 43 %[770]. Concernant le deuxième rapport d'évaluation des mesures dérogatoires, celui-ci a été bâti sur 171mesures contre 326 au total soit 52 % au total[771]. La même tendance s'est poursuivie jusqu'en 2014. L'évaluation parcimonieuse ne donne pas une lecture exacte des pertes de recettes découlant des dépenses fiscales. À notre sens, la question des mesures fiscales dérogatoires ne fait pas l'objet d'une parfaite transparence. Une bonne partie des mesures est dissimulée et les raisons d'un tel comportement demeurent inconnues. Il est essentiel que les pays en développement améliorent la qualité et l'exhaustivité de leurs rapports sur les dépenses fiscales afin d'accroître leur crédibilité dans l'élaboration de stratégies robustes de mobilisation des ressources publiques intérieures. Faute de quoi, ces rapports deviendront aussi volumineux qu'opaques, et ne présenteront que peu d'intérêt pour les citoyens[772].

450. Les chiffres sont ahurissants et le combat de la rationalisation des dépenses fiscales pourrait endiguer le recours à l'endettement. Respectivement, les chiffres de la fiscalité dérogatoire s'articulent comme suit :

Année	**Unité/Milliards**
2008	378
2009	300
2010	220
2011	258
2012	280

770 MEF, *Rapport de l'étude portant sur les dépenses fiscales,* mars 2010, p. 4.
771 MEF, *Rapport de l'étude sur les dépenses fiscales, 2009*, p. 5.
772 L. KASSIM & M. MANSOUR, « Les rapports sur les dépenses fiscales des pays en développement : une évaluation », *Revue d'économie du développement*, n° 2, 2018, p. 113.

Année	Unité/Milliards
2013	534
2014	588
2015	648
2016	603
2017	677
2018	709
2019	750
2020	846
2021	952

451. Pour l'essentiel, les mesures dérogatoires résultent des conventions d'établissement, du code minier, de loi sur le domaine industriel, du statut de l'entreprise franche d'exportation, du code pétrolier et qui sont des accords signés entre le gouvernement et les entreprises[773]. Notons qu'à partir de 2015 les sources d'évaluation ont été mutées. Elles portent en gros sur les éléments ci-après : la DGID, DGD, DGCPT, AFD, AGETIP, ANSD, Les Sociétés d'Assurance, SDE, SENELEC, SENAC, DRS-SFD, SENAC. Certes, ces institutions que nous venons d'énumérer polarisent un nombre important de mesures dérogatoires, mais il sied de préciser qu'un nombre ciblé de mesures au profit de certains contribuables ont fait l'objet d'une omission. D'autres États comme le Bénin ont apporté une touche particulière. L'analyse des pertes de recettes intègre les conventions fiscales alors qu'en général on minimise leurs effets. Contrairement au Sénégal, la pratique de l'évaluation des dépenses fiscales a suivi son cours normal de 2008 à 2021[774]. Les pertes de recettes au titre des revenus passifs ne doivent pas être mésestimées à l'époque de l'élargissement des réseaux conventionnels.

452. En réalité, les dépenses fiscales comme les dépenses budgétaires, doivent s'articuler autour d'objectifs clairement définis : augmenter les dépenses d'équipement dans un secteur particulier, accroître le revenu disponible des ménages à faible revenu, etc. Au Burkina Faso, par

[773] MEF, *Rapport de l'étude sur les dépenses fiscales*, 2009, p. 20.
[774] C. YEHOUENOU, « Dépenses fiscales au Bénin : propos évaluatif », *op. cit.*, p. 110.

exemple, 50 % des dépenses fiscales sont des incitations à l'investissement, tandis qu'en Côte d'Ivoire elles sont mises en œuvre, pour l'essentiel, en appui aux politiques en faveur des secteurs du café et du cacao. Au Maroc, 10 % des dépenses fiscales ont pour objectif de faciliter l'accès au logement[775].

453. Toutefois, si la théorie économique peut éclairer le débat sur l'utilité des dépenses fiscales (en fonction de critères d'efficacité ou d'équité), l'absence quasi générale d'études appliquées laisse régner une grande incertitude sur l'intérêt réel de la plupart des mesures. Certaines pratiques étrangères relevées par le Conseil ont montré, s'il en est besoin, l'avantage de procéder à des travaux d'évaluation, aussi bien avant la mise en place des dispositifs qu'après leurs premières années d'application[776].

454. Pour NGAOSYVATHN, la démagogie des libéralités fiscales profite en dernier ressort au fisc des nations exportatrices de capitaux. « *Les faveurs fiscales accordées par un pays constituent purement et simplement un cadeau accordé au fisc d'un autre pays. À titre d'illustration, nous pouvons prendre l'exemple des entreprises dont le siège social se trouve dans un pays appliquant le principe de la mondialité de l'impôt à l'image des États-Unis. Dans ce cas les revenus exonérés dans le pays importateur de capitaux profitent au fisc du pays exportateur de capitaux*[777]».

455. La méthode empruntée par l'administration fiscale pour évaluer les dépenses fiscales est dépourvue de tout caractère objectif. Si l'on analyse les différents rapports, la supposée « évaluation se limite tout simplement à faire la somme de quelques mesures prises tout en occultant l'impact desdites mesures. Si l'on se réfère aux travaux de l'OCDE[778], l'évaluation peut être réalisée grâce à trois méthodes. La première est l'évaluation de la perte initiale de recettes via l'évaluation des pertes de recette *Ceteris paribus,* en mesurant ex post l'écart à la norme et en supposant inchangé le comportement des bénéficiaires. La seconde est l'évaluation de la perte finale de recettes dans laquelle on

---

[775] L. KASSIM & M. MANSOUR, « Les rapports sur les dépenses fiscales des pays en développement : une évaluation », *Revue d'économie du développement*, *op. cit.*, p. 120.

[776] G. MIGNOT, « La fiscalité dérogatoire, pour un réexamen des dépenses fiscales », *op. cit.*, p. 209.

[777] P. NGAOSYVATHN, *Le rôle de l'impôt dans les pays en voie de développement*, *op. cit.*, p. 77.

[778] Voir le rapport de l'OCDE sur les dépenses fiscales dans les pays membres.

évalue le montant de la réduction de recettes qu'entraîne l'adoption de la dépense fiscale en tenant compte du changement de comportement des contribuables et les conséquences sur les recettes issues des autres taxes que cette adoption induira. Enfin, la troisième est l'équivalent en dépense : il s'agit d'évaluer la dépense directe qu'il faudrait effectuer avant impôt que celui du dispositif dérogatoire, si la dépense directe bénéficiait du traitement fiscal applicable à ce type de subvention entre les mains du bénéficiaire[779].

456. Face à ce que l'on pourrait considérer comme un abus, la rationalisation des dépenses fiscales a conduit certains pays comme la France à fixer un plafond. Mesure emblématique s'il en est, le plafonnement global des niches fiscales a été instauré par la loi 2008-1425 du 27 décembre 2008 de finances pour 2009, après une première tentative en 2005 censurée par le Conseil constitutionnel[780]. Prévu à l'article 200-0A du CGI, il concerne un ensemble d'avantages fiscaux qui présentent la caractéristique d'être accordés en contrepartie d'un investissement ou d'une prestation bénéficiant au contribuable. Il est donc prévu que, pour les revenus 2009, « *le total (de ces) avantages (...) ne peut pas procurer une réduction du montant de l'impôt (sur le revenu) supérieure à la somme d'un montant de l'impôt (sur le revenu) supérieure à la somme d'un montant de 25 000 euros et d'un montant égal à 10 % du revenu du revenu imposable servant de base à cet impôt* [781]».

457. De l'avis du Docteur Elhadji Dialigué BA, « *le législateur sénégalais doit mieux encadrer la possibilité de recourir à des dispositifs dérogatoires. Il s'agit de se donner les moyens de suivre les dépenses fiscales avec une attention aussi soutenue que les dépenses budgétaires, et de n'utiliser qu'avec des exigences accrues cet instrument de politique publique particulier que constitue la fiscalité dérogatoire*[782] ». Par ailleurs, la plénitude du pouvoir fiscal conféré au législateur doit être ressentie dans la création d'une nouvelle imposition mais également dans la mise en œuvre des allègements fiscaux. Ce parallélisme des

---

[779] E. PICHET, « Contribution à une théorie de la dépense fiscale, pour la réforme du système français des « niche » fiscales » *op. cit.*, p. 31.

[780] Le dispositif proposé avait été jugé démesurément complexe par le juge. Cf Conseil const, décision n°2005-530 DC 29 décembre 2005, loi de finances pour 2006.

[781] F. BARQUE, « La rationalisation du coût des dépenses fiscales », *Revue de droit fiscal*, n° 40, 2010, p. 28.

[782] E. DIALIGUE BA, *Droit fiscal*, *op. cit.*, p. 66.

formes est gouverné par l'article 67[783] de la Constitution. Toutefois, il s'avère extrêmement difficile de remettre en cause un allègement fiscal. C'est pourquoi, il est prudent de limiter leurs effets dans le temps[784]. Mais force est de constater que les incitations instituées pour une période limitée sont souvent reconduites d'année en année, sans qu'elles soient économiquement justifiées[785].

458. Les ressources fiscales en Afrique doivent regorger d'une préciosité compte tenu des exigences de financement du développement assigné à l'État. Or l'utilisation de dépenses fiscales à outrance finira par dilapider une bonne partie des recettes. Si nous prenons l'exemple de la TVA, cette imposition occupe la première place dans le recouvrement des impositions. Cependant, les exonérations prises au titre de cette imposition affectent sérieusement son rendement. En 2008, les dépenses fiscales accordées sur la TVA représentaient la moitié de son produit et un peu plus de 3 % du PIB[786].

459. Par ailleurs, la fiscalité ne doit pas être considérée comme l'outil unique d'attirance des investisseurs. D'une manière générale, l'attractivité s'évalue par rapport à la capacité que possède un territoire à attirer et retenir les capitaux mais également les compétences sources de développement économique. Ces études tentent de révéler les critères déterminants à l'origine de la décision d'implantation. Sans négliger l'impact de la fiscalité, les rapports préconisent d'améliorer l'environnement général des entreprises, de simplifier et de stabiliser la règlementation du travail, et enfin de renforcer la recherche. Si les considérations financières

---

[783] La loi fixe les règles concernant l'assiette le taux et les modalités de recouvrement des impositions de toute nature.

[784] Dans le contexte de la pandémie de la COVID-19, l'État du Sénégal conscient des effets néfastes que la maladie a eu pour certains secteurs d'activité comme la Presse et le tourisme a mis en place un régime dérogatoire à leur profit. Ici, la loi de finances initiale pour l'année 2021 cantonne dans un délai d'un an les avantages fiscaux accordés. L'étendue des mesures fiscales s'articulent comme suit :
- les prestations réalisées par ces entreprises ne sont pas recherchées au paiement de la TVA ;
- ces entreprises sont dispensées du reversement de la Retenue à la Source sur les salaires et de la CFCE ;
- elles sont dispensées de l'IR, de l'IS, de la CEL, CFPB et de la CFPNB.

Le bénéfice de ses avantages est subordonné au respect des obligations déclaratives contenues dans le Code général des Impôts.

[785] J-P JOUYET, B. GIBERT & P. MOUTIE, « Les dépenses fiscales… tour d'horizon », *RFFP*, n°18, 1987, p.26.

[786] MEF-DPEE, *Évaluation du potentiel fiscal du Sénégal*, *op. cit.*, p. 15.

d'installation des entreprises (subventions, exonérations fiscales et temporaires…) sont importantes pour les entreprises, celles-ci valorisent avant tout la capacité de mise en œuvre des infrastructures adaptées à la zone géographique concernée pour prendre le choix de l'installation[787]. Certains auteurs vont même plus loin en invoquant que : « les dérogations fiscales compliquent les régimes d'imposition, favorisent les échappatoires, et détournent les agents du fisc de leur tâche de contrôle. En outre, l'indivisibilité politique des exonérations tend à transférer le pouvoir de décision en matière fiscale du législatif à l'exécutif et plus précisément à l'administration qui bénéficie dans l'application effective de ces mesures de pouvoirs très étendus[788]. Pour N'Dri Theoua PELAGIE, « *les dépenses fiscales doivent demeurer des techniques exceptionnelles utilisées quand le besoin est réellement indispensable et incontournable*[789] ».

Section II : Un système fiscal mal administré

460. Comme le note Gabriel ARDANT, « *on a trop souvent tendance à oublier que le système fiscal le mieux conçu ne vaut que par l'administration qui le met en œuvre* »[790]. L'administration joue un rôle primordial dans la situation économique du pays. C'est avec force que François GAZIER affirmait : « *l'administration publique est le ressort le plus profond du développement et (que) le développement ne peut se faire sans le préalable d'une administration efficace et d'une fonction publique compétente* [791]». L'administration fiscale dans les pays en voie de développement est caractérisée par un faible personnel peu qualifié et des services inorganisés sont chargés d'appliquer des textes inadaptés[792]. La « sous-administration » fiscale et douanière des pays

---

[787] C. LOPEZ, « La fiscalité comme vecteur de l'attractivité du territoire », *Mondialisation et fiscalité la globalisation fiscale sous la direction de Marc LEROY*, L'Harmattan, 2006, p. 249.

[788] L. MEHL & P. BELTRAME, *Science et technique fiscales*, *op. cit.*, p. 581.

[789] P. N'DRI THOUA, « Les dépenses fiscales dans le financement du développement », *Actes du colloque de Dakar sur la mobilisation des ressources dans le financement du plan Sénégal émergent organisé le 28-29 novembre 2018 par le Centre d'Étude et de Recherche en Ingénierie juridique et Financière (CERIF)*, p. 13.

[790] G. ARDANT, *Théorie sociologique de l'impôt*, Paris, SEVPEN, 1965, p .858.

[791] F. GAZIER, « l'administration publique dans le tiers monde » *Cahiers africains d'administration publique,* 1968, pp. 1-22 cité par B. CHERIGNY, « Essai de réflexion conceptuelle sur les notions de sous-administration et de maladministration », *Penant*, n°795, 1987, p. 479.

[792] P. BELTRAME, *Les systèmes fiscaux*, *op. cit.*, p. 28.

africains et la « mal-administration » semblent être les principaux maux qui justifient la démission du fisc africain devant les grands maux que sont : la fraude et l'évasion fiscales. La première difficulté pour le fisc en Afrique est déjà celle de l'évaluation de l'ampleur du phénomène de la fraude[793]. À l'analyse, il conviendra de voir les handicaps de la régie financière (Paragraphe 1) et les obstacles au recouvrement des créances fiscales (Paragraphe 2).

Paragraphe I : Les handicaps de la régie financière

461. Parlant de l'administration africaine, Philippe DECRAENE estime que son poids sur la marche des affaires publiques s'accroît continuellement et « s'accompagne malheureusement d'un accroissement parallèle, à peu près général, de l'irresponsabilité des fonctionnaires, ainsi que du développement, dangereux par ses conséquences, d'un formalisme excessif [794]». Faisant le parallèle entre les structures de l'administration coloniale, calquées elles-mêmes sur celles de la métropole colonisatrice, et les structures administratives africaines, Alfred SAUVY[795] en vient à conclure qu'en Afrique, l'administration est frappée de la même tare, à savoir « l'incessante expansion des bureaux qui paralysent le bon fonctionnement des services [796]». Force est de reconnaître l'extraordinaire défi auquel sont confrontées les autorités gouvernementales pour lever l'impôt[797]. Les maux de l'administration en Afrique sont partagés entre le manque d'efficience des services (A) et la mauvaise politique de gestion des ressources humaines(B).

A. L'inefficience des services

462. Il est unanimement admis que l'administration dans les pays en voie de développement sont des structures peu efficientes dans la gestion des tâches qui leur sont confiées. La matière fiscale ne fait pas exception. En matière d'impôts et de douanes, « l'administration est lente, tracassière, souvent inhumaine ». Or, les formalités rebutent le public par leur complexité. À l'occasion d'une seule décision, le contribuable doit fournir un nombre impressionnant de documents, « suivre le dossier » par de nombreux déplacements, attendre le temps

[793] J. B. FOTSING, *Le pouvoir fiscal en Afrique*, *op. cit.*, p. 272.
[794] P. DECRAENE, « La corruption en Afrique », *Pouvoir*, n° 31, 1984, p. 97. cité par FOTSING p. 283.
[795] A. SAUVY, *Bureaux et Bureaucratie*, PUF, 1967, p. 31, cité par FOTSING p. 283.
[796] J. B. FOTSING, *Le pouvoir fiscal en Afrique*, *op. cit.*, p. 283.
[797] G. CHAMBAS, *Fiscalité & développement en Afrique subsaharienne*, *op. cit.*, p. 63.

que dure la procédure. En clair, « l'inefficacité administrative va de pair avec la corruption ». En effet, beaucoup de fonctionnaires du fisc tirent profit de l'inefficacité et de la lenteur de leur administration. Ici, la plupart des pots-de-vin tendent moins à modifier les décisions fiscales dans un sens favorable aux intéressés qu'à en accélérer le processus[798].

463. Cet état de fait qui caractérise l'administration fiscale a été évoqué dans le premier Plan de Développement Stratégique de l'Administration Fiscale (PDSAF). À l'époque, les lacunes portaient tant sur le plan institutionnel que sur les pratiques procédurales. Les faiblesses dans le pilotage des missions caractérisent le mode de gestion de l'administration fiscale. Le manque de vision et de coordination constitue un handicap majeur dans l'élaboration et l'application des programmes de modernisation jusque-là adoptés. C'est dire que l'insuffisance des résultats obtenus malgré tous les efforts qui ont été déployés est imputable à l'absence de pilotage stratégique[799].

464. Le fonctionnement des régies financières est affecté par son attelage. Dans les pays de tradition francophone l'administration des impôts et celle du trésor ont une mission très clairement définie respectivement l'établissement de l'assiette et le recouvrement des créances fiscales. Toutefois, l'expérience a montré à de multiples reprises les inconvénients d'une telle organisation, nécessité de transformation d'information, souvent peu fiables entre deux administrations distinctes allongement des délais qui rendent le recouvrement plus aléatoire ; nécessité d'émettre et de transmettre les rôles, procédure lourde avec les procédures de paiement spontané avec autoliquidation par le contribuable ont démontré leur efficacité, dilution de responsabilité entre les administrations qui tendent chacune à considérer l'autre comme responsable des défaillances dans le recouvrement[800].

465. Au Sénégal, une réelle tentative de redéfinition des attributions de chaque régie financière a été enregistrée lors de la réforme de 2009[801]. Par acte administratif, le ministre de l'Économie et des Finances a coupé

---

[798] J. B. FOTSING, *Le pouvoir fiscal en Afrique*, *op. cit.*, p. 283.

[799] DGID, *Plan de développement stratégique de l'administration fiscale*, 2008-2012, p. 14.

[800] G. CHAMBAS, Afrique au sud du Sahara : mobiliser les ressources fiscales pour le développement, *op. cit.*, p. 145.

[801] La répartition des compétences de recouvrement impôts d'État impôts locaux a été opérée via le décret 2008-1224 du 30 octobre 2008 modifiant le décret 2003-101 du 13 mars 2003 portant RGCP ainsi que la loi 2009-10 du 23 janvier 2009 modifiant certaines dispositions du CGI (loi 92-40 du 9 juillet 1992).

la poire en deux en scindant les prérogatives de recouvrement aux deux administrations. La DGID a reçu compétence pour le recouvrement des impôts d'État alors que l'administration du trésor reste compétente pour le recouvrement des impôts locaux. Dans la pratique, on constate un empiètement des compétences par l'administration fiscale sur celle du trésor[802].

466. Les dysfonctionnements de coordination précités sont aggravés par l'insuffisance des liaisons avec l'administration des douanes. Cette insuffisance est d'autant plus lourde de conséquences que les économies africaines sont largement fondées sur l'échange et que la connaissance des échanges avec l'extérieur permettrait aux administrations en charge des impôts internes de disposer d'informations essentielles pour mieux appréhender les revenus et les stocks[803].

467. L'échange de renseignements existant entre les deux administrations pouvait conduire à l'accroissement des recettes fiscales au titre de l'IR. Le législateur dans la loi de finances initiale de 2020 a précisé que le diagnostic du système fiscal sénégalais fait ressortir un faible nombre d'importateurs s'acquittant normalement de leur obligation fiscale au titre de l'IR. Pour remédier à cette situation, une étroite collaboration est prévue entre la DGID et les autres régies financières mais également avec les institutions de prévoyance sociale[804]. Toujours pour lutter contre ces fraudeurs du fisc, une imposition dénommée Prélèvement de conformité fiscale a été instituée par un article 220 bis[805]

---

[802] Le cas de la contribution globale unique est édifiant là-dessus. Voir la partie relative à la fiscalisation du secteur informel.

[803] G. CHAMBAS, *Fiscalité et développement en Afrique subsaharienne*, *op. cit.*, p. 68.

[804] Loi de finances 2020, p. 16.

[805] Il est institué indépendamment de l'acompte prévu à l'article 220, un prélèvement sur les importations réalisées par les personnes physiques ou morales qui ne souscrivent pas régulièrement à leurs obligations déclaratives et de paiement, dénommé prélèvement de conformité fiscale (PCF).

Le prélèvement n'est pas imputable sur les impôts dus par les personnes visées à l'alinéa précédent et ne les dispense pas de leur obligation fiscale suivant leur régime d'imposition.

Le taux de prélèvement est de 12 % de la valeur en douane des produits majoré des droits d'entrée exigibles à l'exclusion de la taxe sur la valeur ajoutée et des droits d'enregistrement et de timbre.

Le comptable public en charge du recouvrement du prélèvement exigible au titre des importations adresse chaque mois au service des impôts compétents un État indiquant, par importateur l'adresse exacte, le NINEA, le numéro de la déclaration, la base, le taux et le montant du prélèvement.

dans la loi 2012-31 du 31 décembre 2012 portant CGI. L'article 2 de l'arrêté du ministre en charge des Finances et du Budget indique : « le Prélèvement de conformité fiscale s'applique aux contribuables qui jusqu'au 15 juillet de l'année d'échéance, se sont abstenus de déposer leurs déclarations d'impôts sur le revenu, d'impôt sur les sociétés ou de Contribution globale unique ou qui, pendant un trimestre civil n'ont pas souscrit à leurs obligations déclaratives et de paiement de taxes sur le chiffre d'affaires ou de retenues à la source sur les salaires[806].

468. À terme, les actions menées par l'administration fiscale pour appréhender une base imposable éludée par le contribuable restent discutables quant à la pertinence. Si les deux régies financières travaillaient de concert, le contribuable serait redevable envers chacune d'elle. Aussi, la rentabilité de cette imposition vis-à-vis de l'IR qui serait normalement due si les activités étaient déclarées peut également être évoquée. Ce schéma prouve à suffisance l'absence de viabilité des procédures menées par la DGID.

469. Dans le contexte du système de la déclaration contrôlée, l'administration doit accorder beaucoup d'importance aux tâches d'information du contribuable ainsi que les tâches de contrôle et de recouvrement forcé pour les récalcitrants résiduels. L'administration doit donc à ce stade montrer deux visages celui du service de qualité pour faciliter les obligations du contribuable de bonne foi et celui de la sanction la plus dissuasive pour les fraudeurs et les mauvais payeurs[807]. Pour Pierre BELTRAME, « *l'efficacité du système déclaratif passe par l'efficacité des contrôles. Les confessions faites par le contribuable ne sont pas toujours sincères*[808] ».

470. Rappelons que l'institution du Plan de Développement Stratégique répond à un objectif de modernisation de l'administration et d'accroissement des recettes recouvrées. Douze années après le lancement du premier plan, le taux de pression fiscale n'a pas atteint les résultats escomptés. En 2007, le taux de pression fiscale corrigé du Sénégal a été de 20,2 % et la mise en place d'un Plan de Développement Stratégique

---

La liquidation, le recouvrement et la contention s'effectuent comme en matière de droit de douane. Les produits soumis au prélèvement de conformité fiscale ainsi que les modalités d'application sont fixés par arrêté du ministre des Finances.

[806] Arrêté n° 001013 du 15 janvier 2024 fixant les modalités d'application du prélèvement de conformité fiscale.

[807] G. CHAMBAS, *Afrique au sud du Sahara : mobiliser les ressources fiscales pour le développement*, *op. cit.*, p. 194.

[808] P. BELTRAME, *L'impôt*, *op. cit.*, p. 24.

de l'Administration Fiscale devrait permettre de porter à 21,7 % dans un délai de 5 ans. Dans la loi de finances initiale de 2020, les prévisions fixaient le taux de pression fiscale à 17,7 %[809]. Nous pouvons aisément soutenir que lesdites prévisions n'ont pas été atteintes compte tenu d'une situation économique désastreuse engendrée par les effets de la COVID-19.

471. Sous un autre chapitre, les contribuables se sont plaints d'une sorte de double emploi une fois qu'ils veulent démarrer une activité financière[810]. Dans la pratique, le démarrage d'une activité emporte l'obligation d'information des services de la DGID dans le ressort territorial de l'installation de l'entreprise et la demande de COFI ou Code fiscal[811].

472. Rappelons que la création d'entreprise est soumise à un certain nombre de formalités préalables. La procédure qui consiste en l'immatriculation des contribuables est considérée par le Département des Finances publiques du FMI comme un obstacle à la modernisation des opérations fiscales. Le NINEA[812] à vocation essentiellement fiscale, est géré par l'ANSD[813] dont les objectifs diffèrent de ceux poursuivis par la DGID notamment concernant la maîtrise des obligations fiscales. Cette situation est source de dysfonctionnements :

- la gestion du NINEA n'est pas sécurisée (la DGID et les autres administrations doivent le ressaisir dans leurs systèmes informatiques) ;
- la DGID ne dispose que d'un fichier parcellaire des contribuables ;
- le fichier des contribuables n'est ni centralisé, ni actualisé, ni mis à jour régulièrement.

473. Selon l'organisme trois mesures sont nécessaires pour réformer avec succès la procédure d'immatriculation :

- transférer la responsabilité de la délivrance du NINEA à la DGID ;
- créer un fichier central fiable des immatriculations ;
- généraliser l'utilisation du NINEA[814].

---

[809] Loi de finances initiale 2020, p. 15.

[810] DGID, *Guide fiscal des PME*, 2014, p. 6.

[811] Le code fiscal permet de renseigner sur le régime fiscal du contribuable (réel ou forfaitaire), s'il est assujetti ou pas à la TVA et enfin le service de rattachement.

[812] Numéro d'Identification National des Entreprises et des Associations.

[813] Agence Nationale de la Statistique et de la Démographie.

[814] FMI-Département des Finances publiques, *Poursuite du renforcement des capacités de la DGID*, *op. cit.*, pp. 2-3.

474. Dans la même veine, le rapport du département des finances publiques du FMI de 2018 constate des failles dans le suivi des opérations d'immatriculation. En effet, il estime que certaines missions ne sont pas prises en compte au niveau central et stratégique. Si le décret de 2017 portant réorganisation des services de la DGID consacre majoritairement le principe de la séparation des activités fonctionnelles et opérationnelles, il ne prévoit pas de service central en charge du pilotage et du suivi des opérations d'immatriculation et d'assiette (orientation et suivi des travaux d'assiette, adaptation permanente des procédures administratives, réalisation d'analyses fonctionnelles pour l'optimisation de SIGTAS, suivi des exonérations et des crédits de TVA, etc.). Dans ce contexte, beaucoup de sujets de technique fiscale remontent jusqu'au Coordonnateur (agissant en qualité de Directeur général adjoint) l'empêchant de consacrer l'essentiel de son activité à la réflexion stratégique et à l'analyse de la performance globale de la DGID[815].

475. Par ailleurs, la mission a également relevé que l'affiliation des entreprises en fonction du chiffre d'affaires n'est pas optimale. D'abord, la DGID se prive d'une opportunité d'améliorer la connaissance de son tissu fiscal (critère de proximité) et de réduire ses coûts de gestion des moyennes entreprises (toutes les actions administratives, les relances, le contrôle et le recouvrement exigent que les agents parcourent toute la ville de Dakar alors qu'une répartition sur une base géographique aurait réduit de moitié ces coûts de déplacement pour une meilleure efficacité). Ensuite, cette option génère de la difficulté administrative du fait de transferts courants de dossiers entre les deux CME en cas de franchissement du seuil de compétence actuel de 500 millions de FCFA de chiffre d'affaires. Enfin, elle crée de fait une distinction qualitative entre les deux CME, l'un gérant la masse des dossiers les moins importants, l'autre le petit nombre de dossiers à fort potentiel. Une répartition géographique telle que retenue en Côte d'Ivoire, au Cameroun et bientôt au Mali devrait être envisagée[816]. L'inefficience des services est aggravée par une mauvaise politique des ressources humaines.

---

[815] Département des Finances publiques (FMI), *Rapport d'assistance technique sur l'évaluation du programme de réforme et renforcement de la mobilisation des recettes fiscales*, 2018, p. 9.
[816] *Ibidem*, pp. 9-10.

B. Une mauvaise gestion des ressources humaines

476. La problématique de la gestion des ressources humaines a été abordée lors de la réunion du CREDAF[817] du 03 au 07 juillet 2013 au Togo axée sur la problématique de la gestion des ressources humaines dans les administrations fiscales. Il a été mentionné dans le document de synthèse que quatre éléments essentiels caractérisent ce phénomène qu'il est intéressant de connaître. Il s'agit du recrutement du personnel, de la formation professionnelle, de l'évaluation du personnel et enfin de l'organisation et de l'attribution des services[818].

477. Au Sénégal, une prise de conscience étatique a permis d'impulser un vaste mouvement de réforme de l'administration fiscale. Dans les termes de référence du premier PDSAF, il a été reconnu que le renforcement des capacités de l'administration permet à celle-ci de mieux jouer son rôle[819].Il est bien connu que les administrations fiscales ouest-africaines francophones bénéficient de moyens humains insuffisants. Un renforcement quantitatif reste un impératif majeur pour l'accroissement de son rendement[820].

478. Le contrat de performance signé entre la DGID et le MEF de 2009 à 2011 faisait ressortir un manque criard de personnel au sein de l'administration fiscale. À l'époque, les services compétents avaient recommandé le recrutement de 248 agents pour une meilleure prise en charge de la mission qui leur avait été confiée[821]. D'une manière générale, l'administration sénégalaise a un problème de renouvellement de ses effectifs. En 2011, par exemple 19 nouvelles affectations ont été faites mais celles-ci sont loin de combler le déficit de personnel. Au titre de la même année 46 départs ont été enregistrés dont un décès[822]. Cette situation crée un paradoxe dans la gestion des effectifs. Compte tenu des besoins du service, les effectifs devraient s'accroître et non le contraire. Cependant, une réduction a été notée. En effet, de 2010 à

---

[817] **C**entre de **R**encontres et d'**É**changes des **D**irigeants des **A**dministrations **f**iscales.

[818] G. ADETONAH, *L'évasion fiscale des multinationales dans les pays de l'UEMOA*, Thèse de doctorat, *op. cit.*, p. 83.

[819] Lettre n° 00202/MEF/DGID/BLC/FCI du 19 juillet 2007, p. 2.

[820] N. MEDE & E. TONI, *La fiscalité de développement en Afrique de l'Ouest francophone*, op. cit., p. 80.

[821] MEF, *Contrat de performance entre la DGID et le ministère de l'Économie et des Finances 2009-2011*, p. 25.

[822] DGID, *Rapport sur la mise en œuvre du plan de développement stratégique de l'administration fiscale au titre de l'année 2011*, p. 8.

2015, les effectifs des cadres sont passés de 252 à 241[823]. Le même schéma se reproduit comme un effet de mode dans les autres pays membres de l'UEMOA. Au Burkina Faso par exemple, en 2001, seul un départ sur quatre était remplacé. Cette politique a eu des effets négatifs sur le fonctionnement des services avec un vieillissement constaté dans les rangs des fonctionnaires de ces administrations limitant la promotion des jeunes cadres dynamiques[824].

479. L'ambitieux programme de départementalisation des CSF[825] porté par le PDSAF[826] 2018-2012 devait aboutir à un accroissement des effectifs. Il avait été prévu un recrutement de 200 agents pour les centres (1 inspecteur, trois contrôleurs, 1 géomètre et 5 agents en moyenne par Centre) et 20 agents pour les services d'accueil[827]. Le déficit de personnel a encore été évoqué par la DGID dans le cadre du contrat de performance 2019-2021. L'administration fiscale estime que si le besoin émis par ses services n'a pas été pris en charge, il sera très difficile d'atteindre les objectifs visés dans le cadre du PDSAF[828].

480. Dans les pays en voie de développement la pénurie du personnel qualifié dans l'administration fiscale est une évidence qui a été déjà démontrée par la doctrine. Le manque d'agents fiscaux qualifiés semble tenir au peu d'attraction de la fonction fiscale liée à sa technicité. Cette technicité est une réalité en matière fiscale, de sorte que dans la plupart des pays de l'OHADA l'on soit souvent contraint d'envoyer les candidats reçus au concours national et qui proviennent pourtant de l'ENA (École Nationale d'Administration) ou ENAM (École Nationale d'Administration et de Magistrature) à l'ENFIP (École nationale des finances publiques) en France, pour y suivre un stage des Inspecteurs des Impôts[829]. Le renforcement des capacités des agents est considéré comme un objectif de premier rang dans le premier Plan de Développement Stratégique. Ainsi, la formation continue, les échanges d'expériences et

---

[823] DGID, *Plan de développement stratégique de l'administration fiscale 2018-2020*, 2017, p. 19.

[824] S. OUEDRAOGO, *les compétences nationales en matière fiscale et la communautarisation des règles dans l'espace ouest-africain*, Thèse de doctorat, Université de Bordeaux, 2015, p. 306.

[825] Centre des services fiscaux.

[826] Plan de développement stratégique de l'administration fiscale.

[827] DGID, *Plan de développement stratégique de l'administration fiscale*, *op. cit.*, p. 82.

[828] MEF-DGID, Contrat de performance, 2019-2021,

[829] V. O. OPISSINA, *Problématique de l'application de la TVA dans l'espace OHADA*, Paris, L'Harmattan, 2016, p. 281.

de connaissances pour s'approprier les meilleures pratiques fiscales à l'échelle internationale devraient permettre aux agents de la DGID de s'acquitter de leurs tâches en toute efficacité[830].

481. Les formations initiales sont celles données aux employés qui viennent d'être recrutés par la DGID et qui y feront leur entrée. Ces formations varient en fonction du type d'emploi qu'occuperont ces employés. La première formation initiale en est une de deux ans et est donnée aux élèves qui seront les futurs inspecteurs des impôts et les contrôleurs. Dans cette formation, les élèves y font des stages dans toutes les directions de la DGID pour développer un savoir global des activités de l'organisation, dont, entre autres, la Gestion de la politique fiscale. Après une année, ils sont envoyés pendant une période de deux mois dans les régions du pays (hors Dakar). L'autre type de formation initiale concerne les employés recrutés par la fonction publique. Les agents non-fonctionnaires qui intègrent les services de la DGID bénéficient d'une formation sur les fondamentaux de la fiscalité[831]. La DGID à travers le PDSAF 2018-2020 estime que le recrutement d'une part importante du personnel d'exécution mis à sa disposition sans concours d'entrée peut, à terme, impacter la qualité des ressources humaines[832]. À juste titre, ce type de recrutement peut être fortement teinté de clientélisme politique ou de népotisme.

482. Les différents rapports de diagnostic de l'administration fiscale sénégalaise ont fait ressortir un déficit de formation des agents. C'est dans ce sens que Laçané BAYALA écrivait : *« Le savoir (connaissance) seul ne suffisait pas, il faut en plus aux fonctionnaires des impôts un savoir-faire (aptitude) et savoir-être (comportement-attitude) leur permettant de trouver la bonne manière pour exécuter avec efficacité, voire efficience, une si délicate mission. Le recours à la formation se révèle indispensable »*[833]. Ainsi, la formation continue constitue le seul rempart pour maintenir au plus haut point l'ingéniosité du personnel. Le premier Plan de Développement Stratégique de l'Administration

[830] DGID, *Plan de développement stratégique de l'administration fiscale*, *op. cit.*, p. 28.

[831] MEF-DGID, *Rapport de diagnostic du plan d'appui à la mobilisation des ressources du Sénégal,* 2015, p. 39.

[832] DGID, *Plan de développement stratégique de l'administration fiscale*, 2018-2020, p. 21.

[833] S. GUISSOU, l'élargissement de l'assiette fiscale au Burkina Faso, Enaref, 2012, p. 32.

Fiscale, à travers des stages de perfectionnement ainsi que des séminaires, a initié le planning de formation ci-après :

– la TVA, à Paris, du 07 au 29/05/2011 pour deux inspecteurs, soit 23 jours ;

– le contrôle fiscal, à Paris, du 04 au 19 juin 2011pour deux inspecteurs soit 16 jours ;

– le recouvrement, à Paris, du 25 juin au 10/07/2011 pour deux inspecteurs, soit 15 jours ;

– la formation des formateurs, à Paris du 18 juin au 3 juillet 2011 pour un inspecteur soit 15 jours ;

– la formation des formateurs, au Congo, du 7 au 13 octobre 2011 pour un inspecteur soit 7 jours ;

– le recouvrement, à Paris, du 17 au 24/09/2011 concernant 4 inspecteurs pour une durée de 8 jours.

483. Au total 12 inspecteurs ont subi des formations à travers des stages de perfectionnement et des voyages d'études pour une durée totale de 84 jours. À ce nombre, s'ajoutent les participations de l'administration fiscale aux :

– rencontres (séminaires, colloques, groupe de travail) 36 jours pour 13 agents ;

– travaux du forum de l'administration fiscale (ATAF en anglais) 39 jours pour 8 agents ;

– Séminaire de l'AITIC d'une durée de 8 jours pour 4 agents.

484. En définitive, pour ces trois cadres de formation et d'échanges d'expérience, la DGID a fait participer 25 agents pour une durée totale de 83 jours[834].

La formation continue vient à l'aune du développement de la fiscalité internationale. À titre d'illustration, les mesures préconisées par le projet BEPS sont très techniques et supposent que l'administration dispose de moyens complexes suffisants et bien financés de faire appliquer les dispositions législatives. À cet égard, certains pays africains sont désavantagés faute de ressources suffisantes. Le renforcement des capacités est devenu une exigence pour toute administration moderne. Cela doit conduire au

---

[834] DGID, *Rapport sur la mise en œuvre du plan de développement stratégique de l'administration fiscale au titre de l'année 2011*, *op. cit.*, p. 10.

recrutement de fonctionnaires compétents dans diverses disciplines, notamment des comptables, des juristes et des économistes à même de comprendre une législation fiscale internationale complexe[835].

485. Le défaut de maîtrise de la fiscalité internationale peut conduire à certains maux qui engendreront des pertes de recettes importantes. En effet, les mesures qui sont prises par les pays exportateurs de capitaux requièrent une action complémentaire de la part des pays en voie de développement, et l'on doit admettre que ces derniers doivent faire en sorte que les stimulants fiscaux se transforment en des canevas d'évasion fiscale. Dans le cas où les mesures complémentaires s'imposent les conventions tendant à éviter la double imposition peuvent jouer un rôle important[836].

486. À l'échelle multilatérale des conventions sont signées par les pays africains sans pour autant que le véritable enjeu ne soit perçu. La capacité administrative est le principal objectif auquel se heurtent les pays africains qui souhaiteraient appliquer la convention multilatérale. Sur la base des conventions de double imposition signées à ce jour par les pays africains, il faudra se pencher sur la conformité desdits instruments avec la politique commerciale du pays. En outre, est-ce que la signature d'une convention doit être considérée comme une sur-priorité dans le cadre de la politique fiscale des pays en voie de développement que nous sommes ? De l'opinion des experts des Nations unies, il serait sage d'envisager une renégociation de toutes les conventions qui ne tournent pas en faveur des pays importateurs de capitaux[837].

487. C'est dans le cadre de la facilitation des missions à elle confiées que l'administration fiscale a mis un logiciel à la disposition du personnel. Ledit logiciel dénommé « SIGTAS » a été graduellement mis en place depuis 2006[838]. Ce logiciel avait pour but de promouvoir la gestion informatique des données. L'année 2014 devait être une année de passage définitif de la gestion manuelle à la gestion informatique,

---

[835] NU-Commission Économique pour l'Afrique, *Érosion de la base d'imposition et le transfert de bénéfices en Afrique : réforme de l'imposition des entreprises multinationales*, 2018, p. 55.

[836] OCDE-Comité fiscal, *Mesures fiscales pour encourager les investissements privés dans les pays en voie de développement*, Paris, 1965, pp. 12-13.

[837] NU-Commission Économique pour l'Afrique, *Érosion de la base d'imposition et le transfert de bénéfices en Afrique : réforme de l'imposition des entreprises multinationales*, *op. cit.*, p. 34.

[838] « Programme d'Appui à la Mobilisation des Ressources du Sénégal (PAMORS) », *Appui à la gestion de la politique fiscale*, 2015, p.1.

mais tel n'a pas été le constat[839]. Quatre années plus tard, la mission du FMI, dans le cadre de la mise en œuvre de l'assistance technique a relevé une substance de la gestion manuelle des dossiers des contribuables. Selon la mission, le logiciel « SIGTAS » devait être l'unique outil de gestion des données au sein de l'administration fiscale au regard de son coût budgétaire important. Un environnement manuel prive également les services opérationnels d'outils indispensables de gestion (relance des défaillants contributifs et déclaratifs) et les oblige à des saisies de données redondantes. Dans ce contexte la production des rapports d'activité devient une activité à part entière chronophage et fastidieuse pour une fiabilité discutable[840].

488. Ce comportement des services opérationnels empêche les services centraux de bien mener leurs tâches. En théorie la répartition est claire. Les services centraux jouent leur rôle de pilotage, d'évaluation et d'orientation stratégique des services opérationnels qui eux s'occupent de la gestion quotidienne des tâches. La gestion manuelle est un sérieux obstacle à l'accomplissement de la mission stratégique par les services centraux. Au final, on note une confusion des rôles entre les deux entités suscitées. Une telle situation ne rime pas avec les standards d'une administration efficace[841]. Toutefois, la DGID s'est engagée dans le contrat de performance 2019-2021 à finaliser le déploiement du progiciel SIGTAS dans tous les CSF, à généraliser l'utilisation de l'application du courrier et à mettre en place un système d'informations foncières, domaniales et cadastrales[842]. Au-delà des efforts déployés, un certain nombre de controverses complexifie la tâche de recouvrement les impôts.

Paragraphe II : Les obstacles au recouvrement des créances fiscales

489. La première exigence d'un système fiscal est évidemment de produire les recettes nécessaires au financement des dépenses publiques. Si les recettes fiscales restent en dessous des dépenses publiques, l'État

---

839 Recommandations formulées par la mission du FMI dans leur rapport. Voir en ce sens, FMI, *Poursuite du renforcement des capacités de la Direction générale des impôts et des domaines,* 2015, p. 5.

840 FMI-Département des Finances publiques, *Évaluation du programme de réforme et de renforcement de la mobilisation des recettes fiscales*, *op. cit*., p. 16.

841 G. ADETONAH, *L'évasion fiscale des multinationales dans les pays de l'UEMOA*, Thèse de doctorat, *op. cit*., p. 82.

842 Ministère des Finances et du Budget-DGID, *Contrat de performance*, 2019-2021, p. 12.

doit faire appel à l'emprunt ou à la création monétaire pour financer le déficit. Il découle de l'avis des économistes que la capacité du système fiscal de générer des recettes publiques constitue une condition indispensable au maintien des équilibres macro-économiques[843]. Une fois que l'idée selon laquelle l'État était la seule source du mauvais fonctionnement de l'économie était acceptée de tous, on pouvait apparemment trouver une panacée rien qu'en réduisant son rôle. C'est pour cela que l'accent a été souvent mis sur les défaillances de la politique fiscale intérieure, la conséquence étant l'influence sur les structures de décisions fiscales ainsi que sur les hommes chargés d'animer lesdites structures[844]. Le faible rendement du tissu fiscal en Afrique peut être recherché dans la faible capacité notée dans l'exercice du droit de communication (A) et dans les pertes résultant des Accords de Partenariat Économique (B).

A. Un difficile exercice du droit de communication

490. Le système sénégalais est déclaratif. Les contribuables déclarent les bases de leur imposition. À charge pour l'administration d'en apprécier la véracité via l'exercice de son droit de communication[845]. Les mécanismes classiques de contrôle fiscal au gré de l'évolution du temps se sont révélés inefficaces vis-à-vis de la nouvelle structure de l'économie. À l'ère du numérique, la fiscalité des sociétés de l'Afrique de l'Ouest francophone qui gère les GSM se fait sans le numérique. Concrètement, l'ère du numérique permet de faire entrer dans le monde de l'information et de la communication où la question de la rareté des biens matériels devient secondaire par rapport à la rareté du temps et de l'attention[846].

491. Les difficultés dans le contrôle fiscal de ces sociétés ne sont pas moindres. Le système déclaratif est mis en œuvre à travers deux procédés : le contrôle de bureau ou sur pièce et le contrôle sur place. Compte tenu de la spécificité des sociétés de télécommunication, l'exercice du droit de communication peut se révéler fastidieux pour les agents vérificateurs. Si nous prenons l'exemple des crédits de téléphones utilisés par les clients de ces opérateurs ils sont matérialisés

---

[843] F. MICHEL SAWADOGO & A. WATTEYNE, « Fiscalité et développement : problèmes et perspectives », *Revue burkinabé de droit*, n°15, 1989, p.10.
[844] A. LOGMO MBELEK, « La souveraineté fiscale des États africains au Sud du Sahara (face aux enjeux du développement) : l'exemple du Cameroun », op. cit., p.49.
[845] E. D. BA, *Procédures fiscales*, op. cit., p.13.
[846] N. MEDE & F. J. J. AVAHOUNDJE, « La fiscalité du secteur des GSM en Afrique de l'Ouest francophone », *RFFP,* n°134, p.103.

par des codes édités par les opérateurs. Ces codes sont édités à partir des outils de probabilité et d'analyse combinatoire ainsi que des outils de la science par excellence du raisonnement déductif que constituent la mathématique. Pour Nicaise MEDE, le Bénin à l'image de plusieurs autres pays d'Afrique francophone ne dispose pas de profil qualifié pour pouvoir décrypter la subtilité des outils utilisés par les opérateurs de téléphonie[847]. Le déficit constaté dans la gestion du contrôle fiscal est noté également dans la prise en charge des GAFA. Le célèbre montage fiscal opéré par Google n'a pas pu être déjoué par l'administration fiscale des pays concernés.

492. Les modalités de contrôle fiscal ci-haut citées ne s'appliquent que dans les entreprises géolocalisables. Alors qu'en réalité internet offre la possibilité de « commercer dans une relative ignorance des identités comme des localisations », les règles d'imposition actuelle sont attachées à des critères impliquant une matérialité sur le territoire du pays auquel est attribué le pouvoir d'imposition[848]. Le législateur français a procédé en 2014 à une réforme salutaire allant dans le sens de réadapter son droit de communication à la nouvelle présentation de l'économie. L'article L81 du LPF précise que : « *ce droit s'exerce sur place ou par correspondance, y compris électronique, et quel que soit le support utilisé pour la conservation des documents* ». Ce même article a été complété par l'article 21 de la loi de finances pour 2014 du 29 décembre 2014 qui prévoit que : « *pour l'établissement de l'assiette de l'impôt et le contrôle de l'impôt, le droit de communication peut porter sur des informations relatives à des personnes non identifiées, dans des conditions fixées par décret en Conseil d'État pris après avis du Conseil national de l'informatique et des libertés* ». L'enjeu de cette nouvelle rédaction est de permettre à l'administration de contrôler plus efficacement des échanges sur internet en dépit, par exemple, de l'utilisation des pseudonymes[849].

493. Au Sénégal, la déclaration d'existence est toujours considérée comme le droit commun de l'identification ou de l'effectivité d'un démarrage d'activité commerciale dans les systèmes fiscaux[850]. Aussi

---

[847] *Ibid.*, p. 106.

[848] N. YONAN-MERCADIER, *L'impôt sur les sociétés et l'économie numérique*, *op. cit.*, p. 29.

[849] C. GUILLERMET, « L'impact du numérique sur les procédures fiscales », *RFFP*, n° 134, 2016, p. 135.

[850] Article 95 de la loi 2012-31 : « Les *sociétés, compagnies ou entreprises visées à l'article 84, sont tenues de déposer au service des impôts compétent, dans le délai*

bien pour les impôts directs que pour les impôts indirects, une obligation de souscrire à une déclaration d'existence pèse sur les assujettis[851]. Toutefois, l'administration fiscale considère la date d'obtention du NINEA comme la date de démarrage de l'activité au cas où le contribuable aurait failli à l'obligation de déclaration d'existence.

494. À notre sens cette pratique qui pouvait permettre à l'administration et qui lui permet toujours de localiser un contribuable ne peut pas être utilisée avec succès dans le cadre du commerce électronique. Une personne qui n'est pas connue du fisc, qui n'est pas inscrite au registre du commerce et qui n'a pas de NINEA ne pourra jamais être appréhendée par un agent vérificateur. C'est dans ce cadre que certains auteurs ont proposé l'instauration d'un contrôle adapté au commerce électronique, autrement dit, un contrôle fiscal en ligne. Contre cette idée, le juge administratif français a garanti la protection légale du contribuable en considérant que le lieu des opérations de vérification doit nécessairement dans le principe, être le siège de l'entreprise ou le domicile du contribuable[852].

495. L'absence d'identification des parties à une relation électronique met directement en cause la neutralité de l'impôt car elle aboutit à leur non-imposition involontaire, alors que le commerçant traditionnel, identifiable, reste imposable. Si l'anonymat persiste sur le net, toutes les procédures de recouvrement, de contrôle, d'échange d'information en matière fiscale seront mises en échec. Il est dès lors évident qu'il faut soumettre les contribuables qui participent au commerce électronique à des règles d'identification comparables à celles qui s'appliquent aux acteurs du commerce traditionnel[853].

496. La neutralité fiscale a fait l'objet d'un recadrage par le législateur français lors de la fameuse réforme de l'article 256 du CGI. Ainsi que l'a précisé l'exposé général des motifs du projet de réforme, « *un système fiscal n'est parfaitement neutre à l'égard de l'organisation du commerce, que si deux produits identiques vendus au même prix au*

---

d'un mois à compter de leur constitution définitive ou, le cas échéant, du jour où elles deviennent passibles de l'impôt, une déclaration indiquant : la forme sociale, les statuts notariés, la CNI, le NINEA, le Journal d'annonce légal, le contrat de bail enregistré ».

[851] R. G. LANOU, Droit fiscal et commerce électronique, *op. cit.*, p. 8.

[852] *Ibidem*, p. 96.

[853] J. L. BILON, *Fiscalité du numérique, op. cit.*, p. 97.

consommateur supportent la même charge, quels que soient les circuits, les formes et les méthodes de leur distribution [854]».

497. Pour Jacques FONTANEL, « *les gouvernements manifestent peu de courage pour lutter contre une telle évasion des revenus potentiels normalement dédiés au secteur public. La connivence n'est toujours suffisamment soulignée pour expliquer cette forme de résignation collective. Il est souvent jugé préférable de soutenir la thèse de l'incompétence relative des fonctionnaires chargés des contrôles fiscaux, lesquels, en moins grand nombre que leurs alter ego du privé n'ont pas toujours les moyens financiers et le soutien politique nécessaires dans leur travail*[855]».

498. D'autres facteurs contraignent le droit de communication de l'administration. Il s'agit d'obstacles de nature technique à l'image du cryptage des données. Rappelons que le cryptage ou chiffrement se définit comme « *toute prestation visant à transformer à l'aide de conventions secrètes des informations ou signaux clairs, en informations ou signaux inintelligibles pour des tiers qui n'ont pas la « clé » ou à réaliser l'opération inverse, grâce à des moyens, matériels ou logiciels connus à cet effet* »[856].

499. La vente à distance est également un aspect qui échappe à l'emprise de nos administrations. Rappelons qu'un produit acheté à l'étranger doit subir des droits de porte ainsi que la TVA à l'importation. Cependant, plusieurs paramètres empêchent à l'administration des impôts de collecter les impositions dues au titre de ces opérations. Le manque de temps de personnels conduit le service des douanes à faire preuve de tolérance vis-à-vis des paquets qui sont acheminés via la voie postale. Cela se justifie à plus d'un titre. En France par exemple, le centre de tri de l'aéroport d'Orly réceptionne plus de 7000 colis par jour[857]. Pour certains auteurs, la solution est à rechercher dans le fret express mais cela ne signifie pas une ignorance du fret postal, bien plus important en volume qui pourrait présenter une solution de substitution pour les vendeurs peu scrupuleux en cas de durcissement des règles du

---

[854] J-C GUINARD, *L'affaire imposable à la TVA*, Paris, 1974, Ed Francis Lefebvre, p. 15.

[855] J. FONTANEL, *Paradis fiscaux, pays « filous », op. cit.*, p. 72.

[856] E. BARBRY, « le droit du commerce électronique : de la protection à la confiance », *DIT,* 1998/2, P.8, citée par F. HUET, *La fiscalité du commerce électronique, op. cit.*, p. 265.

[857] *Ibidem*, p. 71.

fret express. Or, les services postaux sont régis par des conventions internationales ad hoc, dont les objectifs ne sont pas fiscaux[858].

500. À notre avis, cette situation perturbe les règles de territorialité de la TVA. En Afrique, où le commerce en ligne n'est pas encore très développé, les pertes en matière de TVA sont plus importantes qu'on ne pourrait l'imaginer. L'administration des douanes doit trouver en rapport avec la Poste une issue afin de pouvoir recouvrer les droits de porte ainsi que la TVA qui doit frapper les colis lors de leur importation. Les deux ensembles régionaux que sont l'UE et l'UEMOA doivent trouver une solution afin que le consommateur africain qui achète en ligne un produit fabriqué en Europe n'acquitte que la TVA africaine. Cela permettra à terme de collecter les ressources issues de la vente à distance.

501. Par ailleurs, les incitations fiscales ont conduit à la création de zones de non-fiscalité ou d'exception territoriale. Les entreprises franches d'exportation de par leur statut concentrent la majeure partie de leurs opérations à l'exportation. Le statut d'extraterritorialité dont bénéficient les entreprises en régime de zone franche, crée des distorsions. Comme le fait remarquer Gérard CHAMBAS, il est difficile de contrôler de manière efficace l'apurement de ces régimes, notamment l'apurement des comptabilités en la matière et d'empêcher des détournements de marchandises vers le marché domestique. Cette tâche est d'autant plus difficile que la plupart des entreprises bénéficiant de ce régime produisent aussi pour le marché intérieur[859].

502. Dans une célèbre affaire « les ciments du Togo SA c/la commission de l'UEMOA », la plaignante soutenait que la société West African Cimento (WACEM) avait été agréée par la République Togolaise comme entreprise en zone franche d'exportation. La particularité de la législation togolaise résultait du fait que les exportations de Ciment effectuées dans les territoires douaniers de l'UEMOA étaient faites en violation du TEC. En réalité, la WACEM bénéficiant du TEC au même titre que les entreprises ressortissantes du territoire douanier de l'UEMOA, cela a créé une situation de concurrence déloyale. Selon le Docteur Vianney Onanga OPISSINA : « *ce cas de figure est dû au manque ou à la faiblesse de contrôle du régime de faveur accordé aux*

[858] G. APPERE, V. PETIT & G. TAUZIN, « Commerce en ligne et TVA : comment atteindre l'objectif d'une taxation effective au lieu de consommation », *RFFP*, n° 134, 2016, p. 167.

[859] G. CHAMBAS, *Afrique au sud du Sahara : mobiliser les ressources fiscales pour le développement*, *op. cit.*, p. 55.

« EFE », alors que la tentation est grande pour des entreprises peu scrupuleuses d'écouler sur les marchés domestiques des produits importés sans payer les taxes et droits de douane requis »[860]. Certains accords signés entraînent également des pertes de recettes.

B. Le risque de perte de recettes due aux APE

503. Le nouvel Accord de partenariat ACP-UE, dénommé Accord de Cotonou, a été signé le 23 juin 2000 pour 20 ans entre 77 pays ACP et les 15 membres. C'est un accord-cadre d'aide et de commerce qui s'inscrit dans le prolongement des conventions de Lomé. D'une durée de vingt ans, l'accord de Cotonou contient un protocole financier dont les ressources sont allouées aux pays ACP par le biais du Fonds européen de Développement. L'objectif central[861] de cet accord est la réduction de la pauvreté tout en contribuant au développement durable et à l'intégration progressive des pays ACP à l'économie mondiale[862].

504. Rappelons que les pays membres de l'UEMOA ont un budget essentiellement fiscal. Les administrations fiscales et douanières sont chargées chacune de son côté d'atteindre les seuils de prévision contenus dans la loi de finances que le ministère de tutelle transforme en objectif pour ces régies financières. Ainsi, la signature d'accord de libre-échange n'est pas sans conséquence sur les recettes à recouvrer[863]. À côté du niveau de développement, le degré d'ouverture est l'un des facteurs explicatifs prépondérants, d'ailleurs très tôt soulevé, de l'efficacité du système fiscal à mobiliser des recettes. Dans une économie ouverte, les recettes de porte réputées faciles à recouvrer augmentent du fait de l'importance des flux commerciaux. L'ouverture des frontières au-delà du cadre de l'UEMOA n'est pas synonyme de progrès. Fruits d'une histoire bien établie, les Accords de Partenariat Économique posent de redoutables problèmes liés à l'imprévisibilité de leurs conséquences sur les pays pauvres[864].

505. Les APE visent un libre-échange des produits agricoles entre les pays ACP et l'UE. Les conséquences de cet accord sont protéiformes

---

[860] V. O. OPISSINA, *Problématique de l'application de la TVA dans l'espace OHADA*, *op. cit.*, p. 73.

[861] Voir l'article 1er al 2.

[862] O. SADECK, « Les APE : entre opportunités et menaces », *In colloque des 4 et 5 octobre 2018 à Cotonou, Bénin : les recettes publiques en débat*, L'Harmattan, 2020, p. 347.

[863] *Ibid.*, p. 343.

[864] A. NIANE, *Fiscalité et intégration économique*, *op. cit.*, p. 89.

mais nous allons beaucoup plus nous appesantir sur les conséquences budgétaires. Dans le cadre des APE, il est possible que les importations en provenance de l'UE viennent concurrencer la production locale. La suppression des droits de porte entraîne naturellement un amoindrissement des recettes douanières et fiscales[865]. En réalité, la mise en œuvre des APE exige de la part de chaque partenaire l'ouverture de son marché aux produits d'exportation de l'autre. Cela nécessite la suppression des droits de douane et toute autre mesure pouvant entraver l'activité de commerce. La suppression des droits de douane sur les importations agricoles du Sénégal pourra entraîner des pertes de ressources importantes pour le trésor public sénégalais. Au courant de l'année 2000, les pertes étaient évaluées de l'ordre de 65 millions d'euros par an[866].

506. Selon les négociateurs européens, la croissance supplémentaire générée par les APE compensera les pertes de recettes douanières. Mais la dépendance budgétaire aux tarifs douaniers est vraiment élevée dans les pays ACP (pour nombre d'États concernés, ces droits de porte représentent 50 à 70 % des budgets nationaux, qui devront se reporter sur d'autres segments fiscaux)[867].

507. De nos jours, la tendance a certes évolué. En réalité, les performances de la DGID sont de loin supérieures à celles de l'administration des douanes. Par ailleurs, le désarmement tarifaire, résultant de la transition fiscale a spolié une bonne partie des droits de porte. Dans ce sillage est-ce que la TVA pourra assurer aussi bien le pivot de la transition fiscale ainsi que celui des APE ? À juste raison, la réponse sera négative, les recettes fiscales et douanières restent les principaux moyens permettant à l'État de financer son budget.

508. Le contre-coup de la transition fiscale n'a pas encore été maîtrisé et un éventuel accord de libre-échange tend à porter atteinte à la protection tarifaire de certains produits. À titre d'exemples, la Politique agricole de l'Union (PAU) et la Politique industrielle commune ont été formulées après la mise en place du TEC en 2000. Malgré l'existence de la Taxe Conjoncturelle à l'Importation (TCI) et de la Taxe dégressive de Protection (TDP), la non-prise en compte des besoins spécifiques

---

[865] À KOUNTA, *Enjeux des APE entre l'UE et la CDEAO : l'exemple du Sénégal,* Rapport de Stage, 2004, Université Paris-Sud 11, p. 22.

[866] *Ibid.*, p. 7.

[867] J-F SEMPERE, « Les accords de partenariat économique : un chemin critique », www.ifri.org, 2008, p. 20.

des secteurs agricoles et industriels a rendu difficile l'ajustement d'une fiscalité de porte centrée sur la protection des filiales sensibles[868].

509. La Commission économique pour l'Afrique des Nations unies confirme les effets pernicieux des accords de libre-échange entre l'UE et les pays ACP. Selon la commission, l'Afrique Subsaharienne en sus des pertes tarifaires, d'une détérioration des termes de l'échange et d'une croissance plus forte de ces importations par rapport à ses exportations, la mise en place d'une zone de libre-échange entre l'UE et les pays de l'Afrique Subsaharienne serait plus bénéfique au gré d'importants bouleversements macro-économiques[869].

510. L'étude de la CAPE au niveau de l'UEMOA a montré que le désarmement progressif relatif aux APE réduit les recettes tirées par les États de l'UEMOA des échanges avec l'UE. En moyenne, les pertes de recettes au niveau de l'Union se situeraient à 146 milliards de FCFA. La Côte d'Ivoire et le Sénégal viendraient en tête avec des moyennes annuelles respectives de 52 et 44 milliards de FCFA de pertes sur la période 2008-2017. Les pays de l'hinterland qui ont un taux de commerce intra-élevé auront des pertes moins importantes de l'ordre de 5 milliards de FCFA pour le Niger et de 9 milliards de FCFA pour le Burkina Faso. Toutefois, ces niveaux de perte devront être relativisés car, en pourcentage du PIB, la perte de recettes varie entre 4,32 % et 13,08 % pour les pays de l'Union[870].

511. Le processus d'adoption des APE reflète beaucoup plus un contrat d'adhésion qu'un accord devant être signé par deux parties. Les pays ACP n'ont pas procédé à une étude sérieuse de l'impact de ces accords sur l'économie de leurs États. Il a toutefois été brandi une probable diminution des recettes budgétaires mais celles-ci dépassent largement cet aspect[871]. De plus, l'inégalité des partenaires est susceptible de provoquer des ajustements particulièrement coûteux pour les pays ACP. L'existence de coûts et d'avantages comparatifs différenciés d'un pays à l'autre va conduire nécessairement à des déséquilibres de

---

868 S. DIARRA, *Chocs et mobilisation des recettes publiques dans les pays en développement*, Thèse de doctorat, Université Auvergne Clermont Ferrand I, p. 93.

869 V BERISHA-KRASNIQUI, A. BOUET & S. MEVEL, « Les APE : quel avantage pour le Sénégal », *Revue de l'OFCE,* 2008, p. 109.

870 O. SADECK, « Les APE : entre opportunités et menaces », *In colloque des 4 et 5 octobre 2018 à Cotonou Bénin : les recettes publiques en débats*, *op. cit.*, p. 356.

871 J.-P. DUFAU & A. SOUARE, « Rapport sur les accords de partenariat économique entre l'UE et les pays ACP », *Réunion de l'Assemblée Parlementaire de la francophonie à Kinshasa (RDC) 5-8 juillet 2011,* p. 13.

croissance, fondés très naturellement sur les différences d'élasticité revenues de la demande[872].

512. Les promoteurs de l'aide publique au développement, en retour, à commencer par la Commission européenne et les États membres de l'Union européenne devraient analyser plus en profondeur la relation entre le commerce et le développement. Il y a un besoin clair de prendre en compte les interactions des politiques et procédures de développement d'une part, et des politiques et négociations commerciales de l'autre, ainsi que de comprendre les goulots d'étranglement dans l'acheminement effectif du soutien au développement[873].

513. Aujourd'hui, le processus de mise en œuvre des APE apparaît comme bloqué certains pays membres de l'ACP restent dubitatifs quant aux réels avantages qu'ils pourraient tirer de la signature de ces accords. Certains ont même proposé une revalorisation des prix des matières premières pour équilibrer les échanges commerciaux entre l'Union européenne et les pays d'Afrique. Il est toutefois difficile pour les pays ACP de quitter facilement la table des négociations compte tenu des relations qu'elles entretiennent avec l'UE (aide au développement, assistance technique)[874].

514. Cette situation préjudiciable pour les pays africains a conduit à l'éclatement des objectifs définis au départ. La date du 31 décembre 2007 avait été fixée pour la signature des APE. Cependant, seuls les biens ont fait l'objet d'une signature. Tous les autres aspects ont été mis en renégociation dans le but de trouver un nouvel accord. Ainsi, la signature d'un accord provisoire semble être un choix rationnel pour les pays africains. Le report de l'échéance de signature pour les autres aspects permettra aux ACP de mieux appréhender les contours de l'accord[875].

515. Les APE ont fait l'objet d'une large vague de protestation durant la première décennie du 3e millénaire. Sous la houlette du Président Abdoulaye WADE, cet accord n'avait pas connu une bonne presse en Afrique compte tenu des effets pernicieux que leur application

---

[872] *Ibidem*, p. 19.

[873] S. BILAL & F. RAMPA, « La dimension développement des APE et l'aide internationale pour le commerce », *Éclairage sur les négociations de Doha à Cotonou*, n° 6, 2005, p. 3.

[874] J-P DUFAU & A. SOUARE, « Rapport sur les accords de partenariat économique entre l'UE et les pays ACP », *op. cit.*, p. 21.

[875] F. RAMPA, « L'UE propose des APE en deux étapes », *Éclairage sur les négociations,* Vol. 6, n°7, 2007, p. 2.

pourrait engendrer. Les budgets de la majeure partie des États membres de l'UEMOA sont fortement teintés de fiscalité. Ainsi, toute mesure tendant à réduire l'assiette fiscale engendrera une moins-value fiscale. Par ailleurs, les produits agricoles de nos États ne peuvent pas concurrencer ceux des Européens. La pérennité de cet accord finira par tuer toute perspective d'industrialisation en Afrique. Les États africains doivent se départir de l'aide au développement car celle-ci est une épée de Damoclès au-dessus des Nations qui pourrait à chaque fois que de besoin être utilisée par l'UE comme un moyen de chantage.

516. L'UEMOA a elle-même appelé les ACP à plus de vigilance dans la négociation des APE. Pour l'organisation, l'agriculture occupe une part prépondérante dans les économies des États membres de l'UEMOA, avec près de 70 % de la population active. Elle estime qu'une négociation sur cet aspect doit faire l'objet d'une attention particulière. À cet effet, nous réaffirmons que les négociations sur l'agriculture doivent viser à établir un système commercial multilatéral équitable et évoluer vers les objectifs suivants :

– la réduction substantielle des niveaux des droits applicables aux produits agricoles ;

– le libre accès de tous les produits agricoles originaires des pays en développement et des pays les moins avancés aux marchés des pays développés ;

– la réduction substantielle des mesures de soutien interne visant à promouvoir la production agricole et pouvant créer des distorsions sur le marché ;

– l'examen critique de l'utilisation des mesures de la "boîte verte" et de la "boîte bleue", en vue d'en limiter l'utilisation abusive ;

– l'élimination des subventions à l'exportation ;

– l'appui au développement du secteur agricole dans les pays en développement en général et des PMA en particulier[876].

---

[876] Réunion de concertation des ministres chargés du Commerce et de l'Agriculture des États membres de l'UEMOA sur les négociations Post Cancun, Ouagadougou, le 21 novembre 2003, p. 2.

CONCLUSION
DE LA PREMIÈRE PARTIE

517. Le principe de la territorialité est éprouvé par les mutations de l'économie mondiale. Le réseau de conventions fiscales s'élargit de jour en jour et contribue à affaiblir la vigueur du pouvoir d'imposition. Dans sa thèse sur les dérogations aux principes de la territorialité de l'impôt, Jean Pierre JARNEVIC affirmait que : « *les conventions fiscales ne tournent pas en faveur des pays en voie de développement* ». Ce raisonnement est exclusivement fondé sur les inégalités de développement. La quasi-inexistence d'industrie en Afrique fait même dire au profane que les avantages ne profitent qu'aux pays industrialisés. Le remède face à cette situation est orienté vers une plus grande sauvegarde des intérêts des pays importateurs de capitaux dans le cadre des négociations qui aboutiront à la signature de conventions fiscales.

518. L'ingéniosité des contribuables a consisté à mettre en place un système non pris en charge par la règlementation pour effectuer des activités commerciales génératrices de revenus sans pour autant être inquiétés par le fisc. C'est le cas des notions de cycle complet d'opération commerciale, de commissionnaire et d'activités de vente en ligne. Le commerce en ligne a fait l'objet d'une très grande littérature mais, jusqu'à présent aucune satisfaction n'a été notée suite aux différentes recommandations faites de part et d'autre. Toute cette masse monétaire en circulation pouvait permettre aux États de renflouer les caisses du trésor public et réduire substantiellement les charges de la dette.

519. La méthode de la déclaration contrôlée corollaire de l'évaluation de la matière imposable rime avec une administration performante apte à contrecarrer toute velléité d'évasion et de fraude fiscales. Le diagnostic des maux dont souffrent notre administration a conduit à la mise en place d'un pactole de réformes guidées par le Plan de Développement Stratégique de l'Administration fiscale. Cependant, le « Benchmarking » a fini par montrer que le système de la carrière est un goulot d'étranglement auquel nos États doivent remédier. L'exemple du Burundi est édifiant. La performance rime avec un résultat palpable. Les régies financières doivent adopter la même dynamique qu'une entreprise privée. L'avancement en grade et en échelon doit plus que jamais être cantonné sur les résultats réalisés. La forte politisation notée depuis ces deux dernières décennies est à bannir.

2e PARTIE

UNE APPLICATION RENOUVELÉE DU PRINCIPE DE LA TERRITORIALITÉ

520. La territorialité de l'impôt veut que l'impôt conçu à l'intérieur d'un territoire par les organes compétents soit recouvré et utilisé au profit des citoyens de cet État[877]. Toutes les personnes tenues par le devoir de solidarité sociale doivent payer l'impôt, sans distinction d'âge, de sexe, de nationalité, de condition sociale. C'est la règle de l'égalité, de la généralité, de l'uniformité en matière fiscale. Il y a égalité devant l'impôt comme égalité devant la loi. Cette égalité devant l'impôt ne signifie pas que les citoyens doivent payer la même somme[878]. En France, la constitution de 1793 a donné beaucoup plus de vigueur à l'obligation de chaque citoyen de s'acquitter de sa dette fiscale. En effet, l'article 101 disposait que : « *nul n'est dispensé de l'honorable obligation de contribuer aux charges publiques* ». La territorialité relève donc de l'applicabilité générale des règles du droit fiscal[879]. Ledit principe relève d'une articulation spécifique (Titre 1). Au-delà de son effritement découlant de la perversion de certains mécanismes appliqués par les contribuables, une réelle tentative de sauvegarde est menée par les acteurs (Titre 2).

---

[877] A. LOGMO MBELEK, « La souveraineté fiscale des États africains au sud du Sahara (Face aux enjeux du développement) l'exemple du Cameroun », *op. cit.*, p. 50.
[878] M. BOUCARD & G. JEZE, *Cours élémentaire de science des finances et de la législation financière française,* Paris, Ed V. GIARD & E BRIERE, 1904, p. 231.
[879] N. GHARBI, *Le contrôle fiscal des prix de transfert*, Paris, L'Harmattan, 2005, p. 49.

TITRE I

LA SUBSISTANCE DE LA STRUCTURE CLASSIQUE DU PRINCIPE DE TERRITORIALITÉ

521. Au premier abord, l'hypothèse selon laquelle la compétence fiscale est le corollaire de l'assise territoriale peut viser une diversité de situations territoriales, variant entre entités qualifiées d'États en droit international et territoires et collectivités non reconnus comme tels[880]. Le droit international nous apprend que l'État est une réunion permanente et indépendante d'hommes propriétaires d'un certain territoire, associés sous une autorité commune organisée dans le but d'assurer à tous et à chacun l'exercice de sa liberté et la jouissance des droits. De cette définition découle, dans son acception générale et absolue, la notion de territorialité des lois, qui comporte une façon positive : le droit pour un État de soumettre à sa loi tout ce qui est dans les limites de son territoire, et de façon négative : l'impossibilité pour le même État d'y assujettir des éléments extérieurs à ces limites[881]. Dès lors que la loi fiscale est circonscrite dans un espace bien déterminé, le contribuable doit satisfaire à un certain nombre de critères pour tomber dans la compétence de la juridiction fiscale[882]. À partir de ce moment, les soubassements du principe doivent être clairement définis (Chapitre 1). L'État, dans la mise en œuvre du modèle économique, choisi d'intervenir pour réguler le marché (Chapitre 2).

---

880 A. KALLERGIS, *La compétence fiscale*, *op. cit.*, p. 114.
881 L. MAX, *Essai sur la territorialité de l'impôt*, *op. cit.*, p. 9.
882 G. TIXIER, G. GEST & KEROGUES, *Droit fiscal international*, *op. cit.*, p. 21.

CHAPITRE I

FONDEMENT DU PRINCIPE DE LA TERRITORIALITÉ

522. Le respect de la souveraineté des États implique le bannissement de l'extraterritorialité des lois fiscales. Certains auteurs ont tenté d'apporter un éclaircissement. En réalité, ils ont indiqué que l'aspect négatif de la territorialité fiscale signifie qu'en dehors d'une convention, aucun État ne permet une quelconque application sur son territoire des lois fiscales des autres États[883]. Partant de ce postulat, la norme de droit fiscal est un élément crucial dans le déploiement du principe de la territorialité puisque c'est le Code général des Impôts qui décline le champ d'application des différentes impositions[884]. En procédant de la sorte, l'État détermine son système fiscal (Section 1) ainsi que la matière qu'elle doit appréhender (Section 2).

Section I : La détermination du système fiscal

523. La notion de système fiscal suppose aussi un ensemble organisé d'impôts. Certes, les systèmes fiscaux sont loin de constituer des constructions purement rationnelles, mais obéissent à une certaine logique de la nécessité qui leur donne une cohérence suffisante pour qu'ils puissent être considérés comme des systèmes au sens cybernétique du terme[885]. L'ambition de mettre en place une fiscalité optimale par le biais d'un système fiscal performant a été notée dans les différentes réformes nationales et communautaires[886]. Dès lors, il ne fait point de doute que l'établissement d'un système fiscal relève du pouvoir

---

[883] M. CHRETIEN, *A la recherche d'un droit fiscal international commun*, *op. cit.*, p. 71.
[884] A. KALLERGIS, « L'élaboration de la norme fiscale », *op. cit.*, p. 60.
[885] P. BELTRAME, *L'impôt*, *op. cit.*, p. 163.
[886] A. NIANE, *Fiscalité et intégration économique*, *op. cit.*, p. 76.

d'imposition nationale[887] (Paragraphe1). Cependant, la régulation du marché par les règles fiscales suppose un interventionnisme de l'État (Paragraphe2).

Paragraphe I : La maîtrise du pouvoir d'imposition

524. Dans le cadre des États, la compétence fiscale est en principe l'affaire du législateur national. Toutefois, elle est souvent, partagée entre celui-ci et les autorités délibérantes d'autres collectivités territoriales, dans une mesure variable selon l'organisation politique et administrative de chaque État[888]. Ainsi, dans l'organigramme des États unitaires les auteurs de la norme fiscale demeurent encore aujourd'hui principalement les États[889]. Autrement dit, on parle de souveraineté du pouvoir fiscal national(A). Tandis que le droit conventionnel regorge d'un caractère subsidiaire (B).

A. La souveraineté du pouvoir fiscal

525. Avant d'en arriver à la souveraineté fiscale, il faudrait d'ores et déjà rappeler les principes que renferme la notion même de souveraineté. La souveraineté selon Maxime CHRETIEN est « *un pouvoir absolu de l'État de décider sur son territoire* ». Selon l'auteur les États ont tendance à ranger certaines matières dans leur compétence nationale exclusive. Parmi celle-ci, la fiscalité fait l'objet d'une inscription en préférence compte tenu de son importance dans la bonne marche de l'État[890].

526. Dans la même optique, Carré DE MALBERG a donné selon Guy GEST l'une des définitions les plus accomplies de la souveraineté. Dans un premier sens qui est aussi le premier sens, le mot « *désigne le caractère suprême d'une puissance pleinement indépendante, et en particulier de la puissance publique. Dans une seconde acception, il désigne l'ensemble des pouvoirs compris dans la puissance de l'État, et il est par suite synonyme de cette dernière. Enfin, il sert à caractériser la position qu'occupe dans l'État le titulaire suprême de la puissance étatique* [891]».

---

[887] Le droit conventionnel ne met pas en place un système fiscal complet. Il ne peut pas servir de base légale à une décision d'imposition (Voir les développements sur la subsidiarité des conventions fiscales).

[888] B. CASTAGNEDE, « Souveraineté fiscale et Union européenne », *op. cit.*, p. 53.

[889] A. KALLERGIS, « L'élaboration de la norme fiscale » *RFFP*, n° 146, 2019, p. 64.

[890] M. CHRETIEN, *À la recherche d'un droit fiscal international commun, op. cit.*, pp. 11 & 14.

[891] G. GEST, « Considération générale sur la notion de souveraineté fiscale », *Mélanges en l'honneur du professeur Paul AMSELEK*, Paris, Bruylant, 2005, p.333.

527. La doctrine fiscaliste se réfère souvent à la notion de « souveraineté fiscale » pour décrire le titre du pouvoir fiscal étatique ou son partage entre différents échelons politiques d'une forme politique. La propagation de l'emploi de ce terme dans la doctrine est attribuée à Maxime CHRETIEN, mais le terme était déjà existant dans le langage juridique français avant lui. Ainsi, on lit dans les débats parlementaires de 1908 que « la souveraineté fiscale est inaliénable[892]».

528. Le lien est traditionnellement établi entre le pouvoir fiscal, d'une part, et la souveraineté, d'autre part, envisage cette dernière notion au sens du droit interne. La référence à la notion de souveraineté, d'une part, envisage cette dernière notion au sens du droit interne. Le pouvoir fiscal constitue l'un « *des pouvoirs compris dans la puissance d'État* »[893]. La présence du pouvoir fiscal se manifeste par la présence de trois éléments : une administration fiscale (1) chargée de percevoir les impôts (2) dans le cadre légal (3)[894]. Le pouvoir fiscal ainsi présenté se déploie sur un territoire bien déterminé par le biais d'un système fiscal. Le système fiscal renforce la souveraineté du pouvoir fiscal en se dotant d'une autonomie technique et d'une exclusivité d'application dans le territoire en question[895]. Dans sa conception classique, le système fiscal est cet ensemble normatif qu'on en a vu sans, bien sûr, que soient ignorés, pour autant les aspects politico-administratifs et socio-économiques de la fiscalité. Ce système normatif constitue un sous-ensemble du système juridique national qui lui-même comporte des normes issues du droit international[896]. Enfin, il faut que le système fiscal soit élaboré par les organes propres au territoire sur lequel il étend son emprise et surtout, qu'il soit destiné à alimenter un budget de ceux qu'alimentent les systèmes fiscaux concurrents. Dès lors, il est indifférent que le territoire à l'intérieur duquel le système d'impôts est applicable soit, ou non, subordonné politiquement à une puissance extérieure, ou lié à d'autres territoires par des institutions de caractère fédératif[897].

---

[892] A. KALLERGIS, *La compétence fiscale*, *op. cit.*, p. 11.
[893] M. PELLETIER, *Les normes du droit fiscal*, *op. cit.*, p. 84.
[894] A.MAITROT DE LA MOTTE, *Souveraineté fiscale et construction communautaire : recherche sur les impôts directs*, Paris, LGDJ, Coll. « Bibliothèque de la science financière », 2005, p. 15.
[895] G. TIXIER, G. GEST & KEROGUES, *Droit fiscal international, op. cit.*, p. 3.
[896] P. BELTRAME & L. MEHL, *Techniques politiques et institutions fiscales comparées, op. cit.*, p. 75.
[897] J.-B. FOTSING, *Le pouvoir fiscal en Afrique*, *op. cit.*, p. 212.

529. La fiscalité est un fait de société. On peut même la voir comme un phénomène social total, au sens du concept forgé par le sociologue M MAUSS, car elle se situe au cœur de tous les aspects fondamentaux qui composent l'essence des sociétés son importance est telle que certains auteurs n'hésitent pas à la présenter à la fois comme un fait politique, économique, administratif, idéologique et social au point où elle constitue une excellente clef de lecture de l'organisation et de la qualité de la vie en société. C'est peut-être pour cela qu'à la base de la fiscalité, il y a le principe de la légalité de l'impôt avec son pendant qu'est le consentement à l'impôt[898].

530. Le principe du consentement à l'impôt est exprimé par le tiers État dans un décret du 13 juin 1789. Le texte indique que désormais toutes les contributions existantes sont illégales et nulles parce qu'elles n'ont pas été consenties. Dorénavant, aucune levée ne pourra s'effectuer si elle n'a pas été préalablement décidée par l'Assemblée représentative des citoyens. Ce même décret sera repris par l'article 14 de la Déclaration des droits de l'homme et du citoyen du 27 août 1789[899]. Au Sénégal, ce principe a de tout temps été consacré par les différentes Constitutions adoptées depuis l'indépendance. L'article 39-4 de la constitution de 1960[900] prévoit que la loi fixe les règles concernant : « l'assiette, le taux et les modalités de recouvrement des impositions de toutes natures, le régime d'émission de la monnaie[901] ». Le même dispositif est prévu par l'article 59-4 de la constitution de 1963[902] est réaffirmé par la Constitution du 22 janvier 2001 à travers l'article 67. Cet article est selon le Docteur El Hadji Dialigué BA qu'un prolongement de l'article 14[903] suscité de la DDHC de 1789[904]. Si la disposition constitutionnelle n'évoque pas le droit fiscal en tant que tel,

---

898 A. LOGMO MBELEK, « La souveraineté fiscale des États africains au sud du Sahara (Face aux enjeux du développement) l'exemple du Cameroun », *op. cit.*, p. 41.
899 M. BOUVIER, *Introduction au droit fiscal général et à la théorie de l'impôt*, *op. cit.*, p. 34.
900 Loi n° 60-045 A.N. du 26 août 1960 loi sénégalaise portant révision de la Constitution de la République du Sénégal.
901 I. M. FALL, *Textes constitutionnels du Sénégal du 24 janvier 1959 au 15 mai 2007*, CREDILA, 2007, p. 43.
902 Loi 63-22 du 07 mars 1963 portant révision de la Constitution de la République du Sénégal
903 « *Les citoyens ont le droit de constater par eux-mêmes ou par leurs représentants, la nécessité de la contribution publique de la consentir librement d'en suivre l'emploi et d'en déterminer la quotité, l'assiette, le recouvrement et la durée* ».
904 El H. DIALIGUE BA, *Droit fiscal*, *op. cit.*, p. 22.

elle privilégie une conception large des impositions dont elle réserve la définition du régime au Parlement[905].

531. L'article 3 alinéa 2 de la loi 2011-15 du 8 juillet 2011 relative aux lois de finances dispose : « *les dispositions relatives à l'assiette, au taux et aux modalités de recouvrement des impositions de toute nature, qu'elles soient perçues par l'État ou affectées à d'autres organismes publics sont du domaine de la loi* [906]». Si l'on se fie à la démarche de PELLETIER, les lois organiques d'une manière générale et la LOLF en particulier sont des normes constitutionnelles de valeur inférieure[907]. La combinaison des articles 67 et 76 de la constitution permet de définir les compétences respectives des deux pouvoirs constitués ou institués que sont : l'exécutif et le législatif. Cette technique de distribution du pouvoir normatif est qualifiée de répartition horizontale des « *compétences* » que l'un des commentateurs de la constitution française résume dans cette formule : « *le législateur a compétence pour ce qui est important et le gouvernement pour ce qui est secondaire* » dans une même matière donc, le législateur selon la terminologie usuelle « met en cause » les règles essentielles les plus importantes (assiette, taux, recouvrement) du droit fiscal, le règlement se chargeant de « mettre en œuvre » les prescriptions législatives[908]. Le juge constitutionnel béninois dans une de ses décisions[909] a réitéré la vigueur du sacro-saint principe de la légalité fiscale. Il a déclaré contraire à la constitution l'arrêté interministériel portant mobilisation des ressources extrabudgétaires pour la participation du Bénin à la coupe d'Afrique des nations de football[910].

532. La doctrine pour sa part a fait une remarque importante s'agissant du principe du consentement à l'impôt. Pour Sasso PAGNOU : « *il faut distinguer le consentement à l'impôt du consentement de l'impôt. Selon lui, le consentement de l'impôt renvoie à l'autorisation que donne la représentation alors que le consentement à l'impôt désigne l'acceptation psychologique du contribuable. L'acceptation psychologique est étroitement liée à l'acceptation de la représentation parlementaire. La qualité*

---

[905] J. GROSCLAUDE & P. MARCHESSOU, *Droit fiscal général*, *op. cit.*, p. 24.

[906] N. MEDE, *Constitutions et documents financiers*, L'Harmattan, 2018, p. 254.

[907] M. PELLETIER, *Les normes du droit fiscal*, *op. cit.*, p. 111.

[908] A. A. D. KEBE, *La répartition des compétences entre la loi et le règlement en droit fiscal sénégalais,* Thèse de doctorat, FSJP-UCAD, 2012, p. 33.

[909] DCC, 06-108 du 11 août 2006.

[910] N. MEDE, S. C. HOUNDEFFFO & I. M. MEDE, « Étude du système fiscal béninois », *Droit fiscal en Afrique subsaharienne francophone sous la direction de Thierry OBRIST*, Ed Bruylant, 2022, p. 14.

du mode d'élection des représentants parlementaires légitime les prélèvements fiscaux »[911]. La question de la légitimité de l'impôt peut bien se poser au Sénégal. La combinaison des deux modes de scrutin (majoritaire & proportionnel) a toujours été décriée par les acteurs politiques. En réalité, par le biais de coalition, le pouvoir en place arrive à décrocher une majorité confortable avec l'obtention des 90 sièges affiliés au scrutin majoritaire. Au-delà même de la procédure d'adoption de la loi fiscale, une frange importante de la doctrine estime que l'accessibilité aux textes fiscaux devient un enjeu majeur de la bonne intelligibilité des normes fiscales et constitue un élément de ce processus de re-légitimation de l'impôt auquel l'administration fiscale est partie prenante[912]. Pour le professeur Michel BOUVIER, *« le consentement à l'impôt ne se joue plus seulement au Parlement mais aussi et pour beaucoup au niveau de la pratique administrative* ». En prenant l'exemple de la France, la Direction générale des Finances publiques devient peu ou prou le vecteur de l'acceptation de l'impôt et qu'un glissement de sens semble ainsi s'opérer. Dès lors, le civisme fiscal prend une dimension plus administrative et gestionnaire que politique[913].

533. Par ailleurs, il faudrait comprendre qu'un jeu est opéré par le pouvoir constituant originaire. En réalité, le pouvoir législatif et le pouvoir exécutif se partagent la compétence fiscale logée dans deux mots que sont : consécration-exécution. Le fait majoritaire qui est noté dans la plupart des régimes politiques contemporains engendre une confusion des pouvoirs entre l'exécutif et le législatif. Ce phénomène sape la répartition définie par la Constitution. En définitive, l'exécutif consacre, fait voter et exécute selon son bon vouloir.

534. En vertu du droit international public, la compétence fiscale exécutive est exclusivement territoriale. Dans ce sillage, un État ne peut exercer de pouvoir de contrainte sur le territoire d'un autre État. KELSEN soulignait déjà que : « *les organes qui appliquent le droit ne sont pas tenus d'appliquer, aux faits qui leur sont soumis, les normes d'un ordre juridique étatique étranger que si leur propre ordre juridique les y autorise expressément*[914]». Nicolas MELOT, lui en

---

[911] S. PAGNOU, *La fiscalité et les droits de l'homme dans les pays de l'UEMOA*, *op. cit.*, p. 484.

[912] J. R. PELLAS, « La notion de l'impôt dans la Revue Française de Finances publiques », *RFFP*, n° 142, 2018, p. 295.

[913] M. BOUVIER, « Nouveau civisme fiscal et légitimité du recouvrement de l'impôt », *RFFP*, n° 112, 2010, pp. 25-26.

[914] *Ibid.*, P.148.

revanche, a tenté d'apporter la différence entre la compétence exécutive et la compétence normative. En effet, si la compétence normative n'implique pas nécessairement la compétence exécutive, cette dernière est quant à elle limitée par la première. Un État ne peut exercer sa compétence exécutive pour recouvrer des impôts alors que ceux-ci n'entrent pas dans sa compétence normative. Ainsi, un État ne peut-il imposer un étranger non-résident sur ses revenus de source étrangère quand bien même cet État serait en mesure de recouvrer la créance résultant de cette imposition. Le recouvrement d'une telle créance serait en effet illicite au regard du droit international[915]. Au Sénégal, même si le principe de la territorialité de l'impôt a été retenu dans l'application de la loi fiscale, le législateur applique le principe de la mondialité de l'impôt pour l'impôt sur le revenu des personnes physiques. Ledit principe se matérialise à travers l'article 54-1 du CGI : « *sous réserve des dispositions des conventions fiscales internationales, l'impôt est dû chaque année à raison des bénéfices ou revenus nets que le contribuable réalise ou dont il dispose au cours de la même année, sans qu'il y ait lieu de distinguer suivant que ces revenus ont leur source au Sénégal ou à l'étranger* ». Dans sa démarche, le législateur fait primer la résidence sur la source des revenus. Cela engendre naturellement une extraterritorialité de la norme fiscale. Cette dernière range dans la base imposable les revenus ayant leur source à l'étranger.

535. Notons que le développement de ce que l'on pourrait appeler « *le système fiscal international* » a conduit certains penseurs à instituer une prétendue concurrence entre les normes de caractère interne et international. Dans le cadre international, l'autolimitation de la souveraineté fiscale n'est pas unilatérale. L'intérêt bien compris des États les pousse à consentir d'autres limitations de leur souveraineté fiscale par voie d'engagements internationaux. Les organisations internationales à l'image de l'OCDE, l'ONU & l'ATAF bien que dépourvues de pouvoir normatif ont exercé au cours des dernières années une magistrature d'influence grâce à leurs travaux dans des pans entiers de la fiscalité internationale[916].

536. Cependant, il ne fait point de doute que les auteurs de la norme fiscale demeurent encore aujourd'hui principalement les États. Titulaires d'un pouvoir originaire qu'ils tirent de leur identité, ils peuvent aussi

---

[915] N. MELOT, *Territorialité et mondialité de l'impôt*, *op. cit.*, pp. 154-155.
[916] G. GEST, « Considérations générales sur la notion de souveraineté fiscale », *op. cit.*, pp. 236-237.

devenir titulaires de droits et obligations subjectifs du fait de leur personnalité internationale. C'est donc l'État qui est à l'origine de la création des normes fiscales internes, internationales et européennes. La légitimité de l'État dans la maîtrise du processus normatif est liée à sa qualité d'être la seule parmi les formes politiques qui est une représentation immédiate de la réalité sociale[917].

B. La subsidiarité du droit fiscal international

537. La subsidiarité est définie comme quelque chose qui complète la chose principale, de complémentaire et accessoire. L'adjectif subsidiaire vient du mot latin *subsidium* qui signifie réservé, complète le principal. La question subsidiaire est donc une question supplémentaire servant à départager deux ou plusieurs concurrents[918]. La question de la subsidiarité du droit conventionnel est ici étudiée par rapport au droit interne.

538. Parlant de la convention fiscale, Gilbert TIXIER soutenait qu'« *une convention fiscale est comme un pont jeté entre deux systèmes fiscaux. Elle ne constitue pas un système fiscal au complet* ». Tout d'abord, son champ d'application est très circonscrit : en particulier, une catégorie limitée de personne (les résidents) peut accéder au bénéfice de ses clauses, et seuls certains impôts nationaux sont visés. Ensuite, à l'intérieur de son champ d'application, elle ne substitue ses dispositions qu'à un nombre limité de règles de droit interne[919], bien qu'elles soient une source originale du droit fiscal. Contrairement au droit interne, elles n'ont en effet pas pour fonction de créer des impôts. Comme l'énonce le Conseil d'État, une convention fiscale « *ne peut pas par elle-même directement servir de base légale à une décision relative à l'imposition* »[920]. Cet aspect de la subsidiarité des conventions fiscales se remarque à la fois dans la démarche par laquelle doit être poursuivi, en particulier par le juge fiscal, le règlement des questions fiscales comportant un aspect d'extranéité, pouvant justifier l'application de dispositions conventionnelles, et dans la méthode d'interprétation des clauses conventionnelles[921].

539. Dans un considérant désormais célèbre de son arrêt « *Schneider Electric* », le Conseil d'État précisait que : « *si une convention bilatérale*

---

[917] A. KALLERGIS, *L'élaboration de la norme fiscale*, *op. cit.*, p. 64.

[918] N. B. BEKOUTOU, « Le principe de la subsidiarité : ses origines et son applicabilité », *Revue juridique et Politique*, n° 2, 2013, p. 247.

[919] G. TIXIER, *Droit fiscal international*, *op. cit.*, p. 61.

[920] D. GUTMANN, *Droit fiscal des affaires*, *op. cit.*, p. 53.

[921] B. CASTAGNEDE, Précis de fiscalité internationale, *op. cit.*, p. 411.

conclue en vue d'éviter les doubles impositions peut, en vertu de l'article 55 de la Constitution, conduire à écarter, sur tel ou tel point, la loi fiscale nationale, elle ne peut pas, par elle-même directement servir de base légale à une décision relative à l'imposition que par suite, il incombe au juge de l'impôt lorsqu'il est saisi d'une contestation relative à une telle convention de se placer d'abord au regard de la loi fiscale nationale pour rechercher si, à ce titre, l'imposition contestée a été véritablement établie et, dans l'affirmative sur le fondement de quelle qualification qu'il appartient ensuite, le cas échéant en rapprochant cette qualification des stipulations de la convention de déterminer en fonction des moyens invoqués devant lui ou même s'agissant de déterminer le champ d'application de la loi d'office si cette convention fait ou non obstacle à l'application de la loi fiscale[922]».

540. Cette démarche louable du juge administratif a été critiquée par la doctrine. Ainsi, pour M. BAILLEUL, la possibilité d'établir l'imposition sur le fondement direct de la convention ne saurait être analysée comme la substitution d'une norme d'origine internationale à une norme fiscale législative qu'au terme d'une analyse superficielle des normes fiscales législatives. La possibilité de fonder directement l'imposition sur le fondement de la convention ne peut être envisagée que de manière subsidiaire, lorsque la concrétisation des normes fiscales législatives nationales et étrangères ne permet pas de fonder une imposition. Enfin, pour l'auteur si le fondement émane de la convention, il faut en déduire que cela procède d'un renvoi fait par le droit interne[923].

541. Néanmoins, la position du juge administratif dans cette affaire a été confirmée par la décision « *Société Pacific Espace*[924] » rendue par le

---

[922] P. LEGENTIL, « Quelques réflexions sur la question de la qualification des revenus en droit conventionnel », *Revue de droit fiscal*, n° 24, juin 2013, p. 74.

[923] M. PELLETIER, *Les normes de droit fiscal*, *op. cit.*, p. 307.

[924] Dans cette affaire, une société française s'était abstenue de prélever la retenue à la source prévue à l'article 182-A du CGI au titre des rémunérations versées à deux travailleurs saisonniers britanniques qu'elle employait en France et qui, selon l'administration, n'y était pas domiciliés. La société s'était vu donc infliger l'amende prévue à l'article 1768 du CGI. la Cour Administrative d'Appel avait jugé cette pénalité injustifiée dans la mesure où les deux employés, même s'ils n'étaient employés que pendant une période de cinq mois par an au titre de chaque année litigieuse, et s'ils avaient déclaré résider en Angleterre et y disposer d'un foyer d'habitation permanent, devraient être regardés comme domiciliés en France au sens de l'article 4B du CGI dès lors que leur seule source de revenus était celle provenant de leur activité professionnelle en France, laquelle n'avait donc pas le caractère d'une activité accessoire. Dans son pourvoi en cassation, l'administration qui ne s'était pas

Conseil d'État le 13 juin 2007[925] qui concernait le cas de figure particulier dans lequel c'est l'Administration qui invoque les dispositions d'une convention aux fins d'asseoir une imposition à laquelle le contribuable aurait échappé sur la base du seul droit interne. Pour la Haute Assemblée, la Cour Administrative d'Appel n'avait pas commis une erreur de droit en s'abstenant d'analyser la situation qui lui était soumise au regard des stipulations de la convention franco-britannique, dès lors que l'imposition contestée n'était pas valablement établie en droit interne : les salariés, sur la base des critères domestiques, étaient considérés comme domiciliés fiscalement en France, si bien que la retenue à la source, et partant l'amende, n'étaient pas dues par la société qui les employait. Ainsi, lorsque l'imposition ne trouve pas de fondement dans la loi fiscale, il n'y a pas lieu d'examiner la portée de la convention fiscale[926].

542. Cette démarche prouve à suffisance que le pouvoir fiscal tire sa source de la loi. C'est dans ce cadre que M. KALLERGIS soutenait que : « *l'établissement de l'imposition est le fait du droit interne, qui peut comporter un renvoi à l'accord bilatéral contre les doubles impositions en vue d'éliminer des cas dans lesquels une combinaison des dispositions du droit interne et du droit conventionnel aurait comme conséquence une double non-imposition* ». Il en va de même de la face négative de la compétence fiscale relative à la comptabilisation des pertes. La prise en compte des pertes étrangères n'est pas l'effet direct de la convention contre les doubles impositions, mais celui du renvoi du droit fiscal interne[927]. Le Tribunal Administratif de Montreuil a confirmé la plénitude du pouvoir fiscal national en soutenant que : « *les conventions contre les doubles impositions n'ont une fonction de fondement de l'imposition qu'en raison de l'intention du législateur*[928] ».

543. Selon Pascal COUDIN, le mode d'articulation du droit conventionnel et du droit interne découle logiquement du principe de la

---

prévalue devant les juges du fond des stipulations de la convention fiscale, reprochait à la Cour de ne pas avoir examiné d'office si les dispositions de la convention ne faisaient pas obstacle à l'application des dispositions du droit interne.

[925] CE, 7e et 8e ss-sect., 13 juillet 2000, Sté Pacific Espace.

[926] E. DINH, « Fiscalité internationale : chronique de l'année 2013 », *Revue de droit fiscal*, n° 10, 2014, p. 69.

[927] A. KALLERGIS, *La compétence fiscale*, *op. cit.*, p. 333.

[928] TA Montreuil, 18 novembre 2011.

subsidiarité : l'objet de la convention est de faire éventuellement obstacle à l'application du droit interne, non se substituer à lui[929].

544. À notre humble avis, le juge pouvait se pencher également sur la supériorité des qualifications. Si l'on se réfère aux revenus passifs, il est clair que les qualifications internes s'effacent devant celles conventionnelles. Aussi, dans le cadre des revenus innommés ou non dénommés, il arrive des cas où la convention attribue le monopole de la qualification au droit interne. Celui-ci est en général matérialisé de la manière suivante : « *pour les revenus non définis par la convention, les parties au traité retiendront la définition retenue par le droit interne* ».

545. Et pourtant, le Conseil d'État fidèle à son principe a évoqué la question de la qualification des revenus. Dans une affaire soumise à son appréciation et qui impliquait l'application du dispositif de l'article 155, le juge administratif avait repris mot pour mot son considérant de 2002 avec une touche particulière. En réalité, le juge administratif dans l'affaire « AZNAVOUR » a précisé que la subsidiarité s'applique également à la qualification des revenus. Ainsi, le juge doit donc qualifier le revenu au regard du droit interne puis vérifier que la convention n'a pas retiré à la France le droit d'imposer un revenu ainsi qualifié[930].

546. Cette démarche est critiquable. Les revenus passifs ont généralement tendance à emprunter la qualification que leur donne la convention fiscale. Si le droit interne devrait être emmené à déterminer la qualification c'est parce qu'au préalable, le droit conventionnel aurait naturellement procédé à un renvoi vers celui-ci. La démarche du juge administratif français se détache du principe de la hiérarchie des normes tel que dicté par Hans KELSEN. Au gré du principe de la subsidiarité des conventions fiscales, le Conseil d'État fait primer les intérêts du fisc français en faisant prévaloir à chaque fois qu'une difficulté d'application se pose, le droit interne. Dans les jurisprudences KINGROUP et QUALITY INVEST le juge a privé d'effets la convention fiscale à un associé d'une société de personnes non-résidentes sous prétexte que les revenus ne sont pas réalisés « en propre » mais par un tiers, la société

[929] P. COUDIN, « Réflexion sur la portée du principe de subsidiarité des conventions fiscales internationales », *Mélanges en l'honneur du professeur Maurice COZIAN*, LITEC, 2009, p. 501.
[930] D. VILLEMOT, « Le verrou posé par la décision Aznavour sur la porte d'accès aux conventions fiscales » *op. cit.*, p. 18.

dont il est membre[931]. Le Sénégal a formulé une réserve au titre de l'article 3 de l'instrument multilatéral[932]. L'alinéa 1 de l'article 3 cantonne les revenus provenant d'une entité transparente ou partielle transparente à une seule juridiction si celui-ci est traité aux fins de l'imposition. Les entités transparentes posent un certain nombre de problèmes compte tenu de leur architecture. Si le pouvoir fiscal vise directement les membres de la société, il sera question soit de la résidence de la société soit de ses composantes. Il s'agit d'un schéma assez compliqué si la résidence de la société et des membres ne coïncide pas. L'intérêt serait pour les États en voie de développement de faire prévaloir le pouvoir fiscal du lieu d'implantation de la société. Sous ce rapport, l'intégralité des revenus sera appréhendée, quelle que soit la résidence des membres.

547. Aux États-Unis, le règlement des litiges relatifs à l'application du droit conventionnel a conduit à des solutions intéressantes. Rappelons que c'est le Congrès qui a pris l'initiative de répertorier les éventuels conflits de normes (override) existant entre les dispositions internes et conventionnelles afin, dans un premier temps, de statuer sur la réalité de ces conflits puis, dans un second temps, d'en déterminer l'issue. D'une manière générale, les conflits affectant les résidents fiscaux furent résolus en faveur des dispositions du droit interne, tandis que les conflits affectant des non-résidents furent résolus en faveur des dispositions constitutionnelles. Une telle solution s'avérait en effet conforme au droit international du fait de l'incorporation systématique aux conventions fiscales américaines d'une clause de sauvegarde (saving clause) qui attribue le droit aux États-Unis d'imposer leurs résidents fiscaux comme si la convention n'existait pas[933].

548. Les États-Unis ont toujours montré la pleine puissance de leur droit interne. Cette démarche conduit à un piétinement du droit conventionnel. Dans la première partie de notre travail nous avons montré que le droit américain fait primer les lois postérieures sur les traités. Il s'agit de la fameuse règle du *Later-in-time rule*[934]. Cet état de fait devrait alerter les éventuels signataires de convention avec ce pays. Il est de notoriété publique que les conventions fiscales neutralisent certains effets du pouvoir fiscal des États. Le paradoxe dans tout cela

---

[931] G. GEST, « Subsidiarité des conventions fiscales et associés non-résidents des sociétés de personnes françaises », *Revue de droit fiscal*, n° 24, 2013, p. 69.

[932] Document de ratification de la convention multilatérale pour la mise en œuvre des mesures relatives aux conventions fiscales pour prévenir le BEPS, p. 6.

[933] N. MELOT, *Territorialité et Mondialité de l'impôt, op. cit.*, p. 81.

[934] M. BAUEN & R. GANI, *La fiscalité internationale des États-Unis, op. cit.*, p. 216.

réside dans le fait que les États-Unis ont tendance à conférer à des règles comme la FATCA[935] une portée internationale sans que cela ne suscite une quelconque hostilité de la communauté internationale.

549. Par ailleurs, le principe de la subsidiarité des conventions fiscales peut être combiné avec celui du principe de la non-aggravation. Celui-ci renvoie à l'idée selon laquelle une convention fiscale ne peut pas alourdir la charge fiscale du contribuable résultant de la juridiction fiscale à laquelle elle est affiliée. Ainsi, une convention fiscale aurait pour fonction de faire en sorte que le montant d'impôt dû en présence de deux juridictions fiscales concurrentes sur un même revenu, ne soit pas plus élevé que le montant d'impôt dû en présence d'une seule juridiction fiscale compétente sur le même revenu. Dit autrement, les conventions fiscales doivent régler les situations d'aggravation de l'obligation fiscale qui sont occasionnées par la concurrence de deux États sur une même matière imposable et à l'égard d'un même contribuable[936]. Il sied de préciser que le Conseil d'État n'a jamais reconnu le principe de la non-aggravation. Mieux, il s'est refusé d'adopter le même comportement qu'en 2002, lorsqu'il a été expressément conduit à s'illustrer dans ce sens. Dans l'affaire BNP Parisbas[937], la société prétendait déduire des provisions pour dépréciation afférentes à une participation dans une filiale canadienne. Pour sa part, l'administration se fondait sur les dispositions de la convention fiscale franco-canadienne pour rejeter cette déduction, ce que les juges d'appel ont confirmé au terme d'un raisonnement en trois temps validé par le Conseil d'État[938].

Paragraphe II : L'influence des règles communautaires sur le système fiscal sénégalais

550. La voix d'un seul État est inaudible. Les Africains semblent avoir découvert la justesse de ces propos face à la mondialisation et à la globalisation des échanges avec les menaces qu'elles font peser sur les agents économiques exerçant leurs activités dans le cadre des marchés étroits correspondant aux territoires Balkanisés hérités de la

[935] Foreign Account Compliance Act.

[936] A. TRINDADE MARINHO, *La subsidiarité des conventions fiscales*, Thèse de doctorat, Université de Paris I, 2015, p. 259.

[937] CE12 juin 2013 BNP Paribas.

[938] M. COZIAN, F. DEBOISSY & M. CHADEFAUX, *Précis de fiscalité des entreprises*, *op. cit.*, p. 520.

colonisation[939]. C'est dans le cadre de la mise en œuvre des programmes d'ajustement structurel que les bailleurs de fonds ont recommandé le transfert de souveraineté à des instances communautaires supranationales sur lesquelles s'exercent un contrôle rigoureux[940]. La fiscalité sénégalaise ne peut échapper aux incidences du droit communautaire compte tenu de la part des ressources fiscales sur les finances publiques nationales[941]. Cette influence découle principalement de la vague d'harmonisation des règles fiscales (A) et des règles relatives au recouvrement des créances fiscales teintées par l'Acte Uniforme sur les Procédures Simplifiées de Recouvrement et voies d'Exécution(B).

A. La dynamique d'harmonisation au sein de l'UEMOA

551. Le traité de l'UEMOA se présente comme une constitution traduisant la volonté de ses géniteurs de mettre en place une communauté de droit. Prescrivant aux termes de l'article 3 du titre 1er du traité de veiller strictement au respect des Droits de l'Homme, l'Union soumet les instances constitutives et institutionnelles au contrôle de conformité de leurs actes à la Charte constitutionnelle de base[942]. Rappelons que le principe de base du droit des traités est l'obligation pour les États parties de respecter leurs engagements. Le fait qu'un État puisse se lier durablement envers d'autres constitue une limitation volontaire de sa souveraineté[943]. Les États ayant renoncé à l'exercice d'une compétence ne peuvent logiquement légiférer au titre de cette même compétence[944]. L'article 7 du traité de l'UEMOA évoque la question de la prééminence du droit communautaire sur le droit national. Autrement dit, le droit national est tenu au strict respect des règles sécrétées par les organes communautaires.

552. L'influence du droit de l'UEMOA sur la fiscalité sénégalaise a été notée dans deux domaines. En réalité, les organes communautaires ont instauré un dispositif normatif relatif à la fiscalité de porte et l'établissement des règles applicables en matière de fiscalité indirecte

---

939 N DIOUF, « Quel avenir pour les droits communautaires africains ? », *Revue sénégalaise de Droit*, n° 36, 2011, p. 97.

940 B. SARR, « Le traité de l'UEMOA : un pacte constitutionnel fédératif », *Revue EDJA*, 4e trimestre 1999, p. 80.

941 M. DIAGNE, « De l'influence du droit communautaire africain sur les finances publiques sénégalaise », *Revue internationale de Droit Africain*, n° 83, 2009, p. 71.

942 B. SARR, « Le traité de l'UEMOA : un pacte constitutionnel fédératif », *op. cit.*, p. 81.

943 *Ibidem*, p. 81.

944 B. CASTAGNEDE, « Souveraineté fiscale et Union européenne », *op. cit.*, p. 54.

intérieure. Ainsi, depuis l'entrée en vigueur du marché commun et avec l'avènement de l'Union Douanière au sein de l'UEMOA intervenue le 1er janvier 2000, la fiscalité de porte au Sénégal se conçoit dans un contexte plus élargi, commun aux États membres de l'Union. C'est ce que l'on appelle ainsi le premier volet de l'influence spontanée du droit communautaire sur la fiscalité douanière nationale[945].

553. Cette institution à caractère régional instaure un régime préférentiel des échanges à l'intérieur de l'UEMOA avec une franchise totale des droits d'entrée sur les produits originaires[946]. Concrètement, l'établissement d'une Union douanière impose deux obligations. La première est celle qui est pour chaque État membre, d'aligner ses droits de douane à l'égard des pays extérieurs à la communauté (ou pays tiers) sur un tarif douanier extérieur commun. La seconde est l'interdiction d'établir dans ses relations avec les autres États membres des droits de douane ou des droits ayant un effet équivalent[947].

554. À l'époque la Commission de l'UEMOA a pu ainsi mesurer la nécessité d'une telle démarche : « la mise en place progressive du tarif extérieur commun peut se traduire, pour certains États membres, par un affaiblissement des recettes si elle ne s'accompagne pas de mesures visant à l'amélioration de l'efficacité de la fiscalité intérieure des États membres (élargissement de l'assiette, transparence et simplification des systèmes fiscaux). Les réformes nécessaires doivent être entreprises dans le cadre communautaire. À défaut, l'émergence de mesures fiscales non concertées nuirait au renforcement de l'intégration régionale. Compte tenu de cela, l'harmonisation de la fiscalité intérieure revêt donc une importance capitale dans ce contexte[948]. Cette expérience a fini par séduire d'autres organisations d'intégration. Par décision A/DEC. 17/01/06 du 12 janvier 2006, la conférence des Chefs d'État et de Gouvernement de la CEDEAO a adopté le Tarif Extérieur Commun de la CEDEAO sur la base du TEC de l'UEMOA. À travers cette décision, la Conférence des Chefs d'État et de Gouvernement a entendu se conformer au traité en ses articles 3 et 37 qui dispose que les États membres ont entendu mettre en place un TEC. Aussi, l'occasion était

---

945 M. DIAGNE, « De l'influence du droit communautaire africain sur les finances publiques sénégalaise », *op. cit.*, pp. 71-72.
946 A. NIANE, *Fiscalité et intégration économique*, *op. cit.*, p. 18.
947 A. DIOUKHANE, « Le marché commun de l'UEMOA », *op. cit.*, p. 10.
948 H. FALL, *La fiscalité dans tous ses États*, *op. cit.*, p. 38.

favorable pour profiter de l'expérience de l'UEMOA[949]. À la différence de l'UEMOA, le TEC de la CDEAO est sensible à la sauvegarde des intérêts des industries locales. C'est ainsi qu'il a été adopté la Taxe complémentaire de Protection[950]. Aussi, le dispositif TEC CEDEAO s'est engagé à protéger les entreprises communautaires qui produisent des biens qui se trouvent souvent dans une catégorie inférieure à la matière première utilisée pour la fabrication du produit[951].

555. Le désarmement tarifaire chanté dans l'espace UEMOA rime avec une fiscalité intérieure très forte capable de pourvoir les caisses de l'État de ressources nécessaires pour le financement du développement. Dans un contexte de l'hypertrophie du secteur informel et d'un taux de pression fiscale qui peine à atteindre 20 %, il est tout fait normal que les États constatent des moins-values fiscales résultant des différentes réformes de l'UEMOA nonobstant toutes velléités de compensation.

556. La commission de l'UEMOA, dans la mise en œuvre des recommandations de la Conférence des Chefs d'État, a accordé beaucoup de crédit à l'harmonisation de la fiscalité indirecte intérieure. Celle-ci a été considérée comme un complément indispensable dans la politique de réforme tarifaire. C'est ainsi que la directive n°02/98 du 22 décembre 1998, portant harmonisation des législations des États membres en matière de taxe sur la valeur ajoutée a permis de généraliser cet impôt et d'instituer un taux d'imposition unique[952].

557. La directive pose de manière claire la généralisation de la TVA à travers l'article 3 de la manière suivante : « *sont soumises à la taxe sur la valeur ajoutée les livraisons de biens et les prestations de services, effectuées à titre onéreux par un assujetti agissant en tant que tel, ainsi que les importations*[953]». Une remarque majeure peut être faite vis-à-vis de la démarche du législateur UEMOA. En réalité, la démarche

---

[949] P. MAHUGNON HONORE, « Le Tarif Extérieur Commun de la CEDEAO : avancées et contraintes », *Actes du colloque des 4 et 5 octobre 2018 à Cotonou : Bénin les Recettes publiques en débats sous la direction du professeur Nicaise MEDE & Nicolas YENOUSSI*, L'Harmattan, 2020, p. 367.

[950] Cette taxation a pour but de lutter contre les variations erratiques des importations des pays tiers.

[951] Cela a été rendu possible par la mise en place du régime de perfectionnement actif destiné à favoriser l'activité économique des entreprises communautaires qui transforment des matières premières ou des produits semi-finis importés ou réparent des marchandises tierces destinées principalement à la réexportation.

[952] E. DIALIGUE BA, *Droit fiscal*, *op. cit.*, p. 27.

[953] A. DIOUKHANE, « Le marché commun de l'UEMOA », *op. cit.*, p. 18.

adoptée ne pouvait être appliquée qu'aux unités formelles en d'autres termes, les contribuables qui sont au régime du réel. Le secteur informel n'a pas été appréhendé par les nouvelles règles relatives à la TVA. Le législateur sénégalais avait pris en compte cette préoccupation au début des années 90 avec l'instauration de la Taxe d'égalisation[954]. Cette imposition visait les commerçants personnes physiques qui n'étaient pas pris en compte par la TVA et la TPS. Par la suite, le législateur[955] a fait de la taxe d'égalisation un acompte de TVA, ce qui marque l'extension de celle-ci à l'ensemble du secteur de la distribution, les commerçants grossistes y étant désormais soumis[956]. Au-delà du fait que l'harmonisation de la fiscalité indirecte a neutralisé le dispositif interne de fiscalité indirecte, il y eut une moins-value fiscale au titre de la taxe d'égalisation. Le système fiscal a comblé ce gap en 2004 avec l'adoption de la Contribution Globale Unique.

558. Précisons que la TVA existait dans les pays membres de l'UEMOA (à l'exception de la Guinée-Bissau) au moment de l'adoption de la directive. En effet, la TVA avait été introduite en 1960 en Côte d'Ivoire, en 1980 au Sénégal, en 1986 au Niger, en 1991 au Bénin et au Mali, en 1993 au Burkina Faso, en 1995 au Togo. L'objectif principal de la directive de 1998 était de faire converger l'assiette et les taux dans les États membres dans le but de minimiser la concurrence fiscale en rendant neutre cet impôt ; un autre objectif était d'augmenter les recettes fiscales intérieures pour faire face au désarmement tarifaire[957].

559. Par ailleurs, la TVA reste le premier impôt dans le budget de l'État. Malgré le niveau substantiel de l'apport de la TVA dans le budget d'un État comme le Bénin, tous les spécialistes s'accordent à affirmer qu'il existe, à l'instar de la majorité des pays africains en général et particulièrement des pays de l'UEMOA, un potentiel de TVA inexploité. En Afrique, ce potentiel s'élèverait à 70 %. On estime, en effet, que les sommes encaissées ne représentent que 30 % de leur

---

[954] Ordonnance n° 91-44 du 3 septembre 1991.

[955] Loi n° 95-31 du 29 décembre 1995.

[956] J. F. DIOUF, « L'évolution du système de TVA au Sénégal », *L'impôt,* n° 6, 1997, p. 35.

[957] M. MANSOUR & G. ROTA-GRAZIOZI, « Coordination fiscale dans l'Union Économique et Monétaire Ouest Africaine », *Revue d'économie du développement,* n° 3, 2012, p. 22.

potentiel sur le continent. C'est dire que la mobilisation des recettes de TVA reste tributaire d'une marge de progression notable[958].

560. L'harmonisation de la fiscalité indirecte fut également amorcée dans d'autres branches de la fiscalité indirecte. La directive n°03-98 du 22 décembre 1998, portant harmonisation des législations des États membres en matière de droits d'accises[959] a permis de limiter, pour chaque État membre, le nombre de produits imposables, de fixer les taux applicables. En 2001, une démarche similaire a conduit à l'adoption de la directive n°06-2001 du 26 décembre 2001, portant harmonisation de la taxation des produits pétroliers[960].

561. Après quelques années d'instauration le taux unique a fini par être remis en cause par la plupart des États membres. Divers arguments ont été avancés pour justifier les manquements du système. Certains ont prôné la nécessité d'avoir plusieurs taux de TVA pour tenir compte des considérations sociales et ainsi taxer les produits de première nécessité à un taux réduit. D'ailleurs, certains tenants d'une pluralité de taux vont plus loin, pour réclamer des taux spécifiques pour des raisons d'interventionnisme économique. Ce dernier vise certains secteurs jugés stratégiques et dont la compétitivité ne serait pas atteinte sans une fiscalité indirecte réduite. La Commission après une farouche opposition a fini par céder à l'assaut des tenants d'une pluralité de taux[961]. Le processus de réflexion a abouti à l'adoption de la directive du 27 mars

---

[958] E. M. M. AKAKPO-DJIHOUNTRY, « La TVA vers un meilleur rendement », *Actes du colloque des 4 et 5 octobre 2018 à Cotonou : Bénin les Recettes publiques en débats sous la direction du professeur Nicaise MEDE & Nicolas YENOUSSI*, L'Harmattan, 2020, p. 131.

[959] Selon une définition officielle, les accises correspondent aux « *impôts indirects spécifiques qui grèvent traditionnellement la consommation de certains produits comme l'alcool et le tabac* ».

La directive n° 03/98 commence par les définir en distinguant ceux qui y sont soumis et ceux qui sont susceptibles de l'être. Les premiers sont énumérés à l'article 1er et ils comprennent les boissons alcoolisées et non alcoolisés, à l'exclusion de l'eau, et les tabacs les seconds sont énumérés à l'article 2 et il s'agit du café, de la cola, des farines de blé, des huiles et corps gras alimentaires, des produits de parfumerie et de cosmétique du thé des armes et munition.

[960] E. DIALIGUE BA, *Droit fiscal*, *op. cit.*, p. 27.

[961] C'est au cours de la réunion de l'UEMOA tenue à Abidjan en 2008 que la question du taux réduit a été évoquée. Aussi, les États se sont engagés à mener la réflexion sur la liste des produits à soumettre au taux réduit.

2009[962] qui, aux termes de son article premier nouveau précise que : « *le principe du système est l'application de la TVA, suivant une base commune et des taux convergents, à titre d'impôt de consommation pour toutes les transactions économiques portant sur les biens et services, à l'exception des exonérations communes limitativement énumérées par la directive* ». Ainsi, en dehors du taux de droit commun, il est permis aux États membres la prérogative d'instituer un taux réduit entre 5 et 10%[963].Postérieurement à la réforme de 2009, certains pays ont adopté un taux réduit de TVA. Il s'agit principalement de la Côte d'Ivoire, du Mali, du Sénégal et du Togo. Pour certains auteurs, cet élargissement de taux peut augmenter le risque de concurrence fiscale entre États membres et de détériorer la neutralité de la TVA. C'est sans doute pour cette raison que le Bénin a préféré avoir un taux unique en matière de TVA[964].

562. Au Sénégal, l'article 369-2 du CGI dispose que : « *Ce taux est réduit à 10 % pour les prestations fournies par les établissements d'hébergement touristique agréés* ». Selon la circulaire[965] d'application de la loi 2012-31 du 31 décembre 2012 : « *est considéré comme établissement d'hébergement touristique, toute entreprise commerciale offrant à une clientèle principalement touristique, l'hébergement, la restauration et/ou l'organisation de loisirs conformément aux dispositions du décret portant règlementation des établissements d'hébergement touristique.*

563. *Sont notamment des établissements d'hébergement touristique, les hôtels, les motels, les villages de vacances, les auberges, les campements villageois, les résidences hôtelières et les appartements meublés* ». À travers cette disposition, on constate que les États conservent la liberté de conduire des politiques fiscales conjoncturelles, par exemple au moyen de la fixation des taux d'imposition, dans les limites existantes[966].

564. Notons qu'une convention fiscale multilatérale a été adoptée par le biais d'un règlement pris en 2008. Celui-ci permet de lutter contre la double imposition de revenus de valeur mobilière qui constituent un

---

962 Directive n°02/2009/CM/UEMOA portant modification de la directive n°02/098/CM/UEMOA du 22 décembre 1998 portant harmonisation des législations des États membres en matière de TVA.

963 A. NIANE, *Fiscalité et intégration économique*, *op. cit.*, pp. 94-95.

964 E. M. M. AKAKPO-DJIHOUNTRY, « La TVA vers un meilleur rendement, *op. cit.*, p. 147.

965 Circulaire n° 2016-504.

966 B. CASTAGNEDE, « Souveraineté fiscale et Union européenne », *op. cit.*, p. 58.

facteur d'immobilisation des acteurs[967]. Il sied de préciser qu'au-delà des avancées notées dans le cadre de la fiscalité directe, l'harmonisation de la fiscalité indirecte est plus poussée dans le dispositif fiscal communautaire. Sur le plan de la fiscalité internationale une bonne politique d'harmonisation a des conséquences positives sur la décision d'investissement. Dans l'hypothèse où les systèmes fiscaux seraient parfaitement harmonisés (au niveau des taux comme des assiettes), il est possible de parvenir à atteindre simultanément une neutralité à l'importation et à l'exportation des capitaux[968]. En dehors du cadre de la fiscalité, les règles harmonisées du droit des affaires ont une incidence sur le système fiscal en vigueur.

B. L'influence de l'OHADA sur les règles de recouvrement

565. À la fin des années 20, le doyen Trotabas, Maître d'Aix-en-Provence se faisait le fougueux apôtre de l'autonomie du droit fiscal. Il partait en guerre contre l'impérialisme du droit civil, tout en se démarquant du droit administratif : « *Au regard des autres branches du droit public comme au regard du droit privé, la loi fiscale possède une indépendance qui lui permet d'établir ses propres règles ; le droit fiscal, comme 'charbonnier', est maître chez lui* »[969]. La doctrine administrative fiscale s'est également penchée sur la question en retenant que : le principe de l'autonomie du droit fiscal implique la non-soumission du droit fiscal sénégalais à aucune autre règle[970]. Cette notion d'autonomie sous-entend un élément négatif et un élément positif. L'élément négatif consiste dans la reconnaissance d'une non-subordination du droit autonome aux autres branches du système juridique. L'élément positif de l'autonomie est matérialisé par la faculté d'organiser librement la branche du droit autonome, à la seule condition que les règles ainsi retenues ne contreviennent pas à la Constitution[971].

566. L'acceptation de l'autonomie ne doit pas conduire à un respect aveugle et exclusif des principes du droit fiscal. L'autonomie du droit

---

[967] Cf voir premier chapitre du travail.

[968] N. VERGNET, *La création et la répartition de la valeur en droit fiscal international*, *op. cit.*, p. 62.

[969] Ecrits de L. TROTABAS, « Essai sur le droit fiscal », *Revue Science et Législation Financière*, GIARD, 1928, pp. 201-236 Cité par M. COZIAN, *Les grands principes de la fiscalité des entreprises, op. cit.*, p. 4.

[970] Lettre n°724/MEF/DGID/DLEC/BCTX du 28 juin 2017.

[971] P. MARCHESSOU, *L'interprétation des textes fiscaux*, Paris, Economica, 1980, p. 213.

fiscal ne sous-entend pas le rejet systématique de principes d'interprétation issus d'autres droits. Elle a pour corollaire la liberté de choix, et cette liberté consiste évidemment à élaborer ses propres principes, mais n'exclut pas non plus la possibilité d'adopter les facteurs d'interprétation que fournit telle ou telle autre branche du droit, et qui paraissent adéquats à leur nouvelle fonction. C'est bien cette conception de l'autonomie du droit fiscal qu'a retenue le juge. Il n'a pas hésité à faire référence au droit public et au droit privé pour éclairer le sens de certaines dispositions fiscales[972].

567. L'intégration économique que nous avons vue dans les développements antérieurs a principalement consisté à l'harmonisation des règles fiscales. De l'autre côté, l'intégration juridique s'est réalisée dans le cadre du traité pour l'Harmonisation du Droit des Affaires en Afrique. Les rédacteurs du traité de l'OHADA[973] ont eu pour ambition d'améliorer l'environnement juridique des entreprises en mettant un terme à l'insécurité juridique mais aussi et surtout à l'insécurité judiciaire résultant, dans les pays signataires, de la vétusté et de la disparité des textes applicables[974].

568. La problématique de l'influence des règles de l'OHADA sur le système fiscal sénégalais est ici appréhendée à travers trois aspects :

– d'abord, la question de l'unanimité de la notion de recouvrement et de l'insertion du dispositif de l'OHADA dans l'ordre juridique interne des États membres ;

– ensuite, la question de l'utilisation de l'avis à tiers détenteur et du procédé de la compensation ;

– enfin, une brève analyse de la jurisprudence sur l'acte uniforme sur les procédures simplifiées de recouvrement et voie d'exécution.

569. D'abord, l'État qui a conclu une convention internationale ou communautaire doit procéder à une concession de certaines de ses compétences souveraines « qui ménagent néanmoins les conditions essentielles d'exercice de la souveraineté nationale. Pour atteindre les objectifs qu'ils se sont fixés dans le cadre du traité de l'OHADA, ils ont mis en place les organes ci-après : la Conférence des Chefs d'État et de Gouvernement (organe politique), le Conseil des ministres (organe

---

[972] *Ibidem*, p. 226.

[973] Signé à Port-Louis le 17 octobre 1993.

[974] N. DIOUF, « Quel avenir pour les droits communautaires africains ? », *Revue sénégalaise de droit*, n° 36, 2011, pp. 97-98.

législatif), le secrétariat permanent (organe exécutif ou administratif) et la Cour Commune de Justice et d'Arbitrage (Cour Suprême Régionale)[975].

570. L'article 2 du traité de l'OHADA fixe les domaines qui entrent dans la politique d'harmonisation du droit des affaires en ces termes : « *les règles relatives au droit des sociétés et au statut juridique des commerçants, au recouvrement des créances, aux sûretés et aux voies d'exécution, au régime de redressement des entreprises et de la liquidation judiciaire, au droit de l'arbitrage, au droit du travail, au droit comptable, au droit de la vente et des transports et en toute autre matière que le Conseil des ministres déciderait, à l'unanimité, d'y inclure, conformément à l'objet du présent traité et aux dispositions de l'article 8 ci-après* ». L'article 10 du même texte conforte le caractère obligatoire des actes uniformes nonobstant tout texte de droit interne antérieur ou postérieur.

571. Ici, le législateur communautaire fait mention de la supranationalité des règles de l'OHADA. Cette affirmation catégorique a été rappelée par la Cour de Justice de l'UEMOA en ces termes : « la *primauté bénéficie à toutes les normes communautaires, primaires comme dérivées, immédiatement applicables ou non, et s'exerce à l'encontre de toutes les normes nationales, administratives, législatives, juridictionnelles ou même constitutionnelles, parce que l'ordre juridique communautaire l'emporte dans son intégralité sur les ordres juridiques nationaux*[976]. À la supranationalité on rajoute l'effet abrogatoire des actes uniformes. Les actes uniformes renferment des formules abrogatoires. Cette tendance annihile les règles de droit interne dont les objectifs sont similaires à l'Acte Uniforme[977].

572. Au regard des différentes matières qui sont régies par l'acte uniforme, l'on pourrait dire que la matière fiscale est en dehors du champ d'application des règles de l'OHADA. Toutefois, dans le cadre d'un avis[978] de la CCJA sur l'application de l'article 10 du traité, la Cour a apporté la précision ci-après : « *Le droit fiscal ne fait pas encore partie des matières rentrant dans le domaine du droit des affaires à harmoniser, tel que défini par l'article 2 du Traité. Toutefois, si les*

---

[975] I. NDAM, « La coordination de souveraineté dans l'espace OHADA », *Penant*, n°878, 2012, p. 54.

[976] Cour de Justice de l'UEMOA avis n° 001/2003.

[977] Commentaires de l'article 10. OHADA, *traités et actes uniformes commentés et annotés,* Juriscope, 2016, p. 36.

[978] Avis n° 1/2001/EP.

procédures fiscales postérieures à la date d'entrée en vigueur de l'Acte concerné mettent en œuvre des mesures conservatoires ou d'exécution forcée ou des procédures de recouvrement déterminées par ledit Acte uniforme, ces procédures fiscales doivent se conformer aux dispositions de celui-ci ».

573. Cette position de la Cour mérite quand même quelques observations. La matière fiscale a pour essence d'être l'une des compétences exclusives du législateur national. Cela a même conduit à faire de la matière fiscale une réserve de loi. Le point de départ pourrait être l'article 14 de la Déclaration des droits de l'homme et du citoyen de 1789. Transposé à l'époque contemporaine dans toutes les Constitutions. Il s'agit du principe du consentement à l'impôt[979] qui trouve son siège à l'article 67 de la Constitution du 22 janvier 2001. Rappelons que le dispositif ne prend pas seulement en compte l'autorisation de perception ou la création d'une nouvelle imposition mais, les procédures de recouvrement y sont également insérées.

574. L'étude du comportement de l'Administration fiscale sénégalaise par rapport à l'application de l'Acte Uniforme sur les Procédures simplifiées de Recouvrement et Voies d'Exécution pourrait être limitée à deux points : la survivance de l'avis à tiers détenteur et l'usage du mécanisme de la compensation. Au Sénégal, c'est l'article 662 de la loi 2012-31 du 31 décembre 2012 plusieurs fois modifiée qui prévoit la procédure d'avis à tiers détenteur. Cette procédure constitue l'une des voies de recouvrement forcées dont dispose l'administration fiscale. Pour Stéphane REZEK : « *certaines conditions doivent être réunies pour la mise en œuvre du procédé de l'avis à tiers détenteur. Il s'agit principalement : de l'existence d'une dette fiscale, de l'exigibilité de la dette fiscale, de l'existence d'une créance de somme d'argent à l'encontre d'un tiers, la saisissabilité de la créance à l'encontre du tiers détenteur et le respect de certaines conditions de forme*[980]». En gros, le comptable public adresse une demande au dépositaire de denier pour le paiement des sommes dues par le contribuable. Autrement dit, le tiers saisi est intimé de régler la créance fiscale du contribuable. Visiblement, l'Administration ne se situe pas sur le même pied d'égalité qu'une personne privée car l'avis à tiers détenteurs lui permet d'appréhender

---

[979] Voir en ce sens B. JEAN-ANTOINE, « Le principe du consentement de l'impôt et la constitution de l'ancienne France », *RFFP,* n°108, 2009, pp. 99-124.

[980] S. REZEK, « L'avis à tiers détenteur » *Revue de droit fiscal*, n° 20, 2002, p. 756.

ses créances de manière simple et rapide au moyen d'un titre exécutoire qu'elle se délivre elle-même[981].

575. L'avis à tiers détenteur est un procédé de recouvrement forcé des créances fiscales. Or, l'Acte Uniforme sur les Procédures simplifiées de Recouvrement et Voies d'Exécution abroge en son article 336 toutes les dispositions nationales relatives aux matières qu'il concerne. Cela signifie tout simplement que toute procédure de recouvrement de créance quelle qu'elle soit doit trouver son soubassement dans les règles de l'Acte Uniforme précité[982].

576. Le bâtonnier de l'ordre des avocats lors de la rentrée solennelle des Cours et Tribunaux a rappelé cette pratique de l'administration qui est en parfaite inadéquation avec les règles de l'Acte Uniforme. Le Président de la République à l'époque avait soutenu que : « même *si les agents de recouvrement sont soumis à des obligations de résultats, cela doit s'opérer dans le respect de la loi*[983]». C'est sans doute pour cette raison que Madame la professeure Françoise DIENG soutenait que : « *l'harmonisation peut rencontrer des obstacles, des freins, tels que les usages locaux dont on sait l'importance dans la vie des affaires. D'où la question des modalités de l'harmonisation ou le comment de l'harmonisation*[984]». Le respect par l'administration des prescriptions de l'Acte Uniforme devrait conduire à la substitution de la procédure « Avis à tiers détenteur » par la procédure de la « saisie attribution des créances[985]». La position du juge sénégalais est quand même particulière dans le cadre de la mise en œuvre de la procédure d'avis à tiers détenteur. L'on aurait pu voir en sa qualité « d'exécuteur de la loi » un censeur de certaines pratiques non conformes à l'Acte Uniforme. Dans une affaire[986], l'administration a servi à des institutions financières

---

[981] E-R OBISSI, *L'influence du droit OHADA sur le recouvrement des créances fiscales*, Mémoire de fin de formation, École nationale d'administration-Section Impôt et domaine, Promotion 2011-2013, p. 10.

[982] Voir en ce sens l'article 337 de l'AUPSRVE qui dispose : « *le présent acte uniforme sera applicable aux mesures conservatoires, mesures d'exécution forcée et procédure de recouvrement engagées après son entrée en vigueur* ».

[983] Discours du Président de la République du Sénégal lors de la Rentrée solennelle des Cours et tribunaux tenue à la Cour Suprême le 11 janvier 2018.

[984] F. DIENG, « L'harmonisation en question », *Nouvelles Annales africaines*, n° 1, 2007, p. 82.

[985] Voir le titre IV de l'AUPSRVE.

[986] Tribunal de Grande Instance Hors Classe de Dakar dans l'affaire opposant la société « LOUIS DREYFUS COMMODITIES » c/le ministre de l'Économie et des Finances et autres rendue le 19/05/2017.

installées au Sénégal un avis à tiers détenteur sans pour autant en informer le contribuable en cause. Le juge se fonde sur les prescriptions de l'article 153 de l'Acte Uniforme pour ordonner la mainlevée suite au cantonnement réalisé sur les comptes du contribuable. Ici, le juge assimile implicitement la procédure de l'avis à tiers détenteur à celle de la saisie attribution. Dans une autre affaire[987] où, l'administration a pratiqué une saisie mobilière sur les biens du contribuable. La plaignante avait saisi le juge pour non-respect des dispositions de l'article 100-7 à 100-11 de l'AUPSRVE en ce que le PV de saisie ne contenait pas la reproduction des articles 143 à 146 et n'indiquait pas un délai inférieur au délai légal pour la contestation de la saisie. Selon le tribunal, la créance due par le contribuable a été matérialisée par l'émission d'un titre de perception par les services compétents et remis à celui-ci. Pour le tribunal, le PV avait clairement indiqué la possibilité pour le débiteur de pouvoir procéder lui-même à la vente dans un délai d'un mois.

577. Parmi les modalités de recouvrement des créances, l'AUPSRVE prévoit le mécanisme de la compensation pour ceux qui se retrouvent à la fois créancier et débiteur d'une personne publique ou d'une entreprise publique[988]. La compensation est un mode d'extinction des créances qui suppose que deux personnes sont respectivement créancière et débitrice l'une de l'autre d'objets identiques[989]. Cette disposition de l'acte uniforme contrevient aux règles de la comptabilité publique à savoir le Règlement général sur la Comptabilité publique[990]. Si le litige oppose un particulier et l'État, le premier va solliciter l'application de l'Acte Uniforme alors que le second va avoir intérêt pour les dispositions de la comptabilité publique. Selon le professeur Ndiaw DIOUF : « *le juge va trancher le conflit en faisant prévaloir la primauté de l'Acte Uniforme dans la mesure où la loi adoptée en application d'une directive reste un texte de droit interne, malgré son « origine communautaire* »[991]. Le Tribunal Régional Hors Classe de Dakar a fait prévaloir la primauté de l'Acte

---

[987] Tribunal de Grande Instance Hors Classe de Dakar dans l'affaire opposant la Dame Ndeye Marema WADE c/le chef du bureau du recouvrement du centre des services fiscaux de grand Dakar rendue le 24/08/2018.

[988] Article 30 al2 : « *toutefois, les dettes certaines, liquides exigibles des personnes morales de droit public ou des entreprises publiques, quelles qu'en soient la forme et la mission, donnent lieu à compensation avec les dettes également certaines, liquides exigibles dont quiconque sera tenu envers elle, sous réserve de réciprocité* ».

[989] J. AYANGMA AYANGMA, *La pratique du contrôle fiscal des prix de transfert dans l'espace CEMAC*, *op. cit.*, p. 270.

[990] Directive n°06/97/CM/UEMOA du 16 décembre 1997.

[991] N. DIOUF, « Quel avenir pour les droits communautaires africain », *op. cit.*, p. 103.

Uniforme sur une disposition nationale[992]. Le tribunal dans l'affaire en cause s'est totalement conformé aux exigences de l'article 30 de l'Acte Uniforme. Il s'agit d'abord, des trois critères de la créance : certaines, liquides, exigible et qu'ensuite les conditions de réciprocité étaient réunies. Dès lors rien ne pouvait entraver la compensation entre les dettes jusqu'à concurrence de la plus faible des deux dettes. Dans le même sillage, le tribunal de première instance d'Edea[993] a rendu une Ordonnance dans l'affaire opposant la Société « ALUCAM SA » c/BICEC SA la CNPS et le Receveur des impôts à propos de l'utilisation de mécanismes de recouvrement forcé autres que ceux prévus par l'acte uniforme. Selon la juridiction : « *le juge de droit commun n'est pas compétent pour connaître des contestations élevées contre les mesures de poursuite initiées par l'administration fiscale que dans les cas où l'administration poursuivante a choisi la voie de droit commun dans ses actes de poursuite. À défaut, s'agissant de la matière régie par une législation spéciale, la règle speciala generalibus derogan s'applique conduisant le juge de droit commun saisi à se déclarer incompétent.* Rappelons que le contribuable avait saisi le juge pour non-respect des articles 157 et 160 de l'AUPSRVE. Dans cette affaire, quand même, le juge a fait preuve d'une frilosité. Au lieu de sanctionner l'administration pour ne pas avoir respecté les règles de l'Acte Uniforme, il a évoqué tout simplement l'idée d'une incompétence à chaque fois que l'administration fait usage de règles spéciales. Sur la question précise de la compensation, l'administration fiscale sénégalaise signe très régulièrement des conventions de dettes croisées avec les entreprises publiques pour éponger de part et d'autre les créances dues. Pour les entités relevant du secteur parapublic, les conventions de dettes croisées constituent une procédure salvatrice car très souvent qualifié de mauvais payeurs d'impôt. L'intervention du pouvoir central est souvent sollicitée pour bloquer ou surseoir une procédure de rappel de droit. Toutefois, l'extension des bénéficiaires permettra de soulager la trésorerie des contribuables en période de tension.

578. Récemment, la CCJA[994] a arpenté le même chemin que la juridiction sénégalaise. Selon la CCJA une société d'économie mixte[995]

---

[992] TRHCD 20/07/2009 la société Holding Kébé SA c/le Directeur général des Impôts et Domaines.

[993] Localité située au Cameroun.

[994] CCJA 3e Chambre Arrêt n°103/2008 du 26 avril 2018.

[995] Dans ce cas de figure le capital social de la société est partagé entre des personnes privées et des personnes publiques. Cette forme relève purement du droit privé.

demeure une entité de droit privé soumise comme telle aux Voies d'Exécution sur ses biens propres. En lui accordant l'immunité d'exécution prescrite à l'article 30 de l'APSRVE, la Cour de Kinshasa/Gombe a fait une mauvaise application de la loi et expose sa décision à la cassation. Assurément l'immunité d'exécution des mesures conservatoires est un privilège réservé aux personnes publiques[996]. Dans cette affaire, la participation de l'État congolais dans le capital de la société est considérée comme un placement du seul fait de l'absence de majorité. Il arrive que l'on puisse même douter de l'impartialité du juge. Certaines positions peuvent conduire à ce que le contribuable pense que le juge, dans son office, ne fait que protéger les intérêts de l'administration. Dans le cadre d'une saisine du juge des référés pour surseoir à l'exécution d'un ATD, le tribunal avait soutenu que : « *la procédure de la compensation n'est pas prévue en matière d'impôt* ». C'est également dans la même affaire qu'il attribue un caractère subsidiaire à l'Acte Uniforme en indiquant : « *qu'il ressort enfin des dispositions de l'article 660 du CGI que toute autre question relative aux voies d'exécution et non traitée par ledit code est réglée conformément aux règles de droit commun* ». Plusieurs commentaires peuvent être émis à l'encontre de la position du juge mais retenons que l'application du droit OHADA à la matière fiscale relève d'une véritable gageure. Les impératifs budgétaires placent le droit fiscal dans une position hautement plus élevée que les normes de même rang. L'autonomie du droit fiscal doit être repensée à l'image de la pyramide de Kelsen. Ainsi, en dehors du droit conventionnel fiscal, il serait tenté de reclasser les normes fiscales sur un même pied d'égalité que les lois organiques.

Section II : L'application du principe de la territorialité à la matière imposable

579. La structure des normes du droit fiscal constitue le critère décisif de distinction entre normes fiscales et normes d'imposition. La référence à la territorialité fait l'objet d'une confusion mise en lumière, notamment, par le professeur COMBACAU. Prenant l'exemple de la matière fiscale, M. le professeur COMBACAU souligne que la territorialité peut faire référence, tant à « *la localisation des questions qui en font l'objet* » qu'à « *la notion de destinataire des normes* »[997]. Dans la mise en œuvre du principe de la territorialité, il sied de préciser d'abord, les critères de

[996] Article 30 al 1 de l'AUPSRVE.
[997] M. PELLETIER, *Les normes du droit fiscal*, *op. cit.*, p. 154.

rattachement de la matière imposable (Paragraphe1) ensuite, selon la catégorie d'imposition, établir les règles y afférentes (Paragraphe2).

Paragraphe I : Les critères de rattachement de la matière imposable au territoire

580. En matière fiscale, le principe de la personnalité signifie que l'impôt considéré est structuré en fonction de critères se rapportant à la personne du contribuable qui en est le débiteur éventuel[998]. Le terme allégeance ne recouvre aucune obligation juridique particulière. D'un point de vue juridique, l'allégeance ne signifie rien de plus que l'obligation d'obéir à l'ordre juridique, obligation qui s'étend également aux étrangers et qui n'est pas établie par le serment d'allégeance[999]. Les revenus, bien que leurs compositions varient et que les taux applicables soient divers, sont ponctionnés soit sur le territoire où les individus se trouvent au moment de la perception de ces sommes, soit là où ces montants ont été créés[1000]. Ces options, qui peuvent être combinées, relèvent toutes deux d'un principe de territorialité. Ces deux critères de rattachement renvoient à l'allégeance politique (A) et à l'allégeance économique (B).

A. L'allégeance politique

581. La collectivité, qui est la substance de l'État est une communauté politique, par opposition au groupe familial, au groupe ethnique et aux divers groupements économiques. Le lien qui rattache l'individu à l'État est un lien de nature politique, qui se manifeste par la nationalité. La nationalité engendre un rapport purement politique entre l'État et ses sujets : rapport de commandement de l'État vis-à-vis de ses sujets, de subordination et d'obédience des sujets vis-à-vis de l'État. Elle est la source d'obligation de l'individu envers l'État, obligations auxquelles correspond le devoir moral de l'État de prendre en charge des intérêts matériels et spirituels de ses nationaux[1001]. Dans un avis rendu par la Cour pénale de Justice internationale le 07 février 1923 à l'occasion d'un litige opposant la France à l'Angleterre en matière de nationalité dont le conseil a été saisi. « *C'est ainsi que, dans l'État actuel du droit international la matière de la nationalité est, en principe, de l'avis de la*

[998] G. DALIMIER, « Droit fiscal international français », *op. cit.*, p. 8.
[999] H. KELSEN, *Théorie générale du droit et de l'État*, Paris, LGDJ, 1997, p. 286.
[1000] L. ICHER, « le choix de l'imposition universelle des revenus aux États-Unis », *RFFP*, n° 139, 2017, p. 121.
[1001] E. ALLIX, « La condition fiscale de l'Étranger », *op. cit.*, p. 10.

Cour comprise dans la compétence exclusive[1002]». Pour Gilbert TIXIER, l'État détient une compétence fiscale complète sur tous ces nationaux qui résident dans le pays et participent à la vie économique[1003].

582. Appliquer le critère de la nationalité en tant que critère interne revient à considérer que le lien qui unit un État à ses citoyens justifie leur imposition, y compris s'ils demeurent hors du territoire national. L'imposition est alors nécessairement mondiale puisque ne dépendant plus de la localisation de la matière imposable. Seule la personne du contribuable compte[1004].

583. Pour Pierre LEVINE : « *il serait souhaitable de mettre un contenu à la nationalité en tenant compte de la spécificité de la matière fiscale. Il sied de préciser que c'est en matière de nationalité que le droit international est le plus contraignant. Si le droit international estime qu'en dernière analyse chaque État est libre, comme il l'entend, de définir les conditions d'octroi de sa nationalité, il n'en exige pas moins qu'existe un lien substantiel entre l'État qui l'octroi et les personnes physiques et morales qui la reçoivent* »[1005].

584. Lorsqu'une personne accède à la citoyenneté, il arrive qu'elle prête un serment d'allégeance à son nouvel État[1006]. Le critère de la nationalité en tant que critère interne de rattachement fiscal est difficile d'application. La nationalité constitue certes un critère d'identification de la résidence fiscale au sens de l'article 4 A du modèle OCDE, encore que ce critère soit résiduel dans l'analyse conventionnelle[1007].

585. L'allégeance politique renvoie au principe de la personnalité fiscale qui peut être préférée par un État en fonction de sa situation économique (exportateur et importateur de capitaux). S'agissant d'un impôt frappant les capitaux mobiliers ou les revenus qui en proviennent, un pays structurellement exportateur de capitaux est enclin à préférer le principe de la personnalité, qui lui permet d'appréhender les capitaux que ses nationaux ou résidents investissent à l'étranger, quitte à négliger ceux d'un moindre volume que des étrangers investissent sur son

---

[1002] M. CHRETIEN, *A la recherche d'un droit fiscal international commun, op. cit.*, p. 12.

[1003] G. TIXIER, *Droit fiscal international*, *op. cit.*, p. 7.

[1004] J.LAMARQUE, O.NEGRIN & L. AYRAULT, *Droit fiscal général*, *op. cit.*, p. 771.

[1005] P. LEVINE, *La lutte contre l'évasion fiscale de caractère international en l'absence et en présence de conventions internationales*, *op. cit.*, p. 118.

[1006] H. KELSEN, *Théorie générale du droit et de l'État*, *op. cit.*, p. 286.

[1007] J. R. PELLAS, « Les principes de territorialité et de mondialité de l'impôt en France », *op. cit.*, p. 32.

territoire[1008]. Ainsi, le rattachement fiscal en vertu de la compétence personnelle de l'État correspond en principe à une obligation fiscale illimitée du contribuable. Autrement dit, les sujets qui réunissent les critères de rattachement personnel sont alors susceptibles d'être soumis à une imposition dont l'assiette comprend leur revenu mondial[1009].

586. Cette compétence personnelle de l'État s'exerce non seulement sur les individus mais également sur les sociétés. Cette affirmation n'a toutefois pas toujours été approuvée. En effet, de nombreux auteurs tant français qu'américains ont dénié toute possibilité d'attribution d'une nationalité à une société. La nationalité, bien qu'elle soit attribuée à une personne physique ou à une personne morale doit être analysée comme une notion juridique à but fonctionnel, puisqu'elle a pour objet de désigner un ensemble de sujets de droit afin de leur attribuer des droits et de les soumettre à des obligations, c'est-à-dire de leur attacher un certain statut. En ce sens, tout sujet de droit doit être désigné soit comme un national, soit comme un étranger aux fins de détermination de son statut juridique[1010]. Rappelons que la position du droit fiscal sur la nationalité des sociétés est subordonnée au critère du siège social effectif. En effet, une société quelle que soit la nationalité du pays où elle a fixé son siège social réel, celui-ci étant entendu comme le lieu où se trouve situés, les organes de direction et l'administration centrale de la société[1011].

587. L'allégeance politique ou principe de la personnalité fiscale est aujourd'hui très rarement approuvée par les États. Toutefois, les États-Unis constituent une exception. Plus connus sous le nom de la « Worldwide-Taxation », ce système permet de faire fi de la résidence et de pouvoir taxer un Américain ou qu'il puisse être, à la seule condition qu'il soit détenteur de Green-Card. Toutefois, il faudrait apporter une précision importante : si le principe de la territorialité est écarté concernant le revenu des personnes physiques, il est retenu pour considérer l'origine des revenus. En effet, le code fiscal prévoit que les étrangers non-résidents

---

1008 G. DALIMIER, « Droit fiscal international français », *op. cit.*, p. 8.
1009 A. KALLERGIS, *La compétence fiscale*, *op. cit.*, p. 270.
1010 N. MELOT, *Territorialité et mondialité de l'impôt*, *op. cit.*, p. 24.
1011 G. GEST, *L'imposition des sociétés françaises aux États-Unis*, *op. cit.*, p. 66. Des développements exhaustifs ont été faits dans la première partie sur la position du juge par rapport aux critères du siège de direction d'une entreprise. Voir à ce propos la jurisprudence Wagons-lits.

doivent s'acquitter d'un prélèvement dès lors que les sommes perçues ont été générées par une activité réalisée sur le sol américain[1012].

588. Toutefois, la double imposition qui va découler du choix du principe de la mondialité de l'impôt est réglée par la législation américaine. En réalité, un crédit d'impôt est accordé pour toutes les impositions acquittées à l'étranger. Cela permet au contribuable américain d'alléger sa charge fiscale. Les effets du principe s'étendent toutefois aux entreprises disposant d'une implantation à l'étranger. Ce mécanisme pourrait être usité dans une perspective de lutte contre la fraude et l'évasion fiscales de caractère international mais il peut également générer une discrimination vis-à-vis de ceux qui ont cantonné la totalité de leur activité à l'intérieur des frontières américaines. En réalité, si l'imputation du crédit d'impôt n'est que partielle, il se posera la question de la neutralité des capitaux à l'importation. Cette situation a conduit certaines personnes à renoncer à leur citoyenneté. Dans les autres systèmes ce principe de la mondialité peut être combattu par un changement de résidence fiscale[1013].

589. Une application du pouvoir d'imposition exclusivement fondé sur la nationalité est synonyme de plusieurs difficultés. Imaginons que le concept de nationalité soit remplacé par celui de l'imposition, il apparaîtra le phénomène de double imposition et d'évasion fiscale, celle-ci pouvant être considérée comme un « heitmatlosat fiscal »[1014]. À l'heure actuelle, les seuls États qui retiennent la citoyenneté comme critère de rattachement fiscal personnel sont les États-Unis et l'Érythrée. Une série d'arguments est développée dans la littérature anglo-américaine concernant la téléologie de ce rattachement, justifié par l'idée que le statut de citoyen est lié à des avantages qui justifient leur imposition même lorsqu'ils ne sont pas résidents aux États-Unis[1015]. Cette argumentation ne fait pas l'unanimité au regard du contexte économique et commercial.

590. Une bonne partie de la doctrine s'est finalement résolue à la caducité de l'allégeance politique. Octave BOUE rappelait dans sa thèse qu'il n'existe aucun rapport entre la nationalité et l'imposition. Selon l'auteur, le principe de l'allégeance politique a disparu dans presque

---

[1012] L. ICHER, « le choix de l'imposition universelle des revenus aux États-Unis », *op. cit.*, p. 22.
[1013] J-R PELLAS, « Le principe de territorialité et mondialité de l'impôt en France », *op. cit.*, p. 34.
[1014] O. BOUE, *Double imposition et évasion fiscale*, *op. cit.*, p. 11.
[1015] A. KALLERGIS, *La compétence fiscale*, *op. cit.*, p. 274.

toutes les législations fiscales[1016]. Pour le doyen Edgard ALLIX : « *l'allégeance politique tantôt liée à la nationalité ou au territoire peut être considérée comme périmée à une époque de développement des relations internationales comme la nôtre. Il doit faire place au principe de l'allégeance économique : plusieurs autorités fiscales concurrentes peuvent imposer le même contribuable en proportion des intérêts économiques qui le rattachent à chacune d'elles* »[1017].

B. L'allégeance économique

591. Selon ALLIX, *l'État a juridiction fiscale, en vertu du principe de l'allégeance économique, sur tous ceux qui participent à sa vie économique et sociale. Elle n'existe que par les contacts qu'on a avec un pays donné et elle disparaît avec eux*[1018]. Autrement dit, ceux qui bénéficient d'une communauté économique (l'État) doivent lui payer un impôt[1019]. Dans la même vague, l'impôt, dit Montesquieu : « *est une portion que chaque citoyen donne de son bien pour avoir la sûreté de l'autre ou pour en jouir agréablement* ». D'après le Marquis de Mirabeau, « *l'impôt n'est qu'une avance pour obtenir la protection de l'ordre social* »[1020]. Emile de GIRARDIN y voit une « *prime d'assurance payée par les membres de l'État pour jouir en sûreté de leurs droits* ». Enfin, PROUDHON emploie l'expression significative d'échange : l'impôt est un échange : « *de même que, pour certaines utilités, l'échange ne se fait de personne à personne, de même pour certaines autres utilités, l'échange ne peut se faire que des particuliers à une personne collective qui a nom : l'État* »[1021]. Selon le même auteur, les services rendus au peuple constituent la spécificité de l'État et sont l'objet de l'impôt, une source non négligeable de revenus[1022].

592. La théorie de l'impôt échange se concrétise dans la capacité contributive de chaque contribuable. La capacité contributive est la base du principe de la répartition de la charge financière entre les contribuables, car elle sert de référence aux systèmes modernes dans l'organisation et

---

[1016] O. BOUE, *Double imposition et évasion fiscale*, Thèse de doctorat, *op. cit.*, p. 11.
[1017] E. ALLIX, *Traité élémentaire science et législation financières*, Paris, Ed. ROUSSEAU, 1931, p. 565.
[1018] E. ALLIX, « La condition fiscale de l'Étranger », *op. cit.*, pp. 14-20.
[1019] F. HUET, *La fiscalité du commerce électronique*, *op. cit.*, p. 26.
[1020] LE MARQUIS DE MIRABEAU, *Théorie de l'impôt,* 1761, p. 11.
[1021] J. P. PROUDHON, *Théorie de l'impôt*, Bruxelles, 1868, p. 25.
[1022] T. LAMBERT, « Pierre-Joseph PROUDHON : l'impôt-échange au service de la réforme de la société », *RFFP*, n° 83, 2003, p. 86.

la réalisation de l'imposition individuelle. La capacité contributive est, selon Alain BARRERE, « *la faculté pour les personnes physiques et morales de participer par leur situation de fortune et surtout par leur revenu à la répartition de la charge publique* ». C'est également d'elle que dépend le niveau du prélèvement fiscal. Plus le niveau de prélèvement est élevé, plus les recettes fiscales seront consistantes[1023].

593. Dans une perspective de l'impôt échange, l'impôt vise à préserver la propriété, il représente la rémunération des services rendus aux propriétaires. De la même manière, la politique de redistribution d'un « État de droit social » implique nécessairement une disjonction entre pouvoir fiscal et garantie de la propriété[1024]. Toujours selon le doyen Edgard ALLIX : « *il pourrait se produire une pléthore de schémas en faisant référence à l'impôt-échange. Ainsi, tous les producteurs dont l'ensemble forme une nation se sont syndiqués pour se procurer un certain nombre de choses d'utilité commune, essentielles à la marche de la production, la sécurité publique, la garantie des propriétés. Les frais de production se décomposent donc en frais individuels, supportés par chacun des producteurs pour l'exercice de son industrie, et en frais généraux couverts par le syndicat. Ce syndicat a désigné un gérant pour faire toutes les dépenses qui intéressent la collectivité de ses membres, et ce gérant, c'est l'État* »[1025]. Concrètement, seul l'État où se trouve la source du revenu a le droit d'établir des impôts réels ou cédulaires. Quand une entreprise a des établissements dans plusieurs pays, chacun d'eux pourra taxer la part de bénéfices réalisés sur son propre territoire[1026]. Pour faire simple, ce système implique que les individus ayant bénéficié des infrastructures étatiques, qu'ils soient résidents ou non-résidents contribuent aux dépenses de l'État. Par conséquent, un revenu sera considéré comme tirant sa source d'un certain État uniquement si cet État a fourni aux contribuables les avantages étatiques qui lui ont permis d'obtenir ce revenu[1027]. Tout État, quel qu'il soit, même fonctionnant dans le cadre d'une économie où les échanges sont peu développés, aura besoin, pour fonctionner, de

[1023] S. S. PAUL, *Le mimétisme fiscal des États d'Afrique*, *op. cit.*, p. 287.
[1024] M. PELLETIER, *Les normes du droit fiscal*, *op. cit.*, p. 119.
[1025] E. ALLIX, *Traité élémentaire, science et législation financières*, *op. cit.*, p. 447.
[1026] *Ibid.*, p. 565.
[1027] N. BURKHALTER MARTINEZ, *Cohérence internationale de l'imposition des entreprises, Analyse au regard du projet BEPS de l'OCDE*, *op. cit.*, p. 14.

ressources fiscales, même minimes. Tel est le cas d'une société vivant dans une large mesure en autarcie[1028].

594. Cet état de fait conduit le peuple à un niveau de sensibilisation générale sur l'universalité de l'impôt. La participation de la vie de l'État ne peut se faire qu'à travers l'impôt. La modicité des moyens résultant des activités exercées par le citoyen n'est pas une raison qui pourrait justifier le défaut de paiement de l'impôt. Cet état d'esprit va conduire à l'appropriation par les citoyens du concept ci-après : « *en payant mes impôts je participe à la construction de la nation* ». La réussite de cette ambition passe forcément par une reddition des comptes. Pour Bernard BACCI : « *il ne fait aucun doute que les entreprises doivent contribuer aux dépenses publiques par l'impôt et si l'on parle de dépenses publiques on fait nécessairement référence à des pays et dans ce cadre la question de la territorialité prend tout son sens* »[1029].

595. Certains auteurs ont recherché la légitimité de la territorialité de l'impôt dans la théorie de l'équivalence, défendue notamment par GRIZIOTTI en droit fiscal international. Ainsi, l'imposition par l'État de la source trouverait-elle son fondement dans les services rendus par cet État qui, par conséquent, pourrait légitimement prélever une partie des revenus qu'il a contribué à générer. Pourtant, un tel fondement est inutile puisqu'il vient de superposer à la compétence territoriale étatique selon Nicolas MELOT[1030]. En réalité, point n'est besoin selon l'auteur de recourir à une notion économique pour fonder le droit à imposition, sauf peut-être à vouloir instaurer une certaine proportionnalité entre les services rendus et la part de prélèvement opéré par l'État d'imposition.

596. La théorie de l'impôt échange rapportée au droit fiscal international renvoie à l'imposition des revenus selon leur source. Le groupe des quatre économistes de l'ONU qui avait reçu habilitation pour faire des propositions sur la répartition de la base d'imposition entre les États exaltait la théorie moderne de l'allégeance économique comme principe de répartition entre les autorités concurrentes de la totalité des impôts payés par un individu. Cette allégeance comporte quatre éléments principaux : 1) le lieu d'origine de la richesse, qui correspond au stade de production de la richesse ; 2) le lieu où se trouve située matériellement la richesse, qui correspond à la possession de la richesse ;

[1028] G. ORSONI, *l'évolution de la notion d'impôt*, Thèse de doctorat, Université Aix-Marseille, 1975, p. 24.

[1029] B. BACCI, « La vision de l'entreprise », *RFFP*, n° 146, 2019, p. 104.

[1030] N. MELOT, *Territorialité et mondialité de l'impôt*, *op. cit.*, p. 27.

3) le lieu où il est possible de faire valoir les droits à la richesse, qui correspond au même stade mais ne se confond pas nécessairement avec le précédent ; 4) le domicile du bénéficiaire, qui est le lieu où la richesse peut être consommée ou affectée à un autre usage. En définitive, l'analyse permet de constater que les éléments les plus importants de la question sont les points 1 & 4 à savoir le lieu d'origine de la richesse et le domicile du bénéficiaire[1031].

597. Dans la première partie, nous avons décliné la notion de bénéficiaire effectif des conventions fiscales pour mieux appréhender son champ d'application. On remarquera que le droit conventionnel s'applique non pas aux nationaux d'un pays des pays signataires, mais à leurs contribuables : ainsi les nationaux d'un pays non-signataire pourront bénéficier des dispositions de ce traité ; c'est donc bien le triomphe de la théorie de l'allégeance économique[1032]. L'allégeance économique est le choix porté par les pays importateurs de capitaux. Dans ces pays, le législateur préfère un impôt de type réel, qui frappe les capitaux étrangers investis sur son territoire, et dont le volume et le revenu sont plus importants que ceux des capitaux investis à l'étranger par les nationaux ou résidents[1033].

598. Les actions du projet BEPS de l'OCDE visent essentiellement à régler les problèmes de transferts artificiels de bénéfices : dans la philosophie de l'OCDE, le critère pour identifier le pays où est réellement généré le profit est la présence d'employés qui créent de la valeur[1034]. Les actions 1[1035] & 7[1036] permettent une imposition à la source de certaines entreprises technologiques qui ne remplissent pas les critères de l'établissement stable des conventions fiscales, mais qui ont néanmoins une présence numérique dans « l'État de source »[1037]. Rappelons que l'imposition des revenus à la source est frappée de plein fouet au plan interne et international. Selon les écrits du professeur Michel BOUVIER : « *la fiscalité est agressée au plan externe par*

[1031] L. MAX, *Essai sur la territorialité de l'impôt*, *op. cit.*, p. 151.
[1032] O. BOUE, *Double imposition et évasion fiscale*, *op. cit.*, p. 59.
[1033] G. DALIMIER, « Droit fiscal international français », *op. cit.*, p. 8.
[1034] M-P ALLARD, « l'évitement et l'évasion en fiscalité internationale, vus du Canada », *op. cit.*, p. 9.
[1035] Économie numérique.
[1036] Établissement stable.
[1037] T. FENSBY, « Le projet BEPS survivra-t-il à l'administration TRUMP ? », *Revue de droit fiscal*, n° 11, 2007, p. 36.

l'évasion fiscale internationale et au plan interne par l'économie souterraine[1038]».

599. Pour la première fois, les pays membres de l'OCDE représentant 90 % de l'économie mondiale se sont retrouvés pour œuvrer en direction de la réforme des règles de fiscalité internationale des entreprises. Ils ont très rapidement été rejoints par un nombre croissant de pays en développement, avec au final plus de 120 juridictions de par le monde qui ont, soit participé directement aux prises de décision et aux groupes de travail technique, soit apporté leur contribution indirectement grâce à l'établissement de réseaux régionaux dédiés et à l'implication étroite d'organisations fiscales régionales telles que le Forum sur l'Administration fiscale Africaine (ATAF) et le Centre Interaméricain des Administrations fiscales. Pour Pascal SAINT-AMANS et Eric ROBERT : « *cette participation massive de plusieurs juridictions constitue un gage de réussite du projet BEPS* »[1039].

600. C'est le rapport de 2014 de l'OCDE intitulé « *Élaboration d'un instrument multilatéral pour modifier les conventions fiscales bilatérales* » qui a examiné la faisabilité d'une approche multilatérale contraignante, et identifie ses conséquences, ainsi que les « difficultés » que pose un tel instrument et a analysé les enjeux liés à la fiscalité internationale, au droit international public et aux questions politiques découlant d'une telle approche. Ledit rapport conclut qu'un instrument multilatéral est souhaitable et que des négociations devraient être engagées[1040].

601. Pour Caroline SILBERZTEIN, « *les mesures relatives à la notion d'établissement stable sont emblématiques du projet BEPS. Nous avons pu constater ces dernières années beaucoup de contrôles dans les différents pays, notamment sur la notion d'établissement stable-agent dépendant. Par ailleurs, des pays émergents, voire en développement, considèrent qu'un abaissement du seuil de l'établissement stable pourrait leur permettre d'atteindre une base fiscale supérieure* ». Selon l'auteur, la convention multilatérale prévoit trois articles pour lutter

---

[1038] M. BOUVIER, « Le citoyen, la gouvernance financière publique et les mutations du politique », in *Pouvoir politique et finances publiques : Quels enjeux au Maroc et en France, Acte du 10e colloque international de Rabat*, 2016, p. 44.

[1039] P. SAINT- AMANS & E. ROBERT, « Le projet BEPS et la longue marche en direction d'une fiscalité globale pour l'économie du XXIe siècle », *Revue de droit fiscal*, n° 49, 2015, p. 19.

[1040] C. SILBERZTEIN & J-B TRISTRAM, « OCDE : la mise en œuvre des mesures conventionnelles issues du projet BEPS par la création d'un instrument multilatéral », *Revue de droit fiscal*, n° 42-43, 2016, p. 18.

contre les stratégies d'évitement de l'établissement stable. Il s'agit de l'article 12[1041] sur les accords de commissionnaires et stratégies similaires, l'article 13 sur les exceptions permettant d'échapper à la caractérisation de l'établissement, et l'article 14 sur le fractionnement des contrats. Un quatrième article, l'article 15, définit la notion d'entreprise étroitement liée à une autre entreprise notion commune aux articles 12, 13 & 14[1042].

602. Cet aspect de la convention multilatérale tend à sauvegarder les recettes fiscales des pays importateurs de capitaux. Les manœuvres frauduleuses des multinationales conduisent à anéantir les critères ou éléments constitutifs de l'établissement stable. Le dispositif de répression doit être assez clair pour permettre aux entreprises de s'acquitter correctement de leurs obligations fiscales. De l'avis de Edouard MARCUS : « *les textes doivent permettre aux entreprises de savoir s'il existe ou non un établissement stable dans tel ou tel pays. Car les conséquences de la requalification en établissement stable sont lourdes. Toute l'organisation comptable et fiscale du groupe est en cause* »[1043]. Pour l'OCDE, un changement est nécessaire de toute urgence afin d'éliminer les opportunités de double exonération créées par le système actuel de conventions fiscales. L'instrument multilatéral devrait permettre une mise en œuvre rapide et à grande échelle des mesures conventionnelles issues du projet BEPS et préserver le caractère bilatéral des conventions fiscales[1044].

[1041] Il faut cependant retenir que l'article 12 exclut toujours de la définition de l'établissement stable les agents indépendants, mais ajoute que si une personne agit « exclusivement ou presque exclusivement pour le compte de l'entreprise étrangère à laquelle elle est étroitement liée », cette personne n'est pas considérée comme indépendante. Or, selon l'article 15 de la CML (Convention Multilatérale), les personnes étroitement liées sont définies comme celles qui sont sous la dépendance l'une de l'autre ou sous contrôle commun avec une détention directe ou indirecte de 50 % seulement. Par conséquent, la notion d'indépendance ne peut plus s'appliquer dans le cas d'une relation mère-filiale ou entre sociétés-sœurs ainsi que, dans certains cas, de joint-venture puisque le seuil de 50 % peut être rempli même en présence de partenaires tiers.

[1042] C. SILBERZTEIN, « La convention multilatérale de l'OCDE : quel impact sur la fiscalité internationale ? », *Acte de la soirée d'étude annuelle de l'IFA du 4 octobre 2017-, Revue de droit fiscal*, n° 51-52, 2017, p. 36.

[1043] E. MARCUS, « La convention multilatérale de l'OCDE : quel impact sur la fiscalité internationale ? », *Acte de la soirée d'étude annuelle de l'IFA du 4 octobre 2017-*, Revue *de droit fiscal*, n° 51-52, 2017, p. 47.

[1044] C. SILBERZTEIN & J-B TRISTRAM, « OCDE : la mise en œuvre des mesures conventionnelles issues du projet BEPS par la création d'un instrument multilatéral », *op. cit.*, p. 17.

603. Les mesures anti-BEPS contribueront à mettre fin au recours à des sociétés « *boîtes aux lettres* » ou sociétés « relais » pour délocaliser des bénéfices ou revendiquer indûment le bénéfice des dispositions d'une convention fiscale, et à neutraliser tous les dispositifs destinés à transférer artificiellement des bénéfices. En réalité, bien qu'elles n'aient pas vocation à imposer aux pays d'appliquer un taux spécifique d'imposition des bénéfices des sociétés, elles auront un impact significatif sur les régimes d'imposition mis en place pour tenter d'attirer des investissements étrangers, mais ne comportant aucune exigence relative à la nature économique des investissements réalisés[1045].

604. Le Sénégal n'a pas été en reste vis-à-vis du grand projet que la fiscalité internationale a connu depuis plusieurs décennies. En effet, les 22 et 23 février 2016, une consultation régionale sur l'application des mesures BEPS s'est tenue à Dakar en partenariat avec l'OCDE et le CREDAF. Cette rencontre visait à amorcer une démarche participative dans le but de mettre les pays non-membres de l'OCDE sur un même pied d'égalité que les pays membres. À l'ordre du jour, il était également convenu d'une discussion en vue de la présentation des rapports de 2015 sur le projet[1046]. Il est à relever qu'une plus grande dignité doit être accordée aux pays africains dans les instances supranationales où la fiscalité internationale est sécrétée. Cela permettra davantage de mieux prendre en compte les implications de la structure socio-économique pour mieux influer la démarche du pouvoir fiscal.

605. Le législateur sénégalais à travers la loi 2018-10 du 30 mars 2018 modifiant certaines dispositions du CGI a mis en place une nouvelle fiscalité applicable aux opérations internationales en adéquation avec le projet BEPS de l'OCDE qui vise à lutter contre l'érosion de la base d'imposition et le transfert de bénéfices. Ce faisant, ces nouvelles dispositions élargissent le périmètre de couverture du dispositif de lutte contre l'évasion fiscale à travers les nouveaux moyens de contrôle mis à la disposition de l'administration fiscale[1047]. Dans l'exposé des motifs de la loi susvisée, le législateur précise qu'une nouvelle rédaction des dispositions du CGI est effectuée dans le but d'une part, d'élargir le champ couvert par le dispositif de lutte contre l'évasion fiscale et,

[1045] P. SAINT- AMANS & E. ROBERT, « Le projet BEPS et la longue marche en direction d'une fiscalité globale pour l'économie du XXIe siècle », *op. cit.*, p. 22.
[1046] « Consultation à Dakar sur la mise en œuvre du projet BEPS pour les pays d'Afrique », in www.ocde.org consulté le 31/01/2021.
[1047] S. DIEYE, *Le vade-mecum fiscal, op. cit.*, p. 59.

d'autre part, de doter l'administration fiscale de nouveaux moyens de contrôle à travers des obligations spécifiques aux transactions entre entreprises liées[1048].

Paragraphe II : Les règles de territorialité des impositions

606. Le principe de la territorialité de l'impôt signifie que la loi fiscale (comme toutes les lois d'ailleurs) ne s'applique que sur le territoire national. À titre d'illustration, pour les entreprises, seuls les bénéfices réalisés sur un territoire déterminé sont considérés comme faisant partie de la base imposable rattachée à leur lieu de réalisation. À juste titre, celui-ci permet de localiser géographiquement l'assiette ou les bases d'imposition de la contribution et à réduire l'évasion fiscale[1049]. Il s'agira de voir la territorialité de l'Impôt sur les sociétés (A)et celle de la Taxe sur la Valeur ajoutée (B).

A. La territorialité de l'impôt sur les sociétés

607. Contrairement à l'impôt sur le revenu des personnes physiques où le législateur retient une imposition mondiale, l'impôt sur les sociétés n'atteint en principe que le résultat provenant d'entreprises exploitées au Sénégal[1050]. L'article 3 de la loi 2012-31 du 31 décembre 2012 prévoit que : « *sous réserve des dispositions des conventions internationales relatives aux doubles impositions, l'impôt sur les sociétés est dû à raison des bénéfices réalisés au Sénégal.*

Sont réputés réalisés au Sénégal, les bénéfices provenant des entreprises exploitées au Sénégal »[1051].

608. De l'avis de Bruno GOUTHIERE : « *l'expression « sous réserve » utilisé par le législateur français ainsi que son homologue sénégalais signifie qu'en cas de contradiction entre une règle de droit interne et une stipulation d'une convention fiscale, cette dernière doit prévaloir. Mais lorsque la convention fiscale est muette ou lorsqu'elle donne à un État partie au traité le droit d'imposer, ce droit est exercé conformément aux dispositions internes relatives à la matière fiscale* »[1052]. Rappelons que l'impôt sur les sociétés (IS) frappe les bénéfices réalisés

---

[1048] Exposé des motifs de la loi 2018-10 du 30 mars 2018 JORS n°7082 du 30 mars 2018.

[1049] A. A. D. KEBE, *La répartition des compétences entre la loi et le règlement et droit fiscal sénégalais*, Thèse de doctorat, *op. cit.*, p. 66.

[1050] P. BELTRAME, *L'impôt sur le revenu*, *op. cit.*, p. 52.

[1051] SOJUFISC, *Sénégal Code Général des Impôts*, *op. cit.*, p. 13.

[1052] B. GOUTHIERE, *Les impôts dans les affaires internationales*, *op. cit.*, p. 45.

au cours de l'exercice qui précède la déclaration de ceux-ci. L'exercice est l'exercice comptable qui représente une période de 12 mois, susceptible de correspondre ou non à l'année civile[1053].

609. Pour mieux cerner le champ d'application de l'IS, il faudrait mettre un contenu clair et précis sur la notion d'entreprise exploitée au Sénégal. Selon Daniel GUTMANN : « *il faut comprendre que la notion d'entreprise exploitée au Sénégal comme signifiant, très généralement, que les bénéfices trouvant leur source dans une activité d'entreprise exercée au Sénégal rentrent dans le champ de l'impôt sur les sociétés. Ainsi, on peut comprendre que les sociétés étrangères comme les sociétés sénégalaises relèvent de cet impôt* »[1054]. Dans la même vaine, la Cour de Justice de l'Union européenne (CJUE) dans l'arrêt « *Futura Participations et Singer* »[1055] indique que le principe de la territorialité se caractérise par l'exigence d'un lien logique entre l'imposition par un État des bénéfices d'une entreprise et l'octroi par ce même État d'allègements fiscaux (déduction, exonération & report des pertes, etc.) à l'entreprise en cause[1056]. Toutefois, on notera que le mot « entreprise » accompagné du qualificatif « exploitée » a le sens d'une action en cours, d'une activité déployée en vue d'un but (fourniture d'un produit & réalisation d'un service)[1057].

610. Ainsi, dans son acception générale et absolue, la notion de territorialité des lois comporte une phase positive : le droit pour un État de soumettre à sa loi tout ce qui est dans les limites de son territoire, et

---

[1053] M. BOUVIER, *Introduction au droit fiscal général et à la théorie de l'impôt*, *op. cit.*, p. 68.

[1054] D. GUTMANN, *Droit fiscal des affaires*, *op. cit.*, p. 468.

[1055] Dans l'hypothèse de l'arrêt « *Futura* », une société française ayant un établissement stable au Luxembourg souhaitait bénéficier d'un report en avant de pertes dans ce dernier État. Pour autoriser ce report, la loi luxembourgeoise exigeait, parmi diverses conditions, que les pertes reportées soient en relation économique avec les revenus réalisés au Luxembourg, de sorte que les seules pertes susceptibles d'être reportées étaient celles qui résultaient de l'activité de la société française sur le territoire du Luxembourg. La Cour estima qu'un tel régime est conforme au « *principe fiscal de territorialité* ». Elle refit un raisonnement proche dans une affaire rendue postérieurement où elle admit que ce même principe explique que seuls des frais professionnels ayant un lien direct avec l'activité exercée par un non-résident dans un État membre et y ayant généré des revenus imposables soient pris en compte pour être déduits.

[1056] D. GUTMANN, *Droit fiscal des affaires*, *op. cit.*, p. 469.

[1057] A. CLAUDE, *La territorialité de la loi fiscale française et les bénéfices industriels et commerciaux*, Thèse de doctorat, *op. cit.*, p. 15.

une phase négative : l'impossibilité pour le même État d'y assujettir des éléments extérieurs à ces limites[1058].

611. Le champ d'application personnelle de l'IS se manifeste à travers trois critères que sont : l'établissement, le représentant qualifié & la réalisation habituelle d'opération formant un cycle complet d'opérations commerciales. Les deux premiers critères sont utilisés par le droit conventionnel pour définir l'établissement stable tandis que le dernier est d'une création prétorienne[1059]. La notion d'établissement et d'agent dépendant ne feront pas l'objet d'une étude exhaustive compte tenu des développements de la première partie sur la question. La notion de cycle complet d'opération commerciale mérite quand même une attention particulière. En réalité, il s'agit d'un mécanisme qui pourrait permettre au pouvoir fiscal sénégalais d'étendre son champ d'application et par la même occasion d'accroître les recettes fiscales recouvrées.

612. Traditionnellement, l'exercice habituel d'une activité peut résulter d'un cycle commercial complet d'opération, alors même que l'entreprise n'aurait ni établissement ni représentant dans le pays concerné[1060]. Sont principalement concernées ici les opérations d'achat suivies de ventes de marchandises réalisées en France[1061]. En gros, il s'agit de l'ensemble des opérations conduisant à la réalisation de profit[1062]. Le Conseil d'État s'est illustré à plusieurs reprises dans la qualification d'opérations comme formant un cycle complet d'opération commercial. Dans son raisonnement, le juge administratif a adopté une formule très extensive de la notion de « cycle lucratif commercial ». Cette conception extensive a conduit à un heurt entre la disposition relative à l'impôt sur les sociétés et celle afférente à la retenue à la source pour les prestataires ne disposant pas d'installation professionnelle[1063].

[1058] L. MAX, *Essai sur la territorialité de l'impôt*, Thèse de doctorat, *op. cit.*, p. 9.
[1059]G. TIXIER, *Droit fiscal international*, *op. cit.*, p. 21.
[1060] B. GOUTHIERE, *Les impôts dans les affaires internationales*, *op. cit.*, p. 197.
[1061] B. CASTAGNDE & S. TOLEDANO, *Fiscalité internationale de l'entreprise*, *op. cit.*, p. 140.
[1062] B. CASTAGNEDE, *Précis de fiscalité internationale*, *op. cit.*, p. 352.
[1063] Les prestations effectuées par les prestataires ne disposant pas d'installation professionnelle permanente au lieu de la réalisation de la prestation engendrent le paiement de la retenue à la source au titre de la rémunération perçue. Toutefois, le bénéficiaire est tenu du paiement de la retenue effectuée sur la rémunération payée en contre partie de la prestation. Le siège de cette imposition se trouve à l'article 202 de la loi 2012-31 du 31 décembre 2012 qui s'inspire très largement de l'article 182-b du CGI français. .

613. Une illustration récente de ce phénomène est fournie par la décision APBP du 30 juin 1997, rendue à propos d'un litige où se trouvait posée la question de l'articulation entre l'impôt sur les sociétés et la retenue à la source instituées par l'article 182B du CGI. Au cas particulier, la question était de savoir si devaient être assujetties à la retenue les redevances versées par la société APBP, établie en France, à l'association des artistes peignant dans la bouche et du pied, dont le siège est au Liechtenstein, en contrepartie du droit, concédé par elle à la première, de reproduire et de commercialiser en France des œuvres des artistes que ladite association représente.

614. La Haute Assemblée a jugé que la perception de ces redevances, rémunérant des « prestations utilisées en France » au sens de l'article 6-c de la loi du 29 décembre 1976, définissant les revenus de source française, rendait l'association passible, en France de l'impôt sur les sociétés, sans qu'il y ait lieu de rechercher s'il avait été effectivement appliqué, de sorte que les sommes qui lui avaient été payées à ce titre devaient être soumises à la retenue à la source[1064].

615. À bien des égards la démarche du juge administratif paraît critiquable. La notion de « *cycle complet d'opération commerciale* » ou « *cycle lucratif d'opération* » est conçue ou perçue comme une arme tendant à lutter contre toute entreprise qui serait emmenée à réaliser des opérations commerciales à grande échelle sans pour autant mettre en place une installation physique ou un agent dépendant. Il pourrait être considéré comme un abus le fait de considérer une seule prestation isolée comme constitutive d'un « *cycle lucratif d'opération* ».

616. Dans une autre décision en date du 25 mai 2007 « *GIE Compagnie industrielle des polyéthylènes Normandie* », le Conseil d'État a cependant conservé la retenue à la source de l'article 182-B la portée que lui conférait la jurisprudence « APBP », mais sans apporter la confirmation d'un déploiement de la notion d'entreprise en France hors des bornes fixées par les critères traditionnels de l'établissement, de l'agent dépendant et du cycle commercial complet. Selon ce dernier arrêt, la désignation par l'article 182-B, des personnes et sociétés qui « relèvent de l'impôt sur les sociétés » visent celles qui, dans les seuls termes de l'article 206-1, relèvent de cet impôt à raison de leur forme ou du caractère lucratif de leur exploitation ou de leurs opérations, sans qu'il y ait lieu de se référer à l'article 209-1 : la retenue à la source est

---

[1064] B. CASTAGNEDE, « Évolution et cohérence des règles de territorialité de l'impôt sur les sociétés », *RFFP*, n° 68, 1999, p. 289.

applicable aux redevances versées à des personnes morales qui auraient été passibles de l'impôt sur les sociétés en France si elles y avaient disposé d'un siège ou d'une installation professionnelle permanente[1065]. Au Sénégal, la doctrine administrative fiscale s'est également penchée sur la notion de cycle complet d'opérations commerciales. En effet, il s'agissait d'une entreprise étrangère qui n'avait pas d'installation au Sénégal au sens matériel du terme mais qui était présente dans les locaux d'une entreprise locale pour la bonne exécution d'un logiciel de gestion. La DGID avait jugé que l'entreprise en question devait au regard de cette opération procéder à la déclaration de l'IS au cours de la période concernée[1066].

617. De l'avis de certains auteurs, notamment Bernard CASTAGNEDE, le mécanisme du cycle complet d'opérations commerciales pourrait permettre de remédier à l'économie numérique ainsi qu'à toutes les autres manœuvres tendant à éviter le statut de l'établissement stable. Dans le contexte sénégalais il serait difficile d'atteindre un niveau d'ingéniosité assez élevé car la matière fiscale est d'une grande complexité au point de ne pas faciliter chez le juge sénégalais une redéfinition des contours du principe de la territorialité. Lors du lancement des travaux du projet BEPS en 2013, Pascal Saint AMANS précisait que l'objectif du G20 n'était pas de redéfinir le pouvoir d'imposition des États au regard du droit conventionnel. En effet, l'OCDE s'est fixée des défis plus larges notamment le remplacement de la notion d'établissement stable par un critère de « présence économique significative »[1067]. Notons que cette démarche permettra de se départir des critères classiques qui promeuvent le critère physique de l'installation.

618. Par ailleurs, l'application du principe de la territorialité se fait en fonction de la spécificité du pays. En réalité, un pays importateur de capitaux à l'image du Sénégal procède à une application stricte du principe de la territorialité. Cela se justifie par une faible industrialisation et que l'implantation dans les États étrangers sont quasi-inexistantes. La conséquence directe est que le législateur n'est pas tenu d'octroyer des avantages fiscaux dans le cadre des relations commerciales ou financières qu'une société sénégalaise pourrait avoir avec une autre unité implantée à l'étranger. À l'inverse, dans un pays exportateur de

---

[1065] B. CASTAGNDE, *Précis de fiscalité internationale*, *op. cit.*, p. 355.

[1066] Lettre n°471/MEF/DGID/DLEC/BC du 10 décembre 2012.

[1067] A. LAUMONIER, « Le projet BEPS : contexte, contenu et perspectives », *Revue de droit fiscal*, n° 17, 2016, p. 29.

capitaux, l'application du principe de la territorialité connaît des assouplissements. À titre d'illustration nous pouvons citer le régime des aides à caractère financier ou commercial. En France, par exemple, seul le régime des aides à caractère commercial est admis de nos jours. La déductibilité de l'aide doit être prouvée par la volonté de maintenir et de développer les débouchés de la société[1068], d'éviter la défaillance de la filiale et de préserver le renom de la société[1069]. Toutefois, il incombe au contribuable d'apporter la preuve que l'aide s'inscrit dans le cadre des relations commerciales normales favorisant le maintien ou le développement d'une activité[1070].

619. L'imposition de l'établissement peut connaître un mode spécifique au-delà même de la réalisation du critère de l'exploitation sur le sol sénégalais. C'est le cas en général de la fabrication d'usine clé en main. Certaines conventions fiscales précisent dans le cadre de protocoles qui y sont annexés, les conditions d'imposition des bénéfices des ventes « d'usines clé en main »[1071]. Rappelons que l'expression « clé en main » est un vocable d'économie générale souvent associé à des opérations de transmission de biens, par exemple les transferts de technologie. En principe, le transfert portant sur l'usine « clé en main » n'est pas une opération de construction ou de montage sans transfert de savoir-faire. Très souvent, elle s'accompagne de ce type de transfert que la doctrine économique désigne par l'expression « produits en main » (accession au savoir-faire de production)[1072].

620. Le cas des installations clé en main vient chambouler les règles de territorialité de l'impôt. En règle générale, des protocoles sont signés pour définir le partage de l'imposition entre le pays où l'entreprise a son siège et celui bénéficiaire des installations. En réalité le portefeuille de ces entreprises doit avoir une vocation internationale pour des raisons relatives à la rentabilité de l'activité. Si nous prenons l'exemple de la France nous voyons aisément qu'il s'agit d'un pays qui cherche vaille que vaille à conquérir ou à maintenir des parts de marché mondial dans le domaine de l'armement ou des hydrocarbures. Ces deux domaines d'activité ne peuvent fonctionner uniquement à l'échelle nationale. Au

---

[1068] CE 30 mars 1987 Sté Labo industrie SA.

[1069] CE 11 février 1994 Les éditions Jean Claude Lattès SA, Voir également jurisprudence Sté Télécoise rendu en 2003.

[1070] M. COZIAN, F. DEBOISSY & M. CHADEFAUX, *Précis de fiscalité des entreprises*, *op. cit.*, p. 523.

[1071] B. CASTAGNEDE, *Précis de fiscalité internationale*, *op. cit.*, p. 424.

[1072] H. FALL, *La fiscalité dans tous ses États*, *op. cit.*, p. 151.

plan fiscal, une indulgence du législateur conduit même à la déduction des commissions versées pour l'attribution de marché dans les pays en voie de développement[1073]. Les règles relatives à l'imposition de ces activités sont consignées en général dans un protocole spécifique.

621. Un autre volet vient se greffer à la territorialité de l'impôt sur les sociétés. En effet, l'IS ne vise pas exclusivement le résultat d'une entreprise mais aussi certains revenus immobiliers détenus par les sociétés étrangères[1074]. L'article 4-5 de la loi 2012-31 du 31 décembre 2012 indique que sont passibles à l'IS : « *Les personnes morales domiciliées à l'étranger lorsqu'elles sont bénéficiaires de revenus fonciers au Sénégal ou de plus-values provenant de la cession d'immeubles sis au Sénégal ou de droits y relatifs ou réalisent des plus-values à la suite de cessions de valeurs mobilières ou de droits sociaux détenus dans des entreprises de droit sénégalais* ».

622. Le juge administratif français s'est penché sur la question de l'assujettissement à l'impôt sur les sociétés des personnes morales étrangères disposant de revenus immobiliers provenant de la location d'immeubles situés en France. Ladite intervention a permis de redéfinir le champ d'application de l'impôt sur les sociétés pour les contribuables ne disposant pas d'installation professionnelle permanente. C'est dans un arrêt du 19 juin 1963 concernant une société anonyme de droit suisse que le Conseil d'État a jugé que celle-ci devrait « *être assujettie à l'impôt sur les sociétés en raison desdits revenus (provenant de l'immeuble dont elle était propriétaire en France), en application de l'article 206-1*[1075] ». Ce dernier article implique en effet, selon le commissaire du gouvernement M. Marcel MARTIN, qu'une société anonyme suisse possédant des immeubles en France doit, pour les revenus de ses immeubles, être regardée comme si elle était presque matériellement transportée en France »[1076]. Selon l'analyse de Polina KOURALEVA-CAZALS, « *lorsque les juges ont décidé d'appliquer l'article 206 du CGI aux sociétés étrangères, ils n'y ont pas recherché de critère*

[1073] Y. DESBOIS, « La fiscalité de la livraison d'unités clés en main à l'étranger en *Joint-venture* », *Revue de droit fiscal*, n° 25, 2011, p. 15.

[1074] J. LAMARQUE, O. NEGRIN & L. AYRAULT, *Droit fiscal général*, *op. cit.*, p. 1258.

[1075] Selon cette disposition les personnes anonymes sont soumises à l'impôt sur les sociétés quel que soit leur objet.

[1076] J. L. PIERRE, « La territorialité de l'impôt sur les sociétés en droit interne pour les personnes morales étrangères », *Étude à la mémoire du professeur Maurice COZIAN*, Ed. LITEC, 2009, p. 650.

d'assujettissement, mais ont procédé directement par l'assimilation des sociétés étrangères aux sociétés françaises visées dans ce texte, en se fondant uniquement sur la dénomination des sociétés concernées. Ainsi, en application de cette jurisprudence, ont été soumises à l'impôt sur les sociétés françaises, les SA suisses, belges, panaméennes sans que soit analysé leur objet statutaire, leur activité ou une quelconque autre caractéristique de ces sociétés »[1077]. Pour Bernard CASTAGNEDE, « *le bien-fondé de l'assujettissement à l'impôt sur les sociétés de revenus immobiliers réalisés dans un territoire déterminé par des sociétés ou organismes étrangers, en l'absence d'entreprise exploitée au sens des règles de territorialité, pouvait toutefois rencontrer l'objection de la qualification des revenus concernés* »[1078].

623. Sous une autre rubrique que l'on pourrait ranger dans le cadre de l'acte anormal de gestion, le Conseil d'État a également affiché une sérénité à travers un acte qualifié de philanthropique. En effet, il était question de savoir si l'immeuble appartenant à une société étrangère avait été mis à la disposition de quelqu'un pour un usage gratuit, l'impôt sur les sociétés doit-il être perçu ? Une solution de non-imposition a été retenue par la juridiction niçoise dans une affaire relative à la mise à disposition gratuite d'un bien immobilier, deux fois par an, pour un associé d'une société de droit Belge. La juridiction a considéré que ni l'article 209-1 considéré comme le siège du principe de la territorialité ni l'article 206-1 n'étaient applicables dans une situation de mise à disposition gratuite de bien immobilier[1079]. Cette position a été confirmée par le Conseil d'État en 2006[1080] en soutenant qu'une société ne peut pas être redevable de l'IS sur un prétendu loyer qu'elle aurait perçu si les locaux n'avaient pas été gratuitement mis à la disposition du preneur[1081].

624. La démarche du juge prouve à suffisance que l'IS auquel les entreprises étrangères sont soumises s'accroche à la qualification de société de capitaux de l'entité propriétaire de (s) l'immeuble(s). Le

---

[1077] P. KOURALEVA-CAZALS, « Les critères d'assujettissement des sociétés étrangères à l'impôt sur les sociétés françaises : plaidoyer pour une clarification », *Revue de droit fiscal*, n° 12, 2012, p. 14.

[1078] B. CASTAGNEDE, *Précis de fiscalité internationale*, *op. cit.*, p. 360.
Le doute a finalement été levé avec les dispositions interprétatives de la loi de finances rectificative du 30 décembre 2009.

[1079] CAA Nantes, 17 février 1998, Sté Darcon holdings.

[1080] CE 24 mai 2006 Société Immobilière Saint Charles.

[1081] J. L. PIERRE, « La territorialité de l'impôt sur les sociétés en droit interne pour les personnes morales étrangères », *op. cit.*, p. 653.

législateur sénégalais quant à lui fait référence à la notion de personne morale. D'après les conseils de Jean Luc PIERRE, l'investisseur étranger doit éviter avec le plus grand soin, une société de droit étranger assimilable à une Société Anonyme à une Société en Commandite par Actions ou à une Société à Responsabilité limitée. Rappelons toutefois que le contexte européen est différent de celui africain. Les assauts de l'impôt sur la fortune avaient conduit plusieurs personnes à apporter à une société de capitaux créée à l'étranger l'ensemble de leur patrimoine immobilier. En Afrique, les systèmes fiscaux ne prévoient pas dans leur dispositif un impôt qui vise la fortune des contribuables. Après plusieurs décennies d'indépendance et une panoplie de réformes adoptées, les pouvoirs fiscaux sont tenus à une meilleure prise en charge des réalités économiques locales. L'étalage d'un système fiscal devrait faciliter la compréhension de la structure de l'économie. La singularité de la prise en charge du contrat de crédit-bail au Sénégal est une source d'inspiration et de détachement de l'ordonnancement juridique de l'ancienne métropole. Si dans les pays développés, le bien remis au crédit-preneur est considéré comme loué, la grande réforme de 2004 au Sénégal permet d'inscrire ce bien à l'actif du bilan même, si du point de vue juridique il y a toujours une subsistance de la clause de réserve de propriété au profit du crédit-bailleur. Cette formule est considérée par les conseillers fiscaux comme un mécanisme d'optimisation fiscale. Compte tenu de l'importance de la TVA dans les ressources budgétaires, l'étude des règles de territorialité regorge d'une importance capitale.

B. La territorialité de la TVA

625. La TVA est un impôt de consommation. Elle est supportée par le consommateur final. Il est donc légitime que les recettes de TVA reviennent à l'État où sont utilisés en dernier lieu les biens et les services entrant dans le champ d'application de la TVA. L'existence de frontières fiscales évite pratiquement de se poser le problème : la taxation des importations, la détaxation des exportations aboutissent au résultat recherché sans risque majeur de détournement[1082]. Les règles de territorialité de la TVA confortent cette analyse. La territorialité de la TVA s'apprécie à travers trois faits générateurs que sont : les

[1082] J. J PHILLIPE, « L'harmonisation européenne de la TVA », *RFFP*, n° 4, 1983, p. 165.

livraisons de biens, les prestations de services et les importations[1083]. En ce qui concerne les livraisons de biens, le lieu d'imposition est celui de sa situation au moment de la livraison[1084]. Tandis que la prestation de service est située au Sénégal lorsque le service y est utilisé ou que la personne pour le compte de laquelle il est rendu est établie au Sénégal[1085]. L'importation est une notion douanière. Elle suppose en principe le franchissement du cordon douanier du Sénégal. Cependant, lorsque les marchandises sont placées sous un régime suspensif (entrepôt, admission temporaire), les taxes sont perçues si les marchandises sont mises à la consommation intérieure. Sous réserve de la contrebande, elle semble sévir dans certaines contrées, l'importation est une notion qui ne présente pas de difficulté particulière[1086].

626. A priori, les règles de territorialité de la TVA semblent claires pour ce qui concerne l'importation et la livraison de biens. Une singularité a été notée dans la démarche du législateur sénégalais en ce qui concerne les prestations de service. Comme auguré au début de nos développements, la TVA est censée être due au lieu de jouissance de l'opération effectuée. Par une loi de 2004[1087], les prestations de service réalisées à l'étranger, dont le donneur d'ordre est situé au Sénégal engendrent la perception de la TVA au profit du trésor public sénégalais. La circulaire d'application de la loi de 2004 indique : « *il suffit que le bénéficiaire, utilisateur du service, ou le donneur d'ordre qui a passé la commande soit établi au Sénégal pour que la prestation soit réputée utilisée au Sénégal* [1088]». Les contribuables, les conseillers fiscaux ainsi qu'une bonne partie de l'administration se sont retrouvés avec des difficultés de tout genre dans le cadre de l'application de cette nouvelle règle de territorialité de la TVA. Pour les juristes que nous sommes la thèse de la non-conformité de cette disposition vis-à-vis du droit communautaire est plus que jamais agitée. L'article 13 de la

---

[1083] L'article 352 du CGI : « sont *soumises à la TVA, les livraisons de biens et les prestations de services effectuées à titre onéreux par un assujetti agissant en tant que tel, ainsi que les importations* ».

[1084] Article 356 du CGI « *Le lieu d'imposition d'une livraison de biens est situé à l'endroit où le bien se trouve au moment de la livraison* ».

[1085] Article 357 du CGI « *Le lieu d'imposition des prestations de services est situé au Sénégal lorsque le service y est utilisé ou lorsque la personne pour le compte de laquelle le service est rendu y est établi* ».

[1086] M. COZIAN, « La taxe sur le chiffre d'affaires », *Annales africaines,* 1970, p. 86.

[1087] Loi 2004-12 du 6 février 2004 modifiant certaines dispositions du Code général des Impôts (loi 92-40 du 9 juillet 1992 portant Code général des Impôts.

[1088] Circulaire n°6779/MEF/DGID/BLEC du 20 août 2004, p. 45.

directive UEMOA[1089] dispose que « *le lieu d'imposition d'une prestation de services est le lieu de son exécution. Cependant, lorsque la prestation est utilisée dans un lieu autre que celui de son exécution, l'imposition s'effectue à son lieu d'utilisation* ». Le libellé de l'article 13 ne fait référence à aucun moment à la notion de « donneur d'ordre ». Aussi, cette position du législateur sénégalais bute sur une double imposition. Si l'on prend l'exemple d'un opérateur installé au Sénégal qui demande à une entreprise malienne de réaliser pour son compte une prestation de service au Mali. Celui-ci paiera la TVA malienne en vertu des règles de territorialité et procédera à une TVA pour compte en vue de le reverser dans les caisses du trésor si l'entreprise étrangère ne dispose pas d'un représentant fiscal au Sénégal.

627. Le même format est également en vigueur au Cameroun. À travers une lettre référencée n°4644 du 22 août 2005, le Directeur général des Impôts du Cameroun précisait que la formation du personnel était assimilée à l'assistance technique. Par conséquent, les frais relatifs à cette formation sont soumis à la TVA au même titre que les rémunérations d'assistance technique. Comme en matière d'assistance technique, le traitement fiscal de ces frais diffère selon que la formation soit dispensée au Cameroun ou à l'étranger. Dans le premier cas aucune difficulté particulière ne peut être enregistrée vis-à-vis de l'application de la loi. Par contre, dans l'hypothèse où le personnel est envoyé dans le pays du prestataire, une interprétation littérale de la directive conduirait à l'application de la TVA du pays du prestataire. Toutefois, il n'est pas rare que l'administration fiscale se fonde sur l'interprétation d'une instruction relative à la TVA[1090] qui indique de fait que la TVA est due au Cameroun dès lors que le bénéficiaire de la prestation est situé au Cameroun. En réalité il s'agit d'un rattachement via un critère moins abstrait, à savoir la résidence du bénéficiaire ou du « donneur d'ordre » pour reprendre le législateur sénégalais[1091].

628. L'administration fiscale sénégalaise dans plusieurs affaires soumises à son appréciation a tenté de mettre un contenu à la notion de donneur d'ordre à travers une démarche très laborieuse. Dans le cadre d'une demande de précision sur les dispositions de l'article 357 du CGI,

---

[1089] Directive n° 02/98/CM/UEMOA portant harmonisation des législations des États membres en matière de Taxe sur la Valeur ajoutée (TVA).

[1090] Instruction n°0012/MINEFI/DGI du 28 juillet 1997.

[1091] V. O. OPISSINA, *Problématique de l'application de la TVA dans l'espace OHADA*, *op. cit.*, p. 89.

le contribuable sollicitait des éclairages sur la conformité de la disposition suscitée avec l'article 13 de la directive 02-98. L'administration dans cette affaire a esquivé le véritable problème de conformité en se penchant exclusivement sur les modalités de transposition d'une directive communautaire. En effet, elle a soutenu que : « *les directives ne sont pas d'application directe. Il poursuit son argumentaire en soutenant que les États ont le choix des moyens en ce qui concerne l'incorporation des normes communautaires dans l'ordre juridique interne. Par conséquent, la DGID conclut à une conformité des deux normes* »[1092].

629. À notre sens, l'administration ne s'est pas penchée sur le véritable problème. Il était question de voir si la notion de donneur d'ordre était conforme avec l'article 13 de la directive portant harmonisation de la législation communautaire en matière de TVA. Malheureusement, elle s'est focalisée sur le mode de transposition d'une norme élaborée au plan communautaire. La liberté de manœuvre offerte par le droit communautaire dans le cadre de la transposition d'une directive ne conduit pas à une refonte de la norme de base. D'autant plus qu'il s'agit d'une norme obligatoire dans toute sa forme.

630. Au final, une complexité même est notée dans l'application de la territorialité de la TVA. Dans le cadre d'une autre affaire[1093], une précision sur le régime de la TVA applicable à une prestation de services relative à une prospection pour le compte d'une société basée à Hong Kong. D'abord, l'administration a commencé par préciser les règles de territorialité de la TVA en ce qui concerne les prestations de services. Ensuite, curieusement elle a fait référence aux dispositions de l'article 354 CGI qui précise qu'un assujetti étranger doit désigner un représentant fiscal pour s'acquitter du versement de la TVA collectée. La DGID finit par conclure qu'en vertu de l'article 360 du CGI, le contribuable doit prouver que le service n'est pas rendu au Sénégal. À défaut, la TVA serait due. Cette affaire mérite une attention particulière. Il ne s'agissait pas d'un litige mais d'une demande de précision. Cela devrait conduire à une position tranchée de l'administration. La position adoptée est très nuancée. Notons que dans cette affaire, le bénéficiaire de la prestation n'est pas installé au Sénégal et que le service n'y est pas utilisé. Donc a priori, la TVA ne doit pas être due.

631. Compte tenu de la nocivité des doubles impositions, notamment sachant qu'elles constituent un frein aux échanges, il est nécessaire

---

[1092] Lettre n°534/MEFP/DGID/DLEC/BL/F.IND du 6 juin 2017.

[1093] Lettre n° 1045/MEFP/DGID/DLEC/BC du 04 novembre 2015.

d'en atténuer les conséquences. À ce propos, l'adoption des critères d'imposition semblables est nécessaire. Aussi, est-il souhaitable que l'approche retenue par le Sénégal et le Cameroun, soit étendue à tous les membres de l'espace communautaire, car le rattachement à la résidence du bénéficiaire paraît être un critère de jugement plus objectif et plus concret. De l'avis de Vianney ONANGA OPISSINA, il donne plus de certitude quant au lieu d'utilisation du service, et évite de la sorte les difficultés trouvant leur origine dans des divergences d'interprétation des États membres[1094].

632. L'étude des règles de territorialité relatives aux opérations de livraison de biens amène à préciser la notion de biens en matière de TVA car les règles de territorialité propres aux prestations de services diffèrent comme nous venons de le voir. Selon la législation communautaire comme nationale, seuls les biens meubles corporels sont considérés comme des biens[1095]. Les biens incorporels tels que les brevets, créances et droits divers ne sont pas des biens au sens de la législation TVA, quand bien même posséderaient-ils cette qualité en d'autres matières juridiques[1096]. L'exclusion des biens incorporels de la notion de biens en matière de TVA a été récemment réaffirmée par la CJUE à travers deux arrêts relatifs au taux applicable à la fourniture de livres électroniques ne saurait être considérée comme une livraison de biens à défaut pour le livre électronique de pouvoir être qualifié de bien corporel, même si un tel livre requiert un support physique pour être consulté[1097]. Plus près de nous, la DGID a précisé dans une affaire que la cession d'un logiciel standard sans support matériel est conçu comme une prestation de services. Il sied de préciser que la prestation formation du personnel de l'entreprise pour l'utilisation dudit logiciel engendre le paiement de la redevance ainsi que de la TVA pour compte[1098]. Le même raisonnement a été prôné par l'administration fiscale française dans une instruction[1099]. En effet, si l'entreprise acquiert des droits d'exploitation sur un logiciel standard, l'opération revêt la nature d'une prestation de services relevant du régime de l'article 259B du Code

---

1094 V. O. OPISSINA, *Problématique de l'application de la TVA dans l'espace OHADA*, *op. cit.*, p. 90.

1095 Article 352-1.

1096 Y. SERANDOUR, « Territorialité de TVA : livraison de biens », *Jurisclasseur du droit fiscal international*, Fasc. 3380, 2017, p. 5.

1097 CJUE, 4e ch., 5 mars 2015, aff C479/13.

1098 Lettre n°1069/MEFP/DGID/DLEC/BCTX du 22 novembre 2017.

1099 Instruction administrative 16 février 1996.

général des Impôts. Toutefois, en présence d'une importation du support comportant les données nécessaires à cette exploitation, c'est-à-dire d'un logiciel matrice, la valeur du support est soumise à la TVA, au titre d'une importation de biens[1100].

633. La globalisation de l'économie et le développement de l'économie numérique, les règles de territorialité telles qu'annoncées plus haut ne peuvent pas connaître une application stricte. Depuis le 1er janvier 2015 par exemple, les entreprises européennes déclarent leur chiffre d'affaires européen en matière de prestation de services électroniques, de télécommunication, radiodiffusion et télévision sur un portail unique (le mini-guichet unique, ou « MOSS ») depuis leur pays d'établissement et payent la TVA qui y est relative. La TVA est ainsi collectée pour le compte du pays de consommation. Ce système est efficace : 3 mds euro de TVA déclarée via ce système en 2015. Selon Michel AUJEAN, l'OCDE a toujours maintenu que la TVA est une taxe à la consommation, et qu'il était nécessaire de taxer les services électroniques là où se trouve le client[1101].

634. Au gré de l'évolution du système fiscal international, la territorialité de la TVA au regard de l'établissement stable a été évoquée par la Cour de Justice de l'Union européenne. L'intervention de la juridiction communautaire a permis de recadrer l'exercice du droit de remboursement de la TVA. Le litige en cause était le suivant : la société « DAIMLER AG » établie en Allemagne a fait procéder à des essais techniques sur des voitures en conditions hivernales dans des installations d'essai situées en Suède. Pour cela, elle dispose dans ce pays d'une filiale à 100 % qui lui fournit des locaux, des pistes d'essais et des services accessoires aux tests. Elle ne possède pas en Suède de personnel propre, le personnel affecté aux essais y étant envoyé temporairement pour la durée des tests. Par ailleurs, la société « DAIMLER AG » ne réalise pas d'opérations taxables en Suède, les tests qu'elle y fait réaliser lui permettant uniquement d'exercer son activité de vente de voiture en Allemagne.

635. L'administration suédoise s'est opposée au remboursement de la TVA au motif que la société « DAIMLER AG » possédait, au travers de sa filiale locale détenue à 100 %, « un établissement stable à partir duquel

---

[1100] J. L. PIERRE, *Fiscalité de la recherche de la propriété industrielle et des logiciels*, Paris, Ed. EFE, 2005, p. 381.

[1101] T. VANHEE, « La TVA dans l'économie numérique : mine d'or ou champ de mines », *Revue de droit fiscal,* n° 15, 2016, p. 20.

les opérations sont effectuées. La CJUE, contrairement à ce qu'avançait l'administration suédoise, a jugé que la société allemande était en droit d'obtenir le remboursement de la TVA supportée localement selon la procédure de remboursement aux assujettis étrangers, dans la mesure où la société ne disposait pas localement « *d'établissement stable à partir duquel les opérations étaient effectuées* »[1102]. Aussi, la juridiction a conclu que même la présence d'un établissement stable qui ne réaliserait pas d'opérations taxables et ne ferait que rendre des services à son siège, ne saurait suffire à écarter la possibilité de recourir aux procédures de remboursement de la TVA réservées aux assujettis non établis dans l'État membre de remboursement[1103].

636. Cette position de la juridiction régionale est pleine d'enseignement. La société allemande a bénéficié, selon la, Cour du statut d'assujetti étranger dans le cadre de l'action en réclamation de crédit de TVA. L'utilisation de la filiale suédoise dans un but spécifique comme l'essayage a conduit à la conclusion d'une inexistence d'un établissement stable. Rappelons qu'en 1985 la même juridiction avait posé les bases de la notion d'établissement stable. Selon celle-ci, « *cette notion se caractérise par un degré suffisant de permanence et une structure apte, du point de vue de l'équipement humain et technique, à rendre possible, de manière autonome, l'activité réalisée* »[1104]… Au Sénégal, l'assujetti étranger est évoqué dans le but de désigner celui qui ne dispose pas d'installation professionnelle dans le lieu de réalisation de la prestation. L'article 355 alinéa 1er indique : « *Un assujetti qui n'est pas établi au Sénégal doit désigner un représentant fiscal accrédité auprès du service des impôts territorialement compétent* ». Ici le seul souci du législateur réside dans la responsabilité du reversement de la TVA collectée car le point 3 du même article mentionne : « *ce représentant est tenu d'accomplir les formalités incombant à l'assujetti qui l'a désigné et demeure solidairement responsable avec ce dernier du paiement de la TVA. À défaut de désignation d'un représentant fiscal, la TVA et les pénalités y afférentes sont dues par le destinataire ou le bénéficiaire de l'opération imposable* ». En aucun moment, il n'est question d'évoquer le remboursement de TVA pour un assujetti étranger.

[1102] A. BENOIT & A. MORAINE, « L'instable notion d'établissement stable en matière de TVA », *Revue de droit fiscal*, n° 13, 2013, p. 19.
[1103] Ibidem, p. 21.
[1104] CJCE 4 juillet 1985, Gun ter Berkholz.

637. Toutefois, si le remboursement des excédents de crédit de TVA va de soi en théorie, sa mise en pratique pose des problèmes dans les pays en développement. La complexité des procédures et la lenteur dans le remboursement expliquent la persistance des mauvaises pratiques qui contribuent au manque d'efficacité de l'administration fiscale et donnent lieu à des abus, qu'il s'agisse des exonérations parfois prévues dans les codes d'investissement, de celles des entreprises en zone franche ou de celles très souvent accordées aux entreprises d'exploitation de ressources naturelles, voire du maintien de régime complexes d'achats en franchise pour les exportateurs dans les pays francophones[1105].

[1105] J. P. BODIN, « Modernisation de l'administration fiscale dans les pays en voie de développement : impact de la TVA », *Revue d'économie du développement,* n° 3, 2012, p. 96.

CHAPITRE II

L'EXERCICE DU POUVOIR D'INTERVENTIONNISME

638. L'impôt serait aussi un moyen, l'un des moyens, utilisé par la puissance publique pour orienter, conduire, exécuter sa politique. Au premier chef, dans les domaines économique et social. Tel est « l'interventionnisme fiscal » que certains auteurs comme Gilbert ORSONI ont qualifié d'utilisation de l'impôt dans les domaines « extrafiscal »[1106]. Au lendemain des indépendances, la préoccupation première des États était d'orienter l'activité économique. Or, l'essentiel des activités économiques était contrôlé par les entreprises étrangères. Dans l'objectif de les retenir sur le sol africain et d'en attirer d'autres pour la promotion de l'industrie locale, les États ont mis en place une panoplie d'avantages fiscaux[1107]. Ainsi, une place importante est attribuée au facteur fiscal des décisions d'investissement[1108]. Il a fallu mettre en place des mesures fiscales pour séduire (Section I) les entreprises et conférer des avantages singuliers au secteur extractif (Section II) pour favoriser son développement.

Section I : Une séduction fiscale favorable à l'industrialisation

639. Les mesures incitatives visent à entraîner le contribuable à participer à la réalisation d'un intérêt public, à opter pour un mode particulier de gestion de son patrimoine à des fins d'ordre économique ou social, ou plus généralement à adopter un comportement conforme à un objectif déterminé par la loi. Elles tendent dans tous les cas à obtenir du contribuable une action positive[1109]. Parmi les mesures aptes à susciter l'industrialisation, nous pouvons citer : le renoncement partiel de recettes fiscales (Paragraphe 1) et les modes spécifiques d'incitation (Paragraphe 2).

[1106] G. ORSONI, *L'interventionnisme fiscal*, *op. cit.*, p. 12.
[1107] J. B. FOTSING, *Le pouvoir fiscal en Afrique*, *op. cit.*, p. 213.
[1108] B. CASTAGNEDE, *Précis de fiscalité internationale*, *op. cit.*, p. 90.
[1109] J. LAMARQUE, O NEGRIN & L. AYRAULT, *Droit fiscal général*, *op. cit.*, p. 43.

Paragraphe I : Un renoncement partiel de recettes fiscales

640. Dans le cadre de l'incitation à l'investissement, l'État peut accepter de renoncer volontairement à une partie de ses recettes fiscales. Ainsi, l'investisseur doit prendre l'engagement de réaliser l'investissement quant à son objet, son montant et dans les délais fixés[1110]. La loi 2012-31 du 31 décembre 2012 prévoit des réductions d'impôt pour la réalisation d'un investissement d'un certain montant (A) et pour l'entreprise qui dédie la plus grande partie de sa production à l'exportation (B).

A. La réduction d'impôt pour investissement

641. Le statut juridique de l'investissement privé a été matérialisé au Sénégal pour la première fois par un code des investissements[1111]. Le code des investissements constitue une technique d'attraction des capitaux privés étrangers par ses effets incitatifs[1112]. Au lendemain des indépendances, les premiers codes des investissements adoptés dans les pays africains francophones reprennent dans leur ensemble les dispositions des lois françaises de 1954 et 1956[1113]. Ainsi, le premier texte relatif à l'investissement privé fut adopté en 1962[1114]. Selon le législateur, le but de cette loi est de simplifier la législation antérieure multiple et difforme, d'harmoniser ses dispositions avec celles des autres pays africains, d'insérer les investissements dans le cadre de l'Union douanière des États de l'Afrique de l'Ouest (UDEAO) et d'offrir à l'investisseur étranger le maximum de rentabilité et de sécurité pour les encourager[1115]. Malgré les désarmements fiscaux et des concessions dérogatoires au droit commun des entreprises, les conditions d'agrément étaient jugées encore sévères par les entreprises étrangères. Dans le but d'y remédier, le code sera remplacé par la loi 65-34 de mai 1965 qui abaissait le

---

[1110] B. NIANE, *Le régime juridique et fiscal du code des investissements*, Paris, Ed. NEA & A. PEDONE, 1976, p. 13.

[1111] Au plan des textes relatifs au Code des investissements, le premier texte adopté au Sénégal correspond aux lois adoptées le 10 mars 1961. La première reprend l'ensemble des dispositions de la législation coloniale notamment en matière d'avantages fiscaux et douaniers en instituant un régime fiscal de longue durée. La deuxième loi fixera les catégories d'entreprises pouvant bénéficier de ce régime fiscal de longue durée. Ces deux lois calquées sur le système colonial vont s'avérer inadaptées au nouveau contexte.

[1112] B. NIANE, *Le régime juridique et fiscal du code des investissements au Sénégal*, *op. cit.*, p. 10.

[1113] Ibidem, p.15.

[1114] Loi 62-14 du 22 mars 1962.

[1115] Exposé des motifs de la loi 62-14 du 22 mars 1962.

minimum d'investissement requis au titre des divers régimes, rendant ainsi l'agrément beaucoup plus accessible[1116].

642. Après un constat d'inefficacité du texte de 1965, le législateur a adopté un nouveau texte à travers la loi 72-42 du 04 juin 1972. Ce constat a été relevé dans l'exposé des motifs de la loi en ces termes : « *les codes des investissements appliqués au Sénégal se sont révélés comme insuffisamment aptes à orienter les investisseurs vers les secteurs jugés prioritaires. Le gouvernement a trouvé nécessaire que le nouveau code soit capable de respecter ses priorités économiques* ». Dans ce texte, le bénéfice des avantages fiscaux[1117] fixé à 100 millions fut maintenu. Pour les entreprises dites prioritaires le minimum d'investissement prévu à hauteur de 40 millions a été relevé à 100 millions[1118].

643. Rappelons qu'à l'époque, le recours aux « *faveurs fiscales* » par le biais des codes est présenté par les pays africains comme la conséquence de la faiblesse de leur économie et de l'incapacité du capital et des agents locaux, privés ou publics, à prendre le projet de développement du pays en main. Dès lors, le recours aux largesses fiscales « a pour but d'attirer les investissements des entreprises étrangères dont on suppose ainsi que les rapports en capitaux, en équipements et en connaissances scientifiques et techniques sont de nature à pallier les insuffisances et les retards locaux dans ces domaines[1119].

644. En règle générale, la réduction d'impôt pour investissement s'accorde à toutes les personnes qui dans la création d'une nouvelle entreprise, décident d'injecter des montants correspondant à la prescription légale ou pour une entreprise déjà mise en place qui veut procéder à une extension dont le coût atteint un certain niveau. C'est ainsi que Gérard CHAMBAS soulignait que : « *le caractère aberrant de certaines*

[1116] O. CISSE, *Le droit des mines du Sénégal*, Dakar, L'Harmattan, 2020, p. 26.

[1117] À l'époque sept entreprises étaient admises au régime du code des investissements dont cinq conventionnées (SAR, SISCOMA, SIES, SOFRIGAL, BERLIET) et deux prioritaires (SAPROLAIT & ISMA).

Le régime de l'entreprise dite prioritaire a été institué pour la petite ou moyenne entreprise visant l'implantation des projets limités. Le montant de l'investissement peut apporter sur la création d'une activité nouvelle ou l'extension d'une activité ancienne.

Le régime de l'entreprise conventionnée s'applique aux investissements qui ont une importance particulière pour le développement du pays. Deux critères sont pris en considération : le montant des investissements et le délai de réalisation.

[1118] B. NIANE, *Le régime juridique et fiscal du code des investissements au Sénégal*, *op. cit.*, p. 19.

[1119] J. B. FOTSING, *Le pouvoir fiscal en Afrique*, *op. cit.*, p. 214.

dispositions du système fiscal est toléré en partie en raison de l'existence d'exonération dont les contribuables les plus puissants bénéficient (à moins qu'ils n'aient opté pour la fraude) »[1120]. Les exonérations totales ou partielles d'impôt sur les bénéfices des entreprises, prévues pour une durée limitée, varieront en fonction de la nature et du montant de l'investissement envisagé. Elles seront cependant plus ou moins aisément accordées par les pays concernés. Si certains l'admettent pour une durée déterminée sans agrément préalable, pour d'autres, les avantages fiscaux sont subordonnés à une approbation de l'autorité habilitée[1121].

645. Précisons que la loi de 1972 a connu une réforme en 1987[1122]. Cette révision découlait d'une mesure prise dans le cadre du programme d'ajustement à moyen et long terme (1985-1992) et visant une révision du Code des investissements dans le sens d'une quasi-automaticité et d'une plus grande transparence. À ce Code des Investissements, étaient assignés des objectifs de promotion des Petites et Moyennes Entreprises (PME), de décentralisation, de valorisation des ressources locales et d'encouragement de l'innovation et de la valorisation de résultats de la recherche. Depuis lors, la mise en œuvre du Code des Investissements n'a cessé de révéler des lacunes et insuffisances qui ont été à l'origine de son évolution qui a été marquée par l'adoption de la loi n° 89-31 du 12 octobre 1989 qui intègre les préoccupations de création d'emplois et la loi n° 91-28 tendant à faciliter les démarches administratives des investisseurs, ainsi que la prise des décrets 94-450 du 10 mai 1994 et 97-170 du 16 juillet 1997 élargissant respectivement le champ d'application du Code des Investissements aux infrastructures portuaires et aux aménagements et à la gestion des voies ferrées. Au-delà de tous les efforts d'adaptation, les conditions d'un climat des affaires favorable à l'investissement privé n'ont pas été totalement réunies[1123]. C'est dans ce sillage qu'il a été suscité une nouvelle réforme.

646. L'année 2004 marque un tournant décisif dans la promotion de l'investissement privé au Sénégal[1124]. Les mesures retenues visent à

[1120] G. CHAMBAS, *Fiscalité et développement en Afrique Subsaharienne*, *op. cit.*, p. 60.

[1121] G. ORSONI, *l'interventionnisme fiscal*, *op. cit.*, p. 44.

[1122] Loi 87-25 du 18 août 1987.

[1123] Exposé des motifs de la loi 2004-06 du 6 février 2004 portant Code des investissements.

[1124] Cette réforme a été instituée à la suite de la tenue du Conseil Présidentiel de l'investissement. Celui-ci est une instance habilitée par les pouvoirs publics dans la recherche de cadre favorable à l'investissement. Une autre source d'orientation est

promouvoir les secteurs présentant un avantage comparatif certain sans pour autant entraver le recouvrement des recettes fiscales. Dans ce cadre, la baisse du taux de l'impôt sur les sociétés de 35 % à 33 % constitue un facteur important de réduction du taux marginal effectif d'imposition. Cette mesure contribue à la mise en œuvre d'un régime de droit commun incitatif pour les sociétés avec d'une part, l'extension de l'amortissement accéléré notamment au secteur du tourisme et d'autre part, la suppression de la provision pour le renouvellement du matériel et la réduction d'impôt pour investissement de bénéfices[1125]. La matérialisation de cet objectif a été facilitée par l'adoption de la loi 2004-06 du 6 février 2004 portant Code des investissements[1126]. Pour faciliter sa mise en œuvre, le décret 2004-627 du 7 mai 2004 fixant les modalités d'application a été pris par le pouvoir réglementaire.

647. L'obtention des avantages résultant du code des investissements est subordonnée à l'obtention d'un agrément délivré par l'APIX[1127]. La demande d'agrément est instruite et la réponse donnée, par écrit, à l'investisseur, dans un délai qui ne peut excéder dix jours ouvrables, à compter de la date de dépôt de la requête auprès de l'APIX ou de l'autorité compétente. Si au terme de ce délai, aucune réponse n'est donnée, l'agrément est réputé accordé. Dans ce cas, le récépissé de dépôt de la demande fait foi et tient lieu d'agrément[1128]. L'agrément comporte deux phases[1129] :

- agrément comportant les avantages accordés pendant la phase de réalisation ;
- agrément comportant les avantages accordés pendant la phase d'exploitation[1130].

648. L'octroi de cet agrément permet à son titulaire de jouir des avantages fiscaux prévus par le régime en cause. Il sied toutefois

---

constituée par le PSE (Plan et Sénégal émergent) qui sert d'orientation au développement de toutes les politiques, peu importe leur nature.

[1125] Exposé des motifs de la loi 2004-12 du 06 février 2004 portant réforme du Code général des Impôts

[1126] J.O. n° 6152 du 13 mars 2004.

[1127] Agence nationale chargée de la Promotion des Investissements et des Grand Travaux. Rappelons que celle-ci a subi une mutation pour devenir de nos jours une Société Anomyme.

[1128] H. DIDACE *AMBOULOU, Le droit des investissements et l'analyse économique dans l'espace OHADA*, *op. cit.*, p. 250.

[1129] Article 21 de la loi 2004-06 du 6 février 2004.

[1130] Lettre n° 00320/DGID/BLC/RFSA du 18 juin 2005.

d'apporter la précision suivante : les avantages contenus dans la loi de 2004 aux articles 18 et 19 A ont été abrogés par la loi 2012-32 du 31 décembre 2012. Comme auguré un peu plus haut dans nos développements, le droit commun incitatif s'est fixé comme objectif de réunir tout le dispositif dérogatoire qui existait parallèlement avec la loi 92-40 du 9 juillet 1992 portant Code général des Impôts. L'article 249 de la loi 2012-31 du 31 décembre 2012 dispose que : « *les entreprises qui réalisent des investissements d'un montant d'au moins 100 000 000 FCFA peuvent bénéficier, dans les conditions fixées*[1131] *aux articles 250 à 252, d'une réduction du montant de l'impôt dont elles sont redevables* ».

649. Après avoir bénéficié d'un agrément, le contribuable bénéficie d'un crédit d'impôt[1132] dont la clé de répartition trouve son siège à l'article 252 de la loi 2012-31. Toutefois, la doctrine administrative fiscale a apporté une précision sur les dépenses éligibles. En effet, les dépenses concernées sont celles qui ont été réalisées durant la période comprise entre la date de l'agrément au code des investissements pour la phase d'investissements et celle de l'agrément en phase d'exploitation[1133]. Le crédit d'impôt permet au bénéficiaire de l'agrément de pouvoir déduire les sommes investies[1134]. S'il s'agit d'une entreprise nouvelle, le montant des déductions autorisées est fixé à 40 % du montant des investissements. Il est plafonné à 50 % du bénéfice imposable. Ce

---

[1131] Les conditions sont prévues par l'article 250 de la loi 2012-31 du 31 décembre 2012. Après avoir évoqué les domaines d'activité concernés le deuxième point indique que l'investissement doit revêtir les formes ci-après :
- acquisition de terrain à usage professionnel ;
- acquisition de biens mobiliers neufs à usage professionnel ;
- acquisition de matériels neufs ;
- acquisition de biens immatériels.

Pour la réalisation d'un programme d'investissement, l'entreprise nouvelle est toute entité économique nouvellement créée et en phase de réalisation d'investissements en vue du démarrage de ses activités.

L'extension s'entend de tout programme d'investissement initié par une entreprise existante dans les conditions prévues aux points 1&2 du présent article et qui engendre :
- un accroissement d'au moins 50 % de la capacité de production ou de la valeur d'acquisition des actifs immobilisés ;
- ou un investissement en matériels de production d'au moins 100.000.000 FCFA.

Pour les PME, ce montant est ramené à 15.000.000. Au sens de cet article, une PME est une entreprise dont le chiffre d'affaire consolidé n'excède pas 250.000.000 FCFA et dont le personnel varie entre 3 et 50 personnes.

[1132] Lettre n°201/MEF/DGID/BLC du 4 mai 2007.

[1133] Lettre n°184/MEF/DGID/DLEC/BRFS du 10 mai 2011.

[1134] Lettre n°51/MEF/DGID/DLEC/BRFS du 18 janvier 2012.

pourcentage peut être porté à 70 % si l'entreprise est implantée dans une région autre que Dakar. La déduction du crédit d'impôt peut s'étaler sur cinq exercices fiscaux. Au-delà de cette période, le contribuable perd son droit à déduction. Cette durée peut être portée à dix ans si l'investissement excède 250 000 000 000 FCFA.

650. Un auteur a estimé que la période d'exonération[1135] de cinq ans des bénéfices au Sénégal est trop longue, et trop courte. Elle est insuffisante pour des industries capitalistiques. Mais, elle est excessive pour des industries de bonbons qui amortissent en deux ans leurs capitaux et quittent le Sénégal cinq ans après, pour s'installer dans d'autres pays afin de bénéficier de semblables faveurs fiscales[1136].

651. Aussi, le titulaire d'un agrément bénéficie d'une exonération de droit de douane et une suspension de TVA pour ses achats locaux[1137]. Une circulaire[1138] de l'administration organise le régime de suspension de la TVA. Le régime de la suspension de la TVA consiste à autoriser certains assujettis à acquérir des biens et services sans paiement immédiat de la TVA due. Il a pour effet de reporter à un stade ultérieur l'exigibilité de l'impôt. Il ne s'agit ni d'une exonération, ni d'un abandon de recettes mais seulement d'un report de perception dans le temps. La durée de la suspension est égale à la durée de la phase de réalisation des investissements. Dans une affaire soumise[1139] à son appréciation, l'administration avait pourtant précisé que : « *la suspension de TVA pour les entreprises bénéficiaires d'agrément au code des investissements dure 3 ans. On pourrait appuyer la thèse d'une absence de perte de recettes mais le montant de la TVA suspendue n'est pas négligeable. Au titre de l'année 2013, celui-ci s'élevait à 2 487 931 891 FCFA* »[1140].

652. À l'issue du programme d'investissement, la TVA suspendue devra faire l'objet de paiement de la part du bénéficiaire de l'agrément. À la fin du dernier mois de la période d'investissement ou dès la

---

1135 L'auteur a certes fait référence à l'exonération mais de nos jours c'est une déduction qui est admise en fonction des sommes qui ont été investies.

1136 R. LECOMTE, *La fiscalité sénégalaise et son rôle dans le développement du pays*, Thèse de doctorat, Université de Nancy, 1961, p.132 cité par N. NGAOSYVATHN, *Le rôle de l'impôt dans les pays en voie de développement,* Paris, LGDJ, 1980, p.68.

1137 Lettre n°37/MEF/DGID/BLC/RFSA du 19 janvier 2008.

1138 Circulaire n°00153 du 11 mai 2004.

1139 Lettre n°337/MEF/DGID/DLEC/RFSA du 2 juillet 2010.

1140 MEF-DGID, « Les incitations fiscales à l'investissement coût et efficacité », *Séminaire régional sur la coordination fiscale dans les États membres de l'UEMOA*, 2014, p. 27.

réalisation de la première opération d'exploitation, le Bureau des Régimes fiscaux Spécifiques et Agréments « BRFSA » dresse un état récapitulatif de la TVA suspendue au titre du programme agréé et notifie le montant des droits à l'investisseur redevable. Le contribuable déclarera auprès du receveur compétent dans le mois suivant celui de la fin de la période d'investissement au plus tard le 15[1141], le montant de la TVA suspendue, en indiquant le pourcentage de déduction auquel il a droit. Cette déclaration vaut titre de perception. Toutefois, il faut préciser que si le contribuable bénéficie d'un autre agrément à l'issue d'une première phase d'investissement, l'administration indique que celui-ci ne doit pas être considéré comme un prolongement des avantages obtenus[1142]. Ainsi, la TVA suspendue au titre de la première phase d'investissement sera exigible.

653. À notre avis, le régime du crédit d'impôt ou de la réduction d'impôt pour investissement est d'une grande complexité pour les contribuables. Depuis 1962, le constat relate des réformes qui sont sous-tendues par des objectifs non atteints. La course vers la maximisation fiscale tend à démystifier le pouvoir fiscal. Le pouvoir réglementaire ici ne complète pas les dispositions législatives mais institue des avantages au profit des bénéficiaires d'agrément. Ce qui constitue une violation manifeste du principe de la légalité fiscale. Aussi, le législateur a manqué de finesse avec la réforme de 2012. La loi 2012-32 devait procéder à l'abrogation de l'ensemble du dispositif dérogatoire. Toutefois, seule une abrogation partielle a été notée. Ainsi, le contribuable fait face à une multitude de textes pour définir ainsi le régime de la réduction d'impôt pour investissement. Plus d'une décennie après la grande réforme de 2012, une nouvelle dynamique d'instauration d'un nouveau Code des investissements avait été agitée par le pouvoir d'alors. De sérieuses observations peuvent être formulées sur la nouvelle perception du droit commun incitatif. Quelle que soit la raison évoquée, une hypertrophie de la législation fiscale rend de plus en plus complexe le système fiscal sénégalais. Une dynamique de stabilisation de la législation fiscale peut certes être illusoire mais l'expérience a eu cours dans certains systèmes fiscaux. Lors de la campagne présidentielle de 2017 en France, les candidats Emmanuel MACRON et François FILLON

[1141] Le contribuable peut bénéficier d'un différé de paiement sans pour autant que celui-ci n'excède 12 mois. Voir en ce sens Lettre n°444/MEF/DGID/DLEC/BFRS du 15 novembre 2012 & Lettre n°496/MEFP/DGID du 14 avril 2016.

[1142] Lettre n°44/MEF/DGID/DLEC/RFSA du 27 janvier 2010.

avaient placé la stabilité de la législation fiscale au cœur de leur argumentaire politique lorsqu'ils s'adressaient aux entreprises. Pis, Emmanuel MACRON défendait même une modification de la LOLF pour lier les mains du législateur. Le constat montre qu'à partir de 2018, la Direction de la législation fiscale maintenu stable le régime l'impôt sur la fortune immobilière et celui du prélèvement forfaitaire unique[1143].

654. Des enseignements sont à tirer par rapport à l'adoption des nombreuses réformes qui ont eu à se succéder. De l'avis d'un auteur, les codes des investissements n'ont pas atteint les objectifs qui leur ont été assignés puisqu'ils n'ont pas permis de réaliser le développement économique et industriel des pays africains. L'infrastructure industrielle y demeure encore embryonnaire, fragile, désarticulée. La situation économique en Afrique est l'une des plus préoccupantes actuellement. Les investissements réalisés n'ont eu qu'un effet marginal sur le développement. Sans doute les projets de développement à mettre en œuvre n'ont pas été rigoureusement exécutés que les engagements souscrits par les entreprises n'ont pas été suffisamment appuyés de sanctions. Le régime fiscal trop libéral des investissements a eu pour effet de préserver les seuls intérêts de l'investisseur plutôt que de déclencher le processus de développement[1144]. Ces propos tenus il y a de cela une trentaine d'années sont de plus en plus d'actualité. Les exportations sont en majorité composées de matières premières. Cette situation profite aux pays industrialisés qui se chargeront de les transformer pour mettre à notre disposition plus tard, des produits finis. Cependant, des avantages sont également accordés pour promouvoir le commerce extérieur.

B. Réduction d'impôt pour exportation

655. La réduction d'impôt pour exportation est une notion qui a vu le jour avec l'instauration du droit commun incitatif[1145] au Sénégal. Avant d'aborder les contours, il sied de faire un petit rappel sur la notion d'Entreprise Franche d'Exportation. Les zones franches sont des territoires qui peuvent se prévaloir d'une législation spéciale ou d'exception par

---

1143 À BAUDU, « Faut-il stabiliser la législation fiscale ou déstabiliser la jurisprudence à ce sujet en France ? », *Regards croisés sur la qualité de la législation fiscale,* Lexis Nexis, 2022, p. 26.

1144 S. S. PAUL, *Le mimétisme fiscal des États d'Afrique*, Thèse de doctorat, *op. cit.*, p. 88.

1145 Voir exposé des motifs de la loi 2012-31 du 31 décembre 2012 portant Code général des Impôts.

rapport au reste du territoire sur lequel elles sont insérées. Elles ne se posent pas en dehors du territoire douanier de l'État hôte, mais elles constituent une zone « extra-douanière » en vertu d'une « *fictio-juris* ». Ces avantages fiscaux sont consentis afin de favoriser le commerce international et parfois le développement industriel ou agricole des espaces concernés affectant indirectement ceux avoisinants[1146]. Pour Gérard CHAMBAS, le régime de l'Entreprise Franche d'Exportation « EFE » permet de promouvoir l'exportation en accordant de larges avantages fiscaux. Généralement, ceux-ci tournent autour de la libre importation des équipements et intrants exemption ou réduction des impôts et taxes sur les salaires. Le bénéfice du statut « EFE » est subordonné à une exportation de plus de 80 % de leur chiffre d'affaires. Les entreprises agréées peuvent s'installer en tout lieu du territoire[1147].

656. Au Sénégal, ce régime a connu beaucoup de réformes. Rappelons qu'avec les différentes lois qui ont été adoptées, la notion d'Entreprise Franche d'Exportation est passée de zone d'entreprise vers le statut d'Entreprise Franche d'Exportation. La Zone Franche Industrielle de Dakar a été instituée par la loi 74-06 du 22 avril 1974. Dans l'exposé des motifs de la loi, le législateur précise que : « *le statut qui fait l'objet de la présente loi est la clé de voute du projet de la Zone Franche Industrielle de Dakar. Il en fixe la législation particulière dont l'objectif est de créer un cadre d'accueil suffisamment attractif pour inciter les investisseurs étrangers à venir y implanter des entreprises industrielles exportatrices* ». À l'époque un dispositif incitatif existait déjà avec le code des investissements, lors du conseil interministériel du 17 mai 1973 consacré à la Zone Franche Industrielle, l'État devait remédier à deux maux qui gangrénaient l'environnement des affaires. Il s'agissait de :

– l'insuffisance des avantages offerts par le code des investissements ;

– la lourdeur et les lenteurs administratives actuelles.

1146 C. SACCHETTO, « Les zones franches et d'exception », *Acte du colloque organisé le 3 décembre 2010 sur la fin des paradis fiscaux par l'institut international des sciences fiscales, le centre d'études et de recherches d'administratives et politiques de Paris 13 et le laboratoire d'études juridiques et politiques de l'Université de Cergy Pontoise*, Monchrestien, 2011, p. 65.

1147 G. CHAMBAS, *Afrique du Sud du Sahara : mobiliser les ressources fiscales pour le développement*, *op. cit.*, p. 76.

657. L'article 1er de la loi dispose qu'il « *est créé par la présente loi la Zone Franche Industrielle de Dakar.*

Le but assigné à cette zone est de constituer un cadre d'accueil attractif pour inciter les investisseurs étrangers à venir y implanter les entreprises industrielles, tournées vers l'exportation et grandes utilisatrices de main-d'œuvre ». Contrairement au domaine industriel où l'administration était confiée à une société de gestion, la zone franche fut confiée à un administrateur[1148] nommé par décret[1149]. Au titre des avantages fiscaux accordés aux entreprises bénéficiant du régime suscité nous pouvons retenir une panoplie d'exonérations relatives à :

– tous les impôts sur le revenu, et notamment l'IRVM prélevé par l'entreprise sur les dividendes distribués ;

– tous les impôts indirects ;

– tous les impôts ayant pour base les salaires versés[1150] ;

– tous les droits d'enregistrement notamment ceux perçus lors de la formation et de la prorogation des sociétés ;

– la contribution des patentes[1151] et la CFPB, la taxe sur les biens de mainmorte.

658. Toutefois, elles sont tenues de retenir et de reverser au trésor tous les impôts et taxes dus par leurs personnels nationaux et expatriés, sur les salaires qu'elles leur versent[1152]. Par ailleurs, l'article 22 qui prévoit une exonération de taxe sur le chiffre d'affaires sur les achats locaux a conduit à une réforme à travers la loi 76-63 du 2 juillet 1976. Pour ne pas porter atteinte aux intérêts du trésor face au risque de détournement, l'autorité réglementaire à travers une circulaire[1153]

1148 L'administrateur est le délégué du Président de la République dans la zone et il représente dans celle-ci le Premier ministre et l'ensemble des ministres dont les services sont amenés à intervenir dans le fonctionnement de la zone. Pour que cette organisation donne entière satisfaction dans le sens voulu par le législateur, les chefs de service affectés à la zone par les différentes administrations devront être choisis parmi les fonctionnaires les plus compétents. Cet aspect devra être présent à l'esprit lors de la constitution de l'administration de la zone.

1149 Article 4 de la loi 74-06.

1150 Notamment la Contribution Forfaitaire à la Charge des Employeurs (CFCE)

1151 La contribution des patentes n'existe plus au Sénégal. Elle a été remplacée par la Contribution économique locale à travers la loi 2018-10 du 30 mars 2018 portant modification de certaines dispositions de la loi 2012-31.

1152 Article 12 de la loi 74-06.

1153 Circulaire n°06110 du 02 septembre 1985.

précise les contours de cette nouvelle réforme. La nouvelle rédaction de l'article 22 s'articule comme suit : « *les ventes et les prestations de services à destination de la zone franche industrielle, réalisées par des entreprises installées au Sénégal hors zone sont exonérées de toutes taxes intérieures à l'exception des ventes d'eau* »[1154]. Toutefois, cette situation ne portait pas atteinte à l'exercice du droit à déduction dans les conditions de droit commun. Dans l'entreprise de la lutte contre les abus deux circulaires ministérielles ont énuméré de façon exhaustive l'ensemble des matières rentrant dans le cadre de cette exonération de TCA[1155]. Trois ans plus tard, une étude d'évaluation menée par le ministère du Développement industriel et de l'Artisanat a jugé les conditions d'octroi de l'agrément trop lourdes. C'est pourquoi des allègements ont été apportés. Ainsi, l'investissement à consentir passe de 200 millions à 100 millions et le nombre d'emplois passe de 200 à 100[1156]. Pour accroître le recrutement de personnel au-delà même de l'allègement des conditions, une subvention est accordée pour les emplois créés après l'obtention de l'agrément. Il est rajouté à l'article 2 la phrase suivante : « l'octroi de la subvention est limité aux seuls emplois créés après agrément au bénéfice du régime de faveur »[1157].

659. Après une quinzaine d'années d'application de la loi de 1974, l'expérience a montré que la limitation du régime de faveur à la seule aire géographique de la Zone Franche Industrielle de Dakar ne répondait pas toujours aux préoccupations des investisseurs, liées aux opportunités diverses que peuvent offrir les autres régions du pays. Il a donc été décidé d'étendre à des « points francs » le bénéfice des dispositions applicables à la Zone Franche Industrielle de Dakar. La création des points francs répond à un souci de décentralisation industrielle définie par les pouvoirs publics[1158]. Ainsi, selon la loi 91-30 : « *une entreprise industrielle, à vocation exportatrice, installée ou non hors des limites*

[1154] Loi 76-63.

[1155] Circulaire n°0156/MFAE du 19 août 1978 & Circulaire n°20/MFAE/DGID du 08 novembre 1978.

[1156] Loi 79-21 du 11 janvier 1979. *Le nouvel article 8 dispose que : « Pour être agréé, une entreprise industrielle ou un groupe d'entreprises industrielles doit présenter un projet comportant un investissement minimum de 100 millions de francs CFA et la création d'au moins 100 emplois de cadres et ouvriers sénégalais. Sous peine de nullité de l'agrément accordé, ce projet doit être réalisé dans un délai maximum de deux ans à compter de la date de signature de l'agrément par l'administrateur ».*

[1157] Loi n°89-32 du 12 octobre 1989 modifiant la loi 74-06 du 22 avril 1974 portant statut de la Zone Franche industrielle de Dakar.

[1158] Exposé des motifs de la loi 91-30 du 12 avril 1991.

de la zone franche industrielle de Dakar ou d'un point franc, peut bénéficier, à titre exceptionnel, des dispositions de la présente loi sur décision prise par décret[1159] ».

660. Rappelons qu'au début des années 90, les économies des pays africains ont subi le contre-coup de la crise économique mondiale. Au sein de l'espace UEMOA, la modification de la parité du FCFA en janvier 1994 aménage un nouvel environnement à l'investissement et à la production à partir de l'espace économique national. Afin de tenir compte des gains importants de compétitivité que la dévaluation a permis d'enregistrer, l'État a décidé conformément aux orientations à la base du Projet d'Ajustement et de Compétitivité du Secteur Privé (PASCO) d'organiser la compétitivité des entreprises locales dans un cadre de concurrence saine et équitable. Ainsi, après étude des expériences dans d'autres pays et discussion avec le secteur privé, il a été décidé de substituer un statut de l'Entreprise Franche d'Exportation aux statuts de Zones Franches et de Points Francs[1160]. Ce qu'il faut retenir avec cette réforme c'est que le Sénégal a quitté l'idée de « Zone » pour aller à celui de « Statut ». Autrement dit, les avantages s'attachent au statut de l'entreprise et non au lieu d'implantation. L'architecture de cette loi est empreinte de similarité avec celle relative à la zone économique spéciale. Si l'objectif final du législateur reste la promotion des exportations, la fusion des deux régimes contribuerait à une simplification. Ce débat est posé à l'époque où le législateur s'inscrit dans une dynamique de proroger d'année en année le régime de la loi de 1995 sur les EFE.

661. Dans le rapport fait par la commission des Finances d'alors, le ministre chargé de porter le projet de loi devant l'Assemblée nationale soutenait que cette nouvelle loi s'inscrit dans le rétablissement de l'équité entre les entreprises. En réalité, le régime de la ZFI et les PF permettaient une exportation de 60 % de la production et une possibilité d'écouler 40 % au plan local ce qui constituait une discrimination vis-à-vis des autres entreprises. Dans la loi de 95 il s'agit d'un écoulement à 100 % avec possibilité de dérogation de 20 % seulement[1161]. Après l'innovation qui consiste à l'installation d'une Entreprise Franche d'Exportation en tout lieu du territoire, celle-ci est redevable en vertu

---

[1159] Article 2 de la loi 91-30.

[1160] Exposé des motifs de la loi 95-34.

[1161] Rapport de la Commission des Finances, de l'économie et du Plan de l'Assemblée nationale, 1995, p. 9.

de la loi de 1995 de l'impôt sur les sociétés au taux de 15 %. Aussi, les EFE bénéficiaires d'un contrat de concession restent soumises aux redevances et taxes perçues pour utilisation du domaine géologique, minier, maritime et forestier[1162]. La réforme de 1995 est venue bouleverser tout le dispositif antérieur c'est-à-dire ceux relatifs à la ZFID et aux PF. Pour les contribuables titulaires d'agréments en vertu de la loi de 1974 et 1991, il était question de connaître le sort des agréments qui ont été délivrés préalablement à l'adoption de la loi de 1995. Pour régler cette situation, le législateur a adopté une loi en 1999 avec un article unique[1163] qui précise que les titulaires d'agréments peuvent souscrire au bénéfice de la loi à défaut la durée de validité est prorogée jusqu'au 31 décembre 2016[1164].

662. À partir du moment où la ZFID n'existait plus, la mission de l'administrateur nommé par décret était devenue caduque. L'entreprise agréée à ce régime pouvait s'installer dans n'importe quelle zone. Toutefois, une administration de mission capable de mener à bien la gestion des avantages consentis était plus que d'actualité. Par décret n° 2002-1136 du 15 novembre 2002 portant transfert à l'Agence nationale chargée de la Promotion des Investissements et des Grands Travaux (APIX) de la gestion des avantages des entreprises agréées aux statuts de Dakar et des points francs de la zone franche industrielle[1165]. Deux ans plus tard, le législateur par une réforme de l'article 1er de la loi de 1995 confère la jouissance des EFE aux sociétés de téléservices[1166].

[1162] Article 7.

[1163] L'article 19 de la loi 95-34 du 29 décembre 1995 portant statut de l'EFE est modifié comme suit :

« *Les entreprises de la ZFID et les entreprises agréées au régime des points francs en activité à la date d'application de la présente loi peuvent opter pour le présent statut. Au cas où elles ne le font pas les entreprises concernées conservent jusqu'au 31 décembre 2016, le bénéfice des avantages concernés par la loi 74-06 du 22 avril 1974 portant ZFID et restent tenues par les obligations liées à leur agrément.*

À la date d'expiration de la durée du statut de la Zone franche industrielle de Dakar visée à l'article 2 de la loi n° 74-06 du 22 avril 1974 portant statut de la Zone franche industrielle de Dakar, la gestion des avantages des entreprises agréées aux statuts de la Zone franche industrielle de Dakar et des points francs sera, dévolue à la structure chargée de l'administration du statut de l'entreprise franche d'exportation ».

[1164] Loi 99-03 du 29 janvier 199 modifiant l'article 19 de la loi 95-34 du 29 décembre 1995 portant statut de l'EFE.

[1165] Article 2 du décret.

[1166] Loi 2004-11 du 6 février 2004 JO n°6154 du 27 mars 2004.

663. Par ailleurs, le droit commun incitatif a conduit à l'intégration dans la loi de 2012 des allègements fiscaux relatifs à la réduction d'impôt pour exportation. Aussi, certaines dispositions de la loi de 1995 ont été abrogées. Au-delà de toutes les réformes effectuées par les pouvoirs publics, il a fallu mettre en place une garantie pour permettre au titulaire d'agrément de jouir pleinement des avantages qui leur ont été consentis. L'alinéa premier de l'article 722 de la loi 2012-31 du 31 décembre 2012 dispose que : « *les personnes admises, soit au bénéfice du Code des investissements, soit au bénéfice des lois relatives aux entreprises franches d'exportation ou aux entreprises agréées à la Zone Franche Industrielle de Dakar ou des lois portant code minier ou pétrolier, restent soumises, pour la durée et la validité de leur agrément, au régime fiscal qui leur a été consenti selon les textes en vigueur, à la date dudit agrément* ».

664. À travers cette disposition le législateur a institué une sécurité juridique pour les contribuables par respect également au principe de la non-rétroactivité de la loi fiscale[1167]. Dans une affaire soumise à son appréciation où il s'agissait de répondre à la question de savoir : si une Entreprise Franche d'Exportation bénéficie d'une exonération de TVA sur les opérations d'entreposage des produits de la pêche ? L'administration a commencé par rappeler le régime fiscal des EFE avant 2013. En effet, ce régime prévoyait une exonération totale de TVA sur les achats locaux. L'entreprise en cause a obtenu son agrément en 2015. Ainsi, seule l'exonération prévue au point n de l'article 361 dispense le paiement de la TVA. Par conséquent, le paiement de la TVA sera recherché sur les opérations litigieuses[1168]. Le taux zéro de TVA qui était en vigueur pour les EFE a été supprimé avec le droit commun incitatif. Au Cameroun, une situation pareille était en vigueur dans les Zones Franches mais la loi de finances rectificative pour l'année 2011 a limité les exonérations aux seules exportations de produits taxables[1169].

665. Dorénavant, le bénéfice du régime de la réduction d'impôt pour exportation trouve son siège à l'article 253[1170] de la loi 2012-31 du 31

[1167] Lettre n°287/MEFP/DGID/DLEC/BCTX du 21 mars 2017.

[1168] Lettre n°253/MEFP/DGID/DLEC/BL/F.IND du 14 mars 2017.

[1169] V. ONANGA OPISSINA, *Problématique de l'application de la TVA dans l'espace OHADA*, *op. cit.*, p. 69.

[1170] Les entreprises industrielles, agricoles et de téléservices qui exportent au moins 80 % de leur production sont autorisées à déduire 50 % de leur bénéfice imposable pour le calcul de l'impôt sur le revenu.

décembre 2012 modifiée par la loi 2015-06 du 23 mars 2015[1171]. L'article 254 de la loi de 2012 précise que les régimes prévus aux articles 229, 232, 241, 249 et 253 bénéficient d'une réduction globale d'impôt qui ne saurait excéder 50 % du bénéfice imposable. Le législateur de 2012 a recadré les avantages des EFE. Sauf erreur de notre part ceux-ci se limitent à la déduction de 50 % du bénéfice. Suite à une interpellation du contribuable relative à l'exonération ou non des plus-values de cession d'action d'une EFE, l'administration a soutenu qu'il ne ressort ni des articles 8, 19 et 259[1172] d'une exonération. Par conséquent, les plus-values de cession sont imposables entre les mains du cédant[1173]. Le projet de loi de finances initiale pour l'année 2022 a prévu une prorogation de l'application de la loi 95-34 du 29 décembre 1995 instituant le statut de l'Entreprise Franche d'Exportation jusqu'au 31 décembre 2024 pour appuyer, sur une durée de trois ans supplémentaires, les bénéficiaires de ce régime de promotion de l'activité de production tournée vers l'exportation[1174]. La loi de finances initiale pour l'année 2025 a également procédé à une nouvelle prorogation. Malgré ces réformes, la pratique n'a pas connu de changements majeurs. L'APIX continue toujours d'octroyer des agréments au titre du code des investissements de 2004 et de la loi sur les EFE de 1995. Pour les EFE on assiste à deux régimes différents. Il s'agit des EFE soumises à la TVA et celles non soumises à la TVA. La DGID gagnerait à accompagner les agents de l'APIX pour l'application définitive des nouveaux dispositifs[1175].

666. Les Zones Franches n'ont pas été une grande réussite depuis leur mise en place. Au Sénégal, la majeure partie des entreprises franches d'exportation évolue dans le secteur de la pêche, de l'agriculture et du secteur des téléservices. En 2015, le nombre d'Entreprises Franches d'Exportation était de 99 pour celles dont l'agrément a été délivré avant

---

« *Pour bénéficier de la réduction, les entreprises susvisées au 1 doivent justifier de l'exportation effective et du rapatriement des devises.*

Les exportations indirectes sont exclues de la détermination du chiffre d'affaires visées au 1.

Les entreprises minières et pétrolières sont exclues du bénéfice des dispositions du présent article ».

[1171] JO n° 6841 du 28 mars 2015.

[1172] Loi 2012-31 du 31 décembre 2012.

[1173] Lettre n° 1184 MEFP/DGID/DLEC/BL du 14 décembre 2015.

[1174] MFB, *Projet de loi de finances pour l'année 2022*, p. 45.

[1175] Réduction d'impôt pour investissement – Réduction d'impôt pour exportation.

2013 et de 22 après 2013[1176]. Ce chiffre témoigne la faible participation de l'Afrique dans les échanges internationaux. Cependant, le secteur des services a donné quelques résultats intéressants. En effet, la Zone Franche de Mbao située à 15 km de Dakar a bénéficié de la vague des délocalisations en provenance d'Europe Occidentale. Grâce à la mise en place du câble sous-marin SAT3/WASC/SAFE qui relie l'Europe à neuf pays d'Afrique et à l'Asie (sa capacité est de 60 Gigabits/s, soit 720 000 communications téléphoniques simultanées), plusieurs centres d'appels téléphoniques (télémarketing) y ont été ouverts dans la décennie 2000 avec un certain succès[1177].

Paragraphe II : L'institution de modes spécifiques d'incitation

667. Autant que le permet le pouvoir de marchandage, les pays importateurs de capitaux assignent aux multinationales un rôle privilégié de pourvoyeur des finances de l'État. Notons que la pression dans ce sens et la résistance à l'impôt des riches nationaux, acculent les pouvoirs publics à s'engager dans cette voie lucrative[1178]. On note de nos jours de plus en plus une montée croissante de la politique de fiscalité sur mesure qui a amené certains à évoquer le phénomène de la contractualisation fiscale (A). Aussi, la fiscalité joue-t-elle son pesant d'or dans les programmes d'aménagement du territoire[1179] (B).

A. Les rullings fiscaux-Contractualisation des relations « administration contribuable »

668. L'interventionnisme étatique conduit à ce que l'autorité administrative accorde des avantages fiscaux spécifiques à un contribuable pour des raisons non révélées. Au Sénégal, l'année 2007[1180] a été marquée par l'adoption d'une loi permettant à l'exécutif de consentir des avantages fiscaux à un investisseur sans faire intervenir le Parlement. L'article 1er de la loi dispose que : « *Pour les investissements au-dessus de 250 milliards FCFA, le gouvernement peut accorder à l'investisseur, des conditions douanières dérogatoires au Code des*

[1176] Liste des entreprises agréées au statut de l'entreprise franche d'exportation de l'année 2015.
[1177] V. ONANGA OPISSINA, *Problématique de l'application de la TVA dans l'espace OHADA*, *op. cit.*, p. 71.
[1178] P. NGAOSYVATHN, *Le rôle de l'impôt dans les pays en voie de développement*, *op. cit.*, p. 61.
[1179] G. CILBERT, « Les fondements économiques de l'exception fiscale territorialisée », *RFFP*, n° 63, 1998, p. 23.
[1180] Loi n° 2007-25 du 11 mai 2007 JO n°6353 du 30 juin 2007.

investissements et au Code minier ». La rédaction de l'article 2 de la loi interpelle directement le principe de la légalité de l'impôt. En effet, il est indiqué que le ministre concerné peut négocier des avantages fiscaux qui sont soumis à un avis de non-objection du Premier ministre. À notre sens, cela témoigne d'un abus auquel les autorités administratives pourront s'adonner. Avec la suppression du poste de Premier ministre, le ministère de tutelle reste la seule entité apte à consentir des avantages au regard de la loi. Dans cette hypothèse, il est loisible à tout spécialiste de la matière fiscale d'affirmer que le législateur brade sa souveraineté fiscale. À preuve d'illustration, le régime fiscal de l'entreprise[1181] titulaire de la concession de l'autoroute à péage peut être évoqué. D'emblée, l'autorité compétente précise que les avantages fiscaux consentis à la Société sus-évoquée sont pris en application de la loi 2007-25 du 22 mai 2007.

669. Les avantages consentis s'articulent autour de deux points : les avantages particuliers et l'aménagement de règles particulières d'imposition. Le premier constat montre que la somme de ces deux éléments tend à extirper totalement ou entièrement du droit commun le contribuable concerné. Dans la liste des avantages fiscaux, le contribuable à compter de la signature du contrat de concession et jusqu'à l'expiration d'une période de trois ans à compter de la date contractuelle de la mise en service du tronçon Pikine-Diamniadio : « *d'une exonération de tous impôts, droits et taxes à sa charge, à l'exception des taxes pour services rendus, de taxe spécifique sur les produits pétroliers et des salaires du conservateur de la propriété et des droits fonciers. Cette exonération ne sera reconduite en ce qui concerne la TVA, la TOB*[1182]*, les droits de douane, les droits d'enregistrement et la taxe sur les conventions d'assurance au moment de la réalisation des travaux ayant été différés. Les sous-traitants jouissent également dans les mêmes conditions que le concessionnaire des avantages sus-énumérés.*

670. Pour ce qui concerne la patente, une exonération est consentie par le concédant sur les matériaux ayant servi aux travaux de l'autoroute à péage. Avec la réforme instituée par la loi 2018-10 du 30 mars 2018, l'exonération dispense le contribuable du paiement de la Contribution économique locale sur la Valeur Locative. La dispense de paiement de TVA bénéficie aussi bien au titulaire qu'à ses sous-traitants directs ou indirects.

[1181] SENAC SA.

[1182] Impôt qui a connu une réforme et est devenu TAF (Taxe sur les Activités Financières).

671. À l'expiration de la période de 3 ans, le régime particulier d'imposition prévu par le concédant produit ses effets. D'abord, l'entreprise a été placée sous le régime du code des investissements. Si nous prenons référence à l'article 249 du CGI nous nous rendons compte que les prescriptions de la loi n'ont pas été respectées. Le bénéfice du crédit d'impôt renvoie pour ce type d'entreprise à un investissement de plus de 100 millions. Rappelons que le contrat de concession entre l'État du Sénégal et l'entreprise en cause avait suscité de vives critiques compte tenu de la modicité des moyens apportés par le concessionnaire. Selon l'étude d'évaluation[1183] réalisée par « Legs Africa », l'apport d'Eiffage en financement privé n'est que de 61 milliards. Sans entrer dans des considérations pécuniaires, les avantages fiscaux et douaniers consentis ne devraient pas prendre comme fondement la loi sur les grands investissements. Ce dispositif est réservé aux investisseurs qui injectent un montant supérieur ou égal à 250 000 000 000 FCFA[1184]. L'autorité réglementaire pouvait simplement à travers le dispositif du code des investissements accorder des avantages fiscaux que sont la réduction d'impôt pour investissement ou la suspension de TVA pendant la phase d'investissement.

672. Par ailleurs, 9 autres points ont été pris au profit de l'entreprise pour déterminer de façon singulière le résultat imposable. De manière générale, nous allons les aborder dans leur globalité. Le concessionnaire peut, en contrepartie, des investissements réalisés, pratiquer un amortissement de caducité[1185] qui sera déductible du résultat imposable. La déductibilité de cet amortissement donne droit au contribuable de choisir entre l'amortissement linéaire et l'amortissement progressif. Rappelons que *l'amortissement est la constatation et la compensation de la dépréciation définitive que subit un élément d'actif par suite de l'usure du temps ou de tout autre motif*[1186].

673. Les normes comptables n'imposent pas de méthode particulière pour le calcul des amortissements. Il revient aux entreprises de choisir celles qui traduisent le mieux, le rythme de consommation des avantages économiques qu'elles attendent de l'exploitation des immobilisations.

[1183] Étude publiée dans le Journal Quotidien du 14 novembre 2020.

[1184] Article 1er : Pour des investissements dont le montant dépasse 250.000.000.000 FCFA, le gouvernement peut accorder des avantages fiscaux et douaniers.

[1185] Dans le cadre d'un contrat de concession public-privé, l'amortissement de caducité désigne l'amortissement financier enregistrant la charge d'investissements consentie sur les biens de retour (retour gratuit).

[1186] P. BELTRAME, *L'impôt sur le revenu*, *op. cit.*, p. 157.

L'amortissement doit par principe être déterminé par recours à des unités d'œuvre : le nombre de pièces produites, le nombre d'heures de travail effectuées ou encore le nombre de kilomètres parcourus par les véhicules. À défaut de critère physique pertinent, les entreprises doivent retenir l'amortissement linéaire[1187]. Dans le cadre d'une concession, l'article 10-2-b de la loi 2012-31 du 31 décembre 2012 indique : « la constitution de l'amortissement de caducité est faite selon les méthodes suivantes :

– linéaire sur la durée de la concession ou ;

– progressive sur la durée de la concession, en fonction de l'évolution prévisionnelle de l'activité (mesurée par les recettes ou par les excédents bruts d'exploitation).

674. Relativement à la subvention d'investissement[1188] versée par le concédant, le concessionnaire opère une reprise en déduction de l'amortissement de caducité. Le montant à doter en amortissement de caducité est alors égal à la valeur de l'immobilisation, déduction faite de la subvention.

675. Par ailleurs, le concessionnaire bénéficie durant la période d'exonération d'un différé sur les amortissements si le résultat fiscal s'avère déficitaire. Les provisions pour grande réparation ou de renouvellement sont également déductibles du résultat imposable. La subvention d'équipement est exonérée de TVA mais cela n'empêche

---

1187 M. COZIAN, F. DEBOISSY & M. CHADEFAUX, *Précis de fiscalité des entreprises*, *op. cit.*, p. 173.

1188 L'imposition des subventions d'investissement obéit aux règles spécifiques selon que les biens acquis soient amortissables ou pas. Une différence est à noter si on fait une comparaison entre l'article 8 de la loi 2012-31 et l'article 42 septies. Le point 6 de l'article 8 dispose que : « *les subventions d'équipement accordées aux entreprises ne sont pas comprises dans les résultats de l'année de leurs encaissements* ». En revanche, l'article 42 prévoit que : « *les subventions d'équipement sont imposables dès la date de la décision d'attribution, même si le règlement ne s'effectue qu'à une date ultérieure* ».

Mise à part cet état de fait, si le bien est amortissable, ces subventions sont rapportées aux résultats nets des exercices à concurrence du montant des amortissements pratiqués, à la clôture desdits exercices, sur le prix de revient des immobilisations amortissables, lorsqu'elles sont utilisées pour la création ou l'acquisition desdites immobilisations.

Les subventions affectées à l'acquisition ou la création d'immobilisations non amortissables doivent être rapportées par fractions égales au résultat des années pendant lesquelles cette immobilisation est inaliénable aux termes du contrat accordant la subvention ou, à défaut de clause d'inaliénabilité, au bénéfice de chacune des dix années à venir, y compris celle de la création ou de l'acquisition de ces immobilisations.

pas au concessionnaire de jouir de son droit à déduction dès que les dépenses sont utilisées pour les besoins d'une opération ouvrant droit à déduction et compte tenu du respect des conditions d'exercice dudit droit à déduction[1189].

676. Ce régime fiscal taillé sur mesure permet à l'entreprise concessionnaire de réduire de façon substantielle le montant de l'impôt à payer. Si nous prenons comme référence l'impôt sur les sociétés, les charges déductibles finissent par rendre modique l'assiette de l'IS. Cela se justifie par la constitution de provisions à outrance mais également par la possibilité de faire différer la déductibilité des amortissements au-delà même de trois premières années d'exonération. Ces avantages peuvent être qualifiés d'abus de l'autorité règlementaire d'autant plus que l'apport du concessionnaire est très en deçà de celui du concédant. Le caractère discriminatoire de ces mesures pousse l'autorité administrative à maintenir dans le secret des tiroirs, les avantages consentis. D'autres mesures dérogatoires ont également été consenties par l'autorité administrative à certaines sociétés comme : CCBM Industrie & AIBD SA. Nous ignorons les contours des « largesses fiscales » contenues dans ces protocoles mais retenons qu'en général la négociation ou l'octroi de ses avantages se fait au détriment du trésor public sénégalais. Au Bénin, le législateur à travers l'al3 de l'article 1er la loi 2021-15 du 23 décembre 2021 indique : « *sont nuls et de nul effet, tous les avantages fiscaux, toutes exonérations d'impôts droits et taxes non prévus par la loi* ». Ce dispositif doit être reproduit par les systèmes fiscaux africains pour neutraliser les abus constatés dans l'octroi des exonérations.

677. Sous un autre chapitre, la technique des rulings fiscaux permet aux contribuables de jouir d'un certain nombre d'avantages. Particulièrement utilisée aux États-Unis et aux Pays-Bas, la technique du ruling permet au contribuable de soumettre a priori les conséquences fiscales d'une opération ou d'une situation particulière à l'agrément préalable de l'administration[1190]. La technique du « ruling » s'est développée dans certains pays, notamment aux États-Unis et aux Pays-Bas, d'abord dans un souci de protection des contribuables et de renforcement de la sécurité juridique. D'une façon générale, il s'agit de décisions administratives préalables qui décrivent et garantissent le traitement fiscal

---

[1189] « Régime fiscal et douanier applicable au titulaire de l'autoroute Dakar-Diamniadio », inédit.

[1190] C. LOPEZ, « La fiscalité comme vecteur de l'attractivité du territoire », *op. cit.*, p. 255.

applicable à une opération ou à un contribuable désigné et qui sont prises au vu d'une situation de fait précisément décrite[1191]. En fiscalité internationale, le terrain d'élection des rulings est le régime des sociétés holding, celui des sociétés de financement intragroupe et des sociétés de redevances, ainsi que le mode de détermination des prix de transfert (Advance Pricing Aggreements ou Accord Préalable de Prix, APP)[1192].

678. Dans les pays de tradition francophone, la sécurité fiscale comme élément d'attractivité du territoire passe par le développement intensif et loyal notamment en matière de prix de transfert[1193]. Pour le professeur Michel BOUVIER : « *cette logique s'inscrit maintenant dans la gouvernance stratégique de l'entreprise aussi bien que celle des administrations fiscales* ». Les accords fiscaux préventifs s'inscrivent bien dans un processus global de légitimation de l'impôt, ils trouvent aussi leur propre légitimité d'une part, dans la sécurité juridique apportée au contribuable comme à l'administration, d'autre part, dans une meilleure rentabilité de l'impôt pour l'administration[1194]. En réalité, celle-ci est partie du constat que la pratique traditionnelle des contrôles fiscaux peut être source d'incertitude juridique pour les entreprises, qu'elle nécessite des investigations souvent longues, difficiles et coûteuses, aussi bien pour les entreprises que pour l'administration et que la circonstance que les vérifications interviennent a posteriori rend difficile la production d'informations suffisantes pour étayer les prix pratiqués par l'entreprise. C'est pour tenter d'y remédier qu'elle a proposé un dispositif d'accord préalable[1195].

679. Cet accord préalable constitue une prise de position formelle de l'administration. La garantie vient au fait que le contribuable peut opposer à l'administration ultérieurement sa position en cas de contentieux. Le législateur sénégalais matérialise cela à travers l'article 601 du CGI : « *le contribuable peut opposer à l'administration des impôts l'interprétation des dispositions résultant d'une prise de position formelle à travers des instructions, circulaires ou réponses publiées du ministre chargé des Finances ou de toute autorité ayant reçu délégation*

1191 B. GOUTHIERE, *Les impôts dans les affaires internationales*, *op. cit.*, p. 19.

1192 Ibidem, p.20.

1193 C. LOPEZ, « La fiscalité comme vecteur de l'attractivité du territoire », *op. cit.*, p. 256.

1194 M. BOUVIER, « les « accords fiscaux préventifs » : une sécurité pour l'entreprise et l'administration », *Étude en l'honneur du professeur Maurice COZIAN*, Litec, 2009, p. 128.

1195 B. GOUTHIERE, *les impôts dans les affaires internationales*, *op. cit.*, p. 1369.

dans cette matière ». Cette garantie susmentionnée est applicable lorsque « *l'administration a conclu un accord préalable portant sur la méthode de détermination des prix mentionnés à l'article 17 soit avec l'autorité compétente désignée par une convention fiscale bilatérale destinée à éliminer les doubles impositions, soit avec le contribuable*[1196] ». Dans le cadre du droit conventionnel, le projet GTA[1197] liant le Sénégal et la Mauritanie, le régime fiscal spécifique institué pour l'exploitation du gisement de Gaz prévoit la procédure de l'accord préalable pour la réalisation d'opérations avec les entreprises liées. En effet, l'article 56-2-b dispose : « *la personne morale visée à l'article 55 est tenue de souscrire, en même temps que la déclaration de résultat, une déclaration comportant des informations sur les transactions réalisées avec les entreprises liées qui font l'objet d'accords préalables de prix ou de rescrits fiscaux conclus avec un autre État ou juridiction* ».

680. En France, la procédure du rescrit est issue de l'article 18 de la loi 87-502 du 08 juillet 1987, laquelle résulte en grande partie de la commission présidée par Maurice AICARDI, qui avait pour mission de faire des propositions visant à améliorer les rapports entre les citoyens et les administrations fiscales et douanières. Cette procédure permet de neutraliser le pouvoir de requalification de l'administration. Il est fait usage de celui-ci lorsque l'acte pris par un contribuable pourrait entraîner une sous-imposition ou une non-imposition[1198]. Ainsi, le rescrit apparaît comme le moyen pour le contribuable de nouer avec des administrations, dont la mission traditionnelle est d'effectuer des contrôles, des redressements, une relation fondée sur le dialogue préventif, la confiance, la loyauté réciproques et débouchant sur des engagements mutuels[1199].

681. L'accord porte sur la méthode de fixation des prix retenus, pour leurs échanges, par les entreprises liées qui en font la demande. Il assure la garantie que la méthode sur laquelle les deux administrations concernées ont marqué leur accord ne sera pas remise en cause pendant la période d'application de celui-ci, sauf présentation erronée des faits, dissimulation d'information, erreurs ou omissions imputables au contribuable lors de

---

[1196] Article 602-2.

[1197] Loi 2018-21 du 14 juin 2018 autorisant le Président de la République à ratifier l'accord de coopération inter-État portant sur le développement et l'exploitation des réservoirs du champ Grand-Tortue/Ahmeyim entre la République Islamique de la Mauritanie signée le 09 février 2018 à Nouakchott JO n° 7119 du 30 août 2018.

[1198] P. CEZANNE, « Le rescrit : oui mais… », *Bulletin Francis Lefebvre*, n° 3, 2008, p. 191.

[1199] « Étude du Conseil d'État sur le rescrit », *Revue de droit fiscal*, n° 20, 2015, p. 11.

l'établissement de sa demande, ou non-respect des obligations contenues dans l'accord par le contribuable ou manœuvres frauduleuses[1200]. Généralement, le contribuable qui sollicite auprès de l'administration un accord préalable sur les prix de transfert met à la disposition de l'autorité compétente les documents ci-après :

– l'organigramme du groupe ;

– la liste des transactions entre les entreprises liées et leur mode de rémunération ;

– l'analyse fonctionnelle ;

– la description et la justification de la méthode de prix choisie ;

– les liasses fiscales des sociétés françaises et étrangères concernées par les transactions ;

– l'entreprise doit également pouvoir justifier par tous moyens que la politique de prix est conforme au principe de pleine concurrence (comparable interne, comparable externe)[1201].

682. Toutefois, le contexte international recommande un agissement de concert[1202] chez les acteurs car en réalité les décisions unilatérales[1203] n'endiguent pas les doubles impositions. En application de la procédure, le contribuable doit fournir l'ensemble de ses données financières, juridiques, commerciales et industrielles. À la suite d'une négociation entre les deux administrations concernées, un accord ou un refus peut être enregistré. En cas d'accord, celui-ci est soumis à la signature du contribuable. Cependant, cette procédure n'est pas sans désagréments pour le contribuable. En effet, dans la mise en œuvre, le contribuable met à la disposition de l'administration d'un certain nombre d'informations sur son activité alors qu'aucune garantie ne lui est servie sur l'obtention du fameux sésame. Pour Nicolas MELOT, « *le manque de prudence de la part du contribuable pourrait conduire à un éventuel contrôle fiscal en cas de refus des autorités compétentes* »[1204]. L'avis

[1200] B. CASTAGNEDE, *Précis de fiscalité internationale*, *op. cit.*, p. 151.

[1201] DGFIP, *Guide à l'usage des PME : les prix de transfert*, novembre 2006, p. 42.

[1202] Les accords bilatéraux sont régis par les conventions fiscales à l'article 25 des différents modèles.

[1203] L'accord unilatéral n'est pas négocié avec une autre administration étrangère. Il provient de la seule décision prise par l'administration de l'État d'implantation de l'entreprise.

[1204] N. MELOT, *Territorialité et mondialité de l'impôt*, *op. cit.*, p. 761.

défavorable conduit le contribuable à modifier son projet ou à renoncer à celui-ci[1205].

683. Rappelons que dans le cadre de la lutte contre l'évasion fiscale aucune procédure d'accord préalable unilatéral ne sera engagée en raison des transactions existantes avec les entreprises situées dans des pays avec lesquels aucune convention fiscale n'a été conclue si ceux-ci disposent d'un régime fiscal privilégié au sens de l'article 238 du CGI[1206]. Également, l'accord ne vaut plus si la méthode n'est pas respectée, ou si le contribuable a exposé de façon erronée les faits, ou encore s'il a dissimulé des éléments[1207]. Le Docteur Lamine KOTE a tenu à préciser que : « *les accords préalables ne constituent pas une assurance multirisque pour les entreprises. Les risques de faire du dispositif un prétexte pour procéder à des vérifications sur d'autres points non couverts par l'accord restent possibles* »[1208].

684. Naturellement, chaque administration fiscale partie à l'APP voudra vérifier que les contribuables de son ressort se conforment à l'APP. Elle pourra le faire en général de deux manières. Premièrement, elle pourra exiger du contribuable un rapport annuel faisant état de la conformité de ses prix de transfert aux conditions prévues dans l'APP et montrant la validité des hypothèses de base. Deuxièmement, elle pourra continuer à examiner la solution du contribuable dans le cadre de ses vérifications régulières, sans remettre en question la validité de la méthode. Elle pourra se borner à vérifier les données sur lesquelles s'est fondée la proposition d'APP et à déterminer si celui-ci s'est conformé aux conditions prévues dans l'APP. Elle pourra également vérifier la véracité des informations consignées dans l'APP et dans les rapports annuels et l'application systématique de la méthode retenue.

Dans cette entreprise, le contribuable doit faire recours à des conseils fiscaux très pointus pour que les documents transmis ne décèlent aucune information qui pourrait déjouer les mécanismes d'optimisation normale opérés par les comptables pour la bonne marche des activités.

[1205] O. DEBAT, « Les recours contre le rescrit : Réflexion sur les typologies de rescrit », *Revue européenne et internationale de Droit fiscal*, BRUYLANT, n° 1, 2017, p. 17.

Voir également sur le dispositif des APP : M. BOUVIER, « Nouveau civisme fiscal et légitimité du recouvrement », *RFFP*, n° 112, 2010, p. 31.

[1206] B. CASTAGNEDE, *Précis de fiscalité internationale*, *op. cit.*, p. 155.

[1207] P. CEZANNE, « Le rescrit : oui mais… », *op. cit.*, p. 196.

[1208] L. KOTE, « l'accord préalable constitue-t-il une garantie suffisante pour le contribuable sénégalais en matière de prix de transfert », *Revue africaine de Finances publiques,* n°7, septembre 2020, p. 277.

Tout ce qui n'a pas trait à l'APP relèvera de la procédure ordinaire de vérification[1209].

685. Dans le but de prévenir tout abus, les autorités communautaires européennes font en sorte que la technique du rescrit ne soit pas utilisée par les États pour octroyer des aides aux entreprises. Certains États comme le Luxembourg[1210] et l'Irlande ont été soupçonnés d'avoir octroyé des avantages à de grands groupes industriels et numériques. C'est pourquoi la directive n° 2011/16/UE concernant l'échange automatique et obligatoire d'information dans le domaine fiscal a été réformée par une directive n° 2015/2376 du 8 décembre 2015 en vue d'obliger les États à échanger entre eux les rescrits et accords préalables qu'ils délivrent en matière de prix de transfert[1211]. Un État pourra même demander des précisions sur le ruling d'un autre État de l'UE et pourra même se voir communiquer la totalité de la décision en faveur du contribuable[1212]. Notons cependant que le recours pour excès de pouvoir d'un tiers intéressé contre un rescrit favorable pour son

---

[1209] OCDE, *Principes de l'OCDE applicables en matière de prix de transfert à l'intention des entreprises multinationales et les administrations fiscales*, *op. cit.*, p. 2239.

[1210] Des sociétés comme Apple, Ikea, Amazon et d'autres, ont présenté, via des cabinets d'avocat spécialisés, des schémas d'implantation de filiales, dans un cadre particulier afin d'obtenir une imposition négociée avec les autorités locales. Ces assurances en matière fiscale résultaient d'un ruling bien ficelé car bien négocié. Juridiquement ce ruling est par définition parfaitement légal puisqu'il est donné en totale harmonie avec la législation du pays. Par contre, la critique est venue d'autres États qui ont soulevé la question de la concurrence déloyale. Ce problème a été rayé par des instances comme l'OCDE et l'UE.
La Commission européenne a eu à diligenter une enquête sur les rulings conclus entre l'Irlande et Apple. Elle a soutenu, le 30 août 2016, que l'Irlande avait accordé à l'entreprise des avantages fiscaux indus, pour un montant de 123 milliards d'euros, illégaux aux regards des règles de l'UE en matière d'aide d'État, conduisant Apple à réduire de façon significative sa charge fiscale. En effet, deux rulings émis par l'Irlande validaient une méthode de calcul des bénéfices imposables pour deux sociétés de droit irlandais (Apple Sales International et Apple Operations Europe) appartenant à Apple qui ne correspondait pas à la réalité économique. La méthode d'affectation du bénéfice à un « siège » qui n'existait que sur le papier suivant une spécificité du droit irlandais, conduisait à ce que le taux d'imposition effectif sur les sociétés appliqué à Apple, sur les bénéfices d'Apple Sales International, soit de 1 % en 2003 et de 0,005 % en 2014. Voir T. LAMBERT, « L'échange de rulings dans les pays de l'UE : un changement de paradigme », *Revue européenne et internationale de Droit fiscal*, BRUYLANT, n° 1, 2017, p. 81.

[1211] D. GUTMANN, *Droit fiscal des Affaires*, *op. cit.*, pp. 410-411.

[1212] J-C DRIE, « Pour un développement du rescrit », *Revue européenne et internationale de Droit fiscal*, BRUYLANT, n° 1, 2017, p. 27.

destinataire mais pénalisant pour lui ne serait pas envisageable et cela même si le rapporteur public dans la décision « *Société Export press* » invite le juge à accepter une telle possibilité[1213].

686. L'effet de mode qui consiste dans le cadre de la fiscalité internationale à suivre une tendance déclinée par les pays membres de l'OCDE ne devrait plus avoir d'impact dans les pays en voie de développement. Le statut de pays importateur de capitaux permet d'affirmer sans détour que l'accord préalable bénéficie exclusivement aux multinationales qui ne sont mues que par l'objectif de réalisation du maximum de profit. Des mesures similaires devraient être initiées au profit des PME afin de leur permettre de s'implanter un peu partout à travers le monde. Il faudrait néanmoins prendre le dispositif d'accord préalable comme un moyen d'attirer les investisseurs. Aussi, les autorités devraient-elles la prioriser au détriment des autres avantages fiscaux qui portent atteinte aux intérêts du trésor public. Certaines parties du territoire jouissent d'un statut particulier.

B. Les zones d'entreprises

687. L'idée de « zone d'entreprise » s'inscrit ainsi dans ce que le professeur Michel BOUVIER a pu qualifier de mouvement de dérégulation, qui découle en droite ligne de théories économiques se référant aux sources de la pensée libérale et qui rejettent l'interventionnisme et la macro-régulation par l'État. Or, la preuve qu'un système ultra libéral était effectivement en mesure de fonctionner n'a jamais pu être faite, la crise de 1929 étant même venue, selon les partisans de l'interventionnisme étatique, démontrer l'inverse[1214]. L'interventionnisme de l'État sape les principes de base qui régissent le fonctionnement d'un État à savoir : le principe d'égalité, l'égalité devant les charges publiques, l'égalité devant le service public. Dans l'entreprise de la sacralité desdits principes, le juge administratif français a joué un rôle de précurseur. Il a très tôt consacré l'égalité en principe général du droit, notamment en matière fiscale[1215]. Le juge constitutionnel a suivi la démarche de son homologue de la Haute Assemblée en élevant l'égalité[1216] en principe à valeur

[1213] I. PAPADAMAKI, « L'évolution d'une catégorie juridique : le rescrit fiscal », *Revue de droit fiscal*, n° 12, 2019, p. 21.
[1214] M. BOUVIER, « L'expérimentation des zones d'entreprises en Grande-Bretagne et aux États-Unis : dérégulation et évolution de l'interventionnisme étatique », *RFFP*, n° 9, 1985, p. 148.
[1215] CE 5 mai 1922.
[1216] CC décision n°73-51 DC du 27 décembre 1973 Taxation d'office.

constitutionnelle, là encore en matière fiscale[1217]. Rappelons que ce principe tire son fondement à l'article 13[1218] de la Déclaration des droits de l'homme et du citoyen de 1789. Toutefois, dans sa politique d'industrialisation et d'aménagement du territoire, l'État a opéré pour le développement de certains pôles des discriminations positives qui ne sont pas considérées comme une véritable atteinte au principe de l'égalité.

688. Ainsi, le Conseil constitutionnel français dans sa décision du 26 janvier 1995 relative à la loi d'orientation sur l'aménagement et le développement du territoire a soutenu que : « *le principe d'égalité ne fait pas obstacle à ce que le législateur édicte, par l'octroi d'avantages fiscaux, des mesures d'incitation au développement et à l'aménagement de certaines parties du territoire, dans un but d'intérêt général* »[1219]. Cette position est restée constante avec l'évolution de la jurisprudence. Dans une autre décision relative à l'application du principe d'égalité, le conseil indique : « *le principe d'égalité ne fait pas obstacle à ce que soient établies les impositions spécifiques ayant pour objet d'inciter les redevables à adopter des comportements conformes à des objectifs d'intérêt général, pourvu que les règles qu'ils fixent à cet effet soient justifiées au regard desdits objectifs* »[1220]. Selon Jacques BUISSON, la démarche du Conseil constitutionnel montre que : « *les discriminations positives sont admises en matière fiscale dès lors qu'elles poursuivent un but d'intérêt général* »[1221].

689. Un État désireux d'intervenir dans les domaines économique et social dispose de multiples possibilités. Ce peut être l'édiction de mesures législatives ou réglementaires fixant le cadre de ces interventions étatiques et/ou amenant les agents économiques à adopter certains comportements (y compris par la voie autoritaire de l'interdiction ou de l'obligation :contrôle des prix, limitation de la concurrence) ; la mise en œuvre des réformes sociales ou touchant certaines catégories socio-professionnelles ; la prise en charge par l'État du secteur de l'activité

[1217] J. BUISSON, « Principe d'égalité et discriminations positives », *RFFP*, n° 63, 1998, p. 37.

[1218] « *Pour l'entretien de la force publique et les dépenses d'administration, une contribution commune est nécessaire. Elle doit être répartie entre tous les citoyens en raison de leur faculté* ».

[1219] P LABIA & M-C BERNARD-GELABERT, « Les zones d'exception fiscale : présentation générale », *RFFP*, n° 63, 1998, p. 7.

[1220] CC, Décision DC du 29 décembre 2009 citée par M. BOUVIER, *Introduction au droit fiscal général et à la théorie de l'impôt*, *op. cit.*, p. 41.

[1221] J. BUISSON, « Principe d'égalité et discriminations positives », *op. cit.*, p. 40.

économique (nationalisation d'entreprises) ; la planification et l'aménagement du territoire[1222].

690. Par leur nature, les zones d'entreprises ne peuvent être que des secteurs géographiques limités en nombre et en surface. Pour reprendre une image, la création de zones d'entreprise est une sorte de « coup de laser » porté à un endroit précis du territoire en vue de remédier à une situation de chômage particulièrement grave. Le choix de ces zones doit être conduit avec d'autant plus de vigilance que les sites choisis doivent précisément être de nature à attirer des entreprises. En d'autres termes, ces sites doivent bénéficier d'excellentes infrastructures pour l'installation et le développement des entreprises.[1223].

691. Pour certains auteurs, le traitement fiscal différencié des agents (ménages ou entreprises) situés dans des territoires différents, ou bien encore le traitement différent des territoires eux-mêmes renvoie bien à la théorie de l'équité verticale ou horizontale, comme à l'efficacité économique qui doit s'exercer sur un espace nettoyé de toutes les inégalités « naturelles »[1224]. Au Sénégal, avant l'avènement du droit commun incitatif, la législation sur les zones d'entreprise était éparse. La loi 2012-32 du 31 décembre 2012 a dépouillé une bonne partie des textes dérogatoires de leur contenu. Il sied de faire une brève présentation du dispositif normatif sénégalais relatif aux zones d'entreprise.

692. Les zones d'entreprise ont démarré avec la loi 72-46 du 12 juin 1972 portant encouragement à la création ou à l'extension de la petite et moyenne entreprise. Une loi qui finalement a été abrogée en 1977. Dans l'exposé des motifs de la loi de 1977, le législateur avance que : le besoin s'est fait sentir d'élaborer un texte légal, particulier et spécifique adapté aux sociétés de gestion et l'occasion a été saisie pour définir de manière légale les notions de « *domaine industriel* » et de « *société de gestion de domaine industriel* », ce qui jusqu'ici n'avait pas été fait[1225]. L'article 1er de ladite loi indique que : « *les domaines industriels ont pour objectif la création, à l'intérieur des limites de chacune des villes importantes du Sénégal d'un centre d'animation doté de moyens d'encadrement et d'assistance technique et financière,*

[1222] G. ORSONI, *L'interventionnisme fiscal*, *op. cit.*, p. 20.

[1223] C. HEURTEUX & P. NGUYEN, « Les zones d'entreprises en France », *RFFP*, n° 18, 1987, p. 81.

[1224] G. GILBERT, « Les fondements économiques de l'exception fiscale territorialisée », *op. cit.*, p. 32.

[1225] Exposé des motifs de la loi 77-90 du 28 juin 1977.

destiné à favoriser l'implantation, le développement et le regroupement en un même lieu de petites et moyennes entreprises sénégalaises de production et de services industriels, les entreprises moyennes étant définies, pour l'application de la présente loi comme comportant cent emplois au maximum ». L'article 2 poursuit en évoquant que : « *chaque domaine industriel est géré par une société créée à cet effet, dénommé de gestion à cet effet* ». Entre autres avantages fiscaux dont ces sociétés bénéficiaient nous pouvons citer : les droits et taxes dus en cas d'importation de marchandises non produites au Sénégal et dont l'importation est indispensable à la bonne marche de l'activité. En ce qui concerne les impôts et taxes intérieurs on note : une exonération des droits de mutation pour les immeubles et terrains servant à l'exploitation, de l'Impôt du Minimum forfaitaire (IMF) et enfin de la Taxe sur le Chiffre d'Affaires (TCA)[1226].

693. Dans le but de promouvoir la recherche et la technologie, le législateur a institué la loi 96-36 du 31 décembre 1996 portant création et fixant le statut du Technopole de Dakar. L'alinéa 1er de l'article 1er dispose : « *le technopôle est une zone économique aménagée dont la vocation est d'accueillir des centres de recherche d'enseignement et des entreprises développant l'innovation technologique dans le but de promouvoir entre eux la synergie nécessaire à la création de richesse et d'emplois* ». Notons qu'une similitude a été notée avec la loi de 1977 avec la société de gestion. À notre sens, cette société de gestion sert de tampon entre le contribuable et l'administration fiscale. L'institution de ces organes engendre un rapprochement des services de l'administration vis-à-vis du contribuable[1227]. Ce régime n'octroie pas d'avantages spécifiques. Il indique que les entreprises bénéficiaires dudit statut peuvent jouir des dispositions du code des investissements et des avantages accordés à l'Entreprise Franche d'Exportation en fonction des activités exercées. La promotion de la recherche reste un aspect peu

[1226] Voir plus amplement l'article 4 de la 77-90 du 28 juin 1977.

[1227] Article : La société de gestion assure une mission administrative, technique et financière. Elle est notamment chargée de :
- la promotion nationale et internationale du technopole ;
- la réception et la sélection des candidatures ;
- la gestion des terrains ;
- la construction et la location d'immeuble ;
- l'organisation des services d'animation ;
- la maintenance et la sauvegarde des espaces communs ;
- elle assiste les contribuables dans leur relation avec les administrations publiques.

promu dans les incitations fiscales. L'accompagnement des chercheurs par les entreprises ou la mise en place d'un plan d'encouragement pour le recrutement des titulaires de diplôme de troisième cycle pourrait constituer des efforts subséquents de l'État vis-à-vis de la recherche.

694. Au rythme de la création de zones d'entreprises, il s'est posé la question de la pertinence de la création de celles-ci. Aucune évaluation objective n'a jamais découlé de la création de ces zones. Le juge administratif français a examiné la loi du 26 décembre 1996 relative au statut fiscal de la Corse. Il a émis un avis négatif au motif que ledit projet entraînait « une rupture caractérisée de l'égalité devant les charges publiques ». Parmi les griefs soulevés par le Conseil dans son avis, il soutenait que si le projet exonère dans la limite de 400 000 FCFA. Les bénéfices de l'ensemble des contribuables de Corse dont les revenus relèvent de certaines catégories (BIC), ce projet n'établit aucune corrélation entre cette exonération et la création d'entreprises ou d'emplois[1228].

695. Après avoir connu une nouvelle alternance, les conditions économiques du Sénégal étaient favorables à une croissance soutenue. Dans cette perspective et comme catalyseur de l'émergence du pays, le gouvernement a mis en place une Zone Économique spéciale Intégrée. À terme, cette zone devrait de façon rédhibitoire participer à l'aménagement du pays. Par ailleurs, elle permet la pleine valorisation des infrastructures dont le Sénégal est en train de se doter notamment l'Aéroport International Blaise DIAGNE (AIBD), l'autoroute à péage, la nouvelle ville, le chemin de fer à écartement standard ainsi que le futur port en eau profonde[1229].

696. Une Zone Économique spéciale Intégrée (subdivisée en zones A et B) réputée hors du territoire douanier en vue de couver les entreprises censées avoir un fort potentiel économique. Une entreprise admise à ce régime bénéficiait d'une exonération du paiement de tout impôt sur le revenu. Il s'agissait notamment des revenus obtenus directement par ladite entreprise, tels que : les loyers, les redevances,

[1228] J. BUISSON, « Principe d'égalité et discrimination positive », *RFFP*, n° 63, 1998, p. 41.

[1229] Exposé des motifs de la loi 2007-16 du 19 février 2007 portant création et fixant les règles d'organisation de la Zone économique Spécial Intégré.

les impôts sur les bénéfices des sociétés, les intérêts et les revenus de capitaux mobiliers, y compris les dividendes[1230].

697. L'année 2007 marque un tournant décisif pour le système fiscal sénégalais. En réalité, après un constat d'inefficience, le premier Plan de Développement stratégique avait été mis en place dans le but d'apporter une réponse efficace vis-à-vis des maux qui l'affectaient. C'est dans cette dynamique de réforme qu'il a été décidé de réunir tous les textes relatifs aux régimes fiscaux dérogatoires pour les insérer dans un seul et unique document pour satisfaire les exigences du droit commun incitatif. Un vœu pieux qui a été remis en cause quelques années après l'adoption de la loi de 2012. Pour André BARILARI, « *à peine en a-t-on supprimé ou encadré quelques-unes que l'on en recrée de plus nombreuses et de plus coûteuses. C'est qu'elles ne correspondent pas à une rationalité mais à une nécessité de gouvernement* »[1231].

698. Trois ans plus tard, le législateur par la loi 2015-13 du 3 juillet 2015[1232] attribue un statut spécial aux entreprises touristiques qui sont implantées dans la région de Casamance. Pour légitimer l'adoption d'un tel dispositif, le législateur avait avancé la situation difficile que traversait la Casamance depuis plus de trois décennies mais également toutes les autres contraintes qui affectaient le secteur du tourisme[1233].

699. Notons que les exonérations fiscales accordées au titre d'une implantation d'entreprise dans une zone déterminée engendrent des moins-values fiscales importantes dans les budgets des collectivités territoriales. En règle générale, des mesures de compensation sont prises par l'État afin de combler le déficit émanant d'avantages accordés par la loi fiscale[1234]. La loi de 2015 exonère les entreprises touristiques de tous les impôts directs des collectivités territoriales, en l'occurrence la contribution des patentes remplacée par la Contribution économique locale[1235], la Contribution Foncière des Propriétés Bâties, la Contribution Foncière des Propriétés non Bâties, la Contribution des

[1230] A. CONSTANTIN MANCABOU, *Gestion fiscale et comptable de l'entreprise*, *op. cit.*, p. 87.

[1231] A. BARILARI, « Égalité devant l'impôt ou égalité par l'impôt », *Gestion et Finances publiques*, n° 3/4, 2014, p. 26.

[1232] J.O. 6861 du 18 juillet 2015.

[1233] Exposé des motifs de la loi 2015-13 du 3 juillet 2015.

[1234] M. BOUVIER, « L'expérimentation des zones d'entreprises en Grande-Bretagne et aux États-Unis : dérégulation et évolution de l'interventionnisme étatique », *op. cit.*, p. 166.

[1235] Loi 2018-10 du 30 mars 2018 JO n°7082 du 30 mars 2018.

Licences et l'Impôt du Minimum fiscal[1236]. Il convient toutefois de relever que plus de sept ans après son application, le bureau des régimes fiscaux spécifiques et agréments n'a reçu qu'un seul dossier qui à l'heure où ces lignes sont écrites est bloqué pour non-respect des règles de forme. Ensuite, l'environnement des affaires est peu propice à certaines exonérations comme la TVA. La majeure partie des commerces sur place sont dans le secteur informel et par ricochet n'ont pas la qualité d'assujetti pour facturer la TVA. La volonté du législateur qui a consisté à mettre en place des avantages fiscaux pour des contribuables s'est heurtée à des réalités socio-économiques.

700. Dix ans après la création de la ZESI, le législateur constate au-delà des obstacles juridiques, une imprécision du cadre de gouvernance de la zone fixée par la loi 2007-16. Le cadre juridique résultant de ce dispositif soulève des problèmes d'articulation entre les instances de régulation et les structures opérationnelles, ce qui constitue une source d'insécurité pour les potentiels investisseurs, au regard de la rationalité du droit économique et des standards internationaux en matière de gouvernance de ces zones économiques spéciales. L'autre faiblesse que présente le dispositif légal et institutionnel en vigueur est son caractère limité à la seule Zone Économique spéciale Intégrée, à l'exclusion de toute autre zone économique spéciale (ZES) qui serait créée au Sénégal. Ainsi, dans le but d'instituer un cadre favorable à l'émergence, il a été mis en place un nouveau dispositif à travers la loi n° 2017-06 du 06 janvier 2017[1237] portant sur les Zones Économiques Spéciales (ZES). Retenons que la loi de 2017 abroge celle relative à la ZESI et confie à la société APIX SA l'administration de cette zone[1238].

701. Au-delà des efforts de rationalisation menés par le législateur sénégalais avec le droit commun incitatif. Il est plus que nécessaire de mener la réflexion dans les pays en voie de développement sur le degré d'efficacité de la politique d'incitation fiscale. Pour ORSONI : *on ne peut que reconnaître à quel point la conception de l'impôt en vigueur dans les pays a intégré l'utilisation du procédé fiscal comme modalité de développement*[1239]. L'interventionnisme à notre sens devait faire l'objet d'une sérieuse étude pour conférer beaucoup plus d'efficacité

[1236] A. DIOUKHANE, *Les finances locales sénégalaises*, Paris, L'Harmattan, 2018, p. 30.

[1237] J.O. n° 6985 du samedi 14 janvier 2017.

[1238] Exposé des motifs de la loi 2017-06 du 06 janvier 2017 portant Zone économique spéciale.

[1239] G. ORSONI, *L'interventionnisme fiscal*, *op. cit.*, p. 48.

aux différentes mesures qui sont prises. Les mesures fiscales devraient beaucoup plus être en faveur des entreprises locales afin de leur permettre un accroissement significatif de leur chiffre d'affaires. L'implantation des entreprises étrangères au-delà même de la création d'emplois ne doit pas faciliter le rapatriement des capitaux vers leur pays d'origine.

Section II : Les avantages fiscaux du secteur extractif

702. La libéralisation du secteur des matières premières extractives vers les années 1980 dans les États d'Afrique francophone a conduit à l'institution d'un régime de faveur. Cette libéralisation va se heurter au manque d'entreprises à capitaux nationaux disposant de moyens techniques et financiers pour remplacer les États. La réponse à cette préoccupation imposera plusieurs stratégies parmi lesquelles l'orientation de la fiscalité et des droits douaniers vers le développement du secteur par des politiques attractives[1240]. L'invite des entreprises étrangères dans ce secteur passe par un régime fiscal spécifique (P1) et la mise en place de garanties nécessaires à la bonne exécution de leurs activités (P2).

Paragraphe I : Une singularité du régime fiscal en fonction de l'activité

703. Le sol et le sous-sol du Sénégal sont dotés de diverses substances minérales réparties sur les différentes régions du pays[1241]. L'investissement dans le secteur extractif passe d'abord par la recherche (A) de ressources minières qui peuvent s'avérer fructueuses ou infructueuses. Dès lors, la découverte de ressources est une condition sine qua non du démarrage de l'activité d'exploitation (B).

A. La phase de recherche et construction

704. L'exploration désigne l'ensemble des travaux de prospection, de reconnaissance et de localisation des gisements miniers et énergétiques *on shore* ou *offshore*[1242]. Le législateur définit la prospection à l'article 9 en ces termes : « *La prospection ou reconnaissance géologique s'entend de toute investigation systématique et itinérante de surface ou de*

[1240] M. BARRY, *Politiques fiscales et douanières en matière d'investissements étrangers en Afrique francophone : le cas du secteur des ressources naturelles extractives*, Thèse de doctorat, Université de Rouen, 2019, p. 8.

[1241] O. CISSE, *Le droit des mines du Sénégal*, L'Harmattan, 2020, p. 19.

[1242] M. BARRY, *Politiques fiscales et douanières en matière d'investissements étrangers en Afrique francophone : le cas du secteur des ressources naturelles extractives*, *op. cit.*, p. 43.

sub-surface destinée à reconnaître les différentes formations géologiques, la structure du sol et à mettre en évidence des indices ou des concentrations de substances minérales[1243]».

705. La phase de recherche est une étape de l'activité extractive qui demande beaucoup d'efforts financiers, sans aucune certitude d'aboutir à des résultats concluants. Souvent les États de l'Afrique francophone n'ont pas les moyens de réaliser ces travaux. Ce sont donc des investisseurs étrangers qui les réalisent. Les exonérations fiscales sont systématiquement prévues dans la quasi-totalité des législations des activités extractives dans ces États, dont le but est d'attirer les investisseurs privés[1244].

706. En droit minier, le règlement de 2003 édicté par l'UEMOA en son titre 3 précise les avantages fiscaux et douaniers que les États membres peuvent accorder. Le dispositif est relativement classique : les importations peuvent être, soit exonérées de droit de douane (à l'exception de certains prélèvements communautaires), soit être admises sous régime suspensif durant la phase de recherche et de construction. En ce qui concerne les impôts, le titulaire du titre minier est notamment exonéré, en phase de recherche et de construction, de la TVA, de l'impôt sur les bénéfices, de la taxe patronale sur les traitements et salaires et de la patente[1245].

707. Les textes nationaux ainsi que les conventions minières matérialisent un dispositif d'exemption ou d'exonération durant la phase de recherche. L'article 8 de la convention minière signée entre l'État du Sénégal et la Société Minéral Déposits Limited Sénégal SARL dispose : « *le titulaire du permis de recherche de substances minérales bénéficie dans le cadre de ses opérations de recherche pendant toute la durée de sa validité et de ses renouvellements éventuels d'un régime d'exonération totale d'impôts, et de taxes de toutes natures*[1246]».

[1243] Loi 2003-36 du 24 novembre 2003 portant Code minier modifiée par la loi 2012-32 du 31 décembre 2012.

[1244] Ibidem, p. 140.

[1245] A. CHARLET, B. LAPORTE & G. ROTA-GRAZIOSI, « La fiscalité minière en Afrique de l'Ouest et du Centre, *Revue de droit fiscal*, n° 48, 2013, p. 24.

[1246] Convention minière pour ZIRCON, ILMENITE, RUTILE, LEUCOXENE et autres minéraux associés en application de la loi 2003-36 du 24 novembre 2003 portant code minier entre le Gouvernement de la République du Sénégal et la Société Minéral Déposits Limited Sénégal SARL en agrégé MDL Sénégal SARL.

708. La loi de 2016[1247] prévoit en ses articles 78 à 80 le dispositif d'allègements fiscaux durant la phase de recherche. L'article 78 de la loi de 2016 prévoit que : « *À l'exception de la redevance statistique (RS), du prélèvement communautaire de solidarité de l'UEMOA (PCS), du prélèvement communautaire CEDEAO (PC) et de toutes autres taxes communautaires à venir, le titulaire de permis de recherche de substances minérales est exonéré de tous droits et taxes de douane, de la TVA et du prélèvement du Conseil sénégalais des Chargeurs (COSEC)* »… L'alinéa 2 de l'article étend les avantages accordés au titulaire du titre minier à son sous-traitant[1248].

709. Pour le personnel qu'elle met à la disposition d'un titulaire de titre minier, une société d'intérim avait saisi l'administration fiscale à propos de l'exonération de la CFCE dont se prévalait son client[1249]. Après avoir rappelé le dispositif de l'article 263 alinéa 1er[1250], l'administration a soutenu que le paiement de la CFCE incombe à la société d'intérim par le seul fait que les rémunérations sont payées par cette dernière. Ainsi, ce paiement ne doit pas être apprécié comme un élément de refacturation mais comme une charge pour la société intérimaire. Par conséquent, l'exonération sollicitée par le titulaire du titre minier ne saurait être applicable car la relation qui lie les deux sociétés ne peut pas être appréciée à l'image de celle de l'employeur et du salarié tel que stipulé par l'article L2 du Code du travail[1251]. Par ailleurs, l'article 264-6 issu de la 1re LFR de 2019[1252] indique que la CFCE est exonérée durant toute la phase de recherche.

[1247] Loi 2016-32 du 8 novembre 2016 portant Code minier.

[1248] « *Les sociétés sous-traitantes bénéficient de l'exonération des droits et taxes de douane pour la réalisation de leurs prestations* ».

[1249] Lettre n° 083/MEFP/DGID/DLEC/BRFS/du 06 février 2015.

[1250] « *Il est établi une Contribution forfaitaire annuelle à la charge des personnes physiques et morales ainsi que des organismes qui paient des traitements. L'État et les collectivités locales sont exonérés de cette contribution, ainsi que les organismes publics ou parapublics étrangers ou internationaux* ».

[1251] « *Au sens de cet article, est considéré comme travailleur au sens de la présente loi quels que soient son sexe ou sa nationalité, toute personne qui s'est engagée à mettre son activité professionnelle, moyennant une rémunération, sous la direction et l'autorité d'une autre personne, physique ou morale, publique ou privée* ».
Il est clair qu'au regard de cette formulation la société intérimaire n'est pas un employé de la société titulaire du titre minier. Leur relation est strictement fondée sur une prestation de service.

[1252] Loi n° 2019-13 du 8 juillet 2019 portant loi de finances rectificative JO n° 7198 du 01/08/2019.

710. L'article 79 de la loi de 2016 prévoit un régime de l'admission temporaire pour tous les biens et équipements servant aux opérations de recherche. Ce régime s'étend également aux personnels étrangers pour l'importation de leurs objets et effets personnels. L'article 219 du code des douanes[1253] prévoit que : « *l'admission temporaire spéciale est le régime douanier par lequel des personnes physiques ou morales peuvent importer pour une période déterminée en suspension des droits et taxes à l'importation et sur autorisation du Directeur général des Douanes une certaine catégorie de matériels notamment destinés à l'exécution de travaux présentant un caractère incontestable d'utilité publique.*

711. *Le bénéfice de ce régime peut être étendu à d'autres matériels eu égard à leur destination et/ou à leur utilisation commerciale* ».

712. L'article 2 de l'arrêté d'application n°013717/MEFP/DGD du 14 juillet 2015 fixe la liste des biens admis au régime de l'admission temporaire[1254]. La convention minière signée entre l'État du Sénégal et la société des Industries chimiques du Sénégal stipule en son article 12 alinéa 1er que : « *sur simple présentation certifiée conforme d'un permis de recherche, les matériels, matériaux, fournitures, équipements et véhicules utilitaires destinés directement aux Opérations de recherche minière ainsi que les machines et véhicules de chantier pouvant être réexportés ou cédés après utilisation, bénéficient de l'admission temporaire spéciale*[1255] ». L'admission temporaire spéciale est un

---

[1253] Loi n° 2014-10 du 28 février 2014 portant Code des Douanes.

[1254] Le régime de l'admission temporaire spéciale est ouvert :
- aux matériels d'entreprise repris sur la liste en annexe II qui fixe la durée de leur amortissement technique (longévité), dans la mesure où ils sont destinés à l'exécution de travaux présentant un caractère incontestable d'utilité publique ;
- aux matériels industriels ou non, objet de location et utilisés à des fins commerciales et/ou industrielles ;
- aux matériels de chantier neufs ou usagés, importés par les entreprises sénégalaises n'effectuant pas de travaux d'utilité publique et dont la valeur unitaire CAF est égale ou supérieure à (50) millions de francs ;

Le bénéfice du régime de l'admission temporaire spéciale peut aussi être accordé à des marchandises désignées par arrêtés du ministre chargé des Finances. Lesdits arrêtés précisent en même temps les modalités particulières de fonctionnement du régime pour ces marchandises.

[1255] Convention minière pour l'exploitation des phosphates et substances connexes passée en application de la loi n° 2003-36 du 24/11/2003 portant code minier entre le Gouvernement de la République du Sénégal et la Société des Industries chimiques du Sénégal sur le périmètre de Gossas. Dans le même sens voir l'article 12 de la convention minière pour la recherche de phosphates et substances connexes passée en application de la loi 2003-36 du 24/11/2003 portant Code minier entre le gouvernement de la

régime de faveur pour l'investisseur qui doit être suivi de très près avec un contrôle rigoureux de l'administration douanière. La revente sur le marché local des biens entraîne des pertes de recettes importantes pour l'État. Cela engendre aussi une situation d'inégalité pour l'investisseur local qui ne jouit pas du régime. En République de Guinée, ce contrôle prend la forme d'une liste minière, dont les catégories sont en principe strictement limitées, et qui est déposée avec la demande de titre minier. Seuls les biens figurant sur cette liste pourront bénéficier de l'exonération. Il est clair que cette pratique consiste à alourdir significativement le travail de l'administration des douanes[1256].

713. L'article 80 de la loi de 2016 prévoit que les dépenses de recherche conformément aux dispositions fiscales en la matière et avec l'accord du ministre chargé des Finances, est amorti en phase d'exploitation. L'étude de la doctrine administrative a permis de mieux appréhender les avantages fiscaux dont bénéficie l'investisseur durant la phase de recherche. Ainsi, dans le cadre d'une demande de précision, l'administration confirme que le titulaire d'un titre minier est exonéré de TVA pendant toute la phase d'investissement et d'exploration[1257]. Toutefois, la doctrine administrative a apporté une précision importante sur le régime des exonérations. C'est au cours d'un recours hiérarchique, le ministre des Finances a soutenu : « *Au regard du caractère non limitatif de la liste des exonérations, il convient de faire remarquer qu'en l'espèce, il est de notoriété universelle, tant du point de vue de la doctrine que de la jurisprudence, qu'une exonération fiscale doit découler exclusivement d'une disposition expresse, et non d'un simple raisonnement exégétique* ». Cette affirmation n'a pas empêché l'autorité administrative d'adopter un raisonnement par déduction. Ledit raisonnement a conduit à exonérer les droits d'inscription hypothécaire sous prétexte que la convention minière exonère les droits de publicité foncière[1258]. Dans certains pays

---

République du Sénégal et la Société AGPL Investments Pte Ltd sur le périmètre de recherche de Lam-Lam-Nord-Est ; l'article 12 de la convention minière pour les phosphates de chaux et substances connexes passée en application de la loi 2003-36 du 24 novembre 2003 portant code minier entre le Gouvernement de la République du Sénégal et la Société sénégalaise les phosphates de Thiès sur le périmètre de Lam-Lam.

[1256] Article 166 et 167 du Code minier adopté par le CNT.

[1257] Lettre n° 344/MEF/DGID/DLEC/RFSA du 7 juillet 2010.

Voir également la loi 2019-13 du 8 juillet 2019 portant loi de finances rectificative pour l'année 2019 précise au nouveau point 25 de l'article 361 que l'exonération de TVA ne porte que sur les éléments directement liés à l'exploitation.

[1258] Lettre n°27/DGID/DLEC/AFDC du 14 janvier 2009.

comme le Burkina Faso, le législateur a fait référence au mécanisme d'exonération tout en précisant les impôts. En effet, le texte du code minier dit que l'Impôt du Minimum forfaitaire n'est pas dû durant la phase de recherche[1259]. À notre avis, cette précision relève de l'utopie. En réalité, dès l'instant qu'aucun chiffre d'affaires n'a été réalisé, la société ne peut pas payer un impôt suite à la constatation d'un déficit.

714. L'activité d'exploration est par définition très risquée, ne créant de gains qu'en cas de découvertes. Elle est généralement menée par les entreprises dites spécialisées ou juniors dont l'accès au financement varie sensiblement selon les cours des minerais. Les revenus prennent donc la forme de plus-value entre la valeur du gisement et les coûts nécessaires à sa découverte qui peuvent éventuellement être actuellement capitalisés[1260].

715. À notre sens, il y a une volonté manifeste des différents acteurs d'accorder une totale clémence fiscale durant la période de recherche et construction. Cela se justifie aisément. En réalité l'État signataire de la convention minière n'a que son pouvoir normatif pour participer à la recherche. L'investisseur doit jouir d'un certain « confort fiscal » pour mener à bien sa prospection.

716. Ce dispositif de faveur a également été noté dans le secteur pétrolier. Dans ce domaine, nous prendrons comme référence deux textes de loi à savoir le code de 1998 et celui de 2019. Dans l'exposé des motifs de la loi de 1998[1261], le législateur avait clairement indiqué son vœu de mettre en place un climat très attrayant pour les investisseurs afin de promouvoir la recherche et plus tard l'exploitation[1262]. L'article 48 de la loi de 1998 exonère l'entreprise de tous impôts et taxes pendant la phase de recherche-développement. L'article 49 prévoit une exonération de droit d'entrée sur les matériaux importés et une suspension de droit d'entrée pour ceux vendus ou réexportés après utilisation. Le code de

---

1259 A. CHARLET, B. LAPORTE & G. ROTA-GRAZIOSI, « La fiscalité minière en Afrique de l'Ouest et du Centre », *Revue de droit fiscal,* n° 48, 2013, p. 18.

1260 Ibidem, p. 12.

1261 Loi n° 98-05 du 08 janvier 1998 portant code pétrolier.

1262 Il l'avait indiqué en ces termes : « *Pour être compétitif, le Sénégal doit non seulement tenir compte de l'évolution des données énergétiques mondiales, mais aussi offrir aux acteurs potentiels de l'industrie pétrolière, des conditions attrayantes et susceptibles de favoriser le développement des investissements pétroliers d'exploration ou de production sur le territoire national* ». Ce raisonnement découle de la réduction par les grandes compagnies de leur budget de recherche. Il fallait donc pallier à cela en instituant un dispositif largement favorable aux investisseurs.

2019[1263] prévoit les mêmes avantages fiscaux aux articles 49 et 50. En général la législation pétrolière a connu deux avancées. Pour Fary NDAO : « *la découverte de gisement à caractère commercial demeure très hypothétique malgré le dispositif de très haut niveau utilisé par les compagnies. Rappelons que le Sénégal et ses compagnies pétrolières partenaires ont très souvent, pour ne pas dire toujours, connu des échecs en phase d'exploration. En effet, de 1952 à 2014, véritable « annus mirabilis » de l'exploration au Sénégal, près de 170 forages ont été réalisés dans le bassin sédimentaire national, en onshore ou en offshore. Seule une dizaine a révélé des indices d'hydrocarbure ou des découvertes* »[1264].

717. Au-delà des velléités d'allègements fiscaux des compagnies durant la période de recherche, le titulaire du permis doit faire certaines dépenses avant d'amorcer ses recherches. D'abord, il doit acquérir auprès de la Société des Pétroles du Sénégal en abrégé « PETROSEN » des données sismiques. Celles-ci s'élèvent en général à des milliers de dollars. Ensuite, il doit payer des frais d'appui à la promotion du domaine minier sénégalais et à la formation du personnel de « PETROSEN » et du ministère en charge de l'Énergie et du Pétrole. Enfin, le titulaire du permis de recherche doit payer une redevance superficiaire. Celle-ci est liée à la superficie du bloc pétrolier. Le coût de la redevance est fixé entre 5 et 15 dollars par kilomètre carré et par an selon les périodes de recherche[1265]. À la lumière de ces développements, la réalisation de ces opérations nécessite des moyens techniques et financiers subséquents. Par prudence, le législateur précise à l'article 6 in fine de la loi de 2019 que : « *les opérations pétrolières sont entreprises par une personne morale, disposant des capacités techniques et financières requises et dument autorisées par l'État, dans les conditions fixées par le présent code* ». Préalablement à la signature du contrat, les services du ministère du Pétrole et du ministère en charge des Finances et du Budget doivent procéder à la vérification des capacités techniques et financières du contractant de l'État[1266].

1263 Loi n°2019-03 du 1er février 2019 portant code pétrolier.

1264 F. NDAO, *L'or noir au Sénégal*, Essai, 2018, p. 89.

1265 *Ibid.*, p. 92.

1266 Article 10 de la loi de 2019 : « *Le titre minier d'hydrocarbure est délivré exclusivement aux personnes morales justifiant de capacités techniques et financières requises. Si plusieurs personnes morales sont cotitulaires d'un contrat pétrolier, elles sont conjointement et solidairement responsables à l'égard de l'État et des tiers.*

718. La jouissance d'un titre minier d'hydrocarbure donne droit, conformément aux dispositions de l'article 61 de la loi 2019 la liberté de prendre des actes de disposition. La cession d'un permis d'exploitation engendre en contrepartie le paiement de sommes d'argent. Au regard de la loi fiscale, cette transaction devrait subir les formalités d'enregistrement et le paiement de la taxe de plus-value. Cependant, l'alinéa 3[1267] de l'article 61 ainsi que l'article 47[1268] in fine du décret d'application de la loi de 2019 indiquent que la fiscalité applicable aux opérations de cession durant la phase d'exploitation est le CGI. On pourrait sous-entendre que durant la phase de recherche, il y a une exonération totale de droits et taxes en cas de cession. Ce raisonnement du législateur ne convainc pas les spécialistes de la matière fiscale car l'on ne peut spéculer sur une chose qui n'a pas de valeur. La clémence fiscale accordée durant la période de recherche ne doit pas conduire à une parfaite léthargie de l'État sur la démarche adoptée par l'investisseur étranger. À titre d'illustration, nous pouvons citer les transactions financières entre Timis Corporation et « *BP* » – « *COSMOS* ». Cette transaction avait été qualifiée de scandale du siècle par la presse internationale. Il s'est même posé la question des capacités techniques et financières de la société « PETROTIM LIMITED » qui, au départ avait bénéficié du Contrat de Recherche et de Partage de Production.

719. Le législateur dans le but de corriger les manquements de la loi fiscale suite à cette transaction a procédé à une modification. Par une loi de finances rectificative de l'année 2019[1269], la loi 2012-31 du 31 décembre 2012 a fait l'objet de quelques réaménagements. Le point 5 du II de l'article 4 indique que l'impôt sur les sociétés devrait être maintenant perçu sur les plus-values résultant de la vente de droits sociaux réalisés à l'étranger se rapportant directement et indirectement à des titres miniers et d'hydrocarbures au Sénégal. Pour les députés de l'opposition, cette modification n'a aucunement une portée innovatrice car les personnes morales étrangères étaient redevables de l'IS sur les

---

Elles soumettent obligatoirement au ministre chargé des Hydrocarbures, dans un délai de vingt et un jours, un exemplaire de tout accord conclu entre elles pour la réalisation des opérations pétrolières dans la zone concernée ».

[1267] « La *fiscalité des cessions de droits portant sur les titres miniers d'hydrocarbures, en phase d'exploitation, est régie par le Code général des Impôts* ».

[1268] « *La fiscalité applicable aux cessions et transfert de droits et intérêts en phase d'exploitation portant sur les titres miniers d'hydrocarbures ou sur les contrats de service est régie par les dispositions du CGI* ».

[1269] Loi 2019-13 du 8 juillet 2019 JO n°7198 du 1er août 2019.

plus-values de cession des titres détenus dans une entreprise établie au Sénégal. Par conséquent, le délit de fraude fiscale devait être requis. Dans le but de sécuriser le paiement de l'impôt, la rédaction du nouvel article 31 précise que l'impôt est dû par le cédant à défaut la société installée au Sénégal sera tenue solidairement au paiement de celui-ci[1270]. Rappelons que cette transaction ouvre droit pour le trésor public au paiement des droits de mutation et de la taxe[1271] sur la plus-value immobilière[1272].

720. À notre sens, le législateur devait réclamer le paiement de l'IS sur cette transaction. Rappelons que durant la phase de recherche, l'IS n'est pas dû compte tenu du fait que l'entreprise ne réalise pas de profits. Elle s'investit dans la recherche en injectant des capitaux pour l'éventuelle découverte de gisements à caractère commercial. Une simple modification de l'alinéa 3 de l'article 61 de la loi de 2019 et du décret d'application pouvait suffire en ôtant le groupe de mots ci-après : « *en phase d'exploitation* ». En procédant de la sorte, les intérêts du trésor public seraient protégés durant la phase de recherche. Dans certains pays comme la Guinée équatoriale, le paiement de la taxe de plus-value a été perçu comme un moyen d'accroissement de la rente pétrolière. Cette tactique a été utilisée dès 2001 par Malabo, au sujet de

---

[1270] « *L'impôt dû par les personnes morales étrangères visées au 5 du paragraphe II de l'article 4, au titre des plus-values, est acquitté auprès du comptable public compétent, par le cédant lors de l'enregistrement, dans le mois suivant la cession, sous la responsabilité d'un représentant désigné dans les mêmes conditions et sous les mêmes garanties qu'en matière de TVA.*
À défaut, l'impôt est dû solidairement par l'entreprise détentrice des titres miniers ou d'hydrocarbures établie au Sénégal ».

[1271] Article 464 de la loi 2012-31 du 31 décembre 2012 portant CGI modifié par la loi 2019-13 du 8 juillet 2019 portant loi de finances rectificative.

[1272] La nouvelle rédaction de l'article 556 de la loi 2012-31 du 31 décembre 2012 modifié par la loi 2020-33 du 22 décembre 2020 dispose que : « *La plus-value acquise par les terrains bâtis ou non bâtis, les droits relatifs aux mêmes immeubles et les droits relatifs aux titres miniers visés au point 13 du B du I de l'article 464 est soumise, en cas de cession desdits immeubles ou droits, à une taxe dite « taxe de plus-value immobilière* ».
2. La taxe est due, aux taux de :
b. 10 % sur les cessions de droit réel immobilier portant sur un immeuble domanial.
Le législateur conscient de la difficulté auquel les acteurs pourront être confrontés dans la détermination de la plus-value des titres miniers a prévu au point 3 des modalités.
« … Pour les titres miniers reçus directement de l'État, la valeur d'acquisition correspond aux droits qui ont été payés contre l'octroi du titre, conformément aux dispositions prévues par les lois et règlements en vigueur et les conventions entre l'État et les titulaires de droits.

la taxation des plus-values sur les cessions d'actifs opérées par certaines entreprises pétrolières, qui ont été conduites en arbitrage devant le Centre International des Différends relatifs aux investissements (CIRDI). Il s'agit de litiges opposant l'État de la Guinée équatoriale et les entreprises « Hess », « Tullow Oil » et « CMS Énergie ». Pour le Docteur Stéphane ESSAGA : « *il s'agit d'actions davantage fondées sur les principes généraux de droit fiscal que sur les règles clairement édictées dans le dispositif légal Equato-guinéen d'une part. D'autre part, la hardiesse de la Guinée équatoriale n'est pas isolée au moins sur la scène africaine, cette problématique étant rencontrée dans plusieurs autres pays, qui l'affrontent différemment* »[1273]. Au Mali, outre la taxe de plus-value au taux de 10 %, l'État prélève une taxe supplémentaire de 2 % du montant des travaux de recherche déjà réalisés à la date de cession du permis de recherche et de 1 % de la valeur estimée du projet à la date de cession du permis d'exploitation[1274]. Ce raisonnement prouve à suffisance que la vente des parts de la Société « Timis Corporation » a une autre entreprise devait être portée devant une juridiction arbitrale pour le paiement des impositions dues.

721. L'analyse serait tout autre si les règles de fiscalité internationales avaient été convoquées. Selon l'article 13.5 du modèle de convention fiscale de l'OCDE, les plus-values provenant de l'aliénation de valeurs mobilières sont en principe imposables dans l'État dont le cédant est résident. Le modèle de l'OCDE conduit donc à ce que la plus-value réalisée par une société étrangère qui détient des titres d'une société africaine ne soit pas imposée dans cet État africain alors même que le sous-jacent économique est situé en Afrique. L'article 13.5 du modèle de l'ONU relève d'une autre conception. Il permet à l'État d'implantation de la société dont les titres sont cédés d'imposer la plus-value si le cédant a détenu à un moment quelconque au cours des 12 mois précédents la cession, un certain pourcentage du capital de la société dont les titres sont cédés[1275].

[1273] S. ESSAGA, *Droit des hydrocarbures en Afrique*, Paris, L'Harmattan, 2013, p. 125.

[1274] B. LAPORTE, C. DE QUATREBARBES & Y. BOUTERIGE, « La fiscalité minière en Afrique : le secteur de l'or dans 14 pays de 1980 à 2015 », op. cit., P.108.

[1275] Rappelons que la France a émis une réserve sur l'article 13 du modèle de l'OCDE afin de conserver la possibilité d'imposer les plus-values de cession « d'actions ou parts faisant partie d'une participation substantielle dans le capital d'une société qui est un résident de France. Cette réserve vise à permettre l'application du prélèvement prévu à l'article 244 bis du CGI.

722. Avant la découverte des matières premières, la législation en vigueur était plus orientée vers la promotion de la recherche avec comme seul objectif d'attirer les grandes compagnies. Après la découverte, la deuxième génération des codes apparaît plus adaptée au contexte socio-économique afin de sauvegarder au mieux les intérêts des États. Celle-ci renvoie à l'exploitation.

B. La phase d'exploitation

723. Techniquement, la recherche et l'exploitation constituent deux phases distinctes aux implications fiscales différentes. Comme nous l'avons vu plus haut, la phase de recherche est marquée par une période de grâce dans le paiement de l'impôt alors que la phase d'exploitation est une période de réalisation des profits et une application du régime fiscal de droit commun. Cependant, le domaine pétrolier fait exception dans la conception ou l'attelage des deux phases évoquées ci-dessus. Le Contrat de Recherche et de Partage de Production est un outil qui permet d'enchâsser dans un seul et unique document les deux régimes que sont : la recherche et l'exploitation. L'article 20 de la loi n° 2019-03 du 1er février 2019 dispose que : « *le contrat de partage de production, attaché à l'autorisation d'exploration, fixe les droits et obligations respectifs des différentes parties, pendant la durée des phases d'exploration et éventuellement celles d'exploitation qui y sont rattachées* ». Le contrat de recherche et de partage de production d'hydrocarbures Rufisque offshore profond entre l'État du Sénégal et la société «Total E&P Sénégal », la Société des Pétroles du Sénégal en abrégé « PETROSEN » stipule en son article 2 : « *le présent contrat est un contrat de recherche et de partage de production d'hydrocarbures aux termes duquel l'État confie au contractant des droits de recherche et, en cas de découverte d'un gisement commercial, des droits d'exploitation des Hydrocarbures dans la zone contractuelle* ».

724. La découverte d'un gisement commercial engendre le passage de la phase de recherche à celle d'exploitation. L'octroi d'un bloc pétrolier est soumis à l'approbation par décret du chef de l'État. L'article 8 du décret n° 2020-2061 du 27 octobre 2020 fixant les modalités d'application de la loi n° 2019-03 du 1er février 2019 portant code pétrolier précise qu'après approbation ledit contrat est soumis à la formalité d'enregistrement conformément aux dispositions du CGI. Selon les dispositions de l'article 464 de la loi 2012-31, le titre minier d'hydrocarbure doit être soumis à la formalité d'enregistrement dans un délai d'un mois[1276]. Ils sont enregistrés au droit proportionnel de 5 % conformément aux dispositions de l'article 472-II-6[1277] du CGI. Au cours de la phase d'exploitation, la compagnie pétrolière est redevable d'une redevance sur la valeur des hydrocarbures[1278], de l'impôt sur les Sociétés[1279] conformément aux dispositions de la loi 2012-31 du 31 décembre 2012 portant Code général des Impôts et du paiement du loyer superficiaire[1280]. Le contractant de l'État est tenu au respect de certaines prescriptions comptables. L'alinéa 3 de l'article 23 du contrat de recherche et de partage de production sur le bloc de Rufisque stipule : « *le contractant tient par année civile, en accord avec la réglementation en vigueur au Sénégal et les dispositions du présent contrat, une comptabilité séparée des opérations pétrolières qui permet d'établir un compte de pertes et de profits et un bilan faisant ressortir tant les résultats desdites opérations que les éléments d'actifs et de passifs qui y sont affectés ou s'y rattachant directement* ». Lesdites obligations tirent leur fondement à l'article 44 de la loi de 2019 portant Code pétrolier.

725. Le contractant de l'État dans le cadre de l'exploitation d'un gisement minier ou pétrolier à caractère commercial est éligible au bénéfice de l'exonération de la CFPB[1281] et de la CFCE[1282] pendant une période de trois ans depuis la date de la première exploitation. Des critères singuliers ont été adoptés par le législateur pour le calcul de la Contribution Économique locale. En effet, l'article 329 du CGI précise que la Contribution Économique locale sur la Valeur Locative n'est pas due par les entreprises situées en mer et qui exploitent un gisement

---

[1276] Article 464 du CGI : « *Dans un délai d'un mois, à compter de leur date ou l'entrée en possession :*
13. Les mutations de propriété ou de jouissance de titre miniers, lesquels s'entendent de tous droits d'exploration, d'exploitation et autres autorisations présentant un avantage économique, accordés dans le domaine des mines ou des hydrocarbures au Sénégal ».

[1277] « *Sont enregistrées au taux de 5 % : les mutations de propriété ou de jouissance à titre onéreux des titres* miniers ».

[1278] Article 42.

[1279] Article 43.

[1280] Article 47.

[1281] 286-6 : « *Les entreprises bénéficient de cette exonération pendant une période de trois ans à compter de la délivrance du titre d'exploitation* ».

[1282] Article 264-6 : « *Les entreprises titulaires de concessions minières sont, pendant la phase d'exploitation, exonérées de la Contribution forfaitaire à la Charge des Employeurs à compter de la date de première production* ».

d'hydrocarbure. Aussi, l'article 337-9 substitue la Contribution économique locale sur la Valeur ajoutée à une contribution de 0,02 % dans les cas où il existe un accord entre le Sénégal et un autre État sur l'exploitation des hydrocarbures[1283].

726. L'exploration en vue de la découverte de gaz a subi le même régime juridique que le pétrole. Le gaz naturel a été découvert dans les Blocs SLOP et COP grâce aux forages d'exploration « Tortue-1 » (avril 2015), « Teranga-1 » (mai 2016), « Yakar 1 » (mai 2017). Au premier janvier 2018 seul Tortue a été évalué à 15 TCF[1284]. La découverte de Tortue s'est faite suite à la signature d'un Contrat de recherche et de partage de production entre l'État du Sénégal, Kosmos, BP et Petrosen. Cependant, l'emplacement géographique du gisement Tortue à la frontière entre le Sénégal et la Mauritanie complique quelque peu la situation. La part revenant à l'État du Sénégal et à « PETROSEN » devra prendre en compte la part revenant à la Mauritanie et la SMHPM. Pour la mise en œuvre du partage des ressources, la Convention relative à l'exploitation des réservoirs du Champ Grand Tortue/AHMEHIM et relative au régime fiscal et douanier applicable aux sous-traitants entre la République du Sénégal et la République Islamique de la Mauritanie a été signée le 21 décembre 2018 à Nouakchott. Suite à sa présentation à l'Assemblée nationale, ladite convention a été ratifiée à travers la loi n° 2019-07 du 15 février 2019.

727. En vertu du principe de la territorialité, les revenus ne sont pas supposés être réalisés uniquement dans le territoire de la République du Sénégal. Ainsi, deux systèmes fiscaux, à savoir celui du Sénégal et de la Mauritanie se retrouvent sur un même théâtre d'opérations d'où le fondement de la Convention. L'article 2 de la convention précise que : « *le présent acte additionnel fixe le régime fiscal et douanier applicable aux opérations des sous-traitants intervenant dans le cadre du projet GTA conformément à l'accord de coopération Inter-Etat signé entre la République Islamique de Mauritanie et la République du Sénégal le 09 février 2018* ». La convention GTA institue un véritable régime fiscal pour les sous-traitants intervenant sur le projet. Dans la pratique, cela pourrait forcément être apprécié comme une atteinte au principe de la territorialité de l'impôt résultant d'une concession volontaire des deux États concernés d'une partie de leur souveraineté. La partie du chiffre

[1283] Ces réformes sur la CEL ont été instituées par la loi de finances rectificative n° 2019-13 du 8 juillet 2019.
[1284] Trillion cubic feet.

d'affaires des entreprises réalisée sur ce projet n'est pas soumise à l'Impôt sur les Sociétés aussi bien au Sénégal qu'en Mauritanie[1285]. Les dispositions de la convention confèrent des avantages fiscaux spécifiques et prévoient des modalités particulières d'imposition. Au titre des avantages, nous pouvons citer :

– l'exonération de TVA[1286] ;

– le bénéfice du régime de l'admission temporaire pour les matériaux utilisés[1287] ;

– l'exonération de toutes taxes en dehors de celles établies dans le cadre du projet GTA perçues au profit des deux États et leurs collectivités locales[1288] ;

– l'exonération de l'IRVM sur les distributions de bénéfices pour les sous-traitants des contractants ainsi que les sous-traitants de ces derniers[1289].

728. Les modalités particulières d'imposition renvoient aux règles de détermination du résultat fiscal :

– les sous-traitants sont soumis au paiement de l'impôt sur les bénéfices[1290] ;

– les sous-traitants étrangers seront recherchés au paiement de l'IS si les éléments constitutifs de l'établissement sont réunis[1291] ;

– le taux de l'IS est fixé à 25 %[1292] ;

– les biens donnés en location dans le cadre d'un contrat de crédit-bail peuvent être amortis dans la comptabilité de la société preneur[1293]. Cependant, la reprise du bien par le crédit bailleur est assimilable à une cession[1294] ;

– la déclaration de l'IS se fait au 30 avril de chaque année ;

[1285] Article 18-al 2.
[1286] Article 6.
[1287] Article 10 alinéa 1.
[1288] Article 17.
[1289] Article 14.
[1290] Article 18 al 1.
[1291] Article 23.
[1292] Article 36.
[1293] Article 31-1. Au Sénégal cette pratique a été instituée avec la réforme de 2004 (loi n° 2004-12 du 6 février 2004).
[1294] Article 31-2.

– Si le résultat à la fin de l'exercice est déficitaire, le déficit peut être reporté jusqu'au quatrième exercice.

729. Par ailleurs, les mesures de lutte contre l'évasion fiscale comme la sous-capitalisation[1295] et les prix et transfert[1296] sont également prévues pour protéger l'assiette de l'impôt.

730. L'adoption de nouveaux textes sur la recherche et l'exploitation du pétrole et du gaz a engendré dans la plupart des pays africains la mise en œuvre d'un nouveau concept dénommé « *contenu local* ». Le contenu local à l'image de l'article 1er de la loi n° 2019-04 du 24 janvier 2019 renvoie à « *l'ensemble des initiatives prises en vue de promouvoir l'utilisation des biens et des services nationaux ainsi que le développement de la participation de la main-d'œuvre, de la technologie et du capital nationaux dans toute la chaîne de valeur de l'industrie pétrolière et gazière* ». Le contenu local correspond principalement à la part des coûts pétroliers qui est captée au Sénégal à travers la sous-traitance privée nationale et l'emploi bénéficiant à des Sénégalais. De l'avis de Fary NDAO, « *le contenu local est un aspect qui a été négligé par les États africains pendant un bon moment pour avoir focalisé tous leurs efforts au recouvrement des redevances et taxes* ». De nos jours, ce concept permet de redistribuer une partie de la manne pétrolière au secteur privé national et aux employés nationaux. Dans certains pays comme le Ghana, le Nigéria & l'Angola le contenu local jouit d'une réglementation spécifique[1297]. Dans d'autres pays notamment en République de Côte d'Ivoire, le Chef de l'État a validé en fin avril 2012 par ordonnance une modification de cinq articles[1298] du Code pétrolier. Dans ces modifications, il était inclus un volet relatif à la formation des Ivoiriens par les Sociétés Pétrolières étrangères[1299]. En Angola, la loi du 10 novembre 2011 sur le régime des changes impose désormais aux pétroliers basés en Angola d'utiliser les Banques locales pour toutes leurs dépenses, c'est-à-dire de payer en devises pour la majorité de leurs opérations. Ce dispositif devrait conduire les banques locales à gérer

---

1295 Article 30-6-a.

1296 Article 33.

1297 F. NDAO, « La gouvernance des ressources pétrolières et gazières : heures ou lueurs pour le Sénégal ? », *première journée scientifique du Réseau sénégalais des Think Thank,* 4 février 2020, p. 10.

1298 Articles 1, 18, 37, 53 et 82.

1299 S. ESSAGA, *Droit des hydrocarbures en Afrique, op. cit.*, p. 114.

davantage de ressources financières, et ainsi permettre de créer des emplois supplémentaires[1300].

731. Pour une meilleure exécution des actions relatives au contenu local, il est institué un Comité National de Suivi du Contenu Local (CSCL) chargé de coordonner l'élaboration du document de stratégie qui définit les modalités d'exécution des orientations de l'État en la matière[1301]. Les missions assignées au Comité sont définies à l'article 8 du décret portant organisation et fonctionnement du Comité National de Suivi du Contenu Local et l'article 9 définit l'organisation de l'organe.

732. La loi sur le contenu local joue un rôle fondamental dans la redistribution des revenus issus du pétrole. Elle permet aux entreprises nationales de jouir des retombées du secteur pétrolier. L'accroissement de leurs chiffres d'affaires par le biais des interactions avec les entreprises pétrolières contribue à l'augmentation de leurs charges fiscales. Pour l'État, cette imbrication d'actions sera une source d'augmentation des recettes fiscales. Il est clair que les capacités financières dont disposent les grandes compagnies pétrolières ne sont pas accessibles à nos entreprises. L'interventionnisme étatique reste le seul moyen pour faire profiter à tous, des revenus issus de l'exploitation des hydrocarbures. À terme, le respect du dispositif permettra d'absorber à l'échelon national une bonne partie des retombées du secteur des hydrocarbures.

733. Dans le domaine minier, l'exploitation met au profit de l'État la perception de certains droits et taxes. L'exploitation d'une mine se matérialise avec l'obtention d'une autorisation. Celle-ci est délivrée en contrepartie de paiement par le bénéficiaire de droits fixes d'entrée qui sont déterminés en fonction de la spécificité de la mine[1302]. Aussi, le titulaire est redevable annuellement de la redevance superficiaire[1303].

[1300] *Ibidem*, p. 140.

[1301] Article 7 du décret 2020-2047 du 21 octobre 2020.

[1302] Article 74 de la loi de 2016 :
- autorisation d'exploitation d'une petite mine : 2 500 000 ;
- autorisation d'exploitation minière semi-mécanisée : 1 500 000 ;
- autorisation d'exploitation minière artisanale : 50 000.

[1303] article 75.

b- permis d'exploitation minière, à la délivrance et à chaque renouvellement : 250.000/Km2/année ;

c- autorisation d'exploitation d'une petite mine : 50.000/ha/année à la délivrance de chaque renouvellement ;

e- autorisation d'exploitation d'une mine semi-mécanisée : 50.000/ha/année à la délivrance de chaque renouvellement.

Par ailleurs, le législateur précise qu'en dehors du cas où il s'agit d'un Contrat de Recherche et de Partage de Production, le bénéficiaire du titre minier est assujetti au paiement de la redevance minière à chaque trimestre sur la valeur des substances minérales exploitées[1304].

734. Rappelons que l'exploitation d'une mine par une entreprise conduit à l'application du régime de droit commun. Autrement dit, l'entreprise concernée réalise un chiffre d'affaires et subit les assauts du système fiscal. Cependant, l'étude du contrat minier relate un certain nombre d'avantages conférés au bénéficiaire du titre. Dans la convention minière signée entre l'État du Sénégal et la Société les Industries chimiques du Sénégal une panoplie d'avantages fiscaux est consentie au titulaire du titre minier. D'abord, la société les ICS est exonérée durant toute la période que dure la convention, de la taxe d'exportation. Aussi, le titulaire du permis d'exploitation et le titulaire de la concession minière bénéficient respectivement d'une exonération de 3 ans et 7 ans sur les impositions ci-après :

– exonération de TVA sur les prestations de services effectuées par les prestataires locaux et étrangers ;

– exonération des droits et taxes de sortie ;

– exonération de l'IMF ;

– exonération de la Patente (CEL depuis 2018) ;

– exonération de la CFCE ;

– exonération de la taxe sur les actes de constitution ou d'augmentation de capital.

735. Toutefois, cette durée peut aller jusqu'à quinze ans si des investissements lourds ont été consentis[1305]. Ensuite, le titulaire de la concession minière bénéficie d'une exonération d'IS de 7 ans à compter du début de l'exploitation[1306]. Cet avantage pourrait être rallongé sur une durée de 15 ans dans le cas d'investissements lourds[1307]. On retrouve les mêmes avantages fiscaux dans la convention minière entre l'État du Sénégal et la société « Minéral Déposits Limited Sénégal Sarl ».

1304 Article 77 de la loi de 2016.

1305 Article 27 de la convention minière entre l'État du Sénégal et les Industries chimiques du Sénégal.

1306 Si l'on se réfère au Code de 1988, cette exonération était de 15 ans.

1307 Article 28 de la convention minière entre l'État du Sénégal et les Industries chimiques du Sénégal.

736. À l'analyse, il est de notoriété publique que le secteur minier a engendré une panoplie de mesures fiscales non prévues par le Code général des Impôts. Ceci constitue une violation du principe de la légalité fiscale. Toutefois, cette exonération de l'IS pourrait être justifiée si l'on se réfère aux nombreuses dotations aux amortissements que doivent pratiquer dès l'amorce de l'exploitation pour prendre en compte les actifs immobilisés durant la phase de recherche. Ces dotations peuvent réduire de façon substantielle le résultat des entreprises au point de rendre insignifiante l'assiette de l'IS. D'autres ont préféré miser sur l'exonération de l'IMF pendant une période de 7 ans à compter de la date de première exploitation[1308]. Le régime de la TVA peut être source de problème en phase d'exploitation. Il est connu de tous que les sociétés minières ne facturent pas la TVA au plan local du fait de l'exportation de la totalité des minerais. La qualité de société exportatrice attribue en principe le droit au remboursement des crédits de TVA. L'exercice de ce droit peut être compromis au regard des nombreuses difficultés que traversent les contribuables au sein des administrations fiscales[1309]. Pour Vianney ONANGA OPISSINA, le mécanisme de remboursement des crédits de TVA constitue sa principale faiblesse[1310]. Au Sénégal, en 2008, la DGID a reçu 532 demandes de remboursement de crédit de TVA pour un montant de 63,7 milliards de FCFA, 344 ont été acceptées pour un montant de 35,7 milliards tandis que 64 demandes étaient rejetées. À la fin de l'année, 124 demandes pour un montant de 6,7 milliards demeuraient en instance[1311]. Des efforts ont quand même été notés dans la loi de finances initiale pour l'année 2021. Le nouvel article 393 indique que la demande de remboursement doit être traitée dans un délai de trente jours. Dès lors que les services compétents ont procédé à l'approbation, le remboursement doit intervenir dans un délai de 15 jours soit par chèque, virement soit par certificat de détaxe[1312].

[1308] Article 90 de la loi n° 031-2003/AN du 8 mai 2003 portant Code minier du Burkina Faso.

[1309] A. CHARLET, B. LAPORTE & G. ROTA-GRAZIOSI, « La fiscalité minière en Afrique de l'Ouest et du Centre », *op. cit.*, p. 22.

[1310] V. ONANGA OPISSINA, *Problématique de l'application de la TVA dans l'espace OHADA*, *op. cit.*, p. 156.

[1311] Banque africaine de Développement, *Évaluation du potentiel de recettes publiques au Sénégal*, octobre 2010, p. 26.

[1312] Loi n° 2020-33 du 22 décembre 2020 portant LFI 2021.

737. Une réelle volonté de transparence a été notée de la part de l'État depuis son adhésion à la norme ITIE[1313]. L'ITIE est un mécanisme volontaire qui vise à renforcer dans les pays riches en ressources pétrolières, gazières et minières la bonne gouvernance des revenus issus de leurs exploitations. L'ITIE exige la publication annuelle des rapports incluant la divulgation des revenus significatifs de l'État issus des industries extractives ainsi que la divulgation de tous les paiements significatifs versés au gouvernement par les entreprises pétrolières, gazières et minières[1314]. L'article 95 de la loi de 2016 pose deux exigences pour les entreprises dans le respect des normes ITIE :

– d'effectuer des déclarations basées sur les données qui sont l'objet d'audit par les instances compétentes en la matière ;

– de déclarer aux instances nationales de l'ITIE toutes les informations relatives à ses paiements à l'État, y compris les réalisations économiques et sociales.

738. Les données chiffrées permettent de quantifier l'apport du secteur extractif sur le budget de l'État. L'étude des données a permis d'affirmer que la contribution de ce secteur est non négligeable. Entre 2013 et 2014, la contribution du secteur est passée de 46 milliards à 117 milliards de FCFA[1315]. En 2015, une légère hausse est notée dans le produit provenant du secteur extractif. La contribution passe de 117 à 118,1 milliards de FCFA. Malgré l'importance des chiffres, il avait été relevé à l'époque la faible contribution dans le PIB du fait de la non-transformation du produit extrait du sous-sol sénégalais à l'intérieur des frontières[1316]. L'administration fiscale veille au strict respect des règles fiscales par les entités chargées de l'exploitation du pétrole. Rappelons qu'en 2019, un redressement fiscal sur la société « KOSMOS ENERGY » avait permis le recouvrement d'un montant de 5,21 milliards de FCFA.

739. Par ailleurs, certaines modifications de la loi fiscale ont permis d'instituer de nouvelles impositions tendant à accroître le rendement du secteur minier. Par une loi de finances rectificative pour l'année 2018[1317], le législateur a créé au profit du budget de l'État un droit d'exploitation sur l'Or non monétaire. L'article 56 prévoit que la base imposable est

---

[1313] Initiative pour la Transparence des Industries extractives.
[1314] C.N.I.T.I.E. Sénégal, *Rapport ITIE 2019*, décembre 2020, p. 10.
[1315].I.T.I.E. Sénégal, *Rapport de conciliation 2014,* 2014, p. 8.
[1316] I.T.I.E. Sénégal, *Rapport de conciliation* 2015, octobre 2017, p. 8.
[1317] Loi n° 2018-24 du 6 juillet 2018 portant loi de finances rectificative pour l'année 2018.

constituée « *par la valeur en douane de l'or non monétaire au point de sortie du territoire national conformément à l'article 19 du code des douanes* ». Le taux d'imposition est fixé à 4 %[1318]. Compte tenu des investissements colossaux réalisés, le législateur accorde aux investisseurs du domaine extractif des gages de sécurité.

Paragraphe II : Une sécurité fiscale de l'investisseur

740. En sus des avantages fiscaux propres à l'activité exercée, certains pays africains titulaires de ressources minières ont jugé nécessaire de mettre en place des exemptions fiscales selon un schéma linéaire[1319]. D'autres ont opté pour la mise en place d'un régime de stabilisation des différents avantages fiscaux accordés (A). Pour l'investisseur, la clause de l'arbitrage (B) était une garantie nécessaire contre toute tentative de remise en question des avantages accordés.

A. Une stabilité des avantages accordés

741. Historiquement, les clauses de stabilité et d'intangibilité seraient nées pendant la Seconde Guerre mondiale. Les matières premières énergétiques étaient cruciales pour les États-Unis d'Amérique. Les pays d'Amérique latine en étaient les fournisseurs. C'est dans les contrats de fourniture desdites matières premières que ces clauses auraient fait leur première apparition. Ces matières premières étant jugées essentielles en termes de stratégie militaire, le risque était grand pour les États-Unis de voir que les pays fournisseurs pouvaient modifier, voire rompre unilatéralement ces contrats[1320].

742. En Afrique de l'Ouest, la convention d'établissement trouve son origine dans le régime fiscal de longue durée tel qu'il a été institué en 1953 par la législation coloniale sur les investissements. Celle-ci est un accord conclu entre un investisseur le plus souvent étranger et le gouvernement d'un pays d'accueil pour la réalisation d'un projet de développement économique et social. Ce document fixe le statut juridique, économique, fiscal et financier des activités d'un investisseur pendant une durée qui peut aller jusqu'à quinze ans[1321]. Le régime

---

[1318] Article 57 de la LFR 2018.

[1319] Idée soutenue par Bocar NIANE ou, Ngouasyvathn dans leurs ouvrages précités.

[1320] M. BARRY, *Politiques fiscales et douanières en matière d'investissements étrangers en Afrique francophone : le cas du secteur des ressources naturelles extractives*, Thèse de doctorat, *op. cit.*, p. 122.

[1321] B. NIANE, *Le régime juridique et fiscal du code des investissements au Sénégal*, *op. cit.*, p. 59.

actuel des conventions minières met en place une stabilisation qui peut aller jusqu'à 30 ans ou plus[1322].

743. La plupart des pays africains dispose d'un modèle de convention d'établissement pour le secteur, afin de standardiser les obligations respectives des États et des entreprises. Cependant, au regard des énormes investissements de capitaux et des spécificités du secteur comme le besoin par exemple de créer des infrastructures liées au gisement, souvent la pratique est de négocier des conventions spécifiques[1323]. Le code minier de 2003 prévoyait en son article 42 un modèle de convention minière qui est mis à la disposition de tout demandeur d'un permis de recherche, d'un permis d'exploitation ou de concession minière par le Directeur des Mines et de la Géologie[1324].

744. Dans certains pays, la stabilisation du régime fiscal ne peut être instaurée que par une convention d'établissement. C'est notamment le cas pour le Bénin, le Niger, le Sénégal, la Guinée. Dans, d'autres, la stabilisation du régime fiscal peut être octroyée sans qu'intervienne une convention d'établissement. C'est le cas de la Côte d'Ivoire. Là, la convention, lorsqu'elle intervient, confirme les garanties du régime fiscal de longue durée obtenues précédemment. Dans l'autre cas, « *les conventions d'établissement ont pour objet de fixer contractuellement les engagements réciproques entre l'État et l'entreprise* »[1325]. Toutefois, la loi de 1988[1326] a réaménagé le dispositif contractuel entre l'État et les multinationales. Cette loi pose le principe de la propriété de l'État sur les ressources minérales, met en harmonie le droit minier avec l'évolution du droit foncier et innove en instituant la convention minière en lieu et place des conventions d'établissement[1327].

745. La clause de la non-aggravation suppose une stabilisation de la situation conventionnelle de l'entreprise, toute disposition aggravant sa situation ne lui étant pas opposable. Elle se complète avec la clause de non-discrimination. Leur objectif est de ne pas donner la possibilité à l'État d'accueil, par une nouvelle disposition, de pénaliser les entreprises agréées en annulant indirectement tous les avantages qui leur sont

---

[1322] A. CHARLET, B. LAPORTE & G. ROTA-GRAZIOSI, « La fiscalité minière en Afrique de l'Ouest et du Centre », *op. cit.*, p. 25.

[1323] M. LABUSQUIERE, *En Afrique comme ailleurs pas de démocratie sans justice fiscale*, Paris 2017, Ed Caritas France, p.24.

[1324] O. CISSE, *Le droit des mines du Sénégal, op. cit.*, p. 188.

[1325] J. B. FOTSING, *Le pouvoir fiscal en Afrique*, *op. cit.*, p. 216.

[1326] Loi n°88-06 du 26 août 1988 portant Code minier.

[1327] O. CISSE, *Le droit des mines du Sénégal, op. cit.*, p. 29.

accordés, du fait d'un traitement discriminatoire par rapport à celui accordé aux nationaux[1328].

746. La clause relative à la stabilisation de la législation fiscale institue au profit de l'entreprise conventionnée un régime fiscal stabilisé durant toute l'application de la convention. Avant la promulgation du code des investissements sous l'empire des lois de 1953 et 1956, on utilisait l'expression régime fiscal de longue durée. L'État d'accueil ne pouvant par des mesures unilatérales aggraver la charge fiscale de l'entreprise qui annulerait ainsi tous les avantages qui lui sont accordés, en revanche il désavantage l'État d'accueil. Celui-ci constitue une atteinte à la souveraineté fiscale et de surcroît au principe d'égalité, les bénéficiaires sont placés dans un régime conventionnel qui les laisse indemnes contre l'effet rébarbatif de la loi fiscale[1329].

747. Pour NGAOSYVATHN : « *la stabilisation est une mise entre parenthèses du système fiscal du pays d'accueil en faveur des entreprises étrangères qui bénéficient ainsi d'une véritable extraterritorialité sur le plan fiscal. Le pays d'accueil a la possibilité de changer sa législation fiscale, mais cette modification est inopposable aux firmes* »[1330]. Toutefois, il faut préciser que si l'intervention d'une disposition nouvelle est favorable à l'entreprise celle-ci peut en solliciter la jouissance[1331]. Selon Gilbert ORSONI : « *la clause de stabilité devrait être appréciée comme une garantie de l'investisseur contre un changement politique qui pourrait remettre en cause les acquis* »[1332]. Pour Bocar NIANE : « *ces clauses dénotent un certain manque de confiance de la part de l'investisseur, qui en réalité cherche à se prémunir contre les mesures que pourrait prendre l'État d'implantation* »[1333].

748. La clause de stabilité fiscale peut rechercher son fondement au plan communautaire mais aussi au plan interne. Le règlement de l'UEMOA n°18/2003/CM/UEMOA du 23 décembre 2003 prévoit en son article 17 que : « *la stabilité du régime fiscal et douanier prévu*

[1328] B. NIANE, *Le régime juridique et fiscal du code des investissements au Sénégal*, *op. cit.*, p. 92.
[1329] *Ibidem*, p. 95.
[1330] P. NGAOSYVATHN, *Le rôle de l'impôt dans les pays en voie de développement*, *op. cit.*, p. 68.
[1331] S. S. PAUL, *Le mimétisme fiscal des États d'Afrique*, Thèse de doctorat, *op. cit.*, p. 87.
[1332] G. ORSONI, *L'interventionnisme fiscal*, *op. cit.*, p. 44.
[1333] B. NIANE, *Le régime juridique et fiscal du code des investissements au Sénégal*, *op. cit.*, p. 96.

dans la réglementation en vigueur au sein de l'Union est garantie aux titulaires de titres miniers pendant la période de validité de leurs titres. Pendant la période de validité de ces titres miniers, les règles d'assiette et de liquidation des impôts, droits et taxes, prévues par la réglementation en vigueur demeurent telles qu'elles existent à la date de délivrance desdits titres miniers et aucune nouvelle taxe ou imposition de quelque nature que ce soit n'est applicable au titulaire ou bénéficiaire pendant cette période.

749. *Cependant, en cas de diminution des charges fiscales et douanières ou de leur remplacement par un régime fiscal et douanier plus favorable, les titulaires de titres miniers pourront opter pour ce régime plus favorable à condition qu'ils l'adoptent dans sa totalité* ».

750. Toutefois, le code minier communautaire de l'UEMOA datant de 2003 entérine une pratique, moins généreuse vis-à-vis des entreprises du secteur : les sociétés minières peuvent bénéficier des mesures nouvelles à la condition d'adopter le nouveau régime fiscal et douanier dans son intégralité. Cette mesure est inscrite dans le droit national du Mali depuis 1999, du Sénégal depuis 2004 et de la Côte d'Ivoire depuis 2014[1334].

751. Le législateur sénégalais dans le code minier de 2016[1335] a également consacré la clause de stabilité fiscale. En effet, l'article 27 prévoit que : « *la délivrance d'un permis d'exploitation minière confère au titulaire ayant satisfait à ses obligations le droit ci-après :*

752. *Le droit à la stabilité des conditions fiscales et douanières de l'exploitation, conformément aux stipulations de la convention minière* ». Le code pétrolier de 2019 prévoit également la jouissance d'une clause de stabilité pour le contractant de l'État. Toutefois, le législateur précise au dernier alinéa de l'article 72 que : « *sont toutefois exclus de la clause de stabilisation ci-dessus les coûts additionnels occasionnés par une modification de la règlementation en matière de sécurité des personnes, de la protection de l'environnement, de contrôle des opérations pétrolières ou de droit du travail, à moins que ces modifications ne soient pas conformes aux pratiques internationales ou qu'elles soient appliquées à un contractant de manière discriminatoire* ».

[1334] B. LAPORTE, C. DE QUATREBARBE & Y. BOUTERIGE, « La fiscalité minière en Afrique : le secteur de l'Or dans 14 pays de 1980 à 2015 », *Revue d'Économie du Développement*, n° 4, 2015, p. 94.
[1335] Loi n° 2016-32 du 8 novembre 2016 JO n° 7005 du 15 avril 2017.

753. La clause de stabilité fiscale confère aux entreprises minières des conditions favorables pour la réalisation de grands profits. Pour tenter d'y remédier, le législateur à travers l'article 19[1336] de la loi[1337] de finances initiale de l'année 2012 a institué une Contribution spéciale sur les Mines et les Carrières (CSMC). Le principal objectif visé par la CSMC était de contribuer à l'amélioration des recettes fiscales de l'État. Par application de cet instrument, la loi de finances prévoyait une contribution du secteur des mines à hauteur de 10 milliards de FCFA. Cependant, une grande hostilité a été enregistrée du côté des entreprises minières[1338]. Elles n'ont pas attendu très longtemps pour manifester leur désaccord devant le prétoire du juge. Dans une affaire[1339] qui opposait la Société Sénégalaise les Phosphates de Thiès au Chef du Bureau de Recouvrement du Centre des Grandes Entreprises, le juge du Tribunal Régional Hors Classe de Dakar affirme :

754. « *Attendu qu'il ressort de l'article 10 de la convention minière conclue entre l'État du Sénégal et la Société Sénégalaise des Phosphates de Thiès, une stabilisation des conditions fiscales a été garantie. Ainsi, aucune modification d'ordre fiscal ne pourra être applicable à la demanderesse à moins qu'elle n'y consente.*

Qu'il s'ensuit que la loi instituant la contribution spéciale sur les mines et les carrières, en ce qu'elle crée un nouvel impôt même indirect n'est pas opposable au contribuable en cause ».

755. L'évolution de la jurisprudence a montré que le juge est resté figé dans sa position. La clause de stabilité fiscale, contenue dans les conventions minières signées avec l'État du Sénégal, garantit la stabilité

[1336] La loi de finances de l'année 2012 a institué une CSMC qui s'applique aux substances minérales et fossiles visées à l'article 4 du Code minier et au Ciment. Sa base est déterminée à la vente, par le prix normal de vente tous les frais et taxes compris, à l'exclusion de la TVA, à l'importation, par la valeur en douane augmentée de tous les droits et taxes liquidés par la douane et dans tous les autres cas, par le prix normal ou la valeur normale du bien tous frais et taxe compris à l'exclusion de la TVA.

[1337] Loi n° 2011-20 du 13 décembre 2011 portant loi de finances de l'année 2012.

[1338] O. CISSE, *Le droit des mines du Sénégal*, *op. cit.*, p. 35.

[1339] Tribunal Régional Hors Classe de Dakar 23 avril 2013 Société sénégalaise des Phosphates de Thiès c/Le Chef du Bureau de Recouvrement du Centre des Grandes Entreprises.

du régime applicable[1340]. Cependant, dans une affaire[1341] rendue en 2014, le juge a débouté la demanderesse pour n'avoir pas versé dans le dossier, la convention minière lui garantit une stabilisation de son régime fiscal. Non satisfait d'une telle position du juge, celle-ci saisit la Cour d'Appel[1342] afin que sa cause soit entendue. La Cour amorce son argumentaire avec le dispositif relatif à la médiation et à la conciliation :

756. « *Considérant qu'il résulte de l'article 29 du décret n°2014-1653 relatif à la médiation et à la conciliation, qu'en tout état du contentieux judiciaire, le juge déjà saisi d'un litige peut, à la demande conjointe des parties soit introductif d'instance, soit à l'audience, soit par simple demande écrite déposée ou adressée au greffe de la juridiction compétente, ordonner une conciliation sur tout ou partie du litige si l'affaire porte sur des questions pouvant faire l'objet d'une transaction.*

Qu'en vertu de l'article 36 du même décret, l'accord conclu entre les parties acquiert force exécutoire et de chose jugée par son homologation par le juge compétent qui, saisi par requête, ne peut refuser que s'il est contraire à l'ordre public, aux bonnes mœurs ou à l'intérêt d'un mineur concerné.

Que l'homologation met directement fin au présent litige ».

757. La spécificité du domaine peut justifier l'existence d'une clause de stabilité. Certains ont tenté quand même de justifier son existence dans les conventions minières. D'une part, les décisions d'investissement particulièrement importantes sont dites irréversibles, leurs coûts irrécupérables car spécifiques. D'autre part, l'activité extractive est par définition une activité de rente, dont la valeur demeure très incertaine au moment de l'investissement : le prix du minerai extrait peut varier significativement ; le coût de production est également incertain (innovation technologique, difficultés techniques imprévues dans l'extraction…).

1340 **Tribunal Régional Hors Classe de Dakar**, le 28 mai 2014, les Industries chimiques du Sénégal c/ministre de l'Économie des Finances, Agent Judiciaire de l'État, Directeur général des Impôts et des Domaines ;
Tribunal Régional Hors Classe de Dakar, le 28 mai 2014, Soccocim Industries c/le Directeur général des Impôts et des Domaines et le Chef du Centre des Grandes Entreprises.

1341 **Tribunal Régional Hors Classe de Dakar**, le 09 décembre 2014, la Société les Granulat c/Le Directeur général des Impôts et des Domaines.

1342 **Cour d'Appel de Dakar**, le 22 janvier 2016, la Société « SODEVIT GRANULAT SA » c/Le Directeur général des Impôts et des Domaines-le Chef du Bureau de recouvrement du Centre des Grandes Entreprises.

Enfin, les projets miniers se caractérisent par des durées de vie très variables, certains pouvant s'étendre sur plusieurs décennies[1343].

758. Toutefois, les clauses de stabilité peuvent avoir un effet très pervers lorsque leur durée est hors de proportion avec la période nécessaire pour obtenir un retour sur investissement. Par ailleurs, elles conduisent à faire coexister dans un même État des régimes fiscaux et douaniers issus des différents codes d'années différentes, ce qui implique un coût de gestion très lourd pour des administrations aux moyens déjà limités. Enfin, et surtout, il n'est pas rare que ces clauses soient asymétriques, c'est-à-dire qu'elles gèlent le régime fiscal et douanier applicable au titulaire de la convention minière tout en lui reconnaissant le droit à l'application immédiate des dispositifs fiscaux ou douaniers plus favorables issus de lois ultérieures[1344]. Au Congo, le législateur a fait preuve de courage en remettant en cause un certain nombre d'avantages accordés dans le passé. La loi n° 42-2019 du 30 décembre 2019 portant loi de finances pour l'année 2020 a supprimé les régimes d'exception dont bénéficiaient les deux grands producteurs pétroliers historiques du pays, en l'occurrence Total E&P Congo et ENI Congo. Leurs conventions d'établissement, conclues avec la République du Congo en 1968 ont été abrogées[1345]. Par ailleurs, la clause d'arbitrage permet aux entreprises du secteur extractif de se soustraire de l'institution judiciaire classique.

B. Insertion de clause d'arbitrage pour prévenir toute tentative de remise en cause par l'État d'implantation

759. Parfois les enjeux socio-économiques des territoires peuvent l'emporter sur les réflexes traditionnels de règlement des litiges dans les contrats d'investissement. En effet, traditionnellement, les États qui souhaitent attirer des investisseurs dans les secteurs stratégiques de leur économie renoncent à une partie de l'expression de leur souveraineté

[1343] O. CISSE, *Le droit des mines du Sénégal*, *op. cit.*, p. 278.

[1344] A. CHARLET, B. LAPORTE & G. ROTA-GRAZIOSI, « La fiscalité minière en Afrique de l'Ouest et du Centre, *op. cit.*, p. 25.

[1345] I. FEVILIYE, « Étude du système fiscal congolais» *Droit fiscal en Afrique subsaharienne francophone sous la direction de Thierry OBRIST et Trésor-Gauthier M. KALONJI*, Ed Bruylant, 2022, p. 274.

en matière de règlement des conflits par les juridictions étatiques. Ils ont souvent recours à l'arbitrage international[1346].

760. Le caractère privé de l'arbitrage tient au fait que les parties ne se remettent pas au juge étatique, rattaché à l'autorité publique. Les arbitres ne rendent pas la justice au nom de l'État. Ils sont choisis par les parties et doivent se mettre au service de leurs intérêts. Or, ces juges choisis en dehors de l'appareil étatique sont considérés comme moins légitimes que les juridictions internes ou qu'une autorité internationale directement et exclusivement investie par l'État du pouvoir de dire le droit, pour contrôler les agissements de l'État. Le recours à l'arbitrage revient alors, pour certains, à détourner le processus démocratique. Il revient à abandonner la souveraineté de l'État à une nouvelle technocratie, sans légitimité élective aucune[1347].

761. Le recours à l'arbitrage est aménagé dans les conventions minières à travers la clause compromissoire[1348]. L'insertion de cette clause a pour objectif d'exclure la compétence des tribunaux quant à la résolution d'un éventuel litige résultant de l'exécution des obligations du contrat. L'insertion de la clause compromissoire est courante dans les conventions minières[1349]. Dans la même lancée, l'article 21 du traité de l'OHADA précise : « *En cas d'application d'une clause compromissoire ou d'un compromis d'arbitrage, toute partie à un contrat, soit que l'une des parties ait son domicile ou sa résidence habituelle dans un des États parties, soit que le contrat soit exécuté ou à exécuter en tout ou partie sur le territoire d'un ou plusieurs États parties, peut soumettre un différend d'ordre contractuel à la procédure d'arbitrage prévue par le présent titre.*

[1346] M. BARRY, *Politiques fiscales et douanières en matière d'investissements étrangers en Afrique francophone : le cas du secteur des ressources naturelles extractives*, Thèse de doctorat, *op. cit.*, p. 362.

[1347] S. ROBERT-CUENDET, « Réflexions sur l'objet des mécanismes de protection des investisseurs étrangers », *Revue générale de Droit international public*, n° 3, 2016, p. 552.

[1348] Dans les commentaires de l'article 21 du traité de l'OHADA il est indiqué que : « *la clause compromissoire, contenue dans un contrat est la clause qui prévoit à l'avance que les litiges de telle catégorie devront ou pourront être soumis à un mode de règlement pacifique des différends (en l'occurrence l'arbitrage). Le compromis d'arbitrage constitue, quant à lui, une convention concernant un litige déjà né que les parties conviennent de soumettre à l'arbitrage* ».

[1349] O. CISSE, *Droit des mines du Sénégal*, *op. cit.*, p. 207.

762. *La Cour Commune de Justice et d'Arbitrage ne tranche pas elle-même les différends. Elle nomme ou confirme les arbitres, est informée du déroulement de l'instance, et examine les projets de sentences, conformément à l'article 24 ci-après* ». L'Acte Uniforme relatif au droit de l'arbitrage[1350] dispose en son article 2 : « *Toute personne physique ou morale peut recourir à l'arbitrage sur les droits dont elle a la libre disposition* ».

763. Le choix de l'arbitrage comme mode de règlement des litiges n'est pas sans conséquence. Une discrimination s'érige si on institue des faveurs exclusivement dédiées aux investisseurs étrangers. C'est dans ce cadre que Sabrina ROBERT-CUENDET affirmait que : « *le privilège de juridiction arbitral aggrave le déséquilibre des situations puisque les investisseurs étrangers sont mis en situation d'échapper à l'emprise des institutions étatiques là où les nationaux n'ont d'autres choix que de s'en remettre aux procédures de droit commun* »[1351]. Il sied toutefois de préciser que sous réserve d'un recours à l'arbitrage, une procédure unilatérale de retrait d'agrément, par décret, après une mise en demeure restée sans effet, au cas où l'entreprise aurait manqué à l'une de ses obligations (sauf fait justificatif tiré de la force majeure)[1352].

764. À l'unanimité, les acteurs du droit international des investissements s'accordent sur le fait que l'arbitrage s'impose comme la voie la plus sûre pour assurer l'égalité et la légalité dans les relations contractuelles entre les États d'accueil et les sociétés privées étrangères. La plupart des accords internationaux d'investissement, à l'heure actuelle, comportent des dispositions ayant trait aux règlements entre investisseurs et État. De l'avis de Ousmane CISSE : « *il s'agit d'un mécanisme qui protège l'investissement et doit être érigé comme la méthode principale de règlement des différends* »[1353]. Le recours aux juridictions d'État peut avoir des effets néfastes sur l'image de l'entreprise investisseur nonobstant les nombreux maux qui gangrènent depuis maintenant longtemps son fonctionnement. Par exemple, un investisseur criblé de procédures judiciaires relayées par les médias

[1350] Publié au JO OHADA n° 8 du 15 mai 1999. Entré en vigueur le 11 juin 1999.

[1351] S. ROBERT-CUENDET, « Réflexions sur l'objet des mécanismes de protection des investisseurs étrangers », *op. cit.*, p. 574.

[1352] O. CISSE, *Droit des mines du Sénégal*, *op. cit.*, p. 208.

[1353] *Ibidem*, p. 59.

perd de la crédibilité à l'égard de ses potentiels partenaires et perd de la valeur s'il était coté en bourse[1354].

765. L'article 140 de la loi portant code minier ne consacre pas l'usage de l'arbitrage comme mode de règlement des différends. Le législateur confirme que les parties ont la latitude de confier la résolution de leur litige à une autre instance différente des juridictions classiques[1355]. Les parties aux différentes conventions signées semblent retenir la procédure d'arbitrage. Sur un échantillon de trois conventions minières[1356], la procédure d'arbitrage apparaît comme la voie sollicitée. Toutefois, préalablement à l'amorce de celle-ci[1357], les parties mettent en œuvre une procédure amiable. C'est dans le cas où un compromis n'a pas pu être trouvé que l'arbitrage pourrait être convoqué. Dans le choix de la procédure d'arbitrage, nous constatons également que la volonté des parties consiste à faire trancher le litige par la Chambre de Commerce International de Paris. Ainsi, l'espace OHADA auquel le Sénégal appartient devrait conduire à ce que la CCJA soit habilitée pour le règlement des litiges conventionnels. Le choix du règlement à l'amiable des litiges a été prôné par certains auteurs à l'époque dont le plus célèbre s'identifiait en la personne de Honoré de BALZAC. Selon ce dernier :« *Vous pourriez gagner le procès qu'ils vous intentent, en acceptant la guerre. Voulez-vous être encore au bout de dix ans à plaider ? on multipliera les expertises et les arbitrages, et vous serez soumis aux chances des avis les plus contradictoires... Et, dit-il en*

[1354] M. BARRY, *Politiques fiscales et douanières en matière d'investissements étrangers en Afrique francophone : le cas du secteur des ressources naturelles extractives*, Thèse de doctorat, *op. cit.*, p. 361.

[1355] Article 140 : « Sous *réserve des dispositions particulières contenues dans une convention minière, ou dans un contrat de partage de production, tous les litiges relatifs à l'exécution et à l'interprétation des dispositions du présent code relèvent des juridictions nationales de la République du Sénégal* ».

[1356] Convention minière entre le Gouvernement de la République du Sénégal et la Société « Core Minéral Pte Ltd » ;
Convention minière entre le Gouvernement de la République du Sénégal et la Société « Minéral Deposits Limited Sénégal Sarl (MLD SARL) » ;
Convention minière entre le Gouvernement de la République du Sénégal et la Société « AGPL investments ».

[1357] « *Tout différend ou litige découlant de la présente convention sera d'abord réglé à l'amiable dans un délai de trois mois à compter de la date de notification écrite du litige. Au cas où aucune solution à l'amiable n'est trouvée, les parties conviennent d'ores et déjà que le différend sera tranché définitivement suivant le règlement de conciliation et d'arbitrage et la chambre de commerce international de Paris CCI* ».

souriant, et je ne vous vois point d'avouer pour vous défendre ici... Tenez, un mauvais arrangement vaut mieux qu'un bon procès »[1358].

766. Toutefois, nous pouvons retenir que la Chambre de Commerce international de Paris fait partie des grandes instances internationales à côté du Centre international pour le règlement des différends relatifs aux investissements (CIRDI), la Chambre d'arbitrage de Paris ou encore la Cour Internationale d'Arbitrage chargée de résoudre les différends relatifs aux investissements.

767. Au Sénégal, une affaire a été portée devant la Chambre de Commerce International de Paris où s'opposaient l'État du Sénégal et la société « Mittal Steel Holding ». Il s'agissait dans cette affaire d'une plainte qui avait été déposée en 2007 à la CCI de Paris par l'État du Sénégal suite au non-respect du contrat signé par la société bénéficiaire de la concession pour l'exploitation d'un minerai de fer. Au final, malgré la saisine d'une juridiction arbitrale, les parties ont trouvé un accord à l'amiable. Par une loi de finances rectificative pour l'année 2014, il a été décidé l'affectation des revenus exceptionnels tirés du règlement du contentieux entre les parties en cause. Un montant de 45 milliards à titre d'avance a été versé dont la clé de répartition[1359] a été définie par la LFR. Ladite avance résulte de l'accord conclu en mai 2014 entre les deux parties pour un montant total de 150 millions USD.

[1358] H. DE BALZAC, *Les illusions perdues*, La Pléiade, t. IV, p. 1301 cité par M. BARRY, *Politiques fiscales et douanières en matière d'investissements étrangers en Afrique francophone : le cas du secteur des ressources naturelles extractives*, Thèse de doctorat, *op. cit.*, p. 362.

[1359] Modalité de répartition des quarante-cinq milliards reçus en guise d'avance :
- Construction de la 2e Université de Dakar pour 10 milliards ;
- Construction de l'Université du Sine-Saloum pour 10 milliards ;
- Participation dans le capital social de la BHS et de la CNCAS pour 5 milliards ;
- Achèvement de l'autoroute Somone-Mbour pour 7 milliards ;
- Élargissement, la réhabilitation et l'aménagement de la route des Niayes/CC voirie urbaine de connexion pour 2 milliards ;
- Réhabilitation des édifices religieux pour 2 milliards ;
- Financement de l'entreprenariat pour 2 milliards ;
- Démarrage du projet de parc industriel 2,1 milliards ;
- Mise en œuvre du projet de sûreté et de sécurité nationale 0,7 milliard ;
- Aménagements touristiques pour un montant de 1 milliard ;
- Alimentation en eau potable à Touba 0,5 milliard ;
- Prise en charge des contentieux de l'État partiellement le gap pour 1 milliard ;
- Prise en charge des impenses des travaux du pôle urbain de Diamniadio 1,7milliard.

La Loi de finances initiale pour l'année 2015 a prévu également un montant exceptionnel de 25 milliards pour le reliquat sur le litige[1360].

768. Sous d'autres cieux, la procédure d'arbitrage avait permis de résoudre les différends fiscaux relatifs aux plus-values d'actifs[1361]. À travers ces litiges, il a été remarqué que le choix de la justice privée s'est illustré dans le domaine pétrolier. L'article 71 de la loi de 2019 portant code pétrolier tend à distinguer le contentieux en deux phases. L'alinéa premier de cet article prévoit que les infractions aux lois et règlements en vigueur au Sénégal sont dévolues aux juridictions de la République du Sénégal. En revanche, le législateur indique dans le second alinéa que tous les différends résultant de l'interprétation ou de l'application du contrat pétrolier relèvent des Modes Alternatifs de Règlement des Conflits.

769. Dans la Convention de Recherche et de Partage de Production signée entre la Société des Pétroles du Sénégal, la Société Total EP et l'État du Sénégal, l'article 32 indique qu'en cas de litige, les parties s'efforceront de trouver un compromis à l'amiable. À défaut, le litige sera soumis au Centre International pour le Règlement des Différends relatifs aux Investissements. La singularité de cette convention réside dans le fait qu'elle précise qu'au-delà du lieu de situation du tribunal arbitral, ce dernier dans la résolution du litige qui lui a été soumis sera obligé de prendre comme référence le droit sénégalais.

770. La justice privée a fini par démontrer sa notoriété dans les activités extractives. Toutefois, l'arbitrage apparaît comme une solution de rechange si la volonté des parties qui consistait à prioriser l'accord amiable ne conduit pas à un compromis. Dans un autre CRPP, l'évitement de l'arbitrage conduit à l'intervention d'un expert choisi par les deux parties pour une résolution à l'amiable[1362].

771. Au final, le choix de la justice privé peut avoir des avantages substantiels pour les parties au contentieux. Toutefois, le choix de l'accord amiable dénote une volonté d'étouffement de tout litige résultant de l'interprétation ou de l'application des contrats. Au regard de toutes les critiques formulées à leur encontre, les juridictions classiques tendent à plébisciter une certaine impartialité dans le règlement des différends qui leur sont transmis. Le caractère public des décisions rendues permet aux populations d'avoir un droit de regard sur les procédés de gestion des ressources naturelles.

[1360] CN ITIE, *Rapport de conciliation 2015*, octobre 2017, p. 61.

[1361] Voir les développements sur la phase de recherche construction.

[1362] Contrat de Recherche de Partage de Production entre l'État du Sénégal et la Société des Pétroles du Sénégal, la Société African Petroleum Corp LTD

TITRE II

LES VELLÉITÉS DE SAUVEGARDE DU PRINCIPE DE LA TERRITORIALITÉ DE L'IMPÔT

772. La sauvegarde du principe de la territorialité de l'impôt est un gage de la bonne administration du système fiscal en vigueur. Les arguments théoriques en faveur du système territorial se rattachent à l'idée de la souveraineté. Certains auteurs ont ainsi défendu l'idée selon laquelle il existerait un lien entre la souveraineté étatique et la détermination du champ d'imposition[1363]. La Société des Nations dans le cadre de ses travaux avait jugé nécessaire de faire de l'allégeance économique un moyen de conciliation des principes d'équité entre les individus et entre les États. Cette doctrine repose sur une allocation cédulaire des revenus imposables entre État de source et de résidence selon l'origine de l'activité économique rendant possible leur production[1364]. Cette volonté des Nations unies conduit le fiscaliste à dire que l'impôt doit être perçu là où la valeur a été créée. Pour l'OCDE, un changement est nécessaire de toute urgence afin d'éliminer les opportunités de double exonération créées par le système actuel de conventions fiscales[1365]. À cet effet, les États ont même été jusqu'à violer les principes les plus élémentaires de la fiscalité internationale. La traque de la double non-imposition a conduit le juge administratif français dans l'affaire « Interhome » à valider qu'une imposition peut être directement fondée sur une convention fiscale, après avoir appliqué

[1363] D. GUTMANN, *Droit fiscal des affaires*, *op. cit.*, p. 472.

[1364] N. VERGNET, « Les fondements théoriques de l'établissement stable à l'épreuve de la modernisation de l'économie », *Revue de droit fiscal*, n° 39, 2017, p. 45.

[1365] C. SILBERZTEIN & J. B. TRISTAM, « OCDE :la mise en œuvre des mesures exceptionnelles issues du projet BEPS par la création d'un instrument multilatérale, *Revue de droit fiscal*, n°42-43, 2016, p. 17.

le principe de la subsidiarité des conventions fiscales[1366]. Dans le rapport du projet BEPS, il a été souligné que la planification fiscale agressive regorge d'une influence beaucoup plus forte dans les pays en voie de développement. En réalité ces États dépendent fortement des recettes issues de l'Impôt sur les Sociétés[1367]. Dans ce sillage, la question de la sauvegarde du principe de la territorialité vaut tout son pesant d'or. Ainsi, une réglementation stricte des prix de transfert permettra de lutter âprement contre les transferts indirects de bénéfices dans les échanges intragroupes (Chapitre 1). La recherche d'une efficacité passe forcément par la mise en place d'un système fiscal dynamique (Chapitre 2).

[1366] E. LESPRIT & M-C MAHIEU, « La convention fiscale multilatérale, un outil juridique prometteur », *Bulletin fiscal*, éd. Francis Lefebvre, n° 11, 2017, p. 610.

[1367] J. JARRIGE, « Le projet BEPS à mi-parcours : l'État des travaux de l'OCDE après une année de négociation », *Revue de droit fiscal*, n° 14, 2015, p. 11.

CHAPITRE I

LA RÉGLEMENTATION STRICTE DES PRIX DE TRANSFERT

773. Le principe de la normalité des transactions et les normes d'évaluation qui en découlent sur un postulat fondamental toute société doit être considérée comme ayant été constituée dans le but de réaliser des profits. Il ne peut être fait abstraction d'une marge bénéficiaire dans la détermination du prix des transactions entre sociétés indépendantes en particulier[1368]. Les pratiques qui ont été dénommées prix de transfert permettent, par le jeu de tarifications internes propres aux groupes de sociétés multinationales, tel que des accords de licence, des accords de prêt et de refinancement, des contrats d'assurance, des contrats de crédit-bail de faire disparaitre la matière imposable par le jeu des déductions fiscales autorisées[1369]. Les législations permettant un contrôle des prix de transfert par les administrations fiscales doivent être considérées plus généralement comme affirmant une prérogative de souveraineté fiscale aux mains des États[1370]. D'après la définition plus utile car plus précise de l'OCDE, les prix de transfert sont « *les prix auxquels une entreprise transfère des biens corporels, des actifs incorporels, ou rend des services à des entreprises associées* »[1371]. Face à un transfert indirect de bénéfices, l'administration fiscale procède d'abord à l'identification d'un certain nombre d'éléments constitutifs

[1368] G. GEST, *l'imposition des sociétés françaises aux États-Unis*, *op. cit.*, p. 294.

[1369] P. LEVINE, *La lutte contre l'évasion fiscale de caractère international en l'absence et en présence de conventions internationales*, *op. cit.*, p. 95.

[1370] M. HAYAT, « Les prix de transfert, une exigence de transparence », *Acte du colloque organisé le 3 décembre 2010 par l'institut international des sciences fiscales, le Centre d'Études et de Recherches administratives et politiques de Paris 13 et le Laboratoire d'Études juridiques et politiques de l'université de Cergy Pontoise sur le thème : 'La fin des paradis fiscaux'*, Ed Montchrestien, 2011, p. 147.

[1371] « Prix de transfert », *Le Lamy Fiscal*, 2018, p. 2117.

(Section 1) ensuite, elle apprécie les prix pratiqués au cours de l'échange entre sociétés d'un même groupe (Section 2).

Section I : Les éléments constitutifs d'un transfert indirect de bénéfices

774. La fixation des prix de transfert doit être considérée comme un outil essentiel de management dans l'économie mondialisée actuelle, qui fonctionne plus que jamais en « temps réel », ce qui implique de reconnaître la place essentielle que les directeurs fiscaux tiennent dans le processus de décision et de création de valeur[1372]. Le dispositif de lutte contre le transfert indirect de bénéfices pose un certain nombre de conditions. L'article 17 de la loi 2012-31 du 31 décembre 2012 relatif au prix de transfert pose une présomption simple lorsque les deux conditions ci-après se trouvent réunies : avantage anormal (P1) et lien de dépendance (P2). La réunion de ces deux conditions entraîne une présomption simple de transfert indirect de bénéfices[1373]. Dans cette hypothèse, le contribuable a la faculté de battre en brèche cette présomption par la preuve de l'inexistence d'un transfert indirect de bénéfices. Le lien de dépendance n'est pas invoqué si le transfert a été effectué vers un pays disposant d'un régime fiscal privilégié ou considéré comme un État non coopératif[1374]. Pour Alain PUPIER : « *lorsque l'administration estime que le transfert de bénéfice dont elle a prouvé la réalité est effectué à destination d'un pays à fiscalité privilégiée, c'est à elle que revient de démontrer cet état de chose. Cela pourrait sembler a priori facile, voire évident, puisque la fiscalité dans chacun des deux pays résulte de textes législatifs ou réglementaires* »[1375].

Paragraphe I : Le lien de dépendance

775. L'entreprise vérifiée peut au cours d'une vérification de comptabilité être interrogée sur les liens de dépendance et de contrôle

---

[1372] H. ISRAEL & F. MAZEROLLE, « Faut-il renoncer au principe de pleine concurrence ? », *Revue de droit fiscal*, n° 13, 2001, p. 553.

[1373] B. DELAUNAY, « Acte anormal de gestion et prix de transfert », *Gestion et finances publiques*, n° 2, 2012, p. 117.

[1374] Article 17-2 de la loi 2012-31 du 31 décembre 2012 : « *La condition de dépendance ou de contrôle n'est pas exigée lorsque le transfert s'effectue avec des entreprises établies dans un État étranger ou dans un territoire situé hors du Sénégal dont le régime fiscal est privilégié, ou dans un pays non coopératif, au sens de l'article 18* ».

[1375] A. PUPIER, « Transfert indirect de bénéfices, article 57 et la notion d'acte anormal de gestion », *Revue Recherche juridique*, n° 1, 1996, p. 133.

existant entre elle et l'entité ou les entités établies à l'étranger[1376]. L'administration qui invoque l'existence d'un transfert indirect de bénéfices peut être saisie sur les liens de dépendance entre deux sociétés. Elle lui sera emmenée de prouver si l'entreprise française est placée sous la dépendance d'une entreprise étrangère, ou l'entreprise a sous sa dépendance une entreprise étrangère, ou encore si l'entreprise est placée, de même qu'une ou plusieurs entreprises étrangères, sous la commune dépendance d'une même entreprise ou d'un même groupe ou d'un consortium[1377]. La dépendance est appréciable au plan juridique (A) et économique (B).

A. La dépendance juridique

776. Généralement, l'administration fiscale considère de manière assez classique la dépendance juridique avérée en cas de détention d'une part prépondérante du capital ou des droits de vote dans l'entreprise. Au regard de la jurisprudence, il ne fait pas de doute que les relations entre société-mère et filiale[1378] au sens juridique entre dans le champ du régime des prix de transfert institué par le législateur[1379]. La notion de dépendance ne suscite pas d'interrogation pour les établissements stables : par nature, ils sont juridiquement dépendants[1380]. Un lien de dépendance juridique sera également reconnu par le service en cas d'exercice, au sein de l'autre entreprise, de fonctions assurant un réel

---

[1376] M. HAYAT, « Les prix de transfert une exigence de transparence », *op. cit.*, p. 150.

[1377] J-L PIERRE, *Fiscalité de la recherche de la propriété industrielle et des logiciels, op. cit.*, p. 322.

Sur les notions de dépendance voir l'arrêt ci-après du Conseil d'État français : CE, 9e et 8e sous sect, 25 janvier 1989, req. n° 49847 *Société Hempel peintures marine France.*

[1378] Toutefois, il est clair que le régime de la société-mère filiale connu en droit fiscal et qui renvoie à l'exonération des dividendes ne permet pas de déterminer la dépendance juridique. L'article 179 définit le régime de la société-mère filiale en ces termes : « *une société est société mère d'une autre société quand elle possède dans la seconde plus de la moitié du capital.*

La seconde est la filiale de la première ».

L'article 180 apporte toutefois, une précision sur la filiale commune en posant deux conditions à satisfaire par les sociétés-mères :

« *Posséder dans la filiale commune, séparément, directement ou indirectement par l'intermédiaire de personnes morales, une participation financière suffisante pour qu'aucune décision extraordinaire ne puisse être prise sans leur accord ;*

Participer à la gestion de la filiale commune ».

[1379] « Prix de transfert », *Le Lamy Fiscal*, 2018, p. 2123.

[1380] I. RIU, *Sociétés et établissements stables en droit fiscal international et de l'Union européenne, op. cit.*, p. 91.

pouvoir de décision. L'exercice d'un tel pouvoir peut être direct, ou par personnes interposées, donc via des mandataires sociaux et leur cercle familial, toute entreprise qui serait elle-même sous la dépendance de l'entreprise exerçant le contrôle, ou de manière générale toute personne qui possède un intérêt dans le commerce ou l'industrie de chacune des entreprises, ou une part de leur capital[1381]. Cette définition renvoie aux critères de groupe de sociétés tels que définis par l'Acte Uniforme. L'article 173 de l'AUSCGIE dispose que : « *Un groupe de sociétés est l'ensemble formé par des sociétés unies entre elles par des liens divers qui permettent à l'une d'elles de contrôler l'autre* ». Ce contrôle se matérialise toujours selon le texte de l'acte uniforme par une prise de participation majoritaire, d'une détention de la majorité des droits de vote ce qui entraîne naturellement une détention de pouvoir de décision de la première sur la seconde[1382].

777. La filiale est juridiquement placée sous un régime différent de celui de la succursale. En droit commercial, il n'y a pas de dépendance entre la maison-mère et la succursale, puisque le patrimoine de cette dernière est la propriété exclusive de l'établissement principal et puisqu'elle n'a pas de personnalité morale. Il n'en demeure pas moins que la succursale peut jouir d'une grande autonomie sur le plan de l'activité et de la décision économique. Toutefois, au regard du principe de la personnalité fiscale, la succursale est redevable de l'impôt sur le revenu au titre des bénéfices réalisés au lieu d'implantation[1383]. Au plan juridique, cette forme de société est décrite à l'article 116 de l'Acte Uniforme sur les Sociétés Commerciales et Groupement d'Intérêt Économique comme : « *un établissement commercial ou industriel ou de prestations de services, appartenant à une personne physique ou morale et doté d'une certaine autonomie* »[1384]. L'article 117 fait référence à l'absence de personnalité juridique distincte entre la succursale et la personne physique ou morale propriétaire. Il est important de préciser que le droit commercial ne spécifie pas une relation de dépendance entre la maison-mère et la succursale, puisque le patrimoine de cette dernière est la propriété exclusive de l'établissement principal et

[1381] *Ibidem*, p. 2124.

[1382] Article 174 & 175de l'AUSCGIE.

[1383] EL. H. D. BA, *Le droit fiscal à l'épreuve de la mondialisation :la réglementation des prix de transfert au Sénégal*, Thèse de doctorat, Université de Paris-Est, 2011, p. 76.

[1384] OHADA, *Traité et actes uniformes commentés et annotés*, Ed Juriscope, 2016, p. 419.

puisqu'elle n'a pas de personnalité morale. Il n'en demeure pas moins que la succursale peut jouir d'une grande autonomie sur le plan de l'activité et de la décision économique[1385]. Aussi, le législateur OHADA offre la possibilité d'exercer simultanément plus de trois mandats de Président Directeur général des Sociétés Anonymes à la condition que ces dernières n'aient pas leur siège social sur le territoire d'un même État partie[1386]. Sous réserve des stipulations statutaires, le législateur OHADA admet qu'un administrateur non associé soit membre du Conseil d'Administration[1387], la personne sera en raison de ses compétences élue Président Directeur général dans quatre sociétés anonymes sans être associée. Il y a un lien juridique entre les quatre sociétés[1388] qui sont pourtant indépendantes. Par conséquent, les prix pratiqués doivent être conformes au principe de pleine concurrence[1389].

778. De l'avis de la doctrine administrative, une entreprise sénégalaise est placée sous la dépendance d'une entreprise étrangère lorsque cette dernière possède une part prépondérante de son capital ou la majorité absolue des suffrages susceptibles de s'exprimer dans ses assemblées. Il en est de même lorsque l'entreprise étrangère exerce au sein de l'entreprise nationale, directement ou par personne interposée, des fonctions comportant le pouvoir de décision[1390].

779. La preuve de la dépendance juridique doit être apportée par l'administration dont les recherches porteront sur les actes antérieurs ou voisins, sur les documents juridiques, économiques et financiers, sur les échanges commerciaux et sur les détentions de parts ou d'intérêts. Le fisc pourra également s'appuyer sur les pouvoirs effectivement exercés par les diverses personnes intervenant dans les entreprises en cause et dont il pourra démontrer la réalité[1391].

[1385] EL. H. D. BA, *Le droit fiscal à l'épreuve de la mondialisation :la réglementation des prix de transfert au Sénégal*, Thèse de doctorat, *op. cit.*, p. 76.
[1386] Article 464 de l'Acte Uniforme portant Société Commerciale et GIE.
[1387] Article 417 & 462 de l'AUSCGIE.
[1388] Présomption irréfragable de dépendance entre les sociétés concernées.
[1389] J. AYANGMA AYANGMA, *La pratique du contrôle fiscal des prix de transfert dans l'espace CEMAC*, Paris, L'Harmattan, 2015, p. 96.
[1390] Note n° 4256/DGID/LEG.1 du 14 juin 1983 relative à l'application des dispositions de l'article 23 du Code général des Impôts, p. 2.
[1391] A. PUPIER, « Transfert indirect de bénéfices article 57 et la notion d'acte anormal de gestion », *op. cit.,* p. 131.

780. Le droit conventionnel penche sur la nature juridique de la dépendance. Le modèle de convention de l'OCDE mis à jour au 1er janvier 2017 stipule en son article 9-1 les critères ci-après :

– « *Une entreprise d'un État contractant participe directement ou indirectement à la direction, au contrôle ou au capital d'une entreprise de l'autre État contractant, ou que ;*

– *Les mêmes personnes participent directement ou indirectement à la direction, au contrôle ou au capital d'une entreprise d'un État contractant et d'une entreprise de l'autre État contractant* ».

781. Les traités bilatéraux signés par le Sénégal[1392] comportent en grande majorité, ce dispositif de lutte contre le transfert indirect de bénéfices. En réalité, il permet de réintégrer dans la base imposable de l'entreprise concernée une partie du chiffre d'affaires indirectement transféré. L'article 9-1 de la convention fiscale Sénégal-Canada stipule :

« *Lorsque,*

a. Une entreprise d'un État contractant participe directement ou indirectement à la direction, au contrôle ou au capital d'une entreprise de l'autre État, ou que ;

b. *les mêmes personnes participent directement ou indirectement à la direction, au contrôle ou au capital d'une entreprise d'un État contractant et d'une entreprise de l'autre État contractant, et que, dans l'un et l'autre cas, les deux entreprises sont, dans leurs relations commerciales ou financières, liées par des conditions acceptées ou imposées, qui diffèrent de celles qui seraient convenues entre des entreprises indépendantes, les bénéfices qui, sans ces conditions, auraient été obtenus par l'une des entreprises mais n'ont pu l'être en fait à cause de ces conditions, peuvent être inclus dans les bénéfices de cette entreprise et imposés en conséquence* ». Cette disposition s'inspire très largement de l'article 9 du modèle de convention fiscale de l'OCDE de 1977[1393]. L'article 9 du modèle de l'ONU reprend le même dispositif que celui de l'OCDE en omettant volontairement le paragraphe 3 du même article contenu dans le modèle de l'OCDE.

[1392] Exemple : Convention fiscale Sénégal-Belgique, convention fiscale Sénégal-Canada, convention fiscale Sénégal-Italie, convention fiscale Sénégal-Maroc, etc.

[1393] OCDE, Prix de transfert et entreprises multinationales, *Rapport du comité des affaires fiscales de l'OCDE*, 1979, p. 23.

782. Au Sénégal, la loi 2012-31 du 31 décembre 2012 prévoit que le lien de dépendance juridique. L'article 17-3 dispose que : « *des liens de dépendance sont réputés exister entre deux entreprises :*

– *a) lorsque l'une détient directement ou par personne interposée la majorité du capital social de l'autre... ;*

– *b) lorsqu'elles sont placées l'une et l'autre, dans les conditions définies au a), sous le contrôle d'une même entreprise.*

783. Hormis les critères normatifs de dépendance juridique, le juge administratif français en référence à ces critères a qualifié de dépendance juridique certaines relations commerciales. Ainsi, il a été reconnu une dépendance juridique à propos d'une société française détenue à 98 % par un groupe danois, dont le principal dirigeant était d'ailleurs membre de son conseil d'administration[1394]. Selon la Haute Assemblée, la détention de la majorité du capital suffit à établir la dépendance. Celui-ci a également été reconnu entre une société française et des sociétés étrangères dans la mesure où ces dernières avaient été créées et financées par le principal actionnaire de la première[1395]. Le juge a également précisé dans cette décision qu'un lien de dépendance n'est pas établi lorsque l'administration se borne à alléguer, sans apporter la preuve, que les sociétés étrangères étaient contrôlées par le directeur « exportation » de la société française[1396]. Le dispositif des prix de transfert peut également s'appliquer à des sociétés non apparentées. C'est le cas lorsque la dépendance n'a pas une nature juridique, mais plutôt économique[1397].

B. La dépendance de fait ou économique

784. La dépendance de fait est définie par les principes de l'OCDE de la manière suivante : « *Il y a dépendance de fait si une entreprise exerce directement ou indirectement un véritable pouvoir de décision. Elle se caractérise par la capacité d'une entreprise à imposer des conditions économiques à une autre entreprise* »[1398]. Elle est révélée par les conditions dans lesquelles se déroulent les relations entre deux entreprises, l'une autochtone et l'autre étrangère ayant participé à un

---

[1394] CE 25 janvier 1989, RJF 3/89 n° 274.
[1395] CE 15 janvier 1992, RJF 3/92 n° 314.
[1396] B. GOUTHIERE, *Les impôts dans les affaires internationales*, *op. cit.*, p. 1331.
[1397] D. GUTMANN, *Droit fiscal des affaires*, *op. cit.*, p. 404.
[1398] P-Y CARASCO, *Prix de transfert et stratégie d'optimisation fiscale de la firme multinationale, op. cit.*, p. 106.

transfert indirect de bénéfices[1399]. Cette forme résulte, selon l'administration, des liens contractuels unissant les deux entreprises, ou des conditions dans lesquelles s'établissent leurs relations. Cette forme de dépendance a été disséquée à travers un certain nombre de critères avancés par le juge. La jurisprudence a retenu principalement la méthode du faisceau d'indices convergents. Ainsi, la qualité de fournisseur exclusif intervenant dans la gestion et/ou ayant en commun du personnel ou des dirigeants pourra révéler l'existence d'un lien de dépendance entre les entités[1400]. Il en est de même lorsque les critères ci-après sont notés : l'identité de l'objet social, le recours aux mêmes représentants, le partage des commandes recueillies par ces représentants[1401].

785. Par ailleurs, dans le cadre contractuel, deux types de contrats ont été considérés par la doctrine comme étant le terrain de prédilection de la dépendance de fait. En premier lieu, il s'agit des contrats dits d'union en vertu desquels deux ou plusieurs entreprises décident d'exploiter ensemble, conjointement ou solidairement, un marché de fourniture de biens ou de services. En second lieu, les contrats dits d'intégration constituent pour une large part le champ d'application des liens de dépendance de fait[1402].

786. La dépendance économique résulte des conditions de fait dans lesquelles ont eu lieu les opérations litigieuses. Par exemple, le Conseil d'État a admis qu'il y avait dépendance de fait « *quand la société étrangère obtenait de la société française des commissions calquées sur la totalité des bénéfices, y compris ceux provenant de l'obtention de marchés pour lesquels cette société étrangère n'était pas intervenue* »[1403]. Il y a également dépendance de fait quand le tiers étranger, père du dirigeant majoritaire de la société, peut retirer à tout moment son autorisation d'usage de la marque lui appartenant[1404]. Mais, la dépendance n'est pas caractérisée si le chiffre d'affaires résultant de la commercialisation de

---

[1399] B. CASTAGNEDE, *Précis de fiscalité internationale de l'entreprise*, *op. cit.*, p. 402.

[1400] CE 2 novembre 1987.

[1401] « Prix de transfert », *Le Lamy Fiscal*, 2018, p. 2124.

[1402] N-F KOUAME, *Les prix de transfert dans l'industrie des matières premières stratégiques en Côte d'Ivoire*, Paris, L'Harmattan, 2016, p. 98.

[1403] CE 9e s.-section, 06/05/1966 cité par M. THOMAS dans sa thèse à la page 144.

[1404] CE 8e et 9e s-section 02/06/1976, 06/05/1966 cité par M. THOMAS dans sa thèse à la page 144.

produits sous marque exclusive de la société étrangère représente le tiers du chiffre d'affaires de la société française, dite dépendante[1405].

787. Dans la même dynamique relative à l'exploitation des actifs incorporels, le Conseil d'État estime que le montant très élevé des redevances est un critère à ranger dans les éléments caractéristiques de la dépendance de fait. Ainsi, lorsque les rémunérations allouées représentent la totalité du bénéfice de la société concernée (alors que la société étrangère n'intervient que pour une partie de l'activité) ou qu'elles apparaissent hors de proportion avec le service rendu[1406]. Par ailleurs, le lien de dépendance a été reconnu à une société française fabriquant des électrophones sous une marque appartenant à un résident suisse. Celui-ci non lié par un contrat était le principal acheteur étranger et intervenait dans la commercialisation auprès de certains clients en France… Son fils possédait 69 % des parts de la société française dont il était directeur commercial[1407].

788. Selon Alain PUPIER, les exemples de dépendance de fait ou économique tirés de la jurisprudence du Conseil d'État reflètent l'ingéniosité de la jurisprudence. En réalité, la juridiction administrative ne se base jamais sur un seul élément prépondérant qui pourrait être discutable, dans une situation de fait, mais mentionne toujours plusieurs liens unissant les deux sociétés. Elle exhorte l'administration à ne pas se limiter aux apparences, fussent-elles évidentes, mais cette dernière doit démontrer, par un faisceau de présomptions convergentes, qu'il y a dépendance de fait[1408]. Pour Philippe MARTIN, le tout est de savoir si : « *les liens de dépendance de fait sont suffisamment forts pour permettre à une entreprise de dicter les décisions d'un autre étant toutefois précisé que ni une « étroite communauté d'intérêts » ni « une interdépendance économique » ne suffisent à caractériser un lien de dépendance* »[1409].

789. Au-delà du fait que la preuve de ce mode de dépendance résulte d'éléments factuels, le pouvoir réglementaire en France a quand même tenté d'apporter une précision. Par décret en date du 11 mars 1964, le

---

[1405] CE 7e et 9e s-section 28/03/1978.

[1406] CE 06/05/1966.

[1407] CE 02/06/1976.

[1408] A. PUPIER, « Transfert indirect de bénéfices : Article 57 CGI et notion d'acte anormal de gestion », *op. cit.*, p. 133.

[1409] Conclusion de Philippe MARTIN dans l'affaire SA Somarco-Europe CE 18 mars 1994, *RJF*, n° 5, 1994, pp. 290-298.

pouvoir règlementaire précisait que « *toute communauté d'intérêts existant entre une entreprise venderesse et une entreprise acheteuse... est considérée comme créant entre les deux entreprises intéressées des liens de dépendance* »[1410]. Dans le même sillage, les personnes qui, par leur activité même, sont les mieux à même de rendre efficace et réelle la communauté d'intérêts, signe de la dépendance économique, sont les propriétaires, les gérants et administrateurs, les directeurs et employés salariés de chacune des entreprises en cause. Ce sont aussi les personnes qui ont cessé d'exercer l'une de ces activités dans l'une des entreprises pour prendre un poste de direction, de gestion ou d'administration dans l'autre. Il s'agit en outre des personnes qui, par leur situation familiale, témoignent d'une dépendance juridique et naturelle qui serait susceptible de s'étendre aux entreprises auxquelles elles apportent leur concours[1411]. Aux États-Unis l'article 482[1412] de l'IRC fait également mention de la dépendance de fait. Ici, le Congrès américain utilise le même vocable que le législateur français. Selon la disposition « *deux entreprises sont réputées apparentées si elles sont contrôlées, directement ou indirectement, par les mêmes intérêts* »[1413]. De l'avis de Guy GEST, la notion de contrôle est plus large que celle de participation au capital, reçoit dans les « *regulations* » une interprétation et très extensive : « le *terme contrôle s'entend de toute forme de contrôle de facto, direct ou indirect s'appuyant ou non sur une disposition législative et indépendamment de la manière dont ce contrôle peut être exercé ou est en fait exercé c'est la réalité du contrôle qui est déterminante non sa forme ou son mode d'exercice* »[1414].

790. Par le biais des « *Regulations* », l'IRS[1415] a posé en 1994 une présomption de contrôle entre les entreprises lorsque des revenus ou des dépenses ont été arbitrairement transférés (*arbitrairaly shifted*) entre ces

---

[1410] G. TIXIER, *Droit fiscal international*, *op. cit.*, p. 95.

[1411] EL. H. D. BA, *Le droit fiscal à l'épreuve de la mondialisation :la réglementation des prix de transfert au Sénégal*, Thèse de doctorat, *op. cit.*, p. 81.

[1412] « *Lorsque deux ou plusieurs organisations, entreprises ou affaires (enregistrées ou non, organisées aux États-Unis ou non, affiliées ou non) sont possédées ou contrôlées directement ou indirectement par les mêmes intérêts, le secrétaire au trésor peut répartir entre elles les revenus bruts les déductions de frais, les sommes imputées et autres abattements si cette mesure lui parait nécessaire pour prévenir une évasion fiscale ou pour faire apparaître clairement les revenus de ces entités* ».

[1413] N. MELOT, *Territorialité et mondialité de l'impôt*, *op. cit.*, p. 718.

[1414] G. GEST, *l'imposition des bénéfices des sociétés françaises aux États-Unis*, *op. cit.*, p. 283.

[1415] Administration fiscale américaine.

dernières. Ces « *Regulations* » permettent donc de dispenser l'administration fiscale d'apporter la preuve de la parenté des entreprises dans les cas les plus flagrants, puisqu'elle conduit à réunir la double condition de dépendance et d'anormalité des résultats fiscaux en une seule[1416]. À notre sens, ce mécanisme permet au fisc américain d'insinuer une dépendance de fait suite au constat d'anormalité flagrante. Ainsi, en sus de la présomption de transfert indirect de bénéfices découlant de transactions avec une entreprise installée dans un État ayant un régime fiscal privilégié, nous pourrions y rajouter le critère de l'anormalité flagrante.

791. Comme, il a été évoqué plus haut, le droit conventionnel ne fait pas référence à la dépendance de fait ou économique. Cet état de fait n'a pas laissé indemne la doctrine. Pour Nicolas MELOT « *la présomption de lien de parenté entre les entreprises découlant d'un aspect autre que juridique peut être neutralisée du fait de l'existence d'une convention fiscale* »[1417]. À notre sens, cette préoccupation est justifiée dans la mesure où le droit conventionnel est censé être au-dessus des normes internes. Le Sénégal ne fait pas exception dans la mesure où l'article 17 prévoit le lien de dépendance de fait ou économique. L'article 17-3-a dispose que : « *le lien de dépendance existe si une entreprise exerce de fait un pouvoir de décision dans l'autre* ».

792. La preuve du lien de dépendance économique peut se révéler fastidieuse pour l'administration. Dans le cadre d'un schéma d'approvisionnement qui faisait intervenir un circuit complexe de sociétés interposées[1418], le circuit était le suivant : vente de produits par une société française à des sociétés suisses, revendus à des sociétés allemandes puis à des laboratoires monégasques, puis, enfin, à une autre société française (société « *Patrex* », le client final) à laquelle l'administration voulait appliquer l'article 57… Pour l'administration, le prix auquel cette dernière achetait les produits aux laboratoires monégasques était supérieur à celui auquel le fabriquant français le vendait aux sociétés suisses. Selon le juge administratif, l'administration n'a pas établi que la société « *Patrex* » ou ses dirigeants participaient directement ou indirectement à la direction, au contrôle ou au capital des sociétés suisses en se bornant à alléguer que cette société ne pouvait ignorer l'origine des produits achetés et qu'elle avait accepté une transaction

---

[1416] *Ibid.*, p. 720.

[1417] *Ibidem*, p. 719.

[1418] CE 2 novembre 1987, *RJF*, n°1, 1988, avec les conclusions de Bruno Martin LAPRADE.

avec l'administration des douanes à la suite d'un jugement du TGI de Paris dont les motifs faisaient apparaître l'existence de relations commerciales entre la société « *Patrex* » et l'un de ses fournisseurs suisses dans le circuit d'importation en France d'autres produits chimiques que ceux qui faisaient l'objet du litige. Le redressement a été écarté par le Conseil d'État en l'absence de preuves de relation de groupe et de lien de parenté entre la société sus-évoquée et les sociétés suisses[1419].

793. Il ne fait pas de doute que la dépendance économique se heurte à la perception qu'en fait le juge. Dans ce type de collaboration commerciale entre les sociétés, l'administration fiscale éprouve d'énormes difficultés à prouver une prétendue relation d'interdépendance. À notre sens, la question du dépassement du critère de dépendance est plus que jamais évoquée. Le critère de l'anormalité flagrante doit être le leitmotiv de la preuve d'un transfert indirect de bénéfices. Dans ce sillage, un contrôle objectif doit être mené afin que le contribuable ne soit pas lésé dans l'exercice normal de ses activités commerciales. Après avoir satisfait à la preuve de la dépendance entre les deux entreprises, il revient à l'administration d'apporter la preuve qu'un avantage anormal a été consenti.

Paragraphe 2 : L'octroi d'un avantage anormal

794. Le principe de la liberté de gestion des entreprises implique que le contribuable dispose de l'opportunité de gestion de sa trésorerie. Comme tout principe de droit, celui-ci est assorti d'exceptions. En réalité, si l'administration ne peut s'immiscer dans la gestion des entreprises, elle ne peut cependant remettre en cause que les dépenses qui ne se rattacheraient pas à une gestion normale ou qui n'auraient pas été exposées dans l'intérêt de l'exploitation[1420]. L'acte anormal de gestion est une notion jurisprudentielle qui a été progressivement appliquée aux relations internationales[1421]. Le dispositif de lutte contre les transferts indirects de bénéfices est un bon rempart contre l'acte anormal de gestion dans l'ordre international[1422]. En principe la loi ne fixe aucune règle particulière. Il appartient donc à l'administration de prouver, selon la procédure de droit commun, le caractère anormal de l'opération qu'elle

---

[1419] B. GOUTIERE, *Les impôts dans les affaires internationales*, *op. cit.*, p. 1333.
[1420] B. DELAUNAY, « Acte anormal de gestion et prix de transfert », *op. cit.*, p. 115.
[1421] M. THOMAS, *La théorie de l'acte anormal de gestion et le droit fiscal international*, Thèse de doctorat, Université de Paris, 1990, p. 77.
[1422] M. HAYAT, « Les prix de transfert une exigence de transparence », *op. cit.*, p. 148.

entend redresser[1423]. Ainsi, un acte pris par un dirigeant social ne permettant pas à l'entreprise de réaliser un profit peut être constitutif de violation de l'intérêt social (A). Cependant, si l'entreprise est faiblement dotée de capitaux propres, elle pourrait s'inscrire dans un climat d'endettement permanent que l'on appelle la sous-capitalisation (B).

A. La violation de l'intérêt social

795. La notion d'intérêt social n'apparaît dans l'acte uniforme que de manière incidente, notamment à propos des pouvoirs des dirigeants sociaux. On la retrouve, par exemple à l'article 277 sur la SNC[1424], lorsqu'il dispose que : « *dans les rapports entre associés, et en l'absence de détermination de ses pouvoirs dans les statuts, le gérant peut faire tous les actes de gestion dans l'intérêt de la société* (…) » à l'article 298 de la SCS[1425] qui renvoie à l'article 277, à l'article sur la SARL reprenant les dispositions sur la SNC, à l'article 891 qui réprime l'abus de biens sociaux, de crédit, de pouvoir et de voix dans les sociétés et enfin les articles 130 et 131 sur l'abus de majorité et de minorité[1426]. Pour la doctrine de même que la jurisprudence « *la violation de l'intérêt social est manifeste dans tous les actes qui font courir un risque à l'entreprise* »[1427].

796. Les échanges intragroupes représentent plus de la moitié du commerce international des biens et services. Dans sa gestion fiscale, un groupe cherche à gonfler les bénéfices d'un Établissement situé dans un État peu imposé, en diminuant corrélativement ceux qui sont réalisés dans un État ayant une forte pression fiscale. Généralement, les techniques ci-après sont utilisées : vente à prix insuffisant ou achat à prix excessif, redevances d'un taux excessif, voire pour les services fictifs, avances à faible intérêt ou sans intérêt, abandon de créances injustifiés, charges communes non réparties ou mal réparties[1428].

[1423] J-L TRUCCHI & A. GOBEL, « Prix de transfert : un benchmark est-il une preuve ? », *Bulletin fiscal*, Ed Francis Lefebvre, n° 4, 2010, p. 297.

[1424] Société en Nom Collectif

[1425] Société en Commandite Simple

[1426] N. F. KOAME, *Les prix de transfert dans l'industrie des matières premières stratégique en Côte d'Ivoire*, *op. cit.*, p. 186.

[1427] EL H. D. BA, *Le droit fiscal à l'épreuve de la mondialisation : la règlementation des prix de transfert au Sénégal*, Thèse de doctorat, *op. cit.*, p. 135.

[1428] M. COZIAN, F. DEBOISSY & M. CHADEFAUX, *Précis de fiscalité des entreprises*, *op. cit.*, p. 558.

797. Les techniques ci-dessus alimentent le concept de l'acte anormal de gestion. Ce dernier est le fruit de l'acclimatation ou de la transplantation en droit fiscal du concept commercial en droit fiscal d'acte non conforme à l'intérêt social[1429]. Un acte anormal de gestion comporte toujours un appauvrissement fictif de l'entreprise et un enrichissement corrélatif d'un tiers[1430]. Cependant, de l'avis de Benoit DELAUNAY : « *l'acte anormal de gestion entretient des liens étroits avec les prix de transfert. L'auteur montre qu'en réalité la vente ou l'achat consenti à un prix de faveur peut à la fois être constitutif d'acte anormal de gestion mais également un mobile pour invoquer les prix de transfert. Aussi, la proximité des deux notions peut jouer en faveur de l'administration. Dans le cadre d'un contentieux, celle-ci peut par le biais de la substitution de base légale choisir entre les deux concepts afin que le juge retienne sa cause* »[1431]. Il convient toutefois de retenir que l'acte anormal de gestion peut se révéler chez le contribuable à travers deux actes. Le premier consiste à fournir positivement une aide à quelqu'un. Le deuxième, il s'abstient et renonce à un profit. Dans le premier cas, on dit l'anormalité est positive alors que dans le second cas, l'anormalité est dite négative[1432].

798. Dans l'anormalité positive, il sera question d'évoquer l'achat à un prix supérieur et les subventions et autres cadeaux accordés sans raison. Il pourrait être soulevé : la question de la rémunération excessive des droits de propriété intellectuelle et la question des abandons de créance. La rémunération de la propriété intellectuelle prend la forme d'une redevance. Au sens large les redevances englobent divers services spécifiques rendus au titre de la concession d'une licence d'exploitation, d'un brevet ou d'une formule de fabrication, ou encore au titre de l'assistance dans les domaines technique, scientifique, commercial ou administratif[1433]. Le professeur Jean Luc PIERRE a eu à préciser que dans bon nombre de conventions fiscales : « *les paiements pour des informations ayant trait à une expérience acquise dans le domaine*

[1429] Voir sur ce point la jurisprudence « renfort service » CE 27 juillet 1984.

[1430] N. KARATAS DURMUS, « L'acte anormal de gestion dans le cadre de la déduction des charges des entreprises : approche comparée France/Turquie », *Gestion et Finances publiques*, n° 9/10, 2015, p. 109.

[1431] B. DELAUNAY, « Acte anormal de gestion et prix de transfert », *Gestion et Finances publiques*, n° 2, 2012, p. 114.

[1432] M. THOMAS, *La théorie de l'acte anormal de gestion et le droit fiscal international,* Thèse de doctorat, Université de Paris II, 1990, p. 78.

[1433] B. GOUTHIERE, *Les impôts dans les affaires internationales*, *op. cit.*, p. 1352.

industriel, commercial ou scientifique entrent dans la catégorie des « redevances », les paiements pour les travaux de recherche s'en différencient car ils ne portent pas sur des connaissances déjà acquises. Ils ne peuvent être imposés comme des redevances »[1434].

799. Cette précision de l'auteur est importante dans la mesure où la société-mère ou tête de groupe peut faire participer ses filles aux dépenses de recherche en vue de la création d'un brevet. Cette participation en cas d'existence d'une convention n'est pas imposée au titre des redevances. Plus tard, l'effet parallélisme des formes devrait conduire au partage entre les sociétés membres du groupe, le produit provenant de l'exploitation des droits de propriété intellectuelle. Retenons que les conventions fiscales signées par le Sénégal sont muettes sur la question du traitement de ces dépenses de recherche. Dans la loi 2012-31 du 31 décembre 2012, il n'est nullement prévu que ce type de dépense doit être considéré comme une charge déductible pour l'entreprise qui la consent. Ainsi, le manque de prudence pourrait conduire à un redressement au titre des prix de transfert. Pour Bruno GOUTHIERE : « la *participation par le biais d'une convention aux dépenses de recherche peut constituer un avantage pour la société participante car elle sera dispensée du paiement d'une redevance ou d'une autre rémunération pour l'utilisation du bien développé. Il poursuit en précisant que l'administration fiscale du pays concerné peut remettre en cause un tel procédé sous prétexte que celui-ci permettrait au contribuable de ne pas s'acquitter d'une retenue à la source »*[1435].

800. L'OCDE avait cependant une position avant-gardiste sur la question pour l'avoir évoquée dans son rapport de 1979 sur les prix de transfert. L'organisation avait soulevé que des difficultés pouvaient être notées lorsque les accords de contribution aux dépenses sont appliqués entre des entreprises de pays différents, du fait que les méthodes comptables et les législations fiscales ne sont pas les mêmes. Les États-Unis ont été considérés comme étant en avance par rapport aux autres États dans la mesure où les dépenses de recherche ont été admises en déduction du résultat imposable. Selon toujours l'IRS, la problématique de l'évasion fiscale ne devrait pas se poser pour ce qui concerne la participation des membres du groupe à la réalisation des activités de

[1434] J-L PIERRE, *Fiscalité de la recherche de la propriété industrielle et des logiciels*, *op. cit.*, p. 269.
[1435] B. GOUTHIERE, *Les impôts dans les affaires internationales*, *op. cit.*, p. 1320.

recherche[1436]. Selon L'OCDE, ces conventions remplacent les accords de licence croisée. Rappelons qu'il existe deux types courants d'Accords de Répartition des Coûts[1437] : les ARC établis pour le développement, la production ou l'obtention, en commun, de biens incorporels ou corporels (« les ARC de développement ») et les ARC établis pour l'obtention des services (« les ARC de services »)[1438].

801. Les sommes payées au titre des redevances peuvent, en effet, constituer des transferts de bénéfices si elles ne sont pas légitimes ou si leur montant est anormal, par référence aux principes directeurs de l'OCDE. En France, la doctrine administrative invoque sur ce point, comme sur les autres le principe de pleine concurrence, avec toutefois une orientation vers les méthodes globales lorsqu'elle indique que la déduction des redevances versées aux sociétés mères étrangères ne saurait, d'une manière générale, être autorisée que dans la mesure où le bénéfice net de la filiale est au moins égal à celui réalisé par une entreprise française exerçant une activité similaire et intégrant les services qui font l'objet des redevances considérées[1439]. Le paiement de frais de recherche excessif rentre également dans la catégorie des transferts indirects de bénéfices[1440]. Il n'en demeure pas moins que l'entreprise qui a la jouissance d'un actif incorporel doit faire preuve d'un certain formalisme pour endiguer toute velléité de redressement du fisc[1441]. De

---

[1436] OCDE, Prix de transfert et entreprises multinationales, *Rapport du comité des affaires fiscales*, 1979, pp. 61-63.

[1437] Bien que chaque ARC spécifique doive être examiné en fonction de ses propres faits et circonstances, les ARC portant sur la recherche-développement et sur les services se distingueront généralement par le fait qu'on attend des ARC de développement qu'ils procurent des avantages continus et futurs tandis que les ARC de services procurent que des avantages actuels.

[1438] OCDE, *Principes de l'OCDE applicables en matière de prix de transfert à l'intention des entreprises multinationales et des administrations fiscales*, *op. cit.*, p. 379.

[1439] B. GOUTHIERE, *Les impôts dans les affaires internationales*, *op. cit.*, p. 1352.

[1440] J. L. PIERRE, Fiscalité de la recherche de la propriété industrielle et des logiciels, *op. cit.*, p. 322.

[1441] Un contrat écrit doit exister entre le concédant et le concessionnaire. Les dispositions de celui-ci doivent être, notamment en matière de prix, claires et respectées par les parties au contrat. Il a été jugé (CE 25 janvier 1989) que dans la situation où un contrat prévoyait que les redevances de transfert de savoir-faire étaient calculées sur le chiffre d'affaires du secteur des peintures marines d'une entreprise, il n'était pas possible en pratique de les asseoir à la fois sur le chiffre d'affaires du secteur des peintures marines et sur celui des peintures industrielles, dès lors qu'aucun avenant n'avait été apporté à ce contrat et que l'entreprise française ne pouvait établir

plus, l'inscription de la redevance comme charge comptabilisée engendrera la justification par le contribuable des éléments ci-après : « *la réalité matérielle ou juridique, l'utilité pour l'entreprise et l'adéquation entre le prix et le service* »[1442]. Il sied toutefois de préciser que dans le fameux arrêt « *Sife* » rendu par le Conseil d'État le 21 août 1996, la juridiction administrative a dit pour droit qu'un contrat de licence de marque peut être une immobilisation s'il remplit les trois critères cumulatifs ci-après : être source régulière de profits, pérenne et cessible. L'arrêt ne reconnaît pas au licencié un droit de propriété sur la marque elle-même mais retient que le contrat de licence peut être un bien faisant partie du patrimoine du concessionnaire, ce que les civilistes acceptent[1443]. Généralement, une immobilisation est un bien inscrit à l'actif du bilan de l'entreprise et devant lui servir de façon durable et qui ne se consomme pas par le premier usage. Cette position du juge français n'a rien d'extraordinaire puisque le législateur sénégalais avait déjà dans la réforme de grande envergure de 2004[1444] reconnu la possibilité pour le contribuable de pouvoir considérer comme une immobilisation, un bien pris en crédit-bail.

802. Dans les relations de groupe, la sauvegarde d'une saine gestion commerciale est un objectif de premier rang. Cette dynamique oblige les entreprises à s'entraider pour endiguer une situation financière difficile favorisant le dépôt de bilan. Une panoplie d'outils juridiques et comptables peut permettre à une société-mère de venir au secours de la filiale. Elle peut d'abord la recapitaliser si ses fonds propres sont insuffisants, l'augmentation de capital étant le cas échéant suivie de sa réduction de façon à éponger tout ou partie des pertes, c'est la technique classique du coup d'accordéon. Elle peut également reconstituer la

---

qu'elle avait bénéficié d'une aide technique de l'entreprise étrangère dans le secteur des peintures industrielles. Il a également été jugé (CE 11 Juin 1982) que les redevances de marques et d'assistance technique versées par une société française à sa société-mère étrangère, au-delà des stipulations du contrat conclu entre elles, constituaient un transfert irrégulier de bénéfices à l'étranger. On notera que dans cette dernière affaire la haute assemblée a exclu que des correspondances échangées entre les deux sociétés postérieurement à la conclusion du contrat aient pu avoir la force d'un avenant contractuel.

[1442] A. PUPIER, « Transfert indirect de bénéfices article 57 du CGI et la notion d'acte anormal de gestion », *op. cit.*, p. 137.

[1443] I. ROUBEROL, « Prix de transfert : l'accession mobilière, un fondement légal de propriété économique des marques ? », *Revue de droit fiscal*, n° 27-28, 2011, P.10.

[1444] Loi 2004-12 du 6 février 2014 modification de certaines dispositions de la loi 92-40 du 9 juillet 1992 portant Code Général des Impôts.

trésorerie de sa filiale en lui consentant des avances qui, souvent seront sans intérêts de façon à obérer ses résultats. La société-mère peut encore lui accorder des subventions, c'est-à-dire de l'argent frais, ou bien lui consentir des abandons de créance. Dans ce dernier cas, le passif se trouve diminué d'autant et la présentation du bilan raffermie[1445]. Au plan international, les abandons de créances commerciales ou financières accordées à ou par des sociétés étrangères s'inscrivent dans le cadre plus vaste des aides financières inter-entreprises[1446].

803. L'arbitrage du juge dans le régime des abandons de créance a permis de redéfinir davantage les contours du principe de la territorialité. Dans le cas d'exploitation par voie de filiale à l'étranger la rigueur du principe de la territorialité a été atténuée. Une telle évolution trouve son origine dans deux décisions du Conseil d'État[1447] où la juridiction admet, hors le cas des actes anormaux de gestion, la déductibilité par une société-mère de l'abandon de créance consenti à une filiale, dans la mesure où l'abandon n'augmente pas la valeur de sa participation, sans même cette restriction lorsque l'abandon a été consenti pour des raisons exclusivement commerciales[1448].

804. L'évolution de la jurisprudence a pris un tournant décisif en 2003. Dans l'affaire société « *télécoise* », le juge administratif a reconnu la déductibilité des aides à caractère commercial accordées à une succursale. La mise en œuvre de cet avantage suppose que l'aide ait permis le maintien ou le développement de l'activité exercée en France[1449]. Selon le professeur Guy GEST : « *non seulement le juge ne s'est pas placé dans une optique d'assimilation des succursales à des entreprises non pourvues d'une personnalité juridique distincte, mais il s'est refusé à le faire* »[1450]. Toujours dans l'optique de parachever le régime des abandons de créance dans le cadre des groupes de sociétés, le législateur français à travers l'article 39.13 du CGI issu de la deuxième loi de finances rectificative pour l'année 2012, exclut toute possibilité de

---

[1445] M. COZIAN, *Les grands principes de la fiscalité des entreprises*, *op. cit.*, p. 409.
[1446] G. TIXIER, *Droit fiscal international*, *op. cit.*, p. 29.
[1447] CE 30 avril 1980 et CE 27novembre 1981.
[1448] B. CASATAGNEDE, *Évolution et cohérence des règles de territorialité*, *op. cit.*, p. 295.
[1449] M. COZIAN, F. DEBOISSY, *Précis de fiscalité des entreprises*, *op. cit.*, p. 472.
[1450] G. GEST, « Télécoise réelle avancée ou décision à contre-courant ? », *L'année fiscale*, PUF, 2004, p. 285.

déduction des aides de toute nature[1451] consenties à une autre entreprise à l'exception des aides à caractère commercial[1452]. Précisons toutefois que seule l'existence d'une relation d'affaires permet de procéder à la déduction de l'aide à caractère commercial. Autrement dit les deux sociétés peuvent ne pas être liées juridiquement[1453].

805. Au Sénégal la réalité est tout autre. En effet, aucune spécification n'est faite sur la nature de l'aide consentie. La doctrine administrative fiscale précise que l'abandon de créance n'est considéré comme déductible à chaque fois qu'il est motivé par un intérêt purement social[1454]. Il ne fait pas de doute que le contribuable sénégalais est placé dans une position nettement plus confortable que son homologue français. Seule la justification de l'intérêt de l'entreprise lui permet de déduire les abandons de créance. Du côté français en sus du cantonnement de l'aide à la nature commerciale, l'acceptation de la déductibilité est subordonnée à l'augmentation du capital de la société à hauteur de l'aide consentie dans un rayon maximum de deux ans[1455]. Toutefois au-delà de la grande casuistique que constitue la distinction entre la nature financière ou commerciale de l'abandon de créance, certains auteurs comme Daniel GUTMANN[1456] « *pensent que le débat sur l'opportunité du distinguo est plus que jamais d'actualité* ».

806. Par ailleurs, l'anormalité négative se justifie quant à elle procède par une renonciation d'un profit. Il sera question d'aborder les ventes à prix minoré ainsi que les prêts non rémunérés. L'article 17 de

---

[1451] Le principe d'interdiction de déduction des aides à caractère non commercial comporte une exception en vue de favoriser le sauvetage des entreprises en difficulté (article 39-13 al 2 du CGI français) : même si elle n'ont pas un caractère commercial, peuvent être déduites toutes les aides consenties dans le cadre d'une procédure de conciliation (que l'accord soit homologué ou simplement constaté), de sauvegarde, de redressement judiciaire ou de liquidation judiciaire ou encore d'une procédure européenne d'insolvabilité.

[1452] D. GUTMANN, *Droit fiscal des affaires, op. cit.*, p. 396.

[1453] M. COZIAN, F. DEBOISSY & M. CHADEFAUX, *Précis de fiscalité des entreprises, op. cit.*, p. 460.

[1454] Lettre n° 328/DGID/DLEC/LEG1 du 15 juin 2010.

[1455] Nouvelle rédaction de l'article 216 A du CGI français.

[1456] Réflexion émise dans son ouvrage précité, p. 399.

Aussi, la qualification des abandons de créance peut se révéler en une véritable gageure. Dans une affaire soumise à son appréciation où il était question de la déduire les frais de prestation de référencement qui consistait pour la Holding à négocier avec les fournisseurs de ses filiales des conditions favorables. La Haute Assemblée confirme le caractère commercial de ces prestations et marque son accord pour la déductibilité desdites charges.

la loi 2012-31 vise directement en son alinéa premier les ventes à prix minoré comme procédé de transfert indirect de bénéfices[1457]. La répression de certains actes constitutifs d'optimisation fiscale par le biais des prix de transfert a permis de lutter contre la minoration des actifs incorporels. En réalité, le schéma [1458] consiste à expatrier des incorporels pour un prix peu élevé vers des pays à basse pression fiscale entraînant la constatation d'une faible plus-value. La jurisprudence considère toutefois qu'une filiale qui cède à sa société mère des éléments d'actifs consent dans cette hypothèse à un acte anormal de gestion. Aussi, la cession d'une partie d'un fonds de commerce sans contrepartie a été considérée comme un acte anormal de gestion[1459]. Dans le même sens, la vente de marchandises à un prix inférieur au prix d'achat majoré des frais annexes a également été considérée comme un acte anormal de gestion[1460]. L'administration fiscale sénégalaise estime que la mise à disposition gratuite d'un actif corporel à la femme et au fils d'un des associés de la société est constitutive d'acte anormal de gestion[1461]. Le système américain prévoit que les actifs incorporels doivent être valorisés pour un montant égal à huit fois leur loyer net annuel lorsqu'ils sont pris en location et à leur coût historique majoré de certains coûts additionnels lorsqu'ils sont détenus en pleine propriété[1462]. La question des actifs incorporels doit faire l'objet d'une sérieuse prise en compte. La mutation vers une économie à prépondérance numérique est illustrative. Rappelons que l'administration dans le cadre de l'exercice du droit de communication peut se faire accompagner par un expert en fonction de la spécificité du domaine d'activité du contribuable concerné. À mon humble avis, elle pourrait dans une dynamique d'efficacité intégrer en son sein et ce de façon permanente via un recrutement sur titre divers experts qui à terme contribueront au renouvellement de ses pratiques.

807. L'ingéniosité du juge administratif a consisté dans certains cas à l'évaluation de la valeur acquise par un actif incorporel au gré de l'évolution du temps. Ainsi, l'absence dans le contrat de location-

---

[1457] El. H. D. BA, Le droit fiscal à l'épreuve de la mondialisation : la réglementation des prix de transfert au Sénégal, Thèse de doctorat, *op. cit.*, p. 94.

[1458] Ibidem, p. 99.

[1459] CE 17 février 2010, *RJF*, n° 5, 2010.

[1460] CE 28 juillet 2011, *RJF,* n° 11, 2011.

[1461] Lettre n°434 DGID/DLEC/BC du 18 septembre 2013.

[1462] N. VERGET, *La création et la répartition de la valeur en droit fiscal international, op. cit.*, p. 393.

gérance d'une clause permettant de revaloriser les redevances dues par un locataire peut être constitutive d'acte anormal de gestion. Le Conseil d'État[1463] a estimé que l'absence de revalorisation de la redevance sur une période de dix ans, dans un contexte marqué au surplus par l'étroite communauté d'intérêts liant le contribuable à la société locataire dont il était le gérant et principal associé, et alors que le chiffre d'affaires de la société preneuse connaissait une progression importante, constituait un acte anormal de gestion[1464].

808. Cette affaire révèle tout simplement que la contrepartie de l'utilisation d'un actif doit être réelle. Cette assertion est partagée par la doctrine administrative fiscale. L'administration estime que : « *la qualification d'acte anormal de gestion ne saurait prospérer pour une opération lorsqu'il existe, une contrepartie réelle et suffisante qui ne correspond pas mécaniquement à tout le profit que l'on pourrait en retirer* »[1465]. La rigueur de l'appréciation de l'acte anormal de gestion devrait conduire l'administration à comprendre certains choix effectués par le contribuable. Dans une affaire qui mettait en cause un établissement de crédit : « l'administration *fiscale sénégalaise a retenu la qualification d'acte anormal de gestion à propos d'une créance passée à perte sous prétexte que les frais de recouvrement étaient plus élevés que la créance en question* »[1466]. Toujours à propos des établissements de crédit, l'administration fiscale a retenu que le crédit de 1 % octroyé au personnel n'est pas constitutif d'acte anormal de gestion parce que les banques en tirent un avantage[1467]. L'octroi de prêt sans intérêt peut constituer également un acte anormal de gestion au regard de l'avantage perdu. La doctrine estime que l'autonomie de gestion empêche une société de garantir une créance se rattachant à l'exploitation d'une autre société. Un tel agissement est constitutif d'acte anormal de gestion et la charge comptable supportée doit être calculée et réintégrée dans le résultat fiscal[1468]. Dans ce sillage, le fisc détermine un intérêt calculé au taux

---

[1463] CE 26 Novembre 2012.

[1464] C. BOISMAIN, « L'acte anormal de gestion et la jurisprudence récente du Conseil d'État » *Bulletin fiscal*, éd. Francis Lefebvre, n° 6, 2014, p. 342.

[1465] Lettre n°607/MEFP/DGID/DLCI/BCTX du 18 juin 2018.

[1466] Lettre n°130/MEF/DGID/DLEC/BCTX du 18 mars 2011.

[1467] Lettre n°100/MEF/DGID/DLEC/BTCX du 25 février 2010.
Cet avantage permet de fidéliser la Banque et ses employés. Aussi, cette faveur accordée est imposable dans la rubrique des avantages en nature au titre de l'Impôt sur le Revenu des Personnes physiques.

[1468] Lettre n°179 MEF/DGID/DLEC/LEG2 du 04 juin 2009.

normal « compte tenu des circonstances de fait »[1469]. Au Sénégal, il s'agit du taux de la Banque Centrale des États de l'Afrique de l'Ouest (BCEAO) majoré de 3 points[1470].

809. Retenons que dans le cadre des relations de groupe, la minoration ou l'absence de profit par la société venderesse n'est pas toujours considérée comme un acte contraire à l'intérêt de l'entreprise. Plusieurs raisons peuvent attiser la mansuétude du fisc ou du juge. Par exemple un fournisseur pourrait, dans une certaine mesure, accepter de renoncer à subir temporairement des pertes pour accéder à de nouveaux marchés pour élargir leur part du marché et y introduire des marchandises nouvelles. Cette attitude n'est pas sanctionnée par le fisc d'abord, du fait de son caractère provisoire ensuite, parce que cela est considéré au plan commercial comme une stratégie[1471] de pénétration par le marché[1472]. Aussi, la facturation à prix coûtant n'est pas considérée comme une violation du principe de l'égoïsme sacré. La jurisprudence libérale admet, quand il s'agit de transactions courantes portant sur des services ou des stocks, que la société-mère les factures à prix coûtant, sans marge bénéficiaire, à des filiales dont elle possède l'essentiel du capital[1473]. Une telle indulgence est également notée entre les établissements qui effectuent des opérations bancaires ou financières. Déjà le rapport de l'OCDE de 1979 excluait totalement l'application du principe de pleine concurrence sur les créances accordées à des entreprises membre d'un même groupe.

810. Rappelons que le maillage des statuts sociaux des différentes personnes morales conduit à ce que l'on n'établisse pas une distinction entre l'établissement et son siège. Ainsi, il ne peut pas y avoir, en droit, de versement d'intérêts entre un établissement et son siège, car le préteur et l'emprunteur ne font qu'un sur le plan juridique. L'administration française admet, dans certains cas, que les intérêts puissent être déduits par les établissements de crédit qui font du commerce de l'argent

---

1469 A. PUPIER, « Transfert indirect de bénéfices, article 57 du CGI et notion d'acte anormal de gestion », *op. cit.*, p. 137.

1470 Article 9-2 de la loi 2012-31 du 31 décembre 2012 portant CGI.

1471 P. Y. CARASCO, *Prix de transfert et stratégie d'optimisation fiscale de la firme multinationale*, *op. cit.*, p. 108.

1472 OCDE, « Prix de transfert et entreprises multinationales », *Rapport du Comité des Affaires fiscales*, 1979, pp. 33-34.

1473 M. COZIAN, F. DEBOISSY & M. CHADEFFAUX, *Précis de fiscalité des entreprises*, *op. cit.*, p. 456.

leur principale activité[1474]. En dehors des cas flagrants de violation de l'intérêt social, un transfert indirect de bénéfice est également noté dans les cas d'insuffisance de capitaux propres communément appelés « sous-capitalisation ».

B. Le mécanisme de l'endettement permanent ou de la sous-capitalisation

811. L'admission d'une déduction illimitée des intérêts d'emprunt pose un problème particulier lorsqu'une entreprise, au lieu de s'endetter auprès de tiers, le fait auprès de ses propres associés. Il existe en effet plusieurs raisons qui peuvent conduire à privilégier le financement par la dette plutôt que par le capital. Premièrement, la rémunération du capital au moyen du paiement de dividendes n'est pas déductible du résultat imposable. Une société a donc fiscalement avantage à s'endetter puisque la rémunération du prêteur (intérêt) est en principe déductible. Deuxièmement, les associés eux-mêmes peuvent avoir intérêt à privilégier la solution de l'endettement[1475]. Le couple État de source-État de résidence peut également être à l'origine du choix de financement par endettement et ce pour deux raisons. Dans le premier cas, si le niveau de l'impôt cédulaire dans l'État de résidence de l'actionnaire est plus bas que dans l'État de la société de capitaux, on peut aboutir à des excédents d'imputation neutres du point de vue fiscal lors de la réception de dividendes et de l'application de la méthode d'imputation, notamment en cas d'application de la limitation « *percountry* ». En cas de financement par l'emprunt, la charge fiscale globale est limitée au niveau de l'impôt cédulaire (le moins élevé) dans l'État de l'actionnaire. Dans le second cas, si le niveau de l'impôt cédulaire dans l'État de résidence de l'actionnaire est plus élevé que dans l'État de la société de capitaux, lorsqu'il s'agit d'intérêts, du fait qu'ils sont imposables, on assiste dans l'État de résidence de l'actionnaire à un phénomène de rééquilibrage au niveau de l'impôt dans le dernier État. Si l'État de résidence de l'actionnaire accorde une exemption d'impôt pour les dividendes, le financement propre peut être plus avantageux que le financement par emprunt[1476].

812. L'article 17-1 de la loi de 2012-31 fait mention de la sous-capitalisation comme moyen de transfert indirect de bénéfice. Cependant,

---

[1474] B. GOUTHIERE, *les impôts dans les affaires internationales*, *op. cit.*, p. 319.
[1475] D. GUTMANN, *Droit fiscal des affaires*, *op. cit.*, p. 320.
[1476] D. DETLEV & J. PILTZ, « Aspects internationaux de la sous-capitalisation », *Cahier de droit fiscal international*, Vol XXXLb, 1996, p. 154.

le législateur ne spécifie pas les pratiques qui pourraient être synonymes de sous-capitalisation. De l'avis de certains spécialistes, il s'agit d'une forme sophistiquée de transfert de bénéfices par le biais d'intérêt. Le schéma consiste à créer une filiale avec un capital très inférieur à ce qu'il devrait être compte tenu des activités de celle-ci, la société-mère finançant l'activité de sa filiale via un prêt à long terme, quasi-permanent et générateur d'intérêts[1477]. Même si aucune spécification n'a été notée sur le concept de sous-capitalisation, l'article 9 de la loi 2012-31 réglemente la déductibilité des charges financières résultant des emprunts contractés par le contribuable. En effet, seules sont admises en déduction du résultat imposable dans les SA et les SARL, les intérêts ne dépassant pas le capital social. Pour les autres formes de sociétés, la déductibilité des intérêts est conditionnée au fait que les montants empruntés sont tout au plus égaux au capital social. Les précisions de la doctrine administrative vont dans le sens de la disposition précitée. Dans une affaire soumise à son appréciation, l'autorité administrative a soutenu que les intérêts qui rémunèrent les sommes mises à la disposition de la société par l'associé sont déductibles à la seule condition ci-après :

813. « *Les sommes apportées ne dépassant pas le capital social sont déductibles à condition que ledit capital ait été entièrement libéré* »[1478]. En sus du caractère déductible engendrant une diminution du résultat imposable, le paiement de la TVA est recherché parce que l'opération en cause correspond à une prestation de services. C'est ce qu'a retenu la doctrine à propos des intérêts que servait une succursale sénégalaise d'une Banque ivoirienne[1479]. La déductibilité des intérêts pouvait être remise en cause dans cette affaire à cause de la forme sociale du contribuable. La société-mère ivoirienne tire avantage de la déductibilité des intérêts conduisant à la réduction de son bénéfice réalisé au Sénégal. Or, une distinction ne peut être établie au plan juridique compte tenu de l'absence de personnalité morale de la succursale créée au Sénégal. Notons également que le caractère exagéré des intérêts servis engendre une réintégration qui emporte également la TVA acquittée pour cette

[1477] T. LAMORLETTE & P. RASSAT, *Stratégie fiscale internationale*, *op. cit.*, p. 39.
[1478] Lettre n°422/MEFP/DGID/DLEC/BLEG du 12 mai 2015 ; voir aussi Lettre n° 178/DGID/DLEC/BC du 3 avril 2012.
[1479] Lettre n°158/DGID/DLEC/BC du 22 mars 2012.

opération[1480]. À l'analyse, il faut retenir que les limitations de déductibilité évoquent deux aspects :

– d'abord, le taux qui doit être un taux de pleine concurrence c'est-à-dire celui du marché ;

– ensuite, la référence au capital social pour apprécier le caractère suffisant ou insuffisant des capitaux propres de la société.

814. Pour rappel, les capitaux propres de l'entreprise renvoient à la notion d'actif net social. L'actif net renvoie à la valeur de l'actif restant disponible après extinction totale du passif social, que les associés pourraient se partager ; de fait, il peut être supérieur, égal ou inférieur au montant du capital social. Il peut parfaitement être négatif si le passif social a absorbé tout l'actif. L'appellation de capitaux propres met en évidence le fait que les sommes ainsi dégagées après remboursement du passif social appartiennent en propre à la société, dans le cadre des opérations de liquidation de la société elles serviraient à rembourser les apports, le reliquat constituant le boni de liquidation[1481].

815. De l'avis du Docteur El Hadji Dialigué BA : « *le dispositif sénégalais ne permet pas de lutter efficacement contre la sous-capitalisation. Selon lui le Sénégal est en retard contrairement aux autres pays qui ont institué un dispositif anti-abus. Celui-ci est un remède pour endiguer toutes les velléités d'évasion fiscale chez le contribuable* »[1482]. Au Burundi par exemple, l'article 56 du CGI précise que les intérêts payés sur les prêts et avances entre personnes liées ne sont pas déductibles lorsqu'ils excèdent 30 % des bénéfices imposables déterminés avant la déduction des intérêts payés sur ces prêts et avances[1483].

816. En France, c'est l'article 212 qui fixe les conditions permettant d'apprécier le caractère normal de l'endettement de l'entreprise vis-à-vis des entreprises liées. Une présomption de sous-capitalisation sera acquise dans le cas où les intérêts versés par une entreprise à l'ensemble des entreprises apparentées, et déductibles conformément au I de l'article précité excéderont cumulativement trois seuils : un seuil

---

[1480] Lettre n°58/MEF/DGID/DLEC/LEG2 du 11 février 2010.

[1481] A. AKAM AKAM & V. BAKREO, *Droit des sociétés commerciales OHADA*, *op. cit.*, p. 149.

[1482] E. D. BA, *Le droit fiscal à l'épreuve de la mondialisation : la réglementation des prix de transfert au Sénégal*, Thèse de doctorat, *op. cit.*, p. 115.

[1483] M. MASABO & T. BOYAYO, « Étude du système fiscal burundais », *Droit fiscal en Afrique subsaharienne francophone sous la direction de Thierry OBRIST & Trésor-Gauthier M. KALONJI,* Ed Bruylant, 2022, p. 142.

d'endettement[1484], un seuil de couverture d'intérêts[1485], et un seuil relatif aux intérêts[1486] reçus d'entreprises liées[1487]. Ainsi, la fraction des intérêts excédant la plus élevée de ces limites est rapportée au résultat. Aucune réintégration ne doit cependant être effectuée si cette fraction excédentaire est inférieure à 150 000 euros ou si l'entreprise démontre que son endettement global est inférieur ou égal à celui du groupe auquel elle appartient (défini d'après la réglementation relative à l'établissement des comptes consolidés)[1488].

817. Pour faire simple, une société est sous-capitalisée *lorsque le montant moyen des sommes laissées ou mises à disposition au cours d'un exercice par l'ensemble des entreprises liées directement ou indirectement au sens du point 12 de l'article 39 excède, au titre de cet exercice, une fois et demie le montant de ses fonds propres*. Pour Maurice COZIAN, le ratio d'endettement par rapport aux fonds propres[1489] ne s'apprécie qu'au regard de l'endettement intragroupe[1490]. Les sommes mises à la disposition de la société par les associés en dehors de la participation à la constitution du capital social peuvent être opérées par le biais du compte courant associé. L'AUSCGIE reste muet sur la question alors qu'il s'agit d'un mode de financement fortement sollicité[1491]. L'associé concerné bénéficie d'une rémunération au chapitre des intérêts qui lui sont versés. Concrètement, il jouira d'un revenu supplémentaire en sus des dividendes. Cette situation ne tourne pas en faveur du fisc parce qu'elle concourt à la réduction de la base imposable au titre de l'IS. L'administration doit faire en sorte que celui-ci ne soit un mécanisme de financement permanent de

---

[1484] Si les créances sur l'entreprise rémunérées par des intérêts ou assimilés seront supérieures à 1,5 fois le montant de ses capitaux propres à l'ouverture ou à la clôture de l'exercice.

[1485] Les intérêts servis par l'entreprise à l'ensemble des entreprises liées excèdent 25 % du résultat courant avant impôts.

[1486] La présomption de sous-capitalisation supposera, enfin, que le montant des intérêts servis par l'entreprise à l'ensemble des entreprises liées soit supérieur au montant des intérêts reçus par elle des entreprises liées.

[1487] B. CASTAGNEDE, *Précis de fiscalité internationale*, *op. cit.*, p. 107.

[1488] D. GUTMANN, *Droit fiscal des affaires*, *op. cit.*, p. 325

[1489] S'agissant des fonds propres, ils réunissent pour l'essentiel : *le capital social, des réserves, du report à nouveau créditeur, des subventions d'investissement et des provisions réglementées. Le montant des fonds propres est apprécié, au choix de l'entreprise, soit à l'ouverture, soit à la clôture de l'exercice.*

[1490] M. COZIAN, F. DEBOISSY & M. CHADEFAUX, *Précis de fiscalité des entreprises*, *op. cit.*, p. 472.

[1491] A. AKAM AKAM & V. BAKREO, *Droit des sociétés commerciales OHADA*, *op. cit.*, p. 170.

l'entreprise. À ce titre, l'augmentation du capital social pourrait être fortement recommandée.

818. Rappelons qu'à l'époque la limitation des charges financières ne trouvait néanmoins pas à s'appliquer aux intérêts versés aux sociétés qui pouvaient bénéficier du régime dit des sociétés-mères et filiales. Pour Nicolas MELOT, il était dès lors légitime de se demander si un régime de faveur n'était pas institué au profit des groupes français. L'administration fiscale avait refusé la jouissance de ce régime aux sociétés mères étrangères. Cette approche fut toutefois condamnée par le Conseil d'État, dans un arrêt du 30 décembre 2003[1492] au motif qu'elle instituait une discrimination entre les sociétés françaises suivant la nationalité de leurs associés contraire aux clauses dites de non-discrimination incorporées dans les conventions fiscales. Une telle déconvenue a été à l'origine d'une réforme de la disposition concernée[1493].

819. Au gré de l'évolution de la jurisprudence, la position du juge sur l'endettement des succursales avait attiré l'attention des spécialistes. En réalité, la Haute Assemblée avait estimé que la décision de doter ou non la succursale de quasi-fonds propres relevait du pouvoir discrétionnaire de l'entreprise. Dans trois affaires[1494] rendues par le Conseil d'État, le juge administratif a soutenu que l'administration n'était pas fondée à refuser que soient déduits les intérêts versés par les succursales sur la fraction des emprunts correspondant au complément théorique des fonds propres dont elles auraient dû disposer si elles avaient constitué des entreprises autonomes et indépendantes[1495]. À notre sens, la démarche du juge devait consister à préciser que l'hypothèse de la sous-capitalisation de la succursale ne pouvait être évoquée dans les cas où le propriétaire de l'établissement aurait décidé de mettre à sa disposition des quasi-fonds propres[1496]. L'Acte Uniforme sur les Sociétés Commerciales et

---

[1492] Affaire SARL *Coréal Gestion ;* Voir également H. KRUGER, « Liberté de circulation des capitaux contre sous-capitalisation… », *Revue de droit fiscal*, n° 51, 2005, pp. 2002-2005.

[1493] N. MELOT, « Fiscalité et multinationales : les groupes de sociétés, ces enfants terribles », *op. cit.*, p. 578.

[1494] CE 11 avril 2014, Sté Unicrédit venant aux droits de Banca du Roma Spa ;
CE 11 avril 2014, Bayerische Hypo und Vereinsbank AG ;
CE 11 avril 2014, Caixa Geral de Depositos.

[1495] B. GOUTHIERE, *Les impôts dans les affaires internationales*, *op. cit.*, p. 1363.

[1496] Les quasi-fonds propres sont des ressources financières n'ayant pas la nature comptable de fonds propres mais s'en rapprochant. Ils regroupent notamment les comptes courants d'associés, les obligations convertibles ou bien encore les emprunts

Groupements d'Intérêt Économique ne prévoit pas ce mécanisme. L'article 117 al 2 du même texte prévoit que : « *les droits et obligations qui naissent à l'occasion de son activité ou qui résultent de son existence sont compris dans le patrimoine de la société ou de la personne physique propriétaire* ». A priori aucune distinction ne peut être opérée, le patrimoine de la succursale est compris dans celui de son propriétaire (personne physique ou morale). Cet état de fait rend indisponible le dispositif de la sous-capitalisation vis-à-vis de la succursale.

820. Cette analyse peut se révéler caduque si l'on est en face des règles de la fiscalité internationale. Rappelons que les dispositions de l'article 7 des modèles de conventions fiscales largement évoquées dans la première partie prescrivent une imposition de l'établissement stable selon le principe de pleine concurrence. À partir du moment où la succursale est l'une des formes de l'établissement stable, un régime fiscal distinct de la personne de rattachement est établi. Selon ce postulat, la société-mère peut être le créancier de son propre établissement. De son côté, l'établissement doit veiller au respect du principe de pleine concurrence sur les intérêts servis à la société-mère[1497]. Aussi, en vertu des règles du droit fiscal international, la démarche de fongibilité des créances peut être appliquée sans s'exposer à des représailles de l'administration fiscale[1498]. Dans un autre sens, rappelons également que la présence d'un établissement stable neutralise l'ensemble du dispositif relatif au revenu passif.

821. Dans le cadre d'une conversion des intérêts en dividendes, il ne serait pas du tout étrange d'affirmer que l'article 10 des modèles de convention fiscale ne vise pas exclusivement les dividendes proprement dits mais aussi les intérêts d'emprunt, dans la mesure où le prêteur partage effectivement les risques encourus par la société, c'est-à-dire lorsque le remboursement dépend dans une large mesure du succès de l'entreprise. Les articles 10 et 11 n'empêchent donc pas d'assimiler cette sorte d'intérêts à des dividendes en application des règles internes du pays de l'emprunteur relatives à la sous-capitalisation. La question

---

participatifs. Les quasi-fonds propres peuvent pour certains être transformés en fonds propres.

[1497] OCDE, « Prix de transfert et entreprise multinationale », *Rapport du comité des affaires fiscales de l'OCDE*, 1984, pp. 56-67.

[1498] Cette méthode permet à une société-mère évoluant dans le secteur bancaire de contracter un emprunt et de réaffecter la créance à la filiale moyennant le paiement d'intérêt en guise de rémunération.

de savoir si le prêteur partage les risques de l'entreprise emprunteur doit s'apprécier à la lumière des circonstances ci-après :

– l'emprunt dépasse très largement toutes les autres contributions au capital de l'entreprise (ou a été consenti pour remplacer une part importante du capital qui a été perdue) et son montant est sans commune mesure avec celui des actifs qui peuvent être rachetés ;

– le créancier participera aux bénéfices de la société ;

– le remboursement du prêt est subordonné au remboursement des dettes envers d'autres créanciers et au versement de dividendes ;

– le niveau ou le versement des intérêts dépend des bénéfices de la société ;

– le contrat de prêt ne comporte aucune clause fixe prévoyant le remboursement dans un délai déterminé[1499].

822. Cette démarche pourrait de façon exhaustive permettre aux administrations de re-situer le périmètre des sanctions de la sous-capitalisation. L'usage des articles 10 et 11 permet de surpasser le dispositif interne ainsi que celui de l'article 9[1500] des modèles de convention et imposer les intérêts servis au chapitre des dividendes. Dans ce cas, toutes les velléités de déductibilité des « prétendus intérêts » seront défaits par le fisc.

823. Au sein de l'OCDE des travaux de grande envergure ont été réalisés depuis la fin des années 1970 jusqu'au projet BEPS afin de lutter contre la sous-capitalisation. Déjà, dans son rapport de 1979, l'OCDE attirait l'attention des États sur le fait est qu'un supposé prêt peut masquer un apport en capital. Il va s'instituer un jeu de notions entre le pays d'implantation de la filiale et le pays d'implantation de la société-mère. À terme, celui-ci va permettre au groupe de sociétés de réaliser des gains fiscaux. En réalité, les autorités fiscales du pays de la société-mère n'obligeront pas celle-ci à percevoir des intérêts si ce qui a l'apparence d'un prêt est en fait un apport en capital et elles assimileront ordinairement à un dividende tout intérêt qui aurait été versé. Pour le pays de la filiale, il est en pratique plus important de distinguer un apport en capital d'un prêt. La raison est évidente : s'il est décidé que l'opération financière est en fait un apport en capital

[1499] D. DETLEV et J. PILTZ, « Aspects internationaux de la sous-capitalisation », *op. cit.*, p. 195.
[1500] Entreprises associées.

déguisé, le pays de l'emprunteur refusera ordinairement la déduction des intérêts et il les considérera comme des dividendes ; dans ce cas, le taux de la retenue à la source pourra être différent[1501]. L'OCDE appelle à la vigilance des pays en voie de développement ou les pays d'implantation de la filiale. Cette conception pourrait être réhabilitée, l'administration fiscale du pays de la filiale doit s'assurer que dans la comptabilité de la société-mère, les sommes mises à disposition ont la connotation de prêt. Au-delà du fait que le mécanisme de la sous-capitalisation réponde à des critères précis, l'ingéniosité des conseils fiscaux peut permettre de le contourner et d'aboutir facilement à la réduction de la base imposable chez la filiale. Ainsi, un contrôle rigoureux s'impose.

Section II : Le contrôle des prix de transfert

824. La réflexion sur la résolution de la problématique des doubles impositions par l'OCDE a conduit à l'adoption de deux procédés : les conventions fiscales bilatérales et les principes directeurs applicables en matière de prix de transfert à l'encontre des entreprises multinationales et des administrations fiscales[1502]. Selon la définition de l'OCDE, les prix de transfert sont « *les prix auxquels une entreprise transfère des biens corporels, actifs incorporels, ou rend des services à des entreprises associées*[1503] ». Eu égard aux liens de subordination et de dépendance qui existent entre de telles entités, il ne saurait être question de laisser à un groupe toute liberté pour fixer le prix d'une transaction de cette nature : à défaut, il lui serait aisé de localiser ses revenus là où ils sont le moins taxés et, corrélativement, de positionner ses charges dans les pays à taux d'imposition plus élevé[1504]. Ainsi, l'administration fiscale fait face à un dilemme qui est : celui de la détermination des prix de transfert (Paragraphe 1) grâce à des outils performants (Paragraphe 2).

[1501] OCDE, « Prix de transfert et entreprise multinationale », *Rapport du comité des affaires fiscales*, 1979, p. 92.

[1502] T. VANWELKENHUYZEN, *Les prix de transfert*, Larcier, 2015, p. 12.

[1503] H. ISRAEL & F. MAZEROLLE, « Faut-il renoncer au principe de pleine concurrence », *Revue de droit fiscal*, n° 13, 2001, p. 554.

[1504] C. COMOLET-TIRMAN, « Peut-on en finir avec les prix de transfert », *Revue de droit fiscal*, n° 22, 2012, p. 13.

Paragraphe I : La détermination des prix de transfert

825. Le principe de pleine concurrence, pierre angulaire de la réglementation des prix de transfert, trouve son origine dans un rapport préparé par Mitchell CAROLL pour la Ligue des Nations en 1933. Ce principe, selon lequel les filiales devraient traiter entre elles comme si elles étaient indépendantes, convenait tout à fait à une époque où l'organisation des multinationales était simple et leur poids dans l'économie mondiale réduit[1505]. Le principe de pleine concurrence reste donc un mécanisme privilégié dans le contrôle des échanges intra-groupe (A) au-delà du fait qu'il a émoussé d'énormes critiques(B).

A. Le respect des règles de pleine concurrence

826. Les transactions appréhendées dans une politique des prix de transfert sont celles qui ont été réellement effectuées entre des sociétés du même groupe, peu importe si le paiement a déjà eu lieu. Elles devront respecter le principe de pleine concurrence, ce qui est plus vite dit que fait. Le principe de pleine concurrence dépend entre autres du type de transaction envisagée et des circonstances économiques[1506]. Depuis le modèle de la convention 1977 de l'OCDE, le paragraphe I de l'article 9 qui traite des transactions entre entreprises associées repose sur le principe fondamental selon lequel les transactions entre entreprises associées doivent être effectuées dans les conditions qui prévaudraient entre entreprises indépendantes. Ce même principe a été adopté par le groupe d'experts des Nations unies sur les conventions fiscales entre pays développés et pays en voie de développement. Au demeurant, tant les gouvernements que les entreprises multinationales s'accordent très largement à reconnaître qu'il convient de se référer au principe de pleine concurrence pour déterminer le bénéfice imposable dans de telles situations[1507]. Au Sénégal, le Docteur El Hadji Dialigué BA indiquait dans sa thèse de doctorat que le principe de pleine concurrence avait une connotation législative et conventionnelle[1508].

1505 L. BENZONI & J. PELLEFIGUE, « Replacer l'équité au cœur de la réglementation des prix de transfert : une perspective économique », *Revue de droit fiscal*, n° 6, 2013, p. 21.

1506 T. VANWELKENHUYZEN, *Les prix de transfert*, *op. cit.*, p. 213.

1507 OCDE, « Prix de transfert et entreprises multinationales », *Rapport du Comité des Affaires fiscales de l'OCDE,* 1979, p. 9.

1508 E. D. BA, *Le droit fiscal à l'épreuve de la mondialisation : la réglementation des prix de transfert au Sénégal*, Thèse de doctorat, *op. cit.*, p. 147.

827. L'article 17-5 de la loi 2012-31 du 31 décembre 2012 portant CGI fait référence au principe de pleine concurrence à travers ce dispositif : « *À défaut d'éléments précis pour opérer les rectifications prévues aux alinéas précédents, les produits imposables sont déterminés par comparaison avec ceux des entreprises similaires exploitées normalement* ». Dans les conventions fiscales signées par le Sénégal, le principe de pleine concurrence est consacré à l'article 9[1509] dénommé « entreprises associées » et dans les articles prévoyant l'imposition des revenus passifs à l'image des intérêts et des redevances.

828. L'application du principe de pleine concurrence obéit à des méthodes pour répondre à la logique du marché. Celles-ci reposent sur une comparaison du prix, de la marge ou des bénéfices réalisés dans le cadre de transactions entre entreprises associées avec le prix, la marge ou les bénéfices de transactions comparables réalisées entre entreprises indépendantes[1510]. Rappelons que le choix d'une méthode de prix de transfert dépend des résultats de l'analyse fonctionnelle et du nombre et de la qualité des comparables disponibles relatifs aux transactions entre sociétés indépendantes[1511]. L'analyse de comparabilité constitue le cœur même de la démarche économique du principe de pleine concurrence. Le paragraphe 1.19 du rapport de l'OCDE de 1995 fait d'ailleurs dépendre l'appréciation des cinq critères successifs que sont « les caractéristiques du bien ou du service », de « l'analyse fonctionnelle » des « clauses contractuelles », des « situations économiques » des entreprises ainsi que de la « stratégie » de celles-ci, de leur degré de comparabilité. En pratique, la base même de l'analyse de comparabilité consiste à comparer les résultats de la politique de l'entreprise avec des données indépendantes, le plus souvent de la marge d'exploitation[1512]. Le droit fiscal interne des États n'a pas donné une définition exacte de « transaction comparable » ou de « comparable » en matière de prix de transfert, il convient dès lors de se rabattre sur la définition donnée par l'OCDE. Selon l'organisation,

---

[1509] « Lorsque… les deux entreprises associées sont, dans leurs relations commerciales ou financières, liées par des conditions convenues ou imposées, qui diffèrent de celles qui seraient convenues entre entreprises indépendantes, les bénéfices qui, sans ces conditions, auraient été réalisées par l'une des entreprises, mais n'ont pu l'être en fait à cause de ces conditions, peuvent être inclus dans les bénéfices de cette entreprise et imposés en conséquence ».

[1510] P. Y. CARASCO, *Prix de transfert et stratégies d'optimisation fiscale de la firme multinationale, op. cit.*, p. 89.

[1511] T. VANWELKENHUYZEN, *Les prix de transfert, op. cit.*, p. 235.

[1512] N-F KOUAME, *Les prix de transfert dans l'industrie des matières premières stratégiques en Côte d'Ivoire, op. cit.*, p. 263.

il faut, « *pour qu'une comparaison soit significative, (...) que les caractéristiques économiques des situations prises en compte soient suffisamment comparables* ». L'application pratique des éléments de comparabilité conduit à la prise en compte des cinq éléments ci-après identifiés par les principes de l'OCDE : la caractéristique des biens et services, l'analyse fonctionnelle, les clauses contractuelles, les circonstances économiques et la stratégie des entreprises[1513].

829. Thierry VANWELKENHUYZEN distingue les éléments de comparabilité interne, externe et les bases de données. Un comparable interne est une transaction conclue entre une société du groupe et une ou plusieurs sociétés indépendantes. Cette transaction servira de point de comparaison pour des transactions intra-groupe similaires qui impliquent la même société du groupe. Si un comparable interne n'est pas disponible, il conviendra de trouver des comparables externes, à savoir des transactions similaires entre deux sociétés indépendantes. Ces comparables externes seront également recherchés dans les bases de données commerciales qui sont développées par des sociétés[1514] sans lien avec le groupe multinational étudié. La plupart des bases de données utilisées contiennent les états financiers des sociétés établies dans de nombreux pays (comme AMADEUS et ORBIS). D'autres contiennent, par exemple, des taux de redevances pour les contrats de licence d'actifs incorporels conclus entre des sociétés indépendantes ou pas (comme RoyaltyStat)[1515].

830. En France, cette pratique a conduit à rechercher l'opération en cause à travers les transactions effectuées par les sociétés évoluant dans le même secteur d'activité. Cette approche consistait à rechercher dans les bases de données publiques des informations sur des sociétés indépendantes dont l'activité est comparable à celle de l'une des parties à la transaction intra-groupe (celle ayant généralement l'activité la plus simple). Ainsi, le raisonnement économique appliqué consiste à considérer que les marges observables chez ces sociétés indépendantes forment une base de comparaison fiable pour construire ou justifier la politique des prix de transfert qui devra viser à accorder une marge

---

[1513] J.-L. TRUCCHI & A. GOBEL, « Prix de transfert : un benchmark est-il une preuve », *Bulletin fiscal*, éd. Francis Lefebvre, n° 4, 2010, p. 296.

[1514] L'OCDE précise également l'existence de bases de données propriétaires développées et gérées par des cabinets de conseil.

[1515] T. VANWELKENHUYZEN, *Les prix de transfert*, *op. cit.*, p. 234.

similaire à la société du groupe étudié[1516]. L'OCDE n'a pas manqué d'émettre des mises en garde quant à l'utilisation des bases de données. Selon elle, une utilisation exclusive peut générer un manque de fiabilité dans l'analyse de comparabilités. Pour remédier à cela, les recherches dans les bases de données peuvent être affinées au moyen d'autres informations publiques, en fonction des faits et des circonstances. Ce recours à d'autres sources vise à promouvoir la qualité par rapport à des approches standardisées et s'applique aux recherches effectuées par les contribuables/fiscalistes comme à celles des administrations fiscales[1517].

831. Reconnaissons que pour les pays en voie de développement où le tissu industriel est assez étroit, l'utilisation des bases de données par les administrations fiscales permettra de mieux appréhender la politique des prix de transfert des multinationales. Le choix de la méthode de détermination des prix de transfert par le groupe à travers deux entreprises (mère-fille ou société sœur) est librement déterminé. Autrement dit, l'application des méthodes par le contribuable n'est pas systématique, il peut recourir à la méthode la plus appropriée. Au Sénégal, le législateur ne s'est pas penché sur la question du choix des méthodes[1518]. Les principes de l'OCDE autorisent les cinq méthodes de détermination des prix de transfert ci-après :

– la méthode du prix comparable sur le marché libre (« Comparable Uncontrolled Price », CUP) ;

– la méthode du prix de revente minoré (« Resale Price Minus », RPM) ;

– la méthode du coût de revient majoré (« Cost Plus », CP) ;

– la méthode transactionnelle de la marge nette (« Transactional Net Magrin Method » TNMM) ;

– la méthode du partage de profit (« Profit Split Method », PSM)[1519].

1516 S. GELIN & A. LE BOULANGER, « Prix de transfert : du principe de pleine concurrence à l'analyse de la valeur dans l'entreprise », *Revue de droit fiscal*, n° 48, 2001, p. 1675.

1517 OCDE, *Principes de l'OCDE applicables en matière de prix de transfert à l'intention des entreprises multinationales et des administrations fiscales,* Paris, Ed. OCDE, 2022, pp. 173-174.

1518 E. D. BA, *Le droit fiscal à l'épreuve de la mondialisation : la réglementation des prix de transfert au Sénégal*, Thèse de doctorat, *op. cit.*, p. 187.

1519 J-L TRUCCHI & A. GOBEL, « Prix de transfert : un benchmark est-il une preuve », *op. cit.*, p. 296.

832. Parmi les cinq méthodes OCDE, trois sont dites traditionnelles, il s'agit de la méthode du prix comparable sur le marché libre, du prix de revente minoré et du prix de revient majoré. Deux méthodes sont dites transactionnelles. Elles sont fondées sur les bénéfices. Il s'agit de la méthode du partage des bénéfices et de la méthode transactionnelle de la marge nette, cette dernière étant la plus utilisée[1520]. Les méthodes traditionnelles sont considérées comme les plus directes pour déterminer si les conditions des relations commerciales et financières sont des conditions de pleine concurrence. En règle générale, lorsqu'une méthode transactionnelle peut être utilisée avec un degré de fiabilité identique, la méthode traditionnelle doit être préférée à la méthode transactionnelle[1521].

833. Compte tenu des développements épars notés dans ce cadre, nous nous abstenons de revenir sur les méthodes traditionnelles. Il convient dès lors de voir la méthode transactionnelle de la marge nette et la méthode de partage des bénéfices. La méthode transactionnelle de la marge nette est une méthode fondée sur les profits, qui consiste à vérifier que les transactions contrôlées respectent le principe de pleine concurrence. Celle-ci consiste à comparer les résultats financiers globaux issus de transactions contrôlées avec les résultats financiers de sociétés tierces exerçant les fonctions similaires et assumant les risques semblables[1522]. À notre avis, l'utilisation de cette méthode semble moins contraignante pour le fisc parce que la consultation de documents financiers provenant de l'exploitation d'entreprise similaire permet de déterminer facilement la politique des prix appliqués. Toutefois, la spécificité de l'activité pratiquée peut conduire à une recherche très difficile de comparable sur le marché. Aussi, la dynamique de groupe et l'effet de synergie comme le prétend MELOT conduit à ce que le groupe réalise un bénéfice beaucoup plus important que ses membres s'ils avaient été pris isolément. Cela s'explique par le fait que :

– les risques sont différents, puisque les questions de concurrence sont absentes des transactions conclues entre sociétés apparentées ;

– les membres du groupe n'encourent pas certains frais que supportent des sociétés indépendantes ;

[1520] P. Y. CARASCO, *Prix de transfert et stratégies d'optimisation fiscale de la firme multinationale*, *op. cit.*, pp. 89.

[1521] *Ibid.*, p. 90.

[1522] N. F. KOUAME, *Les prix de transfert dans l'industrie des matières premières stratégiques en Côte d'Ivoire*, *op. cit.*, p. 261.

– les droits de propriétés intellectuelles circulent beaucoup plus aisément au sein de ces groupes de sociétés où une grande partie des coûts est économisée, notamment au niveau de la prospection et de la sélection des contractants ;

– Et surtout, une entraide s'instaure entre les différentes entités qui conduit à réduire certains coûts et permet parfois d'augmenter la valeur des actifs notamment d'incorporels.

834. Par conséquent, plus l'intégration est poussée, plus la puissance économique du groupe est grande, plus ses bénéfices sont importants et plus les méthodes basées sur le principe de pleine négociation[1523] sont inadaptées[1524]. À travers ce postulat, la méthode de la répartition des bénéfices entre les différents membres du groupe semble plus adaptée au contexte. La méthode de partage des bénéfices consiste à redistribuer les profits ou les pertes opérationnelles proportionnellement à la contribution relative de chaque entreprise à la réalisation de ce profit (ou de cette perte). La contribution relative pourra se mesurer à partir des fonctions exercées, des risques assumés, des ressources utilisées et des coûts encourus[1525]. Cependant, le calcul des bénéfices à répartir et la définition d'une clé de répartition doivent répondre à plusieurs contraintes. Ils doivent être : cohérents avec l'analyse fonctionnelle et refléter l'allocation des risques entre les parties, conformes à la répartition des bénéfices à laquelle seraient convenues des entreprises indépendantes et enfin, conformes à l'approche retenue en matière de partage des bénéfices[1526].

835. La méthode du partage des bénéfices a été hautement chantée par l'OCDE dans le cadre de la répartition des produits issus de l'exploitation d'un actif incorporel. Cependant, les chapitres II et III des principes directeurs de 2010 attribuent une plus grande part des profits afférents aux incorporels (bénéfice ou perte résiduelle), aux entités qui développent et/ou exploitent les incorporels, par rapport à celles qui les financent et les détiennent. De plus, un standard de comparabilité très

---

[1523] Principe qui fut adopté par l'IRS c'est-à-dire l'administration fiscale américaine sur la duquel plusieurs méthodes de rectification ont été adoptées pour les transactions ayant pour objet les biens corporels.

[1524] N. MELOT, *Territorialité et mondialité de l'impôt*, *op. cit.*, p. 770.

[1525] N. F. KOUAME, *Les prix de transfert dans l'industrie des matières premières stratégiques en Côte d'Ivoire*, *op. cit.*, p. 262.

[1526] E. D. BA, *Le droit fiscal à l'épreuve de la mondialisation : la réglementation des prix de transfert au Sénégal*, *op. cit.*, p. 182.

rigoureux et des commentaires dans l'ensemble négatifs sur l'utilisation des bases de données peuvent contribuer au rejet des comparables « imparfaits » et donc à l'adoption d'une méthode de partage de bénéfices et d'un grand nombre de cas[1527]. L'application de la méthode de partage des bénéfices ne se fait pas sans heurts. De l'avis du Docteur E. Hadji Dialigué BA : « *l'application de la répartition des bénéfices conduit à un non-respect volontaire du principe de pleine concurrence par le contribuable. Aussi, l'application de celle-ci conduit à une communication spontanée de tous les documents comptables par le contribuable. Ainsi, tout refus entraîne un retard et l'administration sera obligée de faire recours à l'assistance administrative avec tous les aléas que cela comporte* »[1528]. Dans ses derniers développements, l'OCDE refuse de passer à un système de répartition forfaitaire des bénéfices et préfère se limiter à améliorer l'application du principe de pleine concurrence[1529]. La répartition forfaitaire conduirait à une neutralisation implicite du système de la déclaration contrôlée. Le schéma conduirait à faire confiance entièrement au contribuable pour la détermination du prix. Cette situation conduirait à dépouiller totalement le principe de pleine concurrence de son sens compte tenu du fait que la logique du comparable serait totalement obérée.

836. Par ailleurs, il importe de préciser qu'au-delà du fait que le choix d'une méthode est libre chez le contribuable pour déterminer sa politique des prix de transfert, le fisc de même que le juge peuvent récuser la méthode utilisée dans le cadre d'une appréciation plus poussée. Dans ses dernières mises à jour de 2017, l'OCDE précise qu'il n'existe aucune hiérarchie entre les méthodes de détermination des prix de transfert et la simple affirmation de ce que la méthode sélectionnée doit être la plus appropriée au cas d'espèce, en fonction de la nature de la transaction contrôlée, de la fiabilité des informations disponibles, du degré de comparabilité, de la fiabilité des ajustements[1530]. Dans l'affaire « *ABB France* », l'administration avait rejeté la méthode et les comparables du contribuable et leur avait substitué une méthode de répartition des marges, inspirée de la méthode de partage des bénéfices, sur la base

---

[1527] C. SILBERZTEIN, « Prix de transfert : commentaire sur le projet de révision du chapitre VI des principes de l'OCDE relatifs aux biens incorporels », *Revue de droit fiscal*, n° 39, 2012, p. 9.
[1528] E. D. BA, Le *droit fiscal à l'épreuve de la mondialisation : la réglementation des prix de transfert au Sénégal*, Thèse de doctorat, *op. cit.*, p. 184.
[1529] T. VANWELKENHUYZEN, *Les prix de transfert*, *op. cit.*, p. 317.
[1530] B. GOUTHIERE, Les impôts dans les affaires internationales, *op. cit.*, p. 1303.

d'une analyse fonctionnelle qui l'avait emmenée à considérer que la société objet du redressement assumait la majeure partie des fonctions et des risques du groupe. La Cour Administrative d'Appel de Lyon a donné tort à l'administration, estimant, notamment qu'elle n'avait pas justifié le recours à une méthode différente de celle utilisée par le contribuable et qu'elle n'avait pas étayé sa méthode alternative par des comparables[1531]. Dans une autre affaire « *Britannique DSG Retail Ltd* », l'une des questions abordées a été le rejet par l'administration fiscale britannique (HMRC) de toutes les comparables retenues par le contribuable dans le cadre de la méthode du prix comparable sur le marché libre, aucun d'entre eux n'ayant été jugé suffisamment fiable. La méthode du partage des bénéfices a été considérée par le HMRC et par le juge britannique comme étant la plus à même de prendre en compte toutes les caractéristiques et circonstances de la transaction, et en particulier les pouvoirs de négociation respectifs des parties[1532]. Dans la mise à jour de 2022[1533], l'OCDE précise que la sélection d'une méthode de prix de transfert vise toujours à trouver la méthode la plus appropriée dans un cas spécifique. À cette fin, le processus de sélection doit tenir compte des forces et des faiblesses des méthodes reconnues par l'OCDE, de la cohérence de la méthode envisagée avec la nature de la transaction contrôlée examinée, déterminée, notamment par une analyse fonctionnelle, de la disponibilité, d'informations fiables (notamment sur des comparables indépendants) nécessaires pour appliquer la méthode sélectionnée et/ou d'autres méthodes, du degré de comparabilité des transactions contrôlées et des transactions indépendantes, y compris la fiabilité des ajustements de comparabilités pouvant être nécessaires pour éliminer les différences entre elles.

837. Le principe de pleine concurrence tel que présenté dans les développements ci-haut suppose la comparaison du prix d'une transaction à un prix qui sera fixé par deux entités distinctes. Dans la stratégie de Benchmark, il peut arriver dans ses phases automatique et manuelle à l'obtention d'un panel définitif de comparables. Les résultats de l'analyse économique (analyse de comparabilité) et recherche de comparable (benchmark) revêtent ainsi la forme d'un intervalle des

---

1531 CAA Lyon, 5e ch, 30 septembre 2010 SAS ABB France citée par C. SILBERZTEIN, « Les différends en matière de prix de transfert et leurs causes », *Revue de droit fiscal*, n° 3, 2013, p. 9.

1532 Décision du 31 mars 2009, DSG Retail and others v. HMRC, (2009) STC (SCD) 397.

1533 OCDE, *Principes de l'OCDE applicables en matière de prix de transfert à l'intention des entreprises multinationales et des administrations fiscales, op. cit.*, p. 99.

observations (de prix, de marge, selon la méthode employée) représentatives des conditions de pleine concurrence[1534]. Ces différents prix ou marges s'expliquent par le fait que des sociétés indépendantes ne pratiquent pas le même prix pour la transaction examinée. Par conséquent, si la transaction (prix ou marge) de la société liée se situe à l'intérieur de cet intervalle de pleine concurrence, il n'y a pas lieu pour le fisc de procéder à un ajustement[1535]. C'est dans ce sens que l'OCDE soulignait que la fixation des prix de transfert n'est pas une science exacte et nécessite une appréciation personnelle de la part de l'administration fiscale comme du contribuable[1536]. Elle préconise également que si le prix ou la marge se situe en dehors de l'intervalle de pleine concurrence déterminé par l'administration fiscale, le contribuable devrait avoir la possibilité de démontrer que les conditions de la transaction sont conformes au principe de pleine concurrence et que l'intervalle de pleine concurrence englobe leurs résultats (c'est-à-dire que l'intervalle de pleine concurrence est différent de celui déterminé par l'administration fiscale). Si le contribuable ne peut apporter cette démonstration, l'administration fiscale devrait déterminer le point de l'intervalle auquel il convient d'ajuster la condition de la transaction entre entreprises associées[1537].

838. Le Conseil d'État français dans l'affaire « *Cap Gémini* » a évoqué l'intervalle de pleine concurrence. Il s'agissait d'une société Holding du groupe « Cap Gemini Sogeti » qui n'avait exigé aucun paiement en contrepartie de la concession de l'usage et de l'exploitation de sa marque et de son logo par ses filiales européennes et américaines alors que ses filiales françaises, lui versaient, à ce titre, une somme égale à 4 % de leur chiffre d'affaires annuel. Pour la Haute Assemblée : l'administration *aurait dû comparer les pratiques de facturation de la société française avec celle d'une autre société française exploitée normalement ou établir l'existence d'un écart injustifié entre le prix convenu et la valeur vénale du bien cédé ou du service rendu*[1538].

1534 J-L TRUCCHI & A. GOBEL, « Prix de transfert : un benchmark est-il une preuve ? », *op. cit.*, p. 298.
1535 T. VANWELKENHUYZEN, *Les prix de transfert*, *op. cit.*, p. 38.
1536 (Principe directeur, n° 1/13) cité par B. GOUTHIERE, *Les impôts dans les affaires internationales*, *op. cit.*, p. 1309.
1537 OCDE, *Principes de l'OCDE applicables en matière de prix de transfert à l'intention des multinationales et des administrations fiscales*, *op. cit.*, p. 182.
1538 D. GUTMANN, *Droit fiscal des affaires*, *op. cit.*, p. 409.

839. Aussi, il peut arriver entre deux sociétés membres d'un même groupe qu'une prestation ne soit pas rémunérée de façon numéraire. En réalité, chacune des deux sociétés s'engage à fournir une prestation à l'autre. On parle dans ce cas du mécanisme de la compensation intentionnelle[1539]. Au Sénégal, le législateur ne parle que du principe de pleine concurrence. Le prix du marché reste le mécanisme à partir duquel l'administration apprécie les prix pratiqués dans les entreprises concernées. Le mécanisme de la compensation et l'écart de pleine concurrence ne sont pas prévus par la loi 2012-31. Le procédé de compensation intentionnelle pourrait être admis au plan comptable car le service rendu peut être évalué et facturé inscrit dans les livres comptables et déterminer la base imposable à la TVA. La Direction générale des Impôts et des Domaines dans sa note explicative sur le formulaire de déclaration des prix de transfert prévoit deux types d'opération. Celle ayant une contrepartie monétaire et celle ayant une contrepartie non-monétaire. On peut sous-entendre la reconnaissance implicite du mécanisme de la compensation intentionnelle par le fisc sénégalais. Au final, bien qu'il ne soit pas prévu par la législation fiscale, le respect des règles comptables pourrait endiguer toute velléité de redressement de la part du fisc. Car même si c'est un outil indispensable au contrôle des prix de transfert, l'application du principe de pleine concurrence a décelé plusieurs failles.

B. Les insuffisances du principe de pleine concurrence

840. Pierre angulaire de la pratique actuelle des prix de transfert, le principe de pleine concurrence souffre de carences théoriques et pratiques qui ne lui permettent plus de répondre aux exigences des États en matière d'équité fiscale, pas plus qu'au besoin de sécurité juridique des entreprises[1540]. Déjà en 1979, l'OCDE avait relevé les difficultés auxquelles peuvent être confrontées les multinationales dans l'application du principe de pleine concurrence. Selon l'organisation, les difficultés d'application seront d'autant plus grandes qu'il faudra éventuellement tenir compte d'exigences diverses, voire contradictoires, formulées par différentes administrations ou par divers secteurs d'une même administration[1541]. Les praticiens abondent dans le même sens et soulignent la

[1539] B. GOUTHIERE, *Les impôts dans les affaires internationales*, *op. cit.*, p. 1315.
[1540] J. PELLEFIGUE, « Prix de transfert un changement radical s'impose », *Bulletin fiscal*, Ed Francis Lefebvre, n° 12, 2014, p. 653.
[1541] OCDE, « Prix de transfert et entreprises multinationales », *Rapport du Comité des Affaires fiscales de l'OCDE,* 1979, p. 9.

complexité qui s'attache à la mise en œuvre du principe de pleine concurrence. En effet, les obligations ne sont pas toujours proportionnées aux enjeux financiers et la maîtrise de l'ensemble des règles est devenue difficile, pour les entreprises comme pour le fisc[1542].

841. Rappelons que la volonté de chaque contribuable est de réduire au maximum sa charge fiscale. Cette dynamique engendre des actes de riposte de la part de l'Administration notamment l'adoption du système d'imposition consolidé de la multinationale. Cela suppose donc un choix concerté entre les gouvernements sur :

- un taux d'imposition unique du groupe ;
- une clé de répartition de la manne fiscale[1543].

842. Les difficultés relatives à une imposition unique du groupe ont été évoquées à propos de la méthode de répartition des bénéfices. Il s'agit de deux outils (consolidation et méthode de répartition) dont l'application sape le principe de pleine concurrence. A priori, le fiscaliste peut procéder à une analyse conduisant à dire que la multinationale ne gagne rien du tout en transférant un bénéfice dans un État ou dans un autre parce qu'au final le résultat de l'ensemble du groupe sera appréhendé. Cependant, l'obtention d'un éventuel accord sur la répartition se trouve hypothétique.

843. Aussi, les multinationales décident-elles généralement d'internaliser certains services au lieu de recourir au marché. Ce choix crée un surplus appelé sur profit d'intégration. Les méthodes traditionnelles comme transactionnelles de détermination des prix de transfert n'ont pas réussi à répartir de façon équitable ce surplus. Par conséquent, il serait tout à fait normal de loger ce fait dans les carences du principe de pleine concurrence. Il apparaît de nos jours anormal le fait de ne pas théoriser les coûts de transaction qui sont présents dans tous les manuels d'économie et font l'objet d'étude avec le plus grand soin par des pans entiers du droit[1544].

844. Les pays en voie de développement ont toujours été caractérisés comme des pays ayant un tissu industriel quasi-inexistant et un faible

---

[1542] C. COMOLET-TIRMAN, « Peut-on en finir avec les prix de transfert ? », *op. cit.*, p. 14.

[1543] H. ISRAEL & F. MAZEROLLE, « Faut-il renoncer au principe de pleine concurrence », *op. cit.*, p. 557.

[1544] J. PELLEFIGUE, « Prix de transfert : un changement radical s'impose », *op. cit.*, p. 655.

taux de pression fiscale dus au caractère informel de son économie. Cette spécificité n'est pas sans conséquence sur l'application du principe de pleine concurrence. Il est fréquent dans l'industrie des matières premières de ne pas avoir des éléments de comparabilité pour pouvoir apprécier objectivement la politique des prix pratiqués par l'entreprise. En amorce de nos développements sur les prix de transfert, nous avions précisé qu'une analyse des opérations de prix de transfert devra forcément conduire à une évaluation des pratiques financières et commerciales comparables, communément appelées « *transactions comparables sur le marché libre* ». Selon l'OCDE, « *une transaction comparable sur le marché libre est une transaction entre deux parties indépendantes qui est comparable à la transaction contrôlée examinée* »[1545].

845. Dans certains secteurs d'activité la concentration de l'exploitation par un seul groupe rend inexistant tout élément de comparabilité. À titre d'illustration, nous pouvons citer l'exploitation du café dans un pays comme la Côte d'Ivoire. Dans ce domaine, il n'y a qu'une seule entreprise qui intervient et c'est la société « NESTLE ». Pour le Docteur Noel-Faustin KOUAME : « *comment déterminer le prix de pleine concurrence censé être le reflet du juste prix des produits de Nescafé vendus par cette dernière aux entreprises apparentées, situées en Suisse, en France ou en Algérie ?* ». Dans le secteur du Cacao, le même schéma s'est reproduit. En effet, les sociétés : Micao, Unicao, Saco, Cémoi et Chicodi qui transforment le cacao en beurre, en poudre, en liquide et en tourteaux sont toutes des filiales de la même entreprise[1546].

846. Ce phénomène n'est pas propre au continent africain. Il a même été relevé dans les pays industrialisés. Cet abus a été rendu possible par l'avènement d'entreprises globales fortement intégrées dont la chaîne de création de valeur s'étend sur une multitude de pays, les différentes fonctions (production, distribution, recherche et quartier général) étant localisées chacune dans une filiale spécialisée. Le fait que de plus en plus de secteurs économiques soient dominés par quatre ou cinq de ces entreprises de taille planétaire rend extrêmement aléatoire toute comparaison avec des sociétés indépendantes. Les entreprises les plus agressives profitent de cette lacune pour mettre en place des stratégies de planification destinées à réduire systématiquement leur charge

---

[1545] P. Y. CARASCO, *Prix de transfert et stratégies d'optimisation fiscale de la firme multinationale*, *op. cit.*, p. 103.

[1546] N-F KOUAME, *Les prix de transfert dans l'industrie des matières premières, op. cit.*, p. 282.

d'impôt, inversant ainsi sciemment le processus de détermination des prix de transfert[1547].

847. L'absence de comparabilité notée engendre une mise en œuvre difficile de l'analyse fonctionnelle. Pour certains auteurs, ces difficultés devraient aussi être recherchées dans les moyens limités dont dispose l'administration. Cet état de fait rend encore difficile le contrôle des opérations intragroupes. La seule alternative qui pourrait soulager le fisc est la détermination des cours de certaines matières premières. Or, il n'existe pas de cours officiels pour certains minerais comme la bauxite. En réalité, il n'est prévu de cours que pour l'alumine ou l'aluminium, c'est-à-dire pour la bauxite transformée (grâce à l'électricité). Il en est de même pour le fer : le LME ne détermine pas le cours de l'acier.

848. En outre, la particularité des matières premières fait que la détermination du coût peut paraître fastidieuse. Les coûts de transformation et notamment de l'énergie doivent être isolés avant de déterminer le prix de revient. À cela s'ajoute que beaucoup de minerais extraits contiennent de grandes quantités de résidus qui nécessitent un traitement particulier pour séparer le bon grain de l'ivraie. Ces retraitements peuvent accroître significativement les coûts de production ou nécessiter des infrastructures particulières. Au regard de tous ces éléments, il ne fait plus de doute que le secteur minier est difficile à cerner par le principe de pleine concurrence[1548].

849. Sur la question de la migration des actifs incorporels, l'OCDE avait plaidé pour une réforme du principe de pleine concurrence dans son rapport sur les actifs incorporels. Selon l'organisation, le principe de pleine concurrence peut être appliqué et même renforcé pour répondre aux situations de transfert de bénéfices qui résultent de manipulation de prix entre membres d'un même groupe. En revanche, il importe de reconnaître que la question des prix de transfert en général ne doit pas être confondue avec celle des pratiques abusives[1549]. La problématique des actifs incorporels a été évoquée dans le cadre du projet BEPS notamment à l'action 8. Cette démarche a suscité les

---

[1547] P. CAHANIN, « L'évasion fiscale internationale des entreprises », *GPF*, n° 3, 2018, p. 69.

[1548] A CHARLET, B. LAPORTE & G. ROTA-GRAZIOZI, « La fiscalité minière en Afrique de l'Ouest et du Centre », *op. cit.*, p. 26.

[1549] C. SILBERZTEIN, « Prix de transfert : commentaire sur le projet de révision du chapitre VI des principes de l'OCDE relatifs aux biens incorporels », *Revue de droit fiscal*, n° 39, 2012, p. 7.

révisions apportées aux chapitres I, II et VI des principes (2010), visant « à clarifier la définition des actifs incorporels, à fournir des orientations pour l'identification des transactions impliquant des actifs incorporels, et à donner des orientations supplémentaires pour déterminer les conditions de pleine concurrence de ces transactions »[1550].

850. Au-delà des difficultés d'ordre pratique, les pays en voie de développement ont relevé une inadéquation entre les profits réalisés et l'impôt acquitté par les multinationales. Cette situation est à l'origine de la défiance ou de l'hostilité remarquée autour du principe de pleine concurrence. C'est ainsi que l'argument d'équité a conduit l'Inde et le Brésil à refuser d'adhérer au principe de pleine concurrence[1551]. En définitive, la solution palliative que pourraient prendre les États consisterait en l'institution de nouvelles taxes *ad hoc,* générales et sectorielles, non concertées internationalement. Elles pourraient ainsi se multiplier pour pallier l'insuffisance de la régulation actuelle des prix de transfert. La solution préconisée par le Brésil est l'évaluation forfaitaire du profit réalisé par la filiale sans pour autant prendre en compte le profit total réalisé par la multinationale[1552]. C'est au Brésil également qu'on a évoqué l'idée d'une alternative au principe de pleine concurrence. Il s'agit de la méthode des marges fixes (fixed margin) qui consiste à exiger l'application d'une marge bénéficiaire moyenne, prédéterminée à l'échelle d'un secteur économique, pour calculer l'assiette imposable dans un pays d'une entité d'un groupe[1553]. Pour Jean PELLEFIGUE : « *la méthode des fixed margin conduit en pratique à fixer de façon arbitraire le niveau de profit taxable des filiales des multinationales opérant sur le territoire brésilien* »[1554]. Cette démarche pourrait servir de source d'inspiration à certains pays qui voudraient de leur propre chef s'engager dans la dynamique de combler les manquements notés dans les principes de la fiscalité internationale. Il ne s'agirait pas d'un fait totalement nouveau car dans les développements antérieurs, nous avons passé en revue les différentes régulations autour du concept de l'établissement stable.

[1550] B. CASTAGNDE, *Précis de fiscalité internationale, op. cit.*, p. 120.

[1551] L. BENZONI & J. PELLEFIGUE, « Replacer l'équité au cœur de la réglementation des prix de transfert : une perspective économique », *op. cit.*, p. 22.

[1552] *Ibid.*, p. 24.

[1553] C. COMOLET-TIRMAN, « Peut-on en finir avec les prix de transfert ? », *op. cit.*, p .14.

[1554] J. PELLEFIGUE, « Prix de transfert : un changement radical s'impose », *op. cit.*, p. 657.

851. D'autres détracteurs du principe de pleine concurrence soutiennent que la présentation faite à l'article 9-1 des modèles de convention fiscale ne s'étend qu'à l'assiette en débordant timidement sur la procédure mais reste muette en matière de taux. Ainsi, la transposition de l'article 9-1 dans tous les systèmes de droit pourrait donc servir de vecteur d'harmonisation des bases taxables mais elle ne pourrait suffire à abolir la compétition fiscale entre États, qu'une disparité minime de taux suffirait à aviver. À la limite même, une parfaite harmonisation d'assiette et de procédure ferait du signal de taux un vecteur décisif de localisation des bases économiques et rendrait la concurrence fiscale entre les États parfaitement simple[1555]. En résumé, les pays membres de l'OCDE restent fermement attachés au principe de pleine concurrence. En fait, on ne lui a pas trouvé de solution de remplacement légitime ou réaliste. La répartition selon une formule globale, parfois évoquée comme un substitut possible, ne serait acceptable ni en théorie, ni dans sa mise en œuvre ni dans la pratique[1556].

Paragraphe II : Les outils de l'administration

852. Diverses communications provenant des administrations fiscales, des contribuables et leurs conseils confirment l'augmentation en nombre, en complexité et au regard des montants en jeu des différends en matière de prix de transfert dans le monde entier[1557]. La prévention occupe une place prépondérante dans le dispositif juridique de contrôle fiscal des prix de transfert, postulat révélateur du souci de concilier les intérêts des multinationales avec le besoin de sécuriser les intérêts financiers de l'État[1558]. Ainsi, la documentation sur les prix (A) permet-elle à l'administration d'avoir une vue d'ensemble sur la politique des prix de l'entreprise grâce à la mise en place d'une cellule de prix de transfert (B).

[1555] R. JAUNE, *Le droit et la régulation des prix de transfert*, Thèse de doctorat, Université de Paris I Panthéon-Sorbonne, 2018, p.263.

[1556] OCDE, *Principes de l'OCDE applicables en matière de prix de transfert à l'intention des entreprises multinationales et des administrations fiscales*, *op. cit.*, p. 34.

[1557] C. SILBERZTEIN, « Les différends en matière de prix de transfert et leurs causes », *op. cit.*, p. 7.

[1558] J. AYANGMA AYANGMA, *La pratique du contrôle fiscal des prix de transfert dans l'espace CEMAC*, Paris, 2015, p. 51.

A. La documentation sur les prix de transfert

853. En matière de droit, la charge de la preuve doit revenir naturellement à l'administration fiscale (de manière générale au demandeur). Cependant, sans informations suffisantes, l'administration ne pourra pas instruire correctement le dossier, il revient donc au contribuable de justifier ses pratiques en rédigeant une documentation de prix de transfert. Il y a dans ce cas, un renversement de la charge de la preuve sous la forme d'une présomption réfragable en faveur d'un ajustement[1559]. Au sein de l'espace européen, les multinationales ont manifesté vers les années 2000, les difficultés auxquelles elles étaient confrontées dans l'établissement de la documentation sur les prix de transfert relative à une disparité de législation en la matière. C'est ainsi que le Conseil a adopté le 27 juin 2006 un code de conduite sur la documentation sur les prix de transfert pour les entreprises associées au sein de l'Union européenne. Ce code de conduite vise à harmoniser la documentation que les entreprises multinationales doivent fournir aux autorités fiscales au sujet de la méthode de fixation des prix de transfert qu'elles utilisent pour leurs transactions intragroupes transfrontalières. Il sied toutefois de préciser que le code de conduite est tout simplement un engagement politique qui ne crée pas d'obligations pour les États[1560].

854. La documentation sur les prix de transfert a été consacrée en France dans les années 2010 pour les entreprises dont le chiffre d'affaires brut dépasse 400 millions d'euros[1561]. Ces dernières doivent tenir à la disposition des services vérificateurs une documentation justifiant du prix de transfert retenu pour les transactions intragroupes. Trois ans plus tard le législateur français en a fait une obligation déclarative et en 2016, il adjoint à cette obligation, une déclaration détaillée pays par pays[1562]. Une telle déclaration éclaire l'administration

[1559] P.-Y. CARASCO, *Prix de transfert et stratégie d'optimisation fiscale de la firme multinationale*, *op. cit.*, p. 66.
[1560] D. GUTMANN, *Droit fiscal des affaires*, *op. cit.*, p. 414.
[1561] Il importe de préciser que depuis 1996, le législateur français avait doté l'administration fiscale, à travers les dispositions de l'article L.13B du LPF des moyens d'exiger d'une entreprise, dans le cadre d'une vérification de comptabilité et suivant une procédure spécifique, des éléments d'information sur les conditions de détermination des prix de transfert pratiqués dans le cadre de transactions réalisées avec des entreprises situées à l'étranger.
[1562] P. CAHANIN, « L'évasion fiscale internationale des entreprises », *op. cit.*, p. 70.

et a une vertu pédagogique en amenant les entreprises à rendre explicite les méthodes choisies[1563].

855. Le Sénégal n'a pas manqué au rendez-vous de cette grande évolution de la fiscalité internationale impulsée par le projet BEPS de l'OCDE. Dans l'exposé des motifs de la loi 2018-10 du 30 mars 2018[1564], le législateur sénégalais indiquait déjà que le projet de loi tenait compte de toutes les avancées du projet BEPS visant à doter les États de mécanismes plus efficaces de lutte contre l'érosion de la base d'imposition ainsi que toutes les formes de transferts de bénéfices. Dans ce sillage il se propose de doter le Sénégal : « *d'une nouvelle rédaction des dispositions du CGI dans le but d'une part, d'élargir le champ couvert par le dispositif de lutte contre l'évasion fiscale et, d'autre part, de doter l'administration fiscale de nouveaux moyens de contrôle, à travers des obligations spécifiques aux transactions entre des entreprises liées. La mise à jour de la législation fiscale permettra, par ailleurs, au Sénégal de bénéficier des possibilités d'échanges de renseignements avec les États qui adhèrent aux principes de l'OCDE sur la question des prix de transfert* »[1565].

856. Rappelons que le Sénégal n'a pas suivi la même chronologie de réforme que le législateur français. Il s'agit des deux étapes. D'abord la tenue d'une documentation[1566] sur les prix de transfert ensuite, de l'obligation déclarative et de la déclaration pays par pays[1567]. Toutes les entreprises qui réunissaient les trois conditions ci-après étaient assujetties à cette obligation :

– a- Elle a un chiffre d'affaires annuel hors taxes supérieur ou égal à 5 000 000 000 de FCFA ;

– b- Elle détient à la clôture de l'exercice, directement ou indirectement, plus de la moitié du capital ou des droits de vote d'une société établie ou constituée au Sénégal hors du Sénégal, remplissant la condition mentionnée au point a) ;

[1563] O. SIVIEUDE, « Une administration fiscale peut-elle lutter efficacement contre l'évasion fiscale internationale », *Revue européenne et internationale de Droit fiscal*, n°2, 2015, p.276.

[1564] JO n°7082 du 30 mars 2018.

[1565] Exposé des motifs de la loi 2018-10 du 30 mars 2018 portant modification de certaines dispositions du CGI

[1566] Article 638 de la loi 2012-31 du 31 décembre 2012 portant Code Général des impôts.

[1567] Loi 2018-10 du 30 mars 2018 précitée.

– c- plus de la moitié de son capital ou des droits de vote est détenue, à la clôture de l'exercice, directement ou indirectement, par une société remplissant les conditions mentionnées au point a).

857. L'article 28 de la loi 2018-10 du 30 mars 2018 insère dans la loi 2012-31 du 31 décembre 2012 deux articles (31 bis et 31 ter). Ils comportaient respectivement l'obligation déclarative et la déclaration pays par pays. À partir de l'adoption de cette loi, toutes les sociétés redevables de l'IS au sens de l'article 4 du CGI doivent à la date du 30 avril de chaque année au moment de la déclaration du résultat imposable[1568], procéder également à la déclaration sur les prix de transfert. Dans la même lancée, rappelons également que c'est à cette date que le contribuable doit procéder à la déclaration de la Contribution économique locale sur la Valeur ajoutée[1569]. L'obligation de déclaration pays par pays n'est pas systématique. Le législateur énumère huit critères pour être éligible à cette règle[1570]. La déclaration pays par pays est issue du projet BEPS notamment à l'action 13. Selon l'OCDE, il s'agit d'une mesure qui doit être rendue obligatoire pour les multinationales dont le chiffre d'affaires dépasse 750 millions d'euros[1571]. Les déclarations pays par pays doivent selon l'organisme être déposées auprès de l'administration de la société mère tête de groupe, à charge pour celle-ci de les transmettre ensuite automatiquement aux administrations nationales concernées, par la voie de l'échange de renseignements entre États[1572]. Elles vont constituer pour le fisc des supports de comparable secret. Dans un contexte de rareté des comparables en Afrique, l'usage de ces documents faciliterait une mise en œuvre correcte du principe de pleine concurrence. Toutefois, certains pays comme les États-Unis et l'Autriche prohibent ou s'abstiennent de les utiliser dans la pratique. D'autres comme le Mexique n'hésitent pas à y recourir. Ainsi, le champ d'application du secret des informations recueillies dans le cadre de ces obligations déclaratives diffère donc selon les législations fiscales[1573]. S'il s'agit d'une mesure salutaire pour

---

[1568] Obligation régie par l'article 30 de la loi 2012-31 du 31 décembre 2012 portant Code Général des Impôts.

[1569] Obligation régie par l'article 341 de la loi 2018-10 du 30 mars 2018 modifiant la loi 2012-31 du 31 décembre 2012 portant Code Général des Impôts.

[1570] Article 31 ter de la loi 2018-10 du 30 mars 2018 modifiant certaines dispositions de la loi 2012-31 du 31 décembre 2012 portant Code Général des Impôts.

[1571] Un chiffre qui exclut 95 % des entreprises mondiales.

[1572] B. GOUTHIERE, *Les impôts dans les affaires internationales*, *op. cit.*, p. 1010.

[1573] J. PILOTIN, *Le secret en matière fiscale*, Paris, L'Harmattan, 2022, p. 468.

les administrations qui sont en quête de comparables fiables, il n'en demeure moins que l'intimité financière du contribuable sera partagée à des proportions insoupçonnées. La dynamique de lutte contre la fraude et l'évasion fiscale prend une tournure qui ne met en avant que les intérêts des États. Au-delà du fait que les instances supranationales sont un lieu d'expression étatique, les droits du contribuable en référence aux procédures fiscales nationales doivent être respectés. La défense de leurs intérêts peut être portée par les ordres professionnels (avocats et conseils fiscaux) par des séries d'échanges continus et préalablement à toute ratification de texte de portée internationale. En dehors de toute initiative de l'État ou des contribuables, ils doivent pouvoir s'insurger contre certaines décisions pouvant fragiliser l'avenir du conseil fiscal. Il s'agit par exemple de la directive européenne DAC6 et de l'action 12 du plan BEPS.

858. Dans le but de concrétiser les engagements pris dans le cadre de la convention multilatérale et du Forum Mondial, la loi n° 2020-33 du 22 décembre 2020 portant loi de finances pour l'année 2021 a consacré l'échange automatique d'informations. En effet, il est rajouté un point 9 à l'article 31 de la loi 2012-31 qui prévoit que : « *les banques et établissements financiers, les entreprises d'assurance, de réassurance ainsi que toutes les autres institutions financières teneurs de comptes ont l'obligation de communiquer à l'administration fiscale, selon les modalités fixées par voie réglementaire, toutes les informations requises pour l'application des conventions conclues par le Sénégal permettant l'échange automatique d'informations afférentes aux comptes financiers en matière fiscale* ».

859. Cependant, si le contribuable sénégalais entretient des relations d'affaires avec une ou des entreprise (s) établie (s) dans un État ou Territoire non coopératif, la documentation à fournir comprend également, pour chaque entreprise bénéficiaire des transferts, une documentation complémentaire comprenant l'ensemble des documents qui sont exigés des sociétés passibles de l'impôt sur les sociétés y compris le bilan et le compte de résultat. Les factures émises par les assujettis en leur nom et pour leur compte, par leurs clients ou par un tiers, ainsi que toutes les factures qu'ils ont reçues, doivent être stockées sur le territoire sénégalais de manière à en garantir la présentation à la première demande[1574].

[1574] S. DIEYE, *Le vade-mecum fiscal*, *op. cit.*, p. 68.

Cette pratique a été qualifiée par le législateur français d'obligation de documentation renforcée[1575].

860. Afin d'emmener les contribuables au strict respect du dispositif de la documentation sur les prix de transfert, le législateur consacre à l'article 667 des sanctions. D'abord, le défaut de dépôt de la déclaration annuelle dans les délais prescrits est sanctionné d'une amende de 10 000 000 FCFA[1576]. Ensuite, le défaut de dépôts dans les délais pour la déclaration pays par pays rend le contribuable passible d'une amende de 25 000 000 FCFA[1577]. Enfin, le défaut de réponse ou la réponse partielle à la mise en demeure prévue au point 3 de l'article 638 et au second alinéa de l'article 639 entraînent l'application pour chaque exercice vérifié, d'une amende égale à 0,5 % du montant des transactions concernées par les documents ou compléments qui n'ont pas été mis à la disposition de l'administration après la mise en demeure.

861. Après avoir analysé le dispositif français et sénégalais, il importe de relever une différence majeure. En France, la procédure de l'article L13 B du LPF ne peut s'adresser aux entreprises autres que celles désormais concernées par l'obligation de constitution d'une documentation sur les prix de transfert[1578]. Autrement dit, la tenue d'une documentation sur les prix de transfert n'est pas dans ce cas cumulée avec l'obligation déclarative. Or, au Sénégal l'article 31 bis s'adresse au contribuable visé par les dispositions de l'article 638. En définitive, retenons que la procédure de l'article L13 B du LPF n'est ni obligatoire ni systématique. L'administration fiscale française doit avoir réuni des éléments faisant présumer qu'une entreprise a opéré un transfert de bénéfices[1579].

862. Pour Pierre-Yves CARASCO, la documentation sur les prix de transfert répond à trois objectifs fondamentaux :

– d'abord, elle permet de s'assurer que les contribuables prennent dûment en considération les prescriptions relatives aux prix de transfert lorsqu'ils établissent leurs politiques et définissent les conditions d'application des transactions entre entreprises associées ;

[1575] Instituée par la loi de finances rectificative du 30 décembre 2009 à travers l'article L13 AB du LPF.

[1576] Violation des prescriptions de l'article 31bis du CGI.

[1577] Violation des prescriptions de l'article 31 ter du CGI.

[1578] B. CASTAGNEDE, *Précis de fiscalité internationale*, *op. cit.*, p. 139.

[1579] « Prix de transfert » *Le Lamy fiscal*, *op. cit.*, p. 2127.

– ensuite, elle doit permettre aux administrations fiscales et aux gouvernements d'obtenir des informations utiles pour l'évaluation des risques globaux associés à ces opérations ;

– enfin, elle doit fournir aux administrations fiscales les informations nécessaires à la réalisation d'une vérification suffisamment approfondie des pratiques en matière de prix de transfert des entités imposables dans leurs juridictions[1580].

863. Bien vrai qu'il soit unanimement admis que la documentation sur les prix de transfert constitue une avancée notable dans le cadre de la lutte contre la fraude et l'évasion fiscales de caractère international. Il est dès lors important que les personnes amenées à analyser les documents soient bien outillées pour déceler toutes les failles qui pourraient dissimuler un transfert indirect de bénéfices. Au-delà des efforts de modernisation de l'administration fiscale il ne fait pas de doute que celle-ci reste faiblement dotée en moyens techniques et humains de qualité. C'est ce qui a fait dire au professeur Allard DE WAAL : « *Les firmes internationales sont plus prédisposées à déclarer correctement leur prix de transfert, à soumettre spontanément leurs bénéfices là où l'administration est la mieux informée, donc la plus contraignante. Alors qu'elles n'ont guère à craindre une administration fiscale plutôt dépourvue de moyens d'investigation sur la formation des prix intragroupes* [1581]». Et pourtant, le comité des affaires fiscales de l'OCDE publie des notes de travail et des appels à commentaire de la part des parties intéressées, en particulier de la communauté des affaires (les contributions reçues sont généralement disponibles sur le site internet de l'OCDE). Après consultation, les rapports sont adoptés et deviennent des documents officiels. L'OCDE procède également à l'examen périodique des législations et des pratiques nationales[1582].

864. Cette initiative est à saluer dans la mesure où elle s'inscrit dans le cadre d'une coopération technique. Elle vise également à éclairer la lanterne des contribuables et fluidifier leurs relations avec le fisc. Par ailleurs, l'OCDE précise qu'il n'est pas recommandé en particulier au

---

[1580] P-Y CARASCO, *Prix de transfert et stratégies d'optimisation fiscale de la firme multinationale*, *op. cit.*, p. 66 voir également OCDE, Principes de l'OCDE applicables en matière de prix de transfert à l'intention des entreprises multinationales et des administrations fiscales, Paris, Ed OCDE, 2022, p. 250.

[1581] Cité par N-F. KOUAME, *Les prix de transfert dans l'industrie des matières premières stratégiques en Côte d'Ivoire*, *op. cit.*, p. 347.

[1582] B. GOUTHIERE, *Les impôts dans les affaires internationales*, *op. cit.*, p. 1304.

stade de l'évaluation des risques liés au prix de transfert, d'exiger que la documentation des prix de transfert soit certifiée par un auditeur externe ou une autre tierce partie. De même, il n'est pas recommandé de rendre obligatoire le recours à des cabinets de consultants pour la préparation de la documentation des prix de transfert[1583]. Au sein de l'administration, la mise en place d'une cellule chargée de la question des prix de transfert peut être d'une grande utilité.

B. L'institution d'une cellule des prix de transfert

865. Dans le but de garantir une efficacité dans le contrôle des prix de transfert, un renforcement des moyens à la disposition des administrations paraît nécessaire[1584]. Le capital humain est l'élément fondamental d'une administration respectable. Le contrôle des prix de transfert nécessite de très grandes capacités dans divers domaines. La recherche de comparabilité, fondement de base de l'application du principe de pleine concurrence est utilisée pour mieux apprécier la politique des prix appliqués par le contribuable. Déjà, la mise en œuvre des accords préalables sur les prix de transfert avaient conduit à l'insertion d'économistes spécialisés dans l'équipe de l'administration fiscale chargée du traitement des dossiers. Pour les spécialistes de la fiscalité internationale, cette pratique relève de la normalité. Rappelons que la Ligue des Nations en 1923 avait mandaté quatre économistes chevronnés (les professeurs BRUINS, EINAUDI, SELIGMAN et STAMP) pour produire un rapport présentant les principaux enjeux théoriques de la fiscalité internationale[1585]. Par ailleurs, l'analyse économique des opérations intragroupes justifie la présence des économistes dans le cercle des vérificateurs au chapitre des prix de transfert[1586]. Rappelons que le dispositif des APP permet de mieux connaître et de mieux comprendre les aspects extrêmement techniques et les éléments de fait de certaines opérations, comme les transactions financières à l'échelle mondiale et les problèmes fiscaux qu'elles

[1583] OCDE, *Principes de l'OCDE applicables en matière de prix de transfert à l'intention des multinationales et des administrations fiscales*, *op. cit.*, p. 263.
[1584] C. COMOLET-TIRMAN, « Peut-on en finir avec les prix de transfert », *op. cit.*, p. 15.
[1585] J. PELLEFIGUE, « Prix de transfert : un changement radical s'impose », *op. cit.*, p. 658.
[1586] P-Y CARASCO, *Prix de transfert et stratégies d'optimisation fiscale de la firme multinationale*, *op. cit.*, p. 65.

soulèvent. C'est pourquoi l'acquisition de compétences très pointues pour certains secteurs sera bénéfique aux administrations fiscales[1587].

866. La Belgique a très tôt compris l'importance qu'il fallait accorder à la problématique du contrôle des prix de transfert une importance particulière. C'est en 2003 que les autorités de ce pays ont mis sur pied un groupe de connaissance des prix de transfert sous la tutelle de l'administrateur général des impôts et du recouvrement. Pour renforcer davantage ce groupe de connaissance, un service spécialisé dans la vérification des dossiers de sociétés et d'établissements belges d'entreprises étrangères, en matière prix de transfert a été créé officiellement le 1er juillet 2006[1588]. La « cellule prix de transfert » ci-après appelée « la cellule », fut créée en tant que nouvelle équipe au sein du centre de contrôle national 1 de l'administration de la fiscalité des entreprises et des revenus (AFER)[1589].

867. Malgré l'insuffisance des moyens dont dispose la structure pour contrôler l'ensemble des transactions intragroupe, la cellule s'est montrée très efficace par son dynamisme et ses compétences. Les ajustements des prix de transfert ont permis de recueillir une somme importante d'impôts supplémentaires, menant bon nombre d'entreprises à consacrer une partie de leurs ressources et un temps précieux à la gestion de ces contrôles[1590]. En 2018, la cellule a traité 132 dossiers et a réclamé pas moins de 89,74 millions d'euros d'impôts aux multinationales concernées. Ce montant est apprécié comme une avancée si on revient sur les années précédentes. De 2014 à 2017, la cellule a ouvert 419 dossiers contre les multinationales et a recouvré au titre de la même période un montant de 202 millions[1591].

868. À notre sens, la question de la spécialisation devrait de plus en plus être évoquée dans les pays importateurs de capitaux. La formation des agents de l'administration fiscale est d'ordre général. Cette situation ne permet pas de pouvoir déceler les subtilités de la matière. La fiscalité internationale est une matière très complexe et très peu de spécialistes sont notés dans le domaine. Le regroupement de spécialistes au sein

---

[1587] *Principes de l'OCDE applicables en matière de prix de transfert à l'intention des entreprises multinationales et les administrations fiscales*, *op. cit.*, p. 242.

[1588] Circulaire n° Cp 221.4/A/601.321 (AFER 26/2006) du 4 juillet 2006 disponible sur www.fisconet.be

[1589] T. VANWELKENHUYZEN, *Les prix de transfert*, op. cit., p. 151.

[1590] *Ibidem*, p. 152.

[1591] « Le fisc réclame 90 millions d'euros à des multinationales », in www. L'echo.be, consulté le 23/09/2021.

d'une cellule pour effectuer les contrôles fiscaux dans le domaine des prix transfert et les dossiers d'accord préalable sur les prix de transfert permettent de mieux cerner les intérêts du trésor public sénégalais.

869. Au Sénégal, les textes qui organisent l'administration fiscale ne prévoient pas en leur sein une cellule dédiée spécifiquement au contrôle des prix de transfert. Cependant, parmi les différentes directions, il y a une « *Direction de la Législation et de la Coopération internationale*[1592] ». Cette direction est composée de huit services répartis ci-après : cinq bureaux[1593] et trois cellules[1594]. Le Bureau de la coopération internationale est chargé de :

– de la coopération fiscale internationale, y compris l'échange de donnée et de renseignement en relation avec la Direction du Renseignement et des Stratégies de Contrôle fiscal ;

– de la préparation des négociations portant sur les conventions fiscales entre le Sénégal et des pays tiers ;

– de l'examen des projets de textes internationaux à incidence fiscale soumis à la DGID ;

– du suivi des aspects fiscaux des processus d'intégration régionale dans lesquels le Sénégal est impliqué ;

– du suivi de l'évolution et de la bonne application de la fiscalité internationale et communautaire[1595].

870. Par ailleurs, le bureau coiffe deux sections dont l'une est chargée de la fiscalité internationale et l'autre du droit communautaire. Les administrations souffrent d'un mal découlant du principe de la fonction publique relatif à la « nécessité du service ». À travers ce principe, les agents des différents services peuvent être déployés dans diverses localités sans aucune forme d'hostilité. À titre d'exemple nous avons été témoin d'une situation, le nommé Magueye BOYE, Inspecteur principal des Impôts et des Domaines était en 2019 chef du Bureau de la Coopération internationale. En 2020, il a été affecté au Centre des Services fiscaux de Mbour en qualité de Chef de Centre.

[1592] Arrêté n°10012 du 14 juin 2017 portant organisation de la Direction générale des Impôts et des Domaines.

[1593] Le Bureau de la Législation fiscale, le Bureau de la Législation Foncière Domaniale et cadastrale, le Bureau du Contentieux fiscal, le Bureau des Études, le Bureau de la Coopération internationale, Voir article 27 de l'arrêté de 2014.

[1594] La cellule de suivi, la Cellule Archive et Documentation, Cellule Ressources

[1595] Article 31 de l'arrêté.

Cette mobilité ne favorise pas l'accumulation d'expérience. Selon l'OCDE : « *la mise en place d'une équipe stable de référence contribue au développement des compétences et à l'apprentissage par les pairs, tout en augmentant les chances de voir des pratiques exemplaires institutionnalisées. Il s'avère qu'une rotation trop fréquente des agents affectés aux fonctions de vérification fiscale internationale a des conséquences négatives sur l'acquisition des compétences requises pour mener à bien ces vérifications. Il y a lieu de limiter les rotations de personnel dans les unités spécialisées*[1596].

871. L'organisme international a fait une recommandation visant à mettre en place une cellule des prix de transfert au sein des administrations fiscales. Dans le cadre de l'assistance technique, l'institution intitulée « Initiative des Inspecteurs des Impôts sans Frontières » a joué un rôle de catalyseur dans la mise en place de la cellule ou au renforcement de capacités des membres de la cellule. L'administration fiscale géorgienne disposait d'une équipe spécialisée dans les prix de transfert composée de quatre membres lorsqu'elle a demandé à bénéficier d'un programme IISF en 2018. Lorsque le programme a débuté et lorsque l'expert IISF a commencé à travailler avec des vérificateurs locaux, l'administration fiscale géorgienne a pris conscience de l'impact des problématiques de prix de transfert sur la mobilisation des ressources intérieures du pays. Elle a en conséquence décidé de créer une Division des prix de transfert et de porter en même temps les effectifs de l'unité spécialisée à dix agents désormais pleinement engagés dans la réalisation de vérifications portant sur les prix de transfert et la collaboration avec l'expert IISF[1597].

872. Au Ghana, les experts IISF ont recommandé l'affectation d'agents ayant un profil plus juridique à l'unité spécialisée dans les prix de transfert sachant que la connaissance de la législation, l'aptitude aux échanges et une expérience de la rédaction de rapports sont des compétences très utiles pour faciliter le déroulement des vérifications[1598]. Au Cameroun, Joseph AYANGMA AYANGMA avait d'abord soutenu que les administrations fiscales africaines n'avaient pas un niveau de connaissance scientifique, technologique et technique pouvant apprécier

[1596] IISF, *Rapport d'activité*, 2018-2019I, p. 38.
[1597] *Ibid.*, p. 33.
[1598] *Ibidem*, p. 35.

la normalité des transactions intragroupes[1599]. Toutefois, il s'est permis de formuler une proposition allant dans le sens du renforcement de la collaboration entre les régies financières de sorte à rendre efficiente la cellule mixte. Selon lui : « l'efficacité de la lutte contre la manipulation frauduleuse des prix de transfert passe par l'érection de mesures de collaboration entre l'administration fiscale et d'autres partenaires publics et privés internes. L'amplification de la collaboration entre la Direction générale des Impôts et la Direction générale des Douanes devrait conduire à l'élargissement des compétences de la cellule mixte impôt-douane pour mieux détecter les manipulations frauduleuses des prix[1600] ». Conscient de la complexité de la question des prix de transfert, l'OCDE a formulé deux recommandations. Premièrement, il est souhaitable que les vérificateurs fassent preuve de souplesse et n'exigent pas des contribuables, pour la fixation des prix de transfert, un niveau de précision irréaliste compte tenu des faits et des circonstances. Deuxièmement, il est souhaitable que les vérificateurs tiennent compte du jugement commercial porté par le contribuable sur l'application du principe de pleine concurrence, afin que l'analyse des prix de transfert soit en phase avec les réalités de la vie des affaires[1601].

[1599] J. AYANGMA AYANGMA, *La pratique du contrôle fiscal des prix de transfert dans l'espace CEMAC*, L'Harmattan, 2015, p. 16.

[1600] J. AYANGMA AYANGMA, *La pratique du contrôle fiscal des prix de transfert dans l'espace CEMAC*, *op. cit.*, p. 297

[1601] OCDE, *Principe de l'OCDE applicable en matière de prix de transfert à l'intention des entreprises multinationales et des administrations fiscales*, *op. cit.*, p. 192.

CHAPITRE II

LA DYNAMISATION DU SYSTÈME FISCAL

873. Rendre un système fiscal dynamique conduit à des performances qui engendreront un rendement fiscal acceptable. Cela passera forcément par la mise en place d'une bonne politique fiscale. La politique fiscale, comme son nom l'indique est l'ensemble des activités et des orientations prises par le gouvernement qui détermine le niveau de recettes fiscales collectées et la manière dont ces recettes sont prélevées[1602]. Cette définition implique l'existence de plusieurs mesures fiscales coordonnées en vue d'atteindre un but précisément fixé. Comme toute politique, la politique fiscale est une discipline qui vise à établir la synthèse d'un ensemble de données hétérogènes afin d'assurer des choix[1603]. Dans la dynamique de réforme instituée par le premier plan de développement stratégique, la DGID s'est engagée à offrir à l'usager un meilleur service. La matérialisation de cette ambition passe par la réalisation du premier axe qui est relatif au renforcement de l'informatisation de la DGID (Section 1)[1604]. Le renouvellement des procédés utilisés a pour vocation de favoriser une efficacité dans l'action administrative (Section 2).

Section I : Un vaste mouvement d'informatisation de l'administration fiscale

874. La concrétisation de la volonté d'informatisation de l'administration fiscale a été évoquée dans le premier PDSAF. Ce document dans l'objectif d'une DGID performante s'est proposé d'intégrer tous les programmes informatiques internes déjà réalisés ou en cours de réalisation. Cette orientation s'articule autour de deux axes et de onze

---

[1602] « Programme d'Appui à la Mobilisation des Ressources du Sénégal (PAMORS) », *op. cit.*, p. 11.

[1603] P. BELTRAME, *L'impôt*, *op. cit.*, p. 134.

[1604] DGID, *Plan de développement stratégique de l'administration fiscale*, 2008-2012, p. 11.

actions. Il s'agit notamment du déploiement de l'application SIGTAS dans tous les Centres des Services fiscaux, de la numérisation du cadastre, de la dématérialisation du livre foncier, de la mise en place d'une base de données relationnelles[1605]. Cette situation contribue au renouvellement de l'outil de travail (Paragraphe2) et facilite par la même occasion la dématérialisation des relations administration fiscale-contribuable (Paragraphe1).

Paragraphe I : La dématérialisation des procédures

875. Au sens large, on peut définir la dématérialisation comme une modalité d'échange ou de conservation de l'information, sans support physique tel qu'un courrier papier, un bordereau pré-imprimé, un chèque de règlement ou encore de dossier papier, de microfiches ou microfilms pour l'archivage[1606]. Avec le développement de l'administration numérique, l'action publique se transforme : ouverture des données publiques, utilisation des algorithmes dans le processus décisionnel, mais également dématérialisation croissante des relations entre administration et administré[1607]. Le législateur sénégalais dans la loi de finances initiale pour l'année 2020 a recommandé le télépaiement pour lutter de façon efficace contre le secteur informel[1608]. Dans le cadre des relations entre l'administration fiscale et les contribuables la dématérialisation se manifeste à travers l'existence de téléprocédures (A) même si dans la pratique il s'agit d'un service perfectible (B).

A. Les téléprocédures

876. Les téléprocédures au plan fiscal se subdivisent en deux mécanismes que sont : la télédéclaration et le télépaiement. Les téléprocédures ont été initiées au Sénégal en 2013. À l'époque, il s'agissait d'un service exclusivement réservé aux grandes entreprises. Il s'agissait d'une phase pilote et le recours à cette méthode relevait de la volonté du contribuable. Le service n'avait pas été rendu obligatoire par l'administration[1609]. En réponse également à la promotion des

---

[1605] *Idem.*

[1606] Définition citée par F. GAMBE, *Les téléprocédures : la dématérialisation des obligations fiscales*, Rapport de stage en vue de la validation du diplôme de master en ingénierie juridique et fiscale, Université Gaston BERGER, 2017, p. 2.

[1607] B. DELAUNAY, « La dématérialisation des relations entre le public et l'administration : quel encadrement juridique ? », *Revue de Droit public*, n° 5, 2020, p. 1131.

[1608] LFI 2020.

[1609] FMI, *Bilan des réformes de l'administration fiscale supportée par le projet TPA-TTF*, novembre 2014, pp. 1-22.

moyens de paiement bancaire, la DGID par le biais d'une note de service[1610] avait exigé depuis 2015 l'usage de moyens de paiement scripturaux pour tout paiement de plus de 100 000 FCFA[1611].

877. Rappelons que la mission du département du Fonds monétaire international avait recommandé une prise de mesures concrètes pour assurer une mise en œuvre effective des téléprocédures. La mission avait également demandé à l'administration fiscale de rendre obligatoire l'usage des téléprocédures aux entreprises affiliées au Centre des Grandes Entreprises. Une timide évolution a été notée après la mise en place desdits mécanismes. L'administration est passée de 20 télédéclarations et 3 télépaiements au lancement du projet en 2013 à 60 télédéclarations et 10 télépaiements en moyenne par mois. Rapportées au nombre moyen de déclarations de TVA attendu mensuellement par le CGE, les télédéclarations stagnent à 9 % et le nombre de télépaiements demeure insignifiant[1612]. Deux années après la mise en place du système des téléprocédures, il avait été décidé en interne de mettre en place un comité chargé d'auditer les difficultés rencontrées par les services en matière de téléprocédure[1613].

878. À l'analyse, la DGID avait, par ces actes, manifesté une réelle volonté de réformer ses relations avec les contribuables. Un diagnostic permanent était effectué afin d'apporter les meilleurs correctifs au système des téléprocédures. En 2015 des engagements fermes avaient été donnés pour la mise à jour de façon régulière des comptes d'impôt et de bannir toute pratique de nature à biaiser les informations contenues dans SIGTAS. Au demeurant, la démarche de généralisation des téléprocédures qui s'accompagne d'une totale transparence et d'un accès du contribuable à ses comptes d'impôts exige nécessairement que ceux-ci soient mis à jour[1614].

[1610] Note de service n°512/MEFP/DGID/DREC/BARGEC/ems du 3 juin 2015.

[1611] Ce plafond résulte de l'article 7 de l'instruction n°01/2003/SP du 08 mai 2003 du Gouverneur de la BCEAO relative à la promotion des moyens de paiement scripturaux et à la détermination des intérêts exigibles en cas de défaut de paiement. Pour un montant inférieur à ce plafond (100.000), les paiements pourront se faire en numéraires.

[1612] P. FOSSAT, R. OSSA, G. CHAMBAS & A. SOUBRIE, *Rapport sur la poursuite du renforcement des capacités de la DGID*, FMI-DEPARTEMENT DES FINANCES PUBLIQUES, Sept. 2015, p. 24.

[1613] DGID, *Compte rendu de la réunion de coordination,* 3 septembre 2014, p. 5.

[1614] DGID-DIRECTION DES SERVICES FISCAUX SPÉCIALISÉS, *Rapport du plan d'action,* 2015, p. 3.

879. Au regard de la pratique ayant cours dans les autres pays africains, nous pouvons aisément affirmer que le Sénégal a enregistré un retard dans la dynamique de modernisation de ses services. Le Cameroun par exemple a institué la télédéclaration depuis 2004. C'est la loi de finances de la même année qui a offert cette possibilité aux contribuables de déclarer en ligne les impôts et les taxes. Au 1er janvier 2016, ce mécanisme a été rendu obligatoire pour les entreprises affiliées au Centre des Grandes Entreprises et au Centre des Moyennes Entreprises. Au cours de cette année également, le législateur camerounais avait mis en place un système de télédéclaration de la commande publique et un système de télédéclaration des mutations immobilières. Ce système permettait d'effectuer toutes ses démarches sans pour autant se rendre dans les locaux de l'administration fiscale puisque l'opération pouvait être finalisée avec le mécanisme du télépaiement via un virement bancaire[1615].

880. Sur ce point, le Cameroun est resté en avance. La France considérée comme pays de référence des systèmes fiscaux des pays francophones n'est passée au système de la télédéclaration en matière de TVA qu'en 2010 et c'est à la même période que le télérèglement de l'IS est rendu obligatoire pour toutes les entreprises dont le chiffre d'affaires hors taxes est supérieur à 500 000 euros. Ce seuil a été abaissé à 230 000 à partir de 2011[1616]. Rappelons toutefois que depuis le mois de décembre 2005, les entrepreneurs individuels peuvent utiliser pour déclarer et payer leur TVA sur internet, le certificat électronique gratuit mis à leur disposition pour déposer leur déclaration d'impôt sur le revenu par internet[1617].

881. Par ailleurs, l'exécution de la phase II du plan de développement stratégique a permis de noter les avancées engendrées par la phase I. En réalité, il a été noté une adoption progressive des téléprocédures (télédéclaration et télépaiement) ainsi que l'instruction et le suivi des dossiers de restitution à travers l'application e-courrier au niveau du CGE pour mieux encadrer les délais[1618]. Au Sénégal, c'est le dispositif législatif qui offre la possibilité aux contribuables de recourir aux

---

[1615] A. DIOUF, B. MANGASSOUBA & P. M. DIOUF, *Rapport sur la mission effectuée au Cameroun du 26 mai au 10 juin 2016 dans le cadre d'un échange d'expérience en matière de réforme fiscale*, p. 9.

[1616] « Extension des téléprocédures pour les professionnels », *Revue de droit fiscal*, n°25, 2011, p. 1.

[1617] *Ibidem*, p. 14.

[1618] DGID, *Plan de Développement Stratégique de l'Administration fiscale*, 2018-2020, p. 14.

téléprocédures pour satisfaire ses obligations fiscales[1619]. La télédéclaration au Sénégal s'opérationnalise à travers deux applications que sont : « Etax » et « mon espace perso ». La première application est une sorte de plateforme sécurisée qui permet aux contribuables d'effectuer leurs déclarations en toute sécurité. À partir de 2018, l'application E-tax permettait au contribuable de consulter ses comptes d'impôt en ligne afin de pouvoir s'enquérir de l'étendue de ses obligations fiscales. La seconde application a été instituée pour permettre aux petits contribuables de bénéficier de fonctionnalités plus adaptées à leur micro-entreprise[1620].

882. Conformément aux recommandations de la mission d'assistance technique, les téléprocédures ont été rendues obligatoires pour les entreprises affiliées à la Direction des Grandes Entreprises et celles domiciliées à la Direction des Moyennes Entreprises. Ce dispatching des contribuables auprès des différents services obéit à une logique de chiffre d'affaires. L'observation des différentes mesures prises par la DGID montre que les téléprocédures sont des mécanismes propres au contribuable qui sont au régime du réel. Ce régime est propre aux Sociétés de capitaux[1621] ou aux contribuables qui ont exercé leur droit d'option à l'IS[1622].

883. Toutefois, la situation sanitaire internationale que traverse le monde et les téléprocédures ont fini par montrer leur utilité. Seul le recours à ces procédés a permis tant bien que mal de concilier les recommandations issues du corps médical et l'impératif de continuité du service public. C'est par une décision[1623] que l'autorité administrative a admis la possibilité pour les contribuables visés à l'article 30 de la loi 2012-31 de pouvoir déposer les États financiers en ligne[1624]. Le dépôt en ligne des états financiers était rendu obligatoire pour les entreprises affiliées à la Direction des Grandes Entreprises et à la Direction des

---

[1619] Le dernier paragraphe du I de l'article de l'article 634 de la loi 2012-31 du 31 décembre 2012 prévoit que le contribuable peut souscrire à ses obligations déclaratives par le biais du mécanisme de la télédéclaration. S'agissant du télépaiement, le point II du même article permet au contribuable de régler sa créance fiscale sans effectuer un déplacement dans les locaux de la DGID.

[1620] F. GAMBE, *Les téléprocédures : la dématérialisation des obligations déclaratives*, *op. cit.*, pp. 13-19.

[1621] Société par action simplifiée et Société Anonyme.

[1622] Voir le droit d'option prévue à l'article 4 de la loi 2012-31 du 31 décembre 2012 portant Code Général des impôts.

[1623] Décision n° 010468 du 11 juin 2020 du ministre des Finances et du Budget.

[1624] Article premier de la décision du ministre des Finances et du Budget.

Moyennes entreprises alors que pour celles dévolues au Centre des Services fiscaux aucune précision n'avait été formulée[1625].

884. La DGID dans l'exécution de ladite mesure a mis en place une nouvelle plateforme dénommée « Senetafi ». Elle a été rendue effective depuis le mois de juin 2020. Rappelons à cet égard que parmi les mesures exceptionnelles qui avaient été prises au plan fiscal dans le cadre de la lutte contre la Covid-19, la notion d'entreprise impactée occupait une place de choix. Ainsi, le Gouvernement de la République du Sénégal avait mis en place un programme de résilience économique et social décliné en quatre axes dont le troisième porte sur la sauvegarde de la stabilité macroéconomique et financière, pour soutenir le secteur privé et maintenir les emplois, à travers l'injection de liquidités et des mesures fiscales et douanières destinées à renforcer la trésorerie des entreprises et des particuliers ainsi qu'à promouvoir l'investissement[1626]. À la suite de cela, l'ordonnance n° 0022020 du 23 avril 2020 avait de façon exceptionnelle permis aux entreprises dont le chiffre d'affaires n'excède pas 100 millions et celles dont les activités étaient directement impactées par la pandémie de déclarer et payer toutes les impositions dues sur la période de mars à mai au plus tard le 15 juillet[1627]. À cette date, la plateforme « Senetafi » devait être fonctionnelle pour permettre aux contribuables concernés de pouvoir télédéclarer l'IS. Après sa mise en place, une amélioration notable a été réalisée sur la plateforme pour tenir compte de la spécificité des règles comptables de certains secteurs notamment les Banques et les Assurances[1628].

885. Dans la pratique, la réalité a été toute autre. L'appréciation de la notion d'entreprise impactée a été lourdement préjudiciable pour les contribuables. La majeure partie d'entre eux se sont sentis concernés par les mesures de dérogation au point de ne pas honorer le calendrier habituel des obligations déclaratives. Contre toute attente, ils se sont vus servir des notifications de taxation d'office. En dehors même du droit de réponse du contribuable qui s'articule autour de la preuve de l'exagération des bases d'imposition les pénalités légales[1629] sont venues s'adjoindre aux droits simples. Récemment, l'autorité administrative,

---

[1625] Article 2 de la décision.

[1626] Ministère des Finances et du Budget-Programme de Résilience économique et social, *Guide sur les mesures fiscales et douanières*, juin 2020, p. 4.

[1627] *Ibidem*, p. 7.

[1628] MFB-DGID, *Senétafi-Guide d'utilisation pour le contribuable*, version du 24 avril 2021, 27 pages.

[1629] Voir article 671 du CGI.

par une note[1630] a vulgarisé l'utilisation par les contribuables affiliés à la Direction des Moyennes Entreprises la plateforme e-service pour le dépôt des états 1024. Elle a précisé que ce service sera généralisé en janvier 2022 à tous les contribuables.

886. Après avoir procédé à la télédéclaration, le télépaiement est une procédure qui devrait permettre au contribuable de régler sa créance fiscale sans pour autant se rapprocher du service en charge du recouvrement de l'impôt. La mise en œuvre du télépaiement a conduit la DGID à nouer des partenariats avec les institutions financières de la place. L'article 649 de la loi 2012-31 du 31 décembre 2012 prévoit que : « *les redevables s'acquittent de leurs dettes fiscales par l'un des moyens suivants : ...virement bancaire ou postal dans l'un des comptes de disponibilité ouvert au nom du comptable public compétent* » pour rendre effectives les téléprocédures, la DGID a jugé nécessaire de signer des conventions avec différentes institutions financières de la place. Dans le préambule desdites conventions il est précisé que : « *le télépaiement constitue une modalité de mise en œuvre du virement électronique mis à la disposition du client par l'institution financière, dont l'application implique des spécifications techniques et juridiques que les parties prenantes s'engagent à respecter* ».

887. Ces différentes conventions mettaient à la disposition de chacune des parties un ensemble d'obligations pour une bonne mise en œuvre du système de télépaiement. En gros, les Banques avaient pour mission de requérir les ordres de virement et d'informer la DGID de toutes les opérations bancaires réalisées à son profit[1631]. Du côté de la DGID, l'obligation résidait dans la mise en place d'une plateforme pour faciliter les échanges de données. Cela a engendré l'utilisation de la plateforme EDI (échange de données informatiques)[1632]. L'article 6 desdites conventions précise que tout manquement aux obligations sus-énumérées engage la responsabilité de la partie concernée. Cependant, il ne faudrait pas mésestimer l'aspect protection des données personnelles du contribuable dans la réalisation du système de télépaiement. Ce système hautement recommandé par tous les partenaires techniques de la DGID renferme beaucoup de bienfaits. Ceux-ci peuvent être regroupés

[1630] Note d'information sur le dépôt en ligne du formulaire des états 1024 et des états des sommes versées à titre de loyers ou des prestations par les contribuables relevant de la Direction des Moyennes Entreprises n°464/MFB/GDID/DSI/BAO du 16 novembre 2021.

[1631] Article 3 de la convention.

[1632] Article 4 de la convention.

en deux aspects : d'abord, la simplification des procédures pour le contribuable qui n'a plus besoin d'intermédiaire à l'image des agents de recouvrement pour régler sa dette fiscale ensuite, l'usage de cette méthode permet de sécuriser les recettes fiscales de l'État[1633]. Pour Michel Le CLAINCHE : « *avec le numérique, la productivité est notablement augmentée, les processus sont en principe plus simples, le regroupement de services dispersés et la délocalisation de certaines fonctions deviennent possibles. La transparence est même renforcée avec la mise en commun des données du contribuable et celle de l'administration dans un compte fiscal unique et avec la communication progressive des codes-sources des modes de calcul des principaux impôts (politique d'open data)* »[1634]. Au-delà de toutes les avancées notées, il n'en demeure pas moins que les velléités d'amélioration des services offerts par la DGID aux contribuables n'ont pas encore atteint leur paroxysme. C'est pourquoi des manquements continuent toujours à être décelés.

B. La nature perfectible des téléprocédures

888. La numérisation de certaines activités de l'administration pousse le contribuable à changer certaines habitudes. La substitution du numérique au travail manuel oblige le contribuable à recourir à l'internet pour entrer en contact avec les services de l'administration. Cette situation a poussé certains auteurs à affirmer que le principe d'égal accès aux services publics était contraint. En effet, si elle tend à réduire les inégalités territoriales cela dépend de la qualité du débit de la connexion à internet. En outre, elle peut y porter atteinte en creusant le fossé numérique, le fossé générationnel, social et culturel. L'utilisation des téléprocédures suppose non seulement d'être équipé mais également de les connaître et de savoir les utiliser. Il ne fait pas de doute que certaines d'entre elles sont d'un usage compliqué[1635].

889. Au Sénégal, cette rupture d'égalité est à rechercher dans les deux volets ci-après : d'abord, la dématérialisation ne concerne pas tous les contribuables ; ensuite, certains impôts ne sont pas pris en compte

---

[1633] A. MALEHOSSOU RAOUF, « La dématérialisation des procédures douanières au Bénin », *Actes du colloque Bénin : Les recettes publiques en débats*, L'Harmattan, 2020, p. 392.

[1634] M. LE CLAINCHE, « La mythologie de l'administration fiscale : permanences et renouvellements », *Gestion et Finances publiques*, n° 1, 2021, p. 12.

[1635] B. DELAUNAY, « La dématérialisation des relations entre le public et l'administration : quel encadrement juridique ? » *op. cit.*, p. 1132.

dans la mise en œuvre des téléprocédures. Bien vrai que la plateforme *Mon espace perso* est un moyen pour les petits contribuables d'effectuer la télédéclaration alors même que ceux du régime forfaitaire n'en ont pas cette possibilité. Autrement dit, les assujettis au régime de la Contribution Globale Unique sont totalement exclus du mécanisme des téléprocédures[1636]. À notre sens, cette situation est préjudiciable aussi bien pour l'administration que pour le contribuable. Pour le fisc, la généralisation des téléprocédures pourrait permettre d'avoir un fichier contenant l'ensemble des contribuables mais, de suivre au mieux l'évolution des recettes au titre de cette imposition dont le rendement a été jugé très faible. Pour le contribuable, cette situation crée une inégalité résultant directement de la faiblesse de son chiffre d'affaires. Ainsi, il y a violation du principe d'égalité pour les usagers du service public.

890. Sur ce point, le Conseil d'État français ne semble pas avoir la même vision que le contribuable qui évoque la possibilité d'une rupture d'égalité. Selon le juge administratif, le législateur peut régler de façon différente des situations différentes et déroger à l'égalité pour des raisons d'intérêt général, pourvu que la différence de traitement soit en rapport direct avec l'objet de la loi. Ainsi, il a admis l'obligation de télédéclaration et de télépaiement de la TVA par les entreprises et les seuils fixés, en rapport avec le but d'amélioration de l'efficacité du service public[1637]. Le Conseil constitutionnel français s'est également prononcé de façon singulière sur les avantages consentis aux contribuables éligibles au régime de la télédéclaration. En effet, il a estimé que la dispense de production de certains documents n'est pas contraire au principe d'égalité, car elle a pour objet de favoriser la déclaration de revenus par voie électronique et ne dispense pas de la production de ces pièces lors d'un contrôle ultérieur[1638].

891. Nonobstant le privilège qui leur est accordé consistant à pouvoir jouir du mécanisme des téléprocédures, les contribuables concernés sont obligés de recourir à l'ancien système pour déclarer certaines impositions. Celui-ci implique le remplissage du formulaire sous format papier et le dépôt auprès de son centre fiscal de rattachement. Au-delà du fait qu'il ne vise que les contribuables qui sont au régime du réel, les téléprocédures ne s'appliquent qu'à l'IR des entreprises

---

1636 F. GAMBE, *Les téléprocédures : la dématérialisation des obligations déclaratives*, *op. cit.*, p. 18.
1637 CE 11 juillet 2011 Cabinet Didier KLING et associés.
1638 Cons. const., 27 déc. 2001, n° 2001-456 DC, Loi de finances pour 2002.

c'est-à-dire l'IS, les VRS (IRPP, TRIMF & CFCE) et BRS (TVA, TAF & RAS). La sélectivité des impôts concernés engendre l'exclusion des impôts locaux. Depuis la répartition des prérogatives de recouvrement entre les deux régies financières, la DGCPT reste compétente pour tout ce qui concerne les impôts locaux. Ceux-ci sont donc hors du champ des téléprocédures[1639]. Par conséquent, les assujettis à la CEL, CFPB, CFPNB, CGU, CGF, la Surtaxe Foncière, la TEOM devront remplir un formulaire physique et procéder à son dépôt au niveau des services de recette municipale.

892. Cependant, au fil de l'évolution, il a été beaucoup question pour la DGID de suivre le fonctionnement des téléprocédures afin d'apporter les correctifs idoines. Lors de la rencontre entre la DGID et la délégation de l'Union européenne en 2018, un pan entier des discussions a porté sur la maturité digitale de la régie financière. Sur la question précise M. Mor FALL conseiller technique du Directeur général après avoir énuméré les différents procédés utilisés par la DGID a soutenu que : « l'appropriation de toutes ces plateformes par les services opérationnels reste encore mitigée. De ce fait, la maturité recherchée s'opère à trois niveaux :

– maturité digitale et technologique : outils mis en place pour fluidifier les processus ou technologies permettant de délivrer un meilleur service ;

– maturité digitale perçue par l'utilisateur : services, fonctionnalités ou contenus numériques délivrés à l'usager ;

– maturité digitale organisationnelle : forte capacité de mise en œuvre des chantiers digitaux et culture digitale affirmée.

893. En perspective, la DGID doit acquérir et déployer de nouvelles applications pour couvrir toutes ses missions. Il s'agit notamment : de la solution M-tax, du système de gestion du foncier, de la numérisation de masse « batch scanning » et de l'opérationnalisation de la signature électronique[1640].

894. L'administration fiscale est restée sur la même dynamique de maturité fiscale pour le compte de l'année 2019. Lors de la rentrée fiscale, le Directeur général a demandé que toutes les diligences concourant à la maturité digitale de la DGID soient mises en œuvre avec

---

[1639] F. GAMBE, *Les téléprocédures : la dématérialisation des obligations déclaratives*, *op. cit.*, p. 18.

[1640] DGID, « Rencontre DGID et les partenaires techniques et financiers », Magazine *trimestriel*, n° 21, 2018, p. 6.

un suivi rigoureux. En 2019, les principales priorités sont l'acquisition de la solution « M-tax », les développements du système de gestion du foncier et la finalisation de l'application Share point. Selon le Directeur, une grande attention doit être accordée à la sécurité de l'environnement et des infrastructures informatiques. À cet effet, la direction des systèmes d'information doit assurer le monitoring des interactions avec les partenaires publics et privés de la DGID en ce qui concerne les échanges de données et la gestion des téléprocédures[1641].

895. Au plan pratique, les contribuables ont relevé une palette de manquement imputable aux différentes plateformes chargées de matérialiser les téléprocédures. Le portail comme tout outil numérique engendre des dysfonctionnements majeurs en cas de surutilisation. À l'approche des délais une ruée sur le site entraîne des bugs du système. Ainsi, ces contribuables se trouvent dans l'impossibilité de faire leur déclaration dans les délais prescrits par la réglementation. Cette situation leur est préjudiciable car elle conduit à un paiement d'intérêt de retard[1642]. Toutefois, il faut reconnaître une certaine indulgence de la part de l'administration à chaque fois que ce problème se pose au niveau de la plateforme. Alors les services compétents repoussent l'échéance déclarative de 48 voire 72h pour permettre aux contribuables d'honorer leurs obligations. Ce phénomène est fréquent pour ce qui concerne les BRS[1643] et les VRS[1644]. Il sied également de préciser que les contribuables, en cas d'indisponibilité permanente de la plateforme peuvent recourir au formulaire physique pour effectuer leur déclaration.

896. Pour finir, retenons qu'à côté de cette panoplie d'insuffisances notées dans la mise en œuvre des téléprocédures il faut rajouter un dernier aspect qui est relatif à la sécurisation des données. Les questions de sécurité des échanges doivent être réellement prises au sérieux pour la pérennité de la logistique informatique. Selon une étude de l'OCDE sur la dématérialisation des procédures, très peu de pays membres de l'organisme respectent les normes de sécurité informatique. Sur un échantillon de 28 pays seuls 11 affirment avoir procédé à une évaluation des risques et menaces dans le cadre de leur démarche de sécurisation des services électroniques, deux d'entre elles (Allemagne-Irlande) se

[1641] DGID, *Discours de DG lors de la rentrée solennelle 2019*, Magazine trimestriel, n° 22, 2019, p. 10.
[1642] Voir l'article 665-I.
[1643] Bordereau de Retenue à la Source (IRPP-TRIMF-CFCE).
[1644] Versement de Retenue à la Source (RAS 5 %- TVA).

référant expressément à la norme ISO 27001 (norme sur le système de gestion de la sécurité des informations publiée en 2005)[1645]. Au-delà des défaillances du système de sécurité l'organisme a également beaucoup insisté sur les précautions à prendre en matière de e-courrier.

Paragraphe II : Le renouvellement de l'outil de travail

897. Dans les anciennes colonies françaises, l'administration a pendant longtemps été le reflet de celle de la métropole. En effet, elle s'est inscrite dans une dynamique d'uniformisation en matière de compétence et de procédure et ignorait, dans la plupart des cas, « la spécificité des espaces et celle des groupes »[1646]. Dès l'instant que l'administration a été reconnue comme le levier chargé d'impulser le recouvrement de recettes nécessaires, il fallait nécessairement restructurer (A) et quitter la gestion manuelle au profit de la gestion informatique (B).

A. Une dynamique de restructuration

898. Les besoins en financement de nos États et la volonté de réduire substantiellement le recours à l'endettement conduisent nos États à réfléchir sur une meilleure structuration de l'administration. Pour Gérard CHAMBAS, une administration performante vise la mise en place de services meilleurs pour les contribuables civiques et des moyens professionnels pour les contribuables récalcitrants[1647]. La réforme des structures implique généralement une redistribution des compétences non négligeables entre les diverses administrations concourant à la mission fiscale. Selon les orientations, la mise en œuvre des regroupements peut s'avérer délicate et risquée par l'ampleur des aménagements. Par exemple, demander aux directeurs de chacune des administrations financières de mener à bien un processus de recomposition, c'est les mettre dans une situation difficile structurellement, il leur sera très difficile d'éviter le conflit. Or, le succès dépendra de l'intégration de ces orientations comme objectif fondamental par chacune des administrations considérées[1648]. La restructuration va beaucoup s'appesantir sur les

---

[1645] OCDE-Centre de Politique et d'Administration fiscales, *Rapport d'enquête sur les tendances et l'évolution du recours aux moyens électroniques pour la fourniture de services aux contribuables*, mars 2010, p. 95.

[1646] J. B. FOTSING, *Le pouvoir fiscal en Afrique*, *op. cit.*, p. 34.

[1647] G CHAMBAS, *Afrique du Sahara: Mobiliser les ressources fiscales pour le développement*, *op. cit.*, p. 207.

[1648] *Idem*, p. 210.

questions de fusion des régies financières qui, selon les statistiques, a contribué à l'accroissement des ressources fiscales.

899. En Afrique, certains pays comme le Togo et le Burundi ont adopté la pratique des offices de recettes. Généralement, cela consiste en une fusion des régies financières pour mettre en place une administration puissante apte à générer les ressources nécessaires au développement. Pourtant ladite fusion a été réalisée avec succès dans de nombreux États. Elle donne naissance à une entité qui se singularise par la pluralité des dénominations utilisées pour la désigner : office des recettes, autorité fiscale, administration fiscale semi-autonome, autorité de revenu, etc[1649]. Dans notre cas, exemple est pris autour des offices de recette. L'office des recettes est « *une expression utilisée pour désigner un régime de gestion d'une organisation en charge de la perception des recettes qui lui procure plus d'autonomie que celle accordée à une direction d'un ministère* »[1650].

900. À notre sens, une première observation peut être faite sur la décision de réforme des structures administratives. Les différentes raisons avancées pour la création des agences sont celles de répondre à l'impératif d'efficacité. Si l'on se réfère aux principes de la science administrative, il est de coutume de distinguer l'administration classique communément appelée administration de gestion et les agences d'exécution que l'on pourrait appeler administrations de mission. L'administration de mission, selon les préceptes de la science administrative devait avoir pour objectif de régler un problème ponctuel. Ainsi, elle ne pouvait pas de façon structurelle gérer des tâches. Le cas des offices de recette ne rentre pas dans cette logique car la mission qui leur est confiée est d'ordre structurel.

901. Au Sénégal c'est la loi n°2009-20 du 04 mai 2009[1651] sur les agences d'exécution qui fixe les règles qui leur sont applicables. Dans l'exposé des motifs, le législateur justifie la création d'agences d'exécution pour faire face à une exigence des usagers du service public. Cette exigence fait suite à un constat général d'inefficacité de

---

[1649] E. M. TONI, « L'« agencisation » en matière fiscale : le cas des offices de recettes d'Afrique francophone », *Acte du colloque des 4 et 5 octobre avec comme thème : Bénin : Les recettes publiques en débat sous la direction de Nicaise MEDE et Nicolas YENOUSSI*, L'Harmattan, 2020, p. 264.

[1650] M. KIDD & W. CRANDALL, *Revenue autorities : issues and problems in evaluating their success*, FMI, 2006, p. 12.

[1651] J.O. n° 6481 du samedi 25 juillet 2009.

l'administration classique. Selon lui, il s'agit d'un nouveau mode de gestion publique. Une autre particularité pourrait être évoquée. Il s'agit d'un objectif de résultat assigné au service concerné via un contrat de performance[1652]. Cette logique de résultat les démarque de l'administration classique où subsiste toujours malgré les nombreux efforts de réforme, une obligation de moyen. Le décret[1653] d'application de la loi de 2009 précise que le rapport annuel de performance doit être déposé dans un délai de 6 mois suivant la clôture de l'exercice. Une fois déposé celui-ci fait l'objet d'une évaluation par un cabinet indépendant[1654]. Au Sénégal, la formule de l'« agenciation » des régies financières n'a pas été adoptée. Comme nous l'avions évoqué dans nos développements plus haut, l'autorité administrative n'a tout simplement préféré qu'une répartition des tâches de recouvrement des impôts d'État et locaux respectivement entre la DGID et la DGCPT.

902. Retenons que les offices de recettes pour faire référence à la fusion des deux administrations fiscale et douanière sont en grande partie situés dans les États d'Europe, d'Amérique du Sud et d'Afrique Anglophone[1655]. En France, la sédimentation historique a été largement bouleversée par une réforme substantielle initiée en 2008, qui a enclenché le processus de fusion progressive (sur 4 ans) des services de la Direction générale des Impôts et de la Direction générale de la Comptabilité Publique au sein de la Direction générale des Finances Publiques (DGFIP). Deux soucis ont présidé à cette réforme : généraliser l'accueil du contribuable au sein des guichets uniques dédiés à son profil économique, et améliorer les conditions de lutte contre la fraude. Les compétences de la DGFIP dans le domaine fiscal sont les suivantes :

– elle conçoit et élabore les textes législatifs et réglementaires relatifs à la fiscalité ainsi que les instructions générales interprétatives nécessaires à leur application (tâche assumée par la DLF) ;

– elle veille à l'établissement de l'assiette et à la mise en œuvre du contrôle de la quasi-totalité des impôts, ainsi qu'à leur recouvrement ;

– elle représente l'État devant les juridictions fiscales ;

[1652] Article 5 de la loi de 2009 sur les agences d'exécution.

[1653] Décret n° 2009-522 du 04 juin 2009 J.O. n° 6482 du samedi 1er août 2009.

[1654] Article 16 du décret d'application de la loi de 2009.

[1655] E. M. TONI, « L'agencisation » en matière fiscale : le cas des offices de recettes d'Afrique francophone », *op. cit.*, p. 267.

– elle représente l'État dans les négociations internationales en matière fiscale ;

– elle instruit les demandes d'agréments fiscaux[1656].

903. Concernant le but d'économie, la Cour des comptes a relevé que la fusion avait entraîné plutôt un coût supplémentaire qu'elle a chiffré à 589 millions d'euros pour la période de 2008 à 2012, du fait notamment, de l'alignement des rémunérations par le haut pour tous les agents, et cela pour assurer le succès de la réforme auprès des personnels. C'est seulement dans le long terme que la fusion pourrait entraîner la suppression de plusieurs milliers de postes[1657]. Le système français de fusion des régies financières se distingue de celui adopté par les États africains. Dans le premier cas, le regroupement concerne la Direction du Trésor public et la Direction des Impôts alors que dans le second cas il s'agit de la réunion de la Direction des Impôts et de la Direction des Douanes. Il est clair que les différents choix opérés relèvent d'un examen minutieux des techniciens dont le seul but reste la recherche d'efficacité.

904. En Afrique le premier Office des Recettes a été installé au Ghana au milieu des années 1980. Plus exactement parmi les pays africains à avoir opté pour le modèle des offices de recettes, huit sont en Afrique australe (Botswana, Lesotho, Maurice, Namibie, Seychelles, Afrique du Sud, Swaziland et Zimbabwe) sept sont en Afrique de l'Est (Burundi, Kenya, Malawi, Rwanda, Tanzanie, Ouganda et Zambie) et cinq en Afrique de l'Ouest (Gambie, Ghana, Libéria, Nigéria et Sierra Leone)[1658]. Il ne fait point de doute que la question relative à l'efficacité de ces administrations plane sur l'épineuse question de la recherche de ressources fiscales suffisantes. Préalablement à la consultation des statistiques, l'augmentation des offices de recettes dans les différents États peut constituer un effet catalyseur pour tous les autres États. Rien qu'en Afrique ce type de structure est passé de huit en 1990 à quinze en 2005 puis à vingt autour des années 2017[1659].

1656 J. C. GROSCLAUDE & P. MARCHESSOU, *Droit fiscal général*, *op. cit.*, p. 57.

1657 J. LAMARQUE, O. NEGRIN & L. AYRAULT, *Droit fiscal général*, *op. cit.*, p. 139.

1658 E. M. TONI, « L'agencisation » en matière fiscale : le cas des offices de recettes d'Afrique francophone », *op. cit.*, p. 269.

1659 E. M. TONI, « Les offices de recettes en Afrique francophone », *Gestion et Finances publiques*, n° 2, 2018, p. 111.

905. La particularité de cette nouvelle administration est à rechercher dans son autonomie. En effet, il s'agit de services détachés de la structure des ministères en charge des Finances. Cette extériorité leur permet de jouir d'une certaine autonomie qui les protège des interférences politiques directes et se traduit par des règles plus souples en matière de recrutement, de discipline, de licenciement et enfin de répression de la fraude fiscale. Toutefois, le caractère régalien de leur mission offre à la tutelle un droit de regard sur le mode de gestion des offices de recettes[1660].

906. Au-delà des aspects d'ordre organisationnel qui ont gouverné leur mise en place, les avancées notées après quelques années de création ont permis aux États de recouvrer des recettes supplémentaires. Au Rwanda par exemple, la création de l'Office Rwandais des Recettes en 1997 a permis de faire grimper les ressources fiscales de 9,5 % à 13 % du PIB[1661]. Cette tendance avait cours également dans d'autres pays. En Ouganda, après la création de l'Office de recettes, le rapport Impôt/PIB serait passé de 7 % en 1991 à plus de 10 % en 1997. En Tanzanie, les ressources fiscales collectées ont atteint 10 % du PIB lors de l'année de création[1662] de l'Office de Recettes et 11 % l'année suivante[1663]. Dans le cadre des procédures fiscales, un accroissement notable des contrôles fiscaux a été enregistré. Au Togo par exemple, les entreprises qui sont au réel font l'objet d'au moins un contrôle sur pièce chaque année[1664]. Rappelons que la régularité du contrôle fiscal est le premier Rampart du principe de la déclaration contrôlée.

907. La réalisation de résultats satisfaisants par les offices de recettes repose sur une armada de faits. Dans les États où l'on retrouve ces administrations financières, les autorités politiques ont fait table rase du système classique de gestion des impôts et des taxes. Au Rwanda par exemple, il a été beaucoup question du choix d'un personnel de qualité et de l'instauration de procédures modernes aptes à booster les recettes

---

[1660] *Idem*, p. 111.
[1661] Office Rwandais des Recettes, *Développer les capacités d'une administration fiscale*, Document de réflexion, n° 57D, 2006, p. 5.
[1662] 1996.
[1663] V. T. YASUI, « La coopération entre les administrations fiscales et douanières : enseignements tirés d'autorités fiscales » *Document de recherche de l'OMD,* n° 5, 2009, p. 9.
[1664] I. ADOYI, B. BANQUE & A. OURO-ADOI, « Étude du système fiscal togolais », *Droit fiscal en Afrique subsaharienne francophone sous la direction de Thierry OBRIST*, Ed Bruylant, 2022, p. 524.

recouvrées[1665]. L'investissement sur le capital humain a été unanimement reconnu comme un moyen de réhabilitation des administrations. Certains vont plus loin en professant que l'État doit poser des actions fortes pour maintenir les agents au sein de l'administration. Autrement dit, les autorités centrales doivent instituer un climat de fidélité entre la régie financière et l'agent. La rareté des spécialistes dans le domaine de la fiscalité pourrait inciter les agents à quitter l'administration au profit d'un poste de conseiller fiscal à titre indépendant ou directement rattaché à une entreprise. Par conséquent, cette catégorie de fonctionnaire doit être bien rémunérée car elle dispose d'un large choix en termes d'emplois lucratifs. L'idée qui consiste à aligner les rémunérations des agents aux performances de recouvrement doit plus que jamais être sérieusement étudiée[1666].

908. Concernant les ressources humaines, il faut retenir que l'élément le plus marquant a été le choix des profils. Dans certains pays, on a voulu apporter une nouvelle dynamique en recrutant un nouveau personnel[1667]. C'est le cas du Burundi, où le personnel des anciennes régies financières a été entièrement renouvelé et un nouvel appel à candidatures a été lancé. Celui-ci a généré plus de 9000 candidats dont seulement 450 ont été retenus[1668]. Dans d'autres pays une réhabilitation du personnel de base a été considérée comme un impératif compte tenu des nouvelles exigences d'efficacité.

909. Au plan statutaire, le personnel des offices de recettes arbore une certaine particularité. Généralement, l'administration fiscale est composée de fonctionnaires se trouvant dans un statut légal et réglementaire. Or, au Togo par exemple, le personnel-cadre de l'Office des Recettes a des contrats de travail à durée indéterminée. Cela constitue une certaine souplesse vis-à-vis de l'agent[1669]. Les règles de droit commun permettent à l'employeur de pouvoir sanctionner plus

---

[1665] Office Rwandais des Recettes, *Développer les capacités d'une administration fiscale*, *op. cit.*, p. 15.

[1666] P. KOKOU TCHODIE, « Les motivations ultra-matérielles et la question des moyens de travail dans les administrations fiscales », *Acte du colloque des 4 et 5 octobre avec comme thème : Bénin : Les recettes publiques en débat sous la direction de Nicaise MEDE et Nicolas YENOUSSI*, L'Harmattan, 2020, p. 264.

[1667] Cette tendance a été notée au Rwanda ou par exemple au Togo. Dans le premier pays, on a fait subir au personnel une formation assurée par le biais de l'assistance technique.

[1668] E. M. TONI, « Les offices de recettes en Afrique francophone », *op. cit.*, p. 114.

[1669] *Ibidem*, p. 315.

facilement l'employé en cas de manquement à ses obligations professionnelles. Rappelons cependant qu'une obligation de résultat plane sur la tête du personnel à travers les fameux contrats de performance. Toujours dans le cadre des innovations notées au Togo, l'office a fait de la formation continue un impératif de premier rang. En effet, elle s'est dotée d'un institut de formation fiscale et douanière (IFFD) qui assure la formation professionnelle de ses agents afin de renforcer ses compétences[1670].

910. Si l'on compare toutes les réformes entreprises dans les pays où l'on a noté une fusion des régies financières, l'analyse d'un observateur éclairé pourrait conduire à affirmer que le Sénégal n'a réalisé que des réformettes dans le cadre de ses fameux plans de développement stratégique. Aucune refonte en profondeur n'a été faite en ce qui concerne l'organisation classique des régies financières. Les principales actions posées se résument à l'accroissement des moyens de travail, la formation continue du personnel et le contrat de performance. La question du leadership des dirigeants, le renouvellement du statut du personnel ou encore la fidélisation des agents n'ont pas eu un grand effet dans la dynamique de la réforme entreprise.

911. En définitive, la mise en place du *New Public Management* n'a pas été sans problème. Pour certains, il s'agit d'un cadre où l'on note la forte responsabilisation des managers. Cela a pour conséquence de diminuer le niveau de responsabilité des leaders politiques envers le public dans la gestion administrative. Les difficultés de coordination s'observent également au regard de la forte autonomie des agences. L'expansion rapide des agences a entraîné un délitement du lien de subordination vis-à-vis de l'État central. La fragmentation et la forte autonomie engendrent également des difficultés de contrôle. Selon le Conseil d'État français, le caractère autonome des agences constitue des lignes de fuite dans la maîtrise des dépenses publiques[1671]. Il importe de préciser qu'au Togo et au Burundi que les offices de recettes ont été instituées par des lois et non pas par un décret. Aussi, l'acte

---

[1670] I. ADOYI, B. BANQUE & A. OURO-ADOI, « Étude du système fiscal togolais », *op. cit.* , p. 519.

[1671] P. ARIANE AGBOZO, « L'agenciation des administrations fiscales : une solution d'avenir ? l'agenciation dans son principe », *Acte du colloque des 4 et 5 octobre avec comme thème : Bénin : Les recettes publiques en débat sous la direction de Nicaise MEDE et Nicolas YENOUSSI*, L'Harmattan, 2020, pp. 256-257.

institutif a fait de ces structures des Établissements Publics à caractère Administratif[1672].

B. La gestion informatique des données

912. Le travail manuel dans les administrations constitue un procédé inadapté aux évolutions contemporaines. Celui-ci constitue en grande partie en une méthode axée sur la gestion des taches via un support physique. Soucieux de la modernisation de ses services, la DGID a mis en place en 2006 de façon graduelle le Système Intégré de Gestion des Taxes[1673]. Le Système Intégré de Gestion des Taxes est une suite de modules intégrés qui permet aux gouvernements d'informatiser l'administration des taxes, impôts et patentes[1674] grâce à un système d'information unique et complet[1675]. À l'époque l'instauration avait suscité la mise en place d'un projet. C'est par arrêté ministériel n° 2714 MEF-DGID du 3 mai 2006[1676] que le ministre des Finances avait institué au sein de la DGID un projet d'implantation d'un système intégré de gestion des impôts et des taxes dénommé SIGTAS.

913. Ledit projet a été exécuté grâce à la présence d'organe d'orientation, de supervision de coordination et de suivi du projet. Les deux organes habilités sont : le Comité de Pilotage et le Comité Technique. Le Comité de Pilotage a pour objectif principal d'assurer la coordination et le contrôle de la bonne exécution du projet[1677]. Le Comité technique est quant à lui l'organe du projet mandaté par le comité de pilotage[1678]. Ce progiciel a été conçu pour intégrer les fonctionnalités suivantes :

- les fonctions d'assiette ;
- la fonction de contrôle ;
- toutes les activités connexes telles que la gestion du recouvrement.

[1672] E. M. TONI, « Les offices de recettes en Afrique francophone », *op. cit.*, p. 112.
[1673] MEFP-DGID, *Appui à la gestion de la politique fiscale*, *op. cit.*, p. 1.
[1674] La patente a été remplacée au Sénégal par la CEL (loi 2018-10 du 30 mars 2018 portant modification de certaines dispositions de la loi 2012-31 du 31 décembre 2012 portant CGI.
[1675] D. DIARRA, « Le système intégré de gestion des taxes : grandeur et perspectives d'un mécanisme technologique », *Acte du colloque des 4 et 5 octobre avec comme thème : Bénin : Les recettes publiques en débat sous la direction de Nicaise MEDE et Nicolas YENOUSSI*, L'Harmattan, 2020, p. 73.
[1676] J.O. n°6299 du samedi 30 septembre 2006.
[1677] Article 3 de l'arrêté.
[1678] Article 6 de l'arrêté.

914. Retenons que l'objectif principal visé par les pouvoirs publics est l'optimisation de la gestion des données fiscales, cadastrales, domaniales et foncières. La mise en place de ce progiciel permettra d'atteindre les objectifs ci-après :

– l'élargissement de l'assiette de l'impôt ;

– la transparence dans le traitement des opérations de l'impôt ;

– la modernisation de la DGID par la maîtrise et l'autonomisation de la gestion de l'assiette et du recouvrement ;

– l'équité dans le traitement des contribuables par une amélioration de la qualité des services et des émissions ;

– l'amélioration et la fiabilité des données d'assiette et du recouvrement[1679].

915. Le Sénégal n'est cependant pas le précurseur en termes de Système Intégré de Gestion des Taxes. Le processus a démarré depuis 1996 dans plusieurs pays d'Afrique, aux Caraïbes, au Proche-Orient, en Europe, en Océanie et en Asie du Sud-Est. Le logiciel est composé de plusieurs modules (Immatriculation, Gestion des comptes d'impôts, TVA, Cotisation, Encaissement, Remboursement, Recouvrement, Vérification, Contentieux, Document et dossier, Services fiscaux électroniques, Administration et Modules spécialisés. Ces modules permettent en gros au système fiscal d'être performant afin de pourvoir à l'État les ressources nécessaires pour le financement du développement. Le module Immatriculation est le noyau central du système. Toute personne physique et morale assujettie à l'imposition est immatriculée et se voit attribuer son propre numéro d'identification fiscale (NIF/IFU)[1680].

916. Il convient également de rappeler que l'objectif principal de l'Identifiant fiscal unique est surtout de mettre fin à la multiplicité des identifiants en usage au sein de l'administration publique en général, et des régies financières, en particulier. L'IFU permet d'immatriculer, de façon unique, les personnes physiques et morales redevables de divers impôts. Il permet aussi d'éviter l'attribution de plusieurs identifiants à

[1679] « Système Intégré de Gestion des Taxes de l'Administration du Sénégal », in http://www.impotsetdomaines.gouv.sn/fr/sigtas, consulté le 23/08/2021.
[1680] D. DIARRA, « Le système intégré de gestion des taxes : grandeur et perspectives d'un mécanisme technologique », *op. cit.*, p. 76.

une même personne (physique ou morale)[1681]. L'objectif du numéro IFU se décline en trois points :

– constituer une base de données fiables à des fins d'information et de recoupement ;

– améliorer et moderniser la gestion des finances publiques avec la mise en œuvre d'une fiscalité de développement ;

– faire participer tous les citoyens à la constitution de la richesse nationale conformément au principe réaffirmé dans la charte fondamentale[1682].

917. Rappelons que l'absence d'immatriculation et la non tenue d'une comptabilité écrite rendent difficile l'application de la loi fiscale dans le secteur dit « informel ». Cette situation oblige l'État à prévoir des règles spécifiques, « exorbitantes » des mécanismes classiques de la fiscalité[1683]. Cette situation justifie parfaitement l'absence de maîtrise du secteur informel. L'absence d'identifiant est à l'origine de l'inexistence de comptes d'impôts pour les assujettis à la Contribution Globale Unique.

918. Par ailleurs, le progiciel SIGTAS devait permettre à l'administration d'avoir une maîtrise parfaite des prévisions de recettes fiscales. À cet effet, il a été recommandé à l'administration fiscale d'intégrer dans SIGTAS le code d'activités des entreprises afin de faciliter et d'approfondir l'analyse sectorielle[1684]. Au plan fonctionnel la mise en place du progiciel s'est faite de façon graduelle, les agents du fisc basés au sein des Centres des Services fiscaux ont eu d'énormes difficultés d'usage. Les CSF ont été considérés comme les derniers maillons de la chaîne après la Direction des Grandes Entreprises et la Direction des Moyennes Entreprises. Après la mise en place, les agents ont eu d'énormes difficultés pour mettre en application leurs connaissances théoriques et ce retard a été noté dans les deux régions que sont Kolda et Ziguinchor. La non-appropriation dudit logiciel avait engendré la subsistance du travail manuel (création de dossiers physiques sans

---

[1681] T. H. GERAUD, « L'identification fiscale unique : promesse d'avenir », *Acte du colloque des 4 et 5 octobre avec comme thème : Bénin : Les recettes publiques en débat sous la direction de Nicaise MEDE et Nicolas YENOUSSI*, L'Harmattan, 2020, p. 99.

[1682] *Idem*, p. 100.

[1683] A. NIANE, *Fiscalité et intégration économique*, *op. cit.*, p. 53.

[1684] MEFP-DGID, *Appui à la gestion de la politique fiscale*, *op. cit.*, p. 41.

immatriculation dans SIGTAS, quittances manuelles, déclarations générées hors SIGTAS). À travers l'atelier de formation sur le Guide Fiscal des PME du 15 au 19 octobre 2018, les agents du service des impôts ont bénéficié d'une formation renforcement de capacité. L'objectif était très ambitieux. L'accent a été mis sur toutes les fonctionnalités du progiciel de l'immatriculation à l'encaissement en passant par les modules « cotisations », « comptes d'impôts » et « doc/dossier »[1685].

919. Lors de la rentrée fiscale 2019, le Directeur général des Impôts et des Domaines à l'époque Monsieur Cheikh Ahmed Tidiane BA avait précisé que le système intégré de gestion des impôts et des taxes avait évolué en 2016 de la version 1.0 à la version 3.0. Il a tenu par la même occasion à rappeler que ce progiciel était la source et le réceptacle de la plateforme de télédéclaration et de télépaiement dénommée E-tax et de la solution de suivi des transactions fiscales dénommées *Mon espace perso*. Il en sera ainsi pour toutes les applications informatiques de la DGID[1686].

920. À vrai dire la DGID ne fait que s'inscrire dans le bon fonctionnement du progiciel. En effet, SIGTAS requiert pour son efficacité optimale des exigences de rigueur comportementale de la part du client et des utilisateurs. Il s'ensuit des contraintes de respect de ces exigences, sous peine de déclencher des dysfonctionnements dans le logiciel. Il serait souhaitable que les agents de la DGID s'approprient tous les modules mis en production afin de permettre une exploitation efficace de SIGTAS et de tirer profit de toutes ses subtilités pour une maîtrise totale des données fiscales. À titre d'exemple, numériser toutes les correspondances échangées entre le contribuable et l'administration fiscale et les enregistrer dans SIGTAS en les associant aux natures d'impôts (comptes d'impôts). Le défi est d'atteindre l'objectif zéro papier qui correspond à la dématérialisation complète des informations fiscales[1687].

921. Une observation poussée du climat de gestion des régies financières pourrait conduire à de nombreuses remarques. L'instauration d'un progiciel n'a pas suffi pour se départir totalement de la gestion

---

1685 DGID, « Utilisation de SIGTAS : formation des agents des CSF de Ziguinchor et Kolda », *Magazine trimestriel,* n° 21, 2018, p. 39.

1686 DGID, « Discours du Directeur Général - rentrée solennelle », Magazine trimestriel, n° 22, 2019, p. 12.

1687 D. DIARRA, « Le système intégré de gestion des taxes : grandeur et perspectives d'un mécanisme technologique », *op. cit.*, p. 89.

physique des dossiers. Aussi, l'existence d'un système d'information n'a pas empêché à la DGID à mettre en place des banques de données aussi bien dans le cadre de ses relations fiscales internationales avec certains pays comme la France mais à l'égard de la Direction générale des Douanes. Rappelons que le Sénégal n'a pas opté pour la fusion des régies financières, mais les décideurs ont fini par comprendre que l'efficacité recherchée dans le recouvrement des recettes fiscales ne s'opère jamais sans communication ou collaboration entre elles.

922. Fort de cela, la Direction des Impôts et la Direction des Douanes ont mis en place en 2016 une Brigade Mixte Impôts et Douanes. Celle-ci devrait permettre d'accroître les rendements du contrôle fiscal à travers un flux continu d'échange d'informations. Il a également été question d'élargir la collaboration entre les régies financières sur les points ci-après : relance de la BMCID avec des moyens de travail conséquents, création d'une plateforme de croisement des données, mise en place d'une banque de données, automatisation d'un identifiant unique par le NINEA, mutualisation et gestion opérationnelle du renseignement, mise sur pied d'un comité de travail DGID/DGD en vue d'une convention qui encadre nos échanges[1688].

923. La rencontre prévue entre les deux régies financières en 2017 a permis de présenter la plateforme d'interconnexion DGD-DGID. Ladite plateforme a été dénommée « *TANDEM* ». Cet outil a été conçu pour rendre plus efficace le contrôle mené par les deux administrations et d'endiguer toute tentative de fraude. À travers cette rencontre les Directeurs généraux ont instruit les coordonnateurs de présenter annuellement un plan de travail pour rendre dynamique la Brigade Mixte[1689]. L'efficience dans cette collaboration pouvait également consister en l'octroi d'un droit d'accès d'une régie financière sur son système d'information à l'autre. Si nous prenons l'exemple de la DGID, un accès permanent sur le progiciel « *Gaïndé* » permettrait d'évaluer rapidement le chiffre d'affaires de certains contribuables et de procéder à des taxations d'office sans faire intervenir les services de la DGD. Au niveau de la DGD le système de groupage peut davantage être régulé pour permettre à la DGID de connaître la véritable identité des propriétaires de marchandises. L'OCDE indique qu'une étroite collaboration

---

[1688] P. A. G. DIOP, Compte rendu de la réunion DIGD et DGD tenue à l'hôtel Fleur de Lys le 06 avril 2016, https://www.douanes.sn/fr/node/624_consulté le 24/08/2021.
[1689] Compte rendu de la rencontre du 10 mai 2017 entre la DGID et la DGD, https://www.douanes.sn/fr/node/891 consulté le 24/08/2021.

entre les régies financières peut se révéler fructueuse dans le cadre de la détermination du prix de pleine concurrence. En effet, les autorités douanières peuvent disposer d'informations concernant la transaction, recueillies à la date de celle-ci, qui peuvent être utiles dans l'examen des prix de transfert, notamment si elles ont été préparées par le contribuable, tandis que les autorités fiscales peuvent disposer d'une documentation sur les prix de transfert qui fournit des renseignements détaillés sur les circonstances de la transaction[1690].

Section II : L'efficacité dans l'action administrative

924. Le rôle naturel de toute action administrative réside dans l'exécution des lois. L'administration fiscale ne saurait donc pas, échapper à cette règle[1691]. L'efficacité des services de l'administration des impôts constitue un enjeu majeur. Cet enjeu est accentué par le contexte de transition fiscale[1692]. L'ingéniosité recherchée dans l'action administrative passe forcément par un renforcement des capacités[1693]. Aussi, les moyens de travail, contrepartie de la délégation des missions à exécuter par une organisation, sont une composante essentielle des conditions de travail, elle-même définie comme tout ce qui entre dans le cadre du travail d'une personne, que ce soit le cadre légal ou institutionnel, l'ergonomie du lieu de travail, l'ambiance générale ou les avantages sociaux[1694]. Pour faire face aux impératifs de résultat, il doit y avoir une nécessaire sauvegarde des prérogatives classiques (P1) à côté de l'émergence de nouveaux mécanismes (P2).

Paragraphe I : La sauvegarde des prérogatives du fisc

925. L'évaluation de la matière imposable est une phase importante dans la détermination de l'impôt dû. Le régime de la déclaration contrôlé installe le contribuable dans la situation de communiquer à l'administration le revenu réalisé avec à l'appui les justificatifs nécessaires[1695]. Rappelons que ce régime repose sur la bonne foi du

---

[1690] OCDE, *Principes applicables en matière de prix de transfert à l'intention des entreprises multinationales et des administrations fiscales*, *op. cit.*, p. 85.

[1691] G. ORSONI, L'évolution de la notion d'impôt, *op. cit.*, p. 326.

[1692] E. D. BA, *Droit fiscal*, *op. cit.*, p. 111.

[1693] A. ALLOSSOGBE, « Règles d'origine et produits originaires », *Acte du colloque des 4 & 5 octobre 2018 à Cotonou : Bénin les recettes publiques en Débat*, L'Harmattan, 2020, p. 437.

[1694] P. KOKOU TCHODIE, « Les motivations Ultra-matérielles et la question des moyens de travail dans les administrations fiscales », *op. cit.*, p. 297.

[1695] P. BELTRAME, *L'impôt sur le revenu*, *op. cit.*, p. 207.

contribuable. L'administration fiscale doit faire preuve de ténacité pour garantir les intérêts du trésor public. Le législateur a volontairement accordé au fisc deux prérogatives pour qu'à chaque fois que de besoin, les prétentions du contribuable puissent être remises en cause. Il s'agit principalement : du réalisme (A) et de la substitution de base légale (B).

A. Le principe du réalisme

926. La particularité du droit fiscal est liée au fait qu'il n'accorde aucune attention à l'origine de la matière imposable. C'est peut-être sans doute ce trait de caractéristique qui avait animé le juge administratif à qualifier les revenus issus de la prostitution de bénéfices non commerciaux[1696]. Une autre affaire que l'on pourrait qualifier d'hilarante correspond au cas du proxénète dont l'activité est qualifiée de commerciale, tout en étant à la fois illicite et immorale. Toutefois, le juge fiscal confirmera l'imposition des profits qu'il a réalisés[1697]. Le droit fiscal se contente de constater l'existence de la matière imposable, sans s'intéresser au caractère licite ou illicite de son origine. Certains auteurs estiment que le droit fiscal n'a rien d'original ou d'audacieux, car le réalisme dont il se réclame se trouve également dans les autres disciplines juridiques et économiques. Mais, toujours est-il que la loi fiscale frappe la matière imposable, sans se préoccuper de savoir ce qu'elle vaut en droit. Elle frappe des états de fait et non des situations de droit[1698].

927. Dans une affaire qui remonte à plus d'un siècle, le célèbre commissaire du gouvernement CORNEILLE soutenait : « *Qu'est-ce, en effet, qu'une loi fiscale ? C'est une loi destinée à frapper la matière fiscale, la matière imposable, et qui la saisit là où elle se trouve, qui la saisit telle qu'elle apparaît en fait, sans se préoccuper de ce qu'elle vaut en droit. La loi fiscale frappe donc des États de fait et non des situations de droit* »[1699]. C'est pourquoi en parlant du réalisme, Lucien MEHL et Pierre BELTRAME soutenaient que « *le droit fiscal s'attache plus aux faits qu'aux intentions, plus aux résultats qu'aux desseins, plus*

[1696] CE 15 février 1984 cité par M. COZIAN, *Les grands principes de la fiscalité des entreprises*, *op. cit.*, p. 115.

[1697] M. COZIAN, *Les grands principes de la fiscalité des entreprises*, *op. cit.*, p. 9.

[1698] EL. D. BA, *Droit fiscal*, *op. cit.*, p. 34.

[1699] Il s'agit de conclusion rendue à l'occasion de l'arrêt Syndicat des agents généraux de Belfort du 19 janvier 1921. Cité par M. COZIAN, *Les grands principes de la fiscalité des entreprises*, Paris, Litec, 1999, p. 8 ; voir également L. TROTABAS, « essai sur le droit fiscal », *Revue de Science et de Législation Financière*, éd. Marcel GIARD, Mars-Avril-Mai, 1928, p. 27.

qu'à des effets qu'à des causes, il ne lui est pas propre et ne se vérifie d'ailleurs pas toujours »[1700]. Le Doyen Trotabas en sa qualité de promoteur de l'illustre et très décriée théorie de l'autonomie du droit fiscal ne pouvait que s'opposer à la théorie de l'interprétation littérale qui liait fondamentalement l'application de la loi d'impôt au respect des règles du droit civil (démarche par ailleurs des plus logiques pour les spécialistes des droits d'enregistrement)[1701].

928. Le droit fiscal ne fait pas la distinction entre le commerçant de fait et le commerçant de droit. Il s'accorde à la réalisation du revenu[1702]. Ce principe fait que les dispositions prévues pour les entreprises relevant du secteur formel s'appliquent, dans certains cas, à des contribuables qui seraient éligibles au régime forfaitaire. Il en est ainsi en cas de taxation d'office lorsque les contribuables ne se sont pas fait connaître auprès de l'administration. Autrement dit, les formalités de déclaration d'existence et de demande de COFI n'ont pas été effectuées auprès du Centre fiscal de rattachement. De l'avis du Docteur Abdoulaye NIANE si « *l'administration leur permettait de se prévaloir des dispositions généralement jugées allégées encadrant le secteur dit informel serait une prime à « l'informalité », à l'irrégularité et aussi, à l'illégalité*[1703]».

929. Le Doyen Jean Jacques BIENVENU a apporté certaines précisions à propos de la singularité d'appréciation des relations économiques. Il précise que si la loi d'impôt fait référence à une notion déjà connue d'une autre branche du droit, mais sans préciser si elle la retient telle qu'elle s'y trouve. Dans ce cas, le juge doit retenir la notion en l'état, sauf incompatibilité fiscale qui commanderait alors de l'amender. À titre d'exemple, la notion de dividende est la même en droit fiscal et en droit des sociétés lorsque la distribution est régulièrement faite. Au contraire, elle devient purement fiscale si la distribution est irrégulière, car alors il faut tirer les conséquences de l'appréhension des bénéfices ou valeurs sociales[1704].

1700 L. MEHL & P. BELTRAME, Techniques, politiques et institutions fiscales comparées, *op. cit.*, p. 560.

1701 F. BIN, « Interprétation de la loi fiscale et idéologies politiques », *Mélanges en l'honneur du Doyen Pierre BELTRAME*, PUF, 2010, p. 95.

1702 M. COZIAN, F. DEBOISSY & M. CHADEFAUX, *Précis de fiscalité des entreprises*, *op. cit.*, p. 42 ; voir également P. BERN, *La nature juridique du contentieux de l'imposition*, Paris, LGDJ, 1972, p. 171.

1703 A. NIANE, *Fiscalité et intégration économique*, *op. cit.*, p. 55.

1704 C. DE LA MARDIERE, Pour tenter d'en finir avec l'autonomie et le réalisme du droit fiscal, *Étude à la mémoire du professeur Maurice COZIAN*, 2009, pp.142-143.

930. Le réalisme [1705]du droit fiscal a tendance à déjouer certaines pratiques du contribuable afin de minorer sa dette fiscale. Cette pratique courante en fiscalité est dénommée abus de droit. Le législateur sénégalais a consacré cette notion dans le droit positif. L'article 610-3 de la loi 2012-31 du 31 décembre 2012 modifiée par la loi 2015-06 dispose : « *Les qualifications données par les assujettis aux opérations et actes qu'ils réalisent, ne sont pas opposables à l'administration des impôts, qui a le droit de leur redonner leur véritable qualification* ». En France, depuis la loi de finances rectificative au titre de l'année 2008, l'abus de droit fait l'objet de la définition ci-après : « *Afin d'en restituer le véritable caractère, l'administration est en droit d'écarter, comme ne lui étant pas opposables, les actes constitutifs d'un abus de droit, soit que ces actes ont un caractère fictif, soit que, recherchant le bénéfice d'une application littérale des textes ou de décisions à l'encontre des objectifs poursuivis par leurs auteurs, ils n'ont pu être inspirés par aucun autre motif que celui d'éluder ou d'atténuer les charges fiscales que l'intéressé, si ces actes n'avaient pas été passés ou réalisés, aurait normalement supportées eu égard à sa situation ou à ses activités réelles* ». Le rôle de l'administration est d'assurer à tout prix une application maximale et une application égale de l'impôt à toutes les situations qui sont factuellement et économiquement comparables[1706].

931. Le contribuable est toujours animé par la préoccupation de trouver des subterfuges pour payer le moins d'impôt possible. En sa qualité de rapporteur public, Pierre COLLIN retenait dans l'arrêt « Sagal » : « *il n'y a abus de droit qu'en présence d'une série d'actes cohérents et convergents passés en vue de créer une situation juridique ou économique artificielle, et à seule fin d'entrer dans les prévisions d'une disposition fiscale favorable*[1707]». Le montage artificiel forme donc une opération complexe, sophistiquée, précisément pour égarer l'administration, que le contribuable entend perdre dans les méandres des divers actes réalisés. Comme le disait le professeur Maurice COZIAN, l'abus de droit est un péché commis par les « *surdoués de la*

[1705] L. JAILLAIS & D GUTMANN, « Pour une jurisprudence cohérente en matière d'abus de droit » *Bulletin fiscal,* éd. Francis Lefebvre, n° 5, 2011, p. 408.
[1706] P. MARCHESSOU, « Réflexion contemporaine sur l'interprétation des textes fiscaux », *Étude en l'honneur du professeur Paul AMESELEK,* Bruylant, 2005, p.555.
[1707] L. NAYBERG & N. VERGNET, « La clause anti-abus générale et la directive ATAD », *Revue fiscalité internationale*, n° 1, 2019, p. 234.

fiscalité »[1708]. La jurisprudence distingue généralement deux comportements constitutifs d'un abus de droit. Il s'agit principalement de : l'abus de droit par fictivité et l'abus de droit par fraude à la loi. Dans le premier cas[1709], le contribuable a créé une apparence mensongère au moyen d'un ou de plusieurs actes. L'exemple classique bien qu'assez désuet désormais est celui du bail fictivement consenti à un proche ou à une SCI contrôlée par le contribuable afin de générer un déficit foncier imputé sur le revenu global[1710]. L'administration fiscale sénégalaise estime que la prise en charge du loyer du Président Directeur général sur un bien immobilier lui appartenant dont la gestion est confiée à une agence immobilière est constitutive d'abus de droit. Précisons également que dans le cadre des groupes de sociétés, l'administration admet qu'une société Holding puisse mettre à la disposition d'une de ses filiales de locaux pour l'exercice des activités. Dans ce cas, le loueur professionnel qu'est la société Holding doit réclamer à la société fille un loyer qui soit en phase avec les exigences du principe de pleine concurrence et facturer la TVA due[1711].

932. Dans le cadre de l'abus de droit par fictivité, il y a un cas très usité par les professionnels indépendants. Il peut s'agir d'artistes, de consultants ou d'experts qui dans la vie réelle travaillent pour leur propre compte. En créant un cabinet, ces derniers devraient se retrouver redevables de l'IR au titre des BNC. Une méthode beaucoup plus subtile va consister à mettre en place une société de capitaux afin de s'auto-attribuer la casquette de salarié. Ainsi, des charges fictives vont être insérées dans la comptabilité pour payer le moins d'impôt possible. C'est dans cette hypothèse que Maurice COZIAN affirmait que : « *lorsqu'un contribuable passe un acte fictif, c'est généralement pour des raisons purement fiscales* »[1712].

933. Ce mécanisme fut utilisé par un homme de Lettres qui était persuadé que sa fiscalité serait plus légère s'il pouvait déclarer ses droits

---

[1708] C. DE LA MARDIERE, « Abus de droit : affres et misères de la jurisprudence Verdannet », *Revue de droit fiscal*, n° 29, 2019, p. 16.

[1709] En pratique la fictivité juridique est constituée par la différence objective existant entre l'apparence juridique créée par l'acte en cause et la réalité, en particulier économique, sous-jacente à cet acte.

[1710] L. JAILLAIS & D GUTMANN, « Pour une jurisprudence cohérente en matière d'abus de droit » *op. cit.*, p.4 08.

[1711] Lettre n° 393 DGID/DLEC/BC DU 10 novembre 2011.

[1712] M. COZIAN, « Abus de droit, apport-cession et apport-donation : la Cour de cassation est-elle en train de perdre le cap ? », *Revue de droit fiscal,* n° 36, 2007, p. 18.

d'auteur sous la qualification de salaire ; pour ce faire, il créa une société anonyme à sa dévotion envers laquelle il s'engageait, aux termes d'un « contrat de gestion », à confier l'ensemble de sa production littéraire contre le versement d'un salaire. Selon le Conseil d'État[1713], la société n'avait comme produit que les droits d'auteur perçus par le directeur. De plus, le siège de la société était le domicile du directeur, et n'a au titre des quatre années d'imposition litigieuses, établi ni bilan, ni compte d'exploitation, n'a nommé aucun commissaire aux comptes, n'a tenu qu'une seule Assemblée générale et enfin n'a souscrit à aucune déclaration fiscale. Partant de cela, le montage effectué par le contribuable avait un caractère fictif[1714].

934. Un autre exemple de fictivité a été décelé par l'administration fiscale. Au chapitre des droits d'enregistrement, l'administration fiscale avait relevé une forme particulière d'abus de droit afin d'éluder le paiement de droit d'enregistrement. Il apparaît que l'acte dit avenant n'a eu d'autre objet que d'éluder les droits de mutation exigibles à travers l'opération par l'effet de la novation passant par un changement du preneur, et ce, par référence à la volonté de nover, clairement mentionnée dans l'acte[1715].

935. A priori, tout ce qui n'est pas sanctionné par la loi est autorisé. La fraude à la loi consiste pour le contribuable à porter atteinte à la loi. C'est dans l'affaire Janfin[1716] que le Conseil d'État a consacré le

---

[1713] CE 27 février 1980.

[1714] M. COZIAN, *Les grands principes de la fiscalité des entreprises, op. cit.*, p. 25.

[1715] Lettre n° 156 DGID/DLEC/BC DU 22 mars 2012.

[1716] Rendue le 27 septembre 2006. Une société A avait acquis des titres d'une société B quelques jours avant que celle-ci ne lui ne lui distribue d'importants dividendes. À l'époque, l'avoir fiscal existait encore : toute distribution de dividendes entraînait donc l'octroi au bénéficiaire d'un crédit d'impôt au bénéficiaire d'un crédit d'impôt. La société A avait donc encaissé outre les dividendes, un avoir fiscal d'un montant important qui lui avait permis de réduire substantiellement l'impôt sur les sociétés dont elle était redevable. Le lendemain de la distribution, la Société A revendait les titres de la société B en faisant ressortir au passage une moins-value de cession.
L'administration contestait l'utilisation par la société A de l'avoir fiscal ainsi obtenu en se fondant sur l'article L64 du Livre des Procédures fiscales. Elle estimait que cette opération d'achat-revente n'avait qu'un objectif fiscal, à savoir l'obtention d'un crédit d'impôt. Le Conseil d'État lui donna cependant tort. Sans se prononcer sur la légitimité du montage critiqué, il se contenta de constater qu'il y avait encore une limite rationae matériae à l'application de l'article L64 : si celui-ci permet certes de neutraliser des opérations ayant pour effet de diminuer l'assiette de l'impôt, il peut servir de fondement lorsque l'avantage obtenu par le contribuable est d'une autre nature. Selon les termes du Conseil d'État, « l'administration ne peut faire usage des

concept de fraude à la loi dans le cadre de l'abus de droit. Cette décision a suscité la modification des critères de l'abus de droit, avec notamment l'insertion dans ces derniers d'une référence aux objectifs poursuivis par les auteurs des textes[1717]. Ici le contribuable cherche le bénéfice d'une application littérale des textes ou de décisions à l'encontre des objectifs poursuivis par leurs auteurs, ils n'ont pu être inspirés par aucun autre motif que celui d'éluder ou d'atténuer les charges fiscales de l'intéressé…[1718].

936. Sous d'autres cieux, l'abus de droit a fait l'objet d'une consécration par le droit communautaire. Les États européens conscients des pertes de recettes au chapitre de l'impôt sur le revenu ont adopté une directive dénommée ATAD pour lutter contre les montages artificiels permettant au contribuable de minorer l'impôt à payer au titre de l'IS. En France, cette directive a été transposée par l'article 205 du CGI issu de la loi de finances initiale pour 2019. Cet article prévoit que : « *pour l'établissement de l'IS, il n'est pas tenu compte d'un montage ou d'une série de montages qui ayant été mis en place pour obtenir à titre d'objectif principal ou au titre d'un des objectifs principaux, un avantage fiscal allant à l'encontre de l'objet ou de la finalité du droit fiscal applicable, ne sont pas authentiques compte tenu de l'ensemble des faits et circonstances pertinents* ». Le champ d'application de l'article 205 s'étend à tous les États membres de l'Union et aux situations internes et extra-européennes. Ceci ressort clairement du 11e considérant de la directive qui précise : « *qu'il est important de s'assurer que les clauses anti-abus générales s'appliquent de manière uniforme à des situations nationales, au sein de l'Union et à l'égard des pays tiers, de sorte que leur champ d'application et les résultats de leur application à des situations nationales et transfrontalières soient identiques* »[1719].

937. La question de la répression des abus de droit mérite d'être sérieusement prise en compte. Ailleurs, l'on a fini par comprendre l'ingéniosité des conseillers fiscaux dont le seul but est de réfléchir sur

---

pouvoirs qu'elle tient de ces dispositions lorsqu'elle entend contester l'utilisation comme moyen de paiement de l'impôt dû d'un avoir fiscal, laquelle ne déguise ni la réalisation, ni le transfert de bénéfices ou de revenus ». La Cour administrative d'appel voit donc son arrêt cassé pour avoir méconnu les limites de l'article L.64.

[1717] D. GUTMANN, Droit fiscal des affaires, *op. cit*., p. 730.

[1718] L. JAILLAIS & D GUTMANN, « Pour une jurisprudence cohérente en matière d'abus de droit » *op. cit*., p. 408.

[1719] L. NAYBERG & N. VERGNET, « La clause anti-abus générale et la directive ATAD », Revue fiscalité internationale, n° 1, 2019, pp. 228 & 233.

des mécanismes tendant à faire payer au contribuable le moins d'impôt possible. Si l'on a pu parler d'inégalité des armes entre le fisc et le contribuable dans le passé, aujourd'hui un contribuable fortuné peut se payer les services d'un fiscaliste pour pouvoir passer entre les mailles du filet de la loi. Face à cela, l'administration est plus que jamais interpellée. Précisons que des séminaires de remise à niveau ont été prévus dans le cadre des plans de développement stratégique. À défaut de pouvoir contraindre légalement les cabinets de rendre public leurs montages fiscaux. Comme cela a cours en Angleterre, l'administration pourrait quand même envoyer ses agents dans les cabinets étrangers pour des stages de perfectionnement.

938. En France, les pouvoirs publics ont jugé nécessaire de mettre en place un organe consultatif chargé de faire des avis motivés sur les redressements portant sur les montages artificiels constitutifs d'abus de droit. Il s'agit d'un Comité Consultatif de Répression des Abus de Droit qui a une réelle utilité pour l'administration. La notion d'abus de droit est difficile à appliquer. Sa dénomination n'est pas très éclairante et ses dispositions sont rédigées de manière critiquable dans le CGI et dans le LPF français. L'administration fiscale tient incontestablement compte de l'avis du CCRAD et abandonne des pans entiers de redressements lorsqu'il lui semble que l'avis du comité est ferme et convaincant[1720]. En dehors de son pouvoir de requalification, l'administration dispose de la faculté de substitution de base légale pour sanctionner le contribuable.

B. La substitution de base légale

939. Dans la procédure de rappel de droit, le législateur donne l'opportunité à l'administration de pouvoir rectifier une erreur ou un manquement dans le cadre d'une notification de redressement. Il s'agit de la substitution de base légale. Cette prérogative trouve son siège à l'article 621. À travers cette disposition, le législateur donne à l'administration le pouvoir d'user de cette prérogative aussi bien durant la phase de redressement que dans la phase contentieuse. L'article 621-1 de la loi 2012-31 du 31 décembre 2012 portant Code général des Impôts dispose que : « *la procédure de redressement primitivement mise en œuvre ne correspond pas au nouveau fondement légal qu'elle envisage de retenir, l'administration doit procéder à l'annulation de l'imposition établie sur un fondement erroné, en application du j de*

[1720] J-F. DE VULPILLERES, « Débat autour de l'abus de droit », *Revue de droit fiscal,* n° 47, 2007, p. 19.

l'article 603-II, et engager une nouvelle procédure de redressement appropriée au nouveau fondement ».

940. La doctrine administrative fiscale a précisé dans le cadre d'une affaire que : « *le pouvoir de suppression par l'administration de la notification de redressement et de son remplacement par une autre rentre dans le cadre de la substitution de base légale* ». Elle poursuit en affirmant qu'*elle s'exerce à la constatation par l'administration d'existence d'erreurs de nature substantielle ou non ou d'opérer des rectifications conformes à la procédure de redressement ou aux droits et obligations du contribuable* »[1721]. D. KIMMERLIN dans ses conclusions avait souligné sur un arrêt rendu en 1999[1722] que lorsque la substitution de base légale intervient dans le cours de la procédure d'imposition, elle constitue une substitution de motifs et suppose l'envoi d'une nouvelle notification de la proposition de rectification.

941. Cette position de l'administration est sujette à plusieurs interprétations. On sent manifestement que l'administration a des pouvoirs beaucoup plus étendus que le contribuable dans le cadre de la procédure de rappel des droits. Certains ont même parlé d'inégalité des armes entre le contribuable et l'administration. Cette prérogative fait état d'une deuxième chance dont dispose l'administration alors que le contribuable n'en dispose point. Le législateur a subtilement posé un mécanisme qui a rendu « sacrés », les intérêts du fisc. Cette situation n'est pas propre au droit fiscal. Dans d'autres pans du droit des finances publiques il a été question de la notion de privilège du trésor public. Par exemple, lorsqu'un comptable est mis en débet par arrêté du ministre des Finances, à la suite de la constatation d'un déficit dans sa caisse, pour se rembourser, le trésor, et en vertu de ses privilèges se présente au premier rang des créanciers dudit comptable[1723].

942. Le Conseil d'État français avait eu à se pencher sur la question. À l'époque, il était question de statuer sur la conformité de la substitution de base légale avec les dispositions l'article 6-1 de la convention européenne des droits de l'homme. La Haute Assemblée sans se prononcer sur l'applicabilité de l'article 6.1 au contentieux fiscal a tout simplement soutenu que le principe de la légalité des armes n'est pas méconnu lorsque l'administration fait usage de la substitution de

---

[1721] Lettre n° 418 DGID/DLEC/BC DU 07 décembre 2011.

[1722] CAA de Paris 25 novembre 1999.

[1723] M. DIALLO, *La comptabilité publique des États africains francophones*, Nouvelles Éditions Africaines du Sénégal, 2015, p. 250.

base légale dans la mesure où le contribuable peut invoquer tout moyen jusqu'à la clôture de l'instruction[1724]. Cette décision du juge français n'est pas transposable à l'environnement fiscal sénégalais. Le contribuable qui a reçu une notification de redressement ne jouit que d'un seul droit qui est celui de la réponse cantonnée dans un délai d'un mois[1725]. Après réception de la confirmation des redressements, le contribuable peut saisir dans un délai d'un mois la commission d'arbitrage dans le but d'obtenir gain de cause[1726]. L'insatisfaction conduit soit à un recours hiérarchique[1727] soit à un recours juridictionnel[1728]. En aucun moment, la procédure prévue ne permet au contribuable de faire des observations et d'y revenir. Il est cependant permis au contribuable de formuler une demande de remise ou modération. Ladite demande est justifiée par des événements rendant impossible le paiement de l'impôt dû[1729]. Rappelons que ce cas n'est prévu que pour le contribuable qui a reconnu le bien-fondé de l'imposition litigieuse. Aussi, aucune remise ou modération d'impôts ne peut être faite sur les impositions collectées en vertu du statut de redevable légal[1730].

943. Pour le Docteur El Hadji DIALIGUE BA : « *la substitution de base légale est une technique qui place le contribuable dans une insécurité juridique* »[1731]. Dans l'objectif d'endiguer toute velléité de sanction de la part du fisc, le contribuable doit veiller à une gestion conforme aux prescriptions fiscales et comptables. Toutes les erreurs commises par lui commise peuvent être rectifiées par le biais d'une déclaration rectificative. Cependant, le contribuable ne peut user de cette prérogative que pendant le délai de reprise. Très souvent même, il est de nature frileux à déposer une déclaration rectificative de peur

---

[1724] CE 13 octobre 1999.

[1725] Article 611 de la loi 2012-31 du 31 décembre 2012 portant CGI modifiée par la loi 2015-06 :
I. Le contribuable peut, à la réception des documents et dans un délai de trente jours visés à l'article 607, accepter les redressements qui lui sont notifiés ou formuler des observations par courrier adressé au Service des impôts ayant établi les redressements en y joignant, le cas échéant, les justificatifs.
II. Le défaut de réponse dans le délai de 30 jours visée au I équivaut à une acceptation du redressement.

[1726] Article 701.

[1727] Article 707.

[1728] Article 709.

[1729] Article 706.

[1730] TVA, RAS, IRPP, TAF & TRIMF.

[1731] E. D. BA, Procédures fiscales, *op. cit.*, p. 46.

d'éveiller des soupçons chez l'administration. Ce dernier pourrait amorcer, à cause de ce fait, une procédure de contrôle à l'endroit du contribuable[1732].

944. Postérieurement à l'établissement des impositions l'administration saisie d'une réclamation justifie le maintien des impositions en leur donnant un nouveau fondement légal. Cet événement n'est pas de nature à entacher d'irrégularité la procédure d'imposition. Mais l'administration ne peut pas demander au juge de l'impôt de rétablir des impositions qu'elle a dégrevées[1733]. Toutefois, l'administration ne doit en aucun cas violer les droits du contribuable dans le cadre de la procédure de rappel de droits. Tout manquement de l'administration à ses obligations ou la violation des droits du contribuable peuvent entraîner une annulation de la procédure. Par exemple, le manquement par l'administration aux obligations de délais de l'article 961 de la loi 92-40 transposé à l'article 612 de la loi 2012-31 modifiée par la loi 2015-06 entraîne une annulation de la procédure[1734]. Pour conforter cette hypothèse, le professeur Maurice Christian BERGERES affirmait que : « *la substitution de base légale, de par sa nature, peut apparaître comme un « Joker » procédural jouant le plus souvent, à bien des égards, contre les contribuables. Elle peut aussi être une technique se retournant contre son auteur* »[1735]. Pour Bernard BOUTEMY et Eric MEIER : « *toute la difficulté est de concilier et de parvenir à combiner le droit pour le contribuable de bénéficier des garanties prévues par la loi et le droit pour l'administration fiscale de procéder, en cours de procédure contentieuse, à une substitution de base légale*[1736] ». Selon le professeur Jean Luc PIERRE : « *Le droit reconnu à l'administration fiscale d'invoquer une substitution de base légale devant le juge a pour*

[1732] J. GROSCLAUDE & P. MARCHESSOU, *Droit fiscal général*, *op. cit.*, p. 192.

[1733] P. LUPPI, « La substitution de base légale en matière fiscale », *Mélanges en l'honneur du professeur Pierre BELTRAME*, PUF, 2010, p. 306.

[1734] Lettre n° 293 MEF/DGID/DLEC/RFSA DU 9 septembre 2009 & lettre n° 000617/DGID/BLC/LEG.1 du 27 octobre 2005. Il faut quand même préciser que plusieurs efforts ont été faits en ce sens. Le manquement aux délais n'a plus été noté dans le cadre de la procédure de rappel de droit.

[1735] P. LUPPI, « La substitution de base légale », *op. cit.*, p. 311.

[1736] B. BOUTEMY & E. MEIER, « Contentieux de l'impôt : substitution de base légale : nouvelle ardoise magique de l'administration », *Revue de droit fiscal*, n° 51, 2002, p. 1695 et s.

effet d'exclure toute application du principe de l'estoppel, lequel interdit en procédure à une partie de se contredire au détriment d'autrui »[1737].

945. Le point II de l'article 621 dispose : « *l'administration des impôts est en droit, lors de la procédure contentieuse, de motiver le bien-fondé d'une imposition litigieuse, en se fondant sur un texte légal différent de celui qu'elle avait initialement invoqué, lorsque la même matière imposable est susceptible de demeurer soumise au même impôt, non en vertu de la disposition légale invoquée en premier, mais sur le fondement d'une autre disposition légale qui lui est substituée.* Rappelons que la substitution de bases légales a une origine jurisprudentielle. Celle-ci a dégagé la possibilité offerte à l'administration de modifier en cours de procédure le fondement d'un redressement. En contentieux général, il s'agit d'une technique du juge consistant à procéder au remplacement du texte retenu à tort par l'administration comme fondement de la décision attaquée par le texte adéquat[1738]. Il y a toutefois une différence notable entre la substitution de base légale connue dans le contentieux administratif et celle dont le fisc fait usage dans ses relations avec le contribuable. Dans le cadre de l'application du droit administratif, ce mécanisme est exclusivement réservé au juge de l'excès de pouvoir qui en fait usage sous réserve du respect des droits de la défense. La substitution de base légale doit également être dissociée de la substitution de motif. Dans ce dernier cas l'administration ne convoque pas des règles différentes de celles qui justifient l'imposition, mais elle va substituer tout simplement les faits qui sont à l'origine de l'imposition par d'autres[1739]. Pour Jacques BUISSON : « la substitution de bases légales et la substitution de motifs peuvent se combiner au gré de l'objectif de la non-renonciation de l'application de la loi fiscale assignée à l'administration[1740]. Lucien MELH est allé beaucoup plus en profondeur dans son analyse en affirmant : « *qu'elle soit demanderesse ou défenderesse, l'administration peut à tout moment de la procédure invoquer tous les moyens de nature à fonder les impositions*

[1737] J. L. PIERRE, « Substitution de base légale : observations et interrogations sur une construction prétorienne du juge administratif de l'impôt », *Revue de droit fiscal*, n° 37, septembre 2024, p. 12.

[1738] Idem, p. 303.

[1739] J. BUISSON, « La substitution de base légale », *Revue de droit fiscal,* n° 11, 2014, p. 1.

[1740] *Idem*, p. 1.

contestées »[1741]. L'acte d'imposition est un acte administratif. Si un auteur fait mention tout court de moyens, on peut invoquer les faits et le droit en même temps. La Cour de Cassation française dans l'une de ses affaires avait retenu que : « *l'administration fiscale ne peut pas faire valoir la substitution de bases légales lorsque les faits qu'elle retient pour rejeter une réclamation sont différents de ceux énoncés dans la notification de rehaussement* »[1742]. Le juge administratif n'est pas du même avis dans la mesure il considère comme superfétatoire, le fait pour l'administration de servir une nouvelle notification de redressement en remplacement du premier dans le cas de l'exercice de la substitution de bases légales[1743].

946. Fort de cela, la substitution de bases légales trouve son soubassement dans le caractère obligatoire de l'impôt. Prélèvement obligatoire, l'impôt est une des prérogatives de puissance publique. La loi de finances autorise pour chaque année le recouvrement des impositions. Ainsi, il s'impose au contribuable et à l'administration. Le contribuable est dans une logique de dépossession au profit du fisc et le fisc dans une obligation de recouvrement des impositions[1744]. Cette philosophie découle des préceptes de la Déclaration des droits de l'homme et du citoyen de 1789 notamment en son article 13. L'usage de nouveaux mécanismes renforce l'action administrative.

Paragraphe II : L'émergence de nouveaux mécanismes

947. La démarche de la performance implique une recherche permanente de l'efficacité dans l'action de l'administration. L'adoption des différents Plans de Développement Stratégique[1745] a conduit à la signature d'un contrat de performance. Celui-ci assigne à l'administration fiscale un certain nombre de résultats à atteindre. Dans cette logique, elle cherche à combler ses manquements avec le partage d'expérience (A) soit avec ses homologues étrangers soit avec des organismes à caractère international. Aussi, la promotion du civisme fiscal reste un élément important dans l'entreprise de la légitimation de l'impôt (B).

[1741] L. MEHL & P. BELTRAME, *Techniques politiques et institutions fiscales comparées*, *op. cit.*, p. 601.

[1742] C. Cass. 8 janvier 1991.

[1743] CE 6 décembre 1993.

[1744] E. D. BA, *Procédures fiscales*, *op. cit.*, p. 46.

[1745] 2008-2012 & 2018-2021.

A. Le partage d'expérience

948. Il est de plus en plus difficile, voire impossible, pour les systèmes fiscaux nationaux de fonctionner efficacement en vase clos. Non seulement, une telle façon de faire les prive d'informations essentielles, mais elle ne les met pas en mesure d'apporter une réponse adéquate à des différends fiscaux d'ordre international (répartition de compétences entre États par exemple), lesquels pourraient être résolus par le recours à des accords internationaux existants ou à établir[1746]. Ainsi, dans le but d'accroître l'efficacité de nos administrations fiscales, des coopérations techniques et un système de partage d'expérience sont régulièrement menés. Rappelons déjà que dans le cadre de la formation continue le Plan de Développement Stratégique de l'Administration fiscale avait consacré dans le document de travail un plan de formation des agents à l'étranger[1747].

949. Dans certains pays d'Afrique francophone il est même prévu de recourir à l'ancienne métropole pour un programme de formation des énarques. Au Togo par exemple, la formation initiale des personnels de l'Office Togolais des Recettes est assurée par l'ENA et certaines institutions étrangères (Direction générale des Finances Publiques en France, Université de Paris Dauphine, ATAF, École des Douanes de Casablanca, École Nationale des Douanes de Burkina Faso, École Belge de Vérification. Dans ce pays, l'Office Togolais des Recettes dispose d'un plan annuel de formation et un budget dédié aux formations initiales et continues. Le plan de formation individuelle est défini à l'occasion des entretiens d'évaluation[1748]. En sus de la formation continue des agents, Nicaise MEDE insiste sur le fait que les administrations doivent penser à faire approprier par leurs agents les outils technologiques les plus récents utilisés par les entreprises. Ils ne doivent pas faire preuve d'incapacité lorsqu'au cours d'un contrôle fiscal, ils sont confrontés à la complexité d'une telle technologie. Ainsi, la mise en place d'une cellule d'analyse pourrait être une solution composée de spécialistes des secteurs innovants, actuellement peu maîtrisés par des agents des impôts : transferts de fonds par réseau de téléphonie mobile, assurances, l'ingénierie financière, e-commerce,

---

[1746] N. MEDE & E. TONI, *La fiscalité de développement en Afrique de l'Ouest francophone*, *op. cit.*, p. 79.

[1747] Cf. voir le dernier chapitre de la première partie.

[1748] P. KOKOU TCHODIE, « Les motivations ultra matérielles et la question des moyens de travail dans les administrations fiscales », *op. cit.*, p. 319.

etc.). Elle serait susceptible de permettre l'actualisation des techniques d'élargissement de l'assiette[1749].

950. À travers le vocable partage d'expérience, deux ou plusieurs administrations fiscales peuvent se retrouver pour échanger sur un aspect particulier du système fiscal. Dans cette hypothèse, les parties prenantes tirent les enseignements qu'il faut, afin d'accroître le niveau d'efficacité de ses services. Dans les développements antérieurs, nous avons évoqué le séminaire de partage d'expérience entre la DGID et l'administration fiscale camerounaise[1750]. De nos jours, les États sont plus enclins à mettre en place des instances où leurs administrations seront capables d'échanger sur les procédés de mise en œuvre des systèmes fiscaux. Parmi les instances de regroupement nous pouvons citer le CREDAF, IISF, l'ATAF, etc.

951. Sans doute le CREDAF est la première instance des dirigeants fiscaux africains. Créé en 1982 à Yaoundé une mutation a été opérée sur la dénomination de l'institution. En effet, le Centre de Rencontre des Dirigeants des Administrations fiscales est devenu le Cercle de Réflexion et d'Échange des Dirigeants des Administrations fiscales par décision de l'Assemblée générale tenue en 2018 à Haïti. Le CREDAF est une association francophone non gouvernementale à but non lucratif, qui regroupe les hauts responsables des administrations fiscales de 30 pays d'expression française. Son objet est de faciliter le dialogue et les échanges entre les pays membres et de promouvoir une coopération internationale multilatérale fondée sur l'intérêt commun et la mutualisation des échanges[1751].

952. C'est en 2009 lors d'une conférence tenue à Kampala en Ouganda qu'a été créé l'ATAF (Forum sur l'Administration fiscale africaine). L'ATAF est un cadre de concertation pour tous les pays africains, d'esquisse d'une politique fiscale harmonisée afin d'atténuer le « diktat » des investisseurs qui sollicitent des mesures dérogatoires de plus en plus accrues. L'organisation est ouverte à tous les pays africains désireux d'échanger de la problématique de l'harmonisation

---

[1749] N. MEDE & E. TONI, *La fiscalité de développement en Afrique de l'Ouest francophone*, *op. cit.*, p. 82.

[1750] Cf voir la partie sur les téléprocédures et le partage d'expérience en l'administration fiscale camerounaise et la DGID.

[1751] « Présentation de l'association CREDAF » in https://credaf.org/fr/credaf-accueil-site-officiel/_consulté le 02/09/2021.

des politiques fiscales[1752]. L'ATAF est également un lieu d'échange et de coopération dans le cadre de la fiscalité internationale. Le forum a mis en place un modèle de convention qui prend en compte les réalités économiques des pays africains. Il s'agit d'un modèle qui se rapproche beaucoup plus de celui de l'ONU. Cependant, l'initiative des Inspecteurs des Impôts sans Frontière joue aujourd'hui un rôle de premier plan dans le cadre de la coopération fiscale internationale.

953. Lancée lors de la 3e conférence sur le financement du développement qui s'est tenue à Addis-Abeba en juillet 2015, l'Initiative des Inspecteurs des Impôts sans Frontières a pour objectif d'aider les pays en développement à renforcer leurs capacités en matière de vérification fiscale et de veiller au respect de leurs obligations fiscales par les entreprises multinationales à l'échelle mondiale. Il s'agit d'un projet conjoint de l'Organisation de Coopération et de Développement économique (OCDE) et du Programme des Nations-Unies pour le Développement (PNUD). Le principe du programme repose sur « une idée simple : envoyer des spécialistes de la vérification fiscale auprès d'administrations fiscales de pays en développement intéressés pour œuvrer au renforcement de leurs capacités en travaillant aux côtés de vérificateurs locaux », a expliqué Angel Gurría, secrétaire général de l'OCDE, lors de la présentation du dernier rapport annuel de l'IISR, dans le cadre d'une table ronde ministérielle qui s'est tenue lors de l'Assemblée générale des Nations Unies à New York, en septembre 2019[1753]. La combinaison des spécialistes étrangers et ceux locaux va contribuer à l'efficience des missions de contrôle fiscale. Les administrations fiscales africaines ont montré leurs limites dans certains secteurs notamment : l'informel, le numérique et les télécommunications. Un accompagnement de qualité dans ces domaines aura forcément un impact sur les recettes budgétaires.

954. Le Sénégal a bénéficié de cet appui technique car une équipe du service de la communication de l'OCDE a séjourné au Sénégal pendant une semaine durant le mois d'octobre 2018 afin de réaliser un film sur l'impact du programme IISF (21 au 28 octobre 2018). Le personnel ayant bénéficié de la formation a procédé avec leurs autres collègues à des séances de partage d'informations. Le programme a

---

[1752] DGID, « L'ATAF : une bourse d'échange et d'expérience fiscale », *Revue interne*, n° 11, oct-nov-dec, 2012, p. 6.

[1753] F. PERROTIN, « Inspecteur des impôts sans frontières (IISF) : une initiative inédite qui porte ses fruits » *Les Petites Affiches*, n° 55, 2021, pp. 6-7.

permis durant cette période de procéder à des redressements fiscaux de plus de 2,5 milliards de francs effectivement recouvrés et des procédures évaluées à 17 milliards qui étaient en cours à l'époque[1754]. Rappelons cependant que l'administration fiscale sénégalaise a saisi pour la première fois l'Initiative des Inspecteurs des Impôts Sans Frontière en 2014. Ce programme s'était déroulé entre décembre 2014 et décembre 2015. Pendant cette période, un expert français a collaboré avec les agents des services fiscaux sénégalais sur deux dossiers de vérification soulevant des problématiques des domaines de la fiscalité internationale, des prix de transfert et de l'échange de renseignements (dans les secteurs du transport et de l'agriculture). Grâce à ce programme, le Sénégal a indiqué avoir perçu un surcroît de recettes fiscales de 18,6 millions de USD en 2015 (provenant de redressement et de majoration). En outre, les fonctionnaires de la DGID ont amélioré leur perspicacité et leur maîtrise du traitement des problèmes fiscaux posés par les multinationales[1755]. En 2020, la Guinée a saisi l'IISF pour les dossiers à fort enjeu dans le secteur minier[1756]. les retours d'expérience des différents experts ont permis de nous renseigner sur les différents aspects de l'assistance technique. Une mission de l'IISF consiste à accompagner des vérificateurs dans la conduite de 3 à 5 contrôles fiscaux idéalement sur l'ensemble de la phase de l'assiette (de l'engagement des contrôles à la réponse aux observations du contribuable formulées suite aux rectifications proposées). Durant la pandémie de la Covid-19, des réunions en distanciel ainsi que des sessions de formation ont été organisées à l'aide des outils Zoom et Teams, en veillant systématiquement à anonymiser les dossiers. Toutefois, la principale limite du dispositif selon l'expert saisi réside principalement dans l'assise importante dont dispose les filiales implantées dans les pays en voie de développement. Cette situation est due au fait d'une grande proximité avec les décideurs et d'un poids économique non négligeable[1757].

[1754] A. DIALLO, « L'OCDE produit un film sur les inspecteurs des impôts sans frontières (IISF) au Sénégal », *Magazine trimestriel de la DGID*, n° 21, 2018, p. 22.

[1755] IISF, *rapport annuel,* 2018-2019, p. 11.

[1756] S. KEITA, M. D. DIALLO & M. A. BAH, « Étude du système fiscal guinéen », *Droit fiscal en Afrique subsaharienne francophone sous la direction de Thierry OBRIST*, Ed Bruylant, 2022, p. 415.

[1757] Témoignage de Franc QUILICHINI, Inspecteur des finances publiques, vérificateur à la direction spécialisée du contrôle fiscal voir en ce sens A. LIEBER, « Inspecteurs des impôts sans frontières, donner les moyens aux pays en voie de développement de

955. Au regard de ces éléments, il ne fait plus de doute que la fiscalité internationale occupe une place importante dans la mission de vérification des entreprises par l'administration fiscale. Ainsi, la rareté des spécialistes dans le domaine et l'absence manifeste de maîtrise de ce domaine par les agents de la DGID fait perdre à l'État des ressources fiscales importantes. L'on pourrait à juste titre se poser la question de savoir si le recours permanent aux organismes internationaux peut être considéré comme un moyen structurel de combler le déficit ? À notre humble avis, cette solution ne peut être que conjoncturelle. Les autorités doivent sérieusement réfléchir à la prise en charge de ce problème. À l'aune de l'exploitation des ressources pétrolières et gazières, l'administration fiscale doit être dotée d'une expertise certifiée dans le domaine de la fiscalité internationale.

956. À toutes ces formes d'assistance l'on pourrait rajouter l'intervention du FMI et de la Banque Mondiale dans la décision fiscale. Rappelons que l'immixtion de ces organismes internationaux remonte à l'époque des fameux « plans d'ajustement structurel ». Lesdits prêts octroyés aux États demandeurs étaient assortis d'un certain nombre de conditionnalités. Par exemple, le droit de regard dont disposent les institutions de Breton Woods dans la gestion du système fiscal[1758]. Cette situation est toujours d'actualité car en permanence des séjours sont effectués par le département des finances publiques du FMI au sein des locaux de la DGID. Et toutes les recommandations formulées sont prises en compte via une instruction du Directeur général. En 2018, les recommandations du FMI ont conduit à la création d'un « *Comité de Mise en Œuvre des Recommandations pour l'Amélioration de la Mobilisation des Recettes* »[1759]. Préalablement à la prise de cette mesure, la mission AFRITAC du FMI a travaillé avec des directions de la DGID pour : s'assurer de la bonne compréhension des 15 mesures, voire à leur faisabilité concrète (potentialités et difficultés), organiser le travail et mettre en place un mécanisme de suivi et de reporting.

957. Le professeur ADEDEFI, alors secrétaire exécutif de la commission économique des Nations Unies pour l'Afrique se lamentait en ces termes : « *dans bien des cas nos amis et partenaires au*

---

combattre l'évasion fiscale », *Gestion et Finances publiques*, n° 4, juillet-août 2022, pp. 29-31.

1758 A. LOGMO MBELEK, « La souveraineté fiscale des États africains au sud du Sahara (face aux enjeux du développement) l'exemple du Cameroun » *op. cit.*, p. 48.

1759 Note de service n°01034/MEFP/DGID/SM du 22 octobre 2018.

développement n'étaient pas, ou étaient peu disposés à nous accorder le droit élémentaire de percevoir par nous-même ce qui est bon pour nous et à nous aider à réaliser nos buts et objectifs perçus. Il semblait plutôt vouloir nous refiler leurs propres perceptions et objectifs »[1760]. Par ailleurs, l'application du pouvoir d'imposition doit se faire en toute équité pour susciter chez le contribuable la notion de civisme fiscal.

B. La promotion du civisme et de la justice fiscale

958. La justice fiscale peut constituer une bonne incitation au civisme. Comme l'a souligné Salif YONABA, « *il parait illusoire de vouloir constituer le civisme fiscal chez le contribuable 'ordinaire' (lorsque) les ''gros'' contribuables (...) échappent à l'impôt grâce aux divers réseaux auxquels ils appartiennent ». La même idée transparaissait déjà dans la Déclaration des droits de l'homme et du citoyen du 26 août 1789 : elle (contribution commune) doit être répartie entre les citoyens en raison de leurs facultés* »[1761]. La justice fiscale au cours de l'histoire semble être un objectif difficile à atteindre. Gaston JEZE avait parfaitement exprimé cette difficulté en soulignant dès lors que « *l'idée de justice fiscale n'a pas de valeur absolue, l'accord n'existe pas sur les conditions que doit remplir l'impôt pour être considéré comme juste*[1762]. La perception de la justice fiscale peut être définie par des conceptions individuelles qui seront adaptées selon la qualité et les nuances de l'information à partir desquelles les individus évaluent le caractère juste[1763] ou injuste du régime fiscal ou des mesures fiscales particulières, ou même de la société en général. En effet, l'individu considérera qu'il paie sa juste part d'impôt en comparant sa situation avec celle de quelqu'un d'autre, sans pour autant avoir toute

---

[1760] Ibidem, p. 49.

[1761] E. TONI, « L'« agencisation » en matière fiscale : le cas des offices des recettes en Afrique », *op. cit.*, p. 287.

[1762] G. JEZE, *Cours de finances publiques,* GIARD, 1931 cité par M. BOUVIER, « Justice fiscale légitimité de l'impôt et société post-moderne », *RFFP*, n° 124, 2013, p. 15.

[1763] À propos du caractère juste ou injuste de l'impôt, il y a deux indicateurs à partir desquels on l'évalue. Il s'agit de l'équité verticale et l'équité horizontale.
L'équité horizontale correspond à l'uniformité du traitement pour les personnes considérées comme égales alors que l'équité verticale découle du fait que les situations différentes doivent être traitées de façon différente.

information pertinente, ce qui rend ses choix parfois incohérents pour un observateur impartial et informé[1764].

959. Il est clair que l'équité fiscale est un catalyseur de la notion de civisme fiscal. Cependant, les deux notions font ressortir une certaine différence même si l'on peut affirmer qu'elle renferme un même but. La similarité de l'objectif recherché renvoie à la quête d'un système fiscal performant. À l'origine de l'idée d'une citoyenneté des contribuables se trouve le problème de la légitimation de l'impôt comme une ressource ordinaire de l'État[1765]. L'acceptation de l'impôt par ceux qui y sont soumis repose fondamentalement sur une légitimité d'ordre politique qui s'est progressivement conduite au fil du temps et qui procède de l'idée qu'il peut et doit exister une sorte de contrat fiscal entre le peuple et le souverain. Il s'agit là d'une conception de l'acceptation de l'impôt réfléchie et fondée en raison[1766]. L'acceptation de l'impôt conduit également à faire connaître au contribuable que payer ses impôts c'est accomplir un devoir civique. Le ministre en charge des Finances a au cours de l'année 2015[1767] sollicité auprès de son collègue de l'Éducation nationale l'insertion du concept de civisme fiscal dans les enseignements de la matière « instruction civique ».

960. Dans son courrier, le ministre de Finances retient : « *les différentes stratégies menées pour qu'elles soient véritablement efficaces et porter des résultats durables, ne peuvent occulter une cible essentielle constituée par les enfants, contribuables de demain. D'où la nécessité d'intégrer l'enseignement du civisme fiscal dans les curricula à l'instar de ce qui se fait dans les autres pays.* Cette démarche est à saluer dans la mesure où l'effet de persuasion recherché peut véritablement être atteint. Par respect au principe du parallélisme des formes les organes de contrôle doivent rendre de façon régulière des rapports sur la gestion des deniers publics. Aussi, la justice doit veiller à l'application stricte des textes en cas de faute commise. C'est dans ce sens que le professeur M. BOUVIER affirmait que : « les citoyens doivent avoir la certitude que l'utilisation de l'impôt a fait l'objet de contrôle juridictionnel, par

---

1764 G. N. LARIN, « Les canons de la justice fiscale : évolutions et influences », *RFFP*, n° 124, 2013, p. 5.

1765 E. DE CROUY CHANEL, « La citoyenneté fiscale », *L'impôt*, Tome 46, 2002, p. 40.

1766 M. BOUVIER, « La transformation de la légitimité de la gouvernance financière publique », *Mélanges en l'honneur du professeur Pierre BELTRAME*, PUF, 2010, p. 122.

1767 Lettre n°0009850/MEFP/DGID/BCOM/mf du 11 septembre 2015.

exemple : Cour des Comptes, Inspection générale des Finances, Organe ou Organisme de contrôle des Marchés Publics[1768].

961. Cette pratique est en phase avec les mutations modernes du concept de civisme fiscal. L'acceptation de l'impôt n'est plus un mécanisme propre au Parlement. De l'avis de certains, la légitimation de l'impôt quitte le cadre politique vers le cadre administratif. Autrement dit, le consentement de l'impôt ne se joue plus seulement au Parlement mais aussi et pour beaucoup au niveau de la pratique administrative. C'est ainsi que l'administration fiscale dans plusieurs pays aujourd'hui devient peu ou prou le vecteur clé de l'acceptation de l'impôt et qu'un glissement de ce sens semble ainsi s'opérer, le civisme fiscal prenant une dimension plus administrative et gestionnaire que politique[1769].

962. Au plan normatif, le système fiscal a fait l'objet de vives critiques compte tenu de sa complexité. À défaut d'une spécialisation dans le domaine ou d'une expérience certifiée, la correcte maîtrise du droit fiscal relève d'une gageure. Les justiciables ne sont donc pas en mesure de se défendre lorsqu'ils se trouvent opposés aux techniciens de la fiscalité que sont les agents des impôts. Les lois fiscales sont généralement imprécises[1770]. Tous les contribuables n'ont pas les moyens de se payer les services d'un bon conseiller fiscal. Une telle situation est en défaveur de certains.

963. L'équité fiscale doit être le vecteur de l'organisation des services fiscaux dans les diverses localités du territoire. Ainsi, la répartition optimale des services fiscaux sur l'ensemble du territoire national doit être une priorité. De plus, la dépendance à l'égard de la fiscalité intérieure, dépendance qui va s'accroître au terme de la transition fiscale, nécessite que l'État soit capable d'installer des services fiscaux dans les coins les plus éloignés de son territoire. C'est pour cela que le développement d'une bonne capacité administrative est un impératif. Elle permettra de marquer la présence de l'État et mieux contrôler et appréhender les activités économiques des contribuables[1771].

964. Au-delà du déploiement des services dans les différents coins du territoire, il importe également de faire quelques observations. La

[1768] M. BOUVIER, « Nouveau civisme fiscal et légitimité du recouvrement », *RFFP*, n° 112, 2010, p. 27.

[1769] *Idem*, pp. 25-26.

[1770] E. DE CROUY CHANEL, « La citoyenneté fiscale », *op. cit.*, p. 49.

[1771] N. MEDE & E. TONI, *La fiscalité de développement en Afrique de l'Ouest francophone*, *op. cit.*, p. 75.

concentration de la population et des grandes entreprises dans la capitale conduit l'administration fiscale à insérer et à maintenir les agents les plus chevronnés dans les services chargés de gérer les plus 'gros' contribuables. Les services ci-après peuvent être considérés comme ceux ayant la plus grande expertise compte tenu de leur composition : la Direction des Grandes Entreprises la Direction des Moyennes Entreprises et le Centre des Professions Réglementées (le champ d'application du CPR est exclusivement réservé à ceux exerçant une profession libérale).

965. Cette situation engendre une double conséquence. D'abord le personnel inexpérimenté sera a priori déployé dans les Centres des Services fiscaux. Ensuite, le contribuable dont le chiffre d'affaires est faible n'aura pas la même qualité de service que ses homologues affiliés dans les autres services. Aussi, du côté de l'administration, on constate une forte concentration vers les secteurs d'activité comme les banques, les assurances, les mines et les télécommunications[1772]. Dans le document de planification « Plan d'Action Prioritaire », il a été prévu un certain nombre de réformes du secteur des télécoms. Entre autres réformes, retenons la simplification et l'optimisation de la fiscalité de ce secteur :

– rationaliser le nombre de taxes indirectes applicables à ce secteur, rendre conforme le traitement de la TVA des appels entrants et sortant (l'application de la TVA à la « balance trafic » est en fait une taxation à la TVA des exportations des entreprises de téléphonie mobile, ce qui n'est pas conforme aux principes de base de la TVA) ;

– créer une nouvelle accise qui s'appliquerait sur le chiffre d'affaires (y compris les frais d'interconnexion) ;

– déterminer un taux d'impôt sur les sociétés plus élevé pour les entreprises du secteur (mesure qui peut être vue comme inéquitable) ;

– mettre en place un mode de taxation du secteur numérique (start-up, les entreprises évoluant dans les domaines du digital et celles évoluant via internet) ;

– une taxation sur la rente au-delà de l'IS. Cette dernière pourrait admettre les frais de licence en déduction[1773].

[1772] Dans le rapport sur le recouvrement des recettes du premier semestre de l'année 2016, le Groupe Sonatel avait été considéré comme le premier pourvoyeur de recettes au titre de l'IS. Le taux d'émission était de l'ordre de 42 %.

[1773] PSE, *Plan d'Action Prioritaire 2019-2023*, décembre 2018, p. 104.

966. Le contribuable évoluant dans ce secteur pourrait percevoir ces mesures comme un acharnement. Le comportement du pouvoir fiscal est guidé par une maximisation fiscale. Ces entreprises raflent la mise aussi bien dans le cadre des recettes recouvrées au titre de l'IS et de l'IRVM. Cette situation ne contribue pas à accroître le rendement du secteur informel parce qu'au plan organisationnel aucune avancée n'a été notée. Outre ce fait, il y a une démultiplication des niches fiscales qui engendre un manque à gagner considérable au titre des impôts progressifs. Ainsi, on a un système fiscal dont le socle repose très largement sur les impôts proportionnels[1774].

967. Dans le but de permettre une meilleure perception de la notion de civisme fiscal, de nouveaux concepts ont été sécrétés. Nous pouvons en citer un que l'on appelle : « *fiscal compliance* » ou « *compliance fiscale* ». Il s'agit d'un terme anglo-saxon principalement usité dans le domaine du management et qui renvoie à la conformité. Du côté du contribuable, la recherche de la compliance passe ici par une batterie de recommandations/exigences émanant de conseils aux entreprises nonobstant les recommandations plus habituelles faites aux redevables pour qu'ils soient en conformité avec les lois et les règlements fiscaux (aides aux contribuables, fournies « clé en main » et qui sont naturellement loin d'être gratuites). Du côté de l'administration, les pratiques de lutte contre la fraude fiscale doivent être renforcées pour aboutir à des résultats notables[1775].

968. Il sied cependant d'apporter la précision que des aménagements à la fois de type procédural ou normatif peuvent être opérés pour amener le contribuable à sortir du carcan de la fraude pour la régularisation. Des actions incitatives ont conduit l'administration à être clémente vis-à-vis des fraudeurs pour les inciter à la régularisation. Ainsi en Iles Maurice, il y a eu, concomitamment à la création de l'autorité fiscale, une réduction des taux d'imposition. Les Mauriciens travaillant dans l'informel ont été séduits par les faibles taux et ont décidé de régulariser leur situation pour éviter les tracasseries et les amendes. Au Rwanda, l'accent a été mis sur le système de gouvernance. De sévères mesures ont été prises afin d'assurer l'intégrité des acteurs. Pareillement, une certaine transparence

---

[1774] M. BOUVIER, « Justice fiscale légitimité de l'impôt et société post-moderne », *op. cit.*, p. 16.

[1775] G. ORSONI, « Compliance fiscale (fiscal compliance), ou le changement de paradigme dans la relation administration/contribuable ? », *Actes du colloque des 4 et 5 octobre 2018 à Cotonou Bénin : les recettes publiques en débats,* L'Harmattan, 2020, pp. 327-335.

a été instaurée de sorte à garantir aux contribuables que les prélèvements opérés étaient effectivement utilisés dans leur intérêt, c'est-à-dire pour l'amélioration de leurs conditions de vie et de travail[1776].

969. Dans le pactole de réformes instituées en 2012, le législateur avait prévu à travers la loi 2012-33 du 31 décembre 2012 une procédure d'aide à la régularisation. Cette procédure était réservée aux redevables de la CGU, de la CGF et ceux qui sont au régime du réel dont le chiffre d'affaires n'excède pas 200 millions. Les contribuables visés sont ceux n'ayant jamais souscrit à une déclaration d'existence et ceux y ayant souscrit sans pour autant avoir respecté le calendrier des obligations déclaratives[1777]. On peut considérer cela comme une coutume car après chaque grande réforme, le législateur pose cet acte. Une procédure d'aide à la régularisation avait été initiée après la grande réforme de 2004.

970. La procédure d'aide à la régularisation tend à promouvoir la compliance fiscale parce qu'une fois amorcée, le contribuable veillera au respect strict de ses obligations déclaratives. Elle permet également d'élargir le champ d'application du système fiscal sénégalais avec l'accroissement du nombre de contribuables enregistrés dans le logiciel SIGTAS ou sur la base de données pour les autres. Dans les pays développés ce mécanisme a été utilisé pour inciter les contribuables à ramener les capitaux planqués dans les pays ayant un régime fiscal privilégié ou dans les ETNC[1778]. En Italie par exemple, le Gouvernement de Berlusconi à travers la loi du 23 novembre 2001 a créé le « *scudo fiscale* » ou « bouclier fiscal ». L'opération consistait à taxer à 2,5 % tous les capitaux placés illégalement à l'étranger et qui seraient rapatriés. Pour cela une simple déclaration faite par une banque suffisait pour procéder au règlement de la facture fiscale et permettre au contribuable de rester sous le sceau de l'anonymat. La pêche fut miraculeuse puisque 60 milliards d'euros (4 % du PIB) ont été rapatriés sur les quelques 360 milliards exportés illégalement. Toutefois, les experts fiscaux à l'image de Robert BACONNIER, du cabinet Francis LEFEBVRE qui déclarait : « *la mesure peut apporter à court terme sur*

[1776] E. TONI, « L'« agencisation » en matière fiscale : le cas des offices des recettes en Afrique », op. cit., p. 287.
[1777] www. Impotetdomaines.gouv.sn
[1778] État ou territoire non coopératif.

le plan budgétaire mais ôter toute crédibilité au contrôle fiscal et décourager les contribuables honnêtes »[1779].

971. Toujours dans l'optique d'accroissement des recettes fiscales, la DGID a mis en place en 2019 un document de travail dénommé « plan Yataal ». Celui-ci a comme principal objectif d'asseoir les bases d'un système fiscal rénové, adapté à la réalité économique et sociale qu'il est censé appréhender tout en contribuant à l'améliorer et qui ambitionne de relever le défi d'une véritable fiscalité de masse[1780]. Cette orientation est dictée par un souci d'équité fiscale. Rappelons que le FMI avait également recommandé l'octroi du NINEA par les services de la DGID[1781]. Cela a été dicté par l'écart noté entre le répertoire de la DGID et le registre national des entreprises et associations[1782]. Ainsi, il a été constaté un gap en matière d'équité fiscale les contributeurs aux recettes fiscales ne représentent que 5 % de la population active. Sur les 85 000 contribuables inscrits dans le registre de la DGID seuls 25.000 participent effectivement à l'effort fiscal national[1783].

[1779] M-C BERGERES, « Amnistie fiscale : les voies du salut », *Revue de droit fiscal*, n° 30-36, 2004, pp. 1210-1211.

[1780] DGID, *Document de synthèse de plan Yataal*, 2019, p. 3

[1781] FMI, Rapport sur le bilan des réformes

[1782] 85.000 fichiers de la DGID et plus de 510 000 sur le registre national des entreprises et associations. En 2016 le recensement général effectué par l'Agence nationale de la Statistique et de la démographie faisait ressortir un chiffre de 407 882 unités économiques des secteurs formel et informel disposant d'un local aménagé.

[1783] DGID, *Document de synthèse de plan « Yataal »*, *op. cit.*, p. 9.

CONCLUSION DE LA DEUXIÈME PARTIE

972. Il est de notoriété publique que le principe de la territorialité ne saurait avoir une application stricte de nos jours. Les États sont obligés de faire des concessions dans l'application de leur pouvoir d'imposition. Concessions qui pourraient résulter d'un programme d'industrialisation ou d'un contexte. Rappelons que la pandémie de la Covid-19 a incité les États à un renoncement de recettes fiscales dans le but de soutenir les entreprises et de maintenir les emplois. Toutefois, ces allègements fiscaux doivent porter leurs fruits. La relance économique et l'accroissement du nombre d'investisseurs permettront à l'État, dans le moyen comme dans le long terme, de rendre performant son système fiscal.

973. Conscient de l'ampleur des prix de transfert, la communauté internationale à travers l'OCDE a mis en place une riposte efficiente contre la volonté du contribuable de faire déplacer la matière imposable vers les juridictions les plus clémentes. Le contrôle fiscal qui doit être réalisé à ce titre est extrêmement technique et nécessite de très grandes connaissances en matière de fiscalité internationale. L'Initiative des Inspecteurs des Impôts sans Frontières est une instance à caractère international dont la mission est à saluer. Les résultats probants qui ont été enregistrés suite à l'accompagnement consenti à la DGID ont permis de prendre conscience de l'importance de la bonne prise en charge des prix de transfert.

974. L'administration s'est quand même inscrite dans une dynamique d'efficacité. Mais le travail de ciblage fausse l'équité. Au gré de la mise en place des téléprocédures les « petits contribuables » c'est-à-dire ceux affiliés au régime de la CGU en sont exclus. Ainsi, les services de qualité restent l'affaire des « gros contribuables ». Certains secteurs comme les banques, les assurances et les hydrocarbures sont proie à un acharnement. Cette répartition disproportionnée de la liasse fiscale alimente ce que certains appellent « l'injustice fiscale ».

CONCLUSION GÉNÉRALE

975. La fiscalité comme elle nous a été présentée au cours de l'histoire a connu une très grande évolution. Une étude poussée sur la matière pourrait conduire à ce que le contribuable affirme qu'il y a une contrepartie sur le paiement de l'impôt. Ce raisonnement découle des nouvelles exigences contemporaines et de l'attente grandissante des populations. Face à ce phénomène les pouvoirs publics en sus de leur mission régalienne doivent garantir à chaque citoyen un minimum de confort pour son bien-être dans la société. La doctrine de l'allégeance économique doit être plébiscitée. Tout individu qui réalise un revenu dans un espace bien déterminé doit être recherché au paiement de l'impôt.

976. Bien évidemment il est question de rappeler que l'allégeance économique renvoie à l'hypothèse selon laquelle l'État concerné a fourni au contribuable un certain nombre de services pour que ce dernier mène des activités génératrices de revenu. Il est clair qu'avec l'économie numérique ce postulat peut être battu en brèche car une entreprise peut offrir des services dans un lieu sans jouir des services publics que l'État concerné met à la disposition des contribuables. Ainsi, une réflexion doit être menée sur le rattachement d'un revenu à un territoire bien déterminé.

977. Le système fiscal en vigueur a été mis en place en tenant compte des caractéristiques d'une économie physique. Celle-ci renvoie à une possible géolocalisation des activités menées par le contribuable. Or, le numérique a fini par prendre le dessus. Les GAFA réalisent de nos jours un chiffre d'affaires qui est fixé à plusieurs milliards de dollars avec une subtilité qui laisse les systèmes fiscaux sans moyens. Le 13 octobre 2021, il a été présenté à Washington une solution pour adapter les règles fiscales face à la numérisation de l'économie. Celle-ci passe par une répartition équilibrée du revenu réalisé par les multinationales et une imposition d'au minimum 15 % communément appelé « impôt minimum mondial ». Ils concernent toutes les entreprises qui ont des recettes d'au moins égale à 750 millions d'euros. Plus 137 pays sont aujourd'hui signataires de la convention multilatérale à travers le monde. La communauté internationale semble convaincue qu'il s'agit d'une mesure permettant de faire face à la mutation de l'économie. L'administration de Joe BIDEN a opté pour sa part d'appliquer cette mesure aux « *grands vainqueurs de la mondialisation* », soit les quelques sociétés qui concentrent aujourd'hui l'essentiel des profits mondiaux. L'OCDE a publié le 20 décembre 2021 un modèle de règles du pilier 2 suivi par la publication le 22 décembre 2021 d'une proposition de directive permettant la transposition du pilier 2 dans les législations des États membres de l'Union européenne. Cette dernière a depuis fait l'objet d'un texte de compromis publié le 12 mars 2022. Toutefois, un risque de contrariété se pose entre les conventions fiscales internationales et les règles du globe. L'imposition mondiale affecte le critère de la territorialité. L'OCDE tente de concilier ces deux corps de règles à travers deux mécanismes : la règle de substitution et la règle de conciliation.

978. L'OCDE joue certes un rôle majeur dans les règles fiscales internationales mais dans sa démarche l'intérêt des pays importateurs de capitaux est très peu représenté. Une répartition commune de l'assiette ne correspond pas à un critère équitable pour permettre aux États de faire appliquer leur pouvoir d'imposition. Nos États doivent injecter des moyens importants dans la formation de leurs agents. Le système de la carrière et le mode de recrutement dans les régies financières doivent être revus.

979. La fiscalité internationale est le moteur de transmission des ressources entre les différents États. Or, le déficit criard de spécialistes dans ce domaine ne favorise pas son expansion en Afrique. Il ne fait plus de doute que les conseillers fiscaux des multinationales sont plus outillés que le personnel des régies financières. Dans certaines grandes démocraties on leur exige de communiquer à l'administration les différents montages[1784]. Dans nos développements plus haut, nous avions recommandé à la DGID d'instituer un climat de dialogue permanent avec l'ordre des experts fiscaux. Ce climat peut certes paraître hypothétique au regard des intérêts antagoniques mais peut être bénéfique pour les deux parties.

980. Par ailleurs, rappelons que le secteur informel produit les mêmes effets que le numérique. L'absence de formalisation et le faible rendement

---

[1784] Comme les Etats6Unis et l'Angleterre. L'action 12 du projet BEPS fait également référence à cela de même que la directive DAC 6 en Europe. Voir également D. GUTMANN, *Sources et ressources de l'interprétation juridique*, Paris, LGDJ, 2023, p. 85.

de la CGU a fini par montrer l'inefficacité des mesures prises jusqu'ici par les pouvoirs publics. Dans la loi de finances initiale pour l'année 2020, il a été préconisé la bancarisation de plusieurs transactions. En réalité cela pourrait permettre de réduire la masse monétaire en circulation. Les statistiques ont montré que les recettes fiscales proviennent de moins de 5 % des contribuables or, cette répartition disproportionnée de la charge fiscale ne favorise pas la justice fiscale.

RÉFÉRENCES BIBLIOGRAPHIQUES

OUVRAGES GÉNÉRAUX & SPÉCIFIQUES

A. BARILARI, *l'État de droit : réflexion sur les limites du juridisme*, Paris, LGDJ, 2000, 128 pages.

A. BARILARI, *Le Consentement à l'impôt*, Paris, Presse de science-Pô, 2000, 143 pages.

A. BARILARI & M. BOUVIER, *La LOLF et la nouvelle gestion financière de l'État*, Paris, 2e éd., LGDJ, 2010, 330 pages.

A. BUNDU, *Intégration et coopération régionale en Afrique de l'Ouest*, Paris, Karthala, 1996.

A. BOYER S. SCHMITT *La Sécurité juridique et le contribuable,* Ed. Presses universitaires d'Aix Marseille, 2016, 214 pages.

A. DIOUKHANE, *Les Finances locales sénégalaises,* L'Harmattan, 2018, 230 pages.

A. DIOUKHANE, *Les Finances publiques de l'UEMOA : le budget du Sénégal*, L'Harmattan, 2015, 267 pages.

A. & E. BOCQUET, *Sans domicile fisc*, Paris, Cherche midi, 2016, 228 pages.

A. AGOSTINI, *Les Options fiscales*, Paris, LGDJ, 1983, 382 pages.

A. KALLERGIS, *La Compétence fiscale,* Paris, Dalloz, 2018, 1002 pages.

A. AKAM AKAM & V. BAKREO, *Droit des sociétés commerciales OHADA*, L'Harmattan, 2017, 745 pages.

A. LACHAPELLE, *La Dénonciation à l'ère des lanceurs d'alerte fiscale de la complaisance à la vigilance*, Larcier, 2021, 1280 pages.

A. LAUMONIER, *La Coopération entre états dans la lutte contre la fraude et l'évasion fiscale internationale,* Paris, LGDJ, 2019, 531 pages.

A. MAITROT DE LA MOTTE, *Souveraineté fiscale et construction communautaire : recherche sur les impôts directs*, Paris, LGDJ, Coll. « Bibliothèque de la science financière », 2005, 552 pages.

A. NEURISSE, *Histoire de l'impôt*, Paris, PUF, Tome II, collection « Que sais-je ? » n° 651, 1978, 127 pages.

A. NIANE, *Fiscalité et intégration économique*, Paris, L'Harmattan, 2015, 446 pages.

A.O. CISS, *Traité pratique de la fiscalité sénégalaise*, Dakar, ECJ, 1er éd., 2003.

ATTAC, *Vive les impôts* ! Paris, Tome I, Fayard, 1971, 634 pages.

B. CASTAGNEDE, *Précis de fiscalité internationale*, Paris, PUF, 2019, 708 pages.

B. CASTAGNEDE, *Fiscalité internationale de l'entreprise*, Paris, PUF, 1987, 446 pages.

B. GOUTHIERE *Les Impôts dans les affaires internationales,* Paris, Ed. Francis Lefebvre, 2023, 1969 pages.

B. GRANGUILLOT, *L'essentiel du droit fiscal,* Paris, Gualino, coll. : Carrés « Rouge », 2017, 168 pages.

B. KABANDA MATANDA, *Les exonérations fiscales des investissements en RDC,* L'Harmattan, 2016, 830 pages.

B. LAUTIER, *L'Économie informelle dans le tiers monde*, Paris, La découverte, Coll. Repère, 2004, 121 pages.

B. NIANE, *Le Régime juridique et fiscal du code des investissements,* Paris, NEA & A. PEDONE, 1976, 216 pages.

B. SALANIE, *La Théorie économique de la fiscalité*, Paris, Economica, 2002, 214 pages.

C. BAS, *Le Fait générateur de l'impôt,* Paris, L'Harmattan, coll. Finances publiques, 2007, 500 pages.

C. CUTAJAR J. L. CAPDEVILLE & P. MARCHESSOU B. TRESCHER, *Fraude et évasion fiscales : état des lieux et moyens de lutte,* Paris, Joly édition, 2015, 214 pages.

C. CHAVAGNEUX & R. PALAN, *Les paradis fiscaux,* Paris, La découverte, coll. Repères, 2017, 128 pages.

C. DAVID, O. FOUQUET, M-A LATOURNIE & B. PLAGNET, *Les Grands arrêts de la jurisprudence fiscale*, Paris, Sirey, 1991, 761 pages.

C. FARQUET, *La Défense du paradis fiscal suisse avant la Seconde Guerre mondiale*, PUS, 2016, 544 pages.

C. MARPILLAT, *La Territorialité de l'impôt sur les sociétés dans l'économie numérique,* Paris, Larcier, 2018, 96 pages.

Code général des Impôts annoté : le code des investissements & les conventions fiscales internationales, Dakar, EDJA, 1990, 879 pages.

D. BOUCHER, *Le Crédit d'impôt recherche,* Paris, LexisNexis, 2015, 462 pages.

D. DE VRIES REILINGH & C. CHILLA, *Droit fiscal International*, Helbing Lichtenhahn, 2023, 305 pages.

D. E. PHILIPPE & A. NOLLET, *DAC 6 et la déclaration des dispositifs transfrontières agressifs de planification fiscale*, LEGITECH, 2023, 322 pages.

D. FALCO, *La fraude à la TVA,* Paris, DALLOZ, 2019, 547 pages.

D. MARTRES & G. SABATIER, La monnaie électronique, Paris, PUF, 1987, 120 pages.

D. ROUSSEAU, *Droit du contentieux constitutionnel,* Paris, Montchrestien, 2013, 588 pages.

ÉDITION FRANCIS LEFEBVRE, *Opération internationale*, Paris, 1985, éd. Francis Lefebvre, 384 pages.

D. SY, *Droit administratif*, L'Harmattan, 2014, 420 pages.

E. ALLIX, *Traité élémentaire de science des finances et de législation financière*, Paris, Ed. ROUSSEAU & Cie, 1931, 1172 pages.

E. COULON, *L'Évasion fiscale*, Paris, Dalloz, 2023, 665 pages.

E. Dialigué BA, *Procédures fiscales*, Paris, L'Harmattan, 2016, 286 pages.

E. DIALIGUE BA, *Droit fiscal,* L'Harmattan, 2015, 200 pages.

E. FRANCIS LEFEBVRE, *Conventions fiscales bilatérales consolidées,* Paris, Francis Lefebvre, 2018, 401 pages.

E. M. BENSUSSAM, *Le Fisc mis en examen, la Direction générale des impôts en question, Sèvres*, Éditions DBS, 2006, 286 pages.

E. MILLARD, *Théorie générale de droit,* Paris, Dalloz, 2006, 136 pages.

E. LEBAS, *La gestion fiscale des entreprises et ses limites*, éd. LEGITECH, 2021, 227 pages.

F. DOUET, Fiscalité 2,0 fiscalité du numérique, Paris, LexisNexis, 2019, 355 pages.

F. HUET, *La Fiscalité du commerce électronique*, Paris, LITEC, 2000, 356 pages.

G. ARDANT, *Histoire de l'impôt*, Paris, Fayard, Tome 1, 1971, 634 pages.

G. CHAMBAS, *Afrique au sud du Sahara : mobiliser les ressources fiscales pour le développement*, Paris, Economica, 2005, 273 pages.

G. CHAMBAS, *Fiscalité et développement en Afrique subsaharienne*, Paris, Economica, 1994, 152 pages.

G. GEST & G. TIXIER, *Droit fiscal international*, Paris, LGDJ, 4e éd., 1986, 434 pages.

G. GUEST, *L'Imposition des bénéfices des sociétés françaises aux États-Unis*, Paris, LGDJ, 1979, 441 pages.

G. ISAAC, *La procédure administrative non contentieuse,* Paris, LGDJ, 1968, 732 pages.

G. JEZE, *Cours élémentaire de science des finances et de la législation financière et française,* Paris, éd. V Giard & E Brière, 1904, 550 pages.

G. MESTRALET, M. TALY & J. SAMSON, *La Réforme de la gouvernance fiscale*, Paris, LGDJ, 2005, 180 pages.

G. NOËL, *La Réclamation préalable devant le service des impôts*, Paris, LGDJ, 1985, 654 pages.

G. ORSONI, *L'Exécution de la loi de finances,* Paris, Economica, 1998, 109 pages.

G. ORSONI, *L'Interventionnisme fiscal,* Paris, PUF, 1995, 305 pages.

G. ORSONI, *Science et législation financière*, Paris, Economica, 2005, 753 pages.

G. SABATIER, *Le porte-monnaie électronique et le porte-monnaie virtuel*, Paris, PUF, 1997, 126 pages.

G. TIXIER, *Droit fiscal international,* Paris, PUF, 1986, 127 pages.

G. TIXIER, G. GEST & KEROGUES, *Droit fiscal international*, Paris, PUF, 2e éd, 1990, 330 pages.

H. DIDACE AMBOULOU, *Le droit des investissements et l'analyse économique dans l'espace OHADA,* Paris, L'Harmattan, 2016, 260 pages.

H. DIDACE AMBOULOU, OHADA : *Traité de fiscalité des entreprises*, L'Harmattan, coll. Études africaines, 2017, 278 pages.

H. FALL, *La fiscalité dans tous ses États*, L'Harmattan, coll. Sénégal, 2017, 246 pages.

H. KELSEN, *Théorie pure du droit,* Paris, Dalloz, 1962, 496 pages.

H. KELSEN, *Théorie générale du droit et de l'État suivi de la doctrine du droit naturel et le positivisme juridique*, Paris, Bruylant/LGDJ, 2010, 518 pages.

I. DIANE, *Les Régimes douaniers du Sénégal,* L'Harmattan, coll. Zoom, 2016, 290 pages.

I.M. FALL, *Les décisions et avis du Conseil constitutionnel du Sénégal,* Dakar, Crédila, 2008, 565 pages.

J. AYANGMA AYANGMA, *La pratique du contrôle fiscal des prix de transfert dans l'espace CEMAC*, Paris, L'Harmattan, 2015, 358 pages.

J. B. FOTSING *Le Pouvoir fiscal en Afrique,* Paris, LGDJ, 1995, 318 pages.

J. CARBONNIER, *Droit et passion du droit sous la Ve république*, Paris, Flammarion, 1996, 273 pages.

J. CARBONNIER, *Flexible droit, pour une sociologie du droit sans rigueur*, Paris, L.G.D.J., 2001, 496 pages.

J. COSSON, *Les industriels de la fraude fiscales*, Paris, Édition du Seuil, 1971, 244 pages.

J. C. BERR &H TREMEAU, *Introduction au droit douanier*, Paris, Dalloz, 1997, 104 pages.

J. C. Martinez, *Les Conventions de double imposition*, Paris, Litec, 1986, 90 pages.

J. FONTANEL, *Paradis fiscaux, pays « filous »,* Dakar, L'Harmattan, 2017, 240 pages.

J. GROSCLAUDE & PMARCHESSOU, *Droit fiscal général*, Paris, Dalloz, 2017, 649 pages.

J-J BIENVENU & T. LAMBERT, *Droit fiscal*, Paris, PUF, Collection Droit fondamental, 2010, 456 pages.

J. LAMARQUE, O NEGRIN & L. AYRAULT, *Droit fiscal général,* Paris, LexisNexis 2016, 1642 pages.

J. L. BILON, *Fiscalité numérique*, Paris, Litec, 2001, 213 pages.

J. L GUIEZE, *Le Partage des compétences entre la loi et le règlement en matière financière*, Paris, 1974, LGDJ, 269 pages.

J. M. GASTELLU, *Fiscalité, Développement et Mondialisation,* Paris, Maisonneuve & Larose, 1999, 239 pages.

J. M. COMMUNIER, *Droit fiscal communautaire,* Bruxelles, Bruyland, 2001, 539 pages.

J. MARTINEZ-MEHLINGER, *Le Recours pour excès de pouvoir en matière fiscale,* Paris, Collection Logiques Juridiques, L'Harmattan, 2002, 830 pages.

J. N. THOMAS, *Le Contrôle fiscal des opérations internationales*, Paris, L'Harmattan, 2004, 396 pages.

J. PILOTIN, *Le Secret en matière fiscale*, Paris, L'Harmattan, 2022, 621 pages.

J.P. BARLIER & J. B. VERON, *Les Zones franches industrielles d'exportation, (Haïti, Maurice, Sénégal, Tunisie),* Paris, Karthala, 1991, 166 pages.

J. P. DOUVIER, *Fiscalité Internationale Monaco,* Paris, 2021, 649 pages.

J. P. JARNEVIC, *Les Dérogations au principe de la territorialité des impôts établis sur les bénéfices des sociétés de capitaux en droit fiscal français*, Paris, Travaux de recherche de la faculté de droit et de science politique de l'université de Clermond I, 1978, 264 pages.

J. SCHMIDT, *Les Principes fondamentaux du droit fiscal*, Paris, Dalloz-Sirey, 1992, 128 pages.

K. NDOUKUMA ADJAYI, *Droit de l'économie numérique*, Paris, L'Harmattan, 2019, 454 pages.

L. AYRAUL, *Le Contrôle juridictionnel de la régularité de la procédure d'imposition,* Paris, l'Harmattan, 2004, 444 pages.

L. LEVOYER, *Guide de l'imposition des collectivités territoriales*, Paris, Berger Levrault, Coll Les indispensables, 2006, 552 pages.

L. MELH & P. BELTRAME, *Science et techniques fiscales,* Paris, PUF, 1984, 445 pages

L. MARFAING & M. SOW, *Les Opérateurs économiques au Sénégal : entre le formel et l'informel* (1930-1996), Paris, Ed Kartala, 1999, 296 pages.

L. PHILIP, *Finances Publique, T1, Les dépenses publiques-Le droit budgétaire et financier,* Paris, CUJAS,1999, 404 pages.

L. PHILIP, *Dictionnaire encyclopédique de finances publiques*, Paris, Economica, 1991, 880 pages.

L. REBOUD, *Systèmes fiscaux et marché commun*, Paris, 1961, Sirey, 374 pages.

M. BAUEN & R. GANI, *La Fiscalité internationale des États-Unis*, Bâle, Bruylant, LGDJ Schuthess, 2008, 410 pages.

M. BELLITO, *Une Histoire du Sénégal et de ses entreprises publiques*, Paris, L'Harmattan, 2001, 328 pages.

M BOUVIER, *L'impôt sans le citoyen*, Paris, LGDJ-Lextenso, 2019, 174 pages.

M. BOUVIER, *Introduction au droit fiscal général et à la Théorie de l'impôt*, Paris, LGDJ, 7e ed, 2016, 264 pages.

M.Bouvier, M.C. Esclassan & J. P. Lassale, *Manuel de Finances Publiques*, LGDJ-Lextenso, 2024, 1018 pages.

M. COZIAN, *Précis de fiscalité des entreprises*, Paris, Litec, 2014, 38e éd., 963 pages.

M. COZIER, *Le phénomène bureaucratique*, Paris, Seuil, 1963, 382 pages.

M. CHRETIEN, *À la Recherche du droit international fiscal commun : étude de droit positif à partir de la jurisprudence des cours internationales,* Paris, Librairie du recueil Sirey, 1955, 246 pages.

M. DELMAS-MARTY, *Trois défis pour un droit mondial*, Paris, Seuil, 1998, 201 pages.

M. DIALLO, La comptabilité publique des États africains francophone, NEAS, 2015, 637 pages.

M. DJOUHRI, *L'évolution du contrôle fiscal depuis 1945 : aspects juridiques et organisationnels*, Paris, LGDJ, 2012, 449 pages.

M. LEROY, *L'administration de l'impôt en France et dans le monde,* Paris, L'Harmattan, 2008, 224 pages.

M. LEROY, *L'impôt, l'État et la société,* Paris, Economica, 2010, 376 pages.

M. LEROY, *Le Contrôle fiscal,* Paris, L'Harmattan, coll. Logiques Sociales, 1993, 287 pages.

M. LEROY, *Sociologie de l'impôt, que sais-je* ?, Paris, 1er éd., PUF, 2002, 64 pages.

M. SADOWSKY, *Droit de l'OMC, Droit de l'U.E. et Fiscalité directe*, Paris, Larcier, 2013, 613 pages.

N. BURKHALTER MARTINEZ, *Cohérence internationale de l'imposition des entreprises : analyse au regard du projet de lutte contre l'érosion de la base d'imposition et le transfert de bénéfice de l'OCDE,* Genève, Schtless, 2018, 379 pages.

N. CHAN TAM, *Lexique budgétaire et fiscal du Sénégal*, Dakar, CREDILA, 1982.

N. F. KOUAME, *Les Prix de transfert dans l'industrie des matières premières stratégiques en Côte-d'Ivoire,* L'Harmattan, 2016, 422 pages.

N. GHARBI, *Le Contrôle fiscal des prix de transfert,* L'Harmattan, 2005, 495 pages.

N. MEDE, *Finances publiques,* Paris, L'Harmattan, 2016, 546 pages.

N. MEDE, *Constitutions et documents financiers, vol 1*, L'Harmattan, 2018, 480 pages.

N. MEDE, *Constitutions et documents financiers, vol 2*, L'Harmattan, 2018, 434 pages.

N. MEDE & E. TONI, *La fiscalité de développement en Afrique de l'Ouest francophone*, L'Harmattan, 2018, 104 pages.

N. MELOT, *Territorialité et mondialité de l'impôt*, Paris, Dalloz, 2004, 954 pages.

N. VERGNET, *La Création et la répartition de la valeur en droit fiscal international*, Paris, LGDJ, 2020, 466 pages.

O. ALLOUARD, *Les Frontières fiscales dans l'Union européenne appliquées à la fiscalité des entreprises*, L'Harmattan, collection Finances Publiques, 2016, 560 pages.

OCDE, *Relever les défis fiscaux posés par l'économie numérique.* Action 1 – Rapport final 2015, Ed. OCDE, 2017, 328 pages.

OCDE, *Principes de l'OCDE applicables en matière de prix de transfert à l'intention des entreprises multinationales et des administrations fiscales*, Paris, Ed OCDE, 2022, 729 pages.

O. PASTRE, *La Méthode Colbert ou le patriotisme économique efficace*, Paris, Perrin, 2006, 228 pages.

P. A. BLEVIN, *Les Paradis fiscaux*, Paris, Que sais-je, 2019, 126 pages.

P. A. LAMBERT, *L'économie en trompe-l'œil : fiscalité, emploi, croissance*, Paris, L'Harmattan, 2006, 112 pages.

P. BELEBINIE *Les Transformations de la fiscalité locale au Cameroun,* L'Harmattan, coll. Études africaines, 2016, 594 pages.

P. BELTRAME, *L'impôt*, Paris, MA Édition, 1987, 187 pages.

P. BELTRAME, *Les Systèmes fiscaux*, Paris, PUF, 1975, 126 pages.

P. BELTRAME, *L'Imposition des revenus*, Paris, Berger-Levrault, 1970, 352 pages.

P. BELTRAME, *Techniques, politiques et institutions fiscales comparées,* Paris, PUF, 1984, 700 pages.

P. BELTRAME, *La Fiscalité en France*, Paris, Hachette, 2018-2019, 159 pages.

P. BERTONI, *Les Politiques fiscales sous la Vème République*, Paris, L'Harmattan, 1995, 225 pages.

P. BERN, *La Nature juridique du contentieux de l'imposition*, Paris, LGDJ, 1972, 197 pages.

P. DEROUIN & P. MARTIN, *Droit communautaire et fiscalité*, Paris, Litec fiscal, 2004, 495 pages.

P. F. GONIDEC, *Les organisations internationales africaines. Études comparatives*, Paris, L'Harmattan, 1987, 303 pages.

P. G. POUGOUE & S. Sorel Kuate TAMEGHE, *Les grandes décisions de la Cour Commune de Justice et d'arbitrage de l'OHADA,* Paris, L'Harmattan, 2010, 694 pages.

P. J. DOUVIER, B. GILBERT & S. GELEN, *Prix de transfert*, Paris, 2010, Francis Lefebvre, 389 pages.

P. J. PROUDHON, *Théorie de l'impôt*, Paris, L'Harmattan, 1995, 328 pages.

P. LAURENT B. BOYER, *La stratégie financière des collectivités locales*, Paris, LGDJ, 2e éd., 1997, 202 pages.

P. LEVINE, *La lutte contre l'évasion fiscale de caractère international en l'absence et en présence de conventions internationales,* Paris, LGDJ, 1988, 480 pages.

P. LEROY- BEAULIEU, *Traité de la science des finances*, Paris, Guillaumin et Félix Alcan, 1906, 942 pages.

P. M. GAUDEMET & J. MOLINIER, *Finances publiques*, Paris, Monchrestien, Fiscalité/Tome 2, 1992, 460 pages.

P. MARCHESSOU, *L'interprétation des textes fiscaux,* Paris, PUF, 1980, 258 pages.

P. MALHERBE, *Introduction à la fiscalité internationale*, Bruxelles, Bruylant, 2020, 224 pages.

P. MARCHESSOU & B. TRESCHER, *Droit fiscal international et européen,* Paris, Bruylant, 2018, 588 pages.

P. OUDENOT, *Fiscalité approfondie des sociétés*, Paris, LexisNexis, 2020, 961 pages.

P. SAMUEL ARISTIDE BADJI, *Réforme du droit des sociétés commerciales et GIE*, L'Harmattan-Crédila, 2016, 211 pages.

P. SERLOOTEN, *Droit fiscal des affaires*, Paris, Dalloz, 16e éd., 2017, 862 pages.

P. STORRER, *Droit de la monnaie électronique,* Paris, RB, 2014, 253 pages.

P. Y. CARASCO, *Prix de transfert et stratégies d'optimisation fiscale de la firme multilatérale*, Paris, L'Harmattan, coll. L'esprit économique, 2017, 144 pages.

R. BELNET & C.SILVESTRI *Plus-values sur cessions de titres,* Paris, Ed. Francis Lefebvre, coll. Thémexpress, 2016, 372 pages.

R. CARRE DE MALBERG, *Contribution à la Théorie générale de l'État,* Paris, éd. du CNRS, rééd.1985, T1, 837pages.

R. CARRE DE MALBERG, *La Loi expression de la volonté générale* (1931), Paris, Economica, rééd. Collection « Classique », 1982, 228 pages.

R. DUMONT, *L'Afrique noire est mal partie*, Paris, Édition du seuil, 1962, 286 pages.

R. GEOFFROY, *Les règles communautaires en matière d'aides d'État et la fiscalité*, Paris, L'Harmattan, 2005, 178 pages.

R. G. LANOU, *Faut-il réformer les règles de juridiction d'imposition*, Paris, PAF, 121 pages.

R. G. LANOU, *Droit fiscal et commerce électronique*, Paris, PAF, 2015, 121 pages.

R. MACART, *Échec du fisc ! Fraudes et privilèges, Paris, Gallimard*, 1958, 267 pages.

R. MUZELLEC, *Finances Locales*, Paris, 5e éd., Dalloz, 2005, 206 pages.

R. TELLER, *La fiscalité sénégalaise*, Dakar, Nouvelle Édition africaine, 1979, 132 pages.

S. BERRARD, *Guide des formalités et de la fiscalité des actes notariés, 2017,* LexisNexis, coll. Les guides, 2017, 692 pages.

S. DOUENIAS, *Mélanges Pascal Minne* : *Fiscalité internationale et patrimoine,* Bruxelles, Bruyland, 2017, 791 pages.

T. AFSCHRIFT, *Traité de la preuve en droit fiscal*, Bruxelles, Larcier, 2004, 519 pages.

T. BILLON, F. FELLER & A. RAPICAULT, *Guide pratique des réductions d'impôt et crédits d'impôt sur le revenu*, éd. Expert-comptable média, coll. L'expert en poche, 2017, 80 pages.

T. LAMBERT, *Procédures fiscales*, LGDJ, coll. Précis Domat, 2017, 721 pages.

T. LAMBERT & J.-L. ALBERT., *Les chantiers fiscaux à engager*, Paris, L'Harmattan, 2002, 255 pages.

T. LAMORLETTE & P. RASSAT, *Stratégie fiscale internationale*, Paris, Maxima, 1997, 258 pages.

V. BARBE, Droit fiscal international, Paris, Ed. Gualino, 2018, 148 pages.

V. LAZIMI, Contrôle fiscal des opérations internationales des particuliers, EFE, 2023, 254 pages.

V. Onanga OPISSINA, *La Problématique de l'application de la TVA dans l'espace OHADA,* Paris, L'Harmattan, 2016, 370 pages.

Y. DE LA VILLEGURIN, *Prélèvement à la source 2017. Décryptage et textes consolidés,* Paris, Éd. Groupe revue fiduciaire, 2017, 176 pages.

Y. MENY & J. C. THOENIG *Les politiques publiques*, Paris, PUF, Coll. Thémis, 1989, 400 pages

Y. DE LA VILLEGUERIN, *Dictionnaire fiscal, 2016,* Ed. Groupe revue fiduciaire, coll. Dictionnaires pratiques RF, 2016, 1790 pages

ARTICLES, NOTES & CHRONIQUES

A. ALLOSSOGBE, « Règles d'origine et produits originaires : le clair-obscur de la libre circulation des biens », *Acte du colloque des 04 et 05 octobre 2018 : Bénin les recettes publiques en débat sous la direction de N. MEDE & N. YENOUSSI*, L'Harmattan, 2020, pp. 413-441.

A. BARILARI, « La Légitimité des méthodes et des choix de gestion par la cohérence du système de valeur d'administration de l'impôt », *RFFP*, n° 88-Novembre 2004, pp. 73-78.

A. BARILARI, « La concurrence fiscale et l'entreprise », *La revue du trésor*, n° 1, janvier 2005, pp. 11-13.

A. BARILARI, « Les Amnisties fiscales » *RFFP*, n° 110-Avril 2010, pp. 135-152.

A. BARILARI, « Décisions du Conseil constitutionnel intervenues en 2016 en matière fiscale », *RFFP*, n° 138, 2017, pp. 325-331.

A. BARILARI, « Inventer la fiscalité du XXIe : pour un débat public international », *RFFP,* n° 116-2011, pp. 3-10.

A. BARILARI, « Les Leçons des échecs des réformes fiscales », *RFFP*, n° 116-2011, pp. 11-18.

A. BARILARI, « Égalité devant l'impôt ou égalité par l'impôt » *Gestion & Finances publiques,* n° 3/4 mars-avril 2014, pp. 22-27.

A. BARILARI, « La Réforme de l'administration fiscale en France. Signification historique et évaluation au regard des objectifs » *RFFP*, n° 104, Novembre 2008, pp. 103-114.

A. BARILARI, « La Question de l'autonomie fiscale », *RFFP*, n° 80, Décembre 2002, pp. 77-84.

A. BAUDU, « Les Incitations fiscales et financières de la loi relative à la transition énergétique pour la croissance verte : des contours flous sans cadrage budgétaire et financier », *Gestion & finances publiques,* n° 2, mars-avril 2016, pp. 71-77.

A. BENOIT & A. MORAINE, « L'instable notion d'établissement stable en matière de TVA » *Revue de droit fiscal*, n° 13, 28 mars 2013, pp. 19-23.

A. BICHON, « La Communication par l'administration fiscale au contribuable de renseignements obtenus par elle auprès de tiers », *Revue de droit fiscal*, n° 9, 1999, pp. 405-408.

A. BOISSENIN, « La Nécessaire réforme du système de ressources propres », *RFFP*, n° 141, 2018, pp. 51-59.

A. BONNET, « Avance de trésorerie transformées en abandons de créances au profit d'une entreprise en redressement judiciaire », *Revue de droit fiscal*, n° 46, 15 novembre 2007, pp. 25-30.

A. BONNET, « Acte anormal de gestion et exécution d'un engagement de caution des associés », *Revue de droit fiscal,* n°42, 16 octobre 2008, pp. 12-16.

A. BONNET, « Précisions sur le rôle du représentant fiscal en cas de redressement opéré en matière de TVA », *Revue de droit fiscal,* n° 49, 3 décembre 2009, pp. 27-32.

A. BONNET, « La Charge de la preuve en contentieux fiscal », *Le contentieux fiscal en débat (Actes du colloque organisé les 15 et 16 novembre 2013 par le CEFF de la faculté de droit et de science politique d'Aix-Marseille Université),* sous la direction de Thierry LAMBERT, LGDJ, 2014, pp. 39-50.

A-C BEZZINA, « À Propos du nouveau recours pour excès de pouvoir contre le rescrit : retour sur les paradoxes de la subjectivisation du droit fiscal », *RFFP*, n° 138, 2017, pp. 277-284.

A. CHARLET & J. OWENS, « Une Perspective internationale sur la TVA », *Revue de droit fiscal*, n° 39, 30 septembre 2010, pp. 9-17.

A. CHARLET, B. LAPORTE & G. ROTA-GRAZIOSI, « La Fiscalité minière en Afrique de l'Ouest et du Centre », *Revue de Droit fiscal n° 48*, 28 novembre 2013, 52.www.LexisNexis. Consulté le 02/01/18.

A. CHARLET & S. BUYDENS, « Les Principes directeurs de l'OCDE pour la TVA/TPS- présentation et perspectives », *Revue européenne & internationale de droit fiscal*, n° 3, 2015, pp. 409-417.

A. CHARLET, B. LAPORTE & G. ROTA GRAZIOSI, « La Fiscalité minière en Afrique de l'Ouest et du centre », *Revue de droit fiscal*, n° 48, 28 novembre 2013, pp. 11-29.

A. COUDERC, « L'opposabilité d'une doctrine administrative contraire au droit de l'Union européenne : une question cruciale encore en suspens », *Bulletin Francis Lefebvre,* n° 10, 2012, pp. 763-767.

A. DE BROSSES & T. MERCEY, « Quelques réflexions sur la bonne gestion fiscale et les transactions abusives », *Bulletin Francis Lefebvre,* n° 6, 2017, pp. 349-352.

A. DE RAVEL D'ESCLAPON, « L'Avenir de la coopération fiscale dans l'U.E. », *Fraude et évasion fiscale : État des lieux et moyens de lutte sous la direction de Jérôme LASSERE CAPDEVILLE, Phillipe MARCHESSOU, Bruno TRESCHER, Chantal CUTAJAR*, éd. Joly, 2015, pp. 71-83.

A. DE WALL, « Retenue à la source : le pot de terre, le pot de fer… et le pot de colle », *Revue de droit fiscal*, n° 50, 14 décembre 2017, pp. 49-61.

A. DE WALL, « Fusion transfrontalière : le défaut de demande d'agrément (art 210 C du CGI) suffit-il à remettre en cause le bénéfice du régime spécial des fusions ? *Revue de droit fiscal*, n° 16, 17 avril 2014, pp. 15-24.

A. DE WALL & L. RAGOT, « Liberté de circulation des capitaux et retenue à la source sur dividendes : l'excès de retenue du Conseil d'État », *Revue de droit fiscal*, n° 63, 4 septembre 2014, pp. 51-56.

A. DEHAINE, « Les Ressources fiscales à l'ère du numérique : l'adaptation de la fiscalité locale », RFFP, n° 143, 2018, pp. 105-108.

A. DENIS « Les Anciennes contributions directes du Sénégal » *Annales Africaines*, n° 1, 1961, pp. 129-249.

A. DUMONT, « La Justice en droit fiscal », *RFFP*, n° 140, 2017, pp. 283-288.

A. FINK, « Fusions transfrontalières : quels avantages tirer de la société européenne », *L'année fiscale*, PUF, 2004, pp. 95-105.

A. FOURCAN, « Une Fiscalité moderne pour une économie moderne », *RFFP,* n° 1, 1983, pp. 29-39.

A. G. BESSALA, « Le Contrôle de constitutionnalité de la norme financière publique d'origine législative en droit public financier camerounais », *Revue juridique et politique,* n° 3, 2017, pp. 389-418.

A. GAEL HAMONIC-GAUX, « Comment fiscaliser l'économie collaborative », *Gestion & finances publiques,* n° 4, Juillet-Août 2016, pp. 103-107.

A. GARDETTE & A MLYNARSKY, « L'évolution des outils juridiques du contrôle fiscal », *Gestion et finances publiques,* n° 12, Décembre, 2013, pp. 39-44.

A. GOBEL, « Fiscalité internationale et économie numérique :la juste valeur des Big Data (I) », *Bulletin Francis Lefebvre,* n° 6, 2013, pp. 325-333.

A. GUEYE, « Union européenne et OHADA : aspects de droit comparé », Étude en hommage au juge Kéba MBAYE, *Revue juridique et politique*, n° 1-2014, pp. 342.

A. GUIGUE, « Le Concept britannique de souveraineté : un modèle transposable », *RFFP*, n° 155, 2021, pp. 101-104.

A. GUILLEMONAT & O. RAMOND, « Financement hybride, prêts d'actionnaires et abus de droit une entrée en *terra incognita* », *Revue de droit fiscal,* n° 5-6, 2 février 2017, pp. 11-16.

A. HOVINE, « La Restructuration de la dette : une solution pour sortir de la crise », *RFFP*, n° 12, 1985, pp. 113-126.

A. I. SANTAMARIA DACAL, « Gibraltar, le régime fiscal des sociétés « offshore » et la sélectivité », *Revue jurisprudence fiscale,* n° 2, 2012, pp. 89-92.

A. KELLERGIS, « L'Élaboration de la norme fiscale », *RFFP*, n° 146, 2019, pp. 59-66.

A. KALLERGIS, « L'Extraterritorialité en matière fiscale », *Cahier du droit de l'entreprise*, n° 4, 2018, Dossier 31, 7 pages.

A. LAMBERT, « Un Cadre général pour une réforme de la fiscalité locale », *RFFP,* n° 103-septembre 2008, pp. 57-62.

A. LAMBERT, « La Complexité fiscale, obstacle au consentement à l'impôt », *RFFP,* n° 155, 2021, pp. 225-227.

A. LEFEUVRE, « De la Sécurité juridique en matière de recouvrement de l'impôt », *Revue de droit fiscal,* n° 36, 2003, pp. 1041-1046.

A. LEFEUVRE, « La Limitation de la déduction des intérêts des avances consenties par une société mère non établie en France à sa filiale française est contraire à la liberté d'établissement », *Revue de droit fiscal,* n° 16, 2004, pp. 771-775.

A. LOGMO MBELEK, « Fiscalité et développement : la problématique du rendement », *EJDA,* n° 93-2012, pp. 9-26.

A. LOGMO MBELEK, « La Souveraineté fiscale des États africains au sud du Sahara face aux enjeux du développement) : l'exemple du Cameroun », *EDJA*, n° 3-2008, pp. 39-54.

A. LOGMO MBELEK, « La Réforme des modes actuels de collecte de l'impôt pour favoriser le développement » *Séminaire sur la réforme des politiques fiscales axées sur l'innovation et la modernisation des institutions en charge de la collecte et de la gestion du patrimoine public tenu du 29 novembre au 1er décembre 2010 à l'hôtel inter-continental (Tanger) Maroc.*

A. MAITROT DE LA MOTTE, « La Concurrence fiscale dans la jurisprudence de la Cour de justice », *in La concurrence réglementaire, sociale et fiscale dans l'Union européenne sous la direction de Eric CARPANO, Manuel CHASTAGNAUT & Emmanuel MAZUYER,* éd. LARCIER, 2016, pp. 293-31.

A. MAITROT DE LA MOTTE, « La Commission européenne publie un paquet sur la lutte contre l'évasion fiscale » *Revue de droit fiscal,* n° 5, 4 février 2016, pp. 11-16.

A. MAITROT DE LA MOTTE, « Les Sportifs non-résidents et la retenue à la source de l'article 182 B : la saison n'est pas finie » *Revue de droit fiscal,* n° 18, 30 avril 2015, pp. 53-61.

A. MAITROT DE LA MOTTE, « Réflexions sur les difficultés posées par la retenue à la source frappant les revenus français des sportifs non-résidents », *Revue de droit fiscal,* n° 27, 5 juillet 2012, pp. 24-29.

A. MAITROT DE LA MOTTE, « Normalité, sélectivité et légitimité des régimes fiscaux dans l'Union européenne : les paradis fiscaux au purgatoire des aides d'État », *Revue de droit fiscal,* n° 5, 2 février 2012, pp. 44-62.

A. MAITROT DE LA MOTTE, « Contrôle fiscal et souveraineté fiscale », *Gestion & Finances publiques*, n° 12, 2011, pp. 905-910.

A. MAITROT DE LA MOTTE, « La Cour de justice des communautés européennes et le principe communautaire de non-discrimination-Remarques sur l'arrêt D. du 5 juillet 2005 (aff. C-376/03) », *L'année fiscale,* 2006, PUF, pp. 99-122.

A. MAITROT DE LA MOTTE, « Les Divergences de jurisprudence entre le juge administratif et le juge judiciaire de l'impôt », *Revue de droit fiscal*, n° 38, 22 septembre 2016, pp. 37-41.

A. MALEHOSSOU RAOUF, « La Dématérialisation des procédures douanières au Bénin », *Acte du colloque des 04 et 05 octobre 2018 : Bénin les recettes publiques en débat sous la direction de N. MEDE & N. YENOUSSI*, L'Harmattan, 2020, pp. 391-412.

A. MORAINE, « L'Arrêt fonderie 2A : une vente, deux flux physiques, vingt ans d'attente et bientôt une décision de la CJUA », *Revue de droit fiscal*, n°28, 17 octobre 2013, pp. 28-33.

A. PANDO, « Économie collaborative : quelle taxation pour les revenus », *Petites Affiches,* n° 29, 2016, pp. 4-6.

A. PANDO, « Le Sénat propose une économie collaborative », *Petites Affiches,* n° 121, 2017, pp. 4-6.

A. PARIENTE, « La Démarche de performance issues de la LOLF : quelles perspectives » *RDP*, n° 1 Janvier-Février 2006, pp. 37-42.

A. PUPIER, « Transfert indirect de bénéfices, article 57 CGI et notion d'acte anormal de gestion », *Revue la recherche juridique,* n° 1, 1996, pp. 129-144.

A. RAPPO, « Le secret bancaire suisse et l'échange d'informations fiscales : les effets de la nouvelle convention de double imposition signée par la France et la Suisse », *Revue fiscalité européenne et droit international des affaires*, n° 164, 41e année, pp. 3-15.

A. REVEL, « Résidence conventionnelle des sociétés : le juge en quête de fortes personnalités…fiscales ! », *Revue de droit fiscal*, n° 22, 1er juin 2017, pp. 8-23

A. RIGANDIERE, « l'Intervention de la souveraineté » *Pouvoirs,* n° 67, 1993, pp. 5-21.

A. SAIB COULIBALY, « Le Droit de la concurrence de l'Union économique et Monétaire Ouest-Africaine », *Revue burkinabè de droit*, n° 43-44, 2003, pp. 3776.

À SPIRE, « Les formes élémentaires de l'inégalité devant l'impôt » *Pouvoirs,* n° 151, 2014, pp. 117-128.

A. STEICHEN, « De l'échange d'information à l'organisation de la transparence : le chemin de Damas du Luxembourg », *Fraude et évasion fiscale : État des lieux et moyens de lutte sous la direction de Jérôme LASSERE CAPDEVILLE, Phillipe MARCHESSOU, Bruno TRESCHER, Chantal CUTAJAR*, Ed Joly ,2015, pp. 25-34.

A. STEICHEN, « Typologie des systèmes fiscaux comparés », *L'année fiscale*, Paris, PUF, 2003, pp. 33-61.

A. WADE « Que reste-t-il de la notion de take-off », *Annales Africaines*, 1971-1972, pp. 165-174.

A. WATTEYNE, « Une intégration économique africaine à l'image de l'intégration économique européenne », in *revue burkinabé de droit,* n° 39-40, 2001, pp. 83-92.

A. WIEDOW & D. RAPONI « Pour une stratégie européenne contre la fraude fiscale » *RFFP*, n° 110-Avril 2010, pp. 135-152.

« Actualité de la fiscalité des groupes de sociétés », *Revue de droit fiscal,* n° 44, 3 novembre 2011, pp. 13-34.

B. BARRAUD, « Souveraineté de l'État et puissance de l'État », *Revue de la recherche juridique*, n° 1, 2017, pp. 123-157.

B. BOUMAKANI, « L'OHADA et les personnes publiques », *Mélanges en l'honneur du professeur Jacqueline MORAND-DEVILLIER,* LGDJ, 2008, pp. 209-226.

B. BOUTEMY & E. MEIER, « Profits immobiliers réalisés par les non-résidents : vers la fin de l'inégalité résultant de l'article 244 bis du CGI » *Revue de droit fiscal*, n° 49, 2003, pp. 1537- 1541.

B. CASTAGNEDE, « Lutte contre la fraude ou l'évasion fiscale internationale : la nouvelle donne », *RFFP*, n° 110-avril 2010, pp. 3-22.

B. CASTAGNEDE, « La Légitimité économique et financière du choix de la ressource publique : aspects européens » *RFFP*, n° 114-Avril 2011, pp. 83-90.

B. CASTAGNEDE, « Souveraineté fiscale et Union européenne » *RFFP*, n° 80-Décembre 2002, pp. 53-60.

B. CASTAGNEDE, « Évolution et cohérence des règles de territorialité de l'impôt sur les sociétés » *RFFP*, n° 68-Décembre 1999, pp. 277-299.

B. CASTAGNEDE, « Évolution de la cohérence des règles d'imposition », *RFFP,* n° 68, Décembre 1999, pp. 277-299.

B. CASTAGNEDE, « Fiscalité internationale », *Revue de droit fiscal*, n° 25, juin 2007, pp. 102-108.

B. CASTAGNEDE, « Fiscalité internationale : chronique de l'année 2008 », *Revue de droit fiscal*, n° 9, 26 février 2009, pp. 69-74.

B. CASTAGNEDE, « Localisation des bases imposables et implantations des groupes de sociétés : quels choix fiscaux ? » *Les chantiers fiscaux à engager,* L'Harmattan, 2002, pp. 153-160.

B. D. BA, « Le Problème de la compatibilité entre l'UEMOA & l'OHADA », *Acte du colloque de Ouagadougou des 16 & 17 décembre 1999 sur le thème 'la libéralisation de l'économie dans le cadre de l'intégration régionale : le cas de l'UEMOA'*, publiés par le CEEI, p. 157.

B. DELAUNAY, « Acte anormal de gestion et prix de transfert », *Gestion et finances publiques,* n° 2, février 2012, pp. 115-118.

B. DELAUNAY, « Où commence l'optimisation fiscale internationale ? Fraude, évasion fiscale et tax planning », *Revue de droit fiscal*, n° 39, 26 septembre 2013, pp. 20-24.

B. DELAUNAY, « La Planification fiscale agressive en droit fiscal de l'UE », *Revue européenne et internationale de droit fiscal*, n° 2, 2015, pp. 237-243.

B. DELAUNAY, « Les Évolutions de la fiscalité internationale depuis la crise financière de 2008 », *Revue de droit fiscal*, n° 39, 28 septembre 2017, pp. 15-17.

B. DELAUNAY, « Le Contentieux des espérances légitimes en droit fiscal », *Le contentieux fiscal en débat (Actes du colloque organisé les 15 et 16 novembre 2013 par le CEFF de la faculté de droit et de science politique d'Aix-Marseille Université),* sous la direction de Thierry LAMBERT, LGDJ, 2014, pp. 297-312.

B. DELAUNAY, « La dématérialisation des relations entre la public et l'administration : quel encadrement juridique », *RDP*, n° 5, 2020, pp. 1131-1135.

B. GAZIER, « Jalons pour une histoire des États face à la contrainte économique », *Pouvoirs,* n° 142, 2012, pp. 5-20.

B. GOUTHIERE, « La Domiciliation fiscale en question » *in Acte du colloque organisé le 03 décembre 2010 sur le thème : La fin des paradis fiscaux organisé par l'Institut International de Sciences Sociales, le Centre d'Études et de Recherches Administratives et politiques de Paris XIII et le Laboratoire d'Études Juridiques et politiques de l'Université de Cergy*, éd. Monchrestien, pp. 73-85.

B. GOUTHIERE, « Trusts étrangers : les nouvelles règles fiscales », *Bulletin Francis Lefebvre,* n° 11, 2011, pp. 751-760.

B. GOUTHIERE, « Article 155 A du CGI : compatibilité avec les normes juridiques supérieures ? », *Bulletin Francis Lefebvre,* n° 6, 2011, pp. 469-473.

B. GOUTHIERE, « Échanges de renseignements et assistance administrative internationale », *Bulletin Francis Lefebvre,* n° 3, 2014, pp. 141-147.

B. GILBERT & L. STANKIEWICZ, « Coopération administrative et règlement des différends », *Revue fiscalité internationale,* n° 1, 2019, pp. 249-257.

B. GILBERT & P. MEDARD, « La résolution des conflits : les procédures amiables et l'arbitrage », *Revue de droit fiscal*, n° 39, 28 septembre 2017, pp. 29-32.

B. GUEYE, « Réflexion sur une expérience d'intégration : l'Union africaine », in *Regards croisés sur les intégrations régionales : Europe, Amériques, Afrique, Bruxelles*, Bruylant, 2012, pp. 185-200.

B. GUEYE & R. YOUGBARE, « Les Négociations de l'APE UE-Afrique de l'Ouest et gouvernance des organisations régionales ouest-africaines » in *le partenariat Europe-Afrique et les intégrations régionales*, Bruxelles, Bruylant, 2012, pp. 157-186.

B. JEAN ANTOINE, « Le principe du consentement à l'impôt et la constitution de l'ancienne France », *RFFP,* n° 108, 2009, pp. 99-124.

B. LAPORTE, C. DE QUATREBARBES & Y. BOUTERIGE, « La Fiscalité minière en Afrique : le secteur de l'or dans 14 pays de 1980 à 2015 », *Revue d'économie du développement, n° 4,* décembre 2015, pp. 83-128.

B. LENOIR, « l'impact de l'élargissement sur les finances européennes » *RFFP*, n° 80-décembre 2002, pp. 23-30.

B. MARTIN LAPRADE, « Aspects juridiques des taxes parafiscales », *RFFP,* n°21, 1988, pp. 15-26

B. OMAROU, « La conditionnalité, vecteur juridique de l'assistance financière du FMI au Cameroun, in afrilex-u-bordeaux 4.fr, consulté le 05/05/2018.

B. PARENT, « L'Application du dispositif fiscal par la direction générale des impôts », *RFFP*, n° 63, 1998, pp. 73-81.

B. PARENT, « Le Contrôle fiscal : Propos Informel du Directeur général des Finances Publiques », *RFFP*, n° 138, pp. 107-109.

B. PEYROL & V. FRAMONT, « Rapport d'information sur l'évasion fiscale internationale des entreprises », *Revue fiscalité internationale,* n° 1, 2019, pp. 218-225.

B. PLAGNET, « Égalité ou inégalité des entreprises devant le droit fiscal », *RFFP*, n° 9, 1985, pp. 5-20.

B. PLAGNET, « L'évolution générale de la fiscalité des professions libérales », *RFFP*, n° 37, 1992, pp. 3-11.

B. PLAGNET, « La lutte contre la fraude « CARROUSEL » en matière de TVA intracommunautaire », *Mélanges en l'honneur du professeur Pierre BELTRAME,* PUF, 2010, pp. 463-478.

B. REYNIS, « De l'Économie collaborative », *Revue de droit des contrats,* n° 3, 2015, pp. 425-438.

B. ROBIN, « les Parquets du droit commun (TGI & JIRS) », *Revue de droit fiscal*, n° 38, 22 septembre 2016, pp. 23-25.

B. SALVAT, « La Recherche du renseignement dans la lutte contre la fraude fiscale internationale » *RFFP*, n° 110-avril 2010, pp. 103-120.

B. SARR, « Le traité de l'UEMOA : un pacte constitutionnel fédératif », *EDJA*, 4e trimestre 1999, pp. 77-95

B. SARROT REYNAUD DE CRESSENEUIL, « Le Rôle de l'OLAF dans la lutte contre la fraude à la TVA intracommunautaire », *Revue de droit fiscal*, n° 3, 18 janvier 2007, pp. 45-48.

B. TOULEMONT, « La Taxe professionnelle, un impôt imbécile, la CET, un impôt intelligent ? », *RFFP*, n° 131, 2015, pp. 23-33.

B. VINAY, « Les Unions Monétaires Ouest Africaines », *Penant*, n° 721, juillet-août septembre, pp. 343-359.

B. VINAY, « Les conditions d'un marché commun Africain » *Penant,* n° 707, juillet-août septembre, pp. 331-353.

C. ACARD & A. LORAN, « Les dernières évolutions en France et dans le monde en matière de déductibilité des charges financières » *Revue de droit fiscal*, n° 15, 11 avril 2013, pp. 12-33.

C. ACARD & Autres, « Lutte contre la fraude et l'évasion fiscale », *Revue fiscalité internationale,* n° 1, 2019, pp. 195-217.

C. BOISMAIN, « L'acte anormal de gestion et la jurisprudence récente du Conseil d'État », *Bulletin Francis Lefebvre,* n° 6, 14, pp. 341-345.

C. BOUTHEVILLAIN & L. PAUL, « la Fiscalité sur les revenus et le patrimoine des ménages en France : les réformes à la croisée des chemins » *RFFP,* n° 103-septembre 2008, pp. 103-132.

C. BROKELIND, « Les Modifications apportées à la directive sociétés mères et filiales du 23 juillet 1990 : une amélioration ? », L'année fiscale, PUF, 2004, pp. 75-93.

C. CHEVAGNEUX, « Comment poursuivre la lutte contre les paradis fiscaux » *in Acte du colloque organisé le 03 décembre 2010 sur le thème : La fin des paradis fiscaux organisé par l'Institut International de Sciences Sociales, le Centre d'études et de Recherches Administratives et politiques de Paris XIII et le Laboratoire d'Étude juridique et Politique de l'Université de Cergy*, éd. Monchrestien, 2011, pp. 203-209.

C. COLARD-FABREGOULE, « Les principes directeurs de l'OCDE à l'égard des multinationales », *Revue générale de droit international public,* n° 3, 2016, pp. 579-601.

C. COMOLET-TIRMAN, « Peut-on en finir avec les prix de transfert ? », *Revue de droit fiscal*, n° 22, 31 mai 2012, pp. 13-15.

C. COUDERT, « Union européenne et États-Unis : quelles stratégies fiscales en matière de datacenter » *Revue européenne et internationale de droit fiscal*, n° 3, 2017, pp. 266-273.

C. COUSSOT, « Le Recouvrement à l'étranger en application des conventions bilatérales d'assistance au recouvrement » *La revue du trésor*, n° 2, février 2001, pp. 88-91.

C. DE LA MARDIERE, « l'idéologie des révoltes fiscales modernes (le mouvement poujade) » *RFFP*, n° 84 - décembre 2003, pp. 43-52.

C. DE LA MARDIERE, « La Notion d'abus de droit, arme de répression fiscale », *Revue de droit fiscal*, n° 51-52, 18 décembre 2014, pp. 55-58.

C. DE LA MARDIERE, « L'Insécurité de l'entreprise face au contrôle fiscal », *Revue de droit fiscal*, n° 18-19, 2 mai 2013, pp. 16-19.

C. DE LA MARDIERE, « article 155 A du CGI et droit de l'Union européenne : épilogue », *Revue de droit fiscal*, n° 20, 16 mai 2013, pp. 31-38.

C. DE LA MARDIERE, « Acte anormal de gestion :la charge de la preuve de la minoration du prix de cession d'un actif pèse sur l'administration », *Revue de droit fiscal*, n° 45, 10 novembre 2011, pp. 31-35.

C. DE LA MARDIERE, « Compatibilité de l'article 155A du CGI avec le droit de l'UE (oui en l'espèce) », *Revue de droit fiscal*, n° 7-8, 16 février 2012, pp. 32-37.

C. DE LA MARDIERE, « La taxe sur les spectacles », *La revue du trésor,* n° 11, novembre 2008, pp. 849-851.

C. DE LA MARDIERE, « Abus de droit : affres et misères de la jurisprudence *Verdannet* », *Revue de droit fiscal*, n° 29, 28 juillet 2019, pp. 15-17.

C. DE LA MARDIERE, « La Question prioritaire de constitutionnalité en matière fiscale : un espoir déçu », *Le contentieux fiscal en débat (Actes du colloque organisé les 15 et 16 novembre 2013 par le CEFF de la faculté de droit et de science politique d'Aix-Marseille Université),* sous la direction de Thierry LAMBERT, LGDJ, 2014, pp. 29-38.

C. DE LA MARDIERE, « Le Mythe de l'unicité de l'impôt », *Gestion et Finances Publiques*, n° 1, 2021, pp. 29-34.

C-E GERVAL, « Norme internationale d'échange automatique de renseignements à des fins fiscales : la reprise d'une législation américaine extraterritoriale ? », *Revue européenne et internationale de droit fiscal*, n° 3, 2017, pp. 259-265.

C. FOUMDJEM, « Le Blanchiment et la fraude fiscale : aspect de droit comparé », *Revue européenne et internationale de droit fiscal,* n° 1, 2015, pp. 111-127.

C. GUENE, « Retour sur l'espoir d'un ordre mondial », *RFFP*, n° 146, 2019, pp. 37-48.

C. GUENE, « Le Parlement et le consentement à l'impôt », *RFFP*, n° 155, 2021, pp. 241-242.

C. HEURTEUX & P. NGUYEN, « Les Zones d'entreprises en France », *RFFP,* n° 18, 1987, pp. 79-92.

C. JULIEN, « Dette de l'Occident et dette du tiers monde », *RFFP,* n° 12, 1985, pp. 71-78.

C. LANDAIS, « Somme versée par une société française à une société britannique en rémunération d'un concert donné en France par un artiste résident suisse : imposition en France au nom de cet artiste nonobstant les conventions franco-suisse et franco-britannique », *Revue de droit fiscal,* n° 17, 24 avril 2008, pp. 31-38.

C. LOPEZ, « La Fiscalité comme vecteur de l'attractivité du territoire », *Mondialisation- fiscalité & la globalisation fiscale sous la direction de Marc LEROY,* L'Harmattan, 2006, pp. 245-262.

C. LOPEZ, « Le Droit de visite et de saisie, une procédure d'investigation de l'administration fiscale » *Revue de droit fiscal*, n° 51-52, 18 décembre 2014, pp. 44-49.

C. LOPEZ, « La Saisine des commissions départementales : une solution aux conflits ? », *Le contentieux fiscal en débat (Actes du colloque organisé les 15 et 16 novembre 2013 par le CEFF de la faculté de droit et de science politique d'Aix-Marseille Université),* sous la direction de Thierry LAMBERT, LGDJ, 2014, pp. 355-367.

C. LOUIT, « Les Procédures d'urgence : les référés en matière fiscale », *Le contentieux fiscal en débat (Actes du colloque organisé les 15 et 16 novembre 2013 par le CEFF de la faculté de droit et de science politique d'Aix-Marseille Université),* sous la direction de Thierry LAMBERT, LGDJ, 2014, pp. 51-60.

C. MAUDET, « La Course à l'information : un nouveau défi pour l'administration fiscale française », *Gestion et finances publiques*, n° 1, janvier 2009, pp. 32-38.

C. MELADY, N. MEURANT & I. CHAABOUNI, « Les Rémunérations en action sont-elles solubles dans les conventions fiscales internationales », *Bulletin Francis Lefebvre,* n° 3, 2011, pp. 253-256.

C. MENARD, « Le Rescrit : l'année 2008 restera-t-elle dans les mémoires », *Revue de droit fiscal*, n° 7, 12 février 2009, pp. 15-25.

C. MENARD, « La Sécurité juridique appliquée aux opérations de réorganisation de l'agrément au rescrit », *Bulletin Francis Lefebvre,* n° 4, 2018, pp. 234-243.

C. MOMO, « À la recherche d'un modèle de justice administrative en Afrique subsaharienne francophone », *Revue la recherche juridique*, n° 1, 2013, pp. 445-485.

C. P. TELLO, J. MALHERBE, T. KIESSIG & G. GALEA, « La régulation fiscale des contribuables américains », *Revue de droit fiscal*, n° 42, 16 octobre 2014, pp. 9-17.

C. P. TELLO & J. MALHERBE, « Le Foreign Account Tax compliance Act (FATCA) américain : un tournant juridique dans la coopération sur l'échange d'informations fiscales », *Revue de droit fiscal*, n° 3, 16 janvier 2014, pp. 23-39.

C. PIERRET, « La Politique fiscale à l'égard des entreprises », *RFFP*, n° 9, 1985, pp. 21-38.

C. PONCELET, « Les Faux semblants de la réforme de la taxe professionnelle » *RFFP*, n° 67-décembre 2002, pp. 23-30.

C. RAQUIN, « le Contrôle des juges de la constitutionnalité et de la conventionnalité sur les dispositifs de prévention de l'évasion fiscale internationale », *Revue jurisprudence fiscale*, n° 4, 2012, pp. 299-303.

C. RAQUIN, « La Renonciation à percevoir des redevances de concession de licence est-elle constitutive d'un acte anormal de gestion », *Revue jurisprudence fiscale*, n° 12, 2011, pp. 1147-1150.

C. REGAD-ALBERTIN, « État et souveraineté : destins croisés, essai sur les rapports entretenus entre les deux notions de Jean BODIN à nos jours », *Revue de la recherche juridique*, n° 1, 2013, pp. 133-148.

C. RIOU, « L'influence des groupes de pression en France et au niveau de l'Union européenne dans l'élaboration de la législation fiscale », *RFFP*, n° 140, 2017, pp. 47-53.

C. SACCHETTO, « Les Zones franches et d'exception », *in Acte du colloque organisé le 03 décembre 2010 sur le thème : La fin des paradis fiscaux organisé par l'Institut International de Sciences Sociales, le Centre d'études et de Recherches Administratives et politiques de Paris XIII et le Laboratoire d'Étude Juridiques et Politique de l'Université de Cergy*, éd. Monchrestien, 2011, pp. 59-71.

C. SILBERZTEIN, « Le Contrôle des prix de transfert », *Gestion et finances publiques,* n° 2, février 2012, pp. 119-123.

C. SILBERZTEIN, « Les Différents en matière de prix de transfert et leurs causes » *Revue de droit fiscal*, n° 3, 17 janvier 2013, pp. 7-14.

C. SILBERZTEIN, « Prix de transfert : commentaires sur le projet de révision du chapitre VI des principes de l'OCDE relatif aux biens incorporels », *Revue de droit fiscal,* n° 39, 27 septembre 2012, pp. 6-9.

C. SILBERZTEIN, « L'objet des conflits de juridictions : l'attribution de la matière imposable », *Revue de droit fiscal*, n° 39, 28 septembre 2017, pp. 25-28.

C. SILBERZTEIN, « Prix de transfert et actifs incorporels : travaux en cours de l'OCDE », *Revue de droit fiscal,* n° 20, 19 mai 2011, pp. 12-16.

C. SILBERZTEIN, « La révision des principes de l'OCDE applicables en matière de prix de transfert », *Revue de droit fiscal,* n° 39, 30 septembre 2010, pp. 22-26.

C. SILBERZTEIN & J-B TRISTRAM, « OCDE : la mise en œuvre des mesures conventionnelles issues du projet BEPS par la création d'un instrument multilatéral », *Revue de droit fiscal*, n° 42-43, 20 octobre 2016, pp. 16-21.

C. SILBERZTEIN, B. GRANEL & J. B. TRISTRAM, « La Convention multilatérale de l'OCDE : vous ne lirez plus les conventions comme avant », *Revue de droit fiscal*, n° 39, 28 septembre 2017, pp. 35-43.

C. SILBERZTEIN & V. SCHMITT, « le Dispositif français d'accord préalable en matière de prix de transfert : une petite révolution fiscale », *Revue de droit fiscal,* n° 5, 2000, pp. 253-258.

C. TOURE, « Le système de contrôle des finances publiques au Mali », afrilex-u-bordeaux 4.fr, consulté le 05/05/2018.

C. TOURE, « Étude du système fiscal malien », *Droit fiscal en Afrique subsaharienne francophone sous la direction de Thierry OBRIST et Thierry-Gauthier M. KALONJI*, Ed Bruylant, 2022, pp. 427-462.

C. VANDAMME, « Le Repérage de la fraude fiscale grâce au datamining », *Gestion et finances publiques,* n° 11, Novembre-Décembre, pp. 42-45.

C. VEROT, « La Réintégration au bénéfice d'une société mère française de 5 % du crédit d'impôt auquel donne droit la distribution de bénéfices par une filiale est-elle compatible avec la directive mère-fille », *Revue de droit fiscal*, n° 7, 15 février 2007, pp. 34-41.

C. VIEISSANT, « L'Exception d'inconventionnalité en droit fiscal », *Le contentieux fiscal en débat (Actes du colloque organisé les 15 et 16 novembre 2013 par le CEFF de la faculté de droit et de science politique d'Aix-Marseille Université),* sous la direction de Thierry LAMBERT, LGDJ, 2014, pp. 313-322.

C. VIESSANT, « Les Contournements du droit fiscal national, un souverain sans pourvoir fiscal », *RFFP*, n° 155, 2021, pp. 75-78.

C. WALINE, « Le rôle des services administratifs de la commission des finances du Sénat dans le processus de décision fiscale » *RFFP*, n° 88-Novembre 2004, pp. 91-98.

C. WENDLING, C. MALEPLATE & G. HENRI LION, « La Dépense fiscale en France : un enjeu crucial pour nos finances publiques », *La revue du trésor*, n° 10, octobre 2008, pp. 752-755.

C.WRAZEN, « Fraude fiscale, légitimité, illégitimité, phénomène d'élite ou phénomène de masse », *Revue de droit fiscal*, n° 3, 18 janvier 2007, pp. 8-16.

C. YEHOUENOU, « Dépenses fiscales au Bénin », *Acte du colloque des 04 et 05 octobre 2018 : Bénin les recettes publiques en débat sous la direction de N. MEDE & N. YENOUSSI*, L'Harmattan, 2020, pp. 109-128.

« Communication de la commission sur l'application des mesures de lutte contre les abus dans le domaine de la fiscalité directe », *Revue de droit fiscal,* n° 4, 24 janvier 2008, pp. 10-14.

« Contrôle fiscal et répression de la fraude aux États-Unis : la politique de « compliance » de l'Internal Revenu Service », *Revue de la Direction générale des Impôts*, n° 53, 1981, pp. 35-41.

« Convention franco-américaine : retenue à la source sur les prestations artistiques dans le domaine de la mode », *Revue de droit fiscal*, n° 17-18, 26 avril 2007, pp. 43-45.

D. ALEXANDRE, « Quel nouveau civisme fiscal en France », *RFFP,* 138, 2017, pp. 159-162.

D. BLAISE, « La Réforme du crédit d'impôt recherche », *Bulletin Francis Lefebvre,* n° 4, 2008, pp. 311-318.

D. BOUCHET & J. MARX, « TVA : soixante ans, soixante questions clés », *Revue de droit fiscal*, n° 5, 29 janvier 2015, pp. 12-36.

D. BRUNEL, « TVA : un impôt révolutionnaire qui a su se pérenniser et s'exporter », *Gestion & finances publiques*, n° 12, 2013, pp. 45-47.

D. C. KOLONGELE EBERANDE, « Immunité d'exécution obstacle à l'exécution forcée en droit OHADA contre les entreprises et personnes publiques », *Revue juridique et politique*, n° 2, 2014, pp. 147-176.

D. CANEPA, « Comparaison entre la réforme de l'État au niveau territorial et la réforme de l'administration financière » *RFFP*, n° 110 avril 2010, pp. 165-168.

D. DA, « L'Application des directives de l'UEMOA sur la comptabilité publique au Burkina Faso : les avancées et les contraintes », *RFFP*, n° 98-2007, pp. 119-128.

D. DIARRA, « Le Système intégré de gestion des taxes : Grandeur et perspectives d'un mécanisme technologique », *Acte du colloque des 04 et 05 octobre 2018 : Bénin les recettes publiques en débat sous la direction de N. MEDE & N. YENOUSSI*, L'Harmattan, 2020, pp. 73-98.

D. FALCO, « Une Nouvelle légende fiscale : la TVA de Maurice LAURE », *Gestion et Finances Publiques*, n° 1, 2021, pp. 22-28.

D. GAILLARDOT, « Les Conséquences de l'indépendance des contentieux pénal et fiscal pour l'autorité judiciaire », *Revue de droit fiscal*, n° 38, 22 septembre 2016, pp. 62-66.

D. GUTMANN, « L'Assiette commune consolidée de l'IS : une réforme profonde de la fiscalité » *RFFP*, n° 116-2011, pp. 33-46.

D. GUTMANN, « La Portée de l'article 6 de la convention européenne des droits de l'homme en matière fiscale », *Revue de droit fiscal*, n° 38, 22 septembre 2016, pp. 49-54.

D. GUTMANN, « Regard sur la jurisprudence fiscale du Conseil constitutionnel », *Pouvoirs*, n° 151, 2014, pp. 47-56.

D. GUTMANN, « L'Abus de droit et l'intégration fiscale : quelle portée faut-il attribuer aux décisions Peugeot », n° 46, 13 novembre 2015, pp. 55-65.

D. GUTMANN, « Du droit à la philosophie de l'impôt », *L'impôt*, TOME 46, 2002, pp. 7-14

D. GUTMANN, « Abandon de créance à une filiale étrangère : quel statut pour la loi fiscale étrangère », *Revue de droit fiscal*, n° 29, 18 juillet 2013, pp. 38-43.

D. GUTMANN, « L'Impact des conventions fiscales conclues avec les pays tiers à l'U.E. sur les conventions fiscales conclues entre États membres », *Bulletin Francis Lefebvre*, n° 4, 2006, pp. 351-355.

D. GUTMANN, « La Filiale commissionnaire : un établissement stable », *Étude à la mémoire du professeur Maurice COZIAN*, Litec, 2009, pp. 537-552.

D. GUTMANN & Autres, « Aides d'État, un nouveau défi, Actes de la soirée annuelle de l'IFA organisée le 06 octobre 2016 », *Revue de droit fiscal*, n° 12, 23 mars 2017, pp. 41-51.

D. KESSLER, « La Marge de manœuvre des États », *Pouvoirs,* n° 142, 2012, pp. 71-92.

D. LECOMTE & L. VAPAILLE, « Le Délit de fraude fiscale » *Revue européenne et internationale de droit fiscal,* n° 1, 2015, pp. 137-149.

D. LECOMPTE, « Impôt sur les bénéfices : faut-il distinguer les bénéfices distribués et réinvestis », *Les chantiers fiscaux à engager,* L'Harmattan, 2002, pp. 161-174.

D. LECOMPTE, « De l'efficacité des recours hiérarchiques », *Le contentieux fiscal en débat (Actes du colloque organisé les 15 et 16 novembre 2013 par le CEFF de la faculté de droit et de science politique d'Aix-Marseille Université),* sous la direction de Thierry LAMBERT, LGDJ, 2014, pp. 339-354.

D. MAHERZI, « la pensée fiscale de Jean Louis GRASTIN (1727-1790) », *RFFP,* n° 99 - septembre 2007, pp. 155-178.

D. OUEDRAOGO, « Vers un renouveau de la loi de règlement dans les pays membre de l'UEMOA », *Revue juridique et politique*, n° 3, 2015, pp. 298-310.

D. ROBERT, « Regard sur la réforme interrégionale à la direction générale des impôts » *RFFP*, n° 89-février 2005, pp. 115-126.

D. URY, « Le tax ruling à la française », *Gestion & finances publiques,* n° 1, janvier-février 2016, pp. 101-105.

D. VILLEMOT, « Les Taxes parafiscales en France : cadre général », *RFFP,* n° 21-1988, pp. 5-14.

D. VILLEMOT, « Qualité requise pour invoquer le bénéfice des conventions fiscales internationales à l'encontre de l'application de l'article 209 B du CGI » *Revue de droit fiscal,* n° 47, 2001, pp. 1641-1645.

D. VILLEMOT, « La nouvelle définition des fusions et des scissions », *Revue de droit fiscal,* n° 25, 2002, pp. 911-914.

D. VILLEMOT, « Option sur actions transfrontalières : le juge face aux conventions fiscales », *Bulletin Francis Lefebvre,* n° 7, 2010, pp. 589-590.

D. VILLEMOT & E. SARFATI, « La Taxe sur les salaires et les directives TVA après l'arrêt Banca popolare di Cremona », *Revue de droit fiscal*, n° 24, 14 juin 2007, pp. 11-19.

D. VILLEMOT, « Le Verrou posé par la décision *Aznavour* sur la porte d'accès aux conventions fiscales », *Revue de droit fiscal*, n° 17, 23 avril 2009, pp. 15-19.

D. VILLEMOT & E. SARFATI, « La TVA sur les frais liés à une cession de titres est-elle déductible », *Revue de droit fiscal*, n° 29, 19 juillet 2007, pp. 15-17.

E. ALLIX, « La condition des étrangers du point de vue fiscal », *R.C.A.D.I,* 1937, t 61, (vol III), pp. 545-636.

E. ASHWORTH, « Réglementation européenne relative à la TVA : comment tirer le meilleur parti de l'abondance normative », *Bulletin Francis Lefebvre,* n° 11, 2016, pp. 585-587.

E. A. SONON, « L'impôt foncier, scénario d'optimisation », *Acte du colloque des 04 et 05 octobre 2018 : Bénin les recettes publiques en débat sous la direction de N. MEDE & N. YENOUSSI*, L'Harmattan, 2020, pp. 189-215.

E. BOKDAM-TOGNETTI, « La méconnaissance par le juge du champ d'application de la convention fiscale doit être méconnu d'office par le juge », *Revue de droit fiscal*, n° 50, 14 décembre 2017, pp62-68.

E. BOKDAM-TOGNETTI, « La jurisprudence de la CJUE en matière d'intégration fiscale et sa réception par le juge administratif français », *Revue de droit fiscal*, n° 39, 29 septembre 2016, pp. 26-31.

E. BOKDAM-TOGNETTI, « Article 209 B : causerie autour de la clause de sauvegarde », *Revue jurisprudence fiscale*, n° 2, 2013, pp. 107-114.

E. BOKDAM-TOGNETTI, « Droit interne et droit de l'Union européenne : entre harmonisation, coopération et inspiration », *Revue jurisprudence fiscale*, n° 4, 2013, pp. 331-338.

E. BOKDAM-TOGNETTI, « Articulation entre droit interne et conventions fiscales internationales symétrie entre imposabilité des gains et déductibilité des pertes : l'ingénierie jurisprudentielle à l'œuvre », *Revue jurisprudence fiscale,* n° 10, 2013, pp. 787-793.

E. BOKDAM-TOGNETTI, « Coquille et abus de droit : les délices de la conchyliologie », *Revue jurisprudence fiscale,* n° 11, 2013, pp. 883-889.

E. BOKDAM-TOGNETTI, « QPC et contentieux fiscal : bientôt quatre années d'enrichissement mutuel et d'évolution sans révolution », *Revue jurisprudence fiscale,* n° 12, 2013, pp. 978-988.

E. BOKDAM-TOGNETTI, « Convention fiscale franco-britannique : être assujetti ou ne pas être assujetti, là est la question », *Revue jurisprudence fiscale*, n° 12, 2012, pp. 979-985.

E. BOKDAM-TOGNETTI, « Retenue à la source : le conseil d'État navigue entre les courants de la jurisprudence communautaire », *Revue jurisprudence fiscale*, n° 7, 2012, pp. 587-593.

E. BOKDAM-TOGNETTI, « Le Guge face à la règle comptable :la connexion fiscalo-comptable ne serait-elle, au fond, qu'une forme d'union libre », *RFFP,* n° 138, 2017, pp. 31-33.

E. BONNEAUD, « Sous-capitalisation et principe de pleine concurrence : l'équation impossible », *Bulletin Francis Lefebvre,* n° 3, 2010, pp. 173-175.

E. BONNEAUD & F. FONTAINE, « Prix de transfert et droit de la concurrence : les liaisons dangereuses », *Revue de droit fiscal*, n° 49, 8 décembre 2011, pp. 10-15.

E. CEREXHE, « L'intégration juridique comme facteur d'intégration régionale », in *revue burkinabé de droit,* n° 39-40, 2001, pp. 21-28.

E. CHAPELLIER & T. PERROT, « Paiements d'intérêts et de dividendes vers les États et territoires non coopératifs : la nouvelle donne pour les émetteurs et les emprunteurs français », *Bulletin Francis Lefebvre,* n° 5, 2010, pp. 423-432.

E. CHARTIER & J. BELLET, « Article 155 A et droit de l'Union européenne : la messe est-elle vraiment dite », *Revue de droit fiscal*, n° 40, 5 octobre 2017, pp. 14-19.

E. CHEVALIER, « La déclinaison du principe de primauté dans les ordres communautaires : l'exemple de l'Union Économique et Monétaire Ouest-Africaine », *Cahiers de droit européen*, 2006, pp. 343-362.

E. CORTOT-BOUCHER, A. MAITROT DE LA MOTTE, E. CREPEY & E. RAINGARD DE LA BLETIERE, « Source-Principes-Méthodes », *Revue fiscalité internationale,* n° 1, 2019, pp. 47-65.

E. CHAPELLIER, E. DINH & T. PERROT, « Dividende-Intérêts & Redevance », *Revue fiscalité internationale,* n° 1, 2019, pp. 137-149

E. DE CROUY CHANEL, « Le consentement à l'impôt », Pouvoirs, n° 151, 2014, pp. 15-26.

E. DE CROUY CHANEL, « La citoyenneté fiscale », *L'impôt*, Tome 46, 2002, pp. 39-77.

E. DESMORIEUX, « TVA à l'importation : l'un des charmes cachés des véhicules de collection », *Bulletin Francis Lefebvre,* n° 10, 2015, pp. 514-519.

E. DIARRA, « Coopération ou intégration fiscale au sein de l'Union Monétaire et économique Ouest-Africaine(UEMOA) », *Revue burkinabè de droit*, n° 45, 1er semestre 2004, pp.35-58.

E. DIARRA, « Les politiques fiscales en France », *RFFP* n° 129-2015, pp. 249-266.

E. DIARRA, « Pour un observatoire des finances publiques », afrilex-u-bordeaux 4.fr, consulté le 10/01/2019, 11 pages.

E. DINH, « Fiscalité internationale : chronique de l'année 2013 », *Revue de droit fiscal*, n° 10, 6 mars 2014, pp. 69-84.

E. DINH, « Subsidiarité des conventions fiscales et aggravation de la situation du contribuable », *Revue de droit fiscal*, n° 46, 14 novembre 2013, pp. 24-38.

E. DINH, « Fiscalité internationale : chronique de l'année 2012 », *Revue de droit fiscal*, n° 9, 28 février 2013, pp. 63-79.

E. DINH, « Fiscalité internationale : chronique de l'année 2016 », *Revue de droit fiscal*, n° 9, 2 mars 2017, pp. 53-64.

E. DOUAT, « Décentralisation & finances publiques », *Mélanges en l'honneur du professeur Franc MODERNE*, Dalloz, 2004, pp. 03-125.

E. FENOYL & J. PELLEFIGUE, « Rullings fiscaux et aides d'État, la fin justifie-t-elle les moyens ? », *Bulletin Francis Lefebvre,* n° 5, 2016, pp. 239-245.

E. FOUREL, « Compatibilité de l'article 209 B et l'article 155 A avec la norme conventionnelle : la voie vers une prolifération des armes anti-abus est-elle de nouveau ouverte », *Revue de droit fiscal*, n° 24, 13 juin 2013, pp. 91- 96.

E. GEFFRAY, « Refus de transmission au Conseil constitutionnel de l'article 57 du CGI relatif au prix de transfert », *Revue de droit fiscal*, n° 18-19, 5 mai 2011, pp. 29-31.

E. G. AGOSSOU, « Les Revenus agricoles : une niche fiscale », *Acte du colloque des 04 et 05 octobre 2018 : Bénin les recettes publiques en débat sous la direction de N. MEDE & N. YENOUSSI*, L'Harmattan, 2020, pp. 217-226.

E. J. VAN BRUSTEM, « Le principe de protection de la confiance légitime et l'opérateur économique prudent et avisé » *Revue de droit fiscal,* n° 38, 20 septembre 2007, pp. 11-16.

E. JOUVE, « La Crise de l'endettement extérieur du tiers monde », *RFFP*, n° 12, 1985, pp. 57-70.

E. LESPRIT & M. CHARLOTTE MAHIEU, « La Convention fiscale multilatérale, un outil juridique prometteur », *Bulletin Francis Lefebvre,* n° 11, 2017, pp. 605-613.

E. LESPRIT, M-C MAHIEU & J. MUSSARD, « L'Instrument multilatéral vient bouleverser les relations fiscales entre États : consacre-t-il l'apparition d'un nouvel outil juridique international efficace », *Revue européenne et internationale de droit fiscal*, n° 3, 2017, pp 286-297.

E. M. M. AKAKPO-DJIHOUNTRY, « La TVA : vers un meilleur rendement », *Acte du colloque des 04 et 05 octobre 2018 : Bénin, les recettes publiques en débat sous la direction de N. MEDE & N. YENOUSSI*, L'Harmattan, 2020, pp. 129-152.

E. M. TONI, « L'Agenciation en matière fiscale : le cas des offices de recettes d'Afrique francophone », *Acte du colloque des 04 et 05 octobre 2018 : Bénin les recettes publiques en débat sous la direction de N. MEDE & N. YENOUSSI*, L'Harmattan, 2020, pp. 261-291.

E. M. TONI, « Les Offices de recettes en Afrique francophone », Gestion et Finances Publiques, n° 2, 2018, pp. 110-116.

E. MEIER, « Contentieux prix de transfert et redevance de marque : la difficulté de comparer les marques », *Revue de droit fiscal*, n° 40, 2 octobre 2014, pp. 41-50.

E. MEIER, « Filiales étrangères : de la substantielle question de la substance… », *Revue de droit fiscal*, n° 23, 6 juin 2013, pp. 50-60.

E. MEIER & R. TORLET, « Le fabuleux destin des retenues à la source… », *Revue de droit fiscal*, n° 26, 25 juin 2009, pp. 8-14.

E. MEIER & T. PERROT, « Les aides d'État comme instrument de lutte contre la concurrence fiscale dommageable : la pierre philosophale », *Revue de droit fiscal,* n° 3, 2002, pp. 136-149.

E. MOURIESSE, « QPC, et droit au consentement à l'impôt », RFFP, n° 137, 2017, pp. 241-249.

E. OLIVA, « La lutte contre la fraude fiscale :principe à valeur constitutionnelle ou simple objectif », *Le contentieux fiscal en débat (Actes du colloque organisé les 15 et 16 novembre 2013 par le CEFF de la faculté de droit et de science politique d'Aix-Marseille Université),* sous la direction de Thierry LAMBERT, LGDJ, 2014, pp. 5-24.

E. PICHET, « Contribution à une théorie de la dépense fiscale, pour la réforme du système français des niches fiscales », *Revue de droit fiscal*, n° 14, 5 avril 2012, pp. 25-35.

E. PICHET, « Théorie générale des dépenses socio-fiscales et propositions de refonte du système français des niches fiscales », *Revue de droit fiscal*, n° 36, 8 septembre 2016, pp. 22-38.

E. PICHON, « La QPC devant la chambre criminelle de la Cour de cassation », *Revue de droit fiscal*, n° 38, 22 septembre 2016, pp. 71-76.

E. PORTAL, « Les Instruments financiers extrabudgétaires à vocation pluriannuelle : les autorisations de programme et les autorisations d'engagement » *RFFP*, n° 95-septembre 2006, pp. 115-128.

« Entreprises multinationales et contrôle fiscal », *Revue de la Direction générale des Impôts,* n° 27, décembre 1972, pp. 40-44.

E. RAINGEARD DE LA BLETIERE & V. LEROY, « Adoption formelle de la directive anti-évasion fiscale : premier aperçu », *Revue de droit fiscal*, n° 29, 21 juillet 2016, pp. 8-12.

E. RAINGEARD DE LA BLETIERE & P. DURANT, « Affaire Metro Holding : le principe constitutionnel d'égalité devant l'impôt au secours de la jurisprudence *Leur Bloem* » *Revue de droit fiscal*, n° 18-19, 4 mai 2016, pp. 26-35.

E. RAINGEARD DE LA BLETIERE, « L'échange des rescrits et des accords préalables en matière de prix de transfert : bientôt une réalité dans l'UE ? » *Revue de droit fiscal*, n° 22, 28 mai 2015, pp. 24-27.

E. RAINGEARD DE LA BLETIERE, « Droit communautaire : chronique de l'année 2008 », *Revue de droit fiscal*, n° 9, 26 février 2009, pp. 60-69.

E. ROBERT, « Le Numérique et la numérisation de l'ensemble de l'économie », *RFFP*, n° 146, pp. 89-90.

E. RUBIO, « Quel impact du Brexit sur le budget de l'UE », *RFFP*, n° 141, pp. 7-13.

« Enjeux fiscaux de demain : l'avenir de la territorialité de l'impôt sur les sociétés : compte rendu partiel de la conférence annuelle organisée le 11 décembre 2003 par l'Alliance fiscale et les Échos Conférences », *Revue de droit fiscal,* n° 24, 2004, pp. 981-986.

« Étude du Conseil d'État sur le rescrit », *Revue de droit fiscal*, n° 20, 15 Mai 2014, pp. 11-19.

F. ALADJIDI, « Peut-on refuser, sur le fondement d'une convention fiscale bilatérale, la déduction des retenues à la source étrangère normalement déductible du résultat imposable selon la loi fiscale nationale », *Revue jurisprudence fiscale,* n° 6, 2014, pp. 531-534.

F. BARQUE, « La Rationalisation du coût des dépenses fiscales », *Revue de droit fiscal,* n° 40, 7 octobre 2010, pp. 27-36.

F. BIN, « Interprétation de la loi fiscale et idéologie politique » *Mélanges en l'honneur du professeur Pierre BELTRAME,* PUF, 2010, pp. 91-115.

F. BIN, « Le Mythe de la *summa divisio* impôts directs/impôts indirects : le moteur à mouvement perpétuel du débat fiscal », *Gestion et Finances Publiques*, n° 1, 2021, pp. 35-42.

F. CHAOUCHE, « Le Juge fiscal dans le cadre de l'échange de renseignement sur demande », *RFFP*, n° 133, 2016, pp. 229-239.

F. DAL VECCHO, « Le Rescrit une garantie » *Revue européenne et internationale de droit fiscal*, n° 1, 2017, pp. 32-39.

F. DEBOISSY & G. WICKER, « Affaire *Google Ireland*, la Cour administrative d'appel de Paris confirme l'annulation des rectifications : suite et peut être pas fin », *Revue de droit fiscal,* n° 25, 20 juin 2019, pp. 32-48.

F. DELACOUR, « Les Impôts directs de la République du Congo », *Penant,* n° 705, janvier-février-mars 1965, pp. 121-138.

F. FALLETTI, « La Coopération internationale dans la lutte contre la fraude fiscale », *Revue de droit fiscal*, n° 3, 18 janvier 2007, pp. 41-44.

F. LAFARGUE, « Finances & Fiscalité », *Annuaire des Collectivités Locales,* tome 27, 2007, pp. 333-359.

F. LE MENTEC, « Notion d'établissement stable », *Jurisclasseur du droit fiscal international*, Fasc. 3320, 1-2015, 16 pages.

F. LE MENTEC, « Le Nouveau régime d'exit tax face aux normes supra-législatives : état des lieux des tests de résistance », *Revue de droit fiscal*, n° 37, 12 septembre 2013, pp. 56-65.

F. LE MENTEC, « La Dénonciation de conventions fiscales : une tendance de fond », *Revue de droit fiscal*, n° 30-35, 26 juillet 2012, pp. 10-12.

F. LE MENTEC, « Le Régime de la *remittance basis* et le bénéfice de la convention fiscale franco-britannique », *Revue de droit fiscal*, n° 41, 11 octobre 2012, pp. 46-55.

F. LE MENTEC, « L'Intensification de l'assistance fiscale internationale : les administrations fiscales à l'heure de la mondialisation », *l'année fiscale*, 2005, PUF, 221-250.

F. LEMAIRE, « Propos sur la notion de " souveraineté partagée " ou sur l'apparence de remise en cause du paradigme de la souveraineté" », *RFDC*, n° 92, 2012, pp. 821-850.

F. LOCATELLI, « Déduction des pertes définitives transfrontalières : n'est-il pas temps de saisir la cour de justice », *Revue de droit fiscal,* n° 20, 16 mai 2019, pp. 8-16.

F. LUCHAIRE, « L'Aide internationale aux pays sous-développés », *Penant,* n° 705, Janvier-Février-Mars 1965 pp. 1-25.

F. M. SAWADOGO, « Fiscalité & Développement : problèmes & perspectives », *Revue burkinabé de droit*, n° 15-janvier 1989, pp. 5-37.

F. SICARD, « Quand la sélectivité n'est plus sélective, ou le nécessaire rééquilibrage des critères des aides d'État », *Revue de droit fiscal*, n° 26, 29 juin 2017, pp. 9-22.

E. MARCUS, « Le Projet BEPS de l'OCDE et du G20 : où en sommes-nous un an après », *Revue européenne et internationale de droit fiscal,* n° 4, 2016, pp. 467-474

E. MARCUS, « Le Projet de l'OCDE de lutte contre l'optimisation fiscale des multinationales-BEPS », *RFFP*, n° 132, 2015, pp. 233-240.

F. DIEU, « Le Contrôle de l'assujettissement au régime de la taxation sur marge et l'appréciation subjective des droits du contribuable », *Revue de droit fiscal*, n° 15, 12 avril 2007, pp. 13-18.

F. DIEU, « La Possibilité d'échapper à une imposition discriminatoire ne fait pas disparaitre la discrimination » *Revue de droit fiscal*, n° 15, 09 avril 2009, pp. 33-36.

F. PONCE, « L'Évasion fiscale en droit interne : état des lieux de l'évasion fiscale en matière d'impôts directs dans la jurisprudence et la doctrine », *Texte présenté dans le cadre du prix OREF le 30 avril 2009.*

F. QUEROL, « La Fiscalisation des taxes parafiscales : une réforme en trompe-l'œil ? » *RFFP*, n° 73, 2001, pp. 151-168.

F. SUDRE, « La Notion de traité international engageant les finances de l'État dans la constitution de la Vème », *Revue générale de droit international public*, Tome LXXX, 1976, pp. 163-193.

F. TEPER, « Quelle fiscalité pour internet ? Enjeux pour les États et les opérateurs » *Revue de droit fiscal*, n° 39, 26 septembre 2013, pp. 28-32.

« Fiscalité du numérique », *Gestion & finances publiques,* n° 7, juillet-août 2015, pp. 67-73.

G. ABATE, « Mise en œuvre du projet BEPS : le moment de vérité approche », *Revue de droit fiscal,* n° 5, 4 février 2016, pp. 17-23.

G. BACHELIER, « Les Sanctions fiscales dans la jurisprudence du Conseil d'État » *RFFP*, n° 65-mars, 1999, pp. 17-34.

G. BANDERIER, « La TVA est-elle dégressive », *Revue de la Direction générale des Impôts,* n° 41,1977, pp. 28-33.

G. BLANLUET, « Le Commissionnaire un établissement stable du commettant », *Revue de droit fiscal*, n°3, 21 janvier 2010, pp. 10-14.

G. BLANLUET, « Retenue à la source sur dividendes et droit de l'UE : ce que l'on sait, ce que l'on apprend, ce dont on peut douter », *Revue de droit fiscal,* n° 4, 24 janvier 2013, pp. 39-53.

G. BLANLUET, « La Notion de bénéficiaire effectif en droit fiscal international », *Étude à la mémoire du professeur Maurice COZIAN*, Litec, 2009, pp. 513-536.

G. BLANLUET, S. AUSTRY & L. AYRAULT, « Encadrement de la lutte contre la fraude et l'évasion fiscale », *Revue de droit fiscal,* n° 39, 24 septembre 2015, pp. 22-28.

G. BLANLUET, « Conséquences fiscales d'un transfert de siège au sein de l'UE », *Revue de droit fiscal,* n° 5, 2 février 2012, pp. 32-44.

G. BLANLUET, P. COLLIN, C. DERO, E MARCUS & B. MAUCHAUFFEE, « La fiscalité des distributions au sein des groupes de sociétés : actualités et perspectives » *Revue de droit fiscal*, n° 47, pp. 13-21.

G. BLANLUET, M. D. HAGELSTEEN, D. LEDOUBLE, J. P. LIEB, B. MIRAILLES & D. VILLEMOT, « l'environnement normatif », *Revue de droit fiscal,* n° 37, 13 septembre 2007, pp. 17-23.

G. CARCASSONNE, « La Portée du principe du consentement à l'impôt et les limites du pouvoir fiscal du législateur », *Journée d'études de l'association française des constitutionnalistes, société française de finances publiques sur le thème l'exercice du pouvoir financier du parlement théorie pratique et évolution sous la direction du professeur Loïc PHILIP tenue le 22 mars 1996*, pp. 43-47.

G. DALIMER, « Droit fiscal international français » *jurisclasseur du droit fiscal international,* Fasc 301, 11-1992, 18 pages.

G. DESMOULIN « Les Raisons et les modalités de la transformation de la fiscalité directe locale en fiscalité environnementale » *RFFP*, n° 114-avril 2011, pp. 99-108.

G. GEST, « Les Évolutions du rescrit », *RFFP*, n° 112, 2010, pp. 91-94.

G. GEST, « 2009, année charnière pour l'échange de renseignements à des fins fiscales : le cas de la France », *RFFP*, n° 110 Avril 2010, pp. 23-56.

G. GEST, « Subsidiarité des conventions, fictions fiscales et associés non-résidents des sociétés de personnes françaises », *Revue de droit fiscal*, n° 24, 13 juin 2013, pp. 69-73.

G. GEST & P. DONSIMONI, « fiscalité internationale », *L'année fiscale,* PUF, 2004, pp. 283-300.

G. GILBERT, « Les Fondements économiques de l'exception fiscale territorialisée » *RFFP*, n° 63-septembre 1998, pp. 9-16.

G. GILBERT, « Les Fondements économiques de l'exception fiscale territorialisée », *RFFP,* n° 63, septembre 1998, pp. 23-35.

G. LADREYT, « Lutte contre les mesures fiscales discriminatoires : le TFUE plus efficace que les conventions bilatérales », *Revue de droit fiscal*, n° 48, 27 novembre 2014, pp. 41-48.

G. LYONNET, « La Clause de la nation la plus favorisée en droit des investissements : bilan et perspectives », *Revue générale de droit internationale public*, n° 1, 2015, pp. 19-45.

G. MIGNOT, « La fiscalité dérogatoire. Pour un réexamen des dépenses fiscales. Synthèse du 21e rapport du conseil des impôts », *RFFP*, n° 84-décembre 2003, pp. 205-218.

G. MONSELLATO, D. RAPONI, M. AUJEAN, M GUICHARD & T. VANHEE, « La TVA dans l'économie numérique : mine d'or ou champ de mine ? » *Revue de droit fiscal*, n° 15, 14 avril 2016, pp. 19-30.

G. NOËL, « Le Juge de l'imposition et la régulation », *Revue de droit fiscal*, n° 21, 22 mai 2014, pp. 15-29.

G. NOËL, « Le Juge de l'imposition et la régulation fiscale. La technique de la « chrysalidation juridique » de préceptes contenus dans la charte du contribuable », *Le contentieux fiscal en débat (Actes du colloque organisé les 15 et 16 novembre 2013 par le CEFF de la faculté de droit et de science politique d'Aix-Marseille Université),* sous la direction de Thierry LAMBERT, LGDJ, 2014, pp. 193-256.

G. ORSONI, « La Réactivité de la gestion, facteur de lisibilité de l'impôt » *RFFP,* n° 112-novembre 2010, pp. 47-56.

G. ORSONI, « Les Idéologies révolutionnaires et l'impôt » *RFFP*, n° 84 - Décembre 2003, pp. 11-22.

G. ORSONI, « L'Évolution des ressources fiscales locales » *RFFP*, n° 81-Mars 2003, pp. 159-172.

G. ORSONI, « Compliance fiscal (Fiscal compliance), ou le changement de paradigme dans la relation administration-contribuable », *Acte du colloque des 04 et 05 octobre 2018 : Bénin les recettes publiques en débat sous la direction de N. MEDE & N. YENOUSSI*, L'Harmattan, 2020, pp. 327-340.

G. P BLANC, « Une Norme fiscale singulière en Nouvelle-Calédonie : la loi du pays », *Revue de droit fiscal,* n° 30-35, 2003, pp. 1002-1011.

G. ORSONI, « Les Procédures et sanctions fiscales à l'examen de la Cour européenne des droits de l'homme », *Le contentieux fiscal en débat (Actes du colloque organisé les 15 et 16 novembre 2013 par le CEFF de la faculté de droit et de science politique d'Aix-Marseille Université),* sous la direction de Thierry LAMBERT, LGDJ, 2014, pp. 323-336.

G. THORIS, « La Taxation des entreprises au niveau local » *RFFP,* n° 103 - septembre 2008, pp. 85-102.

G. TOURNIE, « Les Sanctions fiscales dans l'Union européenne » *RFFP*, n° 65-Mars 1999, pp. 101-108.

G. TOURNIE, « L'obligation fiscale entre objectivité et subjectivité », *Mélanges en l'honneur du professeur Joël MOLINIER*, LGDJ, 2012, pp. 647-664.

G. VIDAL, « Les Sanctions fiscales » *Revue de droit fiscal*, n° 3, 18 janvier 2007, pp. 49-55.

H. CASSAGNABERE, « Le géant de Hong Kong, le paradis fiscal et le libre établissement », *Revue de droit fiscal*, n° 25, 19 juin 2014, pp. 41-44.

H. DE FEYDEAU, « Vers la fin de la retenue à la source sur les dividendes intra-communautaires ? », *Revue de droit fiscal*, n° 51, 22 décembre 2007, pp. 8-12.

H. BERTRAND, « Le Droit conventionnel et la territorialité de l'IS », *RFFP*, n° 146, 2019, pp. 111-116.

H. CASSAGNABERE, « Chronique de jurisprudence de la CJUE en matière de fiscalité directe », *Bulletin Francis Lefebvre,* n° 11, 2015, pp. 593-599.

H. FONTANA, « L'actualité des relations fiscales internationales de la Principauté de Monaco », *Revue fiscalité européenne et droit international des affaires,* n° 163, 41e année, pp. 15-43.

H. GUILLAUME & M. OHIER, « Comité d'évaluation sur les dépenses fiscales et les niches sociales », *Gestion et finances publiques,* n° 4, avril 2012, pp. 26-31.

H. GODE, « L'OCDE, les méthodes de bénéfices et la comparabilité », *Revue de droit fiscal*, n° 44-45, 2 novembre 2007, pp. 16-21.

H. HOURMAT ALLAH & B. ELMORCHID, « Les Congés fiscaux : un outil inefficace pour relancer l'investissement privé », in *CODESRIA (2010), Conférence Guy Mhone Thème : La renaissance et la relance des économies africaines, Dar Es Salam, Tanzanie*, 20-21/12/2010.

H. ISRAEL, « Faut-il renoncer au principe de pleine concurrence », *Revue de droit fiscal,* n° 13, 2001, pp. 553-558.

H. OBERDORFF, « La transformation numérique de l'administration publique », *RDP*, n° 5, 2020, pp. 1173-1178.

H. TUROT, « On n'a pas tout dit sur la clause anti-abus de l'article 119 ter ! », *Revue de droit fiscal*, n° 8, 23 février 2017, pp. 25-28.

« Histoire de l'impôt 1 », *Revue de la Direction générale des Impôts,* n° 36, décembre 1975, pp. 50-55.

« Histoire de l'impôt 2 », *Revue de la Direction générale des Impôts,* n° 37, mars 1976, pp. 40-49.

I. ADOYI, B. BANQUE & A. OURO-ADOI, « Étude du système fiscal togolais », *Droit fiscal en Afrique subsaharienne francophone sous la direction de Thierry OBRIST*, Éd. Bruylant, 2022, pp. 493-558.

I. NDAM, « La Coordination de souverainetés dans l'espace OHADA », *Penant,* n° 878, janvier-mars 2012, pp. 53-90.

I PAPADAMAKI, « L'Évolution d'une catégorie juridique : le rescrit fiscal », *Revue de droit fiscal,* n° 12, 21 mars 2019, pp. 16-22.

I. ROUBEROL, « Prix de transfert : l'accession mobilière, un fondement légal de la propriété économique des marques », *Revue de droit fiscal,* n° 27-28, 7 juillet 2011, pp. 8-14.

I. SARR, « La Détermination du centre des intérêts vitaux », *Gestion et finances publiques,* n° 8 Juillet-Août 2014, pp. 119-124.

I. VESTRIS, « Le Droit à l'information de l'administration », *Revue de droit fiscal*, n° 3, 18 janvier 2007, pp. 19-28.

J. ARRIGHI DE CASANOVA, « Le Procès équitable dans la jurisprudence fiscale du Conseil d'État » *RFFP*, n° 83-septembre 2003, pp. 25-40.

J. B. ALTBUCH, « Conflit de conventions internationales : la doctrine internationaliste et le principe d'égalité des traités », *Revue de la recherche juridique*, n° 1, 2016, pp. 517-542.

J. B. DUCLERQ, « Sécurité des systèmes d'information de l'administration : quelles garanties pour les administrés », *RDP*, n° 5, 2020, pp. 1213-1215.

J. B. MATTRET, « Le Budget quadriennal des finances publiques », *RFFP*, n° 113-mars 2011, pp. 267-274.

J. BICHOT, « Juste ou injuste, La TVA ? », *Gestion et finances publiques,* n° 4, avril 2012, pp. 21-25.

J. BLANC, « Les physiocrates et les impôts de la révolution » *RFFP*, n° 84-décembre 2003, pp. 69-78.

J. BOUCHER, « Y a-t-il des limites à la remise en cause d'avantages fiscaux au titre de la petite rétroactivité de la loi », *Revue jurisprudence fiscale,* n° 4, 2011, p. 595.

J. BUISSON, « Principe d'égalité et discriminations positives », *RFFP,* n° 63, septembre 1998, pp. 37-71.

J. BUISSON, « Impôt & souveraineté », *L'impôt*, Tome 46, 2002, pp. 25-31.

J. BUISSON, « Vers de nouvelles ressources propres : à la recherche du contribuable européen », *Mélanges en l'honneur du Professeur Joël MOLINIER*, LGDJ, 2012, pp. 119-126.

J. BUISSON, « À quoi sert une liste d'États et territoires non coopératifs », *Revue de droit fiscal*, n° 39, 26 septembre 2013, pp. 25-27.

J. BUISSON, « La substitution de base légale », *Le contentieux fiscal en débat (Actes du colloque organisé les 15 et 16 novembre 2013 par le CEFF de la faculté de droit et de science politique d'Aix-Marseille Université),* sous la direction de Thierry LAMBERT, LGDJ, 2014, pp. 183-192.

J. BUISSON, « La Substitution de base légale », *Revue de droit fiscal*, n° 11, 2014, 4 pages.

J. C. BERR, « L'Union douanière européenne face à son avenir » *RFFP*, n° 116-2011, pp. 197-206.

J.C. BOUCHARD, « Le Devenir de la TVA européenne », *Revue européenne et internationale de droit fiscal,* n° 3, 2015, pp. 356-360.

J.C. COLLIARD, « La Qualité de comptable comme levier de l'amélioration de la gestion », *RFFP,* n° 112-novembre 2010, pp. 119-127.

J. C. GAUTRON, « Les Conventions d'établissement conclues par le Sénégal avec des entreprises », *AFDI*, vol. 14, 1968, pp. 654-676.

J. COSSON, « La Répression pénale de la fraude fiscale », RFFP, n° 5, 1984, pp. 101-112.

J. C. BEROARD, « STOCK-OPTION : la déductibilité des moins-values sur option de souscription en matière d'I.S. », *Revue de droit fiscal,* n° 15, 2003, pp. 571-574.

J. C. BOUCHARD & M. WOLF, « Face à l'escroquerie à la TVA, que reste-t-il du principe de neutralité ? », *Bulletin Francis Lefebvre,* n° 12, 2018, pp. 709-717.

J. C. BOUCHARD, A. RECOULES & M. WOLF, « Carrousels de TVA : le temps est-il venu de fermer le dossier ? », *Bulletin Francis Lefebvre,* n° 10, 2017, pp. 537-545.

J. C. DRIE, « Pour un développement du rescrit », *Revue européenne et internationale de droit fiscal*, n° 1, 2017, pp. 25-31.

J. C. GRACIA, « Le Principe de la territorialité de l'impôt : une valeur universelle ? » *Revue de droit fiscal,* n° 5, 2 février 2012, pp. 62-69.

J. C. GRACIA, « Provision pour dépréciation des titres d'une filiale étrangère : absence de déductibilité en France si une convention attribue l'imposition des plus-values à l'État étranger », *Revue de droit fiscal,* n° 5, 2 février 2012, pp. 69-76.

J. C. GRACIA, « Loi nationale non applicable : absence d'analyse d'office par le juge de la situation du contribuable au regard d'une convention fiscale », *Revue de droit fiscal,* n° 43, 25 octobre 2007, pp. 42-44.

J. C. GRACIA, « Directive mère-fille :la notion de participation dans le capital d'une société ne comprend pas la détention de titres en usufruit », *Revue de droit fiscal*, n° 12-13, 19 mars 2009, pp. 38-42.

J. C. GRACIA, « Territorialité de l'article 160 ancien du CGI et détermination des règles de charge de la preuve » *Revue de droit fiscal*, n° 27-28, 7 juillet 2011, pp. 25-28.

J. CORNU, « L'Impôt français sur les sociétés à l'épreuve de la concurrence fiscale européenne », *Revue de droit fiscal*, n° 41, 12 octobre 2017, pp. 32-38.

J. COURTIAL, « Le Juge administratif de l'impôt », *Revue de droit fiscal*, n° 38, 22 septembre 2016, pp. 17-18.

J. D. d'ARGENSON, « La réforme fiscale à la fin du règne de Louis XIV : le projet d'une dixme royale de Vauban », *La revue du trésor*, n° 10, 2007, pp. 910-914.

J. DELUARD, « la gestion de la fiscalité directe locale par la Direction générale des Impôts » *RFFP*, n° 50-1995, pp. 11-28.

J. F. COURT, « À quoi servent les conventions fiscales », *Revue de la Direction générale des Impôts*, n° 38, juillet 1976, pp. 26-33.

J. F. COURT « Les Activités de l'OCDE dans le domaine fiscal » *Revue de la Direction générale des Impôts*, n° 33, décembre 1974, pp. 42-46.

J. F. FLAUSS, « Sanctions fiscales et convention européenne des droits de l'homme » *RFFP*, n° 65-Mars 1999, pp. 77-100.

J. F. MARAIA « La Suisse face aux pressions de l'Union européenne en matière de fiscalité », revue de droit fiscal n° 39, 26 septembre 2013, pp. 36-41.

J. F. PICARD, « La Limitation du pouvoir fiscal liée au développement de la construction européenne » *Journée d'études de l'association française des constitutionnalistes société française de finances publiques sur le thème l'exercice du pouvoir financier du parlement théorie pratique et évolution sous la direction du professeur Loïc PHILIP tenue le 22 mars 1996*, pp. 49-53.

J. FERMOSE, « Étude du système fiscal camerounais », *Droit fiscal en Afrique subsaharienne francophone sous la direction de Thierry OBRIST et Trésor-Gauthier M. KALONJI*, Ed Bruylant, 2022, pp. 155-198.

J. FOURNEL « Le Nouveau dédouanement : une régulation des échanges de marchandises fondée sur un partenariat avec les entreprises » *RFFP*, n° 113-mars 2011, pp. 189-192.

J. G. SANON, « L'Objectif de la performance dans la politique de l'harmonisation des finances publiques dans l'UEMOA », *RFFP*, n° 98, 2007, pp. 61-67.

J. H. MILLER & C. GAINET, « Déduction de la TVA par les holdings mixtes : l'alignement du Conseil d'État sur la CJUE après un quart de siècle de construction jurisprudentielle », *Revue de droit fiscal*, n° 37, 15 septembre 2016, pp. 17-27.

J.J. BIENVENU, « Naissance de la doctrine administrative », *RFFP*, n° 75, septembre 2001, pp. 11-19.

J. J. PHILLIPE, « L'Harmonisation européenne de la TVA », *RFFP*, n° 4, 1983, pp. 149-168.

J. JARRIGE, « Le projet BEPS à mi-parcours : l'État des travaux de l'OCDE après un an de négociations », *Revue de droit fiscal,* n° 14, 2 avril 2015, pp. 10-16.

J. JARRIGE, « Les Pays en développement face au BEPS : défis et engagement », *Revue de droit fiscal*, n° 23, 9 juin 2016, pp. 22-27.

J. KRULIC, « La Revendication de la souveraineté », *Pouvoirs,* n° 67, 1993, pp. 21-32.

J. L. ALBERT, « La Dimension environnementale dans l'histoire de la fiscalité française » *RFFP*, n° 114-avril 2011, pp. 5-16.

J. L. ALBERT, « Harmonisation et coordination : quelles applications dans l'UE », *Les chantiers fiscaux à engager,* L'Harmattan, 2002, pp. 211-233.

J. L. ALBERT, « OCDE : du pluriel au singulier », *Acte du colloque organisé le 03 décembre 2010 sur le thème : La fin des paradis fiscaux organisé par l'Institut International de Sciences Sociales, le Centre d'études et de Recherches Administratives et politiques de Paris XIII et le Laboratoire d'Étude Juridiques et Politiques de l'Université de Cergy*, ed Monchrestien, pp. 20-35

J.-L. BARCON-MAURIN, « Éléments sur les objectifs et les résultats du contrôle fiscal en matière de lutte contre la fraude », *Revue de droit fiscal*, n° 3, 18 janvier 2007, pp. 16-18.

J. L. DONNADIEU, « La Lutte contre la fraude et l'évasion fiscale internationale », *Revue de la Direction générale des Impôts*, n° 49, 1980, pp. 20-25.

J. L. GAUTIER « La Sécurité juridique dans l'exercice du contrôle fiscal », *RFFP,* n° 112-novembre 2010, pp. 83-90.

J. L. PIERRE, « Crédit d'impôt recherche : quelle articulation, entre donneur d'ordre et sous-traitant, dans la prise en compte des travaux effectués par ce dernier », *Revue de droit fiscal*, n° 6, 5 février 2015, pp. 30-35.

J. L. PIERRE, « Demande de report en arrière des déficits sur des bénéfices réhaussés par l'administration » *Revue de droit fiscal,* n° 7, 14 février 2008, pp. 19-23.

J. L. PIERRE, « Une Position jurisprudentielle novatrice concernant l'utilisation de l'impôt étranger en l'absence de crédit d'impôt imputable » *Revue de droit fiscal*, n° 4, du 23 janvier 2014, pp. 79-91.

J. L. PIERRE, « Quelle interaction de l'article 155 A du CGI et conventions fiscales internationales ? », *Revue de droit fiscal*, n° 25, 19 juin 2008, pp. 34-39.

J. L. PIERRE, « La Territorialité de l'impôt sur les sociétés en droit interne pour les personnes morales étrangères », *Étude à la mémoire du professeur Maurice COZIAN*, Litec, 2009, pp. 643-654.

J. L. TRUCCHI & A. GOBEL, « Prix de transfert : un benchmark est-il une preuve », *Bulletin Francis Lefebvre,* n° 4, 2010, pp. 295-299.

J. LASSARTE, « Fonctionnalité du système fiscal et exigences de changement » RFFP, n° 1, 1983, pp. 65-78.

J. LASSERRE CAPDEVILLE, « La FATCA », *Fraude et évasion fiscale : État des lieux et moyens de lutte sous la direction de Jérôme LASSERE CAPDEVILLE, Phillipe MARCHESSOU, Bruno TRESCHER, Chantal CUTAJAR*, éd. Joly, 2015, pp. 61-69.

J. LEPOUTRE, « La Marche contrariée des sanctions fiscales vers un principe non bis in idem » *Revue européenne et internationale de droit fiscal*, n° 1, 2017, pp. 109-118.

J. LEPOUTRE, « Invalidité des réserves françaises au principe *non-bis in idem* (*Convention EDH, article 4, prot.7*) : et si les juges nationaux n'attendaient pas la Cour de Strasbourg », *Revue de droit fiscal*, n° 41, 13 octobre 2016, pp. 16-21.

J. M. FENET, « Un Crédit d'impôt recherche plus sûr : le renforcement du rescrit », *Gestion et finances publiques,* n° 8-9, août-septembre 2009, pp. 676-678.

J. M. HAYAT, « La Compétence nationale du TGI de Paris », *Revue de droit fiscal*, n° 38, 22 septembre 2016, pp. 27-30.

J. M. MONNIER « La Formation des conceptions de la justice fiscale dans la pensée économique anglo-saxonne », *RFFP*, n° 84-décembre 2003, pp. 91-136.

J. M. MONNIER, « Les Rapports et regards de la territorialité de l'IS avec l'économie », *RFFP*, n° 146, 2019, pp. 37-48.

J. M. MONNIER, « Le Nouveau capitalisme et l'évitement fiscal », *RFFP*, n° 138, 2017, pp. 49-52.

J. M. NZOUANKEU, « L'Impact des stratégies et réformes des procédures budgétaires sur la performance des fonctions publiques dans l'espace francophone africain » *RFFP,* n° 98, 2007, pp. 101-108.

J. MONSENEGO, « L'Expérience américaine en matière de clauses d'arbitrage conventionnelles : un exemple pour la France ? », *Revue de droit fiscal*, n° 6, 6 février 2014, pp. 13-22.

J. MICHEL, « Le Juge administratif français et la fraude fiscale », *RFFP*, n° 127, 2014, pp. 163-168.

J. OWENS, « Améliorer la transparence fiscale : état des lieux des travaux menés par l'OCDE », *RFFP*, n° 110-Avril 2010, pp. 91-102.

J. P. BALLIGAND, « Suppression de la taxe professionnelle : de l'action publique locale à l'action publique low cost ? », *RFFP,* n° 112-novembre 2010, pp. 235-250.

J. P. CAMBY, « La Jurisprudence constitutionnelle en matière de sincérité de la présentation budgétaire » *Journée d'étude de l'association française des constitutionnalistes société française de finances publiques sur le thème l'exercice du pouvoir financier du parlement théorie pratique et évolution sous la direction du professeur Loïc PHILIP tenue le 22 mars 1996, pp. 23-27.*

J. P. CHANGEUX & S. STCHERBATCHEFF, « La Dation en paiement : 40 ans de succès », *Revue du trésor,* n° 5, mai, 2008, pp. 338-344.

J. P. COSSIN, « La Fraude aux prélèvements obligatoires », *Revue du trésor*, n° 2, février 2008, pp. 121-123.

J.P. COSSIN, « Le Contrôle fiscal peut-il permettre une évaluation sérieuse de la fraude », *Gestion & Finances publiques*, n° 12, 2011, pp. 881-882.

J. P. DOUVIER & I. ZIVANOVIC, « Échange d'informations fiscales sur demande et automatique : principes et limites de l'assistance administrative », *Bulletin Francis Lefebvre,* n° 1, 2018, pp. 5-31.

J. P. DUPRAT & M. SIMMONY « Les budgets opérationnels de programme », *RFFP*, n° 93-février 2006, pp. 127-146.

J.P. DARRIEUTORT, « Le Juge et la doctrine administrative », *RFFP,* n° 75, septembre 2001, pp. 21-42.

J. P. FITOUSSI, « La Marge de manœuvre des États. Des démocraties sans souveraineté, *Pouvoirs,* n° 142, 2012, pp. 61-70.

J. P. FRADIN, « Le Bouclier fiscal », *Mélanges en l'honneur du Professeur Jean François LANCHAUME*, Dalloz, 2007, pp. 507-524.

J. P. JOUYET, B. GILBERT & P. MOUTHIE, « Les Dépenses fiscales… tour d'horizon », *RFFP,* n° 18, 1987, pp. 21-28.

J. P. LIEB, « La Réforme fiscale américaine », *RFFP*, n° 146, 2019, pp. 93-99.

J. P. LIENARD, « Résistance à l'impôt et coopération internationale », *RFFP,* n° 5, 1984, pp. 113-121.

J. P. LE GALL, « Le Nouveau régime fiscal français des trusts : une copie à revoir », *Revue de droit fiscal*, n° 48, 1er décembre 2011, pp. 9-19.

J. P. VION, « Modestes propositions concrètes de mise en œuvre de la comptabilité en droits constatés et patrimoniale en Afrique de l'Ouest », *Gestion et finances publiques,* n° 3, Mai-Juin 2016, pp. 103-109.

J. P. VIDAL, « Prix de transfert et justice fiscal 1 », *RFFP*, n° 124, pp. 29-32.

J. PELLEFIGUE, « Prix de transfert : un changement radical s'impose », *Bulletin Francis Lefebvre,* n° 12, 2014, pp. 653-658.

J. PERENNES, « La TVA : objectifs et réalités » *Gestion & finances publiques,* n° 2, mars-avril 2016, pp. 62-69.

J. PERENNES, « Synthèse du rapport de la commission d'enquête sur l'évasion des capitaux 1re partie », *Gestion & finances publiques*, n° 4, avril 2013, pp. 39-46.

J. PERENNES, « Synthèse du rapport de la commission d'enquête sur l'évasion des capitaux 2e partie », *Gestion & finances publiques*, n° 4, avril 2013, pp. 40-62.

J. R. ALVENTOSA, P. LEFAS & J. GOUBAULT, « La première certification des comptes de l'État », *RFFP,* n° 99- septembre 2007, pp. 41-53.

J. R. KEUDJEU DE KEUDJEU, « Mutation de l'ordre international et souveraineté de l'État en Afrique », *Revue de la recherche juridique*, n° 1, 2017, pp. 253-291.

J. R. PELLAS, « La Territorialité de la TVA », *Revue européenne & internationale de droit fiscal*, n° 3, 2015, pp. 400-407.

J. R. PELLAS, « Les Principes de territorialité et de mondialité de l'impôt en France », *RFFP*, n° 151, 2020, pp. 31-36.

J. R. PELLAS, « La société de confiance, creuset d'une gouvernance fiscale revisitée », *RFFP*, n° 146, 2019, pp. 239-245.

J. R. PELLAS, « La Transparence fiscale du contribuable : éloge d'une norme d'éthique », *RFFP*, n° 140, 2017, pp. 75-80.

J. R. PELLAS, « La Sécurité fiscale : quels enjeux juridiques », *RFFP*, n° 130, 2015, pp. 7-19.

J. R. PELLAS, « Les Garanties de la procédure en droit fiscal français », *RFFP*, n° 132, 2015, pp. 73-81.

J.R. PELLAS & E DOUAT, « La Fiscalité des non-résidents miroir d'un paradis fiscal », *Mélanges en l'honneur du professeur Pierre BELTRAME,* PUF, 2010, pp. 431-449.

. ROCHE, « Aspects financiers de la loi-cadre », *Annales Africaines,* 1958, pp. 53-86.

.-S. PILCZER, « TVA : de l'articulation entre un transfert intracommunautaire de biens et une livraison interne », *Bulletin Francis Lefebvre,* n° 3, 2015, pp. 140-146.

. TUROT, « L'Assistance administrative internationale a trouvé ses juges, A propos de l'arrêt *Berlioz* de la CJUE », *Revue de droit fiscal,* n° 42, 19 octobre 2017, pp. 11-25.

J. VERHOEVEN, « L'Union européenne ou les incertitudes d'un succès » *Revue burkinabés de droit,* n° 39-40, 2001, pp. 75-82.

K. BERTHET, « Les Progrès de la lutte contre la fraude et l'évasion fiscales », *Revue fiscalité européenne et droit international des affaires*, n° 164, 41e année, pp. 17-27.

K. BLAIRON, « La Souveraineté de l'État à l'épreuve de la financiarisation du droit », *RFFP*, n° 155, 2021, pp. 3-6.

K. C. ENGONE, « Étude du système gabonais », *Droit fiscal en Afrique subsaharienne francophone sous la direction de Thierry OBRIST et Thierry-Gauthier M. KALONJI*, Ed Bruylant, 2022, pp. 351-390.

K. JESTIN, « L'Extraterritorialité du droit fiscal américain », *Revue européenne et internationale de Droit Fiscal,* n° 2, 2021, pp. 261-276.

K. MBAYE, Le Droit africain ses voies et ses vertus, *Revue sénégalaise de droit*, n° 7, mars 1970, pp. 5-24.

L. AYRAULT, « L'Imposition confiscatoire dans la jurisprudence de la Cour européenne des droits de l'homme » *Revue européenne et internationale de droit fiscal*, n° 1, 2017, pp. 154-159.

L. AYRAULT, « Le Renforcement des sanctions » *Revue de droit fiscal*, n° 51-52, 18 décembre 2014, pp. 59-65.

L. AYRAUT, « L'Indépendance des contentieux pénal et fiscal », *Revue de droit fiscal*, n° 38, 22 septembre 2016, pp. 59-62.

L. BELLIER, « L'Extension de l'avoir fiscal aux actionnaires de sociétés françaises, domiciliés à l'étranger », *Revue de la Direction générale des impôts*, n° 30, septembre 1973, pp. 34-42.

L. BENZONI & J. PELLEFIGUE, « Replacer l'équité au cœur de la réglementation des prix de transfert : une perspective économique », *Revue de droit fiscal,* n° 6, 7 février 2013, pp. 21-26.

L. CARTOU, « Pouvoir financier & pouvoir politique », *RDP*, n° 2, 1957, pp. 256-295.

L. FAVOREU, « Souveraineté et supra-constitutionnalité », *Pouvoirs*, n° 67, 1993, pp. 71-77.

L. FAULCON & D. LOISEAU, « Holding animatrices : en attendant le verdict », *Bulletin Francis Lefebvre,* n° 4, 2015, pp. 197-201.

L. GODBOUT, « Déchiffrer la justice fiscale », *RFFP*, n° 124, 2013 pp. 51-56.

L. GODBOUT & P. BELTRAME, « Une nouvelle Typologie normative des dépenses fiscales », *La revue du trésor,* n° 1, 2007, pp. 37-45.

L. ICHER, « Le Choix de l'imposition universelle des revenus aux États-Unis : apparat juridique ou nécessité politique », *RFFP*, n° 139, 2017, pp. 121-126.

L. JAILLAIS & D. GUTMANN, « Pour une jurisprudence cohérente en matière d'abus de droit », *Bulletin Francis Lefebvre,* n° 5, 2011, pp. 407-422.

L. KASSIM & M. MANSOUR, « Les Rapports sur les dépenses fiscales des pays en développement : une évaluation », *Revue d'économie du développement,* n° 2, juin 2018, pp. 113-135.

L. KOTE, « L'Accord préalable constitue-t-il une garantie suffisante pour le contribuable en matière de prix de transfert », *RAFIP*, n° 7, 2020, pp. 267-277.

L. LADOUX, « Conséquences fiscales du coup d'accordéon : une partition presque complète », *Bulletin Francis Lefebvre,* n° 8-9, 2010, pp. 647-653.

L. LE GALL, « Gestion de l'argent public : Quelle responsabilité », *RFFP*, n° 139, 2017, pp. 95-97.

L. LECRECQ & P. MORGENSTERN, « Les Évolutions du régime de l'intégration fiscale en 2019 et le droit de l'U.E. : nécessité ou prétexte », *Revue fiscalité internationale,* n° 1, 2019, pp. 126-130.

L. LECRECQ & T. PONS, « L'Imputation des crédits d'impôt d'origine étrangère sur l'IS à taux réduit », *Revue de droit fiscal,* n° 45, 7 novembre 2013, pp. 46-52.

L. LENCZENER, « Fiscalité des entreprises : chronique de l'année 2014 », *Revue de droit fiscal,* n° 9, 26 février 2015, pp. 30-37.

L. LENCZNER, « Fiscalité des entreprises : chronique de l'année 2012 », *Revue de droit fiscal*, n° 9, 28 février 2013, pp. 18-24.

L. LENCZNER, « Fiscalité des entreprises : chronique de l'année 2011 », *Revue de droit fiscal*, n° 9, 1er mars 2012, pp. 39-45.

L. LENCZNER, « Fiscalité des entreprises : chronique de l'année 2010 », *Revue de droit fiscal*, n°9, 3 mars 2011, pp 45-51.

L. LENCZNER, « Fiscalité des entreprises chronique de l'année 2016 », *Revue de droit fiscal*, n° 9, 2 mars 2017, pp. 25-33.

L. M. IBRIGA, « L'Accord de Cotonou et l'intégration économique régionale en Afrique », in *revue burkinabés de droit,* n° 39-40, 2001, pp. 165-180.

L. NAYBERG, « Refus de reconnaissance d'une clause de la nation la plus favorisée :la CJUE persiste et signe », *Revue de droit fiscal*, n° 39, 29 septembre 2016, pp. 3-5.

L. NAYBERG & A. SOUMAGNE, « La Ligne d'horizon des discriminations : comment comparer les situations des non-résidents européens et celles des non-résidents d'État tiers ? » *Revue de droit fiscal*, n° 21, 25 mai 2017, pp. 22-33.

L. NAYBERG & N. VERGNET, « La Clause anti-abus générale de la directive ATAD », *Revue fiscalité internationale,* n° 1, 2019, pp. 226-248.

L. NDIKUMANA, « Fuite des capitaux et paradis fiscaux : impact sur l'investissement et la croissance en Afrique », *Revue d'économie du développement*, n° 2, juin 2014, pp. 113-142.

L. OLLEON, « La Perception par une entreprise nouvelle de dividendes versées par la filiale qu'elle a créée ne la prive pas du bénéfice de l'exonération », *Revue de droit fiscal*, n° 16, 19 avril 2007, pp. 22-24.

L. OLLEON, « Établissement stable, Autonomie par rapport au siège de la société étrangère : critère applicable en matière de TVA mais non en matière d'IS », *Revue de droit fiscal*, n° 50, 10 décembre 2009, pp. 40-48.

L. PHILIP, « L'Évolution des finances publiques dans le monde : les nouveaux enjeux panorama du contrôle des finances publiques dans le monde » *RFFP*, n° 101-mars 2008, pp. 15-28.

L. PHILIP, « Le Contrôle de constitutionnalité des lois fiscales en France » *RFFP*, n° 68-décembre 1999, pp. 159-171.

L. PHILIP, « Considération sur l'évolution de la jurisprudence constitutionnelle en matière fiscale, *Mélanges en l'honneur du professeur Pierre BELTRAME,* PUF, 2010, pp. 451-461.

L. SAID, « Le Modèle des cours des comptes : traits communs et diversité », *RFFP*, n° 101-Mars 2008, pp. 45-60.

L. STANCKIEWICZ, « Concurrence fiscale entre États fédérés des États-Unis : Cas de l'impôt sur les sociétés », *in La concurrence réglementaire, sociale et fiscale dans l'Union européenne sous la direction de Eric CARPANO, Manuel CHASTAGNAUT & Emmanuel MAZUYER,* éd. LARCIER, 2016, pp. 350-371.

L. STANCKIEWICZ, « Conventions fiscales », *jurisclasseur du droit fiscal international,* Fasc. 3140, 4-2014, 35 pages.

L. STANCKIEWICZ, « L'Activité fiscale des organisations internationales », *Revue européenne et internationale de droit fiscal*, n° 3, 2017, pp. 309-320.

L. VAPAILLE, « Les Limites de la mission du tribunal des conflits en matière de contentieux fiscal », *Le contentieux fiscal en débat (Actes du colloque organisé les 15 et 16 novembre 2013 par le CEFF de la faculté de droit et de science politique d'Aix-Marseille Université),* sous la direction de Thierry LAMBERT, LGDJ, 2014, pp. 99-122.

« L'Associé au cœur d'un imbroglio juridico -fiscal (1re partie) », *Revue de droit fiscal,* n° 37, 2002, pp. 1175-1180.

« L'Associé au cœur d'un imbroglio juridico -fiscal (2e partie) », *Revue de droit fiscal,* n° 38, 2002, pp. 1214-1223.

« La Réforme de la fiscalité de distribution : compte rendu de la soirée d'étude de l'IFA du 04 novembre 2003 », *Revue de droit fiscal,* n° 52, 2003, pp1677-1684.

« La Nouvelle coopération fiscale internationale » *Revue de droit fiscal,* n° 42-43, 21 octobre 2010, pp. 13-30.

« La TVA et les services de télécommunications, radiodiffusion, télévision et tous autres services électroniques », *Revue fiscalité européenne et droit international des affaires*, n° 169, 43e année, pp. 3-35.

« La Contribution des centres et associations agréés à l'amélioration de la connaissance des revenus », *Revue de la Direction générale des Impôts*, n° 49, 1980, pp. 27-29.

« La Fraude et l'évasion fiscale internationale au niveau des entreprises » *Revue de la Direction générale des Impôts*, n° 46, décembre 1978, pp. 26-31.

« La Fraude et son contrôle : Rapport du conseil des prélèvements obligatoires », *Revue de droit fiscal*, n° 16, 19 avril 2017, pp. 11-15.

« La Suppression de l'avoir fiscal et du précompte et après ? », *Revue de droit fiscal,* n° 38, 2001, pp. 1293-1303.

« Le Délit de fraude fiscale », *Revue de la Direction générale des Impôts*, n° 24, février 1972, pp. 32-38.

« Le Nouveau modèle de convention de double imposition établi par l'OCDE », *Revue de la Direction générale des Impôts*, n° 45, avril 1978, pp. 42-28.

« L'Aide fiscale à l'investissement » *Revue de la Direction générale des Impôts*, n° 44, avril 1978, pp. 16-21.

« L'Évolution des procédures d'agrément », *Revue de la Direction générale des Impôts*, n° 26, septembre 1972, pp. 15-19.

« Le Civisme fiscal : entre valeur républicaine et outil de recouvrement », *Revue du trésor,* n° 6, juin 2008, pp. 428-435.

« Les Nouveaux accords d'échanges de renseignements en matière fiscale signés par la France », *Revue fiscalité européenne et droit international des affaires,* n° 161, 41e année, pp. 17-26.

« Les Centres de gestion agréés », *Revue de la Direction générale des Impôts*, n° 43, janvier 1978, pp. 51-55.

« Lutte contre la fraude fiscale internationale : rôle des services de l'État, constat et recommandations », *Jurisclasseur du droit fiscal international,* Fasc. 3870, 1-2014, 9 pages.

« Les Agréments fiscaux », *Revue de la Direction générale des Impôts*, n° 40, janvier 1977, pp. 36-43.

« Les Centres de gestion agréés », *Revue de la Direction générale des Impôts*, n° 43, janvier 1978, pp. 51-55.

M. AUJEAN, « Harmonisation fiscale européenne : retour aux fondamentaux ? », *Revue de droit fiscal*, n° 14, 5 avril 2012, 37-41.

M. A. DE BARMON, « L'article 209 B du CGI antérieur à 2006 est-il compatible avec la liberté d'établissement garantie par le droit de l'UE », *Revue jurisprudence fiscale*, n° 10, 2014, pp. 842-847.

M. AUJEAN, G. GUEST, J. P. LEGALL, P. MARTIN, P. POLIGUEN & P. SAINT-AMAND, « L'Ordre fiscal international », *Revue de droit fiscal,* n° 37, 13 septembre 2007, pp. 25-32.

M. BACACHE-BEAUVALLET, « l'État : contraintes et liberté, approche économique », *Pouvoirs*, n° 142, 2012, pp. 21-32.

M. BAZEX, « Les Origines et l'évolution du partage des compétences entre les juridictions judiciaire et administrative », *Histoire du droit des finances publiques,* Economica, 1987, pp. 623-653.

M. BEAULIER & Y. SALERY, « 20 ans de contrôle de gestion dans les collectivités locales », *RFFP*, n° 95-septembre 2006, pp. 69-86.

M. BENNET, « La Mise à jour 2010 du modèle de convention fiscale de l'OCDE », *Revue de droit fiscal*, n° 39, 30 septembre 2010, pp. 18-22.

M. BORNHAUSER, « Donation de droits sociaux précédant leur cession : la prudence reste de rigueur ! » *Revue de droit fiscal*, n° 22-23, pp. 765-770.

M. BOUVIER, « Le Recours à l'impôt est inévitable mais avec quelle légitimité », *RFFP*, n° 155, 2021, pp. 213-216.

M. BOUVIER, « Les Accords fiscaux préventifs », RFFP, n° 127, 2014, pp. 19-24.

M. BOUVIER « Nouvelle gouvernance financière publique durable et conduite de la réforme budgétaire dans les pays en développement », *RFFP,* n° 98-2007, pp. 159-180.

M. BOUVIER « Nouveau civisme fiscal et légitimité de l'impôt », *RFFP,* n° 112-novembre 2010, pp. 25-46.

M. BOUVIER « L'Imaginaire fiscal : des utopies fiscales à l'impôt virtuel » *RFFP*, n° 84-décembre 2003, pp. 53-68.

M. BOUVIER, « Autonomie fiscale locale et libre administration des collectivités locales » *RFFP*, n° 81-Mars 2003, pp. 27-42.

M. BOUVIER, « La Doctrine administrative en droit fiscal : entre droit et politique, » *RFFP*, n° 75-septembre 2001, pp. 83-94.

M. BOUVIER, « Sens de la légitimité de l'impôt », *Pouvoirs,* n° 151, 2014, pp. 27-34.

M. BOUVIER, « L'Expérimentation de zones d'entreprises en Grande-Bretagne et aux États-Unis : dérégulation et évolution de l'interventionnisme étatique » *RFFP,* n° 9, 1985, pp. 147-174.

M. BOUVIER, « La Question de l'impôt idéal », *L'impôt*, TOME 46, 2002, pp. 15-23.

M. BOUVIER, « La Transformation de la légitimité de la gouvernance financière publique » *Mélanges en l'honneur du professeur Pierre BELTRAME,* PUF, 2010, pp. 118-131.

M. BOUVIER, « À Nouvelle gestion des finances publiques, nouveau processus de décision », *Mélanges en l'honneur du professeur Joël MOLINIER*, LGDJ, 2012, pp. 111-118.

M. BOUVIER, « La Territorialité de l'impôt : un analyseur des mutations des systèmes fiscaux », *RFFP*, n° 146, 2019, pp. 7-11.

M BOUVIER, « Le Citoyen, la gouvernance financière publique et les mutations du politique », *Pouvoir politique et finances publiques : quels enjeux au Maroc et en France, Acte du 10e colloque international de Rabat*, 2016, pp. 39-46.

M. BOUVIER, « Quelle légitimité de l'impôt pour demain », *Les chantiers fiscaux à engager,* L'Harmattan, 2002, pp. 193-210.

M. BOUVIER, « Les Accords fiscaux préventifs : Une sécurité pour l'entreprise et l'administration », *Étude à la mémoire du professeur Maurice COZIAN*, Litec, 2009, pp. 127-136.

M. BOUVIER, « Impôt sur le revenu : entre égalité et solidarité », *RFFP,* n° 140, 2017, pp. 235-240.

M. BOUVIER, « Justice fiscale, légitimité de l'impôt et société post-moderne », *RFFP*, n° 124, 2013, pp. 15-20.

M. BOUVIER, « Nouveau civisme fiscal et la légitimité du recouvrement de l'impôt », *RFFP*, n° 112, 2010, pp. 25-32.

M. BOUVIER, « Solidarité budgétaire des États et métamorphose de la souveraineté politique », *RFFP*, n° 155, 2021, pp. 87-90.

M. BUCHET, « Paiement dans des pays à fiscalité privilégiée : précision sur la notion de paiement et de preuve du régime fiscal privilégié », *Revue de droit fiscal*, n° 28, 11 juillet 2019, pp. 32-40.

M.-C. BERANGER, « L'Assistance mutuelle en matière de recouvrement des créances fiscales au sein de l'UE », *La revue du trésor*, n° 10, octobre 2002, pp. 602-603.

M-C. BERGERES « Droit communautaire et conventions fiscales internationales », *Revue de droit fiscal*, n° 19, 11 mai 2007, pp. 19-27.

M. C. ESCLASSAN, « Les Effets de la construction européenne sur le pouvoir budgétaire des États membres : le cas de la France » *RFFP*, n° 68-décembre 1999, pp. 76-89.

M. C. ESCLASSAN, « Le Pouvoir gracieux en matière fiscale entre archaïsme et modernité », *Mélanges en l'honneur du professeur Jacqueline MORAND-DEVILLIER*, LGDJ, 2008, pp. 301-313.

M. C. ESCLASSAN, « L'Accessibilité de la doctrine administrative en matière fiscale », *RFFP*, n° 140, 2017, pp. 105-110.

M. C. LEPETIT, « Les Révolutions récentes de la politique fiscale française » *Revue de droit fiscal*, n° 14, 5 avril 2012, pp. 12-17 ;

M. CHADEFAUX, « Le Sort des moins-values nettes à long terme dans les opérations de fusions de sociétés » *Revue de droit fiscal*, n° 12, 22 mars 2012, pp. 24-28.

M. CHASTAGNARET, « La Concurrence fiscale : comment les fiscalités de territoires souverains peuvent-elles exister ? » *in La concurrence réglementaire, sociale et fiscale dans l'Union européenne sous la direction de Eric CARPANO, Manuel CHASTAGNAUT & Emmanuel MAZUYER,* éd. LARCIER, 2016, pp. 283-291.

M. CHASTAGNARET, « L'Application des principes généraux du droit de l'Union européenne », *Le contentieux fiscal en débat (Actes du colloque organisé les 15 et 16 novembre 2013 par le CEFF de la faculté de droit et de science politique d'Aix-Marseille Université),* sous la direction de Thierry LAMBERT, LGDJ, 2014, pp. 283-296.

M. CHASTAGNARET, « L'impôt cet inconnu », *Gestion et Finances publiques,* n° 3, 2021, pp. 78-85.

M. CHIROLEU-ASSOULINE, « La Fiscalité environnementale, instrument économique par excellence » *RFFP*, n° 114-avril 2011, pp. 17-26.

M. CHRETIEN, « Réflexion sur la dualité juridictionnelle en matière fiscale » *mélanges offerts à Marcel WALINE sur le thème : le juge et le droit public*, LGDJ, Tome I, juillet 1974, pp. 115-125.

M-CHRISTHIAN BERGERES, « Amnistie fiscale : les voies du salut », *Revue de droit fiscal*, n° 30-36, 2004, pp. 1209-1214.

M. COLLET, « Les Droits et obligations des entreprises vérifiées », *RFFP*, n° 138, 2017, pp. 69-74.

M. COLLET, « Les Conditions d'invocabilité de la doctrine administrative », *RFFP,* n° 112-novembre 2010, pp. 71-82.

M. COLLET, « Réforme fiscale : la contrainte constitutionnelle », *RFFP*, n° 116-2011, pp. 19-32.

M. COLLET, « Le juge fiscal français et le contentieux de la TVA », *RFFP*, n° 128, 2014, pp. 125-130.

M. COLLET, « La régulation fiscale », *Revue de droit fiscal,* n° 12, 20 mars 2008, pp. 8-17.

M. COLLET, E CREPEY & S. ROBERT, « Capacité contributive de l'entreprise et imposition confiscatoire » *Revue de droit fiscal,* n° 39, 24 septembre 2015, pp. 29-34.

M. COZIAN, « Sur l'autonomie et le réalisme du droit fiscal », *Revue de la Direction générale des Impôts*, n° 54, 1981, pp. 36-40.

M. COZIAN, « Abus de droit, apport-cession et apport-donation : la Cour de cassation serait-elle en train de perdre le cap », *Revue de droit fiscal*, n° 36, 6 septembre 2007, pp. 16-21.

M. COZIAN, « Optimisation fiscale et choix de la bonne clause contractuelle », *Revue de droit fiscal*, n° 50, 2000, pp. 1669-1672.

M. DIAGNE, « De l'influence du droit communautaire africain sur les finances publiques sénégalaises », *Revue internationale de Droit Africain*, n° 83, 2009, pp. 57-80.

M. DIEYE « Quelle politique fiscale pour impulser le développement du marché financier régional de l'UEMOA » in afrilex-u-bordeaux 4.fr, consulté le 05/05/2018.

M. DJOUHRI, « Les nouvelles formes de contrôle fiscal en France », *RFFP*, n° 138, 2017, pp. 153-155.

M. DUBUY, « Succession d'États et dettes souveraines : entre respect de la souveraineté étatique et préservation de la souveraineté du peuple », *RFFP*, n° 155, 2021, pp. 63-66.

M. ENTIOPE, « Les débats d'orientation budgétaire (État, collectivités locales) », *La revue du Trésor*, n° 10, octobre 2001, pp. 594-603.

M. FALL, « Les lois de finances rectificatives », afrilex-u-bordeaux 4.fr, consulté le 05/05/2018.

M. GAUTHIER, « La modernisation de la gestion et du calcul de l'impôt est-elle un facteur d'amélioration du civisme fiscal ? » *RFFP*, n° 112-novembre 2010, pp. 13-24.

M. GUICHARD, « l'esprit des lois communautaires en matière de TVA : du principe de neutralité », *Revue de droit fiscal*, n° 36, 2001, pp. 1205-1212.

M. GUICHARD, « La fin annoncée d'une recette française : les taxes parafiscales », *Revue de droit fiscal*, n° 18-19, 2002, pp. 725-730.

M. H. MINKADA MONEBOULOU, « L'expression de la souveraineté des États membres de l'OHADA : une solution-problème à l'intégration juridique », *Penant* n° 890,-2015, pp. 40-70.

M.-H. PINARD-FABRO, « Établissement stable : un regain d'actualité », *Bulletin Francis Lefebvre*, n° 6, 2010, pp. 517-526.

M.-H. PINARD-FABRO, « Plafonnement communautaire des allègements fiscaux : encore des incertitudes », *Bulletin Francis Lefebvre*, n° 11, 2009, pp. 863-870.

M.-H. PINARD-FABRO, « Aides intragroupe à l'étranger : dernières avancées de la jurisprudence », *Bulletin Francis Lefebvre,* n° 1, 2009, pp. 5-9.

M. HAYAT, « Les Prix de transfert, une exigence de transparence », *in Acte du colloque organisé le 03 décembre 2010 sur le thème : La fin des paradis fiscaux organisé par l'Institut International de Sciences Sociales, le Centre d'études et de Recherches Administratives et politiques de Paris XIII et le Laboratoire d'Étude Juridiques et Politique de l'Université de Cergy*, éd. Monchrestien, 2011, pp. 147-174.

M. HERLAND, « Le Colonialisme et le commerce extérieur au secours du capitalisme dans l'œuvre de Karl Marx », *Annales Africaines,* 1979-1980, pp. 129-145.

M. HOUBEDINE & J. L. SCHEIDER, « Mesurer l'influence de la fiscalité sur la localisation des entreprises » in *Économie & prévision,* n° 131, 1997-5, pp. 47-64.

M. J. AGLAE, « de l'impôt et ses limites », in *RFFP* n° 120-2012, pp. 39-50.

M. JEAN-BAPTISTE-ALTBUCH, « Conflits de conventions internationales : la doctrine internationaliste et le principe d'égalité des traités », *Revue la recherche juridique,* n° 1, 2016, pp. 517-542.

M. JANOT, « Le Projet BEPS et la lutte contre la sous-capitalisation », *Revue de droit fiscal,* n° 5, 4février 2016, pp. 24-31.

M. KARPENSCHIF, « Aides d'État et concurrence fiscale », *in La concurrence réglementaire, sociale et fiscale dans l'Union européenne sous la direction de Eric CARPANO, Manuel CHASTAGNAUT & Emmanuel MAZUYER,* éd. LARCIER, 2016, pp. 313-331.

M. LE CLAINCHE, « La Mythologie de l'administration fiscale : permanences renouvellements », *Gestion et Finances publiques,* n° 1, 2021, pp. 84-90.

M. LEDUC, « Note sur les marchés communs africains » *colloque des facultés de droit du 23 au 26 mai 1962,* pp. 370-382.

M. LEROY, « Réflexion sociologique sur la globalisation fiscale », *Mondialisation- fiscalité & la globalisation fiscale sous la direction de Marc LEROY,* L'Harmattan, 2006, pp. 263-280.

M. LEROY, « Le Repositionnement épistémologique et politique du problème de l'évasion fiscale » *Revue européenne et internationale de droit fiscal*, n° 4, 2017, pp. 415-428.

M. LEROY, « La Régulation bureaucratique du conflit fiscal », *Le contentieux fiscal en débat (Actes du colloque organisé les 15 et 16 novembre 2013 par le CEFF de la faculté de droit et de science politique d'Aix-Marseille Université),* sous la direction de Thierry LAMBERT, LGDJ, 2014, pp. 81-96.

M-M. PADOVANI, « Actualité de la frontière fiscale », *Gestion & Finances publiques*, n° 12, 2011, pp. 911-916.

M. MANSOUR & G. ROTA-GRAZIOSI, « Coordination fiscale dans l'Union Économique et Monétaire Ouest Africaine », *Revue d'économie du développement*, septembre 2012, pp. 9-34.

« Une Base de données sur les recettes fiscales en Afrique subsaharienne 1980-2010 », *Revue d'économie du développement*, n° 3, septembre 2014, pp. 99-121.

M. MASCLET DE BARBARIN, « Contentieux du recouvrement : comment sortir enfin du labyrinthe ? », *Le contentieux fiscal en débat (Actes du colloque organisé les 15 et 16 novembre 2013 par le CEFF de la faculté de droit et de science politique d'Aix-Marseille Université),* sous la direction de Thierry LAMBERT, LGDJ, 2014, pp. 257-279.

M. MASABO & T. BOYAYO, « Étude du système fiscal burundais », *Droit fiscal en Afrique subsaharienne francophone sous la direction de Thierry OBRIST & Trésor-Gauthier M. KALONJI,* Éd. Bruylant, 2022, pp. 99-154.

M. MBWA-MBOMA, « Etats-Unis-Réduction de l'impôt sur les dividendes : quelles portée pour les sociétés françaises », *Revue de droit fiscal*, n° 37, 2003, pp. 1118-1119.

M. MEDAGHRI ALAOUI, « Fiscalisation du secteur informel », *RFFP,* n° 28, 1989, pp. 57-66.

M. NGOM, « Étude du système fiscal sénégalais », *Droit fiscal en Afrique subsaharienne francophone sous la direction de Thierry OBRIST et Thierry-Gauthier M. KALONJI*, Ed Bruylant, 2022, pp. 463-492.

M. P. ALLARD, « L'Évitement et l'évasion fiscale internationales, vus du Canada », *RFFP,* n° 151, 2020, pp. 5-10.

M. PELLETIER, « Droit fiscal constitutionnel : chronique de l'année 2015 », *Revue de droit fiscal,* n° 10, 10 mars 2016, pp. 45-62.

M. PELLETIER, « La Spécificité du contrôle de constitutionnalité des lois fiscales », *Revue de droit fiscal,* n° 13, 26 mars 2015, pp. 21-30.

M. PONCELET & T. AFANTROUSS, « Le Régime mère-fille : un régime d'exonération à la faveur d'un actionnariat stable », *Revue de droit fiscal*, n° 18-19, 4 mai 2016, pp. 21-25.

M. PRADA, « Réflexion sur l'histoire de la comptabilité de l'État », *RFFP*, n° 93-février 2006, pp. 89-98.

M. PRAT, « Zone franche : évaluation » *RFFP*, n° 63-septembre 1998, pp. 47-58.

M. SAUVE, « Allocution d'ouverture des Entretiens du palais royal », *Revue de droit fiscal*, n° 47, 22 novembre 2007, pp. 6-7.

M. SIERACZEK, « L'Indépendance des procédures pénale et fiscale : un principe prétorien contestable », *Revue de droit fiscal*, n° 50, 13 décembre 2007, pp. 13-16.

M. SIMMONY, « La Démarche de performance dans le cadre des Finances publiques, *RFFP,* n° 98-2007, pp. 25-32.

M. TALY, « Le Code général des impôts, Eléphant Man Juridique », *Pouvoirs,* n° 151, 2014, pp. 117-128.

M. TALY, « Abandon de créances au profit de succursales appartenant à une filiale bénéficiaire : transfert indirect de bénéfice (oui) », *Revue de droit fiscal*, n° 18, 1er mai 2008, pp. 28-31.

M. WOLF, « Éradiquer la fraude carrousel à la TVA », *Revue de droit fiscal*, n° 51-52, 18 décembre 2014, pp. 34-38.

M. WOLF, « L'Impact de l'Union européenne sur la fiscalité des collectivités territoriales », *RFFP*, n° 135, 2016, pp. 113-118.

M. VAIL & M. ZAHND, « La Clause de *Limitation on Benefits,* ou la lutte (efficace ?) », *Revue de droit fiscal,* n° 49, 3 décembre 2009, pp. 8-25.

M. VERBAN, C. DALARUN & N. BASTIEN, « L'Élimination de la double imposition sur les flux internationaux en marche pour les sociétés déficitaires », *Revue de droit fiscal*, n° 47, 23 novembre 2017, pp. 11-15.

M. VERBAN, C. DALARUN & N. BASTIEN, « À la recherche de l'élimination de la double imposition sur les flux internationaux », *Revue de droit fiscal*, n° 41, 13 octobre 2016, pp. 12-15.

M. WOLF, « Où va la TVA ? Fragilités actuelles et pistes de réforme », *Revue de droit fiscal*, n° 14, 5 avril 2012, pp. 76-81.

M. WOLF, O. COURJON & J.-C. BOUCHARD, « Une Déclaration électronique des achats pour éradiquer la fraude carroussel à la TVA », *Bulletin Francis Lefebvre,* n° 7, 2014, pp. 404-411.

« Modalité d'imposition en droit interne des opérations internationales » *Lamy de droit fiscal,* 2018, pp. 4402-4427.

N. ALBALA, « La Souveraineté des États et des peuples », *Le Monde diplomatique*, septembre 2005. www.lemondeplomatique.fr. Consulté le 02/01/18.

N. BACCOUCHE, « Le Taux de l'impôt », *Mélanges en l'honneur du professeur Pierre BELTRAME,* PUF, 2010, pp. 71-86.

N. BELEMGOTO BEKOUTOU, « Le Principe de la subsidiarité : ses origines et son application », Revue juridique et politique, n° 2, 2013, pp. 247-264.

N. BENSOUDA, « Quelle réalité du consentement à l'impôt dans les pays en voie de développement », *RFFP*, n° 151, 2021, pp. 205-207.

N. CORDIER-DELTOUR, F. WARCOLLIER & C. DELSOL, « La Gouvernance fiscale, un enjeu stratégique pour les entreprises », *Revue de droit fiscal*, n° 28, 13 juillet 2017, pp. 16-19.

N. DE BOYNES, P.-A. BACHELLERIE & N. MESSAGE, « Les Retenues à la source à l'épreuve des clauses de non-discrimination », *Bulletin Francis Lefebvre,* n° 4, 2011, pp. 331-335.

N. CHAHID-NOURAI & Patrice COUTURIER, « L'Article 209-B du CGI est-il soluble dans le droit fiscal international ? À propos de l'arrêt CAA Paris, 30 janvier 2001, n° 96-1408, SA Schneider, *Revue de droit fiscal,* n° 8, 2001, pp. 333-336.

N. DAVOULT, « L'Interprétation du juge concernant le droit fiscal international », *Le contentieux fiscal en débat (Actes du colloque organisé les 15 et 16 novembre 2013 par le CEFF de la faculté de droit et de science politique d'Aix-Marseille Université),* sous la direction de Thierry LAMBERT, LGDJ, 2014, pp. 139-164.

N. ESCAUT, « Assistance fiscale internationale : conciliation de l'obligation de secret et du principe du contradictoire », Revue de droit fiscal, n° 29, 17 juillet 2008, pp. 39-44.

N. ESCAUT, « Assistance fiscale internationale :la clause de secret d'une convention bilatérale ne peut faire obstacle au principe du contradictoire », *Revue de droit fiscal*, n° 18-19, 5 mai 2011, pp. 36-40.

N-F KOUAME & P. DAGOU, « Étude du système fiscal ivoirien », *Droit fiscal en Afrique subsaharienne francophone sous la direction de Thierry OBRIST et Thierry-Gauthier M. KALONJI*, Ed Bruylant, 2022, pp. 315-350.

N. JABKO, « Les Auteurs de la contrainte » *Pouvoirs,* n° 142, 2012, pp. 43-60.

N. KARATAS DURMUS, « L'Acte anormal de gestion dans le cadre de la déduction des charges des entreprises : approche comparée France/Turquie », Gestion & finances publiques, n° 9, septembre-octobre 2015, pp. 109-113.

N. MEDE, « L'Établissement d'une comptabilité patrimonial de l'État au Bénin : avancée et contrainte », *RFFP*, n° 98-2007, pp. 109-118.

N. MÉDÉ, « Réflexions sur le cadre harmonisé des finances publiques dans l'espace UEMOA », 2e numéro spécial finances publiques, Afrilex, juin 2012, in www.afrilex.ubordeaux4.fr.

N. MEDE, « Les Recettes publiques en débat », *Acte du colloque des 04 et 05 octobre 2018 : Bénin les recettes publiques en débat sous la direction de N. MEDE & N. YENOUSSI*, L'Harmattan, 2020, pp. 27-38.

N. MEDE, « L'Afrique francophone saisie par la fièvre de la performance financière », *RFFP*, n° 135, 2016, pp. 349-353.

N. MEDE, S. C. HOUNDEFFFO & I. M. MEDE, « Étude du système fiscal béninois », *Droit fiscal en Afrique subsaharienne francophone sous la direction de Thierry OBRIST & Tierry-Gauthier M. KALONJI*, Ed Bruylant, 2022, pp. 13-42.

N. MELOT, « Territorialité et mondialité de l'impôt : le droit américain, un modèle pour la France », *L'année fiscale*, Paris, PUF, 2003, pp. 129-176.

N. MELOT, « Fiscalité et multinationales : les groupes de sociétés, ces enfants terribles », *Étude à la mémoire du professeur Maurice COZIAN*, Litec, 2009, pp. 553-593.

N. MESSAGE, « Le Transfert de domicile fiscal », n° 39, 26 septembre 2013, pp. 33-35.

N. VERGNET, « Les Fondements théoriques de l'établissement stable à l'épreuve de la modernisation de l'économie », *Revue de droit fiscal*, n° 39, 28 septembre 2017, pp. 44-49.

N. YENOUSSI, « La Politique fiscale au Bénin, les séquences de l'action : entre vision, stratégie et opérationnalisation », *Actes du colloque des 04 et 05 octobre 2018 : Bénin les recettes publiques en débat sous la direction de N. MEDE & N. YENOUSSI*, L'Harmattan, 2020, pp. 229-252.

O. AMADOU, « Accord de partenariat économique entre l'UE et la CEDEAO : impact de la cinquième bande sur la protection de l'agriculture et de l'industrie agro-alimentaire » in *le partenariat Europe-Afrique et les intégrations régionales,* Bruxelles, Bruylant, 2012, pp. 251-284.

O. BEAUD, « Le Souverain », *Pouvoirs*, n° 67, 1993, pp. 33-45.

O. BOUGOUMA, « La Dimension commerciale des Accords de partenariat économique : quelle stratégie pour la région ouest-africaine », *Journal du droit international (Clunet) n° 2*, avril 2011, doctrine 6, www.LexisNexis Jurisclasseur 21 pages.

O. DEBAT, « Les Recours contre le rescrit-Réflexion sur les typologies de rescrit », *Revue européenne et internationale de droit fiscal*, n° 1, 2017, pp. 15-24.

O. DIA, « Quelques Remarques critiques sur le contrôle parlementaire des finances publiques sénégalaises », Revue juridique et politique, n° 4, 2014, pp. 519-556.

O. FOUQUET, « Régime des sociétés-mères : l'interprétation ne doit pas surpondérer la jurisprudence Ambulance de France », *Revue de droit fiscal*, n° 11, 12 mars 2015, pp. 40-46.

O. FOUQUET, « Le Conseil d'État fixe des limites à la jurisprudence *Leur-bloem* de la CJCE » *Revue de droit fiscal*, n° 10, 7 mars 2013, pp. 73-78.

O. FOUQUET, « Garantie contre les changements de doctrine et confiance légitime », *Revue de droit fiscal*, n° 24, 13 juin 2013, pp. 108-109.

O. FOUQUET, « La répartition de la charge de l'impôt au sein d'un groupe intégré : une route à quatre voies », *Revue de droit fiscal*, n° 42, 17 octobre 2013, pp. 18-27.

O. FOUQUET, « Quels recours contre les rescrits », *Revue de droit fiscal*, n° 23, 5 juin 2008, pp. 44-48.

O. FOUQUET, « Retour à une conception stricte l'acte acte anormal de gestion : l'abandon de la théorie du risque manifestement excessif », *Revue de droit fiscal*, n° 36, 8 septembre 2016, pp. 69-76.

O. FOUQUET, « La Définition de l'abus de droit en question ? », *Revue de droit fiscal*, n° 43-44, 26 octobre 2017, pp. 60-65.

O. FOUQUET, « Les difficultés du contrôle fiscal des entreprises en France et ses améliorations possibles », *RFFP*, n° 138, 2017, pp. 9-18.

O. FOUQUET, « Sécurité fiscale et fraude fiscale », *RFFP*, n° 127, 2014, pp. 151-156.

O. FOUQUET, J. F. DE VULPILLERES, Y. DE GIVRE, J. P. LIEB, C. CHARPENTIER & B. GOUTHIERE, « Débat autour de l'abus de droit », *Revue de droit fiscal*, n° 47, 22 novembre 2007, pp. 18-28.

O. FOUQUET, « La Cohérence du régime d'intégration fiscale en question », *Revue de droit fiscal*, n° 52, 24 décembre 2009, pp. 24-32.

O. G. SADECK, « Les APE : entre opportunités et menaces », *Acte du colloque des 04 et 05 octobre 2018 : Bénin les recettes publiques en débat sous la direction de N. MEDE & N. YENOUSSI*, L'Harmattan, 2020, pp. 343-366.

O. HELJE FJELDSTAD, « Vers plus d'éthique dans les douanes en Afrique subsaharienne », *Afrique contemporaine n° 230*, 2009-2, pp. 33-54.

O. ILLY, « Dernière ligne droite vers les APE : quels défis pour les communautés régionales africaines ? », in *Défis économiques*, n° 012, janv.-fév 2014, pp. 16-20.

O MARICHAL, « Accord de répartition des coûts et fiscalité internationale française », *Revue de droit fiscal*, n° 48, 2003, pp. 1500-1508.

O. NEGRIN, « Une légende fiscale : la définition de l'impôt de Gaston Jèze », *RDP*, n° 1 Janvier-Février 2008, pp. 139-152.

O. NEGRIN, « Le Juge et la doctrine administrative », *Le contentieux fiscal en débat (Actes du colloque organisé les 15 et 16 novembre 2013 par le CEFF de la faculté de droit et de science politique d'Aix-Marseille Université),* sous la direction de Thierry LAMBERT, LGDJ, 2014, pp. 167-182.

O. SIVIEUDE, « Une Administration fiscale peut-elle lutter efficacement contre l'évasion fiscale internationale », *Revue européenne et internationale de droit fiscal,* n° 2, 2015, pp. 275-277.

O. SIVIEUDE, « L'Action de l'administration fiscale française en matière de pénalisation de la fraude fiscale », *Revue de droit fiscal*, n° 38, 22 septembre 2016, pp. 30-32.

O. SIVIEUDE & E. MARCUS, « Le Contrôle fiscal dans le contexte de la mondialisation des entreprises », *Gestion et finances publiques,* n° 1, janvier 2019, pp. 28-31.

O. SIVIEUDE & C. BORIE, « La Dématérialisation des factures : enjeux et perspectives », *Gestion et finances publiques,* n° 7, juillet 2012, pp. 38-40.

O. SIVIEUDE & B. LLORCA, « Pourquoi et comment lutter contre la fraude fiscale », *Gestion et finances publiques,* n° 7, Juillet août 2014, pp. 115-118.

P. ALAKA ALAKA, « L'Introduction de la TVA dans les pays africains : analyse d'une réception favorable à la remise en cause d'un mécanisme économiquement justifié », *Revue européenne et internationale de droit fiscal*, n° 3, 2015, pp. 418-427.

P. AMSELEK, « Une Curiosité du droit public financier : les impositions autres que fiscales ou parafiscales », *mélanges offerts à Marcel WALINE sur le thème : le juge et le droit public*, LGDJ, Tome I, juillet 1974, pp. 89-114.

P. AMSELEK, « Opérations budgétaires et Opérations de trésoreries », *Journée d'étude de l'association française des constitutionnalistes société française de finances publiques sur le thème l'exercice du pouvoir financier du parlement théorie pratique et évolution sous la direction du professeur Loïc PHILIP tenue le 22 mars 1996*, pp. 17-22.

P. AMSELEK, « La Distinction des opérations permanentes et des opérations de trésorerie de l'État » *Étude de droit public,* Panthéon Assas, 2009, pp. 677-699.

P. AMSELEK, « Pour en finir avec l'idée de budget-acte d'autorisation de recette » *Étude de droit public,* Panthéon Assas, 2009, pp. 701-716.

P. AMSELEK, « Une Curiosité du droit public financier : les impositions autres que fiscales ou parafiscales » *Étude de droit public,* Panthéon Assas, 2009, pp. 717-740.

P. AMSELEK, « Un Phénix du droit public financier : les impositions quasi-fiscales », *Étude de droit public,* Panthéon Assas, 2009, pp. 741-763.

P. AMSELEK, « Impositions et cotisations obligatoires », *Étude de droit public,* Panthéon Assas, 2009, pp. 765-792.

P. AMSELEK, « Peut-il y avoir un État sans finances », *Étude de droit public,* Panthéon Assas, 2009, pp. 661-675.

P. AMSELEK, « La Qualification des contrats de l'administration par la jurisprudence », *Étude de droit public,* Panthéon Assas, 2009, pp. 281-293.

P. AMSELEK, « Les Établissements publics sans comptable public et le principe de l'insaisissabilité des biens des personnes publiques », *Étude de droit public,* Panthéon Assas, 2009, pp. 511-546.

P. AMSELEK, « La Compensation entre les dettes et les créances des personnes publiques », *Étude de droit public,* Panthéon Assas, 2009, pp. 547-606.

P. ANCEL, *Les Privilèges du trésor, RFFP*, n° 7, 1984, pp. 5-30.

P. ARIANE AGBOZO, « L'*Agenciation* des administrations fiscales : une solution d'avenir ? L'agenciation dans son principe », *Acte du colloque des 04 et 05 octobre 2018 : Bénin les recettes publiques en débat sous la direction de N. MEDE & N. YENOUSSI*, L'Harmattan, 2020, pp. 253-260.

P. AUGE, « Les Remises gracieuses accordées par le ministre de l'Économie et des Finances », *RFFP*, n° 106, avril 2009, pp. 231-245.

P. BATTIAU, « Le Point de vue de l'OCDE », *RFFP*, n° 128, p. 43.

P. BELTRAME, « La Pensée libérale et l'impôt au XIXe siècle en France » *RFFP*, n° 84-Décembre 2003, pp. 23-42.

P. BELTRAME & LOUIT, « Le Procès fiscal équitable : l'affirmation d'une norme européenne » *RFFP*, n° 83-septembre 2003, pp. 121-134.

P. BELTRAME, « La Résistance à l'impôt et le droit fiscal », *RFFP,* n° 5, 1984, pp. 21-34.

P. BELTRAME & G MONTAGNIER, « L'Influence de l'Union européenne sur la fiscalité française », *RFFP*, n° 68, décembre 1999, pp. 129-147.

P. BELTRAME, « L'Impôt confiscatoire : le débat chez les économistes », *Revue européenne et internationale de droit fiscal*, n° 2, 2017, pp. 129-139.

P. BERACHA, « L'Action du forum mondial en matière de transparence fiscale » *Gestion et finances publiques,* n° 3, 2015, 67-71.

P. COUDIN, « Réflexions sur la portée du principe de la subsidiarité des conventions fiscales internationales », *Étude à la mémoire du professeur Maurice COZIAN*, Litec, 2009, pp. 499-512.

P. COUPAYE & P. DAULOUEDE, « Le Contrôle parlementaire des taxes parafiscales », *RFFP*, n° 21, 1988, pp. 57-72.

P. DE CASTELNAU & J.F. MARTEAU, « Quel accompagnement des douanes par la Banque mondiale en Afrique subsaharienne ? », *Afrique contemporaine n° 230*, 2009-2, pp. 115-134.

P. DE FREMINET, « Réforme de l'avoir fiscal : base de la réflexion », *revue de droit fiscal,* n° 28, 2003, pp. 925-930.

P. DE LAMOTTE, « Les Sanctions fiscales dans le système fiscal français : présentation d'ensemble » *RFFP*, n° 65-Mars 1999, pp. 9-16.

P. DEROUIN, « Modalités pour éviter la double imposition : controverse sur le calcul du crédit d'impôt français », *Revue de droit fiscal*, n° 41, 13 octobre 2011, pp. 25-34.

P. DEROUIN, « Définitions et distinctions de la fraude et de l'évasion fiscales », *Fraude et évasion fiscale : État des lieux et moyens de lutte sous la direction de Jérôme LASSERE CAPDEVILLE, Phillipe MARCHESSOU, Bruno TRESCHER, Chantal CUTAJAR*, éd. Joly, 2015, pp. 1-8.

P. DIBOUT, « Le Régime fiscal des dividendes versés aux OPCVM étrangers : un enjeu contentieux d'une importance exceptionnelle », *Revue de droit fiscal,* n° 35, 1er septembre 2011, pp. 53-68.

P. DIBOUT, « Subsidiarité des conventions fiscales, établissement stable et symétrie de l'article 3, III de la loi du 28 décembre 1959 », *Revue de droit fiscal,* n° 50, 10 décembre 2009, pp. 27-40.

P. DIBOUT, « Liberté d'établissement, conventions fiscales et entreprises multinationales », *Revue de droit fiscal*, n° 11, 2000, pp. 474-482.

P. DIBOUT, « La Fiscalité à l'épreuve de la liberté de circulation des capitaux », *Revue de droit fiscal*, n° 42, 2000, pp. 1365-1372.

P. DIBOUT, « L'Inapplicabilité de l'article 209 B du CGI face à la convention fiscale franco-suisse du 9 septembre 1966 », *Revue de droit fiscal,* 36, 2002, pp. 1133-1141.

P. DIBOUT & J. P. LEGALL, « Un hybride atypique : la filiale française établissement stable de sa société mère étrangère (à propos de l'arrêt du Conseil d'État Société Interhome AG du 20 juin 2003) 1re partie », *Revue de droit fiscal,* n° 47, 2004, pp. 1662-1669.

P. DIBOUT & J. P. LEGALL, « Un hybride atypique : la filiale française établissement stable de sa société mère étrangère (à propos de l'arrêt du Conseil d'État Société Interhome AG du 20 juin 2003) 2e partie », *Revue de droit fiscal,* n° 48, 2004, pp. 1699-1703.

P. DIBOUT, M-C LEPETIT, C. BOUVIER & Y. RUTSCHMANN, « Intégration fiscale : actualités et perspectives », *Revue de droit fiscal*, n° 11, 12 mars 2009, pp. 11-23.

P. DIBOUT, O. FOUQUET, M-C LEPETIT, R. STREICHENBERGER, P. THIRIA & J. TUROT, « L'Ordre fiscal interne », *Revue de droit fiscal,* n° 37, 13 septembre 2007, pp. 8-17.

P. DIDIER, « La Notion de concurrence fiscale », *L'impôt*, Tome 46, 2002, pp. 103-115.

P. DUMAS, « Aperçu sur le projet de loi de finances pour 1981 », *Revue de la Direction générale des Impôts*, n° 49, pp. 23-26.

P. DURAND, « Principe de subsidiarité des conventions internationales et déduction de l'impôt étranger en cas de situation déficitaire », *Revue de droit fiscal*, n° 22, 30 mai 2014, pp. 21-29.

P. ESCAUT & Autres, « Prix de transfert », *Revue fiscalité internationale*, n° 1, 2019, pp. 104-125.

P-F RACINE, « Vers une nouvelle génération de garanties pour le contribuable », *Le contentieux fiscal en débat (Actes du colloque organisé les 15 et 16 novembre 2013 par le CEFF de la faculté de droit et de science politique d'Aix-Marseille Université),* sous la direction de Thierry LAMBERT, LGDJ, 2014, pp. 369-379.

P. GOYARD, « L'Adaptation de la fiscalité des entreprises aux exigences de l'économie », *Histoire du droit des finances publiques*, Economica, 1987, pp. 155-178.

P. JAN, « La Réforme budgétaire et fiscale au cœur de la réforme de l'État » *RDP*, n° 1 Janvier-Février 2006, pp. 25-30.

P. KOKOU TCHODIE, « Les Motivations ultra-matérielles et la question des moyens de travail dans les administrations fiscales », *Acte du colloque des 04 et 05 octobre 2018 : Bénin les recettes publiques en débat sous la direction de N. MEDE & N. YENOUSSI*, L'Harmattan, 2020, pp. 293-325.

P. KOURALEVA-CAZALS, « Quelques réflexions sur les particularités de l'appréciation du caractère confiscatoire ou excessif d'une imposition par le Conseil constitutionnel », *Revue européenne et internationale de droit fiscal*, n° 2, 2017, pp. 141-147.

P. KOURALEVA-CAZALS, « Conformité à la constitution, avec réserve, de l'imposition des plus-values de cession de titres et des dividendes de sociétés implantées dans un ETNC », *Revue de droit fiscal*, n° 12, 19 mars 2015, pp. 38-45.

P. KOURALEVA-CAZALS, « Les Critères d'assujettissement des sociétés étrangères à l'impôt sur les sociétés françaises : plaidoyer pour une clarification », *Revue de droit fiscal*, n° 2, 12 janvier 2012, pp. 11-21.

P. LABIA & M. C. BERNARD-GELABERT, « Les zones d'exception fiscale : Présentation générale », *RFFP,* n° 63, septembre 1998, pp. 7-19.

P. LEGENTIL, « Déductibilité de l'abandon par le siège français d'avances faites à des succursales étrangères : oui, pour la partie ayant eu pour objectif et contrepartie le développement d'une activité imposable en France », *Revue de droit fiscal*, n° 30, 24 juillet 2014, pp. 55-60.

P. LEGENTIL, « Quelques réflexions sur la question de la qualification des revenus en droit conventionnel », *Revue de droit fiscal*, n° 24, 13 juin 2013, pp. 74-85.

P. LEGER, E. GINTER, C. COMOLET-TIRMAN, L. VALLEE & M. AUJEAN, « Libertés communautaires et abus de droit », *Revue de droit fiscal*, n° 47, 22 novembre 2007, pp. 13-18.

P. LLAU & M. L. HERSCHTEL, « Quotient familial et situation fiscale des familles », *RFFP*, n° 14, 1986, pp. 79-98.

P. LLAU, « Prévisions économiques & prévisions budgétaires », *Journée d'étude de l'association française des constitutionnalistes société française de finances publiques sur le thème l'exercice du pouvoir financier du parlement théorie pratique et évolution sous la direction du professeur Loïc PHILIP tenue le 22 mars 1996,* pp. 11-15.

P. LUPPI, « La Substitution de base légale en matière fiscale », *Mélanges en l'honneur du professeur Pierre BELTRAME,* PUF, 2010, pp. 303-341.

P. LUPPI, « Le Soupçon de fraude en matière fiscale », *Bulletin Francis Lefebvre,* n° 6, 2012, pp. 499-508.

P. M. GAUDEMET, « Réflexion sur les rapports du juge et du fisc », *mélanges offerts à Marcel WALINE sur le thème : le juge et le droit public*, LGDJ, Tome I, juillet 1974, pp. 127-136.

P. M. HONORE, « Le Tarif extérieur commun (TEC) de la Communauté Économique des États de l'Afrique de l'Ouest (CEDEAO) : Avancées & contraintes », *Acte du colloque des 04 et 05 octobre 2018 : Bénin les recettes publiques en débat sous la direction de N. MEDE & N. YENOUSSI*, L'Harmattan, 2020, pp. 367-390.

P. MARCHESSOU, « Réflexion contemporaine sur l'interprétation des textes fiscaux », *Mélanges en l'honneur du professeur Paul AMSELEK,* Bruylant, 2005, pp. 551-564.

P. MARTIN, « L'Interprétation des conventions fiscales internationales » *Revue de droit fiscal*, n° 24, 13 juin 2013, pp. 61-68.

P. MARTIN & B. GOUTHIERE, « Les Conflits de normes : les clauses anti-évasion », *Revue de droit fiscal*, n° 39, 28 septembre 2017, pp. 18-24.

P. MARTIN, P. DIBOUT & J. Luis GAUTIER, « La Frontière entre abus de droit et optimisation s'est-elle déplacée ? », *Revue de droit fiscal*, n° 47, 22 novembre 2007, pp. 8-12.

P. MARTIN, M. EVERS, L. JATON, E. MARCUS & C. SILBERZTEIN, « La Convention multilatérale OCDE : quel impact sur la fiscalité internationale », *Revue de droit fiscal*, n° 51-52, 21 décembre 2017, pp. 29-44.

P. MINNE, « Incompatibilité de l'article 155 A du CGI avec le droit de l'UE », *Revue de droit fiscal*, n° 4, 27 janvier 2011, pp. 47-53.

P. NDRI-THEOUA, « Le Rééquilibrage des pouvoirs dans la procédure budgétaire en Côte d'Ivoire », Gestion et finances publiques, n° 5, Mai-Juin 2015, pp. 134-138.

P. PAVLOPOULOS, « La Règle de droit face au défi de la technologie », RDP, n° 3, 2021, pp. 801-812.

P. PHILIP, « Le Recours préalable de l'administration : une nécessité », *Le contentieux fiscal en débat (Actes du colloque organisé les 15 et 16 novembre 2013 par le CEFF de la faculté de droit et de science politique d'Aix-Marseille Université),* sous la direction de Thierry LAMBERT, LGDJ, 2014, pp. 63-66.

P. PISTONE, « Les Limites à l'utilisation des informations fiscales et à la protection du contribuable en droit italien », *L'année fiscale*, Paris, PUF, 2003, pp. 193-212.

P. RICHY, « L'Impôt de solidarité sur la fortune », *Revue de la Direction générale des Impôts*, n° 56, 1982, pp. 22-28.

P. SAINT-AMANS, « La Fiscalité internationale », *RFFP*, n° 146, 2019, pp. 73-74.

P. SAINT-AMANS, « La Coopération fiscale internationale », *Gestion & Finances publiques,* n° 12, décembre 2011, pp. 922-927.

P. SAINT-AMANS & S. ABDELGHANI, « La Coopération internationale au service de la lutte contre l'évasion et la fraude fiscale », *Revue européenne et internationale de droit fiscal,* n° 2, 2015, pp. 207-214.

P. SAINT-AMANS & E. ROBERT, « Le Projet BEPS et son héritage », *Revue européenne et internationale de droit fiscal,* n° 4, 2016, pp. 409-419

P. SAINT-AMANS & J. DI MARIA, « Cadre multilatéral novateur pour la modification du réseau de conventions en matière d'impôt sur le revenu » *Revue européenne et internationale de droit fiscal,* n° 3, 2017, pp. 277-285.

P. SAINT-AMANS & E. ROBERT, « Le Projet BEPS et la longue marche en direction de la fiscalité globale pour l'économie du XXIe siècle », *Revue de droit fiscal*, n° 49, 3 décembre 2015, pp. 19-23.

P. SALIN, « Contre l'impôt ou quelques raisons de diminuer la fiscalité », *Pouvoirs*, n° 151, 2014, pp. 47-56.

P. SALIN, « Création d'entreprise et impôt », *RFFP*, n° 9, 1985, pp. 35-40.

P. SEGO, « La Fabrique de la norme fiscale en droit positif béninois », *Acte du colloque des 04 et 05 octobre 2018 : Bénin les recettes publiques en débat sous la direction de N. MEDE & N. YENOUSSI*, L'Harmattan, 2020, pp. 155-188.

P. THIRIA, « L'Enjeu : définir et mettre en œuvre des concepts et des règles nouvelles », *RFFP*, n° 146, 2019, pp. 119-122.

P. TRAORE, « Rapport général », *Acte du colloque des 04 et 05 octobre 2018 : Bénin les recettes publiques en débat sous la direction de N. MEDE & N. YENOUSSI*, L'Harmattan, 2020, pp. 443-457.

P. TURK, « L'État plateforme numérique », *RDP*, n° 5, 2020, pp. 1189-1196.

P. WEBER, « Les Clauses anti-abus : pragmatisme ou régulation », *in Actes du colloque organisé le 03 décembre 2010 sur le thème : La fin des paradis fiscaux organisé par l'Institut International de Sciences Sociales, le Centre d'Études et de Recherches Administratives et politiques de Paris XIII et le Laboratoire d'Études Juridiques et politiques de l'Université de Cergy*, éd. Monchrestien, éd. Monchrestien, pp. 185-202.

P. VALLETOUX, « Fiscalité locale : une réforme politique », *RFFP*, n° 103-septembre 2008, pp. 63-66.

« Panorama des redressements fiscaux : compte rendu de la 11e conférence annuelle organisée le 18 juin 2009 », *Revue de droit fiscal*, n° 48, 26 novembre 2009, pp. 20-29.

« Politique fiscale de l'Union européenne : priorité pour les prochaines années (communication de la commission au Conseil, au Parlement européen et au Comité économique et social) », *Revue de droit fiscal*, n° 50, 2001, pp. 1743-1752.

« Présentation des conventions fiscales », *Lamy de droit fiscal*, 2018, pp. 4376-4398.

« Prix de transfert », *Lamy de droit fiscal*, 2018, pp. 4491-4545.

« Qui paye la TVA ? », *Revue de la Direction générale des Impôts,* n° 34, mars 1975, pp. 23-27.

R. BELLESCIZE, « Le Mythe de la MAGNA CARTA comme point de départ du consentement à l'impôt », *Gestion et Finances publiques*, n° 1, 2021, pp. 14-21.

R. BLANCHERY-ROUSSEAU, « La Maîtrise de la matière imposable par les collectivités locales et la mise en place d'un observatoire fiscal » *RFFP*, n° 50-1995, pp. 29-50.

R. COIN, « Répression de l'évasion de l'évasion fiscale internationale », jurisclasseur du droit fiscal international, Fasc. 3720, 4-2009, 17 pages.

R. COIN, « Introduction aux situations triangulaires : du bilatéralisme à l'harmonisation fiscale », *Revue de droit fiscal*, n° 24, 13 juin 2013, pp. 86-90.

R. COIN, B. GOUTHIERE & F. LE MENTEC, « Territorialité, Résidence & Établissement stable », *Revue fiscalité internationale,* n° 1, 2019, pp. 89-96.

R. GRAU, « Consentement à l'impôt et lutte contre la fraude fiscale », *RFFP*, n° 155, 2021, pp. 235-236.

R. HERZTZOG, « La Parafiscalité : née dans le désordre, subsistant dans la confusion », *RFFP,* n° 21, 1988, pp. 73-119.

R. HERZTZOG, « À Propos de la péréquation dans les finances locales », RFFP, n° 34, 1991, pp. 55-77.

R. HERTZOG, « Réflexion sur le fédéralisme financier : modèle ou méthode pour les systèmes composés ? » *RFFP*, n° 80-décembre 2002, pp. 85-102.

R. HERZTZOG, « La Programmation pluriannuelle des finances publiques : un exercice nécessaire, une loi de trop », *Mélanges en l'honneur du professeur Pierre BELTRAME,* PUF, 2010, pp. 223-241.

R. JAUNE, « Le Rescrit fiscal et la société de confiance », *Revue de droit fiscal*, n° 37, 2021, 16 pages.

R. KILIC, « L'Instrument privilégié dans la lutte contre l'évasion et la fraude fiscale : la coopération administrative internationale en matière fiscale », *Gestion & Finances publiques*, n° 12, 2011, pp. 928-935.

R. KLEIN, « L'Intégration de la TVA dans les systèmes d'information », *Revue européenne et internationale de droit fiscal,* n° 3, 2015, pp. 391-399.

R. KOLB, « Du domaine réservé : réflexion sur la théorie de la compétence nationale », *Revue générale de droit international public*, n° 3, 2016, pp. 597-630.

R. LANTERI, « Y a-t-il une fiscalité des professions libérales », RFFP, n° 37, 1992, pp. 13-22.

R. OSSA, « Le Dispositif organisationnel des administrations fiscales en Afrique : une réforme à achever », in *RFFP* n° 121, 2013, pp. 263-273.

R. OSSA, « Le Nouveau cadre géopolitique de la territorialité de l'impôt sur les sociétés : la confrontation des acteurs », *RFFP*, n° 146, 2019, pp. 77-82.

R. PELLET, « La Fusion de l'impôt sur le revenu et la contribution sociale généralisé Brève synthèse de thèses opposées », n° 136, 2016, pp. 199-204.

R. SALOMON, « Droit pénal fiscal », *Revue de droit fiscal*, n° 20, 16 mai 2016, pp. 17-26.

R. SALOMON, « Le Particularisme de la procédure devant le juge pénal », *Revue de droit fiscal*, n° 38, 22 septembre 2016, pp. 42-48.

R. SCHNEIDER, « Groupes de sociétés : la CJUE prend position en faveur de l'intégration horizontale » Revue de droit fiscal, n° 37, 11 septembre 2014, pp. 38-45.

R. SCHNEIDER, « L'Interprétation des conventions fiscales par le juge en présence de revenus immobiliers perçus par l'établissement stable français d'une société étrangère » Revue de droit fiscal, n° 46, 14 novembre 2013, pp. 39-45.

R. SCHNEIDER, « Modalité de répartition de l'impôt dans les groupes de sociétés » *Revue de droit fiscal*, n° 23, 4 juin 2009, pp. 23-28.

R. VALENTINI, « Les Nouveaux instruments de recouvrement de créances douanières », *RFFP*, n° 113-Mars 2011, pp. 193-206.

« Rapport sur la mise en œuvre de la communication de la commission sur l'application des règles en matière d'aide d'État aux mesures relevant de la fiscalité directe des entreprises », *Revue de droit fiscal*, n° 29, 2004, pp. 1162-1171.

S. AUSTRY, « L'Interdiction constitutionnelle des présomptions irréfragables et l'article 209 B » *Revue de droit fiscal*, n° 21, 26 mai 2016, pp. 54-60.

S. BESBES, « L'Importance du pouvoir normatif de l'administration fiscale », *Revue comptable et financière*, n° 83, premier trimestre 2009, pp. 43-53.

S. CAUDAL, « l'Évolution des dispositions constitutionnelles relatives à la matière financière » *RFFP*, n° 86-Avril 2004, pp. 13-38.

S. CHASSAGNARD-PINET, « À la recherche d'une définition de l'économie collaborative », *Cahier du droit de l'entreprise,* n° 3, 2017, pp. 20-24.

S. DIARRA, « Analyse rétrospective du respect des nouveaux critères de convergence de l'UEMOA » *Revue d'économie du développement,* n° 1, mars 2016, pp. 79-98.

S. DETRAZ, « La Mise à l'écart du principe non bis in idem en matière fiscale », *Revue de droit fiscal*, n° 38, 22 septembre 2016, pp. 55-58.

S. EVRARD, « La Souveraineté monétaire au fondement de la souveraineté financière », RFFP, n° 155, 2021, pp. 15-18.

S. F. SOBZE, « Existe-t-il un ordre juridique africain », *Revue juridique et politique*, n° 2, 2017, pp. 151-191.

S. F. SOBZE, « La Fabrication du droit en Afrique : contribution à la consolidation de l'autonomie des droits africains », *Revue juridique et politique*, n° 4, 2016, 471-497.

S. FLIZOT, « L'Évaluation des fraudes fiscales », *Gestion & Finances publiques*, n° 12, 2011, pp. 883-886.

S. G. CRETTI, De l'usage des informations et trust dans la planification fiscale, de la réalité économique à l'évasion fiscale, un point de vue suisse, *Revue européenne et internationale de droit fiscal*, n° 2, 2015, pp. 251-260.

S. GELIN, « Prix de transfert : la méthode du partage des bénéfices, meilleure et seule méthode ? », *Revue de droit fiscal*, n° 30, 24 juillet 2014, pp. 11-14.

S. GELIN, « Prix de transfert : du principe de pleine concurrence à l'analyse de la valeur dans l'entreprise », *Revue de droit fiscal*, n° 48, 2001, pp. 1673-1677.

S. GELIN & S. LAMBERT, « Les Établissements stables après BEPS : du déjà vu en France », *Revue de droit fiscal*, n° 25, 23 juin 2016, pp. 23-25.

S. HUMBERT, « Délai de réclamation en présence d'un groupe d'intégration fiscale : le casse-tête des demandes de neutralisation de la quote-part pour frais et charge », *Bulletin Francis Lefebvre,* n° 5, 2018, pp. 305-308.

S. KEITA, M. D. DIALLO & M. A. BAH, « Étude du système fiscal guinéen », *Droit fiscal en Afrique subsaharienne francophone sous la direction de Thierry OBRIST*, Ed Bruylant, 2022, pp. 391-426.

S. MADANI SY, « Réflexion sur les dispositions essentielles de la convention fiscale franco-sénégalaise en matière de double imposition se rapportant aux impôts sur les revenus », *Mélanges en l'honneur du professeur Paul Marie GAUDEMET*, Economica, 1984, 902-918.

S. M. OUEDRAOGO, « L'Institutionnalisation de l'évaluation des politiques fiscales dans l'espace UEMOA : espoirs et contraintes », *Gestion & Finances publiques*, n° 7-juillet 2012, pp. 47-53.

S. M. M. JIMAJA, « La Taxe professionnelle synthétique : analyse de l'équité d'un impôt partagé entre l'État et les Collectivités Locales », *Acte du colloque des 04 et 05 octobre 2018 : Bénin les recettes publiques en débat sous la direction de N. MEDE & N. YENOUSSI*, L'Harmattan, 2020, pp. 41-71.

S. MORENO GONZALEZ, « Les Aides d'État à caractère fiscal : le critère de sélectivité de la mesure », *Mélanges en l'honneur du professeur Pierre BELTRAME,* PUF, 2010, pp. 471-493.

« Réflexion sur l'unification des règles visant l'élimination des doubles impositions dans l'espace UEMOA », www.afrilex@u-bordeaux4.fr.

S. OUEDRAOGO, « Étude du système fiscal burkinabé », *Droit fiscal en Afrique subsaharienne francophone sous la direction de Thierry OBRIST et Trésor-Gauthier M. KALONJI,* Éd. Bruylant, pp. 43-98.

S. REEB, « Le Conseil d'État face au principe conventionnel de non-discrimination selon la nationalité : le débat est-il clos ? », *Revue de droit fiscal*, n° 16, 20 avril 2017, pp. 6-17.

S. REZEK, « L'Avis à tiers détenteur », *Revue de droit fiscal*, n° 20, 2002, pp. 756-760.

S. REZEK, « Avis à tiers détenteur et sursis de paiement : une cohabitation difficile », *Revue de droit fiscal*, n° 11, 1999, pp. 466-468.

S. ROBERT-CUENDET, « Crise ou renouveau du droit des investissements internationaux », *Revue générale de droit international public*, n° 3, 2016, pp. 545-578.

S. T. BATOUM-BA-NGOUE, « Démocratisation et processus budgétaire dans les états de la CEMAC : le cas du CAMEROUN » in afrilex-u-bordeaux 4.fr, consulté le 05/05/2018, 20 pages.

S. THEBAULT, « À quoi sert la qualité de comptable » *RFFP,* n° 112-novembre 2010, pp. 103-108.

S. YONABA, « Les Contraintes de l'harmonisation d'un droit budgétaire rénové dans la zone UEMOA », *RFFP,* n° 98-2007, pp. 69-80.

S. YONABA, « L'Intégration des règles budgétaires et comptables dans le cadre de l'Union économique et monétaire ouest-africaine (UEMOA), in *revue burkinabé de droit,* n° 39-40, 2001, pp. 21-28.

S. YONABA, « L'Expérience africaine du modèle français du contrôle juridictionnel des finances publiques » *RFFP*, n° 101-mars 2008, pp. 61-80.

« Subsidiarité des conventions fiscales », *Revue de droit fiscal*, n° 24, 12 juin 2008, pp. 27-31.

« Synthèse du livre blanc du MEDEF, le crédit d'impôt recherche », *Gestion et finances publiques,* n° 3-4, Mars-Avril 2010, pp. 220-222

Synthèse du rapport du groupe de travail sur le recouvrement de l'impôt à l'heure de l'économie numérique sous la direction de la commission des finances, « Le e-commerce : proposition pour une TVA prélevée à la source », *Gestion & finances publiques,* n° 4, Juillet-Août 2016, pp. 108-112.

T. DE RICOLFIS & O. LEJEUNE, « L'Action de la police judiciaire dans la lutte contre la fraude fiscale complexe : l'office central de lutte contre la corruption et les infractions financières et fiscales », *Revue de droit fiscal*, n° 38, 22 septembre 2016, pp. 34-36.

T. FENSBY, « Le Projet BEPS survivra-t-il à l'administration Trump », *Revue de droit fiscal*, n° 11, 16 mars 2017, pp. 32-37.

T. FENSBY, « L'Échange automatique de renseignement en matière fiscale : pourquoi la survie des normes FACTA et CRS ne tient qu'à un fil », *Revue de droit fiscal*, n° 20, 18 mai 2017, pp. 11-17.

T. GAUTHIER, « Le Juge judiciaire de l'impôt », *Revue de droit fiscal*, n° 38, 22 septembre 2016, pp. 19-22.

T. GASQUET, « Établissement stable une société suisse a en France un Établissement stable dès lors qu'elle a un bureau permanent en France, du personnel affecté en permanence à ce bureau et qu'il constitue un centre de décision en France », *Revue de droit fiscal*, n° 3, pp. 102-106.

T. H. GERAUD, « L'Identifiant fiscal unique (IFU) : promesse d'avenir », *Acte du colloque des 04 et 05 octobre 2018 : Bénin les recettes publiques en débat sous la direction de N. MEDE & N. YENOUSSI*, L'Harmattan, 2020, pp. 99-108.

T. LAMBERT, « Vers un renouveau de l'assistance administrative en matière fiscale », *Gestion & finances publiques*, n° 7, juillet 2012, pp. 41-46.

T. LAMBERT, « Paradis fiscaux, dépasser l'échange d'information », Gestion & finances publiques, n° 8-9, Août-Septembre, 2013, pp. 22-30.

T. LAMBERT, « L'OCDE : un acteur influent du droit fiscal international », *Gestion & finances publiques,* n° 3, mai-juin 2016, pp. 94-102.

T. LAMBERT, « Quelle fiscalité pour des projets planétaires », *Mondialisation-fiscalité & la globalisation fiscale sous la direction de Marc LEROY,* L'Harmattan, 2006, pp. 17-32.

T. LAMBERT, « Pierre Joseph Proudhon : l'impôt échange au service de la réforme de la société » *RFFP*, n° 84-décembre 2003, pp. 79-90.

T. LAMBERT, « Vers un renouveau de la coopération fiscale internationale », *Revue européenne et internationale de droit fiscal,* n° 1, 2015, pp. 151-163.

T. LAMBERT, « L'Inadaptation du dispositif juridique à la lutte contre les transferts de bénéfices », *Revue européenne et internationale de droit fiscal*, n° 2, 2015, pp. 293-300.

T. LAMBERT, « La Lutte contre l'évasion fiscale internationale : l'offensive américaine en matière d'échange automatique d'informations » *Revue de droit fiscal*, n° 51-52, 18 décembre 2014, pp. 39-43.

T. LAMBERT, « Le Rescrit : oui mais… », *Bulletin Francis Lefebvre*, n° 3, 2008, pp. 191-197.

T. LAMBERT, « Le Droit public financier et le droit fiscal », *RFFP*, n° 133, 2016, pp. 111-116.

T. MACRA, « Les Caractéristiques des finances publiques des pays en voie de développement », *Revue juridique et politique*, n° 3, 2010, pp. 324-338.

T. OBRIST, « Le Système fiscal suisse : un vaste chantier vers plus de stabilité », *Revue européenne et internationale de droit fiscal,* n° 1, 2016, pp. 7-8.

T. ONDO, « Vers un droit constitutionnel financier au Gabon », Revue juridique et politique, n° 1, 2017, pp. 3-46.

T. PONS, « Les Mesures contre l'évasion fiscale internationale et la constitution », *Bulletin Francis Lefebvre,* n° 1, 2012, pp. 5-12.

T. PONS, « L'Imputation des crédits d'impôt d'origine étrangère sur l'IS à taux réduit », *Revue de droit fiscal*, n° 29, 20 juin 2017, pp. 37-45.

T. SCHIMITT, « Le Juge et l'abus de droit rampant », *Étude à la mémoire du professeur Maurice COZIAN*, Litec, 2009, pp. 187-208.

« TVA : crise de croissance compte rendu de la conférence IFA du 22 novembre 2007 ? », *Revue de droit fiscal,* n°14, 3 avril 2008, pp. 13-23.

V. AGULHON & Autres, « Intégration et consolidation fiscales-Réorganisations », *Revue fiscalité internationale,* n° 1, 2019, pp. 121-125.

V. BERGER, « L'obligation de déclaration de comptes ouverts à l'étranger », *Revue de droit fiscal*, n° 8, 23 février 2017, pp. 29-32.

V. C. DIARASSOUBA, « Le Service de la dette publique extérieur », *Annales Africaines,* 1967, pp. 127-174.

V. DAUMAS, « La Question prioritaire de constitutionnalité devant le Conseil d'État », *Revue de droit fiscal*, n° 38, 22 septembre 2016, pp. 67-70.

V. DAUMAS, « Abus de droit : derniers développements jurisprudentiels », *Revue jurisprudence fiscale*, n° 1, 2011, pp. 5-15.

V. DAUMAS, « Clause de secret des conventions fiscales internationales : des implications à géométrie variable », *Revue jurisprudence fiscale*, n° 4, 2011, pp. 355-360.

V. DUSSART, « La Dimension budgétaire de la TVA », *RFFP*, n° 128, pp. 27-33.

V. DE SAINT-BLANQUET, « Actualité des conventions fiscales internationales », *Revue de droit fiscal,* n° 40, 1er octobre 2015, pp. 8-11.

V. DUSSART, « La Police fiscale », *Revue de droit fiscal*, n° 51-52, 18 décembre 2014, pp. 29-33.

V. DUSSART, « La Direction générale des Finances publiques et la prévention du contentieux » *Le contentieux fiscal en débat (Actes du colloque organisé les 15 et 16 novembre 2013 par le CEFF de la faculté de droit et de science politique d'Aix-Marseille Université),* sous la direction de Thierry LAMBERT, LGDJ, 2014, pp. 67-80.

V. GRUNDT & R. HAMACHER, « Le Prorata de déduction de TVA par les organismes financiers en Allemagne », *Revue de droit fiscal*, n° 15, 12 avril 2007, pp. 9-13.

V. R. MANANGOU, « Démocratie et technocratie dans la gouvernance financière publique dans les États d'Afrique francophone », *Revue juridique et politique*, n° 4, 2018, 444-464.

V. TANZEE & Z. Howell, « Une Politique fiscale pour les pays en développement », in *FMI Dossiers économiques n° 27*, 2001.

« Vers un marché intérieur sans entraves fiscales », *Revue de droit fiscal*, n° 51, 2001, pp. 1780-1786.

« Vers une coopération fiscale globale », *Revue de droit fiscal*, n° 37, 2000, 1153-1161.

X. CARBANNES, « Intelligence artificielle & finances publiques : propos introductif », *Revue de droit fiscal,* n° 5, 2021, 3 pages.

X. GREFFE, « La TVA, nouvelle planche à billets ? », *RFFP*, n° 128, 2014, pp. 9-13.

X. OBERSON, « L'évolution de la politique internationale de la Suisse en matière d'échange de renseignements fiscaux après le « Big bang », la lumière », *Revue européenne et internationale de droit fiscal,* n° 1, 2016, pp. 9-19.

X. OBERSON, « L'Évolution en Suisse de l'échange international de renseignements fiscaux : de l'arbalète au big bang », *Revue de droit fiscal*, n° 24, 13 juin 2013, pp. 110-116.

X. RENARD, « Dividende et avoir fiscal : l'arrêt « ANZALONE » et l'instruction administrative du 14 décembre 2001 », *Revue de droit fiscal,* n° 28, 2002, pp. 1033- 1041.

X. KIMRI & P. LEGROS, « Intelligence artificielle et finances publiques : le régime juridique du contrôle algorithmique. De l'expérimentation à l'encadrement du recours aux dispositifs algorithmiques fiscaux », *Revue de droit fiscal*, n° 5, 2021, 10 pages.

Y. AGUILA, J. GAYRAL & Y RUTSCHMANN, « La Nouvelle clause anti-abus du régime des sociétés mères : critique de la décision du Conseil constitutionnel et opportunité d'une saisine de la Cour de justice de l'Union européenne », *Revue de droit fiscal*, n° 13, 31 mars 2016, pp. 13-17.

Y. DESBOIS, « La Fiscalité de la livraison d'unités clés en main à l'étranger en *Joint Venture* », *Revue de droit fiscal,* n° 25, 23 juin 2011, pp. 13-22.

Y. EGLOFF, « Clause de sauvegarde de l'article 209 B du CGI : une renaissance », *Revue de droit fiscal*, n° 7-8, 14 février 2013, pp. 55-66.

Y. NICOLAS, « Le Rôle des commissaires aux comptes dans les contrôles fiscaux et dispositifs contentieux » *RFFP*, n° 138, pp. 63-65.

Y. NOUVEL, « Classification cursive des règles de fond issues des traités bilatéraux d'investissement » *Revue générale de droit international public*, n° 1, 2015, pp. 7-18.

Y. RUTSCHMANN & J. GAYRAL, « Apports intracommunautaires : compatibilité du droit interne avec la directive fusion », *Bulletin Francis Lefebvre,* n° 6, 2009, pp. 439-444.

Y. RUTSCHMANN & P. HENRY DURAND, « Le Système d'intégration à la française face aux exemples étrangers », *Revue de droit fiscal*, n° 39, 29 septembre 2016, pp. 17-25.

Y. SERANDOUR, « Territorialité, TVA livraisons de biens », *Jurisclasseur du droit fiscal international,* Fasc 3380, 5-2017, 43 pages.

Y. SERANDOUR, « La Notion d'assujetti à la TVA », *Revue de droit fiscal*, n° 22, 28 mai 2015, pp. 14-23.

Y. SERANDOUR, « TVA et irrégularité de forme au sein de l'U.E. : illustrations récentes », *Revue de droit fiscal*, n° 41, 10 octobre 2013, pp. 12-19.

Y. SERANDOUR, « TVA », *Revue de droit fiscal*, n° 25, juin 2007, pp. 6-12.

Y. SERANDOUR, « La Fraude à la TVA sur les livraisons intracommunautaires », *Revue de droit fiscal*, n° 36, 8 septembre 2011, pp. 8-15.

Y. SERANDOUR, « La TVA sur les opérations complexes », *Revue de droit fiscal*, n° 5-6, 2 février 2017, pp. 16-21.

Y. SERANDOUR, « Contre partie inférieure au prix de revient et TVA », *Revue de droit fiscal*, n° 36, 8 septembre 2016, pp. 39-44.

Y. SERANDOUR, « Droit à déduction de la TVA sur les frais engagés par une succursale au profit de son siège établi dans un autre État membre : quelle étendue ? À propos de l'arrêt du Conseil d'État, 29 mars 2017, Société Morgan Stanley », *Revue de droit fiscal*, n° 23, 8 juin 2017, pp. 9-12.

Y. TADJEDDINE, « Souveraineté monétaire et financiarisation », RFFP, n° 155, 2021, pp. 27-30.

Z. K. GOUNOU, « Les Conditions du pilotage des réformes du contrôle des finances publiques au Bénin », *RFFP*, n° 137, 2017, pp. 261-271.

Z. TOGBA, « Les Conventions fiscales internationales conclues par la Cote d'Ivoire », *Penant,* n° 795, octobre-novembre-décembre 1987, pp. 397-426.

THÈSES

A. A. DABA KEBE, *La Répartition des compétences entre la loi et le règlement en droit fiscal Sénégalais,* Thèse de doctorat, Université Cheikh Anta DIOP, 2012, 446 pages.

A. CLAUDE, *La Territorialité de la loi fiscale française et les bénéfices industriels et commerciaux,* Thèse de doctorat, université de Paris, 1964, 191 pages.

A. DE RAVEL D'ESCLAPON, La Lutte contre les paradis fiscaux à l'aune des exemples français et américain, Thèse de doctorat, Université de Strasbourg 2016, 531 pages.

A. T. MARINHO, *La Subsidiarité des conventions fiscales,* Thèse de doctorat, Université de Paris I, 2015, 513 pages.

B. D. BA, *Finances publiques et gestion de la performance dans les pays membres de l'UEMOA : Étude de cas du Sénégal,* Thèse de doctorat, Université de Bordeaux, 2015, 573 pages.

B. B. FRANCOIS, *Le Tiers dans le droit des voies d'exécution de l'OHADA*, Thèse de doctorat, Université de Douala, 2010, 353 pages.

C. BAZART, *La Fraude fiscale : Mobilisation du face-à-face État-contribuable,* Thèse de doctorat, Université de Montpellier, 372 pages.

C. CARBONNIER, *Fiscalité optimale & incidence fiscale : analyses théoriques et estimations sur les réformes françaises de la taxe sur la valeur ajoutée et la taxe professionnelle 1987-2004*, Thèse de doctorat, Université des Hautes études en sciences sociales, Paris, 2006, 224 pages.

C. VEDRINE, *Fiscalité et environnement,* Thèse de doctorat, Université de Montpellier I, 2011, 482 pages.

D. JOUSSET, *L'Emploi des présomptions dans la lutte contre la fraude et l'évasion fiscales internationale*, Thèse de doctorat, Université de Paris I, 2016, 536 pages.

D. OUEDRAOGO, *L'Autonomisation des juridictions financières dans l'espace UEMOA*, Thèse de doctorat, présentée et soutenue le 29 novembre 2013 sous la direction des professeurs Jean du Bois de Gaudusson & Salif YONABA à l'Université de Bordeaux, 672 pages.

D. WOUAKO, *Le Temps et le recouvrement de l'impôt*, Thèse de doctorat, Université de Paris II, 374 pages.

E. H. DIALIGUE BA, *Le Droit fiscal à l'épreuve de la mondialisation : la réglementation des prix de transfert au Sénégal*, Thèse de doctorat, Université Paris-Est, 2011, 500 pages.

E. ROBERT, *Élément d'une théorie de la frontière appliquée au droit fiscal*, Thèse de doctorat, Université de Paris II, 2011, 580 pages.

F. ABENG MESSI, *Le Territoire et l'impôt en droit fiscal Camerounais*, Thèse de doctorat, Université de Yaoundé 2, 2015, 738 pages.

G. BOQUILLET, *L'Imposition des plus-values d'actif*, Thèse de doctorat, Université de Lille, 1929, 104 pages

G. ORSONI, *L'Évolution de la notion d'impôt*, Thèse de doctorat, Université d'Aix Marseille 1975, 673 pages.

G. S. Odon ADETONAH, *L'Évasion fiscale des multinationales dans les pays de l'UEMOA*, Thèse de doctorat, Université de Marseille, 2018, 528 pages.

H. A. C. NOTAROBERTO BARBOSA, Les Échanges internationaux de renseignements fiscaux, Thèse de doctorat, Université de Paris II, 2017, 592 pages.

J. BURGUER, *Les Délits pénaux fiscaux : une mise en perspective des droits français, luxembourgeois et internationaux,* Thèse de doctorat, Université de Nancy 2, 2011, 384 pages.

M. A. BAH, *La Fiscalité des pays de la Communauté économique des États de l'Afrique de l'Ouest (CEDEAO) face à la mondialisation*, Thèse de doctorat, Université Paris 2, 2010, 390 pages.

M. ERROL TONI, « *L'Autorisation budgétaire dans le droit financier ouest-africain francophone*, Thèse de doctorat, l'université de Lyon III, 2015, 599 pages.

M.-L. HUBLOT, *Les Procédures de règlement de la double imposition résultant de la correction des prix de transfert entre les entreprises associées*, Thèse de doctorat, présentée et soutenue en 2014 à l'Université de Paris II, sous la direction du professeur Guy GEST, 540 pages.

M. LAMOUCHE, *Essai sur la territorialité de l'impôt*, Thèse de doctorat, Université d'Alger, 1927, 246 pages.

M.-M. PADOVANI, *La Frontière fiscale*, Thèse de doctorat, présentée et soutenue en 2010 université Paris 2 sous la direction du professeur Jean Claude Martinez, p. 579.

M. MEHDI, *L'Analyse en droit comparé, Français, Italien des Méthodes de lutte contre l'évasion fiscale internationale pratiquée par les grandes entreprises via les prix de transfert,* Thèse de doctorat, Université de Marseille, 2011, 483 pages.

M. OUO-OUO WAITA, *Contribution à l'amélioration de la performance en matière d'imposition sur le revenu en q de Guinée*, Thèse de doctorat, Université de Paris Dauphine, 2015, 400 pages.

M. THOMAS, *La Théorie de l'acte anormal de gestion et le droit fiscal international,* Thèse de doctorat, Université de Paris 2, 1990, 477 pages.

M. TURRIN, *La Légitime répression de la fraude fiscale*, Thèse de doctorat, présentée et soutenue en 2011 à l'université Paul Cézanne – Aix-Marseille III, sous la direction professeur Eric Oliva, 487 pages.

O. BOUE, *Double imposition et évasion fiscale*, Thèse de doctorat, présentée et soutenue le 20 décembre 1929 à l'Université de Lille sous la présidence du Professeur DUEZ, 114 pages.

R. JAUNE, *Le Droit et la régulation des prix de transfert,* Thèse de doctorat, Université de Paris I, 2018, 476 pages.

S. DIARRA, *Chocs et mobilisations des recettes publiques dans les pays en développement,* Thèse de doctorat, Université d'Auvergne Clermond Ferrand I, 2012, 218 pages.

S. OUEDRAOGO, *Les Compétences nationales en matière fiscale et la communautarisation des règles dans l'espace ouest-africain,* Thèse de doctorat, Université de Bordeaux, 2015, 649 pages.

S. REEB, *La Réception du concept de nationalité des sociétés par le juge fiscal français,* Thèse de doctorat, Université de Paris 2, 2018, 403 pages.

T. KRA AMENAN PELAGIE, *Les Finances publiques dans l'UEMOA et la logique de performance*, Thèse de doctorat, Université de Cocody, 2010, 455 pages.

X. PEREZ, *La Raison fiscale*, Thèse de doctorat, Université de Bordeaux, 2011, 289 pages.

Y. S. DIAGNE, *La Réforme du CGI : principales mesures et implications*, Thèse de doctorat, Université de REIMS, 2017, 338 pages.

RAPPORTS-BULLETINS-MAGAZINES

- **ATAF,** *Le texte définitif de l'accord de l'ATAF adopté par le conseil, Bulletin d'information de l'ATAF*, n° 4, 2010, 6 pages.
- **Banque mondiale,** Burkina Faso : relever le défi de la mobilisation fiscale, 2019, 58 pages.
- **CNUCED,** les flux financiers illicites, Rapport 2020, 276 pages.

- **Conseil d'État,** *la fiscalité internationale à réinventer*, Actes du colloque du 30 novembre 2018, La documentation française, 2020, 173 pages.
- **Conseil des Prélèvements Obligatoires**, *Adapter l'impôt sur les sociétés à une économie ouverte*, 2016, 168 pages.
- **DGID**, *Sen etafi-Guide d'utilisation pour le contribuable*, 2021, 27 pages.
- **DGID,** Plan de développement stratégique de l'administration fiscale, 2008-2012, 20 pages.
- **DGID,** Plan de développement stratégique de l'administration fiscale, 2018-2020, 57 pages.
- **DGID,** *La démarche de la méthode*, Magazine trimestriel, n° 25, 2019, 56 pages.
- **DGID,** « Dakar capitale fiscale africaine », *Revue Interne*, n° 11, 2012, 28 pages.
- **OCDE,** Neutraliser les effets des dispositifs hybrides impliquant une succursale, action 2 (BEPS), 2017, 118 pages.
- **MBF,** *Programme de résilience économique et sociale-Guide sur les mesures fiscales et douanières*, Version du 19 juin 2020, 27 pages.
- **MEFP-DPEE,** *Évaluation du potentiel fiscal du Sénégal*, 2016, 34 pages.
- **MFB,** *Rapport d'évaluation budgétaire des dépenses fiscales*, 2019, 44 pages.
- **MFB,** *Rapport d'évaluation budgétaire des dépenses fiscales*, 2018, 45 pages.
- **MFB,** Rapport annuel d'activités, 2020, 104 pages.
- **OCDE**, Cadre inclusif sur le BEPS de l'OCDE et du G20, Rapport d'étape juillet 2017-juin 2018, 48 pages.
- **OCDE,** *Initiative des Inspecteurs des impôts sans frontière,* Rapport annuel, 2018/2019, 68 pages.
- **OCDE,** *Norme d'échange automatique de renseignements relatifs aux comptes financiers en matière fiscale*, 2017, 346 pages.
- **OCDE,** Accroître l'efficacité des mécanismes de règlement des différends, Action 14 : rapport final, 2015, 50 pages.

- **OCDE**, Une fiscalité orientée vers l'investissement et le développement : aperçu de quelques enjeux de politique fiscale en Afrique, Document de travail diffusé en tant qu'élément de la documentation officielle pour la réunion ministérielle et la table ronde d'experts de l'initiative NEPAD-OCDE pour l'investissement en Afrique du 11-12 novembre 2009.
- **OCDE**, *Les défis fiscaux posés par la numérisation de l'économie*, Rapport intérimaire 2018, 247 pages.
- **OCDE,** *Cadre inclusif sur le BEPS de l'OCDE et du G20*, Rapport d'étape juillet 2019- juillet 2020, 62 pages.
- **OCDE**, *Plan d'action concernant l'érosion de la base d'imposition et le transfert de bénéfices*, 2013, 50 pages.
- **OCDE,** *Transparence fiscale en Afrique 2019*, 2020, 80 pages.
- **OCDE,** *Empêcher l'octroi inapproprié des avantages des conventions fiscales*, Action 6-Rapport final, 2015, 116 pages.
- **OCDE,** *Forum sur l'administration de l'impôt : sous-groupe des services aux contribuables*, Rapport d'enquête sur les tendances et l'évolution du recours aux moyens électroniques pour la fourniture des services aux contribuables, mars 2010, 150 pages.
- **OCDE,** Articles du modèle de convention fiscale concernant le revenu et la fortune tel qu'il se lisait le 21 novembre 2017, 30 pages.
- **OCDE-DGID-CREDAF**, 3e *réunion régionale du cadre inclusif sur le BEPS pour les pays francophones*, 17-19 octobre 2019, Saly (Mbour)-Sénégal, 3 pages.
- **ONU**, Rapport du comité des affaires fiscales de l'OCDE, Prix de transfert entreprises multinationales, 1984, 95 pages.
- **ONU**, Rapport du comité des affaires fiscales de l'OCDE, Prix de transfert entreprises multinationales, 1979, 106 pages.
- **ONU**, *Rapport du département des affaires économiques et sociales internationales sur la Contribution à la coopération internationale en matière fiscale*, 1988, 42 pages.
- **ONU**, *Raport du département du développement économique et social sur la coopération internationale en matière fiscale*, 1992, 34 pages.
- **ONU**, Rapport du comité des affaires fiscales de l'OCDE, Prix de transfert entreprises multinationales, 1984, 95 pages.

- **ONU**, Rapport du comité des affaires fiscales de l'OCDE, Prix de transfert entreprises multinationales, 1979, 106 pages.
- **ONU**, Rapport du comité des affaires fiscales de l'OCDE, Mesure fiscale pour encourager les investissements privés dans les pays en développement, Paris, 1965.
- **ONU**, Érosion de la base d'imposition et le transfert de Bénéfices en Afrique : réforme de l'imposition des entreprises multinationales, Nations Unies (Commission économique pour l'Afrique, 100 pages.
- **ONU,** *Le développement économique de l'Afrique : les flux financiers illicites et le développement durable en Afrique*, 2020, 17 pages.
- **PSE,** PAP2A 2019-2023, 56 pages.
- **UEMOA** , Rapport des services du FMI sur les politiques communes des États membres, communiqué de presse et déclaration de l'administrateur, FMI Mars 2016.
- **UEMOA** , Rapport des services du FMI sur les politiques communes des États membres, communiqué de presse et déclaration de l'administrateur, FMI Mars 2016.
- **SDN,** *Double imposition et évasion fiscale*, Rapport du comité des experts techniques sur la double imposition et évasion fiscale, 1927, 32 pages.
- **Sénat-français**, *Mission d'expertise sur la fiscalité de l'économie numérique,* Rapport COLLIN & COLIN, janvier 2013, 198 pages.
- Afrique du sud du Sahara : Mobiliser des ressources fiscales pour le développement, étude réalisée à la demande du ministère des Affaires étrangères par le CERDI et une équipe d'experts douaniers et fiscaux de l'ADETEF et du ministère des Finances sous la direction de Gerard CHAMBAS (2004), 74 pages.
- La limitation des déficits publics dans la Constitution, VIIIe Congrés national de l'AFDC-Atelier n° 6 : Aspects institutionnels nationaux.
- Rapport sur les dépenses fiscales 2016 projection 2017, ministère auprès du Premier ministre chargé du budget et du portefeuille de l'État (loi de finances portant budget pour l'année 2017).
- Droit communautaire et conventions fiscales, document de travail du groupe d'experts réunis le 5 juillet 2005 Immeuble charlemagne, Room S2, Rue de la loi 170.
- Rapport du groupe spécial d'experts de la coopération internationale en matière fiscale sur les travaux de sa première réunion, New York, 1983.

- Rapport du colloque sur l'évasion et la fraude fiscales internationales, Strasbourg 5-7 mars 1980.
- Rapport du comité des affaires fiscales de l'OCDE, concernant l'assistance administrative mutuelle en matière de recouvrement de créances fiscales.
- La fin des paradis fiscaux ? *Acte du colloque organisé le 3 décembre 2010 par l'institut international des sciences fiscales, le centre de recherches administratives et politiques de Paris 13 et le laboratoire d'études juridiques et politiques de l'université de Cergy-Pontoise,* sous la direction de T. LAMBERT, 227 pages.
- La fiscalité dérogatoire : pour un réexamen des dépenses fiscales, Synthèse du 21e rapport du conseil des impôts présenté par Gabriel MIGNOT, *RFFP,* n° 84, décembre 2003, pp. 205-218.
- Rapport sur la lutte contre la fraude et l'évasion fiscale par le biais de paradis fiscaux, *Revue de droit fiscal,* n° 16, 17 avril 2017, pp. 7-15.
- Projet Beps de l'OCDE et du G20 sur l'érosion de la base d'imposition et le transfert de bénéfices, évaluation par le secrétariat du TUAC, Paris, le 30 juin 2006, 11 pages.
- INT-Dispositions communes-Droit conventionnel-Modalité d'imposition au regard du droit conventionnel-Bénéfice d'entreprises, *extrait du Bulletin officiel des finances publiques-Impôt,* 10 pages.
- Travaux de séminaire : Approfondissement de l'intégration régionale en Afrique de l'Ouest et implication pour la Côte d'Ivoire, 24-25 novembre 2014, 12 pages.
- Réunion ministérielle et table ronde d'experts, une fiscalité orientée vers l'investissement et le développement : aperçu de quelques enjeux de politiques fiscales en Afrique, 20 pages.
- Livret fiscalité : repère Afrique francophone, 2015, 52 pages.
- Rapport sur les dépenses fiscales 2016 : coût des exonérations fiscale et douanière 2016 projection 2017, 138 pages.
- Relever les défis fiscaux soulevés par la numérisation de l'économie, Document de consultation publique, 13 février-6 mars 2019, 39 pages.

DOCTRINE ADMINISTRATIVE FISCALE SÉNÉGALAISE

- Lettre n° 189/MEF/DGID/DLEC/LEG.1
- Lettre n° 174/MEF/DGID/DLEC du 28 mai 2009

- Lettre n° 463/MEFP/DGID/DLEC/BCTX du 7 avril 2016
- Lettre n° 191/MEF/DGID/DLEC/FCI du 17 juin 2009
- Lettre n° 186/DGID/BLC/LEG2 du 24 juillet 2008
- Lettre n° 1069/MEFP/DGID/DLEC/BCTX du 22 novembre 2017
- Lettre n° 001/2003 du 18 mars 2003
- Lettre n° 000298/DGID/BLC/LEG.1 du 6 mai 2005,
- Lettre n° 000658/DGID/BLC/LEG.1 du 28 novembre 2005
- Lettre n° 58/MEF/DGID/DLEC/FCI du 13 février 2009
- Lettre n° 0031/MEFP/DGID/DLEC/BL/F.IND du 7 janvier 2015
- Lettre n° 341/MEFP/DGID/DLEC/BL/du 10 avril 2015
- Lettre n° 1106/MEFP/DGID/DLEC/BC/F/IND du 6 septembre 2016
- Lettre n° 829/MEFT/DGID/DLEC/BCTX du 21 juin 2016
- Lettre n° 1017/MEF/DGID/DLCI/BCTX du 2 novembre 2017
- Lettre n° 203/DGID/DLEC/BC du 08 mars 2013
- Lettre n° 67 MEF/DGID/DLEC/BCTX DU 07 mars 2014
- Lettre n° 261 MEFP/DGID/DLEC/BL du 23 mars 2015
- Lettre n° 368/MEFP/DGID/DLEC/BL/FDIR du 10 mars 2016
- Lettre n° 00202/MEF/DGID/BLC/FCI du 19 juillet 2007
- Lettre n° 724/MEF/DGID/DLEC/BCTX du 28 juin 2017
- Lettre n° 471/MEF/DGID/DLEC/BC du 10 décembre 2012
- Lettre n° 534/MEFP/DGID/DLEC/BL/F.IND du 6 juin 2017
- Lettre n° 1045/MEFP/DGID/DLEC/BC du 04 novembre 2015
- Lettre n° 1069/MEFP/DGID/DLEC/BCTX du 22 novembre 2017
- Lettre n° 00320/DGID/BLC/RFSA du 18 juin 2005
- Lettre n° 201/MEF/DGID/BLC du 4 mai 2007
- Lettre n° 184/MEF/DGID/DLEC/BRFS du 10 mai 2011
- Lettre n° 51/MEF/DGID/DLEC/BRFS du 18 janvier 2012
- Lettre n° 337/MEF/DGID/DLEC/RFSA du 2 juillet 2010
- Lettre n° 444/MEF/DGID/DLEC/BFRS du 15 novembre 2012
- Lettre n° 496/MEFP/DGID du 14 avril 2016
- Lettre n° 44/MEF/DGID/DLEC/RFSA du 27 janvier 2010

- Lettre n° 287/MEFP/DGID/DLEC/BCTX du 21 mars 2017
- Lettre n° 253/MEFP/DGID/DLEC/BL/F.IND du 14 mars 2017
- Lettre n° 1184 MEFP/DGID/DLEC/BL du 14 décembre 2015
- Lettre n° 1184 MEFP/DGID/DLEC/BL du 14 décembre 2015
- Lettre n° 083/MEFP/DGID/DLEC/BRFS/du 06 février 2015
- Lettre n° 344/MEF/DGID/DLEC/RFSA du 7 juillet 2010
- Lettre n° 27/DGID/DLEC/AFDC du 14 janvier 2009
- Lettre n° 328/DGID/DLEC/LEG1 du 15 juin 2010
- Lettre n° 434 DGID/DLEC/BC du 18 septembre 2013
- Lettre n° 607/MEFP/DGID/DLCI/BCTX du 18 juin 2018
- Lettre n° 130/MEF/DGID/DLEC/BCTX du 18 mars 2011
- Lettre n° 100/MEF/DGID/DLEC/BTCX du 25 février 2010
- Lettre n° 422/MEFP/DGID/DLEC/BLEG du 12 mai 2015
- Lettre n° 178/DGID/DLEC/BC du 3 avril 2012
- Lettre n° 158/DGID/DLEC/BC du 22 mars 2012
- Lettre n° 58/MEF/DGID/DLEC/LEG2 du 11 février 2010
- Lettre n° 393 DGID/DLEC/BC du 10 novembre 2011
- Lettre n° 156 DGID/DLEC/BC du 22 mars 2012
- Lettre n° 418 DGID/DLEC/BC du 07 décembre 2011
- Lettre n° 293 MEF/DGID/DLEC/RFSA du 9 septembre 2009
- Lettre n° 000617/DGID/BLC/LEG.1 du 27 octobre 2005
- Lettre n° 0009850/MEFP/DGID/BCOM/mf du 11 septembre 2015

JURISPRUDENCES

Conseil constitutionnel

Décision n° 92-308 DC du 8 avril 1992

Conseil const, décision n° 2005-530 DC 29 décembre 2005

Conseil d'État

CE 28 juillet 2011

CE 11 avril 2014

CE 11 avril 2014

CE 11 avril 2014

CE 15 février 1984
CE 27 février 1980
CE 18 octobre 2018
CE 28 mars 1978
CE 06 mai1966
CE 02 juin 1976
CE 30 avril 1980
CE 27novembre 1981
CE 17 février 2010
CE 23 avril 1997
CE 25 février 2004
CE 5 avril 2013
CE 1er juin 2005
CE 20 juin 2003
CE 13 juillet 2000
CE 13 juillet 2000
CE 23 mai 1963
CE 8 mai 1967
CE 30 décembre 2003
CE 21 mars 1986
CE 28 décembre 2012

Cours et tribunaux administratifs

CAA de Paris 25 novembre 1999
CAA de Paris 30 janvier 2001
CAA Paris 25 avril 2019
C.A.A. Paris, 26 novembre 2003, n°00-134
CAA Paris 13 juin 2000
CAA 2 février 2007
CAA Paris 6 décembre 2007, Fondation Stichting Unilever
CAA Lyon, 30 novembre 1989
TA de ROUEN 22 avril 1966
TA Besançon, 17 avril 1997 Société Decoflock Clara Lander
TA Paris, 21 novembre 1995

Cour de Justice de l'Union européenne

CJUE 5 mars 2015

CJCE 4 juillet 1985

Tribunal Régional Hors classe de Dakar

- 30 septembre 2018 : « Fondation FAHD BEN ABDEL AZIZ » c/« Directeur général des Impôts et des Domaines en ses bureaux bloc fiscal rue de Thiong ;
- 23 avril 2013 : « Société sénégalaise dite des phosphates de Thiès » c/MEF, AJE, DGID C/Chef du Bureau de recouvrement du Centre des Grandes Entreprises ;
- 9 décembre 2014 : La « Société Sodevit Granulats » c/Le DGID, CBAO SGBS, ECOBANK ;
- 28 mai 2014 : « Les industries chimiques du Sénégal » c/MEF, AJE, DGID ;
- 28 mai 2014 : « La Sococim Industries » c/DGID & le Chef du Centre des Grandes Entreprises ;
- 7 mars 2000 : « La Banque CBAO » c/État du Sénégal, le DGID, le MEF & monsieur le receveur des taxes indirectes.

Tribunal de Grande Instance Hors classe de Dakar

- 19 mai 2017 : « La Société LOUIS DREYFUS COMMODITIES » c/ministre de l'Économie et des Finances », « Le Directeur général des Impôts et des Domaines », « le Chef du Centre des Grandes Entreprises », « la Société Générale de Banque au Sénégal », « La CITIBANK », « La Bank Of Africa dite BOA », « La CBAO Groupe Attijariwafa Bank SA dite CBAO », « La Banque Internationale pour le Commerce et l'Industrie du Sénégal dite BICIS », « La Banque Nationale pour le Développement économique dite BNDE », « La Banque Atlantique du Sénégal » et Monsieur l'Agent Judiciaire de l'État ;
- 24 août 2018 : Madame Ndeye Maréma WADE c/Chef de Bureau du Centre des Services fiscaux de Grand Dakar & Monsieur Aly DIAGNE (agent de poursuite) ;
- 11 novembre 2017 : « La Société DP WORLD Dakar SA » c/Le Directeur général des Impôts et des Domaines, Monsieur le Receveur Percepteur Municipal & « la Société Générale de Banque au Sénégal » ;

- 02 Décembre 2016 :« Société Louis Dreyfus Commodities Sénégal SA » c/Monsieur le Directeur général des Impôts et des Domaines & Monsieur le Chef de Centre des Grandes Entreprises ;
- 30 décembre 2016 : La Société Civile Professionnelle Daniel Sédar Senghor & Jean Paul SARR c/Monsieur le Chef de Centre des Professions Réglementées.

Cour d'Appel

- 4 mai 2007 : DGID c/Mbaye FAYE CSTP ;
- 3 mars 2006 : Ass Malick SALL Pdt du GIE SETCO c/DGID ;
- 06 janvier 2006 : La société SIGELEC (société industrielle de générateurs électriques dite SIGELEC) c/le receveur des taxes indirectes de Dakar ;
- 12 mai 2005 : La société AGS c/le DGID, État du Sénégal & Régisseur des recettes ;
- 21 avril 2005 : Le DGID c/GIE Grands Travaux du Sahel ;
- 07 juin 2005 : Alioune SOUANE c/le DGID, le receveur des taxes indirectes de Grand Dakar ;
- 04 février 2007 : Monsieur l'Agent général de la Compagnie ROYAL AIR MAROC c/le directeur des vérifications et Enquêtes fiscales, le régisseur des recettes et impôts directs le DGID, l'agent judiciaire de l'État et le MEF ;
- 03 Décembre 2004 : Le DGID c/la société sénégalaise de réassurance (SENERE) ;
- 09 décembre 2014 : Mamadou Adama DIALLO c/Monsieur le DGID pris en la personne du directeur du recouvrement des parcelles assainies CICES foire en ses bureaux au bloc fiscal de la foire représenté par monsieur Oumar SONKO, les locataires & monsieur le greffier en chef du tribunal régional hors classe de Dakar ;
- 08 janvier 2015 : PAMECAS c/le DGID ;
- 15 janvier 2015 : La société OCÉAN PESCA II SA c/le directeur général des impôts et domaines le chef du bureau de recouvrement du centre des grandes entreprises ;
- 19 février 2016 : Le DGID c/la société les phosphates de Thiès ;
- 22 avril 2016 : La Société CLS Sénégal SARL c/le DGID ;

- 22 janvier 2016 : La société SODEVIT GRANULAT SA c/le DGID & le chef du bureau de recouvrement du centre des grandes entreprise ;
- 29 avril 2016 : Maître Alioune CISSE c/le DGID.

Cour Suprême

- 1990 : La société Sollinger SARL/DGID& Agent judiciaire de l'État ;
- 7 janvier 1987 : DGID/Société Banque Internationale pour l'Afrique Occidentale ;
- 4 juin 1986 : DGID/Claude GOULLIER ;
- 3 juin 1975 : Société Union sénégalaise des industries maritimes (USIMA).

Conseil d'État sénégalais

- 29 novembre 2001 : DGID/Assurances Générales Sénégalaise ;
- 31 mars 2005 : DGID/Kamel BEDREDINE.

RÉFÉRENCES JOURNAUX OFFICIELS

- **Décret** n° 2020-541 du 27 février 2020 portant premier renouvellement de la période de recherche du contrat de recherche et de partage de production d'hydrocarbures conclu entre l'État du Sénégal et les sociétés « ORANTO PETROLEUM LTD » et « PETROSEN » pour le Bloc de Saint-Louis offshore Shallow JO n° 7277 du 2 mars 2020 ;
- **Décret** n° 2020-542 du 27 février 2020 portant extension du premier renouvellement de la période de recherche du contrat de recherche et de partage de production d'hydrocarbure conclu entre l'État du Sénégal et les Sociétés « ORANTO PETROLEUM LTD » et « PETROSEN » pour le Bloc de Kayar Offshore Shallow JO n° 7277 du 2 mars 2020 ;
- **Décret** n° 2020-27 du 8 janvier 2020 portant plan comptable de l'État J.O n° 72-63 du 3 février 2020 ;
- **Décret** n° 2020-28 du 8 janvier 2020 relatif à la gestion budgétaire de l'État JO n° 7263 du 3 février 2020 ;
- **Loi** d'orientation n°2020-01 du 06 janvier 2020 relative à la création et à la promotion de start-up au Sénégal JO n° 7259 du 20 janvier 2020 ;

- **Loi** d'orientation n° 2020-02 du 07 janvier 2020 relative aux petites et moyennes entreprises JO n° 7259 du 2 janvier 2020 ;
- **Loi** organique n° 2020-07 du 26 février 2020 abrogeant et remplaçant la loi organique 2011-15 du 8 juillet 2011 relative aux lois de finances modifiée par la loi organique n° 2016-34 du 23 décembre 2016 JO n° 7274 du 26 février 2020 ;
- **Ordonnance** n° 002-2020 du 23 avril 2020 relative aux mesures fiscales en soutien aux entreprises dans le cadre de la Pandémie de la Covid-19 JO n° 7305 du 25 avril 2020 ;
- **Ordonnance** n° 003-2020 du 23 avril 2020 relative à l'admission en franchise des droits et taxes à l'importation de matériels et équipements sanitaires destinés à la lutte contre la pandémie de la Covid-19 JO n° 7305 du 25 avril 2020 ;
- **Décret** n° 2020-341 du 27 janvier 2020 portant approbation de l'accord État Hôte relatif au contrat de recherche de partage de production d'hydrocarbure pour les blocs de Rufisque Offshore, Sangomar Offshore et Sangomar Offshore Profond JO n° 7261 du 27 janvier 2020 ;
- **Décret** n°2019-2280 du 31 décembre 2019 portant autorisation de la mise en œuvre d'un traitement automatisé des données à caractère personnel pour l'intégration des grands facturiers à la plateforme électronique de partage des informations sur le crédit JO n° 7254 du 2 janvier 2020 ;
- **Ordonnance n°** 07-2020 du 17 juin 2020 modifiant la loi n° 2019-17 du 20 décembre 2019 portant loi de finances pour l'année 2020 JO n° 7337 du 8 juillet 2020 ;
- **Décret** n° 2020-1019 du 6 mai 2020 portant plan comptable de l'État JO n° 7320 du 18 mai 2020 ;
- **Décret** n° 2020-1020 du 6 mai 2020 relatif à la gestion budgétaire de l'État JO n° 7320 du 18 mai 2020 ;
- **Décret** n° 2020-1021 du 6 mai 2020 fixant les listes de programme et dotation budgétaire JO n° 7320 du 18 mai 2020 ;
- **Décret** n° 2020-1036 du 15 mai 2020 relatif au contrôle de gestion JO n° 7320 du 18 mai 2020 ;
- **Décret n°** 2020-1025 du 11 mai 2020 portant création et fixant les règles d'organisation et de fonctionnement du Comité de gestion du mécanisme de financement d'un montant de 200 milliards pour soutenir les entreprises affectées par la Pandémie de la Covid-19 JO n° 7117 du 12 mai 2020 ;

- **Loi** n° 2020-10 autorisant le Président de la République à ratifier la convention entre le Gouvernement de la République du Sénégal et le Gouvernement de la République de la Turquie en vue d'éviter les doubles impositions et de prévenir l'évasion fiscale en matière d'Impôt sur le revenu, signé à Antalya le 14 novembre 2015 JO n° 7315 du 9 mai 2020 ;
- **Décret** n° 2020-978 du 23 avril 2020 portant Règlement général sur la Comptabilité publique JO n° 7309 du 2 mai 2020 ;
- **Ordonnance** n° 004-2020 du 28 avril 2020 portant modification des prévisions et autorisations de recettes du Budget général JO n° 7308 du 30 avril 2020 ;
- **Loi** n° 2020-13 du 2 avril 2020 habilitant le Président de la République à prendre par Ordonnance des mesures relevant du domaine de la loi pour faire face à la pandémie du Covid-19 et autorisant la propagation de l'État d'urgence ;
- **Loi** n° 2020-06 du 7 février 2020 portant Code Gazier JO n° 7268 du 12 février 2020 ;
- **Décret** n° 2020-1711 du 10 septembre 2020 fixant les modalités d'alimentation d'opération et de fonctionnement du fond d'appui au Secteur minier JO n° 7358 du 19 septembre 2020
- **Arrêté ministériel** n° 23891 du 2 octobre 2020 portant approbation de la Cession de 20 % des droits et obligations et intérêts détenus par total E&P Sénégal Limited résultant des contrats de recherche de partage de production d'hydrocarbure et des accords d'association relatifs au bloc Ultra Deep Profond (UDP) Société Koréa National Oil Corporation J.O n° 7368 du 17 octobre 2020 ;
- **Loi** n° 2020-33 du 22 décembre 2020 portant loi de finances pour l'année 2021 JO n° 7368 du 17 octobre 2020 ;
- **Loi** n°2020 n° 2020-32 du 11 décembre 2020 autorisant le Président de la République à ratifier la convention régissant le régime fiscal et douanier applicable au projet de construction du Pont de Rosso entre le Gouvernement de la République du Sénégal et la Gouvernement de la République Islamique de la Mauritanie signée à Nouakchott le 18 février 2020 ;
- **Loi** n° 2018-24 du 6 juillet 2018 portant loi de finances rectificative pour l'année 2018 JO n° 7109 du 9 juillet 2018 ;
- **Loi** n° 2017-30 du 14 juillet 2017 portant loi de règlement pour l'année 2015 JO n° 7068 du 20 janvier 2018 ;

– **Loi** n° 2018-10 du 30 mars 2018 modifiant certaines dispositions du Code général des Impôts JO n° 7082 du 30 mars 2018 ;
– **Loi** n° 2018-01 du 23 octobre 2018 portant loi de règlement pour l'année 2016 JO n° 7132 du 23 octobre 2018 ;
– **Loi** n° 2018-21 du 14 juin 2018 autorisant le président de la République à ratifier l'accord de coopération inter-État portant sur le développement et l'exploitation des réserves du champ Grand Tortue/ Ahméhim entre la République du Sénégal et la République Islamique de la Mauritanie signé le 9 février 2018 à Nouakchott JO n° 7148 du 27 décembre 2018 ;
– **Loi** n° 2018-29 du 19 décembre 2018 portant loi de finances pour l'année 2019 JO n° 7149 du 28 décembre 2018 ;
- **Loi** n° 2017-06 portant sur les zones économiques spéciales du 6 janvier 2017 JO n° 6985 du 14 janvier 2017 ;
- **Loi** n° 2017-07 portant dispositif d'incitation applicable dans les zones économiques spéciales du 6 janvier 2017 JO n° 6985 du 14 janvier 2017 ;
- **Décret** n° 2017-459 fixant les modalités d'application de la loi n° 2016-32 du 08 novembre 2016 portant code minier JO du n° 7005 du 15/04/2017 ;
- **Décret** n° 2017-480 du 3 avril 2017 modifiant le décret n° 2014-1171 du 16 septembre 2014 portant organisation du ministère de l'Économie des Finances et du Plan JO n° 7009 du 3 mai 2017 ;
- **Décret** n° 2017-596 du 24 avril 2017 abrogeant et remplaçant le décret n° 2017 462 du 21 mars 2017 fixant les émoluments des notaires en matière de constitution de SARL ;
- **Décret** n° 2017-1009 du 17 mai 2017 fixant les émoluments des notaires pour les ventes d'immeubles à usage professionnel au profit des PME JO n° 7014 du 18 mai 2017 ;
- **Décret** n° 2017-1050 du 17 mai 2017 modifiant le décret n° 88-1004 du 22 juillet 1988 fixant les salaires et émoluments dus pour l'accomplissement des formalités de publicité foncière JO n° 7014 du 18 mai 2017 ;
- **Décret** n° 2017-984 du 12 mai 2017 portant extension du premier renouvellement du contrat de recherche et de partage de production d'hydrocarbures conclu entre l'État du Sénégal, la société des pétroles du Sénégal (PETROSEN) et la société Oranto Petroleum LTDpour le bloc de Cayar Offshore Shallow JO n° 7014 du 18 mai 2017 ;

- **Décret** n° 2017-985 portant approbation du contrat de recherche et de partage de production d'hydrocarbures conclu entre l'État du Sénégal, la société PETROSEN et la société Total EP Senegal limited pour le bloc de L'ULTRA DEEP OFFSHORE PROFOND JO n° 7014 du 18 mai 2017 ;
- **Décret** n° 2017-986 portant approbation du contrat de recherche et de partage de production d'hydrocarbures conclu entre l'État du Sénégal, la société PETROSEN et la société Total EP Sénégal Limited pour le Bloc de Rufisque OFFSHORE PROFOND JO n° 7014 du 18 mai 2017 ;
- **Décret** n° 2017-06 du 6 janvier 2017 portant application de la loi n° 2017-06 du 06 janvier 2017 portant sur les zones économiques spéciales JO n° 7015 du 20 mai 2017 ;
- **Décret** n° 2017-933 portant création de la zone économique spéciale intégrée de DIASS JO n° 7034 du 12 août 2017 ;
- **Arrêté ministériel** n° 13772 portant application des dispositions de l'article 653 du code général des impôts relatives au moratoire de paiement des impôts, droits, taxes et redevances JO n° 7041 du 9 septembre 2017 ;
- **Décret** n° 2017-1507 du 25 août 2017 portant admission du parc industriel de Diamniadio au régime des zones économiques spéciales JO n° 7043 du 23 septembre 2017 ;
- **Loi** n° 2017-19 du 5 avril 2017 autorisant le président de la République à ratifier l'Accord entre le gouvernement de la République du Sénégal et le gouvernement des Émirats Arabes Unis sur la protection, la garantie et la protection réciproque des investissements signée le 22 octobre 2015 à Dakar JO n°2017-20 du 18 novembre 2017 ;
- **Loi** n° 2017-20 du 5 avril 2017 autorisant le président de la République à ratifier la convention entre le gouvernement de la République du Sénégal et le Gouvernement des Émirats arabes uni en vue d'éviter la double imposition et de prévenir l'évasion fiscale en matière d'impôt sur le revenu, signée le 22 octobre 2015 JO n° 2017-20 du 18 novembre 2017 ;
- **Arrêté ministériel** n° 10012 du 14 juin 2017 portant organisation de la direction générale des impôts et des domaines JO n° 7054 du 25 novembre 2017 ;
- **Décret** n° 2017-2189 du 22 novembre 2017 portant admission de la Zone industrielle de Sandiara au régime de la Zone économique spéciale JO n° 7057 du 06 décembre ;

- **Loi** n°2017-35 du 21 décembre 2017 portant loi de finances pour l'année 2018 JO n° 7061 du 22 décembre 2017 ;
- **Loi** n°2015-23 du 18 décembre 2015 portant loi de finances pour l'année 2016 JO **n**° 6901 du 11 janvier 2016 ;
- **Loi** n° 2016-01 du 04 janvier 2016 autorisant le président de la République à ratifier la convention entre le gouvernement de la République du Sénégal et le Gouvernement du Royaume-Uni de la Grande-Bretagne et d'Irlande du Nord en vue d'éviter la double imposition et de prévenir l'évasion fiscale en matière d'impôt sur le revenu et sur les gains en capital, signé à Dakar le 26 février 2015 JO n° 6903 du 22 janvier 2016 ;
- **Loi** n° 2016-04 du 6 janvier 2016 autorisant le président de la République à ratifier la convention entre la République du Sénégal et la République portugaise en vue d'éviter la double imposition et de prévenir l'évasion fiscale en matière d'impôt sur le revenu, signée à Lisbonne le 13 juin 2014 n° 6917 du 15 mars 2016 ;
- **Arrêté ministériel** n° 2243 fixant les modalités d'application de l'article 373 al 2 du code général des impôts JO n° 6932 du 30 avril 2016 ;
- **Loi** n° 2016-13 portant loi de finances rectificative pour l'année 2016 JO n° 6951 du 30 juillet 2016 ;
- **Arrêté ministériel** n° 9389 du 1er juillet 2016 fixant la liste des organismes pouvant bénéficier de dons déductibles de l'assiette des impôts sur les revenus JO n° 6957 du 13 août 2016 ;
- **Loi** n° 2016-12 du 5 juillet 2016 portant loi de règlement pour l'année 2014 JO n° 6961 du 10 septembre 2016 ;
- **Loi** n° 2016-32 du 8 novembre 2016 portant code minier JO n° 6974 du 24 novembre 2016 ;
- **Décret** n° 2016-1539 du 30 septembre 2016 portant application de la loi n° 2015-13 du 3 juillet 2015 portant statut fiscal spécial des entreprises touristiques installées dans le pôle touristique de la Casamance JO n° 6981 du 24 décembre 2016 ;
- Décision n° 6/C/2016 du 20 décembre 2016 à propos du contrôle obligatoire de la loi organique n° 30/2016 modifiant la loi organique n°2011-15 du 8 juillet 2011 relative aux lois de finances, adoptée par l'Assemblée nationale en sa séance du 10 décembre 2016 JO n° 6981 du 24 décembre 2016 ;

- **Loi** organique n° 2016-34 du 23 décembre 2016 modifiant la loi organique n° 2011-15 du 8 juillet 2011 relative aux lois de finances JO n° 6983 du 31 décembre 2016 ;
- **Loi** n° 2016-35 portant loi de finances pour l'année 2017 JO n° 6983 du 31 décembre 2016 ;
- **Arrêté ministériel** n° 12647 du 14 août 2014 portant création du comité national du suivi du programme de transition fiscale UEMOA/CEDEAO JO n° 6829 du 10 janvier 2015 ;
- **Arrêté ministériel** n° 17587 portant organismes pouvant bénéficier de dons déductibles de l'assiette de l'impôt sur les revenus JO n° 6834 du 14 février 2015 ;
- **Loi** n° 2015-06 du 23 mars 2015 modifiant certaines dispositions du CGI JO n° 6841 du 28 mars 2015 ;
- **Loi** n° 2015-07 du 09 avril 2015 portant réglementation du capital de la SARL JO n° 6844 du 18 avril 2015 ;
- **Loi** n° 2012-10 du 2 février 2012 autorisant le président de la République à ratifier la Convention entre le Gouvernement de la République du Sénégal et le Gouvernement du Royaume d'Espagne en vue d'éviter la double imposition et de prévenir l'évasion fiscale en matière d'impôt sur le revenu, signé le 5 décembre 2006 à Dakar JO n° 6849 du 12 mai 2015 ;
- **Loi** n° 2015-13 du 3 juillet 2015 portant statut fiscal spécial des entreprises touristiques installées dans le pôle touristique de la Casamance JO n° 6861 du 18 juillet 2015 ;
- **Loi** n° 2013-07 du 18 décembre 2013 portant loi de finances pour l'année 2014 JO n° 6776 du 22 février 2014 ;
- **Arrêté ministériel** n° 18667/MEF/DGID du 04 décembre portant application de l'article 649 de la loi n° 2012-31 du 31 décembre 2012 portant CGI JO n° 6779 du 15 mars 2014 ;
- **Loi** n° 2013-11 du 31 décembre 2013 relative à la deuxième loi de finances rectificative pour l'année JO n° 6782 du 29 mars 2014 ;
- **Arrêté ministériel** n° 20.287 du 31 décembre 2013 MEF/DGID portant organisation de la direction générale des impôts et des domaines JO n° 6783 du 5 avril 2014 ;
- **Règlement** n° 02/2012/CM/UEMOA du 10 mai 2012, portant modification de l'annexe au règlement n°8/2007/CM/UEMOA du 06 avril 2007, portant adoption de la nomenclature tarifaire et statistique du

Tarif Exterieur Commun (TEC) de l'UEMOA, basée sur la version 2007 du système harmonisé de désignation et codification des marchandises JO n° 6784 du 12 avril 2014 ;

- **Directive** n° 01/2012/CM/UEMOA du 10 mai 2012 portant modernisation et harmonisation des systèmes d'échange d'informations entre les administrations douanières et fiscales dans les États membres de l'UEMOA JO n° 6784 du 12 avril 2014 ;
- Loi n°2014-20 du 24 avril 2014 portant fixation du capital social minimum de la société à responsabilité limitée (SARL) JO n° 6789 du 05 mai 2014 ;
- **Arrêté ministériel** n° 5604 du 28 mars 2014 MEF/DGF portant organisation de la direction des finances JO n° 6801 du 26 juillet 2014 ;
- **Loi** n° 2014-11 du 28 février 2014 portant loi de règlement pour l'année 2011 JO n° 6813 du 11 octobre 2014 ;
- **Arrêté ministériel** n° 8322 MEF/DGID/DLEC/BLEC portant application de l'article 467 de la loi n° 2012-31 du 31 décembre 2012 portant code général des impôts JO n° 6819 du 15 novembre 2014 ;
- **Loi** n° 2013-11 du 31 décembre 2013 relative à la seconde loi de finances rectificative pour l'année 2013 JO n° 6823 du 06 décembre 2014 ;
- **Loi** n° 2014-32 du 30 décembre 2014 portant deuxième loi de finances rectificative pour l'année 2014 JO n° 6827 du 31 décembre 2014 ;
- **Arrêté ministériel** n° 3517 MEF/DGID/DELEC portant application des dispositions de l'article 220 du CGI JO n° 6746 du 31 août 2013 ;
- **Décret** n° 2013-1162 du 23 août 2013 portant répartition du produit du recouvrement de la CGF et dévolution de la compétence du recouvrement JO n° 6759 du 23 novembre 2013 ;
- **Décret** n° 2013-1163 du 23 août 2013 portant répartition du produit de la CGU et dévolution de la compétence du recouvrement JO n° 6759 du 23 novembre 2013 ;

WEBOGRAPHIE

- http://www.aist-tresor.com – Association internationale des Services du Trésor
- http://www.ataftax.org – Forum sur l'Administration fiscale africaine
- http://www.assemblee-nationale.fr – Assemblée nationale française

- http://www.bis.org – Banque des Règlements internationaux
- http://www.catatax.org – Association des Administrateurs fiscaux du Commonwealth
- https://www.ccomptes.fr – Cour des Comptes française
- http://www.cnrtl.fr – Centre national de Ressources textuelles et lexicales
- https://www.coe.int – Conseil de l'Europe
- http://www.conseil-etat.fr – Conseil d'État français
- http://www.credaf.org – Centre de Rencontres et d'Études des Dirigeants des Administrations fiscales
- http://www.eca.europa.eu – Cour des Comptes européenne
- http://www.ecgi.org – Institut européen sur la Gouvernance d'Entreprise
- http://www.economie.gouv.fr – ministère de l'Économie et des Finances français
- http://www.egmontgroup.org – Forum international des cellules du renseignement financier
- http://www.europa.eu – Union européenne
- http://www.fatf-gafi.org – Groupe d'Action Financière
- http://www.gao.gov – Office gouvernemental d'évaluation des comptes publics des États-Unis
- http://www.gov.gg – Baillage de Guernesey
- http://www.gov.im – Gouvernement de l'Île de Man
- http://www.gov.je – Baillage de Jersey
- http://www.gov.uk – Gouvernement du Royaume-Uni
- http://www.financialstabilityboard.org – Conseil de Stabilité financière
- http://www.imf.org – Fonds monétaire international
- https://www.impots.gouv.fr – Direction générale des Finances publiques françaises
- https://www.insee.fr – Institut national de la Statistique et des Études économiques

INDEX ALPHABÉTIQUE

POSTFACE

Professeur **Nicaise MEDE**
Président de la Société ouest-africaine
de Finances publiques (SOAFiP)

Le territoire entretient avec l'impôt un lien substantiel. Au cours de l'ère préindustriel, le territoire, sous sa forme primaire, c'est-à-dire la terre, était la principale source de richesse et donc l'assiette principale de l'impôt. Le territoire a ensuite constitué la limite de validité spatiale de l'impôt et donc son support physique de légitimité. Ce lien est aujourd'hui fragilisé par le double phénomène de déterritorialisation[1785] *de l'impôt et de l'a-territorialisation*[1786] *de l'impôt. À l'origine de cette mutation, il y a la nouvelle économie globalisée, non plus celle des multinationales du pétrole, de l'automobile ou du ciment ; mais les nouvelles multinationales du numérique dont l'actif social est immatériel et aussi la structure fonctionnelle est caractérisée par la disjonction fréquente entre le fait générateur et le paiement de l'impôt.*

C'est ce que décrit Mohamed Nagib DIOP dans ce livre qui porte sur « Le principe de la territorialité de l'impôt au Sénégal : enjeux et défis dans un monde globalisé *». Pour notre jeune docteur en droit public, la fiscalité a beaucoup évolué au fil de l'histoire. Aujourd'hui, les contribuables s'attendent à recevoir des services en échange de leurs impôts, car les besoins de la population ont changé. Les gouvernements doivent garantir un certain niveau de service à chaque citoyen. L'allégeance économique est importante, car cela signifie que*

[1785] Ce que la Cour des comptes française appelle (dé) territorialisation de l'impôt, c'est le constat français d'« *Une réduction de grande ampleur des impôts locaux sur les ménages et les entreprises* ». Voir Cour des comptes, *L'évolution de la répartition des impôts locaux entre ménages et entreprises et de la (dé)territorialisation de l'impôt Communication à la commission des finances de l'Assemblée nationale*, Paris, janvier 2025, p. 7.

[1786] L.-A. BOUVIER, « Souveraineté de L'État et Déterritorialisation / a-Territorialisation de l'impôt, » *in Revue française de Finances publiques*, 151(3) - 2020, 19-30.

ceux qui gagnent de l'argent doivent payer des impôts. Le système fiscal est habituellement basé sur une économie traditionnelle où la géolocalisation des activités est possible. Cependant, l'économie numérique remet en question cette logique, car les entreprises peuvent offrir des services sans utiliser les infrastructures publiques de l'État.

Les entreprises comme les GAFA génèrent des milliards de dollars de profit et échappent souvent aux systèmes fiscaux nationaux. En octobre 2021, une solution a été proposée pour adapter les règles fiscales à cette nouvelle réalité. Il était temps, car la mondialisation économique s'est développée grâce à l'ouverture des marchés. Elle se manifeste par l'expansion mondiale d'activités menées par de grands groupes internationaux, qui contrôlent une part croissante du commerce global. Environ deux tiers des échanges mondiaux de biens et de services proviennent d'échanges au sein de ces groupes. Les bénéfices réalisés par ces groupes sont essentiels pour les budgets publics, car ils doivent payer des impôts dans plusieurs États où ils exercent leurs activités. Cela soulève la question de la répartition équitable du droit d'imposer ces bénéfices.

Pour l'instant, chaque État applique sa propre politique fiscale pour déterminer le profit taxable effectué sur son territoire par les entités des groupes. Les groupes réalisent de nombreux échanges de biens et de services entre leurs entités ; ces échanges sont basés sur des contrats internationaux où les prix ne sont pas fixés par le marché, mais par le groupe lui-même. Cette fixation de ***prix de transfert*** *peut permettre aux groupes de placer leurs bénéfices dans des États où la fiscalité est plus avantageuse. Cela peut conduire à une diminution du bénéfice imposable d'une filiale dans un pays, à travers des achats à prix majorés.*

Les États essaient de s'assurer que les échanges entre les entités d'un groupe se font à des prix de pleine concurrence, c'est-à-dire comme si ces échanges étaient faits entre sociétés indépendantes sur le marché. Des contrôles fiscaux et des obligations de documentation ont été renforcés pour garantir cette conformité. Cependant, leur efficacité est limitée et cela alourdit la gestion des entreprises.

Le système de répartition actuelle du droit d'imposer les bénéfices mondiaux des groupes multinationaux est incertain et inégalitaire, surtout pour les pays en développement comme le Sénégal, qui manquent de ressources pour contrôler les pratiques des groupes. Il permet également le transfert vers des paradis fiscaux *d'une partie des bénéfices, entraînant une perte de revenus fiscaux pour les États concernés.*

À l'avenir, un objectif clé de la politique fiscale sera de rationaliser comment les États se partagent le droit d'imposer les bénéfices mondiaux des groupes. Une alternative au principe de pleine concurrence *est la méthode de taxation unitaire, qui distribuerait le droit d'imposer selon une formule objective prenant plusieurs facteurs en compte. Cela permettra à chaque État d'imposer la part des bénéfices qui correspond réellement aux activités réalisées sur son territoire.*

La mise en œuvre d'une telle méthode nécessitera des réformes significatives des politiques fiscales et un haut niveau de coopération internationale. Mais la société internationale est gouvernée par l'égoïsme des États et Donald TRUMP en administre la preuve de manière éclatante[1787]*.*

Universitaire et expert fiscal, le concours de Monsieur Mohamed Nagib DIOP est et sera requis pour aider l'État sénégalais à trouver les énormes ressources financières nécessaires pour financer la Vision d'un Sénégal Souverain, Prospère et Juste en 2050[1788]**.** *Ceci requiert la multiplication par 2,71 du PIB/ht du Sénégal, soit le passage de 1 660 USD en 2023 à 4 500 USD en 2050*[1789]*, pour une population qui aura elle aussi doublé, passant de 18 millions à 36 millions en 2050*[1790]*. Un effort important sera nécessaire, sur les deux mamelles des finances publiques (ressources et charges) pour rendre possible cet objectif de souveraineté dans le pays d'El Hadj Omar TALL, de Maba Diakhou BA, de Lat DIOR DIOP et autres Alboury NDIAYE et Mamadou LAMINE DRAME. Les panafricanistes au pouvoir à Dakar auront alors réalisé le socle indispensable à l'indépendance souveraine arrachée par Mamadou DIA et proclamée par Léopold Sédar SENGHOR en 1960 !*

1787 M. CHEVALLIER, « Droits de Douane : La Guerre commerciale Aura-T-Elle Lieu ? » *in Alternatives économiques,* n° 455(2), 2025, 26-29.

1788 SÉNÉGAL 2050 - Agenda national de transformation, Dakar, 2024. « *La vision Sénégal 2050 est assise sur un pacte national fondé, d'une part sur la probité et l'intégrité des détenteurs de l'autorité publique (« Jub, Jubal, Jubbanti »), d'autre part sur le civisme et l'engagement patriotique des acteurs nationaux non étatiques. L'indépendance de la justice, le renforcement des corps d'inspection et de contrôle, la transparence et la disponibilité des informations à caractère public, le maintien sans concession de l'ordre public et civique, seront autant de leviers qui matérialiseront ce pacte social national.* », p. 8.

1789 *Idem*, p. 12.

1790 *World population prospects: The 2015 revision.* New York. United Nations.

TABLE DES MATIÈRES

Structures éditoriales du groupe L'Harmattan

L'Harmattan Italie
Via degli Artisti, 15
10124 Torino
harmattan.italia@gmail.com

L'Harmattan Hongrie
Kossuth l. u. 14-16.
1053 Budapest
harmattan@harmattan.hu

L'Harmattan Sénégal
10 VDN en face Mermoz
BP 45034 Dakar-Fann
senharmattan@gmail.com

L'Harmattan Cameroun
TSINGA/FECAFOOT
BP 11486 Yaoundé
inkoukam@gmail.com

L'Harmattan Burkina Faso
Achille Somé – tengnule@hotmail.fr

L'Harmattan Guinée
Almamya, rue KA 028 OKB Agency
BP 3470 Conakry
harmattanguinee@yahoo.fr

L'Harmattan RDC
185, avenue Nyangwe
Commune de Lingwala – Kinshasa
matangilamusadila@yahoo.fr

L'Harmattan Congo
67, boulevard Denis-Sassou-N'Guesso
BP 2874 Brazzaville
harmattan.congo@yahoo.fr

L'Harmattan Mali
ACI 2000 - Immeuble Mgr Jean Marie Cisse
Bureau 10
BP 145 Bamako-Mali
mali@harmattan.fr

L'Harmattan Togo
Djidjole – Lomé
Maison Amela
face EPP BATOME
ddamela@aol.com

L'Harmattan Côte d'Ivoire
Résidence Karl – Cité des Arts
Abidjan-Cocody
03 BP 1588 Abidjan
espace_harmattan.ci@hotmail.fr

Nos librairies en France

Librairie internationale
16, rue des Écoles
75005 Paris
librairie.internationale@harmattan.fr
01 40 46 79 11
www.librairieharmattan.com

Librairie des savoirs
21, rue des Écoles
75005 Paris
librairie.sh@harmattan.fr
01 46 34 13 71
www.librairieharmattansh.com

Librairie Le Lucernaire
53, rue Notre-Dame-des-Champs
75006 Paris
librairie@lucernaire.fr
01 42 22 67 13

www.ingramcontent.com/pod-product-compliance
Lightning Source LLC
LaVergne TN
LVHW011220061026
849535LV00001BA/111